洛阳石化志

2001～2010

《洛阳石化志》编纂委员会 编

中国石化出版社
HTTP：//WWW.SINOPEC-PRESS.COM

图书在版编目（CIP）数据

洛阳石化志.2001～2010/《洛阳石化志》编纂委员会编.—北京：中国石化出版社，2011.12

ISBN 978-7-5114-1225-6

Ⅰ.①洛… Ⅱ.①洛… Ⅲ.①石油化工厂—工厂史—洛阳市—2001～2010 Ⅳ.①F426.22

中国版本图书馆 CIP 数据核字（2011）第 196948 号

中国石化出版社出版发行

地址：北京市东城区安定门外大街 58 号

邮编：100011　电话：（010）84271850

读者服务部电话：（010）84289974

http：//www.sinopec-press.com

E-mail：press@sinopec.com

郑州方志印务有限公司印刷

全国各地新华书店经销

*

889×1194 毫米　16 开本　28 印张　56 彩页　734 千字

2011 年 12 月第 1 版　2011 年 12 月第 1 次印刷

定价：220.00 元

《洛阳石化志》编纂委员会

《洛阳石化志》编纂委员会办公室

序 一

在新纪元开始的前10年，一个国家与民族的光荣和梦想得到了空前的光大和绽放。10年来，中国经济持续高速增长，国内生产总值增长率年年在9%以上，成为世界第二大经济体。在中国崛起和中华民族复兴的伟大征程上，21世纪前10年无疑是中国历史上最为辉煌和灿烂的时期，中国正在用一个个举世瞩目的伟大成就向世界宣告一个大国的崛起。

我们为亲历这一伟大征程而骄傲，也为能够在这一伟大征程中付出自己的努力，作出应有的贡献而自豪。10年来，洛阳石化生产经营规模不断扩大。2000年，固定资产、销售收入首次双双超过百亿元。进入新世纪，原料油年加工量连续保持高速增长，2004年突破500万吨，2006年达到600万吨，2009年登上700万吨台阶，销售收入在2000年突破百亿元后，连续5年保持在100亿元以上，2005年达到211亿元，2007年突破300亿元，2010年超过400亿元。

10年来，洛阳石化持续、快速、协调发展。针对化纤工程建成投产后生产经营格局新的变化，坚持把发展摆在首要位置，组织对减压、溶剂脱沥青等装置进行恢复性改造，对芳烃、聚酯等装置进行扩能改造，对系统工程及配套设施进行扩瓶颈改造。2005年开始，以油品质量升级项目为主要内容，制定并组织实施“三步走”发展战略：第一步，从2005年到2007年，通过适当改造，提高加工量，使销售收入达到300亿元；第二步，到2008年投资20亿元左右，建成延迟焦化、蜡油加氢、硫黄回收、制氢等装置，实施减压改造、增上CFB锅炉及配套发电机组等，使原油综合加工能力达到800万吨/年；第三步，在2010年前后，建成柴油加氢精制等生产装置及配套系统工程，使原油加工能力达到1000万吨，汽柴油质量达到国Ⅲ标准，销售收入达到500亿元，力争把洛阳石化建成中部地区特大型炼化一体化生产基地。以2010年10月16日260万吨/年柴油加氢精制装置实现开工投产成功为标志，圆满完成“十一五”发展规划，企业步入千万吨级炼厂行列，企业规模扩大，技术与产品开发能力增强，核心竞争力提高。2007年七届二次职代会提出制定并贯彻“管理科学，指标先进，效益突出，环境优美，企业和谐”的“二十字”方针，推进科学管理、提升技术经济指标、建设优美环境、创建和谐企业。以“大洛阳石化”观统领全局，引导和帮助多种经营、改制企业发展、壮大，实现了持续、快速、协调发展。

10年来，洛阳石化创新能力显著提高。不断加强和改进党的建设，努力把党的先进性建设转化为引领企业科学发展的领导力，把国有企业的政治优势转化为核心竞争力。不断推进管理创新，在继承弘扬优良传统的同时，引进推广先进的管理理念、管理方法和手段，积极探索并逐渐形成以精细化管理理念、流程化管理机制、标准化管理制度、信息化管理手段为特色的统一、高效、简约的管理体系，形成符合中国石化要求、具有洛阳石化特色的管理模式。推进技术创新，采用新技术，应用新材料，不断优化装置组合、工艺流程，不断优化产品结构，不断提高质量标准，打造资源节约型、环境友好型企业。以市场为导向，紧紧抓住成本利润的这一关键环节，降低生产成本，到“十一五”末，吨油完全费用和现金操作成本等多项技术经济指标进入中国石化先进行列。

10年来，洛阳石化内部改革不断深化。从洛阳石油化工总厂、洛阳分公司分立运行，到主业完全融合，从炼油、化工、化纤产品集中统一销售，到实施ERP上线、内部控制等一系列制度，主业部分管理体制、运行机制发生深刻变化，自觉、主动适应中石化股份公司垂直、集约管理的战略意图。成功实现了6家国有单位、3家集体企业改制，成功将公安、学校等单位和道路、通信的管理职责移交地方政府，积极稳妥推进劳动、人事、分配制度改革，配合实施了住房、医疗、养老等社会保障制度改革。有序退出非主业经营领域和有关社会管理职能后，洛阳石化焕发出前所未有的活力。

10年来，洛阳石化职工群众生活大幅改善。坚持以人为本，贯彻“把发展企业与贡献国家、回报股东、服务社会、造福员工有机结合起来”的企业宗旨，持续做好民生改善工作，努力创建和谐企业。建立员工工资正常增长机制，全面提高各种用工收入水平，有序推进同工同酬。发挥企业优势，调动各方力量，帮助职工群众解决住房、医疗、子女就业等困难，帮助解决特殊群体的具体困难。高度重视社区建设，完善社区功能，改善居住环境，引进高水平体育赛事、文艺演出，开展文体活动，努力建设管理有序、服务完善、环境优美、治安良好、生活便利、人际关系和谐的新型社区，初步形成了职工群众安居乐业、物质文化生活丰富多彩的生动局面。

《洛阳石化志》(2001~2010)记录洛阳石化在21世纪前10年的前进足迹。志书内容丰富，体例完备，全面反映10年间的广泛变化；其脉络清晰，数据翔实，深刻揭示10年间的发展规律；图片编选得体，文字简洁，生动记录了鲜活的人物和事件。一志在手，可备查阅，可资研究，可供回味。在此，我谨代表洛阳石化干部职工和后来的阅读者，对本企业志的所有编纂人员致以崇高的敬意，表示衷心的感谢，愿洛阳石化人以史为鉴，继往开来，共同创造更加美好的明天！

是为序。

中国石油化工股份有限公司
洛阳分公司党委书记 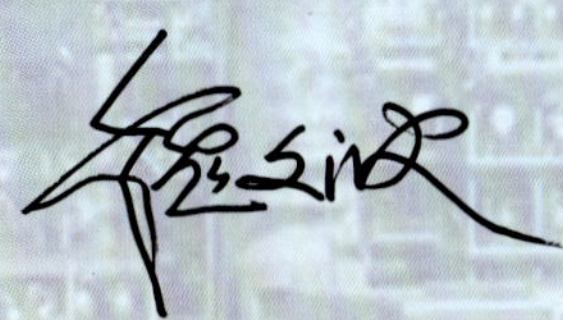

序 二

《洛阳石化志》(2001~2010)的出版，是洛阳石化志鉴工作的一件大事，也是洛阳石化企业文化建设的一件大事。

首先，《洛阳石化志》编纂、出版非常及时。洛阳石化历来重视志鉴工作。早在1987年，也就是开工建设的第一个10年，即启动企业志编写工作，于1988年编纂成书，并从1988年起，每年编辑、出版一本年鉴。1998年，厂志编委会决定编纂《洛阳石油化工总厂志》，至2005年10月出版发行。2008年又提出编写《洛阳石化志》，用2年多的时间，完成人员培训和体例确定，完成资料收集、整理，完成稿件编写、审核，任务之艰巨，工作之繁杂，可以想见。我们汇聚各方面的力量和智慧，在如此短的时间里，圆满完成了《洛阳石化志》的编纂任务，实属不易。

其次，《洛阳石化志》既有继承，又有创新，全面、准确反映10年来洛阳石化发生的深刻变化。21世纪的前10年，洛阳石化生产经营规模不断扩大，发展建设持续实现新的突破，体制机制不断改革，职工群众生活水平不断提高，精神面貌发生深刻变化，方方面面的变化前所未有。《洛阳石化志》承接《洛阳石油化工总厂志》，框架设计上采用序、凡例、概述、大事记、专志、附录、索引和后记，专志部分稍有变化，直接以章节编写，表述方式仍以述、记、志、传、录、图、表等方式，既保持志书的延续性，又兼顾完整性和独立性，准确记载这些发展变化，承担起存史、资治、教化的基本功能。志书中对清理整顿等工作，对改制企业、移交单位都作了专门记述，准确、翔实地记载洛阳石化的历史沿革和发展脉络。重视栏目策划，在保持栏目基本稳定的前提下，策划个性栏目、新鲜栏目、深度栏目，这一点尤为难得、尤为珍贵。

最后，《洛阳石化志》体现了与时俱进的要求，突出反映洛阳石化推动科学发展取得的新进展。10年来，洛阳石化坚持把发展放在第一位，既重视外延发展，重视扩展加工能力，扩大经营规模，更重视内涵发展，重视转变发展方式、提高发展质量，坚持以人为本，重视发挥人的主体作用，重视和谐企业建设，努力使职工群众分享改革开放成果，分享科学发展实惠。《洛阳石化志》在概述、专志等有关部分突出展示洛阳石化为推动科学发展作出的努力和取得的成绩，体现这一时期洛阳石化的发展特点，亮点突出，特色鲜明。

2011年是“十二五”规划的开局之年。未来5年，国民经济将依然保持平稳较快发展势头，石化企业可以大有作为。“十二五”时期是中国石化再上新台阶的机遇期，更是加快转变发展方式、提高发展质量和效益的关键期。中国石化集团公司党组从内、外部发展形势的新变化、新趋势、新要求出发，进一步完善和确立了今后一个时期公司的发展目标、发展战略、发展模式，将公司长远发展的核心目标进一步提升为“建设世界一流能源化工公司”。洛阳石化将以科学发展为主题，紧紧抓住加快转变经济发展方式这条主线，实现新的跨越：即全面巩固“十一五”发展成果，完善炼油，做强化工，做精化纤，推进精细管理，推动技术进步，提升赢利能力和核心竞争力，力争早日跨入世界先进行列；全力抢抓“十二五”发展机遇，启动1800万吨/年炼油扩能改造项目，统筹发展石化深加工和精细化工，促进大洛阳石化协调发展，为中国石化建设世界一流能源化工公司和中原经济区建设，作出新的、更大的贡献。洛阳石化30多年的发展，尤其是21世纪前10年的发展，积累了坚实的物质基础，形成了丰厚的精神财富。我们坚信，洛阳石化必将迎来更加绚丽的未来，创造更为辉煌的历史。

中国石油化工股份有限公司
洛阳分公司总经理、党委副书记
中国石化集团资产经营管理
有限公司洛阳分公司总经理

2005年11月，中共洛阳石油化工总厂第五次代表大会选举产生中共洛阳石油化工总厂委员会常委。左起：赵振辉、王治平、王治卿、魏文波、裴春旺、郑国栋、杜平安

2005年11月，洛阳分公司、洛阳石油化工总厂领导班子成员。左起：王鑫武、赵振辉、王治平、王治卿、魏文波、裴春旺、郑国栋、杜平安、廉金社

2009年10月，洛阳分公司领导班子成员。左起：廉金社、王治平、魏文波、赵振辉、杜平安、王鑫武

2010年12月，洛阳分公司领导班子成员。左起：况成承、廉金社、王治平、魏文波、赵振辉、杜平安、王鑫武、李恩忠

洛阳石化位置图

五龙口
王曲
沁阳市
312
梨林
济源市
承留
柏香
崇义
238
赵和
G55
245
大峪
坡头
万佛山景区
207
缑村
招贤
309
吉利区
洛阳石化
西虢
南庄
孟州市
司马懿故里
小浪底风景区
小浪底
孟津
汉光武帝陵
二
314
常袋
243
王铎故居
霍
高
印岭
速
G30
巩义市
连
上清宫
朝阳
广
平乐
偃师市
麻屯
北郊机场
白马寺
首阳山
线
陇
海
洛
河
岳滩
310
芝田
回郭
顾县
伊
河
庞村
320
西村
唐玄奘故里
缑氏
洛阳市
辛店
318
龙门
寇店
府店
龙门石窟
丰李
少林寺
双龙山森林公园
彭婆
范仲淹墓
鸦岭
323
吕店
伊川
水寨
君召
程园
颖阳

远眺洛阳石化

洛阳分公司办公大楼

洛阳分公司南大门

洛阳石化生产装置区

2003年5月15日，中共中央政治局常委、中央政法委书记罗干（左二）在中共河南省委书记李克强（左四）、省长李成玉（右二）的陪同下到洛阳石化视察。

2004年5月15日，中共中央政治局常委、全国政协主席贾庆林（中）在中共河南省委书记李克强、省长李成玉等领导陪同下到洛阳石化视察。

2004年10月10日，中共中央政治局常委、国家副主席曾庆红（前排中）在中共河南省委书记李克强（右一）等领导陪同下到洛阳石化视察。

2009年3月2日，中共中央政治局常委李长春（前排右一）接见参加第十一届全国人大二次会议代表、洛阳分公司总经理、党委书记魏文波。

2011年3月7日，十一届全国人大四次会议期间，中共中央政治局常委、国家副主席习近平（右一）接见全国人大代表、洛阳分公司党委书记魏文波。

2007年5月4日，十届全国人大副委员长兼秘书长盛华仁（右）到洛阳石化油品质量升级改造项目施工现场视察。

2004年6月4日，国务院国有资产监督管理委员会主任李荣融（前排中）在河南省领导的陪同下到洛阳石化调研。

2002年7月7日，中共河南省委书记陈奎元（左三）在河南省、洛阳市领导的陪同下到洛阳石化调研。

2005 年 1 月 23 日，中共河南省委书记徐光春(前排中)到洛阳石化视察。

2005 年 3 月 17 日，河南省省长李成玉（左三）、中石化集团公司副总经理刘根元（左四）到洛阳石化调研。

2005年5月18日，中共江西省委书记孟建柱（前排右四）率领江西省政府代表团到洛阳石化考察。

2002年2月5日，中石化集团公司党组书记、总经理李毅中（左三）到洛阳石化视察。

2008年4月20日，中石化集团公司党组书记、总经理苏树林（中）到洛阳石化视察。

2007年1月29日，中石化股份公司总裁王天普（右三）到洛阳石化调研。

2009年10月10日，中石化集团公司党组成员、中石化股份公司副董事长、总裁王天普（前排左二）到洛阳石化调研。

2001年5月21日，中石化集团公司副总经理、中石化股份公司副总裁王基铭（前排中）到洛阳石化调研。

2001年6月，河南省副省长张洪华(前排左一)在参加洛阳化纤工程竣工验收准备会期间，到化纤装置视察。

2004年5月13日，中石化股份公司高级副总裁张家仁（前排中）带领财务、销售等部门领导到洛阳石化检查指导工作。

2004年5月21日，中共河南省委副书记支树平（左三）在洛阳石化长丝车间调研。

2004年9月9日，中石化集团公司党组副书记、副总经理周原（前排中）到洛阳石化调研。

2006 年 7 月 13 日，中石化股份公司副总裁章建华（左二）到洛阳石化调研。

2007 年 3 月 16 日，中石化股份公司高级副总裁张克华（中）到洛阳石化检查油品质量升级改造项目建设工作。

2007 年 4 月 11 日，中石化集团公司党组副书记、副总经理周原（前排左一），党组成员、纪检组组长王作然（前排左三）到洛阳石化调研。

2007年10月19日，河南省副省长史济春（中）一行视察油品质量升级改造项目。

2008年1月23日，中石化集团公司副总经理张耀仓（右二）到洛阳石化调研。

2008年8月30日，国务院驻中石化集团公司监事会主席牛越生（中）到洛阳石化调研。

2009年10月15日，国家安全监督总局监管三司副司长孙广宇（前左）一行到洛阳石化检查指导。

2009年11月27日，中共河南省委常委、洛阳市委书记连维良（中）到洛阳石化调研。

2010年1月28日，中石化集团公司党组副书记、高级副总裁王志刚（中）到洛阳石化调研。

2010年7月19日，中共河南省委常委、洛阳市委书记毛万春（中）到洛阳石化调研。

2010年10月29日，国资委纪委副书记夏忠仁（中）带领中央扩大内需和工程治理检查组在中石化股份公司高级副总裁张克华（右二）陪同下到洛阳石化检查工作。

2002年4月19日，中国职工思想政治工作研究会副会长、中国企业管理协会副会长赵荫华（右三）到洛阳石化考察。

2004年2月8日，共青团中央书记处书记胡伟（右二）带领中央办公厅调研组到洛阳石化调研。

2008年7月16日，全国总工会基层组织建设部副部长杨洪林（左二）一行到洛阳石化调研工会工作。

2008年9月12日，部分驻豫全国人大代表到洛阳石化，对企业节能减排工作进行考察。

2001 年 8 月 1 日，香港特别行政区立法会议员叶国谦率领的香港青少年学生中国历史文化考察团“河南行”到洛阳石化参观。

2003 年 4 月 16 日，美中经贸科技促进总会经贸投资代表团观看洛阳石化装置模型。

2003年10月30日，越南同塔省劳联会主席团一行在河南省、洛阳市总工会负责人陪同下到洛阳石化参观。

2007年4月12日，苏丹共和国驻中国大使米而加尼·穆罕默德·萨利赫到洛阳石化参观。

2007 年 10 月 15 日，西藏那曲地区班戈县劳模代表团到洛阳石化参观。

2008 年，美国科罗拉多青年交响乐团在洛阳石化演出。

2002 年 3 月 28 日，洛阳化纤工程通过国家竣工验收。

2002 年 12 月 5 日，洛阳石化 2 万吨 / 年双向拉伸聚丙烯薄膜工程奠基。

2004年12月15日，洛阳石化召开原油加工量突破500万吨/年庆祝大会。

2005年5月13日，中石化股份公司副董事长王基铭在洛阳石化主持召开炼油改造项目现场办公会。

2006 年 9 月 28 日，洛阳分公司油品质量升级改造工程奠基。

2008 年 6 月 27 日，140 万吨 / 年延迟焦化装置建成投产，生产出合格石油焦产品。

2008 年 9 月 6 日，洛阳分公司油品质量升级改造项目——加制氢联合装置建成中间交接。

2009 年 6 月 29 日，洛阳分公司油品质量升级改造二期工程开工奠基。

2009 年 12 月 15 日，河南省人民政府、洛阳分公司、河南石油分公司在郑州市举行中国石化国Ⅲ乙醇汽油河南市场推广启动仪式。

2010 年 5 月 11 日，洛阳石化生产的军用 3 号喷气燃料出厂。

2010年7月3日，首批路运进口原油由山东黄岛运到洛阳石化。

2010年9月16日，洛阳分公司举行260万吨/年柴油加氢装置中间交接仪式。

2010年10月20日，洛阳石化召开260万吨/年柴油加氢装置投产成功庆典，洛阳石化步入中石化集团公司千万吨级炼化企业行列。

2010年12月18日，洛阳石化14万吨/年聚丙烯装置奠基。

2005年2月22日，洛阳石化召开机构融合重组暨精简中层管理人员动员大会。

2003年1月1日，改制后的洛阳石化医院揭牌。

2003年9月24日，洛阳市人民政府和石化总厂举行学校移交地方签字仪式。

2004年3月18日，洛阳石化通达运输工程有限责任公司揭牌。

2004年5月18日，洛阳隆惠石化工程有限公司揭牌。

2004年6月30日，洛阳石化工程设计有限公司揭牌。

2004年7月16日，洛阳石化工程建设有限责任公司揭牌。

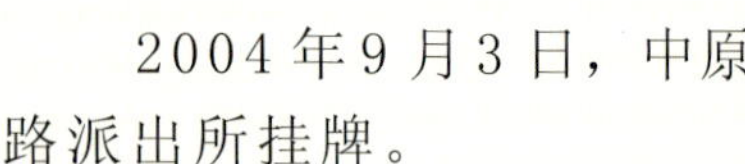
2004年9月3日，中原路派出所挂牌。

2005年4月18日，洛阳三隆安装检修有限公司揭牌。

2007年5月16日，洛阳金达石化有限责任公司揭牌。

2007年12月26日，洛阳炼化工程有限责任公司成立揭牌。

2009年12月18日，洛阳炼化宏达实业有限责任公司揭牌。

蓝天绿草，梅花鹿喜爱的家园

2007 年，洛阳石化提出“管理科学，指标先进，效益突出，环境优美，企业和谐”20字方针，把建设优美的企业环境提到重要议事日程。2007年，开展“打造两张‘名片’、创建优美环境”活动，通过加强环境卫

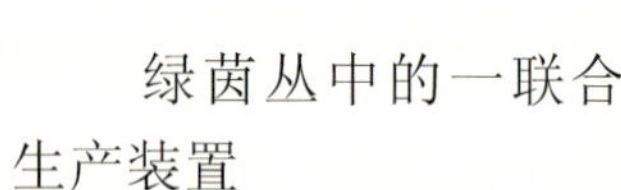

绿茵丛中的一联合生产装置

聚丙烯生产装置区美景如画

生管理，拆墙透绿，绿化保洁，道路拓宽，绿化美化，花在工厂里，厂在花园中。洛阳石化的厂容厂貌和社区环境成为企业突出亮点，成为展示洛阳石化形象的“名片”。

芳烃联合装置外绿草坪

宽阔洁净的厂区道路

整齐有序的油罐区

2007年3月，河阳新村被评为河南省物业管理示范社区。

环境优美的开元社区

双苑社区

河阳新村社区

三和社区

樱花绽放的开元社区

河阳新村排列整齐的员工家用小车

2005年11月，中共洛阳石油化工总厂第五次代表大会召开。

党委书记魏文波参加代表团讨论。

2001年1月，洛阳石油化工总厂召开六届一次职工、会员代表大会。

2007 年 1 月，在七届二次职工代表大会上，提出“管理科学，指标先进，效益突出，环境优美，企业和谐”方针。

2001 年 10 月，共青团洛阳石油化工总厂第四次代表大会召开。

2002 年 11 月 12 日，洛阳石化文学艺术工作者联合会第一次代表大会召开。

2005年10月28日，《洛阳石油化工总厂志》出版发行。

2007年6月28日，洛阳石化厂史馆开馆。

2008年12月15日，洛阳分公司召开《洛阳石化志》编纂工作启动会。

2008 年 10 月，洛阳石化庆祝建厂 30 周年文艺汇演。

职工形象大使选拔赛

离退休老同志进行绘画交流

社区文艺汇演

2008年6月12日，全国总工会文工团到洛阳石化演出。

2009年7月5～7日，中国石化第二届职工文艺汇演（中原赛区），洛阳分公司参演的河洛大鼓《我要安全春满园》获金奖第二名。

2006 年 7 月 13～ 14 日，北京京剧院梅兰芳京剧团到洛阳石化演出《红灯记》。

2007 年 6 月 1～ 2 日，上海京剧院到洛阳石化演出现代京剧《智取威虎山》。

2009 年 3 月 30 日，中央芭蕾舞剧团在洛阳石化演出《红色娘子军》。

全民健身宣传奥运会

广播操比赛

大合唱比赛现场

职工排球比赛

职工运动会开幕式

2006 年 10 月 12 日，洛阳石化新建并投用的体育馆。

2007年12月18日，离退休职工活动中心修缮工程竣工投用。

2008年8月26日，洛阳石化新建成的职工餐厅投用。

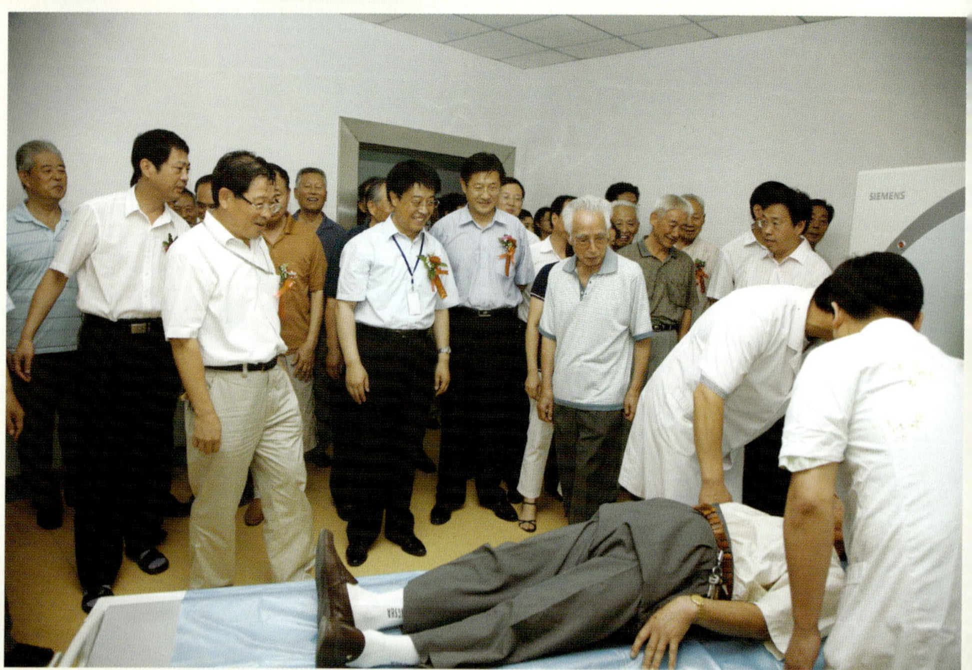

2008年8月1日，石化医院新进的医疗设备——16层螺旋CT投用。

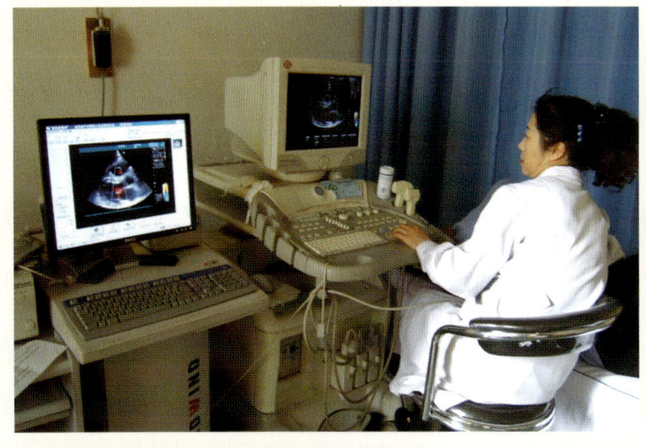

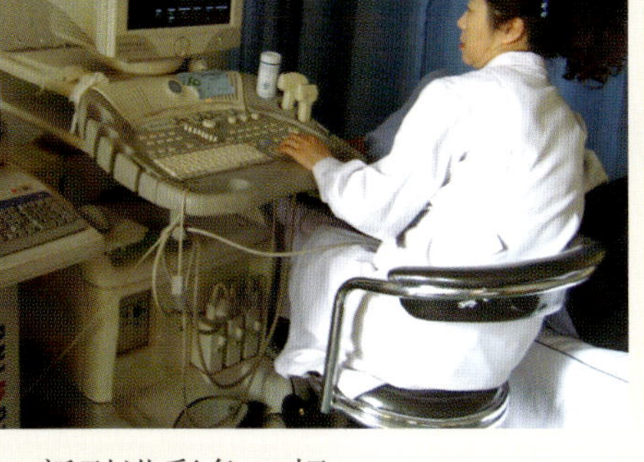

新引进彩色B超

新购进奔驰救护车

2011年11月，洛阳石化医院新建住院楼建成剪彩。

住院楼大厅

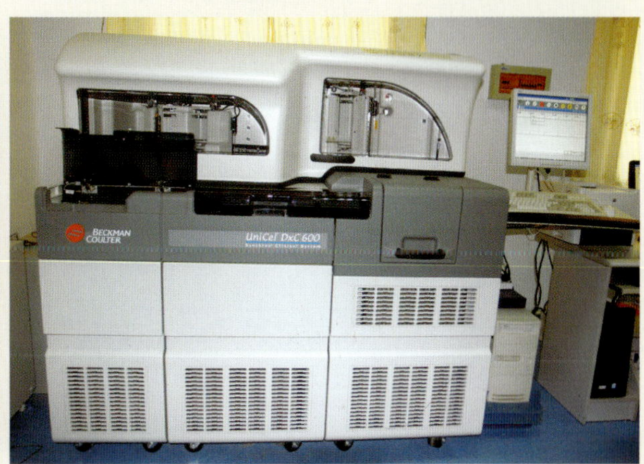

全自动生化仪

2001年7月1日，洛阳石油化工总厂党委获“全国先进基层党组织”称号。

2008年6月和2010年6月，洛阳分公司党委两次获河南省“五好”基层党组织称号。

2004年12月，洛阳石油化工总厂团委获“全国五四红旗团委”称号。

2006年，洛阳分公司获“全国绿化模范单位”称号。

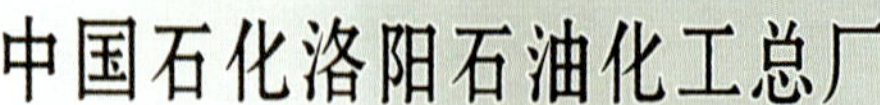

2007年12月，洛阳石油化工总厂成为河南省首批营业收入超300亿元的工业企业。

国家科学技术进步奖

证　书

为表彰国家科学技术进步奖获得者，特颁发此证书。

项目名称：石脑油催化重整成套技术的开发与应用

奖励等级：一等

获 奖 者：中国石油化工股份有限公司洛阳分公司

证书号：2009-J-213-1-01-003

2009年，洛阳分公司“石脑油催化重整成套技术的开发与应用”获国家科学技术进步一等奖。

凡　例

一、《洛阳石化志》（2001～2010）以马克思列宁主义、毛泽东思想、邓小平理论、“三个代表”重要思想和科学发展观为指导思想，坚持辩证唯物主义和历史唯物主义的立场、观点、方法，真实地记述2001～2010年间洛阳石化生产、经营、建设和改革、发展历程。

二、本志上限始于2005版《洛阳石油化工总厂志》的下限，即2001年1月，下限至2010年底。

三、本志结构为序、凡例、概述、大事记、专志、附录、索引和后记。专志按章、节、目编写，部分目下设子目。章、节设无题概述。

四、志书以述、记、志、传、录、图、表等方式表述。照片、图、表置于卷首或穿插于有关章节之中。

五、概述列志书内容之首，宏观上反映洛阳石化2001～2010年生产、改革、发展概貌；大事记不分章节，以事件出现时间先后为序，置于专志前；专志为全书的主体，全面反映企业发展的脉络。

六、入志人物时限为2001年1月1日至2010年12月底。为已故厂领导和全国劳动模范立传；厂、洛阳分公司正职、副职、三总师、全国及省部级（含中国石油化工集团公司）劳动模范、全国“五一”劳动奖章获得者作人物简介；具有教授级专业技术职务、享受国务院特殊津贴的专家列人物名表；其余入人物名录。荣誉只辑录获得市级以上荣誉的集体和个人。

七、2000年，中国石油化工集团公司重组后，洛阳石油化工总厂主要生产单位组成中国石油化工股份有限公司洛阳分公司，纳入上市部分。余下单位和多种经营企业仍属洛阳石油化工总厂。2006年8月，中国石化集团资产经营管理有限公司洛阳分公司成立后，洛阳石油化工总厂注销。中国石油化工股份有限公司洛阳分公司、中国石化集团资产经营管理有限公司洛阳石化分公司、原属洛阳石油化工总厂后改制为股份制企业或移交地方的单位统称洛阳石化。

八、洛阳石化和所属单位名称多有变化，记述各时期的事件，均以当时称谓为准。首次出现为全称，以后可用简称。

九、本志采用语体文，记述力求准确、严谨、简洁、求实。文字、标点、计量单位及数字的用法，均按国家有关规定书写。

十、本志资料主要来源于洛阳石化各单位上报资料、馆藏档案、历年年鉴。数据以统计上报为准。

目　录

概　述

洛阳石化隶属于中国石油化工集团公司，位于洛阳市东北部黄河北岸吉利区境内。1977 年底开工建设，经过 30 多年的艰苦创业，逐步发展成为集炼油、化工、化纤于一体的特大型石化企业。在不断发展壮大的过程中，企业名称先后多次变更，最初为河南炼油厂，1984 年更名为洛阳炼油厂，1992 年更名为洛阳石油化工总厂（简称石化总厂）。1999 年，中国石油化工集团公司（简称中石化集团公司）实施整体重组改制，石化总厂炼油、化工、化纤主要生产装置及生产辅助系统进入上市公司，组建中国石油化工股份有限公司（简称中石化股份公司）洛阳分公司，余下部分通过组建资产公司、改制分流和移交企业办社会职能等途径实现主业和辅业分离。10 年间，洛阳石化贯彻科学发展观，实施“三步走”战略，实现企业第三次大发展目标。到 2010 年，洛阳石化形成以中国石油化工股份有限公司洛阳分公司为主体和核心，包括中国石化集团资产经营管理有限公司（简称中石化资产公司）洛阳石化分公司，以及改制企业、移交地方单位在内的国家中部地区炼化一体化特大型石化企业。原油加工能力达到1000 万吨级。2001 ~ 2010 年，洛阳石化累计加工原料油 5625. 41 万吨，实现销售收入 2457. 93 亿元。

（一）

2001 ~ 2010 年，是洛阳石化继续创业的 10 年，也是大发展的 10 年。10 年间，洛阳石化抓住国家实施西部大开发、中部崛起战略的历史机遇，弘扬“自加压力、自强不息、自我超越”的“三自”精神，坚持以科学发展观为指导，自觉转变发展方式，延伸产业链条，不断提升产品质量，实现企业第三次大发展。

进行装置改造，消除生产瓶颈，提高生产能力

2000 年，洛阳化纤工程全面建成投产，标志着洛阳石化完成二次创业，进入到一个新的发展时期。2002 年，组织减压、溶剂脱沥青、减黏等装置的改造恢复，并先后开工投入运行，以常减压—溶剂脱沥青—减黏—催化裂化长流程加工模式，代替原有加工模式，贯通 500 万吨/年炼油装置全流程，以适应原油变重和劣质化趋势加剧、含硫量增加的变化，满足油品质量升级的要求，提高装置加工量。2004 年 4 月，精对苯二甲酸（PTA）装置扩能改造项目通过竣工验收，扩能改造后生产能力由原设计的 22. 5 万吨/年提高到 32. 5 万吨/年。同年 12 月 17 日，2 万吨/年双向拉伸薄膜装置生产出合格产品。

2004 年，800 万吨/年炼油装置改造和 45 万吨/年对二甲苯（PX）项目从酝酿阶段进入制订规划和前期工作阶段，并列入中石化集团公司“十一五”发展规划。同年 3 月，中石化股份公司发展规划部致函洛阳石化，要求开展 800 万吨/年炼油和 45 万吨/年 PX 项目的规划工作。4 月，中石化集团公司就洛阳石化炼油、化纤改造项目可行性研究报告编制工作，正式致函河南省人民政府。5 月，中石化股份公司与河南省人民政府就项目和有关问题进行磋商。6 月 23 日，中石化集团公司与河南省人民政府签署合作协议，明确项目内容和实施进度，要求 2007 年底前后建成。

2005 年，洛阳石化认真落实中石化集团公司与河南省人民政府合作发展协议精神，加大项目前期工作力度。2 月，常压装置改造项目获中石化股份公司批复，并在当年装置停工检修期间完成改造。根据中石化集团公司科技委专家组的

咨询意见，进一步优化、完善洛阳石化800万吨/年炼油改造和新建45万吨/年PX项目总体方案，组织开展项目环境影响评价工作，编制完成可行性研究报告。5月13日，中石化股份公司在洛阳石化召开现场办公会，明确把800万吨/年炼油改造和新建45万吨/年PX项目作为一个完整的系统工程组织实施，要求同步设计和建设，2008年全面建成投产。

实施“三步走”战略，推动企业持续快速发展

2005年11月17日，洛阳石化召开第五次党代会，提出落实科学发展观、做精做强做大并重、实施“三步走”的发展战略：第一步，到2007年，投资20亿元左右，建成延迟焦化、蜡油加氢处理、硫黄回收、制氢等装置，实施减压改造、增上CFB锅炉及配套发电机组等，原油综合加工能力达到650万吨/年，销售收入达到300亿元。第二步，到2008年底，建成加氢裂化、柴油加氢精制、连续重整、45万吨/年PX装置及配套系统工程，原油综合加工能力达到800万吨/年，汽柴油质量达到国Ⅲ标准，销售收入达到400亿元。第三步，到2010年前后，按照中国石化西部资源接替战略，以增炼西部原油为目标，完成上下游装置的填平补齐和系统优化，通过适当改造使原油加工能力达到1000万吨/年，销售收入达到500亿元，将洛阳石化建设成为国家中部地区特大型炼化一体化生产基地。

2005年12月1日，洛阳石化油品质量升级改造第一阶段实施工程可研报告获中石化股份公司批复，项目总投资20.78亿元，主要建设内容包括：改造减压蒸馏装置、新建140万吨/年延迟焦化装置、新建220万吨/年蜡油加氢处理装置、新建4万米^3（标准）/时的干气制氢装置、4万吨/年硫黄回收及尾气处理装置、公用工程及储运配套。以此为标志，洛阳石化“三步走”战略第一步正式启动，拉开企业第三次大发展的帷幕。

2006年9月28日，油品质量升级改造工程第一阶段实施工程奠基开工。2007年7月18日，油品质量升级改造第一个项目——3台5000立方米渣油罐建成投用，随后，硫黄装置、循环水场建成中交，焦化、加制氢等一批新建装置的施工稳步推进。当年，洛阳石化销售收入首次突破300亿元，达到309亿元，“三步走”战略第一步目标实现。2008年2月2日，新建4万吨/年硫黄回收装置实现开工一次成功，总硫回收率达99.85%以上。6月25日，140万吨/年延迟焦化装置实现开工一次成功，6月27日，生产出第一塔石油焦。新建循环水场、两台轻油罐分别于4月、7月交付生产。9月6日，220万吨/年蜡油加氢装置和4万米^3（标准）/时制氢装置建成中交，标志着油品质量升级改造项目一期工程全面建成，洛阳石化原油综合加工能力达到800万吨/年，“三步走”战略第二步目标实现。2009年6月29日，总投资4.59亿元的油品质量升级改造二期工程开工奠基，主要建设内容包括260万吨/年柴油加氢精制装置和相应的配套工程。2010年10月16日，260万吨/年柴油加氢精制装置实现开工投产一次成功。2010年，洛阳石化加工原料油757万吨，企业原油一次加工能力达到1000万吨/年，实现“三步走”战略目标。

（二）

洛阳石化在生产规模不断扩大、市场竞争日益激烈的新形势下，2007年，提出“管理科学、指标先进、效益突出、环境优美、企业和谐”方针，把科学管理、精细管理作为加快发展的重要支撑，坚持不懈地抓管理、练内功，努力提高发展质量和效益，不断提升生产经营管理水平，促进企业持续有效发展。

始终把安全生产摆在重要位置
持续加强安全管理，确保装置安稳长运行

企业发展进入新的阶段后，洛阳石化明确提出“保安全就是保全局，保安全就是保稳定，保安全就是保效益”的指导思想，始终把安全生产作为一切工作的基础和前提，坚持每年的第一个会议是安全工作会议，每年的党政1号文件是关于安全工作的文件，不断健全安全生产规章制度，认真落实各级安全生产责任制，持续开展

"安全生产月"、"百日安全无事故"和岗位责任制大检查等活动，做到安全生产警钟长鸣、常抓不懈。在实际工作中，既注重继承发扬优良传统，又不断分析研究安全生产工作的新情况，注重解决新问题。2002 年，引入并建立 HSE（健康、安全、环境）管理体系，通过开展危害识别和风险评价，建立风险预控管理体系，增强应对安全风险的能力，提高安全工作的科学化水平。针对原油硫含量逐年上升、设备管线腐蚀加剧的实际，建立完善设备状态监测制度，从工艺技术、设备材质、防腐管理等多方面，采取预防措施，把加工高硫劣质原油带来的安全风险降到最低程度。建立隐患排查常态机制，坚持安全生产日检查、周讲评、月通报、季度考核，加大违章查处力度，发现和整改安全隐患。10 年间，累计投入资金 1.95 亿元，完成隐患治理 135 项，本质安全水平得到明显提升。同时，在工程建设领域全面推行项目经理责任制和"三位一体"安全责任制。坚持标本兼治，不断加强安全文化建设，通过推行"班前安全承诺"制度，颁布实施《安全生产禁令》，深入开展"我要安全"等活动，警示教育职工时刻不忘安全生产，自觉养成遵章守纪的习惯，将"一切事故都是可以避免的"理念贯穿到安全生产全过程，使职工实现"要我安全"到"我要安全"的自觉转变。

调整结构，做大总量
不断推动生产经营规模上台阶

2000 年东部进口原油渠道开通后，困扰企业多年资源不足的矛盾得到缓解。洛阳石化抓住有利时机，调整结构，做大总量，推动企业迅速发展壮大。2002 年，改造恢复投用闲置多年的减压、溶剂脱沥青、减黏等装置，贯通 500 万吨/年炼油装置全流程。2006～2010 年，完成油品质量升级改造。到 2010 年，洛阳石化形成 1000 万吨/年炼油规模。在提高装置产能的同时，围绕市场需求，调整产品结构，以较低的投入和成本，确保两轮油品质量升级的顺利进行。成功开发生产乙醇汽油调和组分油、97 号清洁汽油、－20 号柴油、90 号重交道路沥青、车用液化气、正丁烷、邻二甲苯等新产品。高标号汽油、航空煤油、液化气、丙烯等高附加值产品产率均有较大幅度增长。2009 年，汽油质量全面升级为国Ⅲ标准。2010 年，260 万吨/年柴油加氢装置建成投产后，又具备国Ⅲ标准柴油加工能力。原料油年加工量在"九五"末突破 400 万吨的基础上，连续几年保持高速增长，2004 年突破 500 万吨，2006 年达到 600 万吨，2009 年登上 700 万吨台阶。企业年销售收入在 2000 年突破百亿元后，连续 5 年保持在 100 亿元以上，2005 年达到 211 亿元，2007 年突破 300 亿元，成为河南省首批经营收入超 300 亿元的企业，2010 年首次超过 400 亿元，达到 447 亿元，税金 66 亿元。

实施低成本战略，持续降本减费，努力挖潜增效

整体重组改制后，洛阳石化由原来的独立法人成为二级法人，由效益中心转变为成本中心。与此同时，随着市场经济的发展和加入世界贸易组织，外部市场环境也发生深刻变化。国际原油价格持续上涨，国内成品油价格从紧调控，原油、成品油价格长期倒挂，加之产品质量升级步伐加快，化工化纤产品市场竞争日趋激烈，企业利润空间大幅压缩。为将市场压力传递到企业的各个方面、各个环节，洛阳石化在生产车间开展班组经济核算，加强成本考核，努力降本减费。2001 年，对企业全面预算管理进行改进、完善，细化指标体系，扩大覆盖面，实现对各项成本费用的实时、动态监控和管理。此后，又逐步建立健全月度经济活动分析会、计划审定和效益预测会等制度，进一步加强和深化对生产经营各环节全过程管理。从 2004 年开始，实施一体化目标管理考核，建立全新的方针目标考核体系，改进预算管理考核办法，强化事前控制和事中约束的职能，企业生产成本逐年下降。到"十一五"末，吨油完全费用和现金操作成本等指标进入中石化集团公司炼化企业先进行列。另一方面，面对减利因素不断增加的严峻形势，企业把工作的着力点放在做好内部工作上，2005 年、2006 年分别开展"决战八九十，打一场挖潜增效、扭亏增盈的攻坚战"和"学镇海、找差距、定措施、挖潜增效"活动。之后，又连续 4 年开展管理攻关活动，动员职工从生产、经营、管理各个环节，制定和落实优化整改措施，深入开展挖潜增

效活动。2001～2010年，累计评审科技类合理化建议8140项，完成科研开发项目200多项，通过省部级鉴定成果53项，获国家、河南省、中石化集团公司奖励41项。

坚持继承创新，不断提高精细化管理水平

从严治内、严格管理，是洛阳石化不断发展壮大的一个重要法宝。随着市场经济改革的不断深入，洛阳石化在继承弘扬"三老四严"、"四个一样"等石油石化优良传统的同时，引进推广一系列国际国内先进的管理理念、管理方法和手段，把继承优良传统与创新管理、吸收现代化管理有机结合，通过细化管理、科学管理，不断提高精细化管理水平。坚持以基层班子建设为核心加强基层建设、以夯实基础管理为中心加强基础工作、以提高职工队伍素质为主要目标加强基本功训练，把工作着力点放在抓基层、练内功、打基础上，积极探索创新符合企业实际的"三基"工作管理长效机制。到2010年，共举办"三基"知识轮训班78期，培训职工3519人次。企业在1999年通过ISO 14001体系认证后，2002年建立并发布运行HSE（健康、安全、环保）体系，2003年通过ISO 9001体系认证。至此，形成以ISO 14001、ISO 9001、HSE三大管理体系为核心的现代化管理体系。2004年，洛阳石化对ISO 14001、ISO 9001、HSE体系进行整合，建立发布实施QHSE（质量、健康、安全、环保）管理体系。2005年，建立实施内部控制制度。与此同时，各项专业管理也得到加强。2007年，引入实施TPM（全员生产性维修）管理，形成全员参与设备管理的良好局面。利用PIMS软件，进行生产方案效益测算和优化，进一步提高生产计划管理水平。不断加强质量管理，形成一套比较完整的产品质量管理网络和保证体系，产品出厂合格率始终保持100%，部分产品获省优、部优称号。营销管理积极适应中石化集团公司管理体制变革，坚持以效益为中心，以市场为导向，不断转变经营机制、优化营销模式。物资供应管理，以ERP上线运行为契机，大力推动框架协议采购、供应商动态量化考核、专业化分工流程化操作以及过程控制等业务改造，使各项管理更加规范高效。从2005年ERP（企业资源计划）系统上线运行，到2010年，陆续建成MES（生产执行系统）、LIMS（实验室信息管理系统）、TBM（全面预算）、AIS（审计信息）、ORION（炼油调度优化）等信息化管理系统。现代管理体系和方法的应用，推动企业管理上升到一个新的层次。洛阳石化坚持传统管理与现代管理相结合，积极推动管理创新，正在探索形成以精细化管理理念、流程化管理机制、标准化管理制度、信息化管理手段为特色的统一、高效、简约的管理体系，打造符合中国石化要求、具有洛阳石化特色的新的管理模式。

（三）

2000年重组改制后，洛阳石化的改革进入一个较为集中的时期，相继实施内部重组、减员增效、改制分流、清理整顿、体制转换等各项改革措施，对企业经营和发展产生深远影响。

深化体制改革，倡导大洛阳石化理念

2000年9月25日，根据中石化集团公司的统一部署，石化总厂与洛阳分公司分立运行。2000年8月～2004年6月，设立石化总厂、洛阳分公司协调委员会，作为石化总厂和洛阳分公司改革、发展、稳定的领导核心，受中石化集团公司和中石化股份公司的委托，协调有关改革发展、生产经营、关联交易以及人事、分配等方面的重大事项，对企业的稳定和发展负全责。鉴于化纤与炼油的深度依托和紧密关系，经请示中石化集团公司同意，分立运行后，石化总厂的化纤部分由洛阳分公司代管。2002年初，取消代管模式，撤销化纤厂厂级建制，由石化总厂直接管理。2003年5月，洛阳分公司撤销炼油厂、动力厂，其所属生产车间变为直属车间，实现扁平化管理。

2004年，根据中石化集团公司《关于转让洛阳石油化工总厂资产有关问题的通知》和《关于中国石化集团公司向中国石化股份有限公司出让部分存续企业主业资产的决定》，石化总厂聚酯和聚丙烯公司55%的股权并入洛阳分公司。2005年1月，石化总厂、洛阳分公司领导班子进行融合，

并重新进行分工。对业务对口、接近的机关处室和直属机构实施合并，明确临时负责人。随后，开展机构融合重组和精简中层管理人员工作，使洛阳石化形成一套领导班子、一个党群系统、一套机关、一个生产和销售系统的管理格局。

2005年底，中国石化集团资产经营管理有限公司组建，洛阳石化被列为试点单位，要求2006年内先期完成体制转换。2006年7月，中石化资产公司下发《关于洛阳石油化工总厂体制转换实施方案的批复》，石化总厂更名为中国石化集团资产经营管理有限公司洛阳分公司，简称洛阳资产分公司，并于9月完成工商注册，11月底完成洛阳石油化工总厂的工商注销工作。考虑到“洛阳石化”字号在河南省具有较高的知名度，为保护企业无形资产，经与洛阳市工商管理局协商一致，并报请中石化资产公司批复，将中国石化集团资产经营管理有限公司洛阳分公司更名为“中国石化集团资产经营管理有限公司洛阳石化分公司”（简称仍为洛阳资产分公司）。至此，这一阶段体制改革基本完成，形成洛阳分公司（上市公司）、洛阳资产分公司、改制移交单位三大单元并存的管理和运行模式，对外统称洛阳石化。为统筹洛阳分公司、洛阳资产分公司和改制移交单位协调发展，增强企业的凝聚力，维护地区稳定，在洛阳石化第五次党代会上，首次提出“大洛阳石化”观念，要求增强母体与改制企业一家人意识，形成主业辅业相互支持、共同发展、合作共赢的局面。

实施主辅分流、改制分流
推进战略性结构调整

为加快分离企业办社会职能，推动企业结构调整，根据中石化集团公司《关于推进集团公司所属企业中小学医疗机构移交地方政府管理工作的指导意见》、《国务院办公厅关于中央企业分离办社会职能试点工作有关问题的通知》以及河南省人民政府于2004年5月25日召开的部分中央在豫企业分离办社会职能试点工作会议精神，洛阳石化与洛阳市人民政府于2004年9月30日正式签订《中小学、公安移交协议》，将企业所属的洛阳石化中学、第一小学、第二小学和公安机构成建制移交洛阳市政府管理。2004年4月1日，洛阳石化将所属的中原路、北环路和相关土地资产移交吉利区人民政府管理。根据中石化集团公司关于通信改革的有关精神，经广泛协商，洛阳石化与中国网通洛阳分公司达成合作共识，2006年9月30日正式签订《通信合作协议》，明确从当年10月10日起，石化总厂、洛阳分公司以及改制、移交单位和生活区所有通讯设施的更新、改造、维修和服务工作由洛阳网通公司承担，信息中心继续承担生产调度、办公通信、网络系统的日常维护工作。

2002年，根据《中国石油化工集团公司改制分流试点意见》，洛阳石化完成职工医院改制分流试点。按照“积极稳妥、成熟一个、改制一个”的原则，先后完成洛阳石化通达运输工程有限责任公司（简称通达公司）、洛阳隆惠石化工程有限公司（简称隆惠公司）、洛阳石化工程建设有限责任公司（简称工程建设公司）、洛阳石化工程设计有限公司（简称设计公司）和洛阳三隆安装维修有限公司（简称三隆公司）等6家国有单位和洛阳金达石化有限责任公司（简称金达公司）、洛阳炼化工程有限责任公司（简称工程公司）、洛阳炼化宏达实业有限责任公司（简称宏达公司）3家集体企业的改制分流任务。共分流职工3106人，其中全民工1664人，集体工1442人。

与此同时，洛阳石化按照中石化集团公司《关于开展对外投资和多种经营单位清理整顿工作的通知》要求，2006～2010年，完成年度清理整顿计划，累计完成44项，为集中精力发展石化主业创造良好条件。

深化劳动、人事和分配制度改革
增强企业活力

2001年6月，根据中石化集团公司、中石化股份公司工作部署，洛阳石化印发协议解除劳动合同、职工内部退养、规范劳动合同管理、改革用工形式和成立劳务公司、实行特薪制度、改革大中专毕业生和复转军人接收安置办法等9个政策文件。当年共为1084名全民合同工、459名集体合同工办理协议解除劳动合同手续，为协解职工争取失业保险，续接养老保险，参加医疗保险和大病统筹，妥善转移个人档案和组织关系。

2001年以来，通过对各类临时用工进行清理，将确需继续使用的人员转入宏业劳务公司。针对劳务用工数量较多、岗位分散的实际情况，开展劳务工岗位置换工作，初步实现劳务用工的集中规范使用。2001年，通过文化课考试确定复员退伍军人的接收安置办法。从2002年起，将接收的复员退伍军人有偿转移安置到宏业劳务公司。2004年开始，只接收安排职工子女复转军人，并转移安置到宏业劳务公司。

围绕“控制工资总额支出，提高工资激励功能”，多次改革工资分配模式。2001年11月，推行特殊津贴办法，促进工资分配模式向一岗一薪、易岗易薪制度转变。2003年，引入劳动力市场价位，突出岗位责任和工作业绩，对工资分配制度进行改革。2005年，根据中石化股份公司《关于进一步深化内部分配制度改革的指导意见》，初步建立经营管理、专业技术、技能操作三支队伍的不同分配体系，重点提高关键岗位、骨干人才的收入水平，建立岗位绩效工资分配体系。2006年，为稳定生产，激励一线，在原有分配模式基础上，增设生产车间奖励基金、倒班满20年奖励金等长期激励项目。2007年12月，制定基础工资、部分津贴及见习期工资标准调整方案，同时对劳务工工资分配方案进行调整。2008年实施《调整增加职工工资收入实施办法》，提高职工工资和劳务工工资标准。

洛阳石化重视并积极推动干部制度改革。2001年，首次组织对宏达公司总经理、机动处处长等部分中层管理岗位进行竞聘，并逐步扩大竞聘范围。2005年，组织洛阳石化处级和科级领导人员竞聘工作，并开辟离岗培训、严格退出现职制度和离岗调研、转聘专业管理或专业技术岗位、改任调研员、参加改制、提前退休、协议解除劳动合同、待岗和解除劳动合同等多个管理人员分流安置渠道。在人事管理工作中，围绕知人、用人、育人、监督等方面，坚持按任免程序办事、坚持兑现考核结果、坚持干部退职制度，注重提拔优秀的年轻干部、注重加大干部交流的力度、注重开展全方位、多层次的教育培训，塑造一支政治强、业务精、作风好、素质高的干部队伍，为推动企业持续有效和谐发展提供坚强的组织保证。

（四）

2001年以来，洛阳石化党组织认真贯彻党的十六大、十七大精神，坚持抓生产从思想入手，抓思想从生产出发，服务企业发展、服务职工群众，持续开展创先争优活动，努力把党的先进性建设转化为引领企业科学发展的能力，推动企业发展登上新台阶。

发挥党组织的核心作用
为企业稳定、发展提供强有力的保证

洛阳石化各级党组织牢牢把握发展是硬道理、业绩是硬指标的理念，始终坚持围绕企业中心任务开展党建工作，促进企业生产发展，保证企业和谐、稳定。持续加强基层组织建设，在上市存续分立运行、实行管理机构扁平化和多经企业改制分流的过程中，始终做到党组织设置合理，结构优化，体系完善，实现组织设置无空缺，党员管理无空挡，党建工作全覆盖。健全完善制度、标准和程序，使党组织工作做到事事跟着程序走，件件按照标准办。建立健全《党委发挥政治核心作用的保证机制》、《党组织参与企业重大决策的体制机制》、《发挥党员先锋模范作用的教育管理机制》、《党组织和党员密切联系群众的工作机制》、《党群目标管理考核办法》等多项制度，形成保持共产党员先进性和党的先进性建设的长效机制。坚持围绕、贴近、服务企业大局，开展党内主题实践活动，调动广大党员的积极性和主动性。2001年以来，在基层党组织中持续开展“党员安全岗”、“党员模范线”、“党员增效岗”、“党员身边无事故”等竞赛活动，开展“讲安全、讲效益，争当安全先锋、争当增效先锋”、“党员身边无违章”等党内实践活动，激发党员在安全生产中当表率、作先锋，发挥模范带头作用。2001～2010年，共发展新党员890名。2010年底，有基层党委（总支）22个，172个党支部，党员3392名。

抓好“三支队伍”建设，培育一流职工队伍

洛阳石化党组织始终把经营管理人员、专业

技术人员和操作技能人员的建设放在重要位置，着眼企业发展建设需求，打造干事创业的“四好”领导集体，加快人才队伍建设。在各级经营管理班子中，开展保持共产党员先进性教育活动、“深入群众促和谐，凝心聚力促发展”活动、学习实践科学发展观活动和创先争优活动，用邓小平理论、“三个代表”重要思想和科学发展观武装头脑、指导实践、统领工作。加强廉洁文化建设，促进党员干部加强党性修养，廉洁从业。完善领导班子议事规则，落实“三重一大”（重大问题决策、重大项目安排、重要人事任免，大额度资金使用）制度，规范两级班子集体决策程序，促进依法决策、科学决策、民主决策。始终坚持正确的用人导向，重业绩、看公论，把干部竞聘和组织选拔有机结合起来，形成不拘一格选拔干部、促进优秀人才脱颖而出的良好局面。建设一支高素质专业技术队伍，是企业创新的关键，从2001年开始，洛阳石化加大高层次技术人才培养力度，坚持每年选派技术骨干参加高层次学习培训，2001～2010年，先后有186人到国外或参加中石化集团公司高级研修班、研究生班学习，并与北京、郑州、西安等地高校合作举办在职工程硕士班等，先后有93人参加，促进技术人员提高技能，为企业发展储备技术骨干。发挥博士后工作站作用，引进外部智力资源，促进科技创新。采取“导师制”、“多岗轮训式”等措施，加快青年技术人才培养。加强技能操作人才培养，认真开展学习型企业创建活动，广泛组织岗位练兵、职业技能鉴定、技术大比武和技师评聘工作，促进操作技能人员成长成才。2001～2010年，开展各种技能培训项目5938项，举办班组长培训班等各类培训班1550个，各种模拟演练4583次，举办“三基”培训班86期，推荐和选拔2594名职工参加外委培训，累计41批次806名操作骨干赴其他企业学习，有效地提高职工的整体素质。

坚持以人为本，促进企业和谐发展

洛阳石化坚持以人为本，依靠职工办企业，从职工群众的切身利益入手，办好事、办实事，让职工群众充分享受改革发展成果，促进企业和谐发展。2001年以来，每年都要开展主题教育活动，统一思想，凝聚力量，促进各项生产经营任务完成。坚持民主管理，完善职工代表大会管理程序，维护职工合法权益。2001～2010年，共收到职工提案1200多件，建议回复率100%。开展“打造两张名片，创建优美环境”活动，改善生产和生活环境，职工的环境意识和绿化意识增强，文明素质显著提高。提出“大洛阳石化观”，统筹上市与存续、母体与改制企业协调发展。在第三次大发展中，形成一盘棋、一家人、一条心、一股劲、一个目标的“五个一”精神和特别顾大局、特别守纪律、特别能吃苦、特别会战斗的“四特”精神，丰富和发展了企业“三自”精神。开展“送温暖”活动，真心实意帮助职工群众解决实际困难。完善信访稳定工作机制，及时消除热点、化解矛盾。建立洛阳分公司领导与贫困职工联系制度，关爱和帮助弱势群体。2007年以来，围绕职工住房、医疗、交通、子女就业、协解职工再就业、离退休职工服务等民生问题，坚持每年为职工办好“八件实事”，解决职工群众最关心、最直接、最现实的问题，赢得职工群众的信任，营造企业和谐发展的良好氛围。

大事记

2001 年

1 月

11 日　中共洛阳市委、市人大、市政府、市政协领导及有关部门负责人到洛阳石化调研。

18～19 日　石化总厂六届一次职工会员代表大会在科技交流中心召开。选举产生第六届工会委员会，通过职代会各专门委员会成员名单。裴春旺当选工会主席。

3 月

6 日　石化总厂召开 2000 年度“十佳人物”、“五朵金花”表彰大会。决定从 2000 年起，对评选出的“十佳人物”授予“劳动模范”称号，以往年度评选出的“十佳人物”，也给予“劳动模范”称号的确认。

15 日、17 日　石化总厂、洛阳分公司先后两次在科技交流中心召开干部大会，传达中石化集团公司、中石化股份公司减员增效工作会议精神。

同月　化纤厂长丝装置试生产 167dtex/144f 长丝品种获得成功，首创国内直接纺生产线生产该规格细旦纤维纪录。

同月　化纤厂涤纶短纤维成功生产出合格的 0.89 分特涤纶细旦纤维。

5 月

12 日　化纤工程 9 万吨/年长丝项目引进合同验收签字仪式在石化宾馆举行。至此，洛阳化纤工程 5 个引进合同的 6 套生产装置经考核合格后全部交接验收。

18 日　与临邑—濮阳原油管道建设工程相配套的中原—洛阳原油管道 500 万吨/年增量改造工程在卫辉站开工。

21 日　中石化集团公司副总经理、中石化股份公司总裁王基铭到洛阳石化调研。

22 日　聚丙烯新产品地毯丝专用料 S－800－1和 S－800－2 在聚丙烯公司试产成功。至此，聚丙烯公司已有 27 种牌号的聚丙烯产品。

同月　化纤厂聚酯装置使用国产催化剂替代进口催化剂获得成功。

同月　隆惠公司王磊被中华全国总工会授予全国“五一”劳动奖章。

7 月

1 日　中共中央组织部授予中共洛阳石油化工总厂党委“全国先进基层党组织”称号。

26 日　根据中石化集团公司的统一部署，洛阳石化开展协议解除劳动合同工作。先后有 1084 名全民合同制职工分别同石化总厂、洛阳分公司解除劳动合同，其中石化总厂 785 名，洛阳分公司 299 名。

同月　中共中央办公厅副主任、人民日报社社长白克明到洛阳石化考察，中共河南省委副秘书长安东、洛阳市市长刘典立陪同考察。

同月　工程建设公司在四川维尼纶厂改扩建工程项目监理中标，标志着工程建设公司走出洛阳石化开始进入国内建设市场。

8 月

1 日　由香港特别行政区立法会议员叶国谦率领的香港青少年学生中国历史文化考察团到洛阳石化参观考察。

30 日　中石化集团公司原人教部副主任张

文平带领考核组到厂，对石化总厂、洛阳分公司领导班子进行考核。

9月

1日 洛阳石化宏业劳务有限公司成立。

21日 中共洛阳市委书记孙善武、市长李贵基带领新一届领导班子到洛阳石化指导工作。

同月 工程建设公司通过深圳质量认证中心ISO 9001质量管理体系认证审核，取得进入国际、国内市场的资格。

10月

16日 由审计署驻郑州特派员办事处张全兆副特派员、任增林处长带领的审计组一行9人到洛阳石化，对洛阳化纤工程进行竣工决算审计。

17～20日 中石化股份公司副总裁曹湘洪带领工作组到洛阳石化检查工作。

25～26日 共青团石化总厂第四次代表大会在科技交流中心举行，会议选举产生共青团石化总厂第四届委员会。王青春当选团委书记。

同月 聚酯装置CP－2生产线试用国产新型催化剂乙二醇锑成功，装置在不改变设备和原工艺条件下，生产能力提高20%。

11月

1日 洛阳石化参加洛阳市基本医疗保险工作正式启动。从1日起，洛阳石化按照《洛阳市城镇职工基本医疗保险暂行规定》及配套办法执行新的医疗制度。

8日 国家环保总局组织专业验收会议，洛阳化纤工程通过环保专业验收。

11日 中石化股份公司副总裁王天普到洛阳石化调研。

同月 石化总厂开展集体工协议解除劳动合同工作，459人与单位解除劳动合同。

12月

13日 洛阳石化召开干部大会，中石化集团公司人教部副主任张继田受中石化集团公司党组委托，宣布对洛阳石化领导班子调整的决定。聘任王治卿为洛阳分公司经理、韩剑敏为洛阳分公司副经理；任命廉金社为石化总厂副厂长；解聘王富龙洛阳分公司经理职务，调出另有任用；任命贾保顺为洛阳石化协调委员会主任，调整后的协调委员会由贾保顺、郑怀杰、王治卿组成。

31日 全年加工原料油442.84万吨，实现销售收入120.92亿元。

2002年

1月

11日 石化总厂、洛阳分公司对部分机构设置和领导职务进行调整。撤销化纤厂行政及党群机构；化纤厂各车间为石化总厂直属单位。

2月

5日 中石化集团公司党组书记、总经理李毅中及有关部门领导到洛阳石化检查指导工作，并为洛阳石化题词：“炼油以销定产，化工开足马力，狠抓质量品种，降低成本，进入市场，深化改革，扭亏增盈，洛阳石化大有希望。”

3月

28日 洛阳化纤工程竣工验收会议在石化总厂召开。经中石化集团公司及河南省、洛阳市有关部门领导、专家组成的竣工验收委员会审查，洛阳化纤工程通过竣工验收，并颁发洛阳石油化工总厂化纤工程竣工验收证书。

4月

19日 中国职工思想政治工作研究会副会长、中国企业管理协会副会长赵荫华由河南省计委有关部门领导陪同，到洛阳石化考察。

22～28日 受国家计委和中石化集团公司委托，中国国际工程咨询公司、中国石化咨询公司对洛阳化纤工程进行工程后评价工作。

5月

9日 宏力化工厂8000吨/年聚丙烯专用料生产线开车一次成功，生产出合格产品。

10日 常压装置日加工原油达到15000吨以

上，标志着该装置处理量已经超过 500 万吨/年的设计能力。

6 月

3 日　中央巡视组在河南省、洛阳市有关领导陪同下到洛阳石化进行考察调研。

26～28 日　26 日，洛阳分公司储运厂留庄驻站当班人员将新疆奎囤车站发出的 3 车乙二醇，与同期到达的 5 车混合二甲苯罐车都按二甲苯罐车错抄错报给储运厂货运调度。27 日，货运调度员对报单与货单是否一致未经认真核实就通知卸车，致使 2 槽车乙二醇卸入芳烃装置的中间储罐。27 日 23 时 25 分，石化总厂芳烃车间未按规定对外购原料进行脱水和化验分析，直接送入装置塔内，当班操作工监盘责任不落实，对异常情况缺乏分析判断能力，导致吸附剂失活，芳烃联合装置停工。“6·28” 事故被中石化集团公司认定为重大生产责任事故。

29 日　闲置 20 多年的减压装置开工一次成功。

7 月

7 日　中共河南省委书记陈奎元在河南省、洛阳市有关领导陪同下到洛阳石化考察。

同月　工程建设公司和隆惠公司分别被建设部核定批准为化工石油管道设备安装工程总承包和专业承包一级资质，并获《建筑企业资质证书》。

8 月

2 日　石化总厂召开 ISO 9000 质量管理体系首次贯标认证办公会议，标志着石化总厂 ISO 9000 质量管理体系认证工作启动。

9 日　洛阳石化通过 ISO 14001 环境管理体系复审。

21 日　中石化集团公司离退休工作部主任孙育芬带领工作组到洛阳石化调研。

9 月

16 日　中石化集团公司、中石化股份公司干部考核组召开会议，对石化总厂、洛阳分公司领导班子进行考评。

同月　洛阳分公司自主开发 97 号汽油获得成功。

10 月

8 日　石化总厂举行精对苯二甲酸装置扩能改造工程开工仪式。

11 月

12 日　石化总厂文学艺术工作者联合会第一次代表大会召开，洛阳石化文联正式成立。

同月　洛阳分公司首次生产 −20 号轻柴油成功。

12 月

5 日　洛阳石化 2 万吨/年双向拉伸薄膜工程奠基。

15 日　四联合车间减黏裂化装置生产出第一批合格的燃料油，装置开工实现一次成功。

16 日　濮阳至临邑输油管道开通。5 万吨阿曼原油于 23 日首次通过濮临管道输至洛阳石化。

23 日　洛阳分公司召开健康、安全和环境（HSE）管理体系运行发布会。

24 日　四联合溶剂脱沥青装置投料开工成功。

31 日　全年加工原料油 455.38 万吨，同比增长 2.83%；实现销售收入 113.23 亿元。

2003 年

1 月

1 日　洛阳石化医院揭牌，成为石化总厂首家改制分流单位。

3～4 日　中石化集团公司副总经理刘根元一行到洛阳石化调研。

8 日　洛阳石化召开第五次思想政治工作会议。

3 月

26 日　洛阳石化召开干部大会，中石化股份公司人力资源部副主任徐旭日宣读中石化集团公司党组、中石化集团公司和中石化股份公司对

石化总厂、洛阳分公司领导班子的调整决定：裴春旺任中共石化总厂委员会副书记、纪律检查委员会书记；王治平任中共石化总厂委员会副书记、石化总厂工会主席。郑国栋、王鑫武、杜平安任石化总厂副厂长；聘任赵振辉为洛阳分公司副经理。

4 月

28 日　石化总厂正式通过 ISO 9001 质量管理体系认证，获 ISO 9001 质量管理体系认证书。

5 月

6 日　石化总厂、洛阳分公司召开干部大会，调整机构设置，任免部分领导人员。决定撤销炼油厂、动力厂，储运厂更名为铁路运输部。

15 日　中共中央政治局常委、中央政法委书记罗干由中共河南省委书记李克强、河南省省长李成玉等领导陪同，到洛阳石化视察。

7 月

16 日　洛阳石化召开首次关心下一代工作会议。

8 月

13 日　洛阳分公司在科技交流中心召开 ISO 9001 质量管理体系文件发布会。

24 日　石化总厂首批出口涤纶长丝 50.22 吨，创汇 46.58 万港元，约合 6 万美元。

9 月

24 日　洛阳石化中小学移交地方政府签字仪式在洛阳新友谊大酒店举行。

26 日　投资 1.23 亿元的洛阳石化 70 万吨/年重整装置扩能改造项目正式经中石化集团公司批准立项。通过改造，将炼油型重整装置改造为化纤型重整装置。

10 月

22 日　洛阳石化分配制度改革动员大会在科技交流中心召开。

28 日　洛阳石化中学、小学更名揭牌仪式在石化中学广场举行。石化总厂中学更名为洛阳市第四十三中学，石化总厂第一小学更名为洛阳市教育局直属第五小学，石化总厂第二小学更名为洛阳市教育局直属第六小学。

30 日　越南同塔省劳联会主席团氏秋二一行 5 人到洛阳石化访问。

11 月

13 日　洛阳石化铁路专用线微机连锁信号系统全线开通，铁路调车和运输作业由继电电路连锁执行系统转化为全电子智能化执行系统。

12 月

22 日　洛阳分公司通过 ISO 9001 质量体系认证。

26 日　中石化集团公司党组、中石化股份公司下文，免去贾保顺洛阳石化协调委员会主任委员、石化总厂党委书记和洛阳分公司代表职务，调出另有任用。

同月　经河南省安全生产监督管理局专家组综合评估验收，洛阳石化职（技）工学校被确认具备省二级（国家三级）安全生产培训机构资格。

31 日　全年加工原料油 481.77 万吨，实现销售收入突破百亿元，达到 140.07 亿元。

2004 年

2 月

10 日　宏达公司宏力化工厂 2 万吨/年甲基叔丁基醚（MTBE）及 3000 吨/年异丁烯联合装置开工建设。

20 日　洛阳石化召开创建学习型企业动员大会。

25 日　宏达实业总公司、洛阳市经济投资有限公司、洛阳市吉利区经济发展投资有限公司和金达实业公司联合投资建设的 18 万吨/年聚酯暨 15 万吨/年短纤维实华合纤项目举行签字仪式。

同月　宏达公司宏力化工厂被河南省科技厅认定为河南省高新技术企业。

3 月

1 日　石化总厂健康、安全和环境（HSE）

管理体系开始试运行。

4日　河南省人事厅举行仪式，为洛阳石化博士后科研工作站揭牌。

18日　石化总厂通达运输工程公司改制并更名为洛阳石化通达运输工程有限责任公司。

4月

1日　石化总厂将中原路、北环路正式移交给吉利区人民政府，纳入地方市政道路统一管理。

同月　精对苯二甲酸（PTA）装置扩能改造项目通过竣工验收。扩能改造后生产能力由原设计的22.5万吨/年增加到32.5万吨/年。

5月

10日　河南省副省长史济春带领省发展改革委员会等部门领导到洛阳石化调研。

13日　中石化股份公司高级副总裁张家仁带领财务、销售等部门领导到洛阳石化检查指导。

15日　中共中央政治局常委、全国政协主席贾庆林由中共河南省委书记李克强、省长李成玉、省政协主席范钦臣等省市领导陪同，到洛阳石化视察。

18日　洛阳隆惠石化设备制造安装公司改制并更名为洛阳隆惠石化工程有限公司。

20日　首批哈萨克斯坦原油到厂。

21日　中共河南省委副书记支树平到洛阳石化调研。

26日　中共河南省委常委、政法委书记张世军到洛阳石化调研。

6月

4日　国务院国有资产监督管理委员会主任李荣融由河南省副省长史济春等省市领导陪同，到洛阳石化调研。

8日　首列50节槽车俄罗斯原油进厂。

22日　洛阳石化召开干部大会，中石化集团公司领导宣布石化总厂、洛阳分公司领导班子任职的通知：魏文波任石化总厂厂长、党委书记、洛阳分公司代表；洛阳石化不再设立协调委员会，原任协调委员会成员职务免除；免去郑怀杰石化总厂厂长、党委常委职务，调出另有任用。中石化集团公司党组成员、副总经理刘根元作了重要讲话。

22～23日　中石化集团公司党组书记、总经理、中石化股份公司董事长陈同海由河南省副省长史济春、中石化集团公司党组成员、副总经理刘根元等陪同到洛阳石化调研。

30日　石化总厂设计院改制并更名为洛阳石化工程设计有限公司。

7月

3日　宏达公司宏力化工厂2万吨/年甲基叔丁基醚（MTBE）及3000吨/年异丁烯联合装置实现开车一次成功，生产出合格的MTBE产品。

16日　洛阳石油化工基本建设工程承包有限责任公司改制并更名为洛阳石化工程建设有限责任公司。

同月　四联合装置生产的专门用于铺设高速公路、立交桥道路的AH-90重交沥青通过交通部的技术鉴定，产品投放市场。

8月

11～13日　《洛阳石油化工总厂志》专家评审会召开。河南省、洛阳市地方史志办公室、石化系统部分企业史志办的专家领导参加评审会。

9月

3日　全国政协副主席张思卿率领全国政协常委视察团一行80余人，由河南省、洛阳市政协领导陪同到洛阳石化视察。

同日　洛阳石化公安职能移交到社会，新成立的洛阳市公安局中原路派出所举行挂牌仪式。

9日　中石化集团公司党组副书记、副总经理周原率中石化集团公司炼化企业经营管理部、思想政治工作部和中石化股份公司化工事业部等部门负责人到洛阳石化调研。

同月　洛阳石化2000吨纯苯首次出口韩国。

10月

10日　中共中央政治局常委、国家副主席曾庆红由中共河南省委书记李克强、省长李成玉等领导陪同到洛阳石化视察。

11日　洛阳分公司QHSE管理体系文件正式发布运行。

18日　洛阳石化厂史展览馆开馆。

11月

29日　三隆公司仪表车间三、六联合维护班1名职工在三联合直柴加氢装置脱硫化氢汽提塔回流罐V3205液面计平台进行仪表维护时，发生硫化氢中毒事故，抢救无效死亡。

同月　洛阳石化被河南省授予“2004年度河南省质量管理先进企业”称号。

12月

15日　洛阳石化年原油加工量突破500万吨，达到设计能力。洛阳石化召开庆祝大会。

17日　聚丙烯公司2万吨/年双向拉伸聚丙烯薄膜装置生产出合格产品，实现开工试生产成功。

31日　全年加工原料油539.2万吨，生产化工化纤产品75.74万吨，实现销售收入185.14亿元，上缴税金10.35亿元，实现利润2.83亿元。

同月　中共洛阳市委命名洛阳石化为洛阳市爱国主义教育示范基地。

2005年

1月

19日　中共洛阳市委、洛阳市人民政府发来贺信，祝贺洛阳石化销售收入全省第一。

23日　中共河南省委书记徐光春到洛阳石化考察。

26日　洛阳石化在科技交流中心召开表彰大会。石化总厂党委、石化总厂、洛阳分公司联合授予徐建强“见义勇为杰出职工”称号，并一次性奖励3万元。

同月　石化总厂团委获2004年度全国“五四”红旗团委称号。

2月

22日　洛阳石化在科技交流中心召开机构融合重组暨精简中层管理人员动员大会。

3月

12日　洛阳石化黄河取水工程开工进水仪式在黄河取水现场举行。

15日　800万吨/年炼油扩能项目常压塔开始吊装。

16日　洛阳石化中层领导人员竞聘工作结束。经过笔试、民主测评和领导测评后，109名处级领导竞聘上岗（含8个下属公司的中层领导），119名科级领导竞聘上岗。

17日　河南省省长李成玉，中共河南省委常委、洛阳市委书记孙善武，副省长史济春，中石化集团公司副总经理刘根元等领导到洛阳石化调研。

同日　由中石化股份公司化工事业部主持的芳烃装置吸附剂更换及保护专题技术交流会在洛阳石化召开。

27日　洛阳石化800万吨/年炼油改造和45万吨/年PX项目环评大纲通过评审。

29～31日　洛阳分公司“十一五”发展规划技术咨询会在科技交流中心召开。

4月

8日　中石化集团公司安全督察组到洛阳石化进行安全督察。

8日　洛阳石化ERP（企业资源计划系统）、MES（生产执行系统）项目实施动员大会在科技交流中心召开。

同月　化验一车间女职工委员会获全国“巾帼文明岗”称号。

14～16日　由仪征化纤公司副经理张忠安任组长的炼化企业设备大检查第二组对洛阳石化进行为期3天的检查。

15日　洛阳石化2005年度多种经营工作会议召开。

18日　洛阳三隆设备安装维修有限责任公司完成改制，更名为洛阳三隆安装检修有限公司，并举行揭牌仪式。

29日　石化总厂团委在俱乐部举行五四颁奖文艺晚会，第八届“十佳青年”受到表彰。

同月　芳烃车间宋克俊当选“全国劳动模范”。

5月

13日　炼油改造项目现场办公会在洛阳石化召开，中石化股份公司副董事长王基铭主持会议。

18 日　江西省委书记孟建柱率江西省党政代表团一行100余人，在河南省、洛阳市有关领导陪同下到洛阳石化参观考察。

18 日　惠康公司餐饮中心店开业。

20 日　洛阳石化装置停工检修动员会在科技交流中心召开。生产装置全线停工，装置检修全面开始。

6 月

18 日　河南省计划生育考核组一行到洛阳石化进行计划生育目标责任制大检查。

23 日　吉利区委、区人大、区政府、区政协领导慰问检修职工。

24 日　常减压装置新构3［I］成功平移28.7米，用时9个小时。

27 日　中石化股份公司内控制度检查组到洛阳石化检查。

7 月

5 日　二催化装置实现检修后开工一次成功，标志着炼油装置全面开工生产。

15 日　洛阳石化保持共产党员先进性教育活动动员大会在科技交流中心召开。

8 月

9 日　洛阳石化2005年检修、开工总结表彰大会在科技交流中心召开。

24 日　洛阳分公司机关和直属机构科级领导干部竞聘上岗工作动员大会在科技交流中心召开。

26 日　洛阳石化举行纪念抗日战争胜利60周年授勋仪式。在抗日战争时期参加革命的11位老同志，获中共中央、国务院、中央军委颁发的“抗日战争胜利60周年纪念勋章”。

26 日　尼日利亚商务部部长伊德里斯·瓦齐里一行12人在河南省有关部门负责人的陪同下，到洛阳石化考察访问。

9 月

8 日　中石化股份公司炼油事业部副主任胡伟庆一行到洛阳石化，对三联合催柴加氢装置加热炉炉管爆裂事故进行调研。

11 日　洛阳石化领导班子召开专题民主生活会。中石化集团公司先进性教育活动巡回检查组成员参加会议，同时邀请部分普通党员和群众代表列席会议。

13 日　中石化集团公司炼化管理部副主任官庆杰带领炼化企业第六检查组对洛阳石化进行为期5天的安全检查，并对检查情况进行讲评。

23 日　宏达合纤公司18万吨/年聚酯装置一次投料试车成功。

10 月

9 日　洛阳石化在科技交流中心召开先进性教育情况通报会。

12 日　河南省、洛阳市先进性教育活动督导组领导到洛阳石化检查指导工作。

21 日　首批新疆雅克拉凝析油进厂。

28 日　洛阳石化在科技交流中心举行《洛阳石油化工总厂志》出版发行仪式。

11 月

2 日　中共洛阳市委副书记、市长李贵基一行到洛阳石化指导工作。

7 日　洛阳分公司ERP（企业资源计划）系统成功上线。

10 日　洛阳分公司召开首次薄膜产品用户座谈会。

17～18 日　中国共产党洛阳石油化工总厂第五次代表大会在科技交流中心隆重召开，选举产生中共石化总厂第五届委员会、纪律检查委员会，魏文波当选为书记，裴春旺、王治平任副书记；裴春旺兼任纪委书记。

12 月

5 日　洛阳石化召开保持共产党员先进性教育活动总结会。

6 日　洛阳市人大主任刘典立带领洛阳市部分全国、省、市人大代表到洛阳石化检查指导工作。

22 日　洛阳市市长李贵基、常务副市长吴中阳、副市长宋殿宇一行到洛阳石化指导工作。

31 日　全年加工原料油493.28万吨，销售收入超过200亿元，达到211.87亿元。

2006 年

1 月

4 日　洛阳石化在科技交流中心召开干部大会，传达中石化集团公司暨中石化股份公司2005年工作会议精神。会议指出，2006 年是洛阳石化实施“三步走”战略的起步年。

11 日　中共洛阳市委、市政府向洛阳石化发来贺信，祝贺洛阳石化 2005 年实现销售收入突破 200 亿元。

12 日　中共河南省委书记徐光春发来贺信，祝贺洛阳石化 2005 年实现销售收入突破 200 亿元。

19～20 日　洛阳石化七届一次职工会员代表大会在科技交流中心召开。魏文波作《以实施“三步走”战略统领全局，努力开创洛阳石化第三次大发展的新局面》工作报告，选举产生第七届工会委员会。

24 日　中石化资产公司董事长、总经理刘根元到洛阳石化检查指导工作。

2 月

24 日　洛阳石化 140 万吨/年延迟焦化装置工程正式开工建设。

3 月

12 日　中共洛阳市委副书记、代市长连维良到洛阳石化检查指导工作。

27 日～4 月 1 日　由中石化集团公司企业改革部、财务资产部等部门组成专题调研组来洛阳石化进行调研。

29 日　洛阳分公司 MES（生产执行系统）项目建设启动会议在科技交流中心召开。

同月　洛阳石化被全国绿化委员会授予“全国绿化模范单位”称号。

4 月

3～5 日　中石化股份公司发展计划部在洛阳石化召开设计审查会，对洛阳分公司油品质量升级改造第一阶段实施工程总体设计方案进行专业审查，并形成专业审查意见。

7 日　洛阳石化召开多种经营工作会议。

18 日　洛阳石化金达公司特种油品项目竣工庆典在锦达特种油品厂举行。

20 日　中石化股份公司炼油事业部副主任朱理琛带领设备检查组，到洛阳石化进行为期 3 天的设备大检查。

27 日　中石化股份公司炼油事业部调研组在科技交流中心召开交换意见工作会，石化总厂、洛阳分公司领导及相关处室领导参加会议。

5 月

22 日　中石化股份公司正式批复洛阳分公司油品质量升级改造第一阶段实施工程总体设计方案，项目建设开始进入实施阶段。

24 日　中石化集团公司安全环保局副局长寇建朝任组长的安全调研、检查第二组对洛阳石化进行为期 3 天的安全调研、检查。

6 月

1 日　洛阳石化“固定电话虚拟网”正式开通。

19 日　二联合车间催化装置新建气体脱硫装置中间交接。

22 日　石化总厂党委召开离退休老同志座谈会。

30 日　洛阳石化在石化俱乐部召开建党 85 周年暨“创先争优”表彰大会。

7 月

1 日　洛阳分公司油品质量升级改造工程打桩仪式在新建 4 万吨/年硫黄回收装置工地举行。

13 日　中石化股份公司高级副总裁章建华一行，在河南省、洛阳市有关单位领导陪同下，到洛阳石化调研。

21 日　洛阳石化召开会议，选举（以姓氏笔画为序）李志平、张延霞、胡道平、段玉红、梁万军、魏文波 6 名党员代表，出席中共洛阳市第九次代表大会。

8 月

2 日　洛阳石化召开工作会议，传达中石化集团公司暨中石化股份公司工作会议精神，通报洛阳石化上半年生产经营情况，部署下半年重点工作。

4日 洛阳石化科技暨人才大会在科技交流中心召开。

9日 洛阳分公司举行油品质量升级改造项目第一阶段实施工程总承包框架协议暨监理合同签字仪式。

9月

13～15日 中石化股份公司化工事业部副主任项汉银带领安全环保大检查第5组一行11人到洛阳石化，进行为期3天的安全环保大检查。

15日 洛阳石化领导干部培训班在石油化工管理干部学院（北京）举行。

20日 中国石化集团资产经营管理有限公司洛阳分公司组建，并完成工商注册。

21日 中石化股份公司内控制度检查组到洛阳石化检查。

25日 洛阳分公司塔河中质油试验项目通过验收，实现中间交接。

28日 洛阳分公司油品质量升级改造工程举行开工奠基。中石化股份公司副总裁张克华、河南省副省长徐济超及有关部门领导参加开工仪式。下午，洛阳分公司油品质量升级改造工程现场协调会在科技交流中心召开，中石化股份公司副总裁张克华出席会议。

10月

12日 洛阳石化第六届职工运动会开幕。新建石化体育馆正式投入使用。

13日 洛阳分公司塔河中质油试验项目实现开工一次成功，标志着洛阳石化具备加工西部劣质原油的技术和能力。

26日 中石化集团公司工程建设管理部副主任邵予工带领专家组到洛阳石化，对油品质量升级改造工程总体统筹控制计划进行审查。

11月

1～3日 北京三星质量认证公司6位专家组成的审核组到洛阳石化，对洛阳分公司QHSE管理体系运行情况进行审核。

5～6日 由中国石化ERP（企业资源计划）项目管理组及信息系统管理部组织的中国石化ERP项目洛阳分公司测试组，对洛阳分公司ERP系统进行预验收。通过测试，洛阳分公司ERP系统通过预验收。

21日 洛阳石化MES（生产执行系统）成功上线。

23日 洛阳石化召开干部大会。中石化集团公司暨中石化股份公司人事部副主任周新民宣布中石化集团公司党组对洛阳石化领导班子进行调整的决定。任命魏文波为中石化股份公司洛阳分公司经理，免去洛阳分公司代表职务；任命王治平为中共石化总厂纪委书记；免去王治卿中石化股份公司洛阳分公司经理职务；免去裴春旺石化总厂党委副书记、纪委书记职务；王治卿、裴春旺另有任用。

30日 洛阳石油化工总厂在工商部门完成注销工作。

12月

20日 洛阳分公司ERP（企业资源计划）系统经过13个月的单轨运行，系统运行平稳，网络畅通，全面进入应用阶段，并正式通过验收。

31日 全年加工原料油突破600万吨，达到602.59万吨，实现销售收入294亿元。

2007年

1月

8日 中共洛阳市委、市人民政府祝贺洛阳石化炼量突破600万吨。

12日 国家环保总局规划司司长赵建中到洛阳石化检查指导工作。

23日 中石化集团公司科技委主任洪定一带领科技专家组一行6人到洛阳石化，对化纤产业链运行状况进行调研、指导。

29～30日 中石化股份公司总裁王天普一行到洛阳石化调研。

3月

10日 油品质量升级改造项目土建工程开工动员会在科技交流中心召开，洛阳分公司油品质量升级改造第一阶段工程正式开始。

13日 中共河南省委常委、洛阳市委书记连维良等市、区领导到洛阳石化油品质量升级改造项目部现场办公。

14日 共青团河南省委书记陶明伦、副书记王战营一行，在洛阳市有关领导陪同下，到洛阳石化就河南青年关注的民生问题及青年需求开展专题调研。

16日 中石化股份公司副总裁张克华到洛阳石化检查指导油品质量升级改造项目建设工作。

21日 洛阳石化技师、高级技师受聘大会在科技交流中心举行。135名技师、高级技师受聘上岗。

4月

11～13日 中石化集团公司党组副书记、副总经理周原，党组成员、纪检组组长王作然到洛阳石化，就企业生产经营、改革发展、项目建设等工作进行调研。并出席中石化集团公司在洛阳石化召开的2007年油气田及输油气管道安全保护工作会议。

12日 苏丹共和国驻中国大使米而加尼·穆罕默得·萨利赫在洛阳石化工程公司海外建设部领导陪同下，到洛阳石化参观访问。

19～22日 中石化股份公司化工事业部副主任项汉银带领炼化企业设备检查组一行10余人，到洛阳石化进行为期4天的设备大检查。

23～24日 中石化信息系统管理部MES（生产执行系统）上线运行现场检查会在洛阳分公司召开。

同月 化验一车间职工盛玉敏获中华全国总工会颁发的全国“五一”劳动奖章。

5月

4日 十届全国人大常委会副委员长兼秘书长盛华仁在中共河南省委常委、洛阳市委书记连维良等领导陪同下到洛阳石化视察。

10日 隆惠公司承建的焦炭塔吊装成功，油品质量升级项目焦炭塔由制造阶段进入安装阶段。

16日 洛阳石化金达实业公司完成改制，更名为洛阳金达石化有限责任公司，并举行揭牌仪式。

25日 共青团石化总厂第五次代表大会召开。会议选举产生共青团石化总厂第五届委员会，乔宏当选为团委书记。

6月

6日 石化总厂党委在科技交流中心、宏达公司会议室分设两个会场，对洛阳石化各直属单位、多经单位、改制单位的46个直属党组织，进行集中考核。

21日 隆惠公司将总重量达150吨的92米塔架和100米烟囱吊装一次成功。

28日 洛阳石化厂史馆在俱乐部重新布展，举行开馆仪式。

7月

2日 直径9米、重25吨的焦炭塔球形封头吊装就位，140万吨/年延迟焦化装置两台塔体全部安装就位。

3日 洛阳石化油品质量升级第二阶段实施工程技术咨询会在北京召开。

19日 经中共洛阳市委批准，中共洛阳石油化工总厂委员会更名为中共中国石油化工股份有限公司洛阳分公司委员会。同时石化总厂纪委也更名为洛阳分公司纪委。

8月

29日 15时56分，洛阳分公司开始往洛（阳）—驻（马店）成品油管线输入0号柴油，中石化集团公司在河南省建设的首条成品油管线正式建成投用。

9月

10日 中石化集团公司安全检查组一行12人，对洛阳分公司进行为期3天的安全环保大检查。

18日 国务院派驻中国石化监事会刘川处

长在中石化集团公司审计局吕向阳局长等陪同下，到洛阳石化对资产分公司的生产经营、财务状况、改革改制、清理整顿等工作进行检查。

26日 台塑集团杨鸿志协理一行5人在中共洛阳市委常委、经济工作部部长陈海勤陪同下，到洛阳石化参观访问。

10月

15日 西藏那曲工区班戈县劳模代表团来洛阳石化参观。

15～17日 中石化集团公司“三基”检查组炼化第二组对洛阳分公司“三基”工作进行检查。

17日 中共洛阳市委副书记、市长郭洪昌带领有关部门，到洛阳石化就企业生产经营、项目建设、发展规划等事宜现场办公。

19日 河南省副省长史济春与河南省国资委、发改委、洛阳市委、市政府等主要领导，到洛阳石化考察指导油品质量升级改造工程建设。

11月

6日 洛阳分公司LIMS（化验信息管理系统）成功上线，洛阳分公司质量管理、化验分析工作信息化迈上新台阶。

20日 中石化集团公司有关单位和中石化系统专家组成的审查组一行10余人到洛阳石化，对洛阳分公司油品质量升级改造工程《总体试车方案》进行为期2天的审查。

12月

5日 洛阳石化职工首批住房权属证卡发放。

10日 油品质量升级改造项目4万吨/年硫黄回收装置正式交接，进入开工试车阶段。

13日 由工程建设公司总承包的油品质量升级改造工程Ⅱ标段系统工程循环水场项目中间交接。

15日 洛阳石化进入河南省首批营业收入超300亿工业企业。

18日 中石化集团公司离退休工作部副主任李存计到洛阳石化指导工作，并为离退休活动中心修缮工程竣工投用剪彩。

26日 洛阳石油化工总厂工程公司完成改制，更名为洛阳炼化工程有限责任公司，并举行揭牌仪式。

31日 全年加工原料油593.1万吨，销售收入突破300亿元，达到309亿元。

2008年

1月

8日 根据中石化集团资产公司批复，同意将洛阳资产分公司更名为中国石化集团资产经营管理有限公司洛阳石化分公司。

23日 中石化集团公司党组成员、副总经理张耀仓一行5人到洛阳石化慰问职工，并进行调研。

2月

3日 新建4万吨/年硫黄回收装置生产出合格硫黄产品。

20日 中共河南省委常委、洛阳市委书记连维良到洛阳石化焦化装置、除盐水装置建设工地、金达特种油品厂和宏力化工公司调研。

28日 河阳家园二期工程动工建设。

3月

5日 洛阳分公司经理、党委书记魏文波出席十一届全国人大一次会议。

11日 学习贯彻十七大精神培训班开始举行，以十七大报告和延安精神为主要内容，分两批对处室、直属单位和多经改制单位领导进行培训。

13日 140万吨/年延迟焦化装置中间交接。

4月

15日 中石化集团公司党的十七大精神宣讲团一行3人到洛阳石化，宣讲十七大精神。

20日 中石化集团公司党组书记、总经理苏树林到洛阳石化调研指导工作。

21日 洛阳分公司召开装置停工大检修动员大会。

25日 洛阳分公司生产装置平稳停工，大

检修全面开工。

5月

15日 洛阳石化举行向四川汶川地震灾区捐款仪式，职工和家属共计捐款104万元。

同日 洛阳石化召开维护稳定工作会议，总结企业稳定工作经验，表彰维护稳定工作先进集体和个人。

22日 洛阳石化党员缴纳“特殊党费”76.96万元，支援四川灾区重建，其中缴纳1000元的有222人。

29日 洛阳石化组织20辆大型货运汽车和7辆调度、维修和生活保障车辆，组成支援四川灾区物资运输车队，向四川灾区运送救灾物资。

6月

14日 检修后的一联合催化裂化装置实现一次喷油成功。

18日 炼油装置提前一天出油，标志着大检修改造成功，保证抗震救灾、奥运和三夏用油，获中石化集团公司的好评。

19日 由中石化集团公司监察局、炼油事业部、法律事务部组成的效能监察调研组一行4人，对洛阳分公司炼油自销产品销售管理效能监察工作进行检查指导。

27日 140万吨/年延迟焦化装置生产出合格石油焦产品，延迟焦化装置开工投产一次成功。

30日 中共洛阳分公司党委被中共河南省委授予“全省五好基层党组织”称号。

7月

10日 洛阳石化“全民健身与奥运同行”系列活动启动仪式举行，21个单位千余名职工组成方队参加长跑活动。

16日 全国总工会基层组织建设部副部长杨洪林在河南省、洛阳市总工会相关部门负责人陪同下，到洛阳石化调研。

17日 洛阳分公司MES（生产执行系统）正式通过中石化集团公司验收。

8月

1日 洛阳石化医院进口大型诊断设备——西门子16层螺旋CT正式投用。

5日 为期4天的“抓源头、促清廉”廉洁文化展览开幕仪式在科技交流中心举行。

26日 洛阳石化职工餐厅改造工程竣工投用。

28日 热电站烟气脱硫装置建成中间交接。

9月

6日 洛阳分公司油品质量升级改造项目加氢联合装置建成中交。

12日 河南省全国人大代表组成的节能减排考察团一行10余人，到洛阳石化考察指导节能减排工作。

16日 中石化集团公司“五五”普法中期督导组河南区五小组到洛阳石化检查指导“五五”普法工作。

18日 洛阳分公司召开炼油调度优化指挥系统项目启动会。

28日 中石化集团公司关工委调研组到洛阳石化，对企业关工委工作进行专题调研指导。

10月

8日 洛阳分公司和洛阳石化工程公司召开2008年技术交流会，双方签订战略合作协议。

14日 宏达公司宏力化工公司聚丙烯装置气分单元脱丙烷塔顶水冷器发生泄漏，引起凉水塔着火，当场造成1人死亡，3人重伤，3人轻伤。

同月 石油石化建安维修专业协会第十届年会在洛阳石化召开，全国各地48家建安企业的代表参加会议。

11月

20日 中石化资产公司党委书记、副总经理谈全政一行4人到洛阳石化调研。

22日 中石化集团公司高级顾问张家仁一行5人，到洛阳石化调研。

28日 热电站烟气脱硫装置成功引入烟气，实现开工一次成功。

同日 洛阳石化举行职工大众广播操比赛，36个单位组成的24个队参加比赛。

12月

3日 洛阳石化环保项目——洛阳资产分公

司碳酸钙脱硫剂项目建成中间交接。

5 日　洛阳石化召开"双促"、"抓促"主题教育活动总结表彰会议。会议总结开展"双促"、"抓促"两个主题活动工作，表彰在活动中涌现出来的先进集体和先进个人。

15 日　洛阳石化召开《洛阳石化志》编纂工作启动仪式，开始编写《洛阳石化志》（2001～2010）。

18 日　由国务院安全生产委员会安全生产综合督察组长、国土资源部总工程师、地质调查局副局长张洪涛带领的督察组，在河南省、洛阳市有关领导陪同下，到洛阳石化检查指导工作。

23 日　根据中石化集团公司《关于直属企业有关领导人员职务名称变更的通知》，决定将中石化集团公司暨中石化股份公司直属企业有关领导人员职务名称进行变更。中石化集团公司党组管理以及党组委托人事部管理的"经理"职务名称更名为"总经理"，"副经理"职务名称更名为"副总经理"。

24 日　共青团河南省委青工部部长丁向东在共青团洛阳市委副书记朱晓伟的陪同下，到洛阳石化检查指导团青工作。

31 日　全年加工原料油 549.5 万吨，实现销售收入 306.7 亿元。

2009 年

1 月

9 日　洛阳分公司南大门改造工程竣工。

同月　聚丙烯公司获河南省科技厅、财政厅、国税局、地税局颁发的"高新技术企业"证书。

2 月

12 日　中石化集团公司财务部副主任蒋永富带领的清理整顿工作检查验收组一行 9 人到厂，对洛阳石化清理整顿工作进行检查验收。

13 日　中石化集团公司安全环保局副局长寇建朝一行 9 人及 10 家炼化企业的安全环保部门负责人到洛阳石化，召开事故现场会。

16 日　中石化集团公司热电专业检查第四组对洛阳石化热电站进行检查。

17 日　洛阳石化召开"我要安全"主题活动动员会。

3 月

5 日　洛阳分公司总经理、党委书记魏文波出席十一届全国人大二次会议。

17 日　洛阳石化召开深入学习实践科学发展观活动动员大会。洛阳分公司总经理、党委书记魏文波作动员报告，中石化集团公司学习实践活动第二指导检查组组长杨春林及成员参加动员大会。

30 日　聚丙烯公司薄膜装置生产的厚度为 19 微米珠光膜下线。

同月　河南省林业厅野生动物救护中心赠送的 10 头梅花鹿入驻厂区梅花鹿园。

4 月

15 日　中石化集团公司深入学习实践科学发展观活动指导检查组一行 3 人到厂，对洛阳石化学习实践活动进行检查指导。

16 日　中石化集团公司炼化企业设备检查组一行 10 人，对洛阳石化进行为期 3 天的检查指导。

29 日　洛阳石化科技工作会议召开。会议对 2006～2008 年获市级以上的科技进步奖项和洛阳石化优秀科技成果、2008 年度洛阳石化优秀管理攻关项目和优秀技术攻关项目进行表彰。

5 月

19 日　4 万米^3/时制氢装置开工投料一次成功，生产出纯度为 99.9% 的合格氢气。

同日　共青团中央城市工作部企业处处长何雷在共青团河南省委城市工作部有关领导的陪同下到厂，对洛阳石化共青团工作进行调研指导。

21 日　220 万吨/年蜡油加氢装置开工一次成功，生产出加氢蜡油、石脑油、柴油。

6 月

3 日　四联合新硫黄回收尾气成功引入斯科特系统，新硫黄回收装置尾气加氢还原吸收系统开工成功。四联合新建 4 万吨/年硫黄回收装置流程贯通，投入生产。

29日 洛阳石化油品质量升级改造二期工程开工奠基。中共河南省委常委、洛阳市委书记连维良、市长郭洪昌、中石化股份公司工程部副主任邵予工出席。二期工程项目主要有新建260万吨/年柴油加氢装置及装卸车油台改造项目。

7月

10日 经过改造的三联合航煤加氢装置开工投料成功，生产出合格的军用航空煤油。

17日 国家安监总局危险化学品三司副司长孙广宇一行到洛阳石化，对企业安全风险评价及防范等工作进行调研。

8月

14日 辽宁石油化工大学（原抚顺石油学院）领导杜志明一行5人到洛阳石化参观交流。

24日 中石化集团公司党组第三巡视组一行9人，对洛阳石化领导班子建设情况进行巡视。

9月

2日 洛阳石化召开甲型H1N1流感防控工作会议。

5日 中石化集团公司安全环保检查组对洛阳石化进行为期3天的安全检查。

28日 洛阳石化举行庆祝建国60周年荣誉奖章颁发仪式，洛阳分公司领导为54位建国前参加工作的老同志颁发奖章和奖杯。

10月

10日 中石化集团公司党组成员、中石化股份公司副董事长、总裁王天普到洛阳石化，宣布调整洛阳石化领导班子的决定。聘任赵振辉为中国石油化工股份有限公司洛阳分公司总经理、洛阳资产分公司总经理，任洛阳分公司党委副书记；魏文波不再担任洛阳分公司总经理、资产分公司总经理职务。批准郑国栋辞去洛阳分公司副总经理职务，免去其洛阳分公司党委常委、委员职务。

21日 洛阳石化召开2010年度石化产品洽谈会。

27日 洛阳石化同河南省石油公司召开产销工作座谈会，就石油产品的生产和销售进行交流。

11月

15日 洛阳石化开始生产国Ⅲ汽油，并投放河南市场。

26日 洛阳分公司与洛阳石化工程公司战略合作纪念牌揭牌仪式在厂区青年生态园举行。

27日 中共河南省委常委、洛阳市委书记连维良及洛阳市有关领导到洛阳石化调研。

同日 洛阳石化通过HSE（健康、安全、环境）管理体系审核。

12月

10日 中石化集团公司保密工作检查组到洛阳石化，对洛阳石化保密安全工作进行专项检查。

15日 洛阳分公司、河南石油分公司在郑州举行中国石化国Ⅲ乙醇汽油河南市场推广启动仪式。

18日 洛阳石化宏达实业总公司改制更名为洛阳炼化宏达实业有限责任公司，并举行揭牌仪式。

31日 全年加工原料油突破700万吨，达到709.8万吨，实现销售收入330亿元，利税54亿元。

2010年

1月

9日 260万吨/年柴油加氢项目首次协调会召开。

14日 河南省老干部局局长李修建在洛阳市老干部局、吉利区组织部相关领导的陪同下，到洛阳分公司对老干部管理工作进行专题调研。

18~21日 中石化集团公司热电专业检查组到洛阳分公司检查指导。

19日 洛阳石化与化工销售华中分公司战略合作伙伴揭牌仪式在洛阳石化青年生态园举行。

28 日　中石化集团公司党组成员、高级副总裁王志刚带领相关部门领导来厂慰问调研。

2 月

4 日　洛阳石化召开 2010 年安全生产工作会议。

26 日　洛阳石化召开庆祝“三八”妇女节暨表彰大会，庆祝国际劳动妇女节 100 周年，表彰 2009 年度涌现出来的女职工先进集体和先进个人。

同月　洛阳分公司连续重整项目获国家科技进步一等奖。

3 月

5 日　洛阳分公司党委书记魏文波出席十一届全国人大三次会议。

24 日　洛阳分公司工会组织召开职工代表团组长会议，审议通过《洛阳石化安全生产禁令》。

29 日　洛阳石化召开“比学赶帮超”活动动员会。

31 日　洛阳石化小浪底职工培训中心修缮工程竣工投用。

4 月

8 日　洛阳石化工程建设集团有限责任公司（简称建工集团）成立暨揭牌仪式在石化俱乐部举行。

20 日　中石化集团公司思想政治工作部副主任俞明康到洛阳分公司，就企业党建和思想政治工作进行调研。

20 日　洛阳石化第七届职工运动会在石化体育馆开幕。

5 月

4 日　洛阳石化纪念“五四”运动 91 周年暨青年工作表彰会隆重召开。

11 日　洛阳石化军用 3 号喷气燃料发运出厂。

12 日　中国石化质量监督总站副站长胡国勇带队，由天津分站 9 位领导和专家组成的质量检查组到洛阳石化，对洛阳分公司加工塔河混合原油适应性改造项目工程质量进行检查。

18 日　中石化股份公司炼油企业质量检查组到洛阳分公司，对企业质量管理工作开展情况进行检查。

19 日　中国石化经济技术研究院首席专家张国生率调研组一行 7 人到洛阳分公司，对企业战略发展规划进行调研。

20 日　洛阳分公司沥青仓库正式投用，客户服务中心剪彩投用。

29 日　洛阳石化与济源市人民政府签署合作协议，加强企业地方的合作发展。

6 月

1 日　《洛阳石化安全生产禁令》正式施行，《洛阳石化安全生产禁令》包括危险化学品、工程建设和检维修、电气仪表、交通运输等 5 个专业的相关作业禁令，共 40 条。

3 日　洛阳石化“打造两张名片”活动三周年系列活动启动会召开。

9 日　中石化集团公司企业改革管理处处长赵菁带领相关部门人员到洛阳石化，就企业社区服务、管理、环境整治等工作进行专题调研。

11 日　中石化股份公司石家庄分公司总经理毕建国带领相关部门负责人到洛阳分公司，就油品质量升级改造项目的建设、实施等工作进行调研。

12 日　长岭炼化公司董事长、党委书记、总经理侯勇带领相关单位负责人到洛阳石化考察建工集团的运行管理情况。

17 日　洛阳石化社会法庭举行揭牌仪式。

7 月

1 日　中石化股份公司化工事业部王立东处长带领化工质量管理检查组到洛阳分公司检查工作。

3 日　首批山东黄岛路运进口原油进厂。

8 日　中共洛阳市委、洛阳市人民政府联合下发《关于深入开展学习洛阳石化活动的决定》，在全市深入开展向洛阳石化学习活动。

16 日　中共河南省委常委、洛阳市委书记毛万春到洛阳分公司进行调研。

8 月

14 日　260 万吨/年柴油加氢装置开工指挥部召开首次会议。

15 日　由北京化工研究院党委书记、纪委书记王者顺带队，中石化集团公司考察组一行 8 人到洛阳石化进行干部考察和后备干部推荐工作。

18 日　中共济源市委书记段喜中，市委副书记、市长赵素萍带领济源市委、市政府代表团到洛阳分公司进行现场参观和工作交流。

25 日　河南省第三届职工职业技能大赛水质检验工竞赛在洛阳分公司举办。聚丙烯公司代表队获 1 项团体第一名，1 项团体第二名。

9 月

2 日　中国石化西南石油局副局长杨春林带领中石化集团公司创先争优活动督导组一行 3 人，对洛阳分公司创先争优活动的开展情况进行检查指导。

3 日　全国总工会“五五”普法调研检查组到洛阳分公司检查工作。

6 日　中石化集团公司安全环保局副局长刘春平任组长、上海石化公司副总经理史伟任副组长的 HSE 大检查炼化企业第二组一行 13 人，对洛阳分公司进行为期 4 天的 HSE 大检查。

7 日　在中石化集团公司组织的第十九届管理现代化创新成果评审中，洛阳分公司有 10 项成果获奖，并受到表彰。

8 日　中国石化第二届离退休人员门球赛洛阳赛区的比赛在洛阳石化开赛。

10 日　聚丙烯公司获河南省“模范职工小家”称号。

16 日　中石化集团公司物资供应管理检查组一行 10 人在检查组组长、物资装备部主任蒋振盈的带领下到洛阳分公司检查指导工作。

同日　洛阳石化 260 万吨/年柴油加氢装置建成中间交接。

20 日　河南省第十一届运动会女子篮球（甲组）比赛在洛阳分公司体育馆开赛。

26 日　中石化集团公司化工销售公司副总经理赵起超为组长的调研组到洛阳石化进行工作调研。

30 日　洛阳石化 18 微米平膜薄膜生产装置，连续运行 96 小时 18 分钟无破膜，创下装置开工 6 年来最好成绩，同时也达到国内同类装置一流水平。

10 月

16 日　洛阳分公司新建 260 万吨/年柴油加氢装置开车一次成功并生产出合格产品。中石化集团公司发展计划部贺电表示祝贺。

20 日　洛阳石化举行 260 万吨/年柴油加氢装置投产成功庆典仪式。该装置的开工投产，标志洛阳分公司油品质量升级改造工程全面完成，“三步走”发展战略目标胜利实现，炼油加工能力提高至 1000 万吨级。

29 日　国务院国资委纪委副书记夏忠仁带领中央扩大内需和工程治理检查组到洛阳石化检查。中石化集团公司总经理助理、中石化股份公司副总裁、工程部主任张克华等陪同检查。

11 月

2 日　洛阳石化焦化装置实现 18 小时生焦，创造国内最短生焦周期纪录。

23 日　中石化集团公司炼化企业社区管理培训班在洛阳石化举办。

30 日　中石化股份公司荆门分公司总经理江寿林到洛阳分公司就企业改革改制、生活后勤服务等工作进行专题调研。

12 月

2 日　洛阳分公司党委召开领导班子扩大会议，宣布中石化集团公司党组、中石化股份公司关于洛阳石化领导人员调整的决定。中石化股份公司根据工作需要决定聘任况成承为洛阳分公司副总经理，聘任李恩忠为洛阳分公司总会计师。中石化集团公司党组研究并征得中共洛阳市委员会同意，决定廉金社、王鑫武、况成承、李恩忠任中共中国石油化工股份有限公司洛阳分公司委员会常委。

7 日　首批 3000 吨沙特中质原油路运至洛阳石化。

18 日　洛阳石化新建 14 万吨/年聚丙烯装置开工奠基。

31 日　全年加工原料油 758 万吨，实现销售收入 447 亿元，利税 66.4 亿元。

（责任编辑　于　玲）

第一章 地理 历史

洛阳石化位于洛阳市吉利区，这里具有优越的地理位置、自然环境和区位优势。1976年，国家确定在此建设500万吨/年单系列炼油厂后，经过建设炼油，发展化工化纤两个创业阶段，到20世纪末，洛阳石化已发展成为国家中西部集炼油、化工、化纤一体生产的石油化工基地。

第一节 地理环境

洛阳石化地处黄河中下游的中原豫西地区，北依太行山余脉丘陵地带，南靠黄河。这里环境优越，自然条件好，区位优势明显，具备建厂要求。

厂区位置

洛阳石化位于洛阳市以北黄河北岸吉利区境内。建厂以前，吉利是新乡地区孟县管辖的一个公社。1978年1月，为建厂需要，经河南省革命委员会批准，将孟县吉利公社和济源县坡头公社的马洞等7个大队划归吉利工程指挥部（洛阳石化前身），实行政企合一的管理体制。1978年4月，成立河南炼油厂建设指挥部地方工作处，负责地方事务管理。1982年8月13日，经国务院批准成立吉利区，隶属洛阳市管辖，直接为炼油厂的建设发展服务。

吉利古称河阳，汉置河阳县，唐设河阳三城节度使。历史上曾是横跨黄河的水旱码头，是贯通南北交通的重要战略要塞和要津，为历代兵家必争之地。史称“天下之腰膂，南北之襟喉”，谓之“古都洛阳的北大门”。吉利区地处中原腹地，具有承东启西、贯通南北的经济战略地位。

洛阳石化坐落在吉利区东部，距洛阳市中心35千米，占地652万平方米。西北与济源市相邻，南与孟津县隔河相望，东与孟州市接壤。厂区内地势平坦，厂区外东西两侧地面开阔。厂区周边水、电、煤资源丰富，交通便利，地理位置优越。

自然条件

洛阳石化地处北温带，四季分明，气候适宜。地形为丘陵坡地、平地和黄河滩地，地质属湿陷性黄土，自然条件优越。

地形地貌 吉利区北部为丘陵坡地，南面为黄河冲积滩地，中间为黄河Ⅱ级侵蚀冲积阶地，洛阳石化厂区就设在中间平原地区。厂区地形北高南低，西北边界标高153米，东南边界标高135米，厂区平均标高141米。厂区内沟壑纵横，雨水由北向南排入黄河。

水文气候 洛阳石化属北温带大陆性季风气候，四季分明，温度适宜，冬季寒冷少雨雪，夏季炎热雨量充沛，春季干旱风沙多，秋季晴和日照长。冬季多西南风，夏季多东风，主导风向是西南风，最大风速为30米/秒。受季风影响，降雨大部分集中在7月、8月、9月三个月，尤以7月降雨最多，冬季最少。年平均气温为14.2℃，最热月（7月）平均气温27.5℃，最冷月（1月）平均气温-0.3℃。极端最高气温42.4℃（2009年6月25日），极端最低气温为-13.5℃（1990年2月4日）。年平均相对湿度为65%。

地质地震 厂区地质基本上属非自重性Ⅰ～Ⅱ级湿陷性黄土，自上而下可分为四层：第一层为耕土和表面层，由褐黄—黄褐色亚黏土组成，厚约0.3米。第二层为黄土质亚黏土层，褐黄色夹黄褐色，层厚6.3～15.2米不等。第三层为亚黏土层，呈浅红褐色，层厚约10米。第四层为卵石层，位于亚黏土层下，约在地表面以下20米。厂区地下多古墓，随朝代不同而深浅不同，有的汉墓深达9米。

2008年5月12日14时28分，四川汶川发生8.0级地震，厂区有强烈震感。2010年1月24日，山西运城市发生4.8级地震，洛阳可感地震28秒，烈度为4度。

区位优势

吉利及洛阳市周边区域具有独特的优势，随着国民经济的发展，国家加强基础设施建设，各种资源包括能源、交通、人文等优势得到充分利用和发挥。

能源优势　20世纪60年代开发、70年代产油的中原油田（原称濮阳油田），距厂280千米。1985年2月15日，石油工业部投资兴建的长280千米的中洛（中原油田至洛阳炼油厂）直径273毫米输油管道开始输油。1992年10月，洛阳石化自筹资金，建成第二条直径426毫米输油管道，奠定稳定炼油、发展化工化纤的基础。

水资源也独具优势，厂区距黄河径流5千米，地表水和地下水资源丰富。厂区西20千米为2001年12月建成的黄河小浪底水利枢纽工程，以防洪减淤，兼顾供水、灌溉和发电，水库长期有效库容51亿立方米，安装6台水轮发电机组，总装机容量180万千瓦，年平均发电量51亿千瓦·时。2008年，距厂区4千米的黄河西霞院水利工程建成，水域面积达21平方千米，年平均发电量5.83亿千瓦·时。两大水利工程的水资源和电力资源，为洛阳周边地区乃至豫晋两省的社会经济发展和居民生活提供可靠的保证。厂区周边区域煤炭资源丰富，先后建有洛阳、济源、焦作等多座火力发电厂，可为工厂建设和生产提供丰富的水电资源。

交通优势　厂区以西有焦枝复线电气化铁路，留庄车站距厂区7.8千米，铁路专用线直达厂区。南有陇海铁路和310国道，连（云港）霍（尔果斯）高速公路贯穿东西。2010年2月6日开通的郑州—西安高速铁路，紧密了中西部的关系。东靠207国道和二（连浩特）广（州）高速公路。北有运（城）济（源）长（垣）高速公路。形成东西、南北铁路和公路的两个十字交通枢纽。即将开通的洛阳吉利快速通道，拉近城区距离，方便职工生活。航空条件也很便利。

人文优势　吉利历史悠久，人文遗迹众多。据考古发现，境内有龙山文化遗址，表明早在4000多年前，这里的农业和畜牧业已有较快的发展。历史上曾有八百诸侯在此会盟、公孙瓒大战河阳、李光弼率旅讨逆等史料留传于世。厂区西北柴河村，有开凿于北魏时期的万佛山石窟，厂区南面冶戍村有西晋文学家潘岳任河阳令时所建的营花寨遗址，其亲手所植的晋柏（当地人称为“转枝柏”）已有1700多年历史。厂区东10千米，有唐宋八大家之首韩愈的陵园。黄河南岸有东汉光武帝陵（俗称刘秀坟），孟津老城有明末清初著名书法家王铎的故居及书墨陈列馆，其北寺后村有称之谓中华民族文化发祥地的龙马负图寺等名胜古迹。

第二节　发展历史

洛阳石化的历史，是一部艰苦创业的历史，也是一部自强奋斗的历史。在经历建设炼油、发展化工化纤两次创业后，已经发展成为中部地区集炼油、化工、化纤一体化生产的石油化工基地。

500万吨/年炼油工程开工建设和缓建

20世纪70年代，为适应国民经济发展和国防战略需要，满足河南及周边省区工农业生产对石油产品的需求，1974年9月4日，河南省革命委员会向国家计划委员会（简称国家计委）申报，在洛阳地区建设一座年加工500万吨原油的炼油厂。

1976年3月24日，国家计委批准建设河南炼油厂的计划任务书，确定河南炼油厂是中国“自己设计、自己制造设备、自己建设的第一座500万吨系列的大型战备炼油厂”。厂址几经变更，最后选定在济源县坡头公社和孟县吉利公社之结合部。同年8月24日，中共河南省委批准成立建厂筹建处，并开始工程地质勘察、设计、征地等工作。经过　年多艰苦、细致、紧张地筹备，到1977年底，具备开工建设条件。

1978年1月1日零点，召开职工动员大会，揭开500万吨/年炼油工程全面建设的序幕。建设单位职工和当地社、队民工近万人的建设大军陆续进入施工现场，开始进行通路、通电、通水、场地平整和土建工程施工。1979 年，施工重点逐渐由土建转入安装，由系统转到装置。1980 年，面对国家经济调整，压缩基本建设规模，厂建设指挥部决定把有限的资金全部用在一联合、五联合及其配套工程上，以便早日部分投产。随着国民经济调整，进一步压缩基本建设规模，1980 年 12 月 29 日，石油工业部决定缓建河南炼油厂。

洛阳炼油厂地址旧貌

100 万吨/年缓建维护工程

工程缓建后，全厂职工没有消极等待依靠上级解决困难，而是想方设法寻求生产自救门路。工程技术人员经过认真研究，并根据已建成装置现状，提出 100 万吨/年原油全部进行催化裂化的方案。此方案得到厂建设指挥部主要领导的高度重视。一方面经过全厂工程技术人员反复研究、充分论证，确定采用北京石油科学研究院开发的重油催化裂化新技术，在已建 500 万吨/年部分工程基础上进行改造，以最少的投资，先形成年加工原油 100 万吨生产能力的缓建维护方案；另一方面，指挥部主要领导多次赴省城、进北京，向河南省和国家有关部、委汇报 100 万吨/年方案的可行性，最终得到河南省、石油工业部、国家计委领导的支持。1981 年 11 月，方案获得批准，要求在 3 年内建成。1984 年初，经过全厂职工和施工单位的共同努力，各项工程项目陆续建成，部分开始试运。4 月 3 日，首批大庆原油进厂。10 月 19 日，常压装置进油，29 日，催化装置生产出合格产品，投产一次成功。100 万吨/年缓建维护工程的建成投产，是洛阳石化历史的转折点，不仅救活企业，也为以后的发展在物质和技术上奠定基础，洛阳石化从此开始走向“边生产、边建设，边投入、边产出，投入滚动发展”的企业发展道路。

恢复和全面建成 500 万吨/年炼油工程

1984 年 11 月 16 日，国家计委批准洛阳炼油厂按年加工原油 500 万吨规模恢复建设。500 万吨/年炼油工程分为两个阶段。第一阶段先达到 300 万吨/年加工条件。1984 年 12 月完成初步设计，1985 年进入边设计边施工阶段。1986 年 5 月，国家计委将 500 万吨/年工程列入国家重点建设项目。1987 年 12 月，500 万吨/年常减压蒸馏装置、200 万吨/年催化裂化装置建成，初步形成 500 万吨/年原油加工规模，具备 300 万吨/年原油加工能力。第二阶段是建成其他主体生产装置及完善配套设施，配套设施涉及 86 个单项。经过建设单位的努力，到 1993 年，包括 80 万吨/年溶剂脱沥青、70 万吨/年催化重整、30 万吨/年气体分馏、10 万吨/年烷基化、80 万吨/年加氢精制、“三废”治理等 21 套主体生产装置，铁路专用线、罐区、供电、给排水等 86 项生产配套工程及生活设施，共计 103 个单项工程在内的 500 万吨/年炼油工程全部建成。12 月 29 日，500 万吨/年炼油工程顺利通过国家竣工验收。至此，洛阳炼油厂已累计上缴利税 20 多亿元，提前超额收回国家 14 亿元的投入。

5 万吨/年聚丙烯工程

为壮大企业实力，优化资源配置，调整产品结构，提高企业市场上的竞争能力，洛阳炼油厂明确由炼油型向油、化、纤一体化发展的思路。1985 年，中原石油天然气开发总公司按独资企业开始进行洛阳聚丙烯工程建设的前期准备。1986 年 1 月，国家计划委员会批复同意在洛阳市建设 4 万吨/年聚丙烯项目（后调整为 5 万吨/年），9 月批准可行性研究报告。批准项目投资 4 亿元。1988 年 7 月，河南省计划委员会决定，洛阳聚丙烯项目改由中原石油天然气开发总公司、洛阳市政府和洛阳炼油厂（洛阳石化前身）三家合资建设，并委托洛阳炼油厂负责工程建设和生产经营。1990 年 8 月 8 日工程奠基。1991 年 3 月 20 日开工投产，生产出合格聚丙烯产品。

20 万吨/年聚酯工程

1988 年，提出依托炼油建设化纤项目的设想，经过多方艰苦细致的工作，1992 年 4 月，国

务院批准洛阳化纤工程正式立项。1993 年 6 月国家计委批复可行性研究报告。1996 年 7 月 19 日，化纤工程建设方案得到批复，主要内容是：洛阳化纤工程由中国石油化工总公司和河南省合资建设，投资比例为 9∶1；建设 26 万吨/年芳烃抽提、16 万吨/年对二甲苯、22.5 万吨/年精对苯二甲酸、20 万吨/年聚酯装置以及相应配套的公用工程和辅助设施；投资概算 81.38 亿元。12 月底，洛阳石化工程公司、中国纺织工业设计院和河南省电力勘测设计院共同完成化纤工程总体设计。为降低工程造价，提高项目竞争能力，充分依托炼油设施，多次对化纤工程进行优化设计，将投资概算核减为 49.51 亿元，与国家计委批准的投资相比，压缩投资 31.87 亿元，压缩幅度为 39.17%。1997 年 12 月 30 日，国家计委批准洛阳化纤工程开工建设。

1998 年 2 月 21 日，洛阳化纤工程开工奠基。为减少投资风险，提高产品竞争能力，1998 年 6 月，国家发展计划委员会同意建设纺丝装置，增加 9 万吨/年涤纶长丝、10 万吨/年涤纶短纤维两套装置及其配套工程。化纤工程总投资调整为 64.07 亿元（含外汇 2.92 亿美元）。在工程建设的同时，生产准备工作也在紧张进行。1997 年 11 月成立化纤厂，着手组织生产准备和人员配备，先后组织职工到国内 7 个企业或出国进行实际操作能力培训。职工提前进入生产装置，边学习、边实践，做到建成一套装置，试运投产一套装置。2000 年 2 月 26 日，芳烃抽提装置生产出合格产品。到 8 月底，洛阳化纤工程全部装置开工试生产，生产出合格产品。至此，10 年建成“洛阳石化基地”的奋斗目标基本实现。

洛阳石化在经过缓建、100 万吨/年缓建维护工程建成投产、恢复 500 万吨/年工程建设、依托炼油发展化工、建成化纤的艰苦创业历程，已经发展成为国家中部地区集炼油、化工、化纤一体化生产的石油化工基地。1995 年被确认为国有特大型企业之一。2000 年成为河南省固定资产和销售收入分别超过 100 亿元的首家双超百亿元工业企业。

洛阳化纤工程施工工地

第三节 体制改革

洛阳石化建厂初期为政企合一的管理体制。1984 年改为中国石油化工总公司下属的具有独立法人资格国有企业。

政企合一

洛阳石化筹建初期，为保证国家第一座单系列 500 万吨/年炼油厂的尽快建成，由石油工业部和河南省化工石油厅双重领导。1978 年 1 月，河南省革命委员会决定成立吉利工程指挥部，实行“政企合一”的管理体制。4 月改称河南炼油厂建设指挥部，下设地方工作处。地方工作处对本区域的地方（孟县吉利公社和济源县坡头公社的马洞等7个大队）工作，包括党政、公安、检察、法院、工商、农业、医疗卫生、市场供应等实施全面领导。1982年9月18日，洛阳市人民政府根据国务院、河南省人民政府批示下发［1982］86号文件建立吉利区，地方工作处所负责的工作移交吉利区人民政府，结束“政企合一”的管理体制。

国有企业

洛阳石化原为国家投资兴建的国有独资企业，虽然企业名称多次变化，但其国有企业性质没有改变。企业在规划初期，石油工业部暂定名为红旗炼油厂。1974年9月，河南省革命委员会上报国家计委建厂计划任务书时，称洛阳炼油厂。1976年1月，在上报建厂计划任务书补充报告时，改称河南炼油厂。1976年8月，中共河南省委批准成立济源炼油厂筹建处。1977年8月，河南省化工石油局批准，改为河南炼油厂。1978年1月，河南省革命委员会决定成立河南吉利工程指挥部，同年4月，改称河南炼油厂建设指挥部。1981年12月，中共河南省委、省人民政府下文，改称河南炼油厂。1984年1月，改称为洛阳炼油厂（以下简称洛炼），划归刚组建的中国石油化工总公司，结束部省的双重领导。1991年7月，经国务院有关部委、局批准，洛炼为大型一档企业；1992年9月，洛炼更名为洛阳石油化工总厂（简称石化总厂）。1995年12月16日，国务院六部委以国经贸企〔1995〕85号文，认证洛阳石油化工总厂为1994年度全国特大型企业。

1978～1992年，企业实行一级法人和炼油厂、生产车间二级管理。1992年，随着企业经营规模的扩大，开始实行二级法人和石化总厂、二级厂（公司）、车间三级管理。

企业改制

1992年9月，为转换企业内部经营机制，成立宏达实业总公司。随着改革的深入，多种经营企业得到较快的发展。到1999年底，先后组建13家多种经营公司，其中洛阳石油化工基本建设工程承包有限责任公司、洛阳炼化工程建设监理公司、洛阳隆惠石化设备制造安装公司、洛阳三隆设备安装维修有限责任公司为石化总厂全资子公司。洛阳石化聚丙烯有限责任公司、洛阳石油化工总厂拉膜厂、洛阳石油化工总厂通达运输工程公司、洛阳自来水有限责任公司是石化总厂与外部合资的控股公司。洛阳石油化工总厂宏达实业总公司、洛阳石油化工总厂惠康物业管理公司、洛阳石油化工总厂金达实业公司、洛阳石油化工总厂工程公司、河南商鼎实业发展有限公司为集体所有制企业。其生产经营范围涉及石化及化工生产、建筑施工、房产开发、设备制造、防腐清洗、装饰维修、物业管理、装卸运输、商业贸易、餐饮服务等诸多行业。这些企业“依托总厂、服务总厂、面向市场、自主发展”，不但为基本建设、安全生产、转岗就业提供强有力的支持，而且逐步发展成为具有相当经营规模和市场竞争能力的经济实体。2000年，多种经营企业共完成营业收入13.1亿元，实现利税1.5亿元。从业人员达到4947人。

1999年底，石化总厂根据中石化集团公司的统一部署，开展企业重组改制工作。炼油厂、储运厂、动力厂以及销售公司、供应处、信息中心、研究所、消防大队等，组成中国石油化工股份有限公司洛阳分公司，余下的部分主要包括化纤厂、多种经营企业、设计院、文教卫生、社区服务等，仍称为洛阳石油化工总厂。2000年9月，石化总厂和洛阳分公司管理机构分设并相应调整中层领导干部，严格按照中石化集团公司的要求，实现规范运作。

（责任编辑　席传忠）

第二章 炼油生产

2004年，洛阳石化原油加工量突破500万吨，达到500万吨/年设计能力。2006年7月，洛阳分公司开始实施油品质量升级改造一期工程项目，至2008年8月相继建成投产4万吨/年硫黄回收装置、140万吨/年延迟焦化装置、220万吨/年蜡油加氢精制装置和4万米^3（标准）/时制氢装置。2009年6月，洛阳石化油品质量升级改造二期工程开工建设。2010年10月16日，260万吨/年柴油加氢装置实现开工一次成功，依此为标志，洛阳分公司油品质量升级改造项目全面建成，原油一次加工能力达到1000万吨/年规模。炼油生产的主要产品有汽油、柴油、煤油（包括航空煤油）、化工轻油、商品原料油、溶剂油、沥青、液化气、丙烯、丙烷、硫黄、石油焦、液氨等。2001~2010年，洛阳石化累计加工原料油5625.41万吨，生产各类炼油产品5309.37万吨。

第一节 一联合生产

一联合生产包括常减压蒸馏装置和一催化裂化装置生产两个部分。一联合车间负责常减压蒸馏装置和一催化裂化装置生产与行政管理。

概况

常减压蒸馏装置设计为闪蒸塔和常压塔、减压塔的两段精馏工艺，设计规模为500万吨/年，1978年开工建设，1987年12月建成，1988年2月开工投产。装置经历1984年130万吨/年改造、1987年300万吨/年改造、1993年500万吨/年全面建成、2006年建成150万吨/年、原油闪蒸装置、2008年800万吨/年改造5个阶段。

常减压蒸馏装置主要由原油电脱盐、常压蒸馏、减压蒸馏、产品电化学精制、汽油脱硫醇等单元组成。

一催化裂化装置为高低并列式提升管催化裂化装置。原设计为200万吨/年蜡油催化裂化装置，1978年动工兴建，1980年缓建，1981年11月按加工大庆原油100万吨/年重油催化裂化缓建维护方案进行建设，1984年10月建成投产一次成功。1987年进行120万吨/年直馏蜡油、减压渣油催化裂化装置改造，1988年2月开工投产一次成功。

一催化裂化装置主要由反应-再生、分馏、吸收稳定、液态烃和气体脱硫、气压机组、主风机组、烟气能量回收系统等部分组成。

工艺及产品

电脱盐的基本原理是在原油中注入一定量的破乳剂和水，经充分混合，将油中的乳化液破除，溶解残留在原油中的盐类同时稀释原有盐分。然后，在破乳剂和高压电场的作用下，使微小水滴逐步集成较大水滴，借重力从油中沉降分离，达到脱盐脱水的目的。脱盐主要目的是为减轻腐蚀和结垢，为下游装置提供合格原料。

加热炉是利用燃料在炉膛内燃烧产生的高温火焰与烟气，通过辐射、传导、对流3种传热方式，加热炉管内物料，为蒸馏提供稳定的汽化量和热量。

常压蒸馏工艺 原油经过预处理、换热、加热至一定温度后进入常压塔进料段，平衡汽化后，油气经塔盘上升，在塔盘上与液相回流发生传热传质作用，气相回流中的重组分经冷却转变为液相，液相中的轻组分受热转变为气相，这样塔内从上到下，组分由轻变重，在塔体不同高度抽出液体，就得到所需各种馏分的油品。

减压蒸馏工艺 采用抽真空的办法使蒸馏过程在压力低于大气压下进行，降低油品的沸点，把原油中较高沸点组分，在低于其裂化温度的条件下，使其汽化分馏出来。减压蒸馏的目的主要是切取催化裂化原料或润滑油原料。

反应－再生原理 原油经常减压蒸馏后得到的减压馏分油经加氢后进入提升管反应器下部与来自再生器的热催化剂进行接触，在高温和适中压力下随即汽化并进行裂化反应，在提升管的顶部或出口反应基本完成。参与反应的催化剂以两级形式分离，大约98%的催化剂由提升管出口的快分分离，油气中夹带的少量催化剂被旋风分离器除去，油气进入分馏塔。

分离后的催化剂携带焦炭副产物沉降下落至汽提段，在逆流蒸汽的作用下，将待生催化剂微孔内油气和吸附的轻烃气体汽提除去。汽提过的催化剂在待生滑阀控制下，经待生斜管流至再生器。焦炭在再生器中遇到主风机输送的空气燃烧，使催化剂的活性恢复。再生后催化剂返回到提升管反应器底部，被预提升气提升到原料油喷嘴，再与原料油接触起催化作用。

焦炭燃烧产生的烟气（组成 CO、CO_2、N_2、O_2）通过两级旋风分离器后排出再生器，烟气中夹带的催化剂降低到最低程度。从再生器出来的烟气经过第三级、第四级旋风分离器，进一步降低催化剂携带，然后进入烟机膨胀做功。最后，烟气经一氧化碳锅炉和余热炉产生3.5兆帕蒸汽。

分馏原理 反应油气是由各种沸点不同的烃类组成的复杂气体混合物，主要有干气、液化气、汽油、柴油、油浆等。反应油气进入分馏塔，经过分馏塔底部格栅填料与塔底同流油浆接触，脱除过热并洗去油气中的催化剂，然后利用29层四溢流固阀塔盘传质传热，将油气组分切割成富气、汽油、柴油和油浆。为取走分馏塔过剩的热量，确保分馏塔传质传热的效果，保证产品质量合格，分馏塔开油浆、一中、顶循3个回流进行取热。

吸收稳定 分馏塔顶油气冷凝后的富气经气压机压缩后进吸收塔，回收富气中的液化气组分，由于吸收过程是放热反应，塔内的多余热量由一中循环、二中循环取走，贫气自塔顶进入再吸收塔底部，用轻柴油作为再吸收剂，进一步吸收气体中的汽油和液化气组分。吸收塔塔底的富吸收油进入解吸塔进行解吸。解吸气从塔顶引出冷却后进入凝缩油罐，塔底的脱乙烷汽油进稳定塔精馏。稳定塔顶部引出的液态烃冷却后，一部分作为产品送至脱硫装置，另一部分作为塔回流返回稳定塔；稳定塔底部的稳定汽油冷却后，一部分送至脱硫醇装置，另一部分作为吸收塔的补充吸收剂。

脱硫系统 脱硫系统包括液态烃、干气脱硫两部分。脱硫工艺采用湿法脱硫，即使用二乙醇胺水溶液进行吸收脱硫，共用一个再生塔进行溶剂再生。液态烃自稳定塔送至液态烃脱硫塔底，向上和溶剂接触反应，脱除液态烃中的硫化氢。再吸收塔顶的干气一部分进入催化干气脱硫塔底逆向和溶剂接触，脱除干气中的硫化氢后并入高压瓦斯管网。加氢干气进入加氢干气脱硫塔底逆向和溶剂接触，脱除干气中的硫化氢后，并入高压瓦斯管网。液态烃脱硫塔、催化干气脱硫塔、加氢干气脱硫塔底部的溶剂闪蒸后进入再生塔再生，再生后的溶剂循环使用。

产品 常减压蒸馏装置的产品主要重整原料、3号航空煤油、分子筛料、200号溶剂油、柴油、常压塔底重油、减压蜡油、减压渣油等。一催化裂化装置的产品主要有干气、液化气、汽油、柴油、油浆，并副产0.5兆帕蒸汽、3.5兆帕蒸汽。

设备管理

以“立足现场管理，消除设备热点难点，提高综合管理水平，保障装置安稳长优运行”为目标，抓好设备基础管理，组织完成设备的各项检修、抢修、改造和保运工作，确保装置安全平稳运行。以装置卫生规格化，查隐患、找差距的“周四小岗检”工作为基础，对减压装置、常顶系统进行摸底测厚，开展工艺设备防腐蚀攻关，全面推进TPM（Total Productive Maintenance，全员生产维修维护体制）。

2008年，以“立足现场管理，抓好装置检修，消除设备热点难点问题，提高现场管理水平，保障装置安稳长优运行”年度设备管理目标为中心，开展“机泵无故障劳动竞赛”、“加热炉管理竞赛”和“TPM管理”活动，组织完成

一催化裂化装置蜡油适应性改造和减压装置改造任务。2009 年组织开展以装置卫生规格化为主，查隐患、找差距的“周四小岗检”工作。2010 年以节能降耗、TPM 竞赛、“我要安全”等活动为平台，认真落实各项设备管理制度，实施精细化设备管理。

装置改造

2000～2001 年，一催化裂化装置经引进 UOP 的 VSS 快分、高效汽提、Optimix 喷嘴等技术改造后达到 140 万吨/年重油加工能力。2000 年 3 月，根据减压未开的实际，对常压换热流程重新调整设计，同时投用减压炉与常压炉并联为装置提供热源，初馏塔和常压塔塔盘由浮阀更换为立体梯形喷射和导向浮阀，使常压装置真正实现 500 万吨/年加工能力，仪表控制部分也由常规仪表改为 DCS 控制。2001 年，利用闲置容 1124 上罐作为航煤精制系统沉降罐，增加停留时间、减少杂质携带，使用过滤器，聚结器滤芯使用周期由原来的 2 个月延长至 6 个月，节约费用 20 万元。2002 年，随着加工原油性质的变化及产品质量升级的需要，5 月，对减压蒸馏装置换热流程进行重新设计改造，塔盘开孔率也作相应调整，6 月正式投产。8 月，对减顶抽真空系统进行重新设计安装，减顶抽真空系统由原来的三级三组改造为三级两组，真空度最高达到 99 千帕。2005 年，为适应含硫原油的加工和装置扩能的要求，对装置进行改造。装置仍按常压重油一部分进减压，一部分到催化的流程，偏重于装置加工含硫原油的适应性改造，并考虑常压系统主体设备满足 800 万吨/年原油加工能力，于 2005 年 6 月底改造完成。装置检修期间，一催化裂化装置再生器一、二级旋分器由 14 组更新为 12 组；全部更换再生器过渡段以上衬里、改造外取热器、部分更换取热盘管。同时，实施如下技术改造：脱硫系统扩能，吸收塔填料更换，换 1327/1 改造，更新、增上一批流量计，更新、改造部分机泵等。2005 年，D800 主风机增上配套烟机，并对气压机控制系统进行改造。2006 年，进行塔河油分储分炼改造，在原油电脱盐罐进行超声波破乳、脉冲电脱盐组合技术。同时，在电脱盐、常压炉、初馏塔实现 APC（Advanced Process Control 先进控制技术）控制器控制。2008 年，对减压系统进行升级改造、更换减压塔，对吸收塔进行更新、对脱硫系统进行改造，对催化分馏系统实施技术改造，将原 30 层双溢流固舌塔盘改为 29 层四溢流固阀塔盘，原脱过热段 8 层人字挡板更换为格栅填料。

一联合装置改造

科技进步

2006 年 4 月，常压装置实施先进控制系统，采用美国 ASPEN 公司的 DMCPLUS 先进控制软件。适时投运塔河中质原油试验装置。采用塔河油闪蒸分离技术，将减压蜡油作为催化装置原料，减压渣油作为溶剂脱沥青装置原料。在催化分馏塔顶冷却器使用电子除垢器后，管束结垢少，冷却效率提高，同等条件下提高装置处理量 2～4 吨/时。2006～2007 年，对电脱盐罐进行脉冲电脱盐技术改造，12 月，对脉冲电脱盐技术的工业试验进行标定，脱后含盐在标定期间平均值在 3.0 毫克/升以下。

2008 年 5 月，装置大检修期间，对减压系统在内的全装置进行扩能及适应性改造，装置常压重油全部进减压，减一线油作为柴油组分，减压蜡油加氢后进催化，减压渣油一部分去溶脱、一部分去焦化，使装置达到 800 万吨/年加工能力。

第二节　二联合生产

二联合生产包括二催化裂化装置、产品精制、液态烃脱硫醇、气体分馏、氢氟酸烷基化等装置生产。2006 年 2 月，原二联合车间、二催化车间合并成立新的二联合车间。二联合车间负责二催化裂化装置，产品精制、液态烃脱硫醇、气体分馏、氢氟酸烷基化等装置生产与行政管理。

概况

二催化裂化装置（简称二催化）原设计为140万吨/年同轴式单器、单段逆流完全再生外提升管重油催化裂化装置。产品精制包括69.3万吨/年汽油脱硫醇、16.8万吨/年液态烃和6.72万吨/年干气脱硫装置，1997年10月17日建成投产。1989年8月，气体分馏装置投产。

二催化主要包括重油催化裂化和产品精制两套装置。2008年，二催化进行FDFCC技术改造，气体分馏装置进行技术改造。改造后的二催化实施多产丙烯和降低汽油烯烃的FDFCC－Ⅲ工艺，采用完全再生方案，新增汽油提升管反应沉降器系统、汽油再生管及副分馏塔。装置规模为：重油提升管140万吨/年，汽油提升管84.6万吨/年。改造后，二催化原料为减压蜡油、加氢蜡油和粗汽油。

氢氟酸烷基化装置自1994年10月起一直处于停产状态。气体分馏装置改造前，主要包括液态烃脱硫醇装置和气体分馏装置。装置改造后，液态烃脱硫醇装置和气体分馏装置加工能力提高至65万吨/年。

工艺及产品

原料油进入提升管反应器，与再生器过来的高温催化剂接触完成原料的升温、汽化及反应，生成汽油、柴油、液化气、干气、油浆等气相产物，同时生成焦炭覆盖在催化剂表面。反应油气进入分馏塔按沸点范围进行分离，待生催化剂进入再生器进行烧焦再生。

产品精制装置包括汽油脱硫醇和气体脱硫两部分。气体脱硫包括干气和液化气脱硫两部分。汽油脱硫醇采用两段脱硫醇工艺，一段为碱液抽提催化氧化脱除小分子硫醇，二段为无碱液脱除大分子异构化硫醇。气体脱硫采用胺法脱硫工艺，溶剂为氮甲基二乙醇胺。

气体分馏装置包括原设计24.26万吨/年液态烃脱硫醇装置和30万吨/年气体分馏装置。来自催化裂化装置的原料液态烃，在脱硫醇装置中利用梅洛克斯抽提氧化工艺，通过碱洗脱除硫醇和少量硫化氢，然后进入气体分馏装置脱丙烷塔、脱乙烷塔、丙烯塔、脱异丁烷塔、脱戊烷塔中，采用精馏原理，进行气体分馏。

气体分馏装置原辅料为液态烃、氢氧化钠碱液、磺化酞菁钴催化剂。

二催化主要产品为干气、液化气、汽油、柴油、油浆等。气体分馏装置主要产品为液化气、丙烯、丙烷、烷基化原料等。

设备管理

主要包括动静设备日常维修、维护、防腐及装置大检修，现场规格化、设备润滑、设备档案管理等。2003年3月，开始使用降烯烃催化剂和降硫助剂，同时结合MGD工艺、顶循补柴油等措施组织新标准清洁汽油生产。2004年，“清洁汽油生产攻关”QC成果获中石化集团公司QC成果一等奖，“黄金搭档式管理”现代化管理成果获河南省现代化管理成果一等奖。2005年，“降低化工原材料攻关”QC成果获中石化集团公司QC成果二等奖。2006年，车间获河南省“五一”劳动奖状。2005年设备材料实施ERP管理，2007年设备管理实施TPM管理。2008年，车间“‘滴油淘金’式精细化管理”成果，获中石化集团公司企业管理现代化管理二等奖。2009年，车间“‘黄金搭档’式优化管理”成果，获中石化集团公司企业现代化管理三等奖。2010年，车间组织开展“比学赶帮超”竞赛和“装置平稳运行”劳动竞赛。

装置改造

2001年，催化裂化装置气压机组改为背压式气压机组550米^3（标准）/分，装置能耗降低10.91千克标油/吨原料。2002年，催化裂化装置进行MGD工艺技术改造。产品精制系统液态烃脱硫塔由单溢流筛孔塔板改为新型扁环分散填料塔，尾气吸收塔上半段塔直径由600毫米扩大到1000毫米，填料高度由3米改为2.8米。2003年，催化裂化装置二联合气分装置改造增加二中蒸汽发生器循环油浆流程。2004年，催化裂化装置增加顶循补柴油到罐区专线，并在线增上油浆去四联合油浆拔头装置的流程。2005

年，对影响装置长周期运行及限制装置处理量提高的“瓶颈”进行扩能技术改造。提升管反应器原料喷嘴全部更换为 CCK－3 型喷嘴，同时，对油浆蒸汽发生器、分馏塔塔盘开孔、粗汽油泵、吸收稳定的压缩富气空冷等进行更新或改造。

二联合气分装置改造

2006 年，新建第二套气体脱硫装置，包括 25.2 万吨/年的液态烃脱硫和 6.56 万吨/年干气脱硫，7 月开工投产。同年，气体脱硫装置新上胺液净化过滤设备。10 月，开始采用中国石油大学（北京）开发的无碱脱臭（Ⅱ）工艺脱除硫醇。2008 年，催化裂化装置进行 FDFCC－Ⅲ工艺改造，采用双提升管和双分馏塔工艺。气分装置进行扩能改造，由 30 万吨/年扩能至 65 万吨/年，仪表自动化控制系统由电－Ⅲ常规仪表改造为 DCS 集散控制系统。

技术进步

2004 年，实施清洁汽油生产，投用 MGD 工艺。在保证汽油产品烯烃含量的同时，降低焦炭产率，提高装置效益。2004 年，应用 Engelhard 公司（美国）研发的具有提高重油转化能力、降低焦炭产率功能的新一代降烯烃催化剂。10 月底，又使用石油化工科学研究院研发的具有重油转化能力强、油浆产率低、总轻液体收率高的 CDC 重油深度转化降低汽油烯烃催化剂，均取得好的效果。

2008 年，采用国内催化裂化新工艺，对二催化装置进行 FDFCC 改造，进一步提高装置轻液体收率。2009 年，气分装置采用高效浮阀塔盘，加工量提高。液态烃脱硫醇装置采用纤维膜技术，液化气质量合格。

第三节　三联合生产

三联合生产包括连续催化重整装置、催化柴油加氢、催化汽油加氢和柴油加氢精制等装置生产。三联合车间负责连续催化重整、催化柴油加氢、催化汽油加氢等装置生产与行政管理。

概况

三联合车间由原三联合车间和原六联合车间于 2006 年 2 月整合组成，主要生产装置包括 70 万吨/年国产连续催化重整装置、100 万吨/年催化柴油加氢装置、100 万吨/年催化汽油加氢装置以及 260 万吨/年柴油加氢精制装置。

2001～2006 年，三联合车间负责催化柴油加氢装置和在原 80 万吨/年基础上改扩建的催化汽油加氢装置的生产及行政管理。六联合车间负责国产连续催化重整装置的生产及行政管理。2006 年 2 月，三联合车间整合后，上述 3 套装置由三联合车间统一管理。

三联合车间重整装置主要是将烷烃、环烷烃脱氢转换成芳烃，主要生产富含芳烃的重整生成油，副产氢气。汽、柴油加氢装置主要是将汽柴油中的硫、氮、氧等杂质脱除，是汽、柴油产品能够合格出厂的主要保障。

工艺及产品

连续催化重整装置（简称重整装置）由 84 万吨/年原料预处理、70 万吨/年重整反应、500 千克/时催化剂连续再生、中压蒸汽发生系统 4 个单元组成。

重整装置预处理包括预分馏、预加氢和汽提 3 部分，其目的是为重整反应提供杂质含量和馏程合格的进料。重整反应是装置的核心部分，包括重整反应、氢气提纯、重整分馏和蒸汽发生 4 个部分，目的是在铂催化剂作用下使原料中的烃类分子结构重新排列，生成低分子 BTX 芳烃（苯、甲苯、二甲苯）和高辛烷值汽油组分，并富产高纯度的氢气。催化剂再生部分主要包括烧焦、氯氧化、干燥、还原 4 个步骤，目的是将重整反应部分的催化剂（待生剂）通过烧焦除去积炭，然后对其进行氯化、焙烧等工序处理，恢复活性后再将其送回反应部分循环使用。

重整装置以常压直馏石脑油为原料，生产富含芳烃的重整生成油（重整生成油的辛烷值RON为102，芳烃含量78%以上），作为化纤芳烃原料或高辛烷值汽油调和组分，同时富产氢气和少量的液化气以及3.5兆帕、0.5兆帕蒸汽。

重整装置主要原辅料为常压直馏石脑油以及预加氢型催化剂、重整型催化剂、预加氢脱氮剂、氯化剂和缓蚀剂。

催化柴油加氢精制装置（简称催柴加氢精制装置）和催化汽油加氢精制装置（简称汽油加氢装置）均由反应、分馏、压缩机等3部分组成，两套装置均采用横河—西仪公司的CENTUM－CS3000集散型控制系统，实现实时数据采集、显示、控制、记录、打印等功能。两套装置共用一套公用工程系统，总占地面积14264平方米，建筑面积1347.14平方米，各类设备总计313台。

加氢精制工艺原理：在一定的温度、氢分压及特定的催化剂作用下，对原料进行加氢，使其中的硫、氮、氧等杂质分别以H_2S、NH_3、H_2O的形式从油品中脱除，同时一部分不饱和烃经加氢得以饱和，从而改善产品的安定性、腐蚀性和燃烧性能。临氢降凝是利用ZSM－5分子筛的孔道特点将柴油馏分中高凝点的长链烷烃择形裂化为小分子进入到石脑油馏分中，进而降低柴油凝点。

催柴加氢精制装置采用石油化工科学研究院开发的第二代柴油深度加氢处理（RICH－Ⅱ）技术，以催化柴油、焦化柴油混合进料为主要原料，掺炼少量直馏柴油或重汽油，与重整氢气反应生产低硫、高十六烷值的清洁柴油和少量可作重整原料油的石脑油。

催柴加氢精制装置原辅料为柴油、RIC－1、RIC－2、D1.5RS－1000、D3.6RS－1000催化剂，RG－10C、RG－2保护剂，缓蚀剂JCF－97、氢气等。主要产品为干气、加氢粗汽油、加氢柴油。

汽油加氢精制装置采用抚顺石油化工研究院的汽油选择性加氢技术（OCT－M技术），以催化柴油为主要原料，掺炼少量焦化汽油，以90℃为切割点温度，先将原料切割为轻汽油馏分（LCN）和重汽油馏分（HCN）。轻汽油馏分（LCN）在汽油稳定塔分离生成碳四、碳五与轻汽油，硫含量较高的催化重汽油经过加氢处理后送至二催化装置脱臭，进入油品罐区调和后，得到低硫、低烯烃含量的清洁汽油产品。

汽油加氢精制装置原辅料为汽油、FGH－20、FGH－11催化剂、FZC－100、FZC－102B保护剂、缓蚀剂NS－7028、氢气等。

260万吨/年柴油加氢精制装置（简称柴油加氢装置）是洛阳石化油品质量升级改造二期工程开的核心项目。主要由反应（包括新氢压缩机、循化氢压缩机、循环氢脱硫）、分馏、公用工程3部分组成。装置2010年9月16日建成中间交接，10月16日开工投产，生产出国Ⅲ质量标准的精制柴油。装置采用抚顺石油化工研究院开发的新一代高活性柴油深度加氢精制技术，以常压柴油、焦化柴油和焦化汽油的混合油为原料，混合比例分别为79.17%、13.68%和7.15%，混合油硫含量0.45M%。主要生产满足欧ⅢEN590－1999质量标准的精制柴油，并副产石脑油和含硫干气。

柴油加氢处理装置原辅料为柴油、FH－UDS催化剂、FHRS－1捕硅剂、FZC－100、FZC－102B、FZC－103保护剂，缓蚀剂JCF－97、DMDS二甲基二硫化物、阻垢剂、除焦剂、氢气等。主要产品为干气、加氢粗汽油、加氢柴油。

生产及设备管理

在生产管理上，采取多种措施，应对硫化氢对管线腐蚀。2002年，开发重整再生循环气净化新技术，解决催化剂再生回路氯腐蚀严重问题，提高再生系统安全性。2004年，开发投用新的TQ411型再生高温脱氯剂。2009～2010年开展“重整装置大处理量平稳运行”劳动竞赛，优化装置运行，重整装置处理量由70吨/时提高到87.5吨/时，装置每小时氢气产量达到37000标准立方米。

不断优化汽油生产方案，降低汽油辛烷值的损失。针对OCT－M选择性汽油加氢脱硫工艺技术工业应用存在的局限性，开展汽油质量攻关。

采取提高氢分压、提高轻重切割点、优化稳定塔操作、提高分馏精度等措施来避免高辛烷值组分损失。开展催柴加氢精制装置掺炼顶循油运行技术攻关，将一催化装置顶循环油补入柴油，进入催柴加氢精制装置进行脱硫和烯烃饱和，保证汽油质量达标。

在设备管理上注重实效。通过采取“两法一制”重点管理，不断提升现场设备管理水平，坚持“周五小岗检”、“安全生产日”、开展“TPM管理”等活动，及时发现、消除设备隐患，确保设备完好率。2010 年，建立重大设备“三级巡检”制度，降低机泵故障率；通过及时调整加热炉“三门一板”，降低瓦斯消耗。

装置改造

2005 年 6 月，进行重整装置国产化技术改造。70 万吨/年连续催化重整装置原设计采用法国 IFP 第一代连续重整专利技术，生产高辛烷值汽油组分。随着化纤工程建成投产，重整装置转为向芳烃联合装置提供原料，装置由汽油型转变为芳烃型。经中石化集团公司研究，采用洛阳院自主开发的 LPEC 连续重整技术取代法国 IFP 第一代的催化剂批量再生工艺，增加第三重整反应器，装置流程由“三炉三反”改为“四炉四反”，使装置规模恢复至原设计规模 70 万吨/年。

2008 年 5 月，对三合一加热炉进行扩能改造，对加热炉炉管进行升级改造后，重整装置最大处理量达到 85 吨/时，芳烃含量平均达到 76% 以上。

催柴加氢精制装置原设计加工能力为 80 万吨/年，采用深度加氢处理技术（RICH 技术）改造后，满足环保对柴油质量升级需求，但装置的设计基准处理量降为 60 万吨/年。为此，2002 年对催柴加氢装置实施扩容改造，解决制约装置大处理量安全生产瓶颈，装置加工能力达到 100 万吨/年。

成功生产国Ⅲ标准柴油、石脑油喜报

260 万吨/年柴油加氢精制装置

2005 年 6 月，采用抚顺石油化工研究院的汽油选择性加氢技术（OCT－M 技术），将原 80 万吨/年直柴加氢精制装置改造为 100 万吨/年汽油选择性加氢装置，满足汽油产品出厂需要。新增设计规模 100 万吨/年的原料预分馏系统，包括原料分馏塔和轻汽油稳定塔。将 FCC 全馏分汽油切割为轻重两个组分，为加氢反应提供原料。2007 年 7 月，增上循环氢脱硫系统，使循环氢中 H_2S 含量降至 15 毫克/千克，减少氢气外排量，降低装置氢耗。2009 年 6 月 3 日，为解决航煤产品质量波动和频繁更换精制白土技术问题，开始对汽油加氢装置进行航煤加氢改造。同年 7 月 10 日，生产出合格航空煤油。同年 7 月 25 日，生产出合格军用航煤产品。

2010 年 11 月，原催柴加氢装置进行临氢降凝工艺技术改造。将原来的 RICH－Ⅱ改质催化剂及 RN－32V 精制催化剂部分再生后回装，并加装 RDW－1 降凝催化剂，使装置具备加氢、降凝双重能力，可生产－35 号柴油。同年 12 月 30 日，装置引氮气置换，开工生产。

技术进步

2002年5月，采用石油化工科学研究院新研制的PS－Ⅵ型（工业牌号RC－011）催化剂替换原3861催化剂。与3861催化剂相比，PS－Ⅵ催化剂在选择性、活性、水热稳定性等方面都有较大提高，在同等的反应苛刻度下，催化剂积炭降低20%以上；投入运行后，装置处理能力提高20%。同年5月，将重整装置DCS系统由美国FISHER公司的PROVOX系统更换为日本横河公司的CS－3000系统，提高控制系统运行的稳定性和可靠度。

2002年5月，重整装置增上液化气脱戊烷塔，解决液化气碳五含量超标问题。当年生产正丁烷800吨。2003年开发出车用液化气新产品，并于同年10月通过河南省经贸委、科技委鉴定。

2004年2月，重整装置增上膜分离氢提纯系统，提高重整催化剂的还原质量。

2005年6月，重整装置增设氯化气到放空气管线，采用部分氯化气经该跨线放空，控制氯化气低限流量，降低再生烧焦氧含量，使烧焦峰温适当下移，实现低碳催化剂烧焦。同年，和珠海德特普通机械有限公司合作开发再生气体干燥系统，用12个蝶阀控制干燥罐之间的切换，取代国外的三通阀和四通阀技术。

2005年6月，将预处理流程由先加氢后拔头改为既可先加氢后拔头，又可先拔头后加氢，增加操作的灵活性。2006年3月，将预处理由全馏分加氢改为先拔头后加氢工艺，稳定预加氢反应部分压降。

2007年，重整装置增上重整组分在线气相色谱分析仪，实现原料和装置产品在线进行组成变化分析及监控。

2007年5月，和西北化工研究院联合开发催化剂再生系统固态脱氯净化新技术，成功替代落后的液相碱洗工艺，提高催化剂再生质量，重整生成油芳烃含量平均增加1%以上，并减少再生系统的设备腐蚀，保证重整反应系统平稳运行。

2008年5月，采用石油化工科学研究院开发的第二代柴油深度加氢处理（RICH－Ⅱ）技术，催柴加氢精制装置进行催化剂更换。采用RICH－Ⅱ技术后，扩大装置的原料范围，从单一的加工催化柴油扩大到可以加工催化柴油、直馏柴油、焦化汽柴油或其混合油。

2010年11月3日，航煤加氢装置停工，将原FGH－20/FGH－11催化剂全部更换为航煤加氢精制专用催化剂（FH－40C），提高装置操作弹性，降低装置能耗。

第四节　四联合生产

四联合生产包括硫黄装置、溶剂脱沥青、污水汽提、油浆拔头和减黏裂化等装置生产。2006年2月，原四联合、五联合合并组建四联合车间，负责硫黄、溶剂脱沥青、污水汽提、油浆拔头和减黏裂化等装置生产与行政管理。

概况

四联合车间由硫黄单元（原五联合车间）、沥青单元（原四联合车间）合并而成，主要包括硫黄和沥青2个生产单元。

硫黄单元　由新建4万吨/年硫黄回收联合装置和原五联合车间两部分组成。主要包括4万吨/年硫黄回收联合装置，原五联合车间污水汽提（Ⅰ、Ⅱ）和硫黄回收（Ⅰ、Ⅱ）及碱渣处理组成。2008年2月，新建4万吨/年硫黄回收联合装置开工，原五联合硫黄回收（Ⅰ、Ⅱ）全部停用。

沥青单元　由80万吨/年溶剂脱沥青装置、油浆拔头装置和减黏裂化装置组成。溶剂脱沥青装置使用美国UOP公司Demex工艺专利，采用先进的亚临界抽提、超临界回收工艺。溶剂脱沥青装置恢复生产后，新建减黏裂化装置，工艺采用上流式减黏裂化工艺，设计负荷50万吨/年。溶剂脱沥青装置生产的沥青质一部分用于调和道路沥青，另一部分经减黏裂化装置生产燃料油。同时，为改善道路沥青品质，新建12万吨/年油浆拔头装置。

工艺及产品

硫黄单元的原料来源于一联合车间、二联合车间、三联合车间、加氢车间、焦化车间的酸性气、酸性水和各类碱渣。产品有净化水、工业硫黄、液氨。

沥青单元溶剂脱沥青装置的原料来自一联合车间或罐区的减压渣油，产品有脱金属油(DMO)，作为一、二联合车间催化裂化装置和加氢车间的原料，产品有 AH－70、AH－90 重交道路沥青和 AH－100 道路沥青。减黏装置的产品是减黏油。油浆拔头装置的轻油浆去一、二联合车间的催化裂化装置，重油浆去溶剂脱沥青装置进行沥青调和。

4 万吨/年硫黄回收装置是洛阳分公司油品质量升级改造工程的配套项目，2008 年 2 月建成投产。

新建 4 万吨/年硫黄回收装置中间交接

生产及设备管理

2004 年，在装置长周期运行后期，分别于 5 月、7 月、10 月对 2 套污水装置进行 3 次停工消缺。碱渣装置缓和湿式氧化工艺技术改造被列为 2004 年中石化集团公司监控的重大隐患治理项目之一。2005 年，碱渣装置缓和湿式氧化工艺技术改造项目完成，项目开工后减少恶臭气体排放，改善环境。污水治理装置（Ⅱ）检修，完成汽提装置硫化氢报警仪的改造，并新建 1 座污水汽提塔。同时对碱渣自动控制系统进行改进，提高酸化质量，减少装置泄漏。2007 年，组织湿式氧化装置开工、生产工作。

2008 年，装置检修结束后，老硫黄单元只有污水汽提（Ⅰ）和碱渣处理装置开工运行。新硫黄装置的氨气进入老硫黄装置一套污水氨精制系统进行处理，开始新一轮生产周期运行。2008 年 2 月 2 日，酸性气引入 4 万吨/年硫黄回收装置克劳斯单元，硫黄单元开车一次成功。2008 年 2 月 3 日，四联合大硫黄装置污水汽提单元引入原料水，污水汽提开工一次成功。

2001 年 11 月，洛阳分公司决定恢复溶剂脱沥青装置，增上减黏装置。2002 年，新建成减黏裂化装置和沥青氧化装置，恢复装车单元，先后完成溶剂脱沥青装置和减黏裂化装置的水冲洗、单机试运、水联运等工作，12 月 24 日实现开工一次成功。2003 年，溶脱装置进行满负荷生产，对设备的能力进行考验。年内溶脱装置和减黏裂化装置按计划进行两次停、开工。2004 年，油浆拔头装置建成中间交接，并实现装置开工一次成功。2005 年，装置停工检修，实现溶剂脱沥青、减黏裂化和油浆拔头 3 套装置第一次同步开、停工。

2008 年，延迟焦化装置开工生产后，全厂重油重新平衡，减黏装置停运，溶脱装置低负荷运行。

2009 年 5 月 16 日，硫黄回收装置尾气处理单元开车一次成功。

2010 年，先后完成氨精制系统、Ⅰ套污水、Ⅱ套污水、溶剂再生装置的停开工检修。2 月，溶剂脱沥青装置加热炉检修。10 月，油浆拔头装置检修油浆拔头塔。

装置改造

2008 年，沥青装置主要改造有沥青汽提塔改造、换热流程优化、拆除塔内集油箱、增上 2 台换热器等。

减黏裂化装置主要改造有减黏炉出口烧焦管线增加冷却水加注设施，增上减黏中段柴油出装置流程，分馏塔顶增上注缓蚀剂设施，沥青质进减黏增上控制测量系统，减黏炉两路炉管注水增上孔板流量计及调节阀。

沥青单元道路沥青调和系统主要改造有增加油浆、胶质、沥青质热调和设施，道路沥青贮罐增加沥青调和喷嘴，道路沥青扫线罐增加污油回炼系统，增上油浆拔头设施，拔头后的油浆可进油品罐区，也可直接去四联合调和道路沥青，拔头油进二催化回炼。

硫黄单元碱渣处理装置主要技术改造，采用抚顺石油化工研究院开发的“石油炼制工业油品精制废碱渣处理方法”处理催汽碱渣和液态烃碱渣组成的混合碱渣，2005 年 1 月 8 日，施工结束实现中间交接，1 月 15 日，碱渣缓和湿式氧化装置正式开工。

技术进步

2002年，溶剂脱沥青装置开工后，进行多品种道路沥青产品攻关，先后生产出A－100、AH－90、AH－70等道路沥青产品。

2003年，污水汽提和硫黄回收装置使用新型硫黄催化剂（一套A958/A918，二套LS2000/LS300），硫黄转化率提高1%，减少二氧化硫排放。一套污水采用新型脱硫剂JX－4A，减少液氨中的硫化氢含量。投用2000立方米原料水罐，减少恶臭气体的排放。

2004年，碱渣装置缓和湿式氧化工艺技术改造建成投用，减少恶臭气体的排放，改善环境。

2005年，污水汽提和硫黄回收装置大检修，建成投用新污水汽提塔，使净化水氨氮含量由原来的200毫克/升下降到50毫克/升，污水外排量降低8～10吨/时。碱渣系统进行自动化控制系统改造，提高碱渣酸化质量，减少装置泄漏。

2010年1月，首次试生产AH－90号重交道路沥青成功。

第五节　焦化生产

焦化生产包括140万吨/年延迟焦化装置生产。焦化车间负责140万吨/年延迟焦化装置的生产与行政管理。

概况

140万吨/年延迟焦化装置是洛阳分公司油品质量升级改造工程的项目。2006年3月完成总体设计，9月28日奠基开工。2008年3月23日建成中间交接，6月25日开车一次成功，6月27日生产出合格石油焦产品。

140万吨/年延迟焦化装置共有反应、分馏、吸收稳定、干气脱硫、吹汽放空、冷焦水密闭处理、水力除焦和石油焦输送8个生产单元。

工艺及产品

140万吨/年延迟焦化装置采用洛阳石油化工工程公司自行开发的“一炉两塔”工艺和“可灵活调节循环比”技术，循环比可在0.1～

140万吨/年延迟焦化装置

0.3范围内调整，设计生焦周期20小时，年开工时间8400小时。

延迟焦化装置的加工原料为来自常减压装置的减压渣油。主要产品有干气、液化石油气、汽油、柴油、轻蜡油、重蜡油和石油焦。干气去制氢装置做原料，液化石油气去二联合液态烃脱硫醇装置，汽油、柴油去加氢精制装置，轻蜡油、重蜡油去蜡油加氢处理装置，石油焦去CFB锅炉自用或销售。

生产及设备管理

为实施“安稳长满优”生产运行目标，采用在环境保护、长周期运行、产品收率、自动化水平和能量消耗等方面具有较高水准的工艺技术和设备选型。同时，实现多产柴油工艺流程、节能和换热优化流程、有井架水力除焦系统、大型双面辐射加热炉、自动顶底盖机等机械设备的研制开发，在工艺、除焦机械、焦化炉、自动控制、环境保护、节能等方面有新的进步。

装置采用“一炉两塔”工艺流程，大型化焦炭塔和焦化加热炉新技术，焦炭塔直径9000毫米，焦化加热炉热负荷设计为42.3兆瓦。装置在常规的工艺流程基础上，增加循环油抽出设施，循环比的调节直接采用循环油与减压渣油混合的方式，反应油气热量采用循环油回流方式取走。采用各项措施提高装置的环境保护水平。采用冷焦水密闭循环流程，对冷焦水全过程进行密闭循环处理。采用密闭吹汽放空，实现焦炭塔吹汽放空过程无废气排放。采用国产新型低 NO_x 燃烧器，减少环境污染。采用高性能浮阀塔盘。

设置蜡油汽提塔，将蜡油中的柴油组分汽提出来，提高约1.5%的柴油收率。优化换热流程，减少蒸汽发生量，使原料换热终温提高到308.5℃以上；采用高效、可靠的预热回收系统，焦化炉热效率91%以上。

装置改造

2009年11月~2010年8月，焦化装置实施20小时生焦技术完善改造项目。2009年12月，实施加热炉鼓引风机和空冷器电机增上变频改造项目。2010年3~8月，完成全厂重污油回炼流程优化项目改造。2010年11月，完成焦化装置增上缓蚀剂、芳烃装置废环丁砜回收、自产轻污油回炼改造项目。

技术进步

装置采用国产化新型双面辐射加热炉。按加工高硫原油标准选用主要设备、管道材质。装置主要关键机械和阀门采用进口设备，如加热炉进料泵、四通阀和大口径的高温球阀等。采用“可灵活调节循环比”工艺技术，有效减少分馏塔底结焦。焦化分馏塔采用导向浮阀塔盘，与圆形浮阀塔盘相比，可使处理量提高15%~20%。焦炭塔设置注消泡剂和中子料位计措施，减少焦粉夹带。焦炭塔顶增设注柴油设施，维持焦炭塔切换时生产塔的塔压稳定。

装置除采用DCS控制和SIS连锁保护外，水力除焦单元还采用除焦程序控制系统，焦炭塔顶、底盖自动装卸系统，实现除焦过程和塔顶盖、塔底盖装卸的自动化，提高除焦速度，减轻劳动强度，提高操作安全性。

2009年3月，焦化装置加热炉首次实现在线机械清焦，代替加热炉在线烧焦，炉管清除焦粉干净，安全环保。

2010年，完成焦化装置水力除焦在线自动检测系统研发，并成功应用在除焦系统程控系统。

第六节　加氢生产

加氢生产包括蜡油加氢处理装置和制氢装置生产。加氢车间负责蜡油加氢处理装置和制氢装置的生产与行政管理。

概况

蜡油加氢处理装置和制氢装置是洛阳分公司油品质量升级改造第一阶段实施工程项目，主要目的是改善产品质量、优化产品结构。蜡油加氢装置设计规模为220万吨/年，实际处理能力为226.89万吨/年，装置占地10934平方米。制氢装置设计规模为4万米^3（标准）/时工业氢，装置占地9841平方米。蜡油加氢装置与制氢装置共设1个变配电室，1个中心控制室，DCS系统和SIS系统分开设置控制站。

2006年9月28日，装置开工建设。2008年6月，装置开始单机试运，9月6日，制氢装置和蜡油加氢处理装置中间交接。2009年5月19日和5月21日，制氢装置和蜡油加氢处理装置分别一次开车成功。

蜡油加氢装置主要由反应部分（包括新氢、循化氢压缩机、循环氢脱硫）、分馏部分、富氢气体脱硫部分、热回收和产汽系统以及公用工程部分组成。

制氢装置主要由原料加氢脱硫、水蒸气转化、中温变换、PSA氢气提纯及余热回收系统5部分组成。

蜡油加制氢生产装置

工艺及产品

220万吨/年蜡油加氢处理装置，采用抚顺石油化工研究院（FRIPP）开发的FFHT蜡油加氢处理工艺技术，加氢处理催化剂采用FRIPP的FF-18（保护剂为FZC系列保护剂）。装置原料为减压蜡油、焦化蜡油和脱沥青油等组成的混合油。原料在高压加氢反应器内进行加氢脱硫、脱氮、脱金属反应，达到精制混合油的目的。产品主要是为催化裂化装置提供优质原料，并副产加氢石脑油和加氢柴油。

蜡油加氢处理工艺 减压蜡油、脱沥青油和焦化蜡油组成的混合原料经反应加热炉加热后进入加氢处理反应器，将原料中的硫、氮、氧等化合物转化为硫化氢、氨和水，对烯烃、芳烃进行加氢饱和，脱除原料中的金属等杂质，同时，进行部分裂化反应。反应流出物进入热高压分离器，热高分气体经过换热、脱硫后作为循环氢和新氢混合后返回加氢处理反应器。热高分油经液力透平能量回收后进入热低分，热低分气冷却后进入冷低分，热低分油与冷低分油混合后经脱硫化氢汽提塔、分馏加热炉进入分馏塔，塔顶生成石脑油，塔底为精制蜡油，柴油馏分自分馏塔中段抽出进入柴油汽提塔，塔底生成精制柴油。

蜡油加制氢装置生产出合格的产品

4万米^3（标准）/时工业氢制氢装置，采用烃类水蒸气转化法造气和变压吸附氢气提纯工艺。制氢装置原料为焦化干气、芳烃装置干气和加氢处理装置干气以及石脑油。原料在转化炉内通过轻烃水蒸气转化产生氢气，经PSA工艺提纯，生产纯度为99.9%工业氢气，供应蜡油加氢装置和氢气管网。

制氢工艺 混合原料气经压缩机升压后进入加氢反应器和脱硫反应器，达到脱硫、脱氯的目的。精制后的气体与蒸汽混合进入转化炉，转化炉管内装有转化催化剂，在催化剂的作用下，原料气与水蒸气发生转化反应，出转化炉的转化气进入中温变换反应器，将一氧化碳转换为二氧化碳，中变气经三级分水后进入变压吸附（PSA）单元。变压吸附采用成都华西化工科技股份有限公司成套技术，中变气在其中多种吸附剂的依次选择吸附下，一次性除去氢以外的杂质，获得纯度大于99.9%的氢气，氢气经压缩机升压后进入蜡油加氢装置或氢气管网。

制氢装置和蜡油加氢处理装置主要产品有氢气、解析气、加氢石脑油、加氢柴油、加氢蜡油等。

生产及设备管理

2006年2月23日，加氢车间成立之后，围绕装置的开工生产准备和职工培训2条主线开展工作，组织编写《工艺安全基础知识》、《设备基础知识》、《加氢精制工艺原理》等培训教材，共计80余万字。

2006～2008年，加氢车间分阶段组织专题培训，其中包括6次内培、历时15个月；5次外培，共计8个月。

为满足装置开工需要，加氢车间共完成5类15分类，共计329册技术资料和2万余张图纸的整理归档工作。同时，完成《制氢装置开工方案》、《蜡油加氢装置开工方案》、《制氢装置工艺技术规程》、《蜡油加氢工艺技术规程》等9册，共计80万字的装置开工技术资料。

装置建设和开工期间，参与设备技术谈判、设计审查和技术交流100余项次。完成500余台机泵、塔类、换热器、容器、阀门等设备的技术谈判和技术交流。组织17次“三查四定”问题对接整改，共计2642项。

2009年5月21日开工投产，蜡油加氢装置实现长周期安全平稳生产。制氢装置自2009年5月19日开工投产至2010年12月31日，因氢气平衡生产调整，共经历4次停工，5次开工。

（责任编辑 张自俭）

化工化纤生产包括聚丙烯、双向拉伸薄膜、丙纶强力丝、丙纶卷烟滤材等化工装置生产和芳烃抽提、对二甲苯（PX）、精对苯二甲酸（PTA）、聚酯（PET）、涤纶长丝、涤纶短纤维和变压吸附制氢等化纤装置生产。

化工生产装置生产的主要产品有聚丙烯、双向拉伸薄膜、丙纶强力丝、丙纶卷烟滤材等。化纤生产装置生产的主要产品有苯、甲苯、溶剂油、对二甲苯、精对苯二甲酸、聚酯切片、涤纶长丝和涤纶短纤维等。

第一节　聚丙烯生产

聚丙烯生产包括5万吨/年聚丙烯装置生产和1万吨/年聚丙烯装置生产两部分。聚丙烯公司负责5万吨/年聚丙烯装置生产与管理。宏达公司宏力化工公司负责1万吨/年聚丙烯装置生产与管理。

5万吨/年聚丙烯装置

概况　5万吨/年聚丙烯生产装置及辅助生产装置由中国环球化学工程公司设计，由河南省石油天然气开发总公司、洛阳市财政局及洛阳石油化工总厂3家合资兴建，总投资3.92亿元，持股比例分别为20%、25%、55%。2004年4月，经聚丙烯公司董事会决议及中石化股份公司决定，对聚丙烯公司55%股权进行置换，由原洛阳石油化工总厂55%控股变为中石化股份公司控股。

聚丙烯装置于1985年5月立项，1990年8月8日奠基，1993年1月17日生产出合格产品。主体装置采用日本三井油化的工艺技术，由意大利TPL设计，主要设备和DCS由日本、法国、意大利、英国、美国、德国等国制造。

聚丙烯装置利用丙烯为原料，生产粒料聚丙烯树脂，设计能力5.6万吨/年。1993年1月17日建成投产，之后，通过对聚丙烯装置扩能改造，2007年生产聚丙烯产品9.45万吨。2001～2010年，累计生产聚丙烯产品82.46万吨。

工艺及产品　丙烯首先经过聚合车间精制单元提纯成精丙烯，精丙烯被送至液相反应釜内，在TK－cat、AT－cat和OF－cat催化剂作用下部分生成聚丙烯，液相反应釜内浆液通过压差进入气相反应釜进一步反应，未反应的丙烯被回收重新送入液相反应釜参与反应。聚丙烯粉料再进入干燥系统进行干燥去活，最后被送至造粒，加入各种添加剂，经造粒机加工成聚丙烯成品粒料。

聚丙烯装置自投产以来，对引进技术进行消化、吸收、创新，不仅能生产原设计的注塑级、薄膜级、窄带级、纤维级、吹塑级5个类别22种牌号的产品，而且根据市场情况和用户需要，生产出双向拉膜专用料、涂覆专用料、无纺布专用料、注塑级透明专用料等。主要产品牌号为F401、JF300、J820G、J600、YS830、YS835、S800－1、H400等产品。

表3－1　　2001～2010年生产技术指标完成情况

项目 年份	丙烯单耗（吨/吨）	综合能耗（千克标油/吨）	产量（吨）	产品质量、等级率（%）	转换产品牌号（次）	环保合格率（%）
2001	1.030	185	70294	145.07	147	99.7
2002	1.027	181	73993	147.36	171	100
2003	1.013	169	88015	146.49	183	100
2004	1.008	157	86316	147.24	226	100
2005	1.012	149	80009	147.38	176	100
2006	1.010	138	91411	147.24	195	100
2007	1.007	130	94452	147.41	201	100
2008	1.008	149	66164	147.45	116	100
2009	1.004	127	82553	147.65	132	100
2010	1.006	110	91432	147.80	121	100

装置生产及管理　2001年，调整产品结构，加大专用料生产比例，全年聚丙烯产量突破7万吨。2002年，聚丙烯年产量达到7.4万吨。其中3月产品产量达到7685吨，创单月产量历史最好水平。2003年，聚丙烯装置完成YS835产品鉴定工作，同年，开展“破纪录”和“设备管理创新年”活动，产品总量达到8.8万吨，丙烯累计单耗1.013吨/吨，保持设备完好及作业环境整洁，装置静密封泄漏率保持在0.1‰以下。2004年，加工丙烯8.7万吨，生产聚丙烯产品8.63万吨，生产专用料5.88万吨，专用料比例占总产量的68.09%。2005年，加工丙烯8.09万吨，生产聚丙烯产品8万吨，生产专用料5.95万吨，专用料比例占总产量的74.2%。开展“设备管理高效年”活动，设备完好率达到99.2%，主要设备完好率达到100%，机泵故障率小于1%，动密封泄漏率小于1%，静密封泄漏率小于0.2‰。2006年，加工丙烯9.24万吨，生产聚丙烯产品9.14万吨，生产专用料6.44万吨，专用料比例占总产量的70.44%。年内完成YFK－9301G、FK－LY－83两种助剂的试用工作。

2007年，加工丙烯9.51万吨，生产聚丙烯产品9.45万吨，生产专用料7.50万吨。全年聚丙烯综合能耗130千克标油/吨，同比降低8千克标油/吨。新上工业电视监控系统，对各装置的运行状况进行监控。

聚丙烯公司主装置区

2008年，加工丙烯6.67万吨，生产聚丙烯产品6.62万吨，生产专用料5.49万吨。全年节水2.65万吨，用水量同比下降17%。年内完成2008年大检修工作，共完成外委项目计划126项，隐蔽项目80项，其中技改技措项目9项，14万吨/年聚丙烯配套项目2项。2009年，加工丙烯8.29万吨，生产聚丙烯产品8.26万吨，生产专用料6.78万吨。

2010年，加工丙烯9.2万吨，生产聚丙烯产品9.14万吨，生产专用料6.64万吨。同年，装置用新鲜水、电、蒸汽、软化水单耗和装置能耗指标创历史最好水平。

装置改造　2001年，对聚丙烯粉料干燥器M301进行整体更换，聚合装置干燥能力从8吨/时提高到12吨/时。更换聚合装置换热器E201，D201反应温度由70℃提高到72℃，浆料浓度由

200克/升提高到250克/升，反应能力由5吨/时提高到7吨/时，聚合装置具备高负荷处理能力。改造循环水加酸装置，增上自动加酸系统，提高浓缩倍数，减少循环系统补水量。改造造粒机齿轮泵电机变频器，消除该电机系统频繁跳闸的困扰，同时增上一号热油系统小循环管线，实现在造粒机不停机状态下两套热油系统之间的平稳切换，减少停机次数。改造造粒机粒料冷却水系统，切粒水箱压力由1.2千克/厘米^{2}提高到2千克/厘米^2，消除模板气蚀现象，年节约资金50万元以上。

2002年，"14把切刀刀盘的试用"解决高负荷生产造粒切粒机负荷过高问题。"M301链条故障攻关"解决聚合后路畅通问题。"C208频繁停机攻关"解决多年无法消除的设备热点问题。5月，装置停工大检修，改造更新变电所48面控制柜、聚合DCS全部更换、安装火炬自动点火系统。

2003年，完成D203下料线平稳运行、C502假信号停机、Z505和Z516进料系统改造等8项技术攻关。2004年，完成聚丙烯装置高负荷下设备长周期运行、丙烯卸料设施改造、减少造粒机停机次数、造粒机切刀国产化、TK501称重系统改造、包装线长周期运行等9项重点攻关项目。同时增上造粒皮带秤和电子巡检系统，进行TK501称重系统改造。2005年，完成2台40米^3（标准）/时制氢机更新、增上D006E/F、TK505料仓掺和管更新改造、D108更新、OF泵更新改造、造粒MZ501/05变频柜更新、动力两台冷冻机更新、增上微热再生干燥器、消防水系统改造、进口空压机C5001B入口过滤器更新改造等技改技措项目，消除影响安稳长生产的重大隐患和制约瓶颈。

2006年，完成聚丙烯年产量突破9万吨生产攻关，实现用N催化剂生产J820G透明料，开展聚丙烯助剂国产化、聚合装置新型催化剂和优化JF300专用料试验等工作。2007年，开展造粒机扩能攻关，提高造粒机负荷，增产聚丙烯粒料，造粒机加工能力由9.5吨/时提高到10.5吨/时，全年增产粒料7065吨。2008年，完成NA－Ⅱ催化剂、XT600抗氧剂生产JF300和YS688成核剂生产J820G产品的试验，完成AT催化剂国产化。2009年，完成泵P3001B密封改造、热水站控制柜改造、2号制氢机氧塔更新等工作。2010年，完成化验贯标设备安装及投用工作。

技术进步　在生产过程中，注重技术创新，采用先进生产工艺技术，实施新产品开发。2001年，研制开发土工布专用料YS825、无纺布专用树脂YS835、地毯丝专用料S800新产品。2002年，研制开发YS830－1改性烟用丝束专用料和J820G 2注塑级透明专用料个新产品。2004年，研制开发YF－B1冰箱专用料，完成J820G河南省新产品鉴定。2007年，进行高等规薄膜专用料JF300的生产和试用。2009年，开发聚丙烯改性涂覆料H30S新产品。2010年，均聚管材料和改性透明料的可行性研究。

1万吨/年聚丙烯装置

概况　宏力化工公司1万吨/年聚丙烯装置1987年3月建成投产。装置由气分和聚合两部分组成，主要包括气体分馏、罐区、聚合3个生产单元。主要生产聚丙烯专用粉料、涂膜料、载体料、纺织料、注塑料、烟用丝束料、干拉棉料等聚丙烯系列粉料产品。聚合装置经扩容改造后，生产能力由1万吨/年提高到2.4万吨/年。气分单元经扩容改造后，生产能力由6万吨/年提高到12万吨/年。2008年8月开始，聚丙烯装置气分单元（除精制部分外）停运，处于氮气保压维护状态，聚合单元接收洛阳分公司丙烯进行生产。

宏力化工公司聚丙烯装置

原料及产品　气分单元主要是根据精馏的原理，利用混合物液态烃中各组分的沸点不同，经过脱丙烷塔、脱乙烷塔、粗丙烯塔、精丙烯塔四塔分离，生产出合格的丙烷和丙烯产品。

聚合单元采用国内自行开发的间歇式液相本体法（俗称小本体法）生产工艺，精丙烯单体在催化剂、活化剂及第三组分氢气的共同作用下，在一定的温度、压力下发生聚合反应而生成聚丙烯产品。

主要产品有涂膜料、载体料、纺丝料、注塑料、烟用丝束料、干拉棉料等15种粉状产品。

装置生产及管理 宏力化工公司持续进行技术升级改造和产业链条拉伸，2001年，投资588万元，对气分装置进行技术改造，装置加工能力从6万吨/年提高到12万吨/年。2002年，投资780万元，新建8000吨/年聚丙烯专用料生产线，聚丙烯生产能力从1.5万吨/年提高到2.4万吨/年。2006年，聚丙烯装置在年度全国间歇式液相本体法聚丙烯行业竞赛中获行业总评第一名。

主要装置的项目改造建设 2002年，增上8000吨/年的专用料生产线，并引进ZLX－2000多功能控制调节仪。2003年，对4台旧聚合釜进行更新，对机封进行改造。2007年，脱丙烷塔仪表控制系统由原来的ZLX－2000多功能控制调节仪更换为SDT第二代仪表控制系统。同年5月，完成聚丙烯装置新建脱砷设施，稳定装置生产。

2006年，增上2000立方米干式气柜，实现聚合单元向火炬零排放。增上膜回收系统，提高丙烯收率，降低丙烯单耗。

2010年9月，按照国家法律法规要求，完成对小本体聚丙烯装置自控系统DCS改造。

技术进步 经过持续的装置扩能改造，技术装备水平得到明显进步，开发出一系列的专用料产品。2008年2月，“聚合级高纯异丁烯”被河南省科学技术厅认定为高新技术产品。宏力化工公司连续多年被认定为河南省高新技术企业。

第二节 芳烃联合装置生产

芳烃联合装置包括变压吸附制氢装置、芳烃抽提装置、苯抽提蒸馏装置、对二甲苯装置和中间罐区等。芳烃车间负责变压吸附制氢装置、芳烃抽提装置、苯抽提蒸馏装置、对二甲苯装置和中间罐区生产与管理。

概况

芳烃联合装置变压吸附制氢装置采用西南化工研究设计院变压吸附制氢专利技术，设计生产能力为5000米^3（标准）/时。芳烃抽提装置包括预分馏单元、环丁砜抽提单元、B/T精馏单元和溶剂油分馏单元，采用美国UOP公司环丁砜液抽提专利技术，年加工能力为26万吨。苯抽提蒸馏装置采用石油化工科学研究院开发的抽提蒸馏工艺，年加工能力为15.7万吨。对二甲苯装置包括歧化—烷基转移单元、二甲苯分馏单元、吸附分离单元和异构化单元，采用美国UOP公司专利技术。

芳烃联合装置

装置经过扩能改造，苯产品产量达到12.5万吨/年，邻二甲苯产品产量达到2.5万吨/年，对二甲苯产品生产能力为21.5万吨/年。

原料及产品

芳烃抽提装置以重整装置生产的重整生成油作为原料。抽提苯、6号溶剂油、120号橡胶工业用溶剂油作为产品出厂。对二甲苯装置以芳烃抽提装置生产的甲苯和碳八芳烃及氢气作为原料，主要产品是歧化苯、对二甲苯。

装置生产及管理

2001年，芳烃抽提装置和对二甲苯装置由开工试运转入正常生产。通过对装置工艺参数进行优化，苯产品、对二甲苯产品纯度达到99.9%以上。2002年，在重整油原料和氢气量不足、吸附剂中毒再生后性能下降的情况下，对抽提单元和吸附分离单元工艺参数进行优化，装置物料

得到合理配置，降低装置综合能耗，提高抽提苯、歧化苯“两苯”收率。2003年，开展操作平稳率和产品质量上台阶竞赛，实现产品质量过程控制，装置生产操作平稳率由竞赛前的95.91%提高到99.36%，抽提苯、歧化苯和对二甲苯“三苯”馏出口合格率达到99.99%。2004年，按照“快进、多产、快出”的生产思路，开满、开足芳烃联合装置，实现“降负荷不降产量”的生产目标。全年生产对二甲苯15.6万吨，歧化苯3.8万吨，抽提苯4.7万吨。2005年，以管理促安全，以安全保生产，装置扩能改造之后，实现芳烃抽提装置高负荷生产和对二甲苯装置满负荷生产。2006年，以操作平稳率竞赛为主线，开展系列技术攻关活动，解决装置运行中暴露出来的PX单程收率低、二甲苯塔邻二甲苯工况不稳定等瓶颈问题，实现芳烃装置连续高负荷平稳运行。全年加工重整生成油65.6万吨，产出对二甲苯24.1万吨。2007年，开展“设备精细管理年”活动，提高巡回检查质量，及时发现设备异常问题，消除设备隐患，确保设备安全运行，提高装置生产负荷，对二甲苯产品产量达到24.21万吨，邻二甲苯产品产量达到3.33万吨。2008年，车间通过设立班组技术课堂、开展职工在线答题、健全质量管理网络等方式来抓好职工技术培训，提高职工技术素质，实现芳烃装置全年平稳生产。2009年，开展硫化氢隐患排查专项活动，对全员进行硫化氢知识和急救知识培训，考试合格率达到100%。实施标准化操作，规范作业程序，车间从生产操作、设备定期作业、设备开停操作等方面入手，修订和完善23项生产操作规程。2010年，组织开展“比学赶帮超”活动，制定活动方案，细化活动目标，制作活动展板，在生产班组中间开展技术经济指标、操作平稳率、综合管理竞赛。

装置改造

2003年，芳烃联合装置进行第一阶段扩能改造，芳烃抽提装置溶剂油分馏单元增上加氢系统，以除去6号溶剂油和120号溶剂油产品中的烯烃组分。对二甲苯装置二甲苯分馏单元重芳烃塔增上侧线流程，多余的碳十芳烃送往油品罐区调和汽油。芳烃联合装置进行第一阶段扩能改造后，对二甲苯装置年处理能力达到18.7万吨。2005年，芳烃联合装置又进行第二阶段扩能改造。采用的新技术和新工艺主要包括：更换乙苯转化型I-9K异构化催化剂为乙苯脱烷基型异构化催化剂。新增苯抽提蒸馏装置。芳烃抽提装置预分馏单元脱戊烷塔、重整油分馏塔、对二甲苯装置歧化单元苯塔、甲苯塔由常规塔盘更换为高效分离塔盘。新增邻二甲苯设施，增加邻二甲苯产品产出。对二甲苯装置异构化单元脱庚烷塔整体更换。塔直径由2200毫米扩至3000毫米，全塔更换高性能塔盘。

2008年，装置大检修时，对生产装置进行综合节能优化改造。芳烃抽提装置抽提塔原先4毫米厚筛孔塔板厚度减薄，筛孔直径减小，开孔率重新调整，提高抽提塔分离效率。芳烃抽提装置汽提塔、回收塔，对二甲苯装置歧化—烷基转移单元汽提塔、二甲苯分馏单元二甲苯塔、邻二甲苯塔、吸附分离单元抽余液塔、抽出液塔和异构化单元脱庚烷塔6个塔塔板全部更换为新型复合孔微型阀高效塔板，降低塔底再沸用热源，减小塔顶回流比。加热炉余热回收系统原先的热管式空气预热器更换为扰流子管+搪瓷管重型空气预热器，加热炉排烟温度从250℃降到120℃，加热炉热效率由87%提高到92%以上。芳烃联合装置完成节能优化改造后，综合能耗降幅达15%。

技术进步

2003年，芳烃对二甲苯装置歧化—烷基转移单元原TA-4反应催化剂更换为HAT-097反应催化剂，碳十处理能力得到提高，为装置优化芳烃资源配置提供灵活性。2008年，换用HLD-001催化剂，歧化—烷基转移单元规模由37万吨/年扩大到50万吨/年。

2005年，异构化单元催化剂更换为脱乙基型SKI-100A型碳八芳烃异构化催化剂，对二甲苯产品产能达到21.5万吨/年，邻二甲苯产品产能达到2.5万吨/年，单程乙苯转化率由35%~40%提高到61%~65%，单程对二甲苯收率由96%提高到98%。2005年，对装置吸附分离单元和歧化单元进行操作优化，提高异构化单元反应系统乙苯转化率，提高甲苯塔物料中对二甲苯含量，对二甲苯单程收率保持在99%以上。

2008年，对芳烃抽提装置和对二甲苯装置8个精馏塔更换新型复合孔微型阀高效塔板，芳烃抽提装置每年可节约燃料油1092吨，对二甲苯装置每年可节约燃料油7286吨。对二甲苯装置加热炉回收系统热管式空气预热器更换为扰流子管+搪瓷管重型空气预热器，每年节约燃料油2974吨。

2010年，芳烃联合装置运用APC先进控制系统，实现对预分馏单元、抽提单元、歧化单元、二甲苯单元、吸附分离单元、异构化单元的平稳控制，达到提高目标产品收率和降低能耗的效果。

第三节　精对苯二甲酸生产

精对苯二甲酸（PTA）装置包括氧化单元和精制单元两部分。化工车间负责精对苯二甲酸装置生产与管理。

概况

精对苯二甲酸装置，采用美国BP－AMOCO公司专利技术。装置生产能力22.5万吨/年，小时生产量为32吨，操作弹性范围为70%～100%，年开工时间7600小时。2000年5月建成投产，9月初完成装置性能考核，装置运行达到合同要求。2002年10月，投资1.5亿元对装置进行扩能改造，在不改变原工艺条件的情况下消除装置的瓶颈，经过扩能改造，装置生产能力达到32.5万吨/年，小时生产能力42吨。2003年6月，装置进行扩能改造管线碰头和设备试运工作，6月26日装置实现扩能改造一次开车成功，经过近一个月的消缺，7月16日达到扩能设计负荷。

精对苯二甲酸（PTA）装置

原辅料及产品

原辅料有对二甲苯、醋酸、催化剂。产品为精对苯二甲酸。

装置生产及管理

2001年，对高速泵、空压机、发电机、离心机、氢压机、干燥机、氧化反应器搅拌器等8种设备13台次采取特级维护制度，建立特级维护档案。2002年，完善设备管理制度，推行设备包机维护个人责任制和班组承包制，全年完成产量24.65万吨，装置各项指标全部达标。2003年，装置扩能改造后实现开车一次成功，加氢反应器更换催化剂时装填国产催化剂，使国产钯碳催化剂应用于工业生产，对蒸汽列管干燥机托轮轴承润滑脂加入点进行改造，将集中润滑改为单点润滑。2004年，完善扩容改造后的操作技术规程，编写印刷PTA应知应会题库，完成职业技能鉴定考评培训工作，工艺卡片进行修订和整理，开展装置平稳率劳动竞赛，建立质量控制明细台账。2006年，对装置进行系统优化操作，降低装置原辅材料单耗，降低醋酸损耗，降低装置PX单耗；完成BE201抽出水管线材质升级、PV525阀芯材质升级等，解决影响装置长周期运行的瓶颈。2007年，修订和完善各项工艺管理制度，推进车间内部技术交流工作，定期举办车间内部技术论文发布会，应用“小神探”巡检管理系统。2008年，对关键设备建立以日常点检、专业诊断、精密诊断为内容的三级防护体系，加强TPM管理。日常抓好质量竞赛、平稳率竞赛和职工培训竞赛，强化现场直接作业管理和工作危害分析管理。2009年，针对装置长期运行设备腐蚀问题，在保持高负荷生产的同时，加大现场查漏消缺工作力度，确保装置平稳生产。2010年，通过不断优化工艺操作参数和实施部分“短、平、快”节能项目，优化提升装置技术经济指标。

装置改造

2003年，对精对苯二甲酸装置进行扩能改

职工表彰大会

造。氧化单元主要新增1台空压机、1台氧化反应器第二冷凝冷却器（BE113A）；精制单元新增1台反应器进料泵（BG502D）、1台加进料预热器、1台压力离心机，蒸汽系统新增2台3.5兆帕蒸汽脱过热进料泵（BG910A/B），一开一备。6月26日，装置实现扩能后一次开车成功，7月16日，达到扩能负荷。9月16日9时至19日9时，对扩能改造装置进行72个小时运行性能考核。

技术进步

2004年，PTA装置新上200标准立方米电解制氢设施（装置），2005年，装置一次开车成功投用，解决影响装置生产的氢气平衡问题。2005年，完成对BC101空压机仪表系统控制系统改造。增上BT500A并投用，对PTA污水管线进行更换改造，脱离子水系统进行改造增上2台AG802并投入运行，改造高速泵BG502C，对BD402、BT402材质升级更新，精制废水回用科研项目试运。2006年，完成精制单元现场施工基础和管线甩头，对污水泵改型，母固回收装置后3套管线完成甩头，完成溶剂脱水塔（BT403）塔盘改造，高速泵（BG502A）改型，增上1台高速泵密封液泵（BG1007C）。2007年，对空压机循环水线增加电子除垢仪，对PTA装置母固回收改造，对BT111上段整体更换，对BG502A完成改型。2008年，实施并投用放射源泄漏屏蔽改造项目，完成BM302输送系统改造项目，完成BM302整体更换，完成污水大泵BG1502A/B改造，对BG112改为双路供电，氧化单元钴锰催化剂回收科研开发项目正式实施。2009年，氧化钴锰催化剂回收装置正式投入生产运行，钴锰催化剂得到部分回收，氧化催化剂补入量得到降低。2010年，完成装置蒸汽及凝液系统改造，每小时多产3吨1.0兆帕蒸汽，产品包装运输增上槽车设施，实施空压机循环水串级利用项目改造，每小时节约循环水800吨。

第四节 聚酯生产

聚酯（PET）生产主要包括20万吨/年聚酯生产和18万吨/年聚酯生产。2010年7月23日，洛阳分公司成立聚酯生产管理部，负责20万吨/年聚酯装置生产与管理。宏达公司合纤公司负责18万吨/年聚酯装置生产与管理。

20万吨/年聚酯（PET）装置

概况 20万吨/年聚酯装置有2条生产线（CP－1、CP－2），单线生产能力为303吨/天。工艺采用美国杜邦三釜流程连续缩聚生产专利技术。

聚酯装置由主装置及辅助装置构成，主装置包括浆料配制、添加剂配制、酯化系统、缩聚系统、熔体输送系统、TEG蒸煮系统等，辅助装置包括罐区、切片输送包装、热媒站、减温减压、EG/TEG回收、PTA贮存及输送及有机物汽提。

聚酯（PET）装置

原辅料及产品 原辅料有精对苯二甲酸（PTA）、乙二醇（EG）、二氧化钛（消光剂）、乙二醇锑（催化剂）、二甘醇、三甘醇、热媒、燃料油等。

产品有纤维级聚对苯二甲酸乙二醇酯

(PET)、有光聚酯切片。聚酯切片直接打包出厂，聚酯熔体通过管线输送给长丝、短纤维装置，作为后续生产装置原料。

装置工艺 以精对苯二甲酸（PTA）和乙二醇（EG）为原料，以三氧化二锑为催化剂，以二氧化钛为消光剂，通过直接酯化、三釜流程连续缩聚生产过程得到纤维级聚对苯二甲酸乙二醇酯产品。

关键设备 酯化反应器由1台列管式加热器和1台整齐分离器串联而成，列管和加套均用气相热媒加热。缩聚反应分预缩聚和终缩聚两段进行，预缩聚釜底部为列管加热器，中部为16块大泡罩塔盘，顶部为气液分离器。终缩聚釜为卧式反应器，内装鼠笼式搅拌器。3台热媒加热炉，每台加热炉的热负荷为5024.16万千焦/时，热效率为90%，每台热媒循环泵流量为150吨/时。正常生产时，3台加热炉同时在66%负荷下运行。

生产及设备管理 2001年，装置由开工试运转入正常生产，经过技术攻关，解决浆料摩尔比控制、酯化乙二醇泵入口堵塞、熔体过滤器频繁切换等难题，生产能力达到设计负荷的115%。2002年，增上二氧化钛离心机，解决熔体泵联轴节频繁脱落、主要原料质量不稳、酯化乙二醇系统频繁堵塞问题，解决高负荷下产品的质量问题，产品的等级品率由原来的130%升至145%。2003年，实现三氧化二锑向乙二醇锑催化剂转换，装置开始使用乙二醇锑催化剂。2004年，通过调整酯化釜温度、酯化釜进料量、浆料密度等参数，解决装置酯化快循环、PTA质量不稳、熔体泵跳停等生产难题。2005年，装置密封点泄漏控制在0.04%以下，终聚釜、热媒炉等关键设备通过特级维护、优化连锁、技术改造等，确保装置全年安稳长运转。2006年，开展“聚酯在线黏度平稳控制攻关”活动，聚酯产品优级品率达到98.8%。2007年，开展技术攻关，装置PTA单耗857.42千克标油/吨，在中石化股份公司同类装置中排名第一，乙二醇单耗332.26千克标油/吨，在中石化股份公司同类装置中排名第二。2008年4月22日，CP－1线成功进行大有光产品的开发生产；同年，装置大检修，从4月25日停工至8月15日开工，历时110天。2009年，开发生产大有光聚酯熔体新产品。2010年，聚酯装置进行热媒真空系统空冷器国产化改造，解决二氧化钛离心机振动难题。

装置改造 2002年，PTA输送系统进行改造。2003年，装置扩能改造，负荷达到原设计的120%，CP－2线增上离心机，热媒炉控制改为PLC控制。2005年，热媒炉风机改变频电机。2008年，CP－1线增上离心机。2009年，热媒炉燃烧器雾化蒸汽改用压缩风。2010年，热媒炉实施在线吹灰技术改造。

技术进步 在实际生产过程中，注重科学技术创新，采用先进生产工艺技术组织生产。2001年，使用国产催化剂替代进口催化剂，节约费用80万元/年。2003年8月，在CP－2线试用国产乙二醇锑代替三氧化二锑，至2003年底CP－2、CP－1两条生产线全部使用国产乙二醇锑代替三氧化二锑。2003年3月，在CP－1线试用国产二氧化钛，到7月CP－2线全部国产化，CP－1线50%国产化。2008年，实施真空泵系统由高压蒸汽改为乙二醇蒸汽喷射节能改造。2010年，聚酯CP－2线投用20微米熔体过滤器滤芯。

18万吨/年聚酯（PET）装置

概况 18万吨/年聚酯装置为石化总厂合纤项目，其管理机构是宏达公司合纤公司。石化总厂合纤项目由宏达公司、洛阳市和吉利区投资公司、金达公司合资建设，其中宏达公司占62.3%股份。设计规模为年产18万吨聚酯熔体及切片。工艺采用中国纺织工业设计院开发的两段酯化、两段预缩聚和一段终缩聚生产工艺及设备，单线

合纤公司聚酯装置一角

生产能力为500吨/天。2004年9月，开始建设，2005年9月23日，实现装置开车一次成功。宏达公司合纤公司的（简称合纤公司）生产管理、安全环保、公用工程用量和物料计划、装置检维修纳入洛阳分公司统一管理。

原辅料及产品 合纤公司聚酯装置原料来源洛阳分公司，以精对苯二甲酸和乙二醇为原料，产品为半消光纤维级聚酯熔体及切片。

装置工艺 装置采用中国纺织工业设计院专有的工艺技术，采用五釜流程，以精对苯二甲酸和乙二醇为原料，以乙二醇锑为催化剂、二氧化钛为消光剂，经直接酯化、连续缩聚生成纤维级聚酯产品。

生产及设备管理 装置主要设备有2台酯化反应器、第一预缩聚反应器、第二预缩聚反应器及终缩聚反应器5台反应器、工艺塔、刮板冷凝器、PTA输送风机、热媒炉等。

2005年8月24日，聚酯装置全面进入开工试运。9月23日，聚酯装置生产出合格切片，装置实现开车一次成功，产品优等品率达100%。

2006年，合纤公司制定完善各项规章制度，包括工艺技术管理、节能管理、技术月报管理、产品质量管理、计量管理、操作平稳率管理等。聚酯装置达到安全平稳运行，产品质量实现全优。2007年，进一步完善目标责任考核体系和工艺技术等管理制度，确保装置的安稳长优运行。

2008年，合纤公司生产装置经历首次停工检修。利用装置停工期间，抓职工技术培训，制定挖潜增效方案，落实装置节能降耗措施，健全质量管理制度，实现装置全年平稳生产。

2009年，开展“我要安全”主题活动，修订完善工艺技术操作规程，组织实施“钳、电、仪、管、操”五位一体巡检制度。8月，短纤装置前纺三线经过设备消缺实现开工投产一次成功。2010年，对精对苯二甲酸输送系统进行改造，投运精对苯二甲酸槽车装车设施。9月，对35千伏Ⅰ段、Ⅱ段电缆进行更换。10月，短纤装置前纺二线开车成功，短纤装置实现3条生产线同时生产。

装置改造 2007年2月，装置增上PTA链板输送系统，作为PTA管道输送系统的补充设施，保证装料供应。2008年4～5月，装置大检修期间重新优化部分工艺流程，改造工艺流程9项，同时增上乙二醇卸车系统，确保生产用原料及时供应。2009年4月，聚酯装置实施热媒炉雾化蒸汽改为压缩空气改造。7月，短纤装置完成上油均匀性改造和前纺压空提压技术改造。7月、10月，进行精对苯二甲酸管道输送系统改造。2010年9月，对聚酯装置凝结水系统进行改造。

技术进步 2010年，聚酯装置预聚物泵和熔体泵联轴器实现国产化。

第五节 长丝生产

长丝装置生产与管理由洛阳分公司长丝车间负责。2010年7月23日，洛阳分公司成立聚酯生产管理部，负责长丝装置生产与管理。

概况

涤纶长丝装置包括12条生产线，其中5条涤纶预取向丝（POY）生产线，生产能力为4万吨/年；7条涤纶全拉伸丝（FDY）生产线，生产能力为5万吨/年。长丝装置采用杜邦公司的熔体输送技术和日本东丽公司的纺丝生产工艺专利技术。装置总生产能力为10万吨/年。长丝装置以聚酯装置生产的聚酯熔体为原料，通过高速直接纺生产POY和纺丝拉伸一步法生产FDY。

长丝生产线

原辅料及产品

原辅料有聚酯熔体、纺丝用油剂。产品有涤纶预取向丝（POY）、涤纶全拉伸丝（FDY）。

装置生产及管理

生产管理 2001年2月，分别对POY9线、FDY5线和FDY7线生产性能进行考核，3月对FDY4线、4月对FDY2线生产性能进行考核。2001年12月，开始对POY11线生产性能进行考核，各项考核指标均达到外商保证值。

2003年，重新修订《生产作业程序管理规定》、《计量统计管理制度》等32项现场管理制度，修改补充纺丝、卷绕报表和工艺跟踪等记录，归类编制28种资料台账。2004年，完成《加大长丝产品质量管理降低投诉理赔总额攻关》、《降低FDY熔体单耗攻关》、《FDY生产线8头改16头纺工艺技术攻关》、《熔体增压泵长周期运行攻关》等技术攻关课题。2007年，修订《操作规程》和《技术规程》，建立和制定《中控室停位台账》和《中控室交接班制度》，完善《隔离、降等台账》、《质量管理台账》、《异常情况处理台账》等5个台账。

长丝车间班组工作促进会

设备管理 2001～2010年，长丝车间先后修订《机台承包责任制度》、《关键机组特级维护方案》等32项设备管理制度，完善各类设备记录、台账和设备档案共计31项。2005年，长线车间推行预知维修，提高组件组装质量和上机成功率，加强变频器的维护力度，降低维护成本、材料消耗和熔体单耗。2006年，通过技改项目增上1台溴冷机组L106，同时完成FDY2线双头纺改造。2007年，推行TPM工作试点，11月28日，TPM工作试点第一阶段的活动通过专家诊断。2008年，整理、汇编《长丝车间工程TPM活动》白皮书，全年设备完好率100%，机泵故障率小于0.2%，静密封泄漏率小于0.02‰。2009、2010年，将TPM活动由辅助动力班、组件班等班组延伸到生产线班组，提高设备维护和管理水平。

装置改造

2002年，完成增压泵的速度控制部分和6组工艺空调系统改造，将FDY2号、3号、6号线改造成POY生产线。2003年，完成20台喷淋水泵电机和120台纺丝计量泵减速机电机轴承更换，对165台POY卷绕头进行大修，更换320根卡盘锭轴轴承共计960套、双转子传动带轮2640套轴承，330台POY锭轴电机大修。2004年，完成FDY1、4、6、7号生产线8改16头纺生产线改造，空调表冷器改造，组件预热炉风机技术改造，包装线技术改造，空压冷冻站低压柜、低压母联进线保护技改等工作。2005年5月23日～6月25日，装置进行停工检修，完成新增2条POY生产线的安装工作，实施组件预热炉风机、包装线技术改造，空压冷冻站低压柜、低压母联进线保护技改工作。2006年，通过技改项目增上1台溴冷机组L106，5月18日，新溴冷机并网运行成功。2007年，空压站Y101设备安装、调试，9月18日正式并网运行，6月，对空压站螺杆机Y301进行技术改造。

技术进步

2002年，成功进行FDY设备生产POY产品的开发和推广应用工作。2004年，完成FDY 4条生产线双头纺的改造，打破装置原设计极限，将POY生产线的纤度由原来的125～330dtex扩展到83～330dtex。2008年，对POY10线1～16号位进行环吹风国产化改造。2009年，在FDY生产线上实施环吹风改造。

第六节 涤纶短纤维生产

短纤维装置生产包括10万吨/年涤纶短纤维装置生产和15万吨/年涤纶短纤维装置生产。10

万吨/年涤纶短纤维装置生产与管理由洛阳分公司短纤维车间负责。2010 年 7 月 23 日，洛阳分公司成立聚酯生产管理部，负责 10 万吨/年短纤维装置生产与管理。宏达公司合纤公司负责 15 万吨/年短纤维装置生产与管理。

10 万吨/年涤纶短纤维装置

概况 涤纶短纤装置包括 2 条生产线，由纺丝和后加工两部分组成，每条生产线生产能力为 5 万吨/年。装置采用美国杜邦公司专利技术。设计年操作时间为 330 天（7920 小时）。2000 年 9 月，开工投入生产。

短纤维生产线

原辅料及产品 原辅料有 20 万吨/年聚酯（PET）装置生产的聚酯（聚对苯二甲酸乙二醇酯）熔体、纺丝用油剂。产品为涤纶短纤维。

装置生产及管理 2000 年 9 月，开工投入生产，2003 年，装置实现全面达标。优等品率和一等品率逐年提高，2010 年优等品率为 98.09%，一等品率 99.43%。熔体单耗逐年降低，2010 年熔体单耗 1016.33 千克/吨产品。2001～2010 年，结合市场变化和用户需求，装置历经多次工艺优化及技术攻关，先后开发生产 1.56dtex、0.89dtex、1.33dtex、1.20dtex 半消光涤纶短纤维和 1.33dtex 缝纫线型超有光涤纶短纤维，进一步提高装置技术储备。2007 年 3 月，涤纶短纤维装置二线停运，装置维持单线运行。2009 年 7 月，二线恢复生产，2 条线满负荷运行。2010 年，实现 1.33dtex 缝纫线型超有光涤纶短纤维生产常规化。

短纤维车间认真落实安全教育制度，坚持每月 2 次安全活动，每季度结合装置生产特点开展 1 次事故预案演练，进行 1 次岗位操作技能考试，提高职工的应急处理能力。每周开展一次小岗检，对发现的问题及时整改，每月评选巡检明星，强化职工安全意识。通过危害识别、评价，确保安全生产。

装置改造 2001 年、2002 年，装置分别完成纺丝一、二线鼓形束丝器改造。2002 年，切断刀盘国产化、卷曲辊国产化、卷曲刀国产化一次成功。2003 年，完成计量泵自停攻关、纺丝二线计量泵变频器动力系统改造、牵伸机缠丝检测器改造、横动改造、3.5 兆帕蒸汽系统改造。2005 年，完成卷绕落桶控制系统改造、K2 空调 MUPS 改造、屋顶风机改造。2005 年和 2008 年，分别完成一、二线横动设备改造。2006 年，实施卷曲机风动马达电动化改造、6BT2 及后纺母联改造、后纺主驱动电机轴承加装接地碳刷改造。2008 年，将多级泵更换为高速旋壳泵，同时，利用装置大检修机会，对装置蒸汽系统进行改造，更换蒸汽系统所有疏水器、更换 1832—T01 闪蒸罐、增上 MFP14 - PPU 组合泵。2010 年，完成后加工 4 台工控机的硬件升级，对后纺 2 条生产线的 UPS 及其蓄电池系统进行升级改造，完成中控 2 台 GUS 操作站升级改造。

技术进步 2002 年，优化设备操作和工艺参数，提高前纺原丝质量均匀性、牵伸性能，改造纺丝上油方式，解决纺丝上油不匀问题，提高后纺运转率。对后纺油剂品种及配方进行调整，提高产品的平滑性和抗静电性。2005 年，实现前纺油剂国产化。2006 年，成功开发 1.20dtex 涤纶短纤维。2007 年，打包带全部用钢丝带替代聚丙烯打包带，对打包机液压系统和控制程序

短纤维车间职工技术比武

进行改造，短纤维成品包重量由300千克/包增至330千克/包。2008年，实现后纺油剂国产化。2010年，实现1.33dtex缝纫线型超有光涤纶短纤维生产常规化。

15万吨/年涤纶短纤维装置

概况 15万吨/年涤纶短纤装置由宏达公司合纤公司负责生产管理。装置设计规模为年产15万吨直纺涤纶短纤维。工艺采用杜邦公司的工艺技术，装置由前纺3条线和后纺3条生产线组成，每条生产线的生产能力为日产150吨（以1.33dtex纤维计），关键设备由国外引进，其他设备采用国产设备。2004年，15万吨/年涤纶短纤装置开始建设，2006年2月，开工生产。

原辅料及产品 原辅料有18万吨/年(PET)聚酯装置生产的聚酯熔体、纺丝用油剂。产品为涤纶短纤维。

装置生产及管理 2006年2月16日，装置一线开工试车成功，生产1.33dtex×38毫米棉型涤纶短纤维。10月20日，装置前纺二线开工投产成功，生产1.56dtex×38毫米棉型涤纶短纤维产品。短纤装置三线前纺于2009年8月7日开车生产。2006年，宏达公司合纤公司组织开展“短纤装置降低熔体单耗、提高优等品率”技术攻关，优化装置前后纺工艺参数，降低熔体单耗，提高产品质量。

装置改造 2008年，装置后纺经过工艺优化及技术改造，各项技术经济指标提升较快。

技术进步 2007年2月，装置前纺纺丝油剂由国产油剂代替进口油剂。2008年4月，装置后纺纺丝由国产油剂代替进口油剂。2009年，短纤装置实现前纺网络器、组件螺栓及板前网国产化工作。2010年，短纤装置卷曲辊、丝桶搬运车电瓶等全面实现国产化。

第七节 双向拉伸薄膜生产

双向拉伸薄膜生产包括2万吨/年双向拉伸薄膜装置生产和3000吨/年双向拉伸薄膜装置生产。聚丙烯公司负责2万吨/年双向拉伸薄膜装置生产与管理。金达公司负责3000吨/年双向拉伸薄膜装置生产与管理。

2万吨/年双向拉伸薄膜装置

概况 2万吨/年聚丙烯双向拉伸薄膜装置（以下简称2万吨/年薄膜装置）的管理机构是洛阳石化薄膜有限责任公司（简称薄膜公司）。薄膜公司由洛阳石化聚丙烯有限责任公司、洛阳石化金达实业公司、洛阳市财政局技改资金管理处、洛阳市吉利区经济发展投资有限公司4家公司分别按照50%、10%、20%、20%的比例共同投资组建。

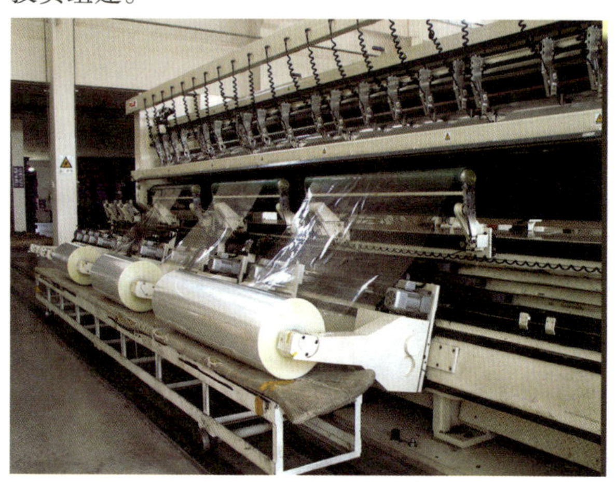

2万吨/年双向拉伸薄膜生产线

2万吨/年薄膜装置主生产线全套工艺设备从法国DMT公司引进。生产线采用“五层共挤”的先进工艺技术，可生产包装膜、珠光膜、烟膜、消光膜、电容膜等多种高档次和高质量的薄膜产品。2002年12月5日，2万吨/年薄膜装置举行开工奠基仪式。2004年12月17日，生产出薄膜产品，实现开工试车成功。

2004年，经聚丙烯公司、薄膜公司双方董事会研究决定，聚丙烯公司出资4200万元将薄膜公司其他3家股权购进，撤销薄膜公司，变更为聚丙烯公司的一个生产车间，由聚丙烯公司统一生产经营管理。薄膜公司撤销并账手续在2004年7月底完成，交付资产1.95亿元。

原辅料及产品 2万吨/年双向拉伸薄膜装置生产所用原料为聚丙烯薄膜专用料JF300，所用助剂有抗静电剂、防粘连剂、爽滑母料、珠光母料、增白母料、消光母粒等。包装材料有纸管、包装纸、泡沫垫、塑料堵头等。产品有平膜、珠光膜、热封膜、消光膜等。

工艺设备原理　双向拉伸薄膜的生产是以聚丙烯为原料在挤出机里熔融塑化后，从模头挤出，经纵向横向逐次拉伸后，得到具有一定拉伸强度的聚丙烯薄膜。

装置生产　开工投产以来，相继成功开发生产具有高强度和厚度均匀性好的28微米、25微米、18微米、15微米、12微米平膜产品以及热封膜、珠光膜、消光膜等产品。

表3－2　　2005～2010年2万吨/年薄膜装置生产技术指标完成情况

项目 年份	成膜率（%）	综合能耗（千克标油/吨）	产量（吨）	优级品率（%）	合格品率（%）
2005	92.24	433.40	9767.19	84.90	95.20
2006	92.94	440.10	15876.18	85.40	94.60
2007	93.94	379.00	17243.40	93.15	98.08
2008	92.56	403.00	14281.00	91.48	97.99
2009	91.50	365.00	15779.00	94.41	97.84
2010	93.07	347.31	15908.70	93.58	97.54

技术进步　在生产过程中，注重技术创新，采用先进生产工艺技术，实施新产品开发。2005年，通过专题技术分析与攻关，解决薄膜装置热油炉频繁连锁停炉、薄膜电晕电极工作异常、分切机卡头故障等疑难问题。“五层共挤双向拉伸聚丙烯平膜”被确认为河南省科学技术成果，获得河南省科学技术厅颁发的《科学技术成果证书》。2006年，通过技术攻关，解决BOPP薄膜粘连、花斑、静电大、厚度不匀、膜面划痕、分切跑偏等难题，成功开发18微米浅网印刷膜、23微米制袋膜、27微米透明胶带膜和28微米胶带膜等不同厚度及不同用途的薄膜产品。2007年，开展薄膜水质控制、薄膜抗静电剂国产化等工作，促进技术进步，提高产品质量，开发出15微米平膜。“均聚聚丙烯浅网膜生产新工艺”被评为河南省科学技术成果。2008年，完成薄膜抗静电剂国产化，成功开发热封膜、珠光膜、消光膜、12微米平膜等新产品，增加产品种类，提升了企业的竞争力。“均聚聚丙烯浅网膜生产新工艺”获洛阳市科学技术进步二等奖。“均聚聚丙烯热封膜生产新工艺”被河南省科学技术厅确认为河南省科学技术成果，获科学技术成果证书。2009年，薄膜产品通过国家QS（质量安全）认证，新产品“消光膜”、“五层共挤双向拉伸聚丙烯珠光膜”通过河南省科技鉴定。25微米珠光膜通过国家包装产品质检中心检验。2010年，进行19微米多功能筷子膜的小试和中试研发，完成多功能标签膜、均聚管材料和改性透明料的可行性研究。“均聚涂覆料聚丙烯生产新工艺”获河南省科技成果证书。

3000吨/年双向拉伸薄膜装置

概况　3000吨/年双向拉伸薄膜装置于1989年开工建设，1991年12月正式生产，原洛阳石化总厂占60%股权。后经1998年债转股，2002年引入金达公司、惠康公司投资建设第二条生产线后，石化总厂持有拉膜厂股权变更为73.42%。

2002年，拉膜市场供大于求，产品价格持续下滑，连续2年出现大额经营性亏损。2004年9月，拉膜厂停止生产，61名在岗职工全部转岗。

2006年6月，洛阳石化将持有的73.42%股权在上海联合产权交易所进行首次挂牌，没有征集到受让方。8月，进行第二次挂牌，仍未征集到受让方。2007年9月，洛阳石化上报第三次挂牌出售请示，聘请北京六合正旭资产评估有限责任公司以2007年8月31日为基准日重新进行资产评估。2007年10月，进行第三次挂牌，最终由洛阳金达石化有限责任公司摘牌，12月完成转让手续，转让价格为1139万元。

原辅料及产品　拉膜厂生产所用原料为聚丙烯F300，进口共聚物7511和珠光母料。包装材料有纸芯、聚乙烯膜、打包带。产品有单膜、珠光膜、热封膜。

工艺设备原理 双向拉伸薄膜的生产是以聚丙烯为原料在挤出机里熔融塑化后，从模头挤出，经纵向横向逐次拉伸后，得到具有一定拉伸强度的聚丙烯薄膜。

第八节 甲基叔丁基醚和异丁烯生产

甲基叔丁基醚和异丁烯生产包括 2 万吨/年甲基叔丁基醚装置、4 万吨/年甲基叔丁基醚及 3000 吨/年异丁烯装置生产。宏力化工公司负责这 3 套装置的生产与管理。

概况

2003 年 12 月，宏力化工公司化工装置开工建设，分为甲基叔丁基醚单元、异丁烯一单元、异丁烯二单元 3 个生产单元。化工装置最初设计规模为 2 万吨/年甲基叔丁基醚及 3000 吨/年异丁烯联合生产装置，由齐鲁石化公司第二化肥厂设计所设计，2004 年 7 月建成投产。2005 年 7 月，对 2 万吨/年甲基叔丁基醚单元进行扩能改造，改造后设计规模达到 4 万吨/年。7 月，由青岛科大伊科思软件技术有限公司设计的 1 万吨/年异丁烯装置建成投产（异丁烯二单元）。2008 年，对 3000 吨/年异丁烯单元进行扩容改造，改造后生产能力达到 1 万吨/年（异丁烯一单元）。2010 年，新建 4 万吨/年甲基叔丁基醚装置实现开车一次成功，装置采用吉林化工研究院专利技术——“固定床催化精馏”技术。

原料及产品

甲基叔丁基醚装置以洛阳分公司二联合装置生产的混合碳四和外购甲醇为原料，主要反应产物甲基叔丁基醚作为产品出厂，剩余碳四中的甲醇经回收后返回原料罐重新使用。异丁烯装置以甲基叔丁基醚单元的产品甲基叔丁基醚作为原料，主要反应产物异丁烯经精制后作为产品出厂，反应副产物甲醇经回收后返回原料罐重新使用。

装置生产及管理

2004 年，化工装置甲基叔丁基醚、异丁烯生产装置由开工试运转入正常生产。甲基叔丁基醚产品纯度达到95%以上，异丁烯产品纯度达到99%以上，装置一些技术指标在国内领先。2005 年，完成装置大检修、甲基叔丁基醚单元扩能改造和 1 万吨/年异丁烯的建设。2008 年，完成装置大检修、3000 吨/年异丁烯装置扩能建设，并实现甲基叔丁基醚和 2 个异丁烯单元的开车一次成功。2009 年，装置操作平稳率始终保持在 98%以上，甲基叔丁基醚和异丁烯产品合格率达到 100%。2010 年，开展“提高异丁烯总收率攻关”活动，异丁烯总收率由 90%提高到 93%。

宏力化工公司 4 万吨/年甲基叔丁基醚装置

装置改造

2005 年 5 月 24 ~7 月 6 日，甲基叔丁基醚装置、异丁烯装置停工检修，检修期间对甲基叔丁基醚单元进行扩能改造，生产能力由 2 万吨/年扩大为 4 万吨/年。2005 年，根据市场需求增上 1 万吨/年异丁烯生产装置（异丁烯二单元），7 月投产，实现开车一次成功。2008 年，利用装置停工大检修对 3000 吨/年异丁烯单元进行扩容改造，改造后的设计能力达到 1 万吨/年。经过持续的装置扩能改造，甲基叔丁基醚产能达到 4 万吨/年，异丁烯产能达到 2 万吨/年。2009 年，

实施新建4万吨/年甲基叔丁基醚装置项目建设。2010年4月28日，新建4万吨/年甲基叔丁基醚装置建成后开车一次成功。

第九节 中空纤维和丙纶强力丝生产

中空纤维和丙纶强力丝生产包括中空纤维装置和丙纶强力丝装置生产与管理。

中空纤维装置

概况 中空纤维装置是一套年产涤纶中空纤维7500吨（年开工333天）的切片纺短纤维生产线。工艺采用东华大学（原中国纺织大学）三维卷曲中空纤维专利技术。前纺设备由北京中丽化纤机械有限公司制造，后纺设备由郑州纺织机械厂制造，切片输送干燥系统、空调系统、打包机则分别由郑州中原干燥设备工程有限公司、南京金陵空调设备总公司、上海安祥机电成套设备有限公司生产。装置由中国纺织工业设计院设计。

中空纤维装置同时具有紧张热定型机、松弛热定型机及色母粒添加等设备，因此，既可以生产中空纤维又可生产差别化涤纶短纤维。

装置生产 中空纤维装置先后生产1.56dtex涤纶短纤维、0.89dtex涤纶短纤维、0.89dtex有硅仿羽绒涤纶短纤维、1.56dtex扁“十”字型吸湿排汗涤纶短纤维、PTT短纤维等多个品种。

装置改造 2003年，对纺丝系统、蒸汽系统及工艺空调加湿系统进行改造（其中纺丝系统改为上海二纺机设备），并增加色母粒干燥设备，使得生产线真正实现柔性化。

装置关停 中空纤维装置2000年5月建成投产，受中空纤维市场变化、产品供求矛盾等诸多因素的影响，长期处于亏损状态。2003年后，因亏损不断加剧，该装置曾数次停工。期间，多次组织人员进行市场调研、设备检修和技术攻关，以期通过开发生产高附加值的差别化纤维产品实现可持续生产。但由于原料价格高、产品远离目标市场，始终未能扭转亏损的局面。2005年12月装置停工停产，并对在岗职工进行妥善安置。2006年9月，经请示中石化集团公司，对中空纤维装置实施关停，原有机构和人员并入短纤维车间。

丙纶强力丝装置

概况 丙纶强力丝装置设计有2条生产线，1995年7月26日，第一条1500吨/年丙纶强力丝生产线竣工生产。第二条生产线1996年6月4日投产，合计生产能力3000吨/年。

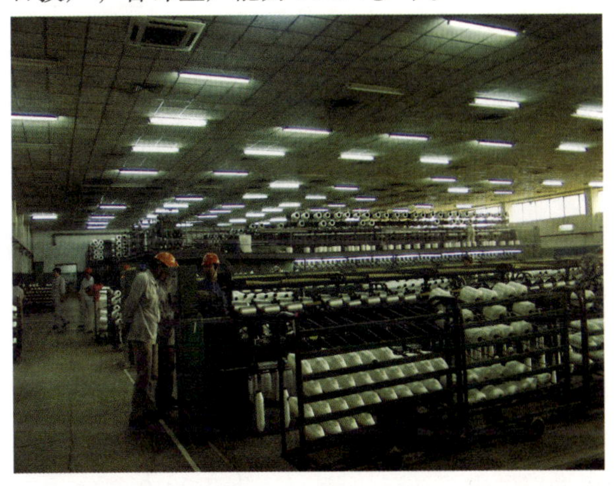

丙纶强力丝装置生产线

原辅材料及产品 原料为聚丙烯，辅助材料有油剂、降温母粒、色母粒。主要产品是300～1500dtex高强丙纶丝，用户主要位于江浙地区。

装置组成及工艺原理 丙纶强力丝装置是由螺杆挤出机、卷绕机、牵伸加捻机、络筒机和冷冻机组、空调机组、软水器等设备组成。原料从加料仓加入，进入螺杆挤出机，再经螺杆挤出机上加热器加热熔融，熔体经喷丝板变成很细的丝条，丝条经侧吹风降温后，到卷绕机，落筒为卷绕原丝，原丝再到平衡间平衡后，上牵伸机牵伸，变为牵伸丝，牵伸丝再经络筒机络筒，成为络筒丝，络筒丝经分级人员分级，其中成品丝经包装成产品销售。

装置改造及技术进步 2001年3月，对络筒机进行改造，安装1台1332型络筒机，取代4台VC604型络筒机，消除生产瓶颈。2004年，增上一步纺生产线扩能，生产规模由3000吨/年提高到6000吨/年。2010年，生产丙纶丝产品5283吨。

（责任编辑 张自俭）

第四章 水电汽风生产

水电汽风生产包括提供给炼油、化工和化纤装置的水、电、汽、风生产。水电汽风辅助生产系统的动力辅助生产车间原为石化总厂直属单位。2000年4月，洛阳分公司组建动力厂，负责全厂水、电、汽、风的正常供给。2003年5月，撤销动力厂，机械动力处负责全厂水、电、汽、风的正常供给业务管理以及对外联络事宜。

第一节 供 水

供水包括新鲜水系统、工业循环水系统、消防水系统。随着洛阳分公司扩能改造及新项目的增多，供水设施不断增加，截至2010年底，新鲜水取水能力为4240 米^3/时，循环水供应能力为77000 米^3/时。供水主要由供水车间和自来水公司负责管理。

新鲜水系统

新鲜水系统由供水车间、自来水公司和宏力化工公司动力车间的新鲜水供应系统组成。供水车间负责炼油装置的新鲜水供给，自来水公司负责化纤装置的生产用水、洛阳石化生活用水和吉利区属企事业的生活用水，宏力化工公司动力车间负责宏力化工公司和化工生产用水。新鲜水系统包括水源地和二级加压站2个部分。

水源地

新鲜水水源地主要由地下深井、黄河水场和自来水公司水源组成。深井按地域分为送庄水源、吉利水源、沙峰水源和生活区深井水源、林场水源5部分。采集地下水和黄河水供生产、消防、生活等用水。

送庄水源　送庄水源于1987年10月建成，1988年5月交付生产使用。由水源1～9号深井及泵房组成，分布于吉利区送庄村西部及济孟公路沿线，距厂区约10千米。设计供水能力1500 米^3/时。

吉利水源　吉利水源于1976年建成投用，由水源10～13号深井及泵房组成，分布于吉利区吉利村南部，距厂区约2千米。设计供水能力500 米^3/时。已停用报废。

生活区水源　生活区深井水源于1983年4月建成投用（1988年改为备用水源），由水源1～7号深井及泵房组成，分布于吉利区开元社区、双苑社区、新鲜水二级加压站内。设计供水能力500 米^3/时。

沙峰水源　沙峰水源于1999年9月建成投用，由沙峰1～15号深井及泵房组成，分布于黄河北岸滩地，吉利区白坡至康窑沿线。设计供水能力1500 米^3/时。2001年1～10月，先后对沙峰水源2号、14号井进行改造，分别使2号、14号井恢复供水能力150 米^3/时和140 米^3/时。2005年6月，完成沙峰水源电网增上第二条动力电路改造工程。

黄河水场　黄河水场是洛阳石化化纤工程重点配套项目，位于吉利区西南侧的黄河岸边，距厂区约7.5千米，占地面积205884.60平方米，投资1350万元。主要由2台提升泵、2台清水泵、2台回用水泵、12个无阀滤罐、2个调蓄水池、1个反应平流沉淀池、1个V型滤池、1个清水池、1个回用水池及加药加酸设施组成，以黄河水为水源，采用预沉、絮凝、平流沉淀、过滤和消毒的净水工艺。设计规模1000 米^3/时。

黄河取水开工仪式

2005 年 2 月 5 日，黄河取水场工程由自来水公司移交供水车间管理。2005 年 3 月 12 日举行开工投用仪式，正式引水入池。2006 年 2～5 月，分别进行 2 次黄河水场全流程试运。5 月 22 日，黄河水场并网一次成功向系统供水。2007 年 10 月，为解决黄河水场调蓄水池池坝管涌和池底渗漏等问题，洛阳分公司决定对黄河水场调蓄水池北池实施大修改造。项目改造由河南黄河勘测设计院设计，吉利河务局总承包，工程公司施工，对水池底部、坝体护坡及水池顶部进行加固防渗处理，12 月底完工验收。

2010 年 4 月，为解决黄河取水浊度高的问题，由吉利区河务局承建、供水车间配合，对黄河水场进行改造施工，将原反应沉淀池废弃，清水池拆除，新建格网竖流反应平流沉淀池 1 座、V 型滤池 1 座、清水池 1 座，新增二氧化氯杀菌系统 1 套。2010 年 9 月 30 日，黄河水场改造后投入试运行。2010 年 11 月 25 日，黄河水场举行通水仪式，正式引水进新鲜水系统。

林场水源　共 13 眼井，隶属自来水公司。1997 年由石化总厂从洛阳市自来水公司购买 4 眼井，1998 年成立自来水公司，2000 年新增 9 眼井。每眼井由深井、机泵、配电、泵房、监控和围墙组成。水井分布在孟州市林场区域内，距自来水公司 5 千米，设计取水能力 2000 米^3/时。

表 4－1　**黄河水场水质**

项目	符号	结果	项目	符号	结果
色	度	<5	汞	Hg	$<0.50\times10^{-3}$毫克/升
浑浊度	度	<2.0	六价铬	Cr^{6+}	0.01 毫克/升
臭和味	描述	无	氨氮	NH_4-N	<0.02 毫克/升
肉眼可见物	描述	无	亚硝酸盐氮	NO_2-N	<0.001 毫克/升
pH 值	0～14	8.1	硝酸盐氮	NO_3-N	7.32 毫克/升
总硬度	$CaCO_3$	293 毫克/升	氯化物	Cl^-	44.4 毫克/升
铁	Fe	<0.03 毫克/升	硫酸盐	SO_3^-	48.7 毫克/升
锰	Mn	<0.02 毫克/升	氟化物	F^-	<0.92 毫克/升
银	Ag	$<1.0\times10^{-3}$毫克/升	氰化物	CN^{-1}	<0.002 毫克/升
镉	Cd	$<0.19\times10^{-3}$毫克/升	挥发酚类	以苯酚类	<0.002 毫克/升
铅	Pb	$<0.20\times10^{-3}$毫克/升	溶解性总固体		552 毫克/升
砷	As	$<0.50\times10^{-3}$毫克/升	细菌总数		<1 个/升
硒	Se	$<0.10\times10^{-3}$毫克/升	大肠菌群		<3 个/升

供水车间新鲜水二级加压站

新鲜水二级加压站位于吉利区大港路东侧，分为生产水加压和生活水加压2个系统。水源来水进入新鲜水二级加压站生产、生活清水池，经处理分别由生产水加压泵和生活水加压泵加压，供生产、消防和生活使用。生产水加压系统主要由2座500立方米清水池、5台离心式清水泵、管网及其辅助设施组成，设计供水能力为2000米^3/时。生活水加压系统主要由2座1000立方米清水池、7台离心式清水泵、水处理设施及其辅助系统组成，设计供水能力为1500米^3/时。2001年生活水加压系统停运，洛阳石化生活水供给由自来水公司负责。

2001年4月，对二级加压站的6号、7号、8号、9号、13号、14号泵进行更新改造，5月底全部完工。2010年5月，对生产1号泵进行改造，将原电机更换为节能电机。

自来水公司新鲜水二级加压站

自来水公司二级加压站位于中原路东段自来水公司院内。水源来水进入清水池、加入二氧化氯消毒处理后，经生产和生活加压泵分别进入生产管网和生活管网。加压站共有5000立方米清水池1座，消毒设施1套、4台生产泵、3台生活泵及化验设施和管网辅助系统，设计能力为4000立方米。2001年建立自来水公司化验室，具备对水质常规9个项目的分析能力。2005年对高压配电系统进行改造，更换高压配电柜12面，直流柜1面。2006年对加氯消毒设施进行改造，用二氧化氯发生器替代液氯消毒，消除液氯泄漏带来的安全隐患。2007年对加压4号、5号、6号泵进行变频技术改造，实现生产、生活恒压供水，并起到节能降耗作用。2009年对生产操作系统进行改造，增上水源视频监控系统。

工业循环水系统

工业循环水系统含一、二、三、五循环水场，化纤循环水场。

第一、二循环水场 第一、二循环水场（以下合称为第一循环水场）是100万吨/年重油催化裂化装置工程的配套设施。系统容量为7500立方米，设计总处理能力1.26万米^3/时。第一循环水场主要供给常减压装置、第一催化裂化装置、三联合加氢装置及重整装置、四联合硫黄（I）及污水汽提装置、空压车间、气体车间、水汽车间一氧化碳锅炉及油品泵房等循环冷却水。

2001年4月，采用南京开广自动控制技术公司自控技术，对一循加酸设施进行改造，水处理采用RP-99L配方代替自然RP-51配方运行，循环水系统的浓缩倍数由原来的1.6倍提高到3.0倍左右，药剂投加浓度由140毫克/升降低到80毫克/升。2001年10月，采用美国W&T公司技术，完成第一循环水场加氯设施技术改造。2002年5月25~30日，完成第一循环水系统总出水、回水管线扩径改造，缓解炼油生产装置循环水量不足问题。2003年10月1~25日，完成第一循环水场2号凉水塔技术改造，凉水塔设计处理量由原来的4200米^3/时提高到7800米^3/时。

2004年11月25日，洛阳分公司开始污水回用工作，第一循环水场开始回用化纤污水。随着处理设施的稳定运行，回用水量逐步提高，由开始的50米^3/时增加到80米^3/时、100米^3/时、150米^3/时。2005年7月，对一循炼油循环水3号凉水塔进行技术改造。改造后，3号塔设计供水处理能力由原4200米^3/时提高到7800米^3/时。同时，平衡1号、2号凉水塔处理能力。2005年7月，利用停工检修时间，在0号泵房增上1台800千瓦、4000米^3/时水泵，缓解炼油装置扩能生产后循环水能力不足问题。2005年，第一循环水场试用纳尔科公司N73202配方、循环水平均浓缩倍数首次超过4，最高达到5以上，每年可节约新鲜水61万吨。

2006年4月，洛阳分公司180米^3/时化纤污水全部回用于循环水场，实现化纤污水“零排放”。2008年5月，洛阳分公司对供水第一循环水场进行扩能改造，第一循环水场扩能改造后处理能力由2万米^3/时提高到2.8万米^3/时，旁滤能力增加400米^3/时。2010年1月，对一循加氯系统进行改造，停用氯气投加设备，新增加药平台1座，使用三氯异氰脲酸类固体杀菌剂替代液氯。2010年5月，对一循101号、102号、103号离心泵进行改造，将原电机更新为节能电机。

第三循环水场 1989年7月，第三循环水场投入生产运行。第三循环水场是二催化、气

炼油循环水场

体分馏、氢氟酸烷基化、溶剂脱沥青等装置的配套系统工程。系统容量为3000立方米，设计供水能力9000米³/时，主要供给二联合车间的气体分馏装置、烷基化装置、脱硫醇装置、气体车间气柜、四联合二套硫黄装置所用的循环冷却水。

2002年4月25日~5月15日，完成第二循环水场1号凉水塔技术改造。改造后，凉水塔设计处理量由原来的2800米³/时提高到5200米³/时。2006年1月26日，污水回用扩展到第三循环水场。同年，为满足化纤污水回用至第三循环水场要求，洛阳分公司应用中天兰清ZH441LQ（LQ-8502）水处理药剂配方对第三循环水系统进行水处理。

2008年5月，第三循环水场利用大检修时机进行扩能改造，3号凉水塔改造为薄雾节能凉水塔。第三循水场扩能改造后循环水处理能力由9000米³/时提高到1.3万米³/时，旁滤能力提高400米³/时。

化纤循环水场 化纤循环水场是化纤生产装置的系统配套工程，系统容量为1万立方米，设计总处理能力2.8万米³/时。1999年11月，交付生产投入运行，主要供给芳烃抽提、对二甲苯、精对苯二甲酸、聚酯、空压冷冻站、长丝、短纤维、管控中心、空分站、热电站化水、PSA制氢、苯抽提、中空纤维、合纤等装置所用循环冷却水。

为了提高循环水处理水平、降低化剂费用，2004年7月，化纤循环水系统试用洛阳强龙化工总厂生产的ZH442MS新型水处理药剂，循环水浓缩倍数从原来的3.1倍提高到4.0倍以上，年节约新鲜水6.5万吨。2005年，在化纤循环水场试用金达公司生产RP04L水处理药剂。2006年9月11日，化纤循环水场实现污水回用。

为了提高化循旁滤设施处理浊度的能力，2008年，申报并实施增上AGF过滤器项目，10月13日安装调试完成后，化循增加旁滤能力400米³/时。

2010年5月，对化循循加氯系统进行改造，停用氯气投加设备，新增加药平台2座，使用三氯异氰脲酸类固体杀菌剂替代液氯。

2010年10月，为减少污水排放量，化循排污水回用项目开始施工，截至2010年12月31日，原加药设施已移除，基础设施在建。

第五循环水场 第五循环水场是油品质量升级改造第一阶段实施工程配套工程，系统容量为3000立方米，设计规模8000米³/时。2007年12月13日完成中交，2008年5月投入生产运行，主要供给长丝冷冻站、短纤维、中空纤维、宏达合纤等装置的循环冷却水。

宏力化工公司动力车间 宏力化工公司动力车间主要设施包括循环水场和自备水井等，主要负责工业循环水处理与输送和工业用新鲜水供应。自备水井向宏力化工公司循环水场和聚丙烯公司提供新鲜水。

1986年6月，宏力化工公司循环水装置建成。循环水泵3台，设计能力1728~2916米³/时；潜水井3口，设计台能力240米³/时；冷却塔3台，设计能力2100米³/时。2006年9月~2007年2月，对循环水场进行改造，设计规模8000米³/时，2007年3月开始投入运行，2008年3月旧循环水系统拆除。水源最大给水量160米³/时，循环水单泵供应量3000米³/时（P-101、P-102）、972~576米³/时（P-103、P-104）、639~336米³/时（P-105、P-106）。冷却塔处理能力8000米³/时。

2007年12月，循环水软化加酸设施开始施工，2008年7月加酸项目完工，2009年5月投用加酸设施，循环浓缩倍数提高1.5倍，降低水处理成本，减少排污。

表4－2　　循环水水质指标

序号	工艺指标	单位	控制范围
1	冷水压力	兆帕	0.3～0.5
2	热水压力	兆帕	≤0.2
3	冷水温度	℃	≤32
4	热水温度	℃	≤42
5	浓缩倍数	倍	＞3
6	浊度	毫克/升	≤30
7	游离性余氯	毫克/升	0.2～1.0
8	异养菌总数	个/毫克	$\leq 1\times10^5$
9	监测换热器腐蚀速率	毫米/年	≤0.075
10	监测换热器黏附速率	毫升/立方米	≤20
11	生物黏泥量	毫克/厘米	≤3
12	含油量	毫克/升	≤10

消防水系统

生产厂区和生活区消防水系统与500万吨/年炼油工程同时建成投用。稳高压消防系统包括炼油稳高压消防系统和化纤稳高压消防系统两部分，由稳压泵、高压消防泵、消防水池、自动控制系统及配套管网等组成。消防泵站位于化纤循环水场南侧。

化纤稳高压消防系统于1999年建成投用，最大供水能力1188米^3/时，连续供水3.5小时，消防水压力大于0.9兆帕。化纤消防水池设计容量为4000立方米，其补充水由化纤厂区新鲜水管线补给，设计补充能力100米^3/时。化纤稳高压消防系统主要供给化纤生产装置区及罐区消防用水。

炼油稳高压消防系统于2001年建成投用，最大供水能力1080米^3/时，连续供水3小时，消防水压力大于0.9兆帕。炼油消防水池设计容量为3000立方米，其补充水由化纤厂区新鲜水管线补给，设计补充能力300米^3/时。炼油稳高压消防系统主要供给炼油生产装置区及油品罐区消防用水。

2001年10月，完成炼油生产厂区及油罐区消防设施技术改造。增上稳高压消防泵房、3000立方米储罐、1万立方米北山安全水池及系统管线和设施，消除炼油厂区及油罐区无专用稳高压消防水设施的安全隐患。2009年10月～2010年4月，对油品1～6号罐区及经七路部分炼油高压消防管线进行内衬处理。2010年10～12月，对化纤高压消防水部分管线进行内衬处理。2010年3月，消防水系统增上柴油泵项目完成中间交接，柴油高压消防泵可作为厂区停电时的紧急备用消防泵使用。炼油消防水系统将1台高压消防泵更新为柴油高压消防泵，化纤消防水系统将1台高压消防泵更新为柴油高压消防泵。2010年9月，完成化纤消防水补水管线接化纤回用污水跨线碰头施工，化纤高压消防水开始使用化纤回用污水作为补充水。

第二节　供　电

供电包括外部供电系统、内部供电系统、配电系统、电力调度。外部供电由2条220千伏供电线路和吉利区变电站构成，实行双电源环网运行。内部供电系统由3台火力发电机组和5台余热发电机组构成。全厂供电运行由电力调度室负责，电力供应由发变电车间、热电站组织实施。2007年7月，洛阳分公司电力调度室划归热电站管理。2010年7月，洛阳分公司在原发变电车间、热电站基础上组建成立动力生产管理部，撤销电力调度，其业务职能划入生产管理科，下辖发变电车间、锅炉车间、汽电车间。

外部供电系统

1978年建厂施工期间，由洛阳杨文至吉利的35千伏线路供电，1983年建成吉利区变电站（简称区变）。1984年洛阳炼油厂投产时，由110千伏沁（阳）吉（利）线供电。全厂由杨（文）吉（利）线和沁吉线两路同时供电，同时还建成6千伏总开闭所供电系统（简称总开闭所）。1989年建成投用太吉线（焦作太子庄至吉利），1997年建成投用220千伏朝吉线（孟津朝阳至吉利），同时形成环网运行。1997年底，沁吉线、杨吉线退出运行。

内部供电系统

内部供电系统由3台火力发电机组和5台余

热发电机组构成。

热电站 热电站有2台燃煤锅炉和1台CFB锅炉，总产汽量750吨/时。发电机组为3台，总装机容量125兆瓦（抽气式汽轮发电机），其中1号发电机50兆瓦，2号发电机25兆瓦，3号发电机组50兆瓦。配主变压器3台，容量为3×75000千伏·安。

余热发电 余热发电是利用炼油生产过程中的余热节能发电，并向生产装置及生活区供热。余热发电总装机容量29.25兆瓦，其中1号发电机额定负荷1.2万千瓦，2号发电机额定负荷1500千瓦，3号发电机额定负荷750千瓦，4号发电机额定负荷3000千瓦，5号发电机额定负荷1.2万千瓦。

2001年4月，闲置近4年的2号机组检修后并网发电。7月，由于闪蒸汽不足停机。2002年12月25日~2003年1月24日，1号机组进行大修，发现并处理同步器泄油D型阀不到位、高压油动机行程不对、中压油动机部件装反等隐患。2005年12月21日，1号机停机，将传统的继电保护更换为施奈德的G87综合保护器，12月30日，1号机并网运行。同年大检修时，对1号、4号、5号汽轮发电机组实施大修，并对4号发电机进行综合保护器改造，型号为施奈德G17。2007年4月19日，对1号机冷油器冷却水系统进行反冲洗，冲洗后单台冷油器即可满足运行，达到一运一备的最佳运行方式，每月可少用7.2万吨的循环水。7月16日，1号机降低电负荷，凝汽器半侧隔离，成功进行凝汽器首次在线清洗。2008年，对1号、4号汽轮机组大修。为节能降耗，11月25~28日，在1号机380伏室1号凝结水泵回路上安装首台变频器。

2001~2010年余热发电机组发电情况

表4-3　　万千瓦·时

年份＼机组	1号	2号	4号	5号
2001	8002.60	191.70	1368.30	7291.50
2002	8162.00	-	2303.10	8454.90
2003	8267.70	-	2214.20	8455.20
2004	9008.00	-	2414.80	8763.30
2005	6929.50	-	1913.90	6174.80
2006	7130.40	-	2170.60	6933.70
2007	7153.60	-	2383.20	6890.10
2008	1407.80	-	2048.50	5105.70
2009	0	-	1984.10	726.96
2010	1952.16	-	1603.47	2410.63
合计	58013.76	191.70	20404.17	61206.79

配电系统

洛阳石化的配电系统由6千伏总开闭所和热电站110千伏母线室配电系统（简称热电站母线室）组成。

总开闭所 总开闭所担负着全厂炼油、化工生产和部分生活用电供电任务。炼油、化工生产装置有6千伏变电所19个，平均用电负荷4.2兆瓦。

2001年2~3月大检修中，对总开闭所44条线路进行零序电流互感器变比和极性测试，电缆接地线处理，提高总开闭所6千伏系统的安全可靠性。将1号机低压室、主控低压室的原敞开式配电盘分别更新为GHK-18抽屉式配电盘和CI型配电盘。2001年4月，洛阳分公司将总开闭所配出的循环水变电所负荷转出，由热电站经三区变电所供应。8月、9月，又先后将原35千伏变电所和泵房变电所负荷转出，由35千伏5号变电所供电，优化电力负荷分配。同年10~11月，总开闭所33条线路安装过电压保护器，提高供电的安全可靠性。2002年9月，对新增消弧线圈进行调试投运，解决三相电压不平衡、中性点位移电压偏高、谐振等技术难题。2003年11月17日~12月11日，完成6千伏配电室11面开关柜常规保护改综合保护器工作。2004年3月，总开闭所600开关增上大容量快速切断装置，实现总开闭所6千伏系统的合环运行，不仅可以平衡6千伏Ⅰ、Ⅱ段负荷，也提高6千伏系统的供电可靠性。12月，完成Ⅰ段母联603开关的更新改造工作，将原 SN4－10G 少油开关更换为西门子 3AH3－178 真空开关，提高供电可靠性。2006 年 1～7 月，实施洛阳分公司隐患项目治理，对总开闭所的敞开式配电柜进行改造，更换 36 台高压开关，加装 43 块综合保护器，更新 49 块智能电度表，同时，完善电力监控系统，提高装置供电的可靠性。

2008 年装置大检修，总开闭所完成 3 号、4 号电容器组更新，1 号 2 号进线、Ⅰ、Ⅱ段母联及母差改造，1 号、2 号栈桥更新，厂用 6 千伏开关柜更新等隐患治理项目，提高总开闭所供电的安全可靠性。

2001～2010 年总开闭所购进电能及配出电能情况

表 4－4　　　　万千瓦·时

年份＼项目	购进	配出
2001	14859.30	31713.40
2002	8922.10	27842.10
2003	7980.70	26917.80
2004	4455.00	24647.10
2005	9412.00	24430.20
2006	15133.00	31367.70
2007	16587.50	33014.40
2008	24380.80	32891.28
2009	34361.80	37149.86
2010	30456.10	36170.43
合计	166548.30	306144.27

热电站母线室　热电站母线室担负着化纤和部分炼油生产装置及生活区的供电任务，共有 35 千伏变电所 8 个。热电站 110 千伏母线室为双母线接线，共有 7 台开关。

2002 年 3 月 1 日，热电站 6 千伏及 380 伏变电所设备的运行维护工作移交三隆公司。

电力调度

2003 年 5 月，动力厂撤销，原动力厂电力调度科划归机械动力处管理，成立电仪科。2007 年 7 月，洛阳分公司电力调度室划归热电站管理，行使洛阳分公司电力调度职能。2006 年 11 月，化纤 1～4 号站 6 千伏备用回路完成。2007 年 10 月 31 日，硫黄变电所送电试运一次成功，硫黄变电所 6 千伏母联加入运行。2008 年 1 月 15 日，焦化变电所送电试运一次成功。2008 年 9 月 3 日，加氢变电所送电试运一次成功。2010 年 7 月，热电站和发变电合并，成立动力生产管理部，10 月，电力调度划归动力生产管理部生产管理科管理。

第三节　供汽　供热

供汽、供热是由炼油余热回收和热电站电热联产供汽供热的系统管网承担，2010 年 7 月 23 日，洛阳分公司成立动力生产管理部负责洛阳石化供汽、供热管理。

供汽、供热包括炼油供汽、供热和热电站供汽、供热两部分。

炼油供汽、供热

炼油系统供汽、供热主要生产装置 7 套，包括一氧化碳锅炉、余热锅炉、除盐水站、热力管网 4 个部分，水汽车间负责日常管理。2002 年 5～8 月，2 号余热炉扩能改型重建。2008 年 5～7 月，2 号余热炉再次进行适应性改造，改造后炼油系统总供汽能力 300 吨/时。

一氧化碳锅炉　一氧化碳锅炉共有 3 台，由武汉锅炉厂 1979 年 8 月制造。设计参数：额定出力 65 吨/时、过热蒸汽压力 3.82 兆帕、过热蒸汽温度 450℃。1984 年 6 月，2 号、3 号一氧化碳锅炉投产。1987 年 8 月 8 日，1 号一氧化碳锅炉投产。

2004 年 11 月～2005 年 3 月，相继对 1 号、2 号、3 号一氧化碳锅炉的第 3 组省煤器进行更新，解决因腐蚀频繁泄漏问题。同时，对 1 号一氧化碳锅炉的燃烧系统进行改造，提高燃烧效率。2007 年 9 月～2008 年 5 月，相继对 1 号、2 号、3 号一氧化碳锅炉的炉顶衬里及密封进行技术改造，解决因烟气腐蚀引起泄漏问题。2008

年5月，一氧化碳锅炉DCS工作站移至一联合主控室内。

2001～2008年，一氧化碳锅炉以备用状态为主，不再作为长周期运行锅炉，主要用于平衡全厂的多余瓦斯产汽，或是装置处于异常工况、电站锅炉故障时产汽，以补充全厂蒸汽的不足，或是全厂开、停工工况时产汽，满足开停工时吹扫或开工用汽要求。

蒸汽动力系统优化技术推广应用

余热锅炉 余热锅炉共有2台，是与炼油装置配套的余热回收设备，回收催化裂化装置高温再生烟气的余热生产中压过热蒸汽。

1号余热锅炉由武汉锅炉厂1989年7月制造，设计参数：额定负荷80吨/时、过热蒸汽压力3.82兆帕、过热蒸汽温度450℃。1991年3月投产。2002年5月，1号余热锅炉由化学除尘改为激波除尘，除尘效率提高，锅炉热效率提高1%。2005年6月，对1号余热锅炉南北侧炉墙整体进行改造，炉墙的密封性能提高，缓解高含硫烟气对锅炉腐蚀问题，烟气利用率由92%提高至95%。同时，对二级过热器进行适应性改造，解决过热蒸汽温度比设计参数偏高15℃～20℃问题。2008年5月，对1号余热锅炉的部分烟道衬里、密封、炉墙外护板、平台等再次进行大修。

2号余热锅炉由武汉锅炉厂1996年制造，设计参数：额定负荷58吨/时、过热蒸汽压力3.82兆帕、过热蒸汽温度450℃。1997年12月投产。

2002年5～8月，伴随二催化裂化装置工艺改变，对2号余热锅炉进行扩能改造，将原余热锅炉拆除后改型重建。新建余热锅炉为美国德尔塔公司设计，抚顺石油化工机械厂制造安装，设计参数：额定出力114.9吨/时、过热蒸汽压力3.82兆帕、过热蒸汽温度445℃。2002年9月投产。

2001～2010年，2台余热炉通过技术改进、设备维护检修和生产优化操作等措施，实现长周期高效运行，烟气利用率由90%逐渐提高至97%，连续10年完成考核指标或技术攻关目标。

除盐水站 洛阳分公司除盐水站共有2套。一套除盐水站由洛阳设计院设计，制水能力250吨/时，采用逆流再生一级离子交换除盐工艺。1984年6月投运。二套除盐水站一期工程是由西安热工院设计、能泰水处理公司安装，设计制水能力200吨/时，采用反渗透+逆流再生一级离子交换除盐工艺。1997年9月28日投运。

2005年5月，改进二套除盐水站反渗透预处理工艺，将钠床软化工艺改为活性炭过滤工艺，解决保安过滤器滋生细菌快、反渗透脱盐率下降快问题，保安过滤器滤芯的使用寿命由2个月延长至6个月以上，反渗透膜元件使用寿命延长至5年以上。2008年2月，由北京杰倍特水处理公司设计、安装，新建一套反渗透浓水回用装置，将高含盐反渗透浓水处理成与新鲜水含盐量接近的水质再利用，设计处理能力50吨/时。4月19日投用，处理能力达到设计要求。2008年5月，由广州诺卫公司设计，对2套除盐水站进行手动改自动工艺改造。对二套除盐水站一期工程原PLC控制改造为DCS控制，提高运行控制水平。同月，由广州诺卫公司设计并承建的二套除盐水站二期工程动工，至年底主体工程完工。设计制水能力200吨/时，采用反渗透+逆流再生一级离子交换除盐工艺，用以处理经膜生物反应器（Membrane Bio－Reactor，简称MBR）预处理过的炼油回用水，制成一级除盐水。

热力管网 热力管网由余热回收和蒸汽管网组成。余热回收系统有2套，分别与一催化裂化装置和二催化裂化装置配套。蒸汽管网由压力为9.0兆帕、3.5兆帕、1.0兆帕、0.3兆帕的4个等级蒸汽管网构成。

热电站供汽、供热

热电站供汽、供热生产装置包括热电站1号、2号锅炉、3号CFB锅炉、除盐水站和10.3兆帕、4.02兆帕、1.27兆帕3种规格的热力管网。主要向化纤装置和炼油装置供热、供汽。

热电站1号、2号锅炉 热电站1号、2号锅炉为北京巴威公司生产的自然循环汽包炉型粉煤炉，设计额定负荷220吨/时，过热蒸汽压力9.8兆帕，过热蒸汽温度540℃。

3号CFB锅炉 3号CFB锅炉为烟台现代冰轮重工有限公司设计并制造的循环流化床高压锅炉，额定负荷310吨/时，过热蒸汽压力9.8兆帕，过热蒸汽温度540℃。设计燃料为100%石油焦，校核燃料为50%石油焦+50%燃料煤。主要任务是为洛阳石化油品质量升级改造工程和生活设施提供蒸汽和电力。2007年开始施工建设，2009年7月12日试运点炉一次成功。

表4-5　**2001~2010年热电站1号、2号锅炉重大技术改造项目**

序号	年月	技术改造内容和解决的问题
1	2001.10~2002.03	增上干灰回收设施，保护环境，降低煤粉灰的处理成本，延长灰场的使用年限由10年~25年。
2	2002	循环水加酸设施项目12月启动，2003年投入运行，使循环水浓缩倍率提高，系统补水量降低。
3	2005	增上循环水旁滤装置，提高循环水浓缩倍数，节约新鲜水。
4	2008.05~2008.08	大检修期间，对1号、2号锅炉灰渣系统进行改造，增上刮板机，回收干渣；将干式除灰系统进行技术更新改造，节约冲灰用新鲜水。更换给煤机为皮带式给煤机，计量更准，密封性更好。对1号、2号机炉的PLC控制系统进行改造，升级为DCS控制系统。
5	2008.09	锅炉水冷壁改造，优化锅炉燃烧，减少锅炉炉膛结焦。
6	2008.01~2008.11	2008年8月27日，烟气脱硫装置中间交接，11月28日，开工一次成功。1号、2号锅炉烟气达标排放。
7	2009	多次对1号、2号锅炉进行酸洗，解决水冷壁泄露爆管问题。
8	2010.05	进行脱硫工艺用水改造，平均节约用新鲜水30吨/时。
9	2010.09~2010.10	对1号、2号锅炉给煤机落煤管局部改造，解决给煤机堵煤问题。
10	2010.11	脱硫装置回流泵入口增加过滤器，解决因磨衬里脱落造成吸收塔堵塞停工问题。

表4-6　**2001~2010年热电站锅炉燃料重大技术改造项目**

序号	年月	技术改造内容和解决的问题
1	2004.03~2004.10	增上火车进煤设施技改技措项目，3月中旬破土动工，10月正式投用，消除运输瓶颈，缓解供煤压力。
2	2008	对燃料煤场进行扩容改造，由原来储煤4.5万吨扩大到6.5万吨。
3	2008	增上3号输焦皮带、焦棚。3号皮带与0号皮带形成双路供煤，确保锅炉的供给和燃烧。
4	2010.02~2010.08	对3号锅炉输渣机设计缺陷进行改造，避免输渣机的反复跳停。对给煤机堵煤仪进行更换、增加控制旁路，解决堵煤仪反复跳停的问题。给煤机落煤管增加输送风管线，解决落煤管堵煤的问题。
5	2010.08	对石灰石仓进行改造，避免给料机堵塞的问题。
6	2010.10	3号CFB锅炉弹丸焦试烧，解决CFB锅炉堵焦、油耗高问题。飞灰可燃物由15.83%下降至9.89%，锅炉实现310吨/时设计负荷稳定运行。
7	2010.11	对石灰石仓增加硫化风管线，解决石灰石下料不畅的问题。
8	2010.07~2010.08	增加临时焦棚，提高储焦量和晾晒时间，减少焦的含水量，利于稳定燃烧。

惠康物业管理公司除盐水装置　惠康物业管理公司除盐水装置一期设计规模400米^3/时，采用预处理+反渗透+一、二级混床除盐工艺，预留200米^3/时。一期除盐水装置主要供洛阳分公司油品质量升级改造工程CFB锅炉、化纤及炼油工艺等用除盐水。2008年12月10日，惠康物业管理公司除盐水装置一次开车成功并投入生产运行。

表4-7　　2001~2010年除盐水站重大技术改造项目

序号	年月	技术改造内容和解决的问题
1	2003	对化水混床出口管线改造，将出口管线加高，形成倒U型弯，避免树脂跑失。
2	2006~2007	化水浓水分级回收利用，双料过滤器反洗水回收至凉水塔作为循环水的补水、混床再生水用于锅炉冲灰水，节约新鲜水。
3	2007.09~2008.09	增上反渗透浓水回收装置，节约循环水补充用新鲜水60吨/时。
4	2010.06~2011.01	增上凝结水回收装置，回收芳烃车间抽提装置凝结水，每小时产除盐水30~50吨，节约新鲜水40~70吨/时。

第四节　供风　供氮

供风、供氮系统包括氮氧站、空压站、化纤空分空压站、宏力化工公司动力车间。炼油系统的净化风和工业风由空压站供应，不足时由化纤空分空压站补充。2001~2007年10月，炼油系统氮气主要由氮氧站供应。2007年10月，氮氧站装置停产，氮气改由宏力化工公司供应。化纤系统的工业风、净化风、精氮、粗氮由化纤空分空压站供应，氮气不足时由宏力化工公司氮气补给。氮氧站、空压站、化纤空分空压站均由空压车间负责实施管理。

氮氧站

氮氧站分为第一氮氧站和第二氮氧站。

2001年9月，化纤厂停工检修时，化纤空分站同步进行计划检修。

2005年，洛阳分公司对氮氧站（Ⅱ）KDN-1000型空分制氮装置实施扩能改造，氮气产量达到1600米^3（标准）/时，增产600米^3（标准）/时。

2007年4月，为满足油品质量升级氮气增量需求，洛阳分公司决定由宏达公司宏力化工公司投资兴建1套5000米^3（标准）/时制氮装置，由宏力化工公司向炼油和化纤装置供氮气。同年7月，氮氧站增上1台ZLY-9.2/30-Ⅱ型氮压机。

2010年4月，洛阳分公司油品质量升级增上汽油罐项目，第二氮氧站拆除。

空压站

2001年9月，在一催化、二催化停工检修期间，拆除4号活塞式往复机，完成新上4号空压机甩头和净化系统改造。同年11月，引进美国英格索兰公司的C150MX3型（新4号机）离心机，12月17日正式投入运行。2008年5月大检修时，增上2组处理量100米^3（标准）/分的干燥器，同年7月投用。

2009年5月，空压站6号空压机仪控系统由

空压站5号机

电三型改造为 PLC 控制。2009 年，空压车间装置全部实现计算机在线监控 PLC 仪表控制操作。

表 4－8　**空压车间空压站主要生产技术指标**

序号	项　目	单位	指标
1	净化风压力	兆帕	＞0.45
2	净化风露点	℃	≤－20
3	工业风压力	兆帕	＞0.45
4	冷却水压力	兆帕	0.2～0.4
5	冷却水温度	℃	≤30
6	DHP45－7 空压机入口流量	米^3/分	280～360
7	DHP45－7 空压机四级出压力	兆帕	≤0.65
8	C150MX3 型空压机入口流量	米^3（标准）/分	≤440
9	C150MX3 型空压机出口压力	兆帕	≤0.7

化纤空分空压站

化纤空分空压站是原洛阳化纤工程的重要系统工程之一，主要担负向化纤厂各生产装置的供风、供氮任务。2002 年 3 月，空分站新上中压液氮贮槽进行安装，8 月试运后备用。2002 年 8 月，打通化纤系统与炼油系统 4.0 兆帕氮气管线，首次利用空分站 4.0 兆帕氮气供四联合装置气密。2003 年 6 月，实现与炼油系统 1.4 兆帕氮气管网联通。

2004 年 11 月，对化纤空分空压站进行噪声治理，将化纤空分空压站 4 台空压机的入口管线改为不锈钢，操作盘移位到平台下，加隔音罩。2008 年 5 月，化纤空分空压站增上 2 组处理量 100 米^3（标准）/分的干燥器，7 月试运后投用。

2010 年 5 月 14 日，洛阳分公司将化纤空分空压冷冻站划归空压车间管理。主要设备有进口离心机 2 台，国产离心机 3 台，螺杆机 4 台，溴冷机 6 台。

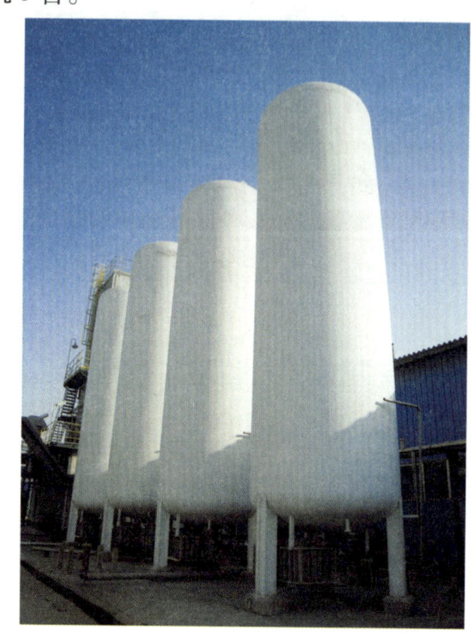

空分站液氮贮槽

表 4－9　2001～2010 年**空压车间技措技改项目**

序号	年月	技措技改项目
1	2001.11	11 月 10 日，空压站新上 1 台 C150MX3 型离心机，12 月 7 日试运一次成功，17 日投入生产。
2	2002.05	实现化纤炼油风氮联网运行。
3	2002.08	打通化纤与炼油 4.0 兆帕氮气管线，首次利用空分站 4.0 兆帕氮气供四联合气密。
4	2003.06	空分站停工检修，对中压液氮贮槽联运后投入生产，并与炼油系统 1.4 兆帕氮气管网联通。
5	2003.06	对空压站 4 号和 5 号压缩机壳体进行防酸型高分子材料防腐处理，利用先进的激光喷涂技术修复二级扩压器。
6	2004.05	氮氧站 7 号空压机入口过滤器改造，保证 7 号空压机长周期运行。
7	2004.11	对空分站进行噪声治理，将空分站 4 台空压机的入口管线改为不锈钢，操作盘移位到平台下，加隔音罩等。

续表

序号	年月	技措技改项目
8	2005.05	氮氧站 KDN－1000 型空分装置扩能改造，改造后氮气产量达到 1600 米^3（标准）/时。
9	2006.01	2006 年 1 月 7 日，空压站进口机组 5 号空压机的冷却器国产化，并试运成功。
10	2007.04	2007 年 4 月，从宏力化工公司引 1 条 DN200 管线并入到炼油和化纤氮气管网，10 月 12 日氮氧站空分装置停运备用。
11	2008.05	2008 年 5 月，大检修时，空压站和空分站各增上 2 组处理量 100 米^3（标准）/分的干燥器，7 月投用。
12	2009.05	2009 年 5 月 7 日，空压站 6 号空压机仪控系统由电三型改造为 PLC 控制。
13	2010.04	2010 年 4 月，因洛阳分公司油品质量升级增上汽油罐项目，空压车间氮氧站拆除。

宏力化工公司动力车间

原料及产品 宏力化工公司（原宏力化工厂）动力车间空分空压装置提供工业氮气、仪表风和压缩风。装置以空气为原料，采用分子筛吸附空气中的二氧化碳等有害气体，利用深冷原理使空气液化，在精馏塔内，根据氮、氧沸点不同，将氮、氧进行分离。

仪表风系统以空气为原料，将空气压缩到 0.4～0.7 兆帕，经干燥器干燥后送入储罐至用户。压缩风由压缩机直接提供。

主要产品 工业风、仪表风和工业氮气。

装置生产及管理 宏力化工公司动力车间空分空压装置有 3 套。KZON－160/550 型空分（工艺编号 2 号），1988 年 8 月装置建成，氮气设计生产能力 550 米^3（标准）/时、纯度≥99.99%，氧气设计生产能力 150 米^3（标准）/时、纯度≥99.2%。KDON－150/1000 型空分（工艺编号 1 号），2005 年对原有的 1 号空分进行更新，同年 10 月装置建成，氮气设计生产能力 1000 米^3（标准）/时、纯度≥99.99%，氧气设计生产能力 150 米^3（标准）/时、纯度≥99.2%。KDON－150/5000 型空分（工艺编号 3 号），2007 年 7 月建成投产，氮气产量 5000 米^3（标准）/时，纯度≥99.99%，氧气产量 150 米^3（标准）/时、纯度≥99.6%。

宏力化工公司动力车间负责向宏力化工公司、洛阳分公司、聚丙烯公司和金达特种油厂等生产装置供应工业氮气。

装置改造 2005 年对仪表风系统扩能改造，增上 201C 螺杆压缩机，仪表设计生产能力由 1200 米^3（标准）/时提升到 2400 米^3（标准）/时，同时，向金达特种油厂装置和丙纶丝装置供风。2005 年 10 月，更新 KON－860－Ⅱ型空分系统为 KDON－150/1000（工艺编号 1 号）。2006 年 12 月，停止氧气充装，关闭并拆除氧气站。

2007 年 2～7 月，空分空压装置再次进行扩能改造，增上 KDON－150/5000 型空分（工艺编号 3 号），2007 年 7 月 8 日，开车一次成功，同时实现向洛阳分公司生产装置供应氮气。

（责任编辑　张自俭）

第五章　生产与设备管理

2000年，石化总厂与洛阳分公司分立运行，洛阳分公司设生产调度处和机械动力处，负责洛阳分公司的生产管理和设备管理，代管石化总厂生产和设备管理。2002年，石化总厂成立生产处和设备处，负责石化总厂的生产管理和设备管理。2005年，石化总厂、洛阳分公司机构融合，生产处与生产调度处合并，设备处与机械动力处合并，合并后的生产调度处和机械动力处分别负责生产管理和设备管理。

生产与设备管理包括生产调度、计量管理、生产节能管理、设备管理等。

第一节　生产调度

生产调度是组织和指挥企业生产的中枢。生产调度处作为生产的管理机构，其职能是根据洛阳分公司的生产计划，落实生产方案，及时调整产运销、生产与原材料、生产与检维修等各方面的平衡，使生产过程中的各个环节协调运行，完成生产计划，达到充分利用资源、保持装置安全、平稳、长周期运行的目的。

生产调度包括生产调度体制、调度制度、调度会议、生产组织和生产技术现场管理。

调度体制

2001年6月，洛阳分公司成立计量处，生产调度处计量节能科的计量及计量站的业务职能划归计量处管理，节能管理业务留在调度处，成立节能管理科。2002年1月，石化总厂成立生产处，下设调度科、技术科、质量科。洛阳分公司生产调度处下设生产调度室、开工办公室和节能管理科。2003年5月，石化总厂、洛阳分公司调整管理机构，生产处增设开工办公室，技术科、质量科整体划入质量技术处，设置调度值班主任，执行值班主任负责制。洛阳分公司撤销炼油厂、动力厂，原炼油厂、动力厂部分管理人员并入生产调度处。2005年1月7日，生产处和生产调度处合并，成立生产调度处，节水职能划归生产调度处，1月14日合并办公，属于洛阳分公司管理。生产调度处下设生产调度科、节能节水科和开工办公室。2007年，节能节水科、开工办公室划出，新成立综合管理科。2010年3月，开工办公室又划归生产调度处，2010年底，生产调度处下设生产调度科、开工办公室和综合管理科。

调度制度

执行每周一的生产调度会制度。2007年4月，建立每周一、三、五召开生产经营例会制度。2001～2010年，根据生产需要，先后修订完善《生产运行异常考核办法》、《生产调度令管理办法》，新制定《生产计划分解及评审管理办法》、《生产联系制度》、《生产汇报制度》、《生产调度会议制度》、《调度工作检查制度》、《装置非计划停工管理制度》、《生产运行异常处置（演练）预案管理制度》、《生产事故管理办法》、《清罐（池）管理办法》、《重大事故调度预案》、《洛阳石化突发事件调度应急预案》11个管理制度。

调度会议

每周一召开生产调度会。石化总厂、洛阳分公司分立运行后，各自组织每周一的生产调度会。2005年1月，机构整合后统一召开，参加人员有副总以上领导、洛阳分公司各直属车间和直属单位、洛阳资产分公司下属单位以及各改制单位的主要负责人。

生产调度会由生产调度处处长主持。各基层单位汇报生产中的主要工作和进度，汇报上次调度会决议事项执行情况和生产中亟待解决的问题。各职能管理部门汇报近期工作。主持人总结生产情况，布置本周或本月的生产计划，表扬生产中的好人好事，并根据各单位存在的问题，提出解决办法。副总以上分管领导传达上级机关和领导的指示，讲评和布置重要工作。最后由洛阳分公司主要领导讲话。

生产经营例会

每周一、三、五早上召开生产经营例会，会议由洛阳分公司主要领导主持，参加单位有洛阳分公司副总以上领导和与生产经营相关的职能管理部门负责人。各生产职能管理部门汇报生产中的主要工作和进度，汇报上次生产经营例会决议事项执行情况和生产中亟待解决的问题。副总以上分管领导传达上级机关和领导与生产经营有关的指示，讲评和布置重点工作，对生产中存在的问题提出解决对策。最后由主要领导讲话。

生产组织

生产组织包括日常生产组织、生产优化和应急生产组织。

日常生产组织　以月度生产计划为依据，根据生产调整方案、操作规程、工艺卡片以及设备运行的要求，制定周作业计划，落实《生产计划分解及评审管理办法》要求，组织生产车间完成月度生产任务。生产调度通过《生产联系制度》、《生产汇报制度》、《生产调度会议制度》、《调度工作检查制度》、DCS（集中控制系统）在线监控等方式，及时掌握生产运行情况，利用MES（生产执行系统），跟踪周作业计划的完成情况，保障生产运行始终处于受控状态。

生产优化　2001年，协调系统工业风增加催化装置主风量，解决主风不足的矛盾，减少油浆外甩量；采用炼油化纤互供联网方式满足炼油生产用氮；建立瓦斯计量和监控网络图，建立原油质量跟踪管理程序，为合理调配原油加工比例和以质论价采购原油提供条件。协调优化瓦斯平衡利用，在保证生产需要的前提下，余量供热电站，全年回收低压瓦斯45.6万立方米；优化丙烯资源利用，组织3900吨丙烯出厂，创效364.64万元；优化产品结构，多产高附加值产品，创效609.9万元。组织完成芳烃装置6月28日中毒吸附剂的再生。2002年，继续优化炼油装置产品结构，多产高附加值产品，创效5000万元。化纤装置长丝差别化率达到37.43%，化工装置聚丙烯专用料比例达到62.95%。2003年，由于原油资源紧缺，全年原油库存低于20万吨。为保证装置平衡生产，加强生产运行管理，优化产品结构，生产高标号汽油41.69万吨，同比增加8.31万吨，并于3月19日生产出清洁汽油。继续优化瓦斯、动力平衡，全年在瓦斯、燃料油同比各减少3000吨的情况下，发电量同比提高0.1%。化纤装置首次全面检修，实施精对苯二甲酸装置扩能改造，全年化纤排废量同比下降292吨。2004年，原油结构发生较大变化，进口原油加工比例增加至61.27%，全年以大处理量为工作重点，炼油装置全流程加工原油首次达到500万吨/年。针对原油中硫含量上升对产品质量和技术经济指标带来的负面影响，当年摸索出各品种原油合理的掺炼比例，建立原油硫含量与石油产品之间的数学模型，通过优化生产方案和产品结构，增加高附加值产品产量，产品出厂合格率保持100%。增加重芳烃出厂装车线和开通减黏裂化粗汽油去催化柴油加氢装置流程，消除物料互供瓶颈，每月减少污油1500吨。2005年，炼油装置实现三年一修，化纤、化工装置实现两年一修的目标。年初，组织制约装置长周期运行的生产问题讨论会，提出100多项问题整改方案，解决装置运行末期设备故障率高等问题。装置大检修后，开展“决战八九十，打赢挖潜增效攻坚战”活动，挖掘装置潜能，上下游装置实现满负荷平稳运行。2006年，结合炼油、化纤、化工的生产效益情况，以原料平衡为重点，保证芳烃和聚丙烯装置满负荷平稳运行，提高高附加值产品产量，当年OX、PX、聚丙烯、PTA等高附加值产品产量均创历史最好纪录。由于聚酯、长短丝产品市场低迷、效益较差，当年组织差别化纤维生产，紧贴市场调整产品结构，全年共完成长丝品种调整20余次。在炼油生产方面，实施2套催化装置"一轻二重"的加工方案，一催化装置加工减压蜡油和常压渣油，二催化装置加工脱沥青油和常压渣油，溶脱装置高负荷运行，由减压装置调控重油平衡，提高综合商品率。通过调整催化剂配方，增加丙烯助剂等措施，增产液态烃，满足气分、聚丙烯生产的原料要求。塔河中质油试验装置当年开工投产，实现原油的分储分炼，增加劣质原油的加工手段，改善下游催化裂化、溶剂脱沥青装置的原料性质，对催化裂化装置降低催化剂单耗、溶剂脱沥青装置生产高等级沥青创造条件。2007年，重点围绕航煤产量、车用液化气产量、降低瓦斯排放量和降低轻污油产出4项课题组织攻关，全年创效1.16亿元。以"生产少烧油、动力少烧气、烟气多产汽、蒸汽多发电"为原则，协调瓦斯、汽电平衡，保持动力平衡。2008年，装置检修前，以重油平衡为中心，保证装置高负荷、稳定运行。装置检修开工后，焦化装置开工投产，洛阳分公司的重油平衡能力得到提高。通过不断调整和优化，实现由稳定装置运行到优化装置生产的转变，当年综合商品率、综合能耗、加工损失率等指标分别达到近10年来的最好水平。2009年，蜡油加氢装置开工后，炼油装置实施全流程优化。针对原油加工总量和劣质原油加工比例大幅度增加以及装置运行模式变化的实际，以蜡油加氢装置满负荷运行为基础，改善催化原料品质，简化进料模式。当年二催化装置进料改为全部加氢蜡油，一催化装置基本原料为闪蒸渣油和加氢蜡油，2套催化装置的产品分布均得到较大改善。改变航煤生产模式，利用汽油加氢装置改为航煤加氢装置，航煤产量提高60%，航煤质量达到军用航煤标准。2010年，以直柴加氢装置开工为主线，完善柴油生产流程，停运直柴碱洗和催柴加氢装置。经过分析、比对，停运2套催化装置FDFCC工艺的汽油反应系统，改善产品分布，提高装置运行稳定性。稳定常减压装置运行，实现减压深拔，焦化装置保持连续20小时生焦，溶脱装置保持高负荷运行，提高重油加工能力，实现重油加工平衡。优化重整生成油加工方案，对芳烃吸附分离负荷实行弹性控制，实现效益最大化。

军用3号喷气燃料出厂

应急生产组织 针对生产过程中出现的紧急情况，建立完善生产应急组织系统。2007年7月，开通生产调度短信群发系统和生产调度手机会议系统。落实《生产调度令管理办法》、《装置非计划停工管理制度》、《生产运行异常处置（演练）预案管理制度》、《生产事故管理办法》、《重大事故调度预案》、《洛阳石化突发事件调度应急预案》等管理制度，做到生产应急状态下响应及时，统一指挥，处理得当。

生产技术现场管理

技术管理人员深入生产装置，检查工艺纪律的执行情况和解决生产中技术、质量问题，是现场管理的一项重要工作。技术处每月组织进行一次工艺纪律执行情况和质量控制情况检查，全面促进生产装置各项工艺纪律的执行。装置检修期间，组织人员检查隐蔽项目，配合检查技措项目的施工质量；在生产装置开停工时期，技术人员编制开停工方案，深入现场指导开、停工，随时掌握开、停工动态；生产出现异常情况时，立即组织相关单位和人员及时处理；生产装置进行技术标定时，技术处制定标定方案，并对标定方案的执行过程进行监督；正常生产过程中，对各生产装置进行巡访巡查，参加车间定期组织的技术

分析会议。推行日常技术管理承包模式，完善生产技术现场管理体制，提升现场管理水平。

第二节　计量管理

计量管理包括管理体制、计量设施和计量管理等内容。

管理体制

2001年6月，计量管理职能从生产调度处划出，成立计量处，下设油品组、器具维护组、关联交易组、技术组以及计量站和标准站，负责洛阳分公司的原料进厂和成品油气出厂计量、计量器具和关联交易相关工作。计量站负责管输原油进厂实收计量和末站交接监督以及铁路进出厂的轨道衡计量。标准站负责大容器标定工作。2003年8月，煤炭进厂计量由热电站划归计量处管理。自此，洛阳分公司大宗物料的进出厂计量全部由计量处承担。2006年3月，撤销计量处，成立计量管理中心，管理职能不变，下设计量站、标准站。2009年10月，增设管理科、维修站。

洛阳分公司领导为计量管理中心揭牌

计量设施

计量器具的配置和可靠的运行是计量工作的先决条件，也是企业进行经济核算和成本核算的基础。洛阳分公司每次装置大检修时都投入资金对计量器具进行配置和更新，确保计量器具的准确可靠。

2002年装置大检修中，安装投用130台计量仪表。仪表采用新型的涡街流量计，对水、蒸汽和气体等介质进行计量，为装置成本核算和节能减排打下基础。2003年6月，重油汽车衡建成投用，划归标准站。重油汽车衡称重包括重油、沥青、酸碱的出厂和各种化工原料的进厂等。2005年，安装投用76台流量计和26台罐区液位计。2006年11月，根据铁道部的要求，建成投用21米长的静态轨道衡，专门称量长液化气槽车，并可作为计量标准，定期比对动态轨道衡。2007年8月29日，第一批柴油通过洛（阳）—郑（州）—驻（马店）长输管道输向河南省各个油库，计量管理中心新增一项直接计量作业。成品油管输出厂采用3台质量流量计进行计量。2008年，更新计量表97台，检定流量计91项，完成计量投资300万元，检查、比对、调试、处理流量计、衡器等计量器具达200多台次，提高计量器具“三率”，计量硬件设施得到改善。在新、扩、改建项目中，A、B级计量器具安装投用65台。2008年5月，为满足煤炭进厂计量需要，对煤炭汽车衡进行扩量搬迁改造，新建北山衡，满足长车、重车一次过衡称量的需要。同时，对煤炭称重管理系统进行升级改造，实现称重数据实时上传。焦化装置投产后，搬迁改造原煤炭北山衡，并及时配备计量人员，满足石油焦出厂计量需要。2008年11月，计量数据自动采集系统上线运行，实现进出厂计量数据、关联交易计量数据和装置成本核算计量数据集中采集、统一管理，方便计量数据查询、统计、分析，为全面实现计量信息化管理打下良好基础。2009年，220万吨/年蜡油加氢精制装置和4万米^3（标准）/时制氢装置陆续试运、开工，惠康公司除盐水、动力生产管理部热电站CFB锅炉开工等配套项目相继试运。期间，计量器具管理人员对车间、施工单位进行指导，并到现场监督、检查，指导安装计量器具79台，保证每一台计量器具投用一次成功。

2001～2010年，共有402台计量仪表安装投用。

计量管理

2001年计量处成立后，为使计量管理工作进一步规范化和制度化，重新修订《洛阳石化计量管理办法》、《成品油（气）出厂计量管理办法》、《路运原油进厂计量管理办法》、《计量器具管理办法》等7项管理制度，涵盖企业内部生产经营的各个环节。同时，建立由122人组成的兼职计量管理网络。2004年初，借助企业推行QHSE一体化管理体系，对此前的管理制度和办法进行全面评审，形成以QHSE管理手册为框架，以《计量管理程序》为纲领，5个作业文件为支持的计量管理体系文件。

2005年，石化总厂、洛阳分公司合并后，化纤、化工产品计量工作并入计量处，定量包装产品达7个品种。为维护企业经济利益和良好信誉，重新修订定量包装商品抽查制度，建立三级抽查机制，组织检查落实情况，督促相关单位完善收付台账，及时发现差量，为相关部门对外索赔提供计量数据。同时，修订《计量管理程序》、《原料进厂计量管理办法》、《产品出厂计量管理办法》等管理制度。

2006年，计量管理中心成立，立足依法计量，严格计量管理工作考核标准，加强进出厂、关联交易、过程计量数据的管理，加强贸易交接、关联交易计量器具的管理，下发《关于规范计量基础资料的通知》、《关于开展诚信计量检查的通知》、《关于更新、填报计量器具台账的通知》、《关于规范MES公用工程计量数据录入、校正的通知》等，把好计量监督关，加大对洛阳分公司、多种经营单位和改制企业的计量考核力度。同年，编写计量管理工作考核标准。

2007年，计量管理人员在一个半月的时间内摸清计量现状，从上中下游三管齐下，更新化工车间进料PX计量表，改造PTA送合纤的计量罐，对PTA计量的关键设备扭力秤反复进行标定。通过努力，PTA的计量准确性满足核算要求，上下游装置的数据误差明显下降，化纤物料计量实现规范化。

2008年，为消除不合理分摊，便于节能考核，制定《公用工程计量分摊暂行规定》。为搞好煤炭进厂、使用、煤场实物验证、结算的全过程计量管理，制定《煤炭计量及实物验证管理细则》。针对PTA电子复核秤周检期内计量失准现象，制定《衡器校准比对管理规定》。为解决生产经营中的突出问题，组织专项攻关活动，分析现状，明确职责，明晰计量流程，解决管输成品油出厂、沥青、石油焦公路出厂等突出计量问题。在洛阳分公司、洛阳资产分公司范围内，组织开展诚信计量大检查活动，对计量制度落实、计量器具“三率”、定量包装负偏差等进行自查自改，增强全员诚信计量意识。

2009年，计量管理中心组织相关单位成立原油降耗攻关小组，每月召开原油损耗分析会，对存在的问题制定措施进行整改，使原油储运损耗降至0.385%，较中国石化考核指标降低0.035个百分点。石油焦作为新的散装固体产品，存在库存分散、含水量高、计量设施不完善、计量难度大等特点，计量管理中心与相关单位成立石油焦计量管理效能监察小组，坚持定期召开分析会，查找原因、制定优化措施。通过调整石油焦扣杂率、增上焦场挡焦护板、定期回收散落焦粉、对输焦皮带秤进行定期校验等措施，减少石油焦损失37吨，增效3.4万元。认真贯彻执行定量包装产品三级（班组、车间、公司）计量抽查制度，协调化工车间和三隆公司多次对在线包装称进行计量调整，对基层车间标准台称比对抽查50余台次，督促提高基层车间标准台秤的管理水平，实现定量包装产品出厂的用户计量零投诉。为实时监控大宗物料进出厂计量情况，2009年初投用管输成品油监视系统，同年4月投用管输原油算量系统，5月投用轨道衡新软件，新的数据处理软件摆脱依靠软盘传递数据的落后方式，过衡称重后，重量信息、车号信息通过网络传送到数据处理计算机，剔除无效信息后自动合成。

截至2010年底，在用17项企业计量标准。

第三节　生产节能管理

生产节能管理包括管理体制、管理制度、基础管理、能耗统计和节能技术及应用等内容。

管理体制

2001年，节能管理工作由生产调度处计量节能科负责。6月，计量节能科的计量及计量站的业务职能划归计量处，生产调度处成立节能管理科。2003年，节水管理业务由计划处转至节能管理科。2005年1月机构合并后，节水职能划入生产调度处，节能管理科更名为节能节水科。2007年3月，成立以洛阳分公司经理为主任的节能委员会，下设节能办公室。同时，为发挥专业

管理作用，成立加热炉优化运行、工艺用能优化和低温热利用、节电等10个能源专业管理小组，节水职能划入机动处动力管理科。2007年11月成立能源管理处，下设能源管理科、节能技术科，撤销生产调度处节能节水科，将节能节水科和计划处能源统计业务及相关人员划入能源管理处，形成公司、车间、班组三级能源管理体制。

管理制度

2001年，修订完善《洛阳石化节能管理办法》、《冬季采暖管理办法》、《节能管理考核奖励办法》和《节能管理考核细则》等规章制度。2003年，制定《洛阳分公司节水管理制度》、《新鲜水定额管理制度》，将车辆用油纳入能源管理，制定《车辆用油管理办法》。2007年，将修订后《节能管理考核细则》更名为《能源管理工作考核标准》。2008年，按照河南省政府、中石化集团公司要求，洛阳分公司经理与各单位一把手签订《节能目标责任书》，实行节能减排"问责制"和"一票否决制"。针对检修和夏季生产特点，制定《停（开）工检修节能实施方案》、《关于规范检修期间临时用能的通知》、《关于夏季空调、风扇用电管理的暂行办法》。为促进全员参与能源管理，提高能源利用率，制定《节能奖励实施方案（试行）》，开通节能热线举报电话。

基础管理

节能管理主要包括能源管理制度执行情况督察、调查和评价主要能耗设施能效状况、督察全厂能源计量器具的配备与校验情况、督察全厂外供能情况，检查全厂用能是否合理与主要问题整改，提出工艺与设备用能优化建议等管理工作。每年初制定节能达标考核指标，以文件形式发至各单位，将能耗、水耗指标纳入全面预算管理。能源管理处每周组织人员进行一次节能检查，并根据不同生产时段、不同季节及时调整工作重心，以节能周报形式将查出问题在局域网上公布，并将检查出的问题录入"红黄牌"管理系统，督促责任单位整改，严细考核。

洛阳分公司召开节能管理现场推进会

2006年7月，河南省政府与洛阳石化签订"十一五"期间千家企业节能目标责任书，要求到2010年底，实现节能16.05万吨标煤目标。洛阳分公司严格按照《企业节能量计算方法》（GB/T13234—2009），采用上报省统计局正式报表数据进行能耗计算。截至2010年底，洛阳石化"十一五"期间累计节能量18.74万吨标煤，超额完成河南省政府下达的节能指标。

能耗统计

能耗统计指标的统计和计算，严格执行《统计法》和中石化股份公司相关规定，并按《石油化工统计指标解释》相关要求进行，包括统计计算方法及统计口径。

表5-1　　2001~2010年能耗统计　　千克标油/吨

名称 年份	万元产值能耗（吨标准煤/万元）	炼油综合能耗	聚丙烯综合能耗	芳烃装置能耗	PTA装置能耗	聚酯装置能耗	长丝装置能耗	短纤维装置能耗
2001	-	86.86	177	-	199.4	105.8	312.8	200.4
2002	-	86.56	181	-	196.1	116.4	236	132.5
2003	-	84.95	169	-	192.8	121.6	195.5	119

续表

年份 \ 名称	万元产值能耗（吨标准煤/万元）	炼油综合能耗	聚丙烯综合能耗	芳烃装置能耗	PTA 装置能耗	聚酯装置能耗	长丝装置能耗	短纤维装置能耗
2004	-	79.06	157	-	192.3	113.3	224.3	120.1
2005	0.7	75.09	149	-	197	124.5	220.1	124.9
2006	0.68	68.41	138	-	192	124	221.8	130
2007	0.67	69.47	130	350	181	120.2	214	122.5
2008	0.65	67.39	119	370	178	118	211	125
2009	0.61	64.53	107.47	306.87	177.57	106.94	209.5	115.08
2010	0.615	61.7	97.6	327.8	159	98.5	209	115.5

说明：2006 年洛阳分公司开始计算万元产值综合能耗，表中 2005 年万元产值综合能耗根据计算方法推出数据。2007 年以后化纤各装置能耗计算通过中石化股份公司化工事业部能源统计系统计算，芳烃装置能耗 2007 年以前分芳烃联合装置 PX 和抽提两套装置进行能耗计算。

节能技术及应用

2001～2010 年，先后对生产装置进行 34 项重大节能技术改造。在装置、原料油加工量增加、油品质量升级、环保设施投入运行的情况下，能源消耗不断降低，炼油单位能量因数能耗从 2001 年的 13.33 千克标油/吨·因数下降至 2010 年的 9.38 千克标油/吨·因数。

表 5－2　　2001～2010 年重大节能项目

年份	项目	节能效果
2001	一催化装置再生器内、外取热系统改造，再生器内取热盘管由 11 组增加到 15 组，过热管由 4 组增加到 9 组，汽包旋分器由 4 组增加到 12 组。	多产 3.5 兆帕蒸汽 18 吨/时
	运用窄点技术，对常压蒸馏装置优化换热流程	装置能耗降低 2 千克标油/吨
	二催化增上背压式富气压缩机	3.5 兆帕蒸汽分级合理利用
	气柜增上 2 台螺杆式压缩机	提升低压瓦斯等级，消灭火炬长明灯
	减压炉空气预热器更换为高效热管式空气预热器	加热炉效率由 80% 提高至 89%
2002	二催化余热炉改造	余热利用率提高到 90% 以上
	拔头油储罐放空瓦斯并入低压管网	减少瓦斯直接排放 1 吨/天
	常压炉对流室 6 根过热蒸汽管改造为初底油加热管	初底油温度提高 4℃，降低常压炉负荷
	二催化余热炉改造为新型余热锅炉，同时增加一氧化碳焚烧室	多产 3.5 兆帕蒸汽 32 吨/时
2003	机泵冷却水回收至循环水	回收循环冷水 50 吨/时
	供水三循和热电站循环水场增上自动加酸设施	提高浓缩倍数，降低补水量

续表

年份	项目	节能效果
2004	化纤污水回用	节约新鲜水 80 吨/时
	凝结水回收系统改造	每年回收合格凝结水 5 万吨
	常压 B 炉改造	降低高压瓦斯运行压力，三联合、化纤瓦斯并入高压瓦斯系统，减少瓦斯放火炬
2005	聚酯 3 台热媒炉增上复合极化节能装置	提高燃烧效率，降低燃料消耗
	污水汽提净化水回用到常压电脱盐	减少新鲜水消耗
2006	一催化 D800 风机增上烟机	每小时节电 1500 千瓦·时
	化纤污水回用设施改造	年节约新鲜水 130 万吨
	建立中水系统	年节水 67.2 万吨
	炼油装置区凝结水精处理回用项目	年节水 50.4 万吨
	机泵冷却水回用项目	年节水 54.6 万吨
	热电站灰场灰水系统改造	年节水 58.8 万吨
2007	短纤维增上蒸汽凝液回收设施	每小时回收凝结水 2 吨
	热电站连定排水及混床再生水回用	每小时可节约新鲜水 15 吨
2008	芳烃联合装置综合节能改造	芳烃装置能耗降低 15%
	炼油区域低温热水系统改造	月节能 800 吨标煤以上
	重整等工艺加热炉余热回收系统改造	加热炉热效率由 88.2% 上升至 91%
	聚酯用 EG 蒸汽喷射泵系统代替原水蒸气喷射系统	减少 3.5 兆帕蒸汽用量 4 吨/时
	PTA 空压机级间冷却器及蒸汽系统检修改造	提高发电 600（千瓦·时）/时，循环水用量降低 1000 吨/时
2009	6 台 5 万立方米外浮顶原油罐涂刷太空特种隔热保温涂料	罐顶单位表面积的散热下降 64.58%。
	热电站循环水泵更换三元流转子	泵的运行电流由改造前的 56 安下降到 50 安
	一联合车间 4 台泵的叶轮切削	泵叶轮切削后，在满足正常生产的情况下，每天合计节电约 425 千瓦·时。
2010	实施常减压、航煤加氢、蜡油加氢、焦化装置之间的热供料	降低炼油综合能耗 0.4 个能耗单位
	利用焦化低温热加热动力生产管理部锅炉车间除盐水	实现外输热 7.05 千克标油/吨原料，同时循环水用量下降约 1000 吨/时，节约加热除盐水用 1.0 兆帕蒸汽 15.35 吨/时。

第四节　设备管理

设备管理包括管理机构沿革、基础工作、TPM 管理、修理费管理、机泵管理和特护管理、电仪管理、压力容器、压力管管道、加热炉管理、防腐管理、抗震防汛、装置周期停工大检修、抢修保运、技术攻关和技术改造等。截至 2010 年底，洛阳分公司固定资产原值 143.34 亿元，净值 51.03 亿元，其中设备固定资产原值 129.61 亿元，净值 47.31 亿元，设备新度系数 0.36。设备总台数 62882 台，设备完好率 99.69%，静密封泄漏率 0.068‰。仪表的使用率、完好率和控制率分别达到 99.69%、97.27% 和 99.12%。

2001～2010 年，洛阳分公司连续参评两年一届的设备国优，并连续获第四届至第八届“全国设备管理优秀单位”称号。

管理机构沿革

2001～2003年5月，洛阳分公司设备管理实行公司、二级分厂、车间三级管理体制，洛阳分公司设备管理机构为机械动力处，各分厂设设备管理部，车间设设备副主任和设备工程师。2003年5月，炼油厂、动力厂等二级分厂逐步取消，各分厂设备管理职能并入机械动力处。2005年1月，石化总厂、洛阳分公司管理机构融合，设备管理实行公司、车间两级管理体制。截至2010年底，设备管理机构统一为机械动力处，下设管理科、设备科、机泵科、计划科、电仪科、动力科、配件科、工程管理科、设备检测中心、厂内生产车队。

基础工作

根据机构调整和设备管理技术进步的需要，2001年、2006年、2008年先后3次组织修订《设备管理制度》，设备管理制度增加到51个。同时，针对设备工作中出现的新情况，及时以文件形式作出补充规定，形成完善的制度体系。

2002年，机械动力处组织对配件定额及润滑手册进行修订。2003年对轴承消耗进行统计，规范在用轴承的型号和代号。2007年，分别对炼油装置机泵储备定额、化纤轴承储备定额、化纤装置关键设备储备定额、仪表储备定额4种定额进行审核、修订，形成科学、实用的配件储备定额。

2009年，利用信息网络技术，开发并完善计算机“设备管理信息系统”，利用设备管理信息平台，发布和传递相关设备管理、技术信息，提高工作效率和设备管理水平。

2001～2010年，举办电气、仪表、设备防腐、加热炉、工程预算等多个专业知识培训班，对1200余名锅炉压力容器特种作业人员进行专业技术培训和取证工作。举办“设备档案评比”、“设备论文发布会”等形式多样的专项活动，设备管理人员的素质得到不断提高。

TPM管理

2007年，洛阳分公司开始推行TPM（全员生产性维修）管理。制定整体实施计划，成立组织机构，召开动员大会，确定TPM管理的方针和目标。同年，组织领导人员、设备管理骨干和部分班组长进行TPM知识培训，确定17个TPM试点小组，组织TPM推进会，树立多个现场设备管理样板。2010年，TPM活动小组扩展到230个，基本形成全覆盖、多层次的格局。

洛阳分公司举办TPM活动自制工具展评会

修理费管理

2002年，机械动力处按固定资产和实际状况，将修理费指标分解，承包至各单位，纳入成本考核体系。与最大的外供电户吉利村达成收费协议，每年节约电费210万元，同时，与末站签订供电、供水、供汽收费协议。2003年，制定《洛阳分公司修理费管理制度》，将修理费的管理规范化，严格把好计划审核、工程签证、结算三关和检维修材料料单管理。2004年，通过采用预算比价压低投资、修订取费定额标准、加强合同管理和与保运单位签订保运协议等，修理费得到有效控制。2005年，又将修理费指标压缩5%后，再分解、承包至各单位，把降本减费的压力直接传递到基层。2006年，制定下发《洛阳分公司修理项目招标（竞价）管理规定》。2008年10月，制定《检维修项目施工作业管理规定》，对工程量较大的项目先报预算，确定费用后再施工，对承包商和各生产车间提出明确要求，进一步规范检维修项目的施工管理。

机泵管理和特护管理

2001～2010年，坚持开展“机泵无故障竞赛”、“关键设备特级维护竞赛”等活动，每周

组织一次“机、电、仪、管、操”五位一体的联合检查，开展“特护设备卫生评比”和“特护巡检质量评比”。从“无故障运行”、“润滑管理”、“动密封管理”三方面着手，严格落实管理制度，定期进行检查。针对设备运行中出现的重大隐患，扩大特护范围，取得良好效果。应用状态监控、监测技术，为大型机组和机泵的故障诊断和预知性维修提供科学依据。2001年4月，与郑州狮鼎公司合作开发大型机组在线监测系统。同时，开展齿轮箱状态检测工作，增加检测频次。2005年，完成检测587台次，发现运行异常40余台次。2007年，完成检测812台次，发现运行异常设备45台次。2008年，完成炼油、化纤关键机泵检测650台次，发现运行异常设备41台次。2009年，完成炼油、化纤关键机泵检测516台次，发现运行异常设备37台次。2010年，完成炼油、化纤关键机泵检测712台次，发现运行异常设备56台次，保证关键机组处于良好运行状态。

电仪管理

2003年，实现空压变电所负荷转移、热电站上网电量自动控制，二催化烟机首次实现发电，一催化烟机进行潜能充分利用试验，取得明显经济效益，全年外购电费比年度计划减少550万元。2004年，完成一催化主风机电缆更新、发变电1号发电机电缆更新、开闭所6千伏母联开关改造等项目。热电站两炉两机首次实现连续运行150天，热电站和发变电全年共发电7.75亿千瓦·时，比上年多发电7300万千瓦·时。2005年，规定发变电的4号机和减温减压器的供汽方式，加强1.0兆帕蒸汽系统的调整管理力度。根据周波的变化及时调整1号、4号、5号机发电负荷，及时调整发电机无功功率，确保两条进线平均功率因数都保持在0.95以上。2006年，对二催化、重整、加氢等装置的过程仪表实施双电源改造，增强仪表电源的可靠性。完成开闭所开关更新和综保改造工作，消除重大电气隐患。2007年，制定《新增电气负荷管理规定》和《外供电气负荷管理制度》，完成3套DCS的改造。结合650万吨/年和1000万吨/年改造工程，制定全厂电力负荷转移优化方案，提高供电质量，降低系统和设备的能耗。2008年，组织对所有变压器保护的开关量输入加装隔离继电器，更换发变电母线栈桥、电容器组12000KVAR、直流控制屏3面、6千伏开关柜19面、热电站6千伏开关柜56面、2号发电机励磁调节柜、发电机变压器组保护等，确保电气设备的安全运行。2009年，完成炼油、化纤淘汰电机的更换、短纤维后纺UPS更换、焦化增上变频器项目、西半厂和化纤路路灯更换、电气设备隐患治理项目等。对部分车间的装置照明进行处理，现场面貌大为改观。完成化纤污水、低温冷储、化纤循环水3套国产DCS的在线更换。完成聚酯、短纤维车间15台操作站的更新和软件升级工作。完成苯抽提安全栅和PET切片输送PLC的更换。完善全厂可燃气体和有毒气体报警系统，在DCS上设立独立的报警画面。2010年，完成一批电力系统的固定资产投资项目，对发生的4次晃电事故进行后期处理，建成投用电力调度自动化系统。同时，开展技术攻关，解决二联合油浆调节阀阀芯严重磨损、冷冻站空压机温度信号长期波动、动力生产管理部3号炉给焦机控制系统缺陷等多项重大疑难问题。

压力容器、压力管道管理

洛阳分公司在用压力容器的注册率和取证率始终保持100%。2004年，完成洛阳分公司压力管道普查工作，累计绘制空视图2000余张，填写普查登记表2000余份，普查管道25.99万米。完成压力管道在线检验工作，实现压力管道规范化动态管理。2005年，检验压力容器795台，解决压力容器超期未检问题。通过设备更新与缺陷返修，淘汰4级压力容器，提高在用压力容器的安全等级。装置检修期间对6825米GC2级压力管道进行全面检验，并完成所有压力管道的在线检验工作。2006年，按照河南省、洛阳市质量技术监督局关于特种设备实施全省统一微机管理的要求，完成1700余台压力容器、12台锅炉的数据录入上网工作，并重新进行注册和使用登记，换发使用证。2007年，引入压力容器、压力管道基于风险的检验（RBI）先进技术。组织人员进行业务培训，收集设备、工艺、化验、检测等数据信息数百万条，对芳烃联合装置进行评估分析，划分出设备风险等级，并针对高风险设备提出针对性的检验计划和方案建议。2008 年、2009 年，对一联合装置、三联合装置等实施 RBI、评估和检验。2009 年，完成 81 台到期压力容器的全面检验和 11 台锅炉的运行检验工作。截至 2010 年底，在用压力容器安全等级为 2 级及以上的超过 90%，安全状况良好。

加热炉管理

坚持每年开展“加热炉节能”竞赛活动，优化加热炉操作，提高设备运行效率。每月进行一次加热炉热效率检测，为车间调整操作提供参考数据。2002 年、2005 年、2008 年，利用大检修停工时机，加大加热炉技术改造力度，累计投入资金 8700 余万元，增上、完善吹灰设施，对焦化加热炉进行在线清焦，将重整三合一炉辐射室衬里更换为全陶纤衬里，完成芳烃加热炉节能改造，提高常压加热炉炉管材质等，为加热炉的完好、节能、安全运行奠定基础，加热炉平均热效率从 2002 年的 86.2% 上升到 2010 年的 91%。

防腐管理

2002 年，建立动态的常压储罐腐蚀情况管理台账，对大型油品储罐积极进行防腐处理。2003 年，绘制炼油装置主要生产车间定点测厚分布图并进行布点和检测。2004 年，按照中石化集团公司要求，组织绘制炼油装置硫含量分布图。2005 年，针对硫含量升高、装置腐蚀严重的情况，利用大检修时机完成炼油装置重要设备的挂片腐蚀监测工作，累计悬挂各种材质挂片 258 片。同时，为实时掌握装置的腐蚀状况，在常减压装置安装三组在线腐蚀监控系统，通过腐蚀数据准确把握设备的腐蚀状况和使用寿命。2008 年，完成炼油装置材质升级调研报告，对不符合加工高含硫原油的设备和管线逐步升级更换。编制备用换热器芯子防腐计划，确保换热器芯子长周期运行。同年，应用阴极保护技术，完成 1 号、2 号、3 号原油线的防腐保护工作。2009 年，对 40 余台腐蚀严重的水冷器芯子水侧进行防腐处理，保证水冷器的长周期运行。针对 PTA 装置污水对排水车间污水池的腐蚀，选用新型聚脲材料对污水池池壁进行防腐蚀处理。2010 年，对各车间的保温进行更换，利用油品罐区储罐清罐的机会，对储罐进行全面检查，并进行有效防腐。开展管道定点测厚工作，2009 年、2010 年分别进行定点测厚 4032 点和 1972 点。

2001～2010 年，共检修、检查大型储罐 80 台，对其中 48 台进行内防腐处理。还对硫化氢超标严重的 G1111 和 G1112 球罐进行检测，对 G1105 进行内防腐处理。完成二联合 10 台液化气罐、五联合 2 台酸性水罐的防腐。完成化工车间空压机壳体内壁、化纤空分站空压机涡壳等设备的防腐工作。

抗震防汛

2002 年，对铁路专用线济源段立交桥、消防队东办公楼等进行加固。2007 年、2008 年，对一联合装置、油品管廊进行抗震加固处理。2008 年汶川大地震后，组织开展建筑物的抗震排查工作。

按照中石化集团公司和洛阳市的防汛要求，每年汛前下发《关于防汛抗灾工作的通知》，对防汛隐患项目逐项进行落实和整改，加强防汛值班检查，督促落实防汛项目，制定《防汛预警管理办法》和防汛演练方案，保证装置设备安全度过汛期。2008 年 6 月 12 日、2009 年 8 月 16 日和 2010 年 7 月 23 日，吉利区突降罕见暴雨，对洛阳分公司防汛系统造成严重冲击。暴雨过后，洛阳分公司组织各方面的力量进行善后处理，完善防汛系统。

装置周期停工大检修

生产装置周期大检修由机械动力处负责检修计划的编制、检修方案的审定、检修工作的组织、检修质量控制等。检修工作主要由三隆公司、隆惠公司、工程公司、金达公司、兴宏公司等承担。2002 年 5 月、2005 年 5 月、2008 年 4 月，洛阳分公司共进行 3 次生产装置周期停工大检修。

计划编制 根据洛阳分公司下达的年度装置停工大检修时间安排，在停工前 1 年开始组织编制装置停工检修计划，确定重大检修工程、审核重大检修技术方案。装置停工检修计划由生产车间根据设备运行情况、检修规程和历年检修经验

进行编制，计划包括项目名称、项目内容、工程量、所需材料、规格、材质、数量等，上报机械动力处审核，提请主管设备的副总经理审查签字，印发施工单位、生产车间和相关管理处室。原则上停工前编制三批停工检修计划，隐蔽项目在装置停工检查后，编制上报。

检修准备　根据检修计划，检修前的准备工作要做到“七落实”，即计划项目落实、设计图纸落实、施工单位和施工人员落实、施工机具落实、施工方案落实、质量保证措施落实、安全保证措施落实。物资装备部根据检修计划所需材料，在项目前期就与设计部门、车间、机械动力处紧密联系、沟通，提前拿到订货资料，提前落实货源和交货时间。设计部门按照收到的设计委托书，结合现场情况，提出设计方案和图纸，下发至委托单位、施工单位和物资供应部门，提前进行图纸审核、现场施工交底和物资材料准备。施工单位根据装置停工检修计划和设计方案，提前落实施工材料并进行设备预制，提前一周进入现场，按区域布置好施工机具，合理分配和安排施工力量，编制施工方案和HSE方案，交相关部门审核。检修前6个月，洛阳分公司成立检修指挥部，由工程调度组具体负责检修工作，定期召开设备、生产、技术、安全、设计、物资供应和施工单位参加的会议，检查落实各单位的检修准备情况，提前组织施工单位、设计单位和生产车间进行计划项目现场交底，从而确保检修顺利进行。

三隆公司检修人员在检修气压机

组织实施　实行各大组碰头会和检修现场调度会制度，汇集检修中遇到的问题，安排当天的检修内容。针对重点工程、重点项目，实施重点管理，确保检修质量和检修进度。工程调度组从停工前3个月起，每周召开一次检修协调会，检修开始后，每天早上7点准时召开工程调度碰头会，及时解决施工中遇到的问题。实行“区域负责和专业管理相结合，区域负责人为第一责任人”的分工原则，使整个检修协调工作分工明确，责任到位。按照QHSE管理体系的要求，开展危害识别和风险评估，落实各项防范措施，对已完工装置组织检查和验收，确保装置安全开工。检修工作进入后期，组织项目对接和尾工清理，确定最后完工期限，保证检修项目按期完工。

检修统计　2002年，完成检修项目3980项，完成投资1.26亿元，检修换热器336台，更换阀门1479个，更换垫片1.1万片、螺栓4万条、法兰4000片，检验压力容器172台，机泵检修110台，安装流量计107台。2005年，检修项目7377项，技措项目102项，更新项目119项，完成投资9.06亿元。检修冷换设备306台，铺设电缆410千米，安装更换仪器、仪表5.1万台件，安装调试DCS/PLC/FSC13套，拆除并恢复衬里4600平方米，现浇混凝土4500立方米，消耗钢材8700吨，安装阀门2.11万套，39台关键机组全部解体大修，并完成常减压装置800万吨/年扩能改造、重整扩能改造、PX装置扩能改造、一催再生器旋分管更新改造等项目。2008年，完成检修项目4838项，完成减压改造等9个油品质量升级项目以及二催化FDFCC改造和气分改造等58项技术改造项目，检修冷换设备629台、塔器112台，压力容器检验821台，压力管道检验20千米、大机组及特阀检修50台、加热炉19台，敷设电缆49830米、光缆9300米、仪表电缆94070米，安装更换仪器、仪表18.6万台件，安装调试DCS/PLC/FSC10套、组态3700点，共消耗钢材18435吨，安装大型设备225台，阀门更换16424个。

抢修保运

设备的抢修保运工作由机械动力处负责组织实施，为确保高效、高质完成设备抢修保运工作，加大对检维修单位的管理考核力度。与维修保运单位签订保运协议，明确规定保运范围、时间、职责和费用等，每月由各生产车间对维修单位的保运质量进行量化考核，对未能及时完成保运抢修或完成质量不好的维修单位，按比例扣减维修保运费。制定和下发《机泵检修质量承诺管理办法》，增强保运单位的工作责任心，有效缩短抢修时间，保证保运抢修工作质量。充分发挥技术优势和设备优势，对现场运行的设备和管线实行动态管理和预知性维修。

2001年11月，二催化装置因油浆系统分馏塔和沉降器等部位结焦堵塞，停工抢修，清除分馏塔、油浆抽出线、返塔线和沉降器及油浆换热器等部位结焦，完成检修项目136项。2003年9月10日，由于3号主风机防喘振阀突然打开、3号油浆泵预热线第一道阀阀体东、西两侧磨穿泄漏、3号主风机电缆接头老化崩烧等原因，78小时内一催化装置连续4次停工抢修，恢复生产。

2004年7月26日，由于重整反应器R201密封管的密封失效，致使催化剂由床层顶部泄漏至反应器介质流道内，造成压降升高，使催化剂在正常提升过程中D311料位突然发生异常现象，无法进行催化剂的提升再生操作。因此，对重整装置反应器进行紧急停工抢修，8月1日抢修结束。12月20日，重整三合一炉辐射室北侧衬里脱落，压住H201、H202部分火嘴，导致火嘴被埋，加热炉火焰从看火孔及风门外扑，炉壁金属框架外露，造成加热炉无法正常操作。重整装置全面停工抢修，各单位连续作业，仅用140个小时，完成重整三合一炉600平方米衬里拆除工作，喷涂120立方米新衬里。

2005年9月3日凌晨，催柴装置加热炉F3101对流室炉管突然出现爆裂，装置紧急停工。各参战单位紧密配合、连续24小时作业，保质保量完成抢修任务，9月17日催柴加热炉点火一次成功。2006年3月5日凌晨，一联合车间催化装置双动滑阀突然发生故障，3月15日装置切断进料进入抢修，处理双动滑阀阀板脱落及气压机机械密封故障，17日抢修完毕后开工。然而又因催化剂大量跑损，油浆系统堵塞，19日再次切断进料，停工抢修。清除两器、换热器、分馏塔及油气、油浆管线内的催化剂，处理3号烟机烟气立管膨胀节泄漏、待生滑阀前膨胀节泄漏等问题，3月26日检修结束。7月1日，由于河南省电力系统故障，造成洛阳分公司生产系统大面积停电，装置全面停工。机械动力处迅速组织抢修保运队伍，全力以赴处理装置停工中遇到的问题，相继完成二催化再生器清焦、汽提段两段伞帽恢复、格栅修复及固定等抢修任务。7月2日，动力系统恢复后，装置陆续开工。

2008年2月20日，因大面积停电造成装置动力系统中断，炼油化纤系统主要生产装置全部停工，2月21日，在动力恢复后及时进入开工程序，确保装置开车一次成功。

技术攻关和技术改造

2001年，完成一催化3号主风机控制系统改造，同时将D800风机控制系统纳入其中，实现远程控制。对一催化三旋分离单管进行改造，采用大处理高效分离单管（PSC300），烟道处理量比原来的PDC型分离单管提高30%以上。2002年6月，组织投用D1800风机，经过7次冲转试运，成功开启二催化装置。采用激光熔敷技术，对主风机转子进行修复，实现主风机一次开车成功。二催化1号主风机新转子是全国第一例由国内厂家制造的大型轴流风机转子，先后解决原转子存在的多级叶片工频和基频接近，一级动叶根部强度安全余量低以及新转子多级叶片顶部间隙偏小等多项问题。2003年7月18日，实现与备用主风机D1800切换，结束1号主风机长达一年时间的低负荷运行状态，开辟了大型轴流风机转子国产化的道路。

2003年8月14日，成功实现二催化烟机发电。主风机组在发电状态运行，平均每小时发电650千瓦·时，节约用电2650千瓦·时，每年可产生经济效益1000多万元。在二催化烟机发电的基础上，对一催化烟机进行发电试验，将烟机碟阀开度由59%开大至68%，每小时减少耗电量约500千瓦·时。2004年10月，常压炉在线切换需在拔头油进出口管上进行带压开孔6个，这在中石化集团公司内部还是首次。在将介质温度降到自燃点以下（200℃以下）、常压装置打循环的情况下进行在线开孔，11日零点开始降温降量，12日12点恢复正常生产，前后只用36个小时，成功实现常压炉系统带压开孔、在线切换，确保生产的连续运行。

2005年，更换1号锅炉高温过热器，并且对

容易过热和磨损的向火面材质进行升级，解决1号锅炉过热器频繁爆管问题。同时，增上1号、2号锅炉风粉在线监测系统，对两炉减温水系统进行改造，对空气动力场进行优化，及时调整煤种配比，提高两炉运行热效率，增强燃烧的稳定性，首次实现两炉长周期运行300天的目标。将PTA装置空压机组原控制系统，改造为先进的TRICON控制系统TS3000，达到机组长周期平稳运行的目的。

2006年，对一催化装置D800增设烟机，2月28日，D800烟机正式投用，根据烟机投用前后的操作参数进行测算，年节电约1700万千瓦·时。2007年，投用C160M×3压缩机组、两级螺杆压缩机等大型机组。组织岐化压缩机和异构化压缩机干气密封、KVT二氧化钛离心机、氮气压缩机等重要项目的验收工作。2008年，对重整三合一炉辐射炉管材质升级，对流炉管钉头改翅片管，对加热炉对流炉管进行化学或干冰清洗，加热炉加权平均热效率90.5%，较2007年提高2%，节约燃料约5000吨。

2009年，解决二催化装置主风机组振动异常波动、重整装置循环氢压缩机轴系监测故障、焦化装置除焦水泵抱轴、蜡油加氢装置新氢压缩机缸套断裂、PTA装置小空压机透平转子和隔板腐蚀、氧化反应器搅拌齿轮箱、机械密封和底部轴承磨损故障，长丝空压机频繁波动等。2010年，一催化装置由常规再生改完全再生后，经过攻关恢复2号主风机组的运行。一催化装置三旋出口烟气组成因工艺改变而超标后，攻关确定烟机运行方式，保障烟机安全。二催化装置反再系统出现异常后，多次调整烟机操作，确保机组安全运行。成功处理延迟焦化装置高压水泵A台控制系统问题以及B台齿轮箱高速轴振动值波动问题。组织焦化装置管带机攻关，使管带机运行状况明显好转。成功处理焦化装置气压机组级间冷却器泄漏问题。针对蜡油加氢装置进料泵A台机封自开工以来一直泄漏量大的难题，组织国产化攻关并取得成功，使该泵运行条件得到根本改善。

（责任编辑 赵税宽）

第六章　产品　销售

洛阳分公司加强产品质量管理，制定和规范产品质量标准，开展质量攻关，重视产品质量升级和新产品开发，采取科学手段对生产过程进行质量监督和控制，形成一套比较完整的产品质量管理网络和保证体系，产品出厂合格率始终保持100%。在产品销售过程中，坚持以效益为中心，以市场为导向，转变经营机制，优化销售模式，开拓产品市场，搞好售后服务。

产品、销售包括产品、产品质量、产品质量保证措施、新产品开发和产品销售等内容。

第一节　产　品

洛阳石化主要生产汽油、煤油、柴油、聚丙烯、聚酯等产品，涉及石油、化工、化纤、塑料4个体系，共35个品种，44个牌号，73个规格。2001～2010年，累计生产各类产品6193.06万吨。

石油产品

石油产品主要有车用汽油、车用乙醇汽油调和组分油、煤油、3号喷气燃料、轻柴油、车用柴油、油漆及清洗用溶剂油、橡胶工业用溶剂油、植物油抽提溶剂、燃料油、延迟石油焦（生焦）、道路石油沥青、重交道路石油沥青、分子筛脱蜡原料油、乙烯装置专用石脑油等。

车用汽油及车用乙醇汽油调和组分油　车用汽油和车用乙醇汽油调和组分油是原油经常压、催化、重整及化工等生产装置处理后得到的汽油馏分与抗氧防胶剂、抗爆剂等按比例调和而成。车用汽油和车用乙醇汽油调和组分油各分为90号、93号和97号3个牌号。

2001年，93号车用无铅汽油试生产。2003年，97号车用无铅汽油试生产。车用无铅汽油经过2003版标准的产品质量升级改进，2007年，车用汽油执行GB17930－2006标准，废止97号车用无铅汽油Q/SH3210114－2005标准。车用乙醇汽油调和组分油2002年6月试生产，执行《车用乙醇汽油调和组分油（暂行）》Q/SHR010－2001标准，2004年，97号车用乙醇汽油调和组分油开发成功，2008年，执行GB/T22030－2008标准。

煤油及3号喷气燃料　煤油和3号喷气燃料是原油经常压蒸馏装置一线抽出。煤油是经重沸汽提、电化学精制而成。3号喷气燃料则是经聚结器、脱硫醇白土精制后，加入抗静电剂而成。煤油和3号喷气燃料根据市场需要生产，3号喷气燃料多根据民用航空公司计划完成。煤油经过2004、2008版标准的产品质量升级改进。3号喷气燃料经过2002、2006版标准的产品质量升级改进。

轻柴油及车用柴油　柴油和车用柴油是原油经常压蒸馏得到的直馏柴油以及蜡油经催化剂催化裂化得到的催化柴油，通过电化学精制或加氢精制后，按不同组分调和而成。柴油和车用柴油生产－20号、－10号、0号和5号2个品种8个牌号。根据市场需求，2002年12月，调和生产出－20号轻柴油。2004年，具备生产车用柴油技术条件。0号轻柴油被河南省质量技术监督局定为2004年河南省重点保护产品、2005～2006年度、2006～2007年度河南省免检产品。

油漆及清洗用溶剂油、橡胶工业用溶剂油及植物油抽提溶剂　油漆及清洗用溶剂油、橡胶工业用溶剂油及植物油抽提溶剂是原油经常压蒸馏直蒸馏分、芳烃抽提装置抽余馏分或凝析油，经精制而成。油漆及清洗用溶剂油、橡胶工业用溶剂油及植物油抽提溶剂生产3个品种3个牌号。2007年，启用油漆及清洗用溶剂油GB1922－

2006 标准。植物油抽提溶剂经过 2008 版标准的产品质量升级改进。

燃料油 燃料油由常压蒸馏装置的重馏分油和催化装置的重馏分油混合而成。燃料油生产 1 个品种 2 个牌号。

延迟石油焦（生焦） 延迟石油焦（生焦）是焦化装置以渣油或重油为原料经过延迟化生产。延迟石油焦（生焦）生产 1 个品种 1 个牌号。焦化装置 2008 年 6 月开工投产，生产出合格产品。

石油焦产品

道路石油沥青及重交道路石油沥青 道路石油沥青及重交道路石油沥青是沥青装置以减压渣油为原料经过调和而成。道路石油沥青及重交道路石油沥青生产 2 个品种 2 个牌号。

2003 年，调和生产出 A－100 道路石油沥青。2004 年，通过技术攻关，以减压渣油为溶剂脱沥青装置原料生产的脱油沥青，与催化重油浆调和，开发生产出 AH－90 重交道路沥青。

分子筛脱蜡原料油 分子筛脱蜡原料油是原油经常压蒸馏装置二线抽出。分子筛脱蜡原料油经过 2003、2006 版企业标准的产品质量升级改进。

乙烯装置专用石脑油 乙烯装置专用石脑油是常压蒸馏装置初馏塔顶的初顶汽油和常压塔直馏汽油调和而成。乙烯装置专用石脑油经过 2001 版标准的产品质量升级改进。

化工产品

化工产品有液体无水氨、工业硫黄、石油甲苯、工业用丙烯、液化石油气、石油酸、工业丙烷、丁烷、石油对二甲苯、工业用精对苯二甲酸、石油邻二甲苯、工业用纯苯等。

液体无水氨 液体无水氨是炼油含硫污水经污水汽提塔侧线抽出气体，经三段分凝、精制，压缩冷凝得到的产品（若精制后气体用水吸收也可得到氨水）。

工业硫黄 工业硫黄是以气体脱硫装置所产硫化氢气体、含硫污水经污水汽提装置处理所产酸性气（H_2S），经硫黄回收装置自氧化、还原得到的产品。工业硫黄是炼油污水汽提装置的副产品，生产量约为 4 万吨/年。工业硫黄经过 2006 版标准的产品质量升级改进。

液化石油气、车用液化石油气、工业丙烷、丁烷及工业丙烯 液化石油气（简称液化气、LPG）是催化裂化装置产生的液态烃，经两次脱硫醇精制得到的产品，或经气体分馏装置精制而成。车用液化石油气、工业丙烷、丁烷及工业丙烯是以催化裂化装置所产液态烃，经气体分馏装置精制成的不同组分。依据中华人民共和国石油天然气行业标准《汽车用液化石油气》SY7548－1998，车用液化石油气在 2002 年 12 月生产成功。2004 年、2005 年、2006 年液化石油气被河南省质量技术监督局定为河南省优质产品。2007 年、2008 年、2009 年被河南省质量技术监督局定为河南省名牌产品。

石油对二甲苯、石油邻二甲苯、工业用纯苯 石油对二甲苯、石油邻二甲苯、工业用纯苯是连续催化重整装置生产的苯类混合物，经芳烃抽提

化工产品延伸

的不同组分。石油对二甲苯和石油邻二甲苯主要以芳烃抽提装置生产的芳烃为原料，经对二甲苯装置精制产生。苯类产品均为化纤生产的基本原料。石油对二甲苯经过2008版标准的产品质量升级改进。2008年，苯产品由国家标准《石油苯》GB/T3405－1990升级为《工业用纯苯》Q/SHPRD118－2007。

工业用精对苯二甲酸 工业用精对苯二甲酸是对二甲苯经精对苯二甲酸装置氧化、精制生成。

化纤产品

化纤产品有纤维级聚酯切片、涤纶牵伸丝、涤纶预取向丝、涤纶短纤维、缝纫线用涤纶短纤维等。

纤维级聚酯切片 纤维级聚酯切片（PET）是由精对苯二甲酸和乙二醇为原料，经聚酯装置直接酯化、连续缩聚生成。产品主要供下游生产装置加工成涤纶长丝和涤纶短纤维。纤维级聚酯切片经过2003版企业标准的产品质量升级改进，2008年执行《纤维级聚酯切片（PET）》GB/T14189—2008。

涤纶牵伸丝、涤纶预取向丝、涤纶短纤维及缝纫线用涤纶短纤维 涤纶牵伸丝（FDY）及涤纶预取向丝（POY）是以纤维级聚酯切片（PET）熔体为原料，通过长丝装置高速直纺生产获得。涤纶短纤维及缝纫线用涤纶短纤维同样是以纤维级聚酯切片（PET）熔体为原料，通过短纤维装置高速直纺生产获得。2005年、2006年，涤纶预取向丝POY产品被评为河南省优质产品。涤纶牵伸丝及涤纶预取向丝经过2003年、2007版标准的产品质量升级改进。涤纶短纤维经过2003版企业标准的产品质量升级改进，2008年执行《涤纶短纤维》GB/T14464—2008。2008年开始生产缝纫线用短纤维。

塑料产品

塑料产品有聚丙烯树脂和普通型双向拉伸聚丙烯薄膜2个产品。

聚丙烯树脂 聚丙烯树脂（PP）是以丙烯为原料，在催化剂作用下，经气相反应生成。聚丙烯树脂生产4个牌号。聚丙烯树脂（PP）经过2004版企业标准的产品质量升级改进，2008年执行《聚丙烯树脂（PP）》GB/T12670－2008。2001年，聚丙烯产品被河南省质量技术监督局定为河南省重点保护产品，被中国驰名品牌协会定为中国驰名品牌。2002年被河南省质量技术监督局定为河南省名牌产品。

长丝产品

普通型双向拉伸聚丙烯薄膜　普通型双向拉伸聚丙烯薄膜是以薄膜级聚丙烯树脂为原料，经膜纵、横向逐次拉伸生产的产品。2004 年 11 月，2 万吨/年双向拉伸薄膜装置生产线投产，生产出合格产品。

第二节　产品质量

为保证产品质量，提高产品信誉，保护用户、消费者及企业的利益，2001 年，洛阳分公司开始推行 ISO/DIS9001 质量管理体系，2003 年通过 ISO 9001 质量管理体系认证。

四级质量管理体系在生产过程中发挥作用，强化产品质量的分析和检查，使用现代化管理手段对生产过程进行分析和控制，形成比较完整的质量管理体系和检验网络。2001 ~2010 年，产品出厂合格率始终保持 100%。

产品质量包括产品质量的保证机构、管理制度、标准和产品质量记录等。

产品质量保证机构

2001 年 ~2009 年 8 月，化验一车间承担石油产品、石油加工装置产品及其进厂原材料的质量检验，化验分析坚持“三及时（采样、分析、报结果）、五准确（采样、基准、分析、计算、结果）”，保持分析计划完成率 100%、加样分析完成率 100%、采样、分析及时率 100%。化验二车间承担化纤产品、化纤加工装置的化工产品及其进厂原材料的质量检验，下设 PX 化验、PTA 化验、成品化验、聚酯化验、短丝化验、长丝化验 6 个符合国家标准的专业试验室，拥有现代化分析仪器 500 多台（套）。车间共有分析岗位 40 余个，分析项目 285 个，分析方法 388 种。聚丙烯公司化验车间承担塑料产品、塑料加工装置的化工产品及其进厂原材料的质量检验。

2003 年 5 月 ~2005 年 3 月，石油产品、石油加工装置的化工产品及其进厂原材料的质量管理、质量检查、产品标准业务由质量处管理。2001 年 1 月 ~2005 年 3 月，化纤产品、化纤加工装置的化工产品及其进厂原材料的质量管理、质量检查业务由石化总厂生产处管理。2005 年 3 月，成立技术质量处，对洛阳石化石油产品、化纤化工产品及其进厂原材料质量进行统一管理。2009 年 8 月，成立质量检验中心（科研开发中心），承担洛阳分公司化验分析、质量检查、科研开发 3 个板块的业务。同年 10 月，撤销化验一车间和化验二车间，其人员及业务成建制划入质量检验中心。

产品质量保证体系日常维护与管理由企业管理处认证办公室管理。

产品质量管理制度

为保证产品质量，实现装置馏出口合格率 98% 以上，出厂合格率 100% 的目标，先后制定并完善《质量管理制度》、《标准化管理制度》、《军工配套石油化工产品管理细则》、《原辅材料质量管理办法》、《化工辅助材料管理办法》、《化工辅助材料 ABC 分类》、《化工原辅材料使用管理细则》、《产品出厂质量管理细则》、《3 号喷气燃料生产管理细则》、《工业硫黄质量管理细则》（一、二）、《涤纶长丝产品过程质量控制管理办法》、《包装材料验收技术条件》、《产品包装标识规范》、《产品保证（保留）项目》、《化验分析计划》、《装置馏出口分析样品采样规定》，以及《产品标准汇编》、《分析标准汇编》（油品国标上、下，油品部标，水质，煤质，化纤一、二等共 7 册）等多项管理制度和标准。

以上管理制度和标准正常情况下每年修订一次。

产品质量标准

产品质量标准执行国家标准、行业标准和企业标准 3 个级别。技术质量处组织国家标准和行业标准的宣传贯彻、实施和企业标准的起草、制定、修订、备案及实施。

表 6 - 1　　**产品质量标准**

石油产品		化工产品	
名称	标准	名称	标准
车用汽油	GB 17930	液体无水氨	GB 536
车用乙醇汽油调和组分油	GB/T 22030	工业硫黄	GB/T 2449
煤油	GB 253	石油甲苯	GB 3406
3 号喷气燃料	GB 6537	工业用丙烯	GB/T 7716
轻柴油	GB 252	液化石油气	GB 11174
车用柴油	GB/T 19147	石油酸	SH 0530
油漆及清洗用溶剂油	GB 1922	工业丙烷、丁烷	SH 0553
橡胶工业用溶剂油	SH 0004	石油对二甲苯	SH/T 1486. 1
植物油抽提溶剂	GB 16629	工业用精对苯二甲酸	SH/T 1612. 1
燃料油	SH/T 0356	石油邻二甲苯	SH/T 1613. 1
延迟石油焦（生焦）	SH/T 0527	工业用纯苯	Q/SHPRD 118
道路石油沥青	SH 0522		
重交道路石油沥青	GB/T 15180		
分子筛脱蜡原料油	Q/SH3210 112		
乙烯装置专用石脑油	Q/SHR 011		

化纤产品		塑料产品	
名称	标准	名称	标准
纤维级聚酯切片（PET）	GB/T 14189	聚丙烯树脂（PP）	GB/T 12670
涤纶牵伸丝	GB/T 8960	普通型双向拉伸聚丙烯薄膜	GB/T 10003
涤纶预取向丝	Q/SH3210 124		
涤纶短纤维	GB/T 14464		
缝纫线用涤纶短纤维	FZ/T 52005		

原材料和中间产品（半成品）依据产品标准制定有相应的控制指标，参照《洛阳分公司化验分析计划》。引进技术或进行技术改造的产品，采用国际标准。新开发的产品，参照国外先进标准。

产品质量记录和信息

为加强产品质量管理，技术质量处陆续建立各类产品质量记录和有关的质量技术资料档案。其中主要有：产品（中间产品）质量台账、产品质量合格证、产品质量报告、调和记录（表 6 - 1 中产品），原料油质量台账、化工（化纤）原材料质量台账、外购原料油质量台账、化工原辅材料评价报告，封样标签记录、容器清洗记录台账、容器清洗合格证记录、特洗容器检查合格证记录，操作平稳率统计台账、

装置技术（质量）月报、质量周报、盘点分析质量台账，分析计划记录、产品超内控标准放行记录，装置馏出口合格率月（周）考核报表、抽查检验记录，不合格品处置报告（记录）及不合格品质量台账，文件更改通知单、通知单等约8类60余种。

2006年，洛阳分公司列入专项资金进行质量信息管理系统优化与开发，结合LIMS在化验二车间对现质量信息系统进一步完善。2007年，产品质量检验数据实现LIMS上线运行，保证数据和信息的安全快速传输。

第三节　产品质量保证措施

产品质量保证措施包括生产过程的监督检查、产品移动和出厂的质量监督、产品质量检验及要求、全面质量管理等。

生产过程的监督检查

按照质量管理体系要求，在生产过程中严把5道质量关，即原料进厂、化工原材料进厂、质量监督检查、中间产品质量、产品出厂。做到4个坚持，即原料进厂坚持抽检分析、化工原材料进厂坚持入库有验收、出库有分析、质量不合格不投用。对生产过程的关键工序和岗位建立工序质量管理点，应用数理统计原理，对主要工艺参数和质量标准进行严密控制，使每个工序点处于良好的控制状态，以保证产品质量达到规定要求。

产品移动和出厂的质量监督

产品移动和出厂须对产品进行检验，确认质量合格后，签发产品合格证。产品入库或出厂，须符合下列条件：外观符合规定的技术条件，液体产品在灌装前，须清洗容器和输转管线，以保证产品不被污染。石油产品不合格，只允许重新加工处理，处理后经检验合格，方能办理入库或出厂手续。没有质量标准或未经质量检验的产品，不准入库，更不准出厂。

对中间产品坚持五不准移动，即中间产品不符合标准要求不准移动；分析项目不全不准移动；罐内停止进油未经分析不准移动；容器管线不符合使用要求不准移动；特殊情况未经主管厂长（经理）或总（副）工程师批准不准移动。

产品质量检验及要求

在生产过程中，须严格执行产品质量检验制度。对原材料、装置控制点、中间产品和成品，必须按规定的项目、方法、时间和取样点进行认真分析。产品质量检验严格按标准进行，做到三及时（采样、分析、报结果）、五准确（采样、基准、分析、计算、结果）和三级检查（自检、互检、班长检查）。

化验工作人员在进行化验分析

产品检验的实测数据长期优于现行控制指标的分析项目，可以采用定期抽检的办法进行控制。产品检验的实测数据用户关注度或社会灵敏度高的控制指标或分析项目，采用内控指标进行控制。

检验用的蒸馏水、溶剂、标准试剂（液）等基础物质应符合标准和试验方法规定的技术条件，有准确的浓度（纯度）和有效期，所用的容器应标志清楚；计量标准器具和测试设备，应有合格证及标志，标明校定期、有效期等；检验人员加强技术培训，应全面持证上岗。

全面质量管理

全面质量管理包括开展全面质量教育、QC小组活动、质量月活动、质量事故管理等。

全面质量教育　2001～2010年，共举办9期全面质量管理知识培训班，两次邀请洛阳市质量技术监督局质量管理科领导以及市质量管理专家到场指导，培训干部骨干1000余人。编印全面质量管理知识教材3期，1万余册。指导组织参加全国统一考试2次，参加考试的270人全部通过。

QC小组活动 2001～2010年，每年进行一次QC成果注册和评审。累计获市级优秀成果102项，获省部级以上优秀成果83项。

表6－2　　QC小组活动及成果

年份	分公司级成果	市优秀成果	省优秀成果	中石化集团公司优秀成果	国家级优秀成果
2001	200	34	3	2	1
2002	256	13	3	3	1
2003	216	7	2	3	－
2004	474	8	2	3	1
2005	363	13	4	7	－
2006	215	9	4	7	－
2007	210	4	3	7	1
2008	67	5	2	7	－
2009	59	4	2	7	－
2010	65	5	1	7	1
合计	2125	102	26	53	4

质量月活动 国务院规定，每年9月为“全国质量月”。2001～2010年，按照国务院7部委要求，洛阳分公司坚持开展“质量月”活动，对产品质量和质量管理工作进行一次全面的检查、总结评比和表彰。在“质量月”活动中，利用各种载体和形式对职工进行质量法教育，坚持做到一年一个中心内容，提高全员产品质量意识。

质量事故管理 质量事故是指因违章作业或误操作、分析差错、容器管线不洁、产品混串混装，造成中间产品、成品不符合标准和合同协议质量的要求，以致发生返工、产生次品和废品、降级降价以及收货单位因产品质量问题要求退货和索赔的事故。凡已经出厂的产品，不符合标准，责任在生产厂者，均为厂外质量事故，其余为厂内质量事故。企业发现出厂产品不符合标准末到达用户前主动追回者，可按厂内质量事故处理。产品质量事故分为重大质量事故和一般质量事故。直接损失在1万元以上者为重大质量事故，在1万元以下者为一般质量事故。厂外和厂内重大质量事故由中石化集团公司生产经营管理部归口管理，一般厂内质量事故由企业自行管理。发生厂外和厂内重大质量事故，需要在24小时之内向中石化集团公司生产经营管理部口头（电话）汇报，并及时组织调查处理，事后填报质量事故报告书，报中石化集团公司生产经营管理部。2001～2010年，未发生厂内、厂外产品质量事故。

第四节　新产品开发

新产品开发包括炼油产品开发、化纤产品开发和塑料产品开发等内容。

炼油产品开发

2001年，开发生产93号车用无铅汽油产品。2002年，车用乙醇汽油调和组分油试生产。2003年，开发生产出97号车用无铅汽油、车用液化石油气、溶剂正丁烷、A－100甲道路石油沥青等产品。2004年，开发生产出97号车用乙醇汽油调和组分油和AH－90重交道路沥青。2008年6月，生产出合格石油焦产品。2009年11月，成功生产出国Ⅲ标准汽油。

化纤产品开发

2001～2002年，以开发生产129dtex/72f和266dtex/288f差别化产品为主。2006年，在POY细旦生产线14线上开发生产129dtex/192f品种，产品质量可以满足用户要求。在POY11线上试生产129dtex/36f“十”字型POY小批量产品；在POY、FDY生产线上试生产“U”型产品。2008年，开发生产细旦POY纤维129dtex/144f、170dtex/192f、异形POY125dtex/72f产品，获得市场的认可。2009年，开发生产有光1.33dtex缝纫线型短纤维、POY51dtex/36f、FDY43dtex/24f、FDY138dtex/192（144）f产品。2010年，成功开发超细旦纤维（P85dtex/72f、F43dtex/24f、FDY55dtex/48f、F50dtex/24f）、吸湿排汗纤维（POY129dtex/72f）等新产品，超有光涤纶短纤维（1.33dtex×38毫米缝纫线型）实现批量生

产，化纤产品差别化率进一步提升。

塑料产品开发

2001年，研制开发土工布专用料YS825、无纺布专用树脂YS835、地毯丝专用料S800系列S800－Ⅰ、S800－Ⅱ系列产品。2002年，研制开发改性烟用丝束专用料YS830－1和注塑级透明专用料J820G两种新产品。2004年，研制开发YF－B1冰箱专用料，完成J820G河南省新产品鉴定。2007年，进行高等规薄膜专用料JF300的生产和试用。2009年，开发生产H30S涂覆料和25微米珠光膜新产品。2010年，开发并试生产19微米珠光膜。

第五节　产品销售

产品销售严格执行国家的方针政策和中石化集团公司的产品配置计划、统销计划。同时，在国家政策许可的范围内，以市场为导向，加强销售管理，优化销售机制，创新销售模式，开拓自销产品市场，实现与市场经济的有机结合。2001～2010年，共销售石油、化工、塑料、化纤等产品4693.42万吨。

机构沿革

2001年，化纤产品销售处延续以往设置，下设销售业务一部、二部、三部和电子商务部、售后服务部，负责化纤产品的销售工作。销售公司下设综合管理部、运输调度部、石油产品部、化工产品部、原油采购部、市场开发部6个部门。2005年3月，原销售公司、化纤供销公司、聚丙烯公司销售融合后，成立洛阳分公司营销部（简称营销部）。营销部下设综合科、石油产品科、化工产品科、运输调度科、市场科、结算科、售后服务科7个科室。2009年7月，根据实际需要，将石油产品科炼油自销产品业务整合后，增设自销产品科。

销售体制

洛阳分公司产品销售的管理体制实行中石化股份公司上下游、内外贸、产供销一体化，洛阳分公司采取“内部紧密化、外部市场化”的经营方针。原油加工和成品油销售由中石化股份公司宏观调控，统一运作。原料油、成品油的管理、配置、价格、结算、调运实行“五统一”。中国石化销售公司华北公司驻洛阳分公司办事处代表华北公司落实“资源配置、区间调拨、协调运输、信息沟通、加强监管”等工作。

中石化化工销售北京分公司领导到洛阳石化调研

2005年8月1日，中国石化化工销售北京分公司成立，同时，成立中国石化化工销售北京分公司驻洛阳分公司办事处。洛阳分公司的化纤产品由其统一销售。宏达合纤公司产品由中国石化化工销售北京分公司买断销售。2006年，中国石化成立上海沥青销售分公司，设驻洛阳分公司办事处，洛阳分公司的沥青产品统一划归由其销售。2009年12月，又将石油焦产品收到上海沥青销售分公司集中销售。2008年8月，在武汉成立中国石化化工销售华中分公司，2009年正式运行，原北京分公司驻洛阳分公司办事处变更为华中分公司驻洛阳分公司办事处。随着企业的发展，产品销售的管理体制也逐渐由分散走向集中。

市场开拓

2003年，洛阳分公司生产出沥青产品，组织生产、科研、质量等部门，积极开发沥青市场，听取用户意见和建议，进行技术攻关，提高产品质量。6～9月，“洛炼”牌沥青在河南、山西等地相继使用，得到广大用户肯定。

2008年，发生国际金融危机，石化产品全面滞销。6月，洛阳分公司延迟焦化装置开工投产，石油焦产品需要逆势上市。经过深入市场调查和广泛研讨，开始在石油焦销售中进行合约销售的尝试，并确定“以合约销售为主、散户零售为辅，鼓励优秀客户月结”的操作原则。在市场形势持续恶化、不少生产厂家几近停工的情况下，不仅确保石油焦成功入市，而且半年时间销量16万吨。2009年，在自销产品销售管理中，实施框架协议销售模式，试推行区域销售经理负责制，促进自销产品的销售。

销售业务

营销部主要负责石油产品和化工产品的销售业务，除少量零售外，绝大部分产品采用合同形式进行销售。成品油国家配置计划视同国家合同，营销部按照配置计划与有关用户签订销售合同，经审核后，按照合同严格执行。需要通过铁路运输出厂的产品，制定月度销售计划，运输调度科根据销售计划向铁路部门申报运输计划，获得批准后按计划经铁路运输出厂。产品出厂后，根据核对过的产品数量单据和铁路部门的承运单据与用户进行结算。需要通过公路运输出厂的产品，按月度销售计划，通过产品零装站装车后结算。在产品销售中，货款回收根据中石化集团公司的要求进行。

销售方式

洛阳分公司产品的销售方式主要有配置产品销售、统销产品销售、互供产品销售和自销产品销售。所有产品销售由营销部负责实施。

配置产品销售 配置产品是指国家指令性计划产品。根据国家和中石化集团公司的要求，汽油、柴油和煤油等产品由中国石化销售公司华北分公司统一收购销售。完成配置产品销售是企业销售部门的首要任务。

统销产品销售 统销产品是由中国石化化工销售公司华中分公司统一销售的聚丙烯、化工纯苯、对二甲苯、邻二甲苯、混合二甲苯、精对苯二甲酸、聚酯切片、涤纶长丝、涤纶短纤维等产品；由中国石化上海沥青销售分公司统一销售的70号、90号重交沥青和100号道路沥青产品、石油焦（2009年12月前自销）产品。

互供产品销售 互供产品是由炼油事业部统一下达互供计划的产品，包括石脑油、分子筛料、铝箔油基础油和航煤组分油。

自销产品销售 自销产品是企业随行就市自主向用户销售的产品。主要有液化石油气、7号燃料油、溶剂油、丙烯、丙烷、工业硫黄、液氨、碳十（重芳烃）、氢气、商品干气、粗己烷、聚丙烯薄膜等产品。

石油产品销售

石油产品的销售去向，是已取得国家配置计划的各地石油公司，出厂方式以铁路运输和管道运输为主，汽车零装为辅，主要以河南、陕西、山西、湖北、湖南和四川市场为主。同时，对部队、铁路、民航、油田等单位进行直供。自销产品面向全国市场。

表6－3 **2001～2010年石油产品销售量统计** 万吨/年

名称 年份	汽油	柴油	煤油	石脑油	分子筛料	航煤组分油	沥青	7号燃料油	4号燃料油	溶剂油	碳十	石油焦
2001	60.36	166.85	15.97	17.85	13.63	–	–	8.72	–	–	–	–
2002	99.23	159.44	17.55	47.00	19.12	–	–	15.50	–	–	–	–
2003	99.93	172.70	16.47	51.94	15.64	–	0.23	27.92	0.12	0.86	–	–
2004	100.15	189.95	22.53	57.34	17.71	–	5.81	33.35	1.89	1.74	1.21	–
2005	94.13	16.74	17.70	53.86	18.82	–	10.45	23.74	6.44	1.91	0.05	–
2006	105.11	216.89	20.72	24.52	24.79	–	19.28	20.19	1.22	2.36	–	–
2007	111.53	188.84	32.49	23.35	23.36	–	20.51	29.40	–	1.39	1.56	–

续表

年份\名称	汽油	柴油	煤油	石脑油	分子筛料	航煤组分油	沥青	7号燃料油	4号燃料油	溶剂油	碳十	石油焦
2008	110.80	186.15	25.06	19.26	17.94	–	18.86	11.63	–	0.79	0.79	16.36
2009	141.08	237.35	41.70	26.72	10	6.42	28.45	0.8	–	3.65	1.27	38.68
2010	151.37	248.99	57.56	32.36	4.39	2.95	30.14	0.77	–	2.59	1.81	32.67
合计	1072.69	1783.90	267.75	354.20	165.40	9.37	133.73	172.02	9.67	15.29	6.69	87.71

化工产品销售

化工产品中液化气的销量比较大，营销策略是“以汽车为主、火车为辅”。2008 年，第二套硫黄装置开工后，硫黄销量有所增加。化工产品主要销往河南、湖南、湖北、广东、广西、陕西、云南、贵州等地。

表 6－4　　2001～2010 年化工产品销售量统计　　万吨/年

年份\名称	液化石油气	丙烯	丙烷	液态烃	液氨	石油酸	工业硫黄
2001	23.15	7.19	0.01	6.65	0.06	0.04	0.90
2002	27.81	7.47	0.01	2.95	0.08	0.03	0.96
2003	3.17	9.35	0.06	1.94	0.07	0.01	1.00
2004	32.49	9.89	0.03	2.01	0.07	–	1.40
2005	27.53	8.80	0.06	1.73	0.10	–	1.06
2006	33.30	9.62	0.40	–	0.13	–	1.29
2007	32.49	9.97	0.17	–	0.13	–	1.31
2008	30.29	9.09	0.03	–	0.14	–	1.49
2009	38.8	14.44	–	–	–	–	2.49
2010	40.89	13.97	0.03	–	0.12	–	3.21
合计	289.92	99.79	0.8	15.28	0.90	0.08	15.11

塑料产品销售

塑料产品包括聚丙烯和双向拉伸薄膜。

表 6－5　　2001～2010 年聚丙烯（粒料）和双向拉伸薄膜产品销售量统计　　万吨/年

年份\名称	聚丙烯（粒料）	双向拉伸薄膜	年份\名称	聚丙烯（粒料）	双向拉伸薄膜
2001	6.44	–	2004	8.02	–
2002	6.56	–	2005	6.97	0.97
2003	8.25	–	2006	7.42	1.59

续表

名称 年份	聚丙烯（粒料）	双向拉伸薄膜	名称 年份	聚丙烯（粒料）	双向拉伸薄膜
2007	7.58	1.71	2010	7.59	1.56
2008	5.14	1.41	合计	70.69	8.82
2009	6.72	1.58			

化纤产品销售

化纤产品主要进行统销销售。

表6－6　　2001～2010年化纤产品销售量统计　　万吨/年

名称 年份	化工纯苯	对二甲苯	邻二甲苯	混合二甲苯	精对苯二甲酸	聚酯切片	涤纶长丝	涤纶短纤维
2001	6.36	0.24	–	–	5.07	4.9	9.54	8.53
2002	4.47	–	–	0.2	5.50	2.89	9.66	10.01
2003	6.24	–	–	–	8.52	2.99	8.69	10.12
2004	8.17	–	–	1.87	14.08	2.59	8.29	10.27
2005	10.06	0.82	0.83	–	14.75	2.45	7.10	9.35
2006	12.84	2.30	1.92	–	15.42	2.57	7.52	10.08
2007	12.63	3.45	3.30	–	15.81	4.94	6.22	6.48
2008	7.88	1.91	1.34	–	13.00	3.63	3.83	3.83
2009	9.79	2.74	2.91	–	15.74	4.21	5.93	7.76
2010	10.58	1.45	3.31	–	14.67	3.76	6.01	9.92
合计	89.02	12.91	13.61	2.07	122.56	34.93	72.79	86.35

（责任编辑　赵税宽）

第七章 物资供应与储运

洛阳分公司的物资供应实行统一管理、统一采购、统一储备、统一结算的管理体制，除原料油供应由原油采购部负责外，其他均由物资装备部负责。原料仓储由油气车间管理，产品仓储由各相关车间负责管理，铁路运输由铁路运输部负责管理。2010 年 1 月，成立仓储中心，实施固体产品仓储集中管理。截至 2010 年底，洛阳分公司共有各类储罐 158 台，总容量达 112.88 万立方米。储存硫黄、石油焦、聚丙烯、薄膜、长丝、短纤维等固体产品库房面积 4.2 万平方米。有铁路专用线 55.02 千米及相应的辅助设施。大型内燃机车 6 台，自备罐车 129 辆。共有装、卸、洗台位 12 个、车位 409 个，及相应的自动化、半自动化装卸设施，铁路运输能力可达 550 万吨/年。

第一节 物资供应管理

物资供应管理包括管理机构、物资采购、废旧物资回收等内容。

管理机构

2001 年，物资供应部下设综合办公室、计划管理科、财务科、设备科、材料科、配件科、电仪科、化工科、废旧物资回收部、仓库等 10 个单位。2003 年，财务科成建制划归洛阳分公司财务处，新设置煤炭科，废旧物资回收部更名为物资回收公司。2005 年，物资供应部更名为物资装备部，原综合办公室与计划管理科合并成立综合科，物资回收公司更名为物资回收站。物资装备部下设综合科、设备科、材料科、配件科、电仪科、化工科、煤炭科、物资回收站、仓库 9 个单位。2006 年，洛阳分公司外事外贸处部分业务及人员成建制划归物资装备部，成立进口科。洛阳分公司成立工程项目管理部，下属采购管理部人员隶属物资装备部管理。物资装备部下设综合科、设备科、材料科、配件科、电仪科、化工科、煤炭科、进口科、物资回收站、仓库 10 个单位。2009 年，实施 4 项业务改造，新增过程控制科，撤销设备科、配件科、电仪科、材料科、化工科、煤炭科、进口科。整合后，下设综合科、过程控制科、设备配件计划科、设备配件采购科、电仪材料计划科、电仪材料采购科、化工煤炭计划科、化工煤炭采购科、进口检验科、仓库、物资回收站 11 个部门。

物资采购

物资采购计划的编制依据是洛阳分公司职能部门审批的年、月生产计划和技术改造计划、基本建设项目计划。各单位的物资需求计划经逐级审批后，按规定时间送达物资装备部。2005 年，投用 ERP（企业资源计划）系统，生产维修配件、材料计划全部通过 ERP 系统以工单形式下达。2008 年，洛阳分公司局域网计划提报系统投用，除 ERP 系统提报的工单计划之外的所有需求计划，均通过局域网计划提报系统提报。对工程建设和大检修计划，在项目实施前 3 个月，将计划及有关图纸、资料送交物资装备部。

物资采购主要依据中石化股份公司电子商务网络供应商资源市场，适时、适质、适价、适量、适法地进行采购。2009 年，实现物资编码统一转换，物资采购信息化、规范化、程序化、透明化水平得到进一步提高。到 2010 年，实现所有供应商网上报价。

为加强和完善物资采购供应的全过程管理，先后制定《经济活动分析制度》、《市场采购工作流程》、《储备定额管理制度》、《物资采购招标制度》、《废旧物资处理制度》、《仓库应急措施》、《物资配送制度》、《质量管理规定》、《合同管理办法》、《煤炭采购管理办法》等多项管理制度，使物资供应各项工作进一步制度化和规范化。2008年，按照内控制度要求，制定《一般物资采购流程》、《物资采购管理规定》、《合同管理规定》、《存货管理业务流程》、《技术协议签订管理办法》、《火车卸煤管理办法》、《铁路进煤卸车流程及时间控制点》、《洛阳分公司进煤矿点管理办法》、《煤炭采制化管理办法》等制度，并汇总印制《物资采购供应管理制度汇编》，实现物资采购供应全过程有章可循、有制可依的规范化、精细化运作。2010年，建立以联合验收制、质量周报制、质量问题通报制和质量连带考核制为内容的物资采购质量控制“四制”管理，提高物资采购供应质量管理水平。

在物资采购环节，严格执行“能上则上、能统则统、能招则招、能议则议”的16字方针，要求所有供应商必须进行网上报价。供应商报价的评比、选定，都在集中会审会议上研究决定。对买卖合同专用章实行集中管理，建立使用台账，完善审批程序，为物资采购工作更加公开、公正、公平和节约采购资金提供保障。

2001年，完成电子商务软件的升级换代工作，完善电子商务运行管理制度，细化网上采购物资数量指标。实行物资采购工作例会制，推行阳光采购，坚持货比三家、比质比价，所有采购业务必须在业务例会上研究决定，杜绝暗箱操作。2002年，正式开通物资采购供应网站，并实现部机关—仓库—信息中心的光缆连接，保证数据的快速传递。2003年，重新研制开发物资采购供应计算机管理系统，新开发的软件系统具备物资计划、采购合同、出入库、请款、统计等相关业务所需的功能，并正式投入运行。2004年，洛阳分公司电子商务网上采购率达到100%，是中国石化首家网上采购率达100%的企业。同年，实现铁路运煤。2005年，ERP系统MRO（物资供应）模块正式上线运行，实现物资物流、资金流、信息流的统一，为提高物资供应效率奠定基础。为了配合ERP系统上线，聚丙烯公司物资纳入洛阳分公司统一采购。同年，为加强区域间的合作与交流，组织召开中原地区物资供应区域联合协作研讨会，探讨中原地区协同采购和联合储备的思路和模式，在协同采购和联合储备的物资品种、采购供应方式、建立中原地区各企业物资信息交流渠道和中原地区企业区域联席会议制度等方面达成共识。2006年，对二级供应商网络进行清理整顿，并组织二级供应商在中国石化电子档案系统内注册，对400余家二级供应商建立电子档案，实现供应商信息的透明，达到资源共享的目的。引入“与历史最好水平比、与同行业先进水平比、与中石化集团公司平均水平比”为内容的“三对比”以及拆包取低价的定价原则，各业务科每周开展专题经济活动分析，拓宽节约资金渠道。2007年，在综合科设立质量管理岗位，实行质量问题随时报告及月度零报告制度，加强物资采购供应的质量监管。同年，中石化集团公司统一物资编码，完成新旧物资编码的对应工作。从2008年开始，推进框架协议采购、供应商动态量化考核、专业化分工流程化操作及业务公开4项业务改造。框架协议采购方式的改造，改变过去“一单一询、一单一签”的简单重复劳动，提高工作效率，实现物资供应业务从操作型向管理型的转变。

废旧物资回收

2001年，废旧物资回收部挂牌运行。对废旧物资，采用审查购货方资质、建立档案、组织现场看货、密封报价、竞价的方式进行处理，当年废旧物资处理收入86.18万元，利旧钢材71吨、设备92台件、备件21台件。2006年，废旧物资处理收入达到421万元；2007年，达到695.63万元；2008年，达到267万元。2009年，做好废旧物资的利旧和招标处理工作，处理收入突破1000万元；2010年，达到1363万元。

第二节　原料油供应

随着企业生产规模的不断扩大，原料油进厂量也逐年增加。2001~2010年，共组织采购各种原料油5358.93万吨。

机构沿革

2001～2005年3月，销售公司下设原油采购部，负责原料油采购。2005年3月15日，洛阳分公司将原油业务从销售部门中分离出来并设立原油采购部，下设综合科、路运原油科、管输原油科。

原油采购

2001年10月底，停止接卸进口原油，11月撤销黄岛和济南西驻站点，原油采购工作重点西移。2002年底，临（邑）濮（阳）管线运行后，除输送中原原油外，还增输部分进口原油。2006年，开通路运进口原油渠道，接卸部分黄岛进口原油，到2007年结束。2009年6月，停止焉耆原油的采购，2010年5月，停止塔里木原油的接卸。6月30日，重新开通黄岛路运进口原油渠道。9月19日，成立自采进口原油采购工作领导小组，委托中国国际联合石化有限责任公司代理采购满足生产需要的高性价比进口原油。截至2010年底，组织采购的管输原油品种有中原原油、进口原油。铁路运输原油品种有进口原油、雅克拉凝析油、胜利西部原油、塔河混合原油、长庆原油、春光原油。外购原料油有石脑油、常压渣油、催化油浆等。

原料油和成品油罐区

通过铁路运输的原油，派驻人员在原油发出点监督交接，主要检查空车状况、装车计量、封车情况、运输情况，组织原油的催交、催输、催运。根据当年原油资源的配置情况，设立相应的驻外站点。2005年设立5个，2006年设立7个，2008年设立7个，2009年设立6个，2010年设立7个，通过设立驻外站点，把好原油的源头关。对管道输送原油，按计量交接协议进行管输原油计量交接。

技术攻关

2002年12月16日，临濮管道正式开通，12月23日，5万吨阿曼原油首次通过临濮管道抵达洛阳石化。2005年，针对临濮线已经满负荷运行的现状，与管道储运分公司经过充分论证，采取投加减阻剂等技术手段实现临濮线增输。11月起通过在临邑、赵寨子和莘县分别投加25×10^{-6}减阻剂，实现管输增量12%～15%，月输量由25万吨增至28万吨。与火车运输相比，每月降低运输成本约50万元。同时，开展技术攻关，降低路运原油途耗，采取“五到现场”操作法、建立考核激励机制、坚持定期复检制度等措施，取得明显效果。2009年，计量数据采集系统正式投用，实现对路运原油途耗的动态管理，减轻驻站人员对量、对车号等繁琐任务，完善路运原油基础数据管理。

原油评价

首次进厂原油，原油采购部向相关部门提供原油性质基础数据，并及时提供样品，由技术质量处组织进行原油评价。

表7－1 2001～2010年原料油采购情况 万吨

年份	原料油采购总量	管输原油	路运原油	外购原料油	路运原油途耗率（%）
2001	429.00	239.26	189.74	–	0.65
2002	418.00	238.43	179.57	–	0.68
2003	464.48	326.02	138.46	–	0.83
2004	538.41	486.30	52.11	–	0.25
2005	468.70	408.10	60.60	6.80	0.52
2006	571.80	459.00	112.80	14.20	0.94
2007	541.92	403.92	138.00	12.70	0.76
2008	521.90	354.30	167.60	10.70	0.67
2009	685.20	428.80	256.40	9.0	0.53
2010	719.52	441.40	278.12	9.07	0.49
合计	5358.93	3785.53	1573.40	62.47	

第三节　生产建设物资供应

生产、建设及检维修所需物资的接运、验收、保管、维护、配送等项工作，由物资装备部负责管理。

物资仓储供应设施

仓储区分成2个库区——永久库区和钢材料场库区，占地面积共20.21万平方米。

永久库区占地面积约15万平方米，主要储存56类1.3万余项物资，包括化工辅料、设备、配件、电器仪表、劳保工具等物资。有各类仓库43个，库房储存面积28280.57平方米。其中，普通砖结构库房30个，面积21856.97平方米；简易料棚2个，面积2606.6平方米；多层库1栋，13个库房，面积3817平方米；露天料场面积28217.2平方米；活动料棚1栋，1500平方米。

钢材料场库区，属45万吨/年PX装置预留地，占地5.21万平方米，实际钢材存储占用面积为2.03万平方米，有存放小型钢材、有色金属库房3栋，共1350平方米。50吨电子地中衡1台，占地约100平方米，办公区域50平方米。

2001年起，仓库逐步配备长安面包车1辆、依维柯客货车2辆、五十铃货车1辆、东风8吨货车1辆，作为物资配送用车。逐步实现大包装催化剂的叉车卸车、桶装（袋装）物资的拖盘化和集装化装卸，物资装卸机械化程度得到提高。2009年，仓库有1台10吨的桥式起重机、3台5吨电动葫芦、2台货用电梯、3台汽车起重机、3台叉车。

物资供应管理

2002年，仓库库存报表实现电子文档化，为物资供应信息化应用打下基础。2003年，根据中石化集团公司《关于清仓查库优化库存结构工作的通知》要求，物资供应部围绕压缩不合理储备，优化库存结构，减少储备资金占用，有组织、有计划、分阶段在洛阳分公司和石化总厂范围内全面开展清仓利库、优化库存结构工作。同年，编制仓库20个岗位的岗位说明书。2004年，按照QHSE管理体系的要求，对仓库的10个作业环节进行风险评价和危险识别。仓储管理开始贯彻内控制度7.2业务流程，每年进行自查，并接受中石化集团公司每年一度的内控检查。2005年，仓库账务实现ERP系统管理。2007年，取消手工记账方式，开发出每月库存查询报表，不仅方便保管员的日常管理，而且在ERP中顺利实现物资盘点。同年，对长丝车间、短纤维车间和中空纤维车间ERP账存的2936项、38148件、2391万元物资进行回收，实现库存物资的统一管理。

物资配送

2001～2003年，除生产车间大宗化工原料实行统一配送外，其他零星物料由各单位负责领取。2004年，开始全方位的物资配送服务，建立物资配送回访制度，加强与生产单位的沟通和联系，逐步树立起生产至上的服务理念、全面周到的服务标准、热情主动的服务形象。2005年，完善物资配送工作流程和日常管理工作机制，把过去的单一送料工作改造成为物资配送。按照ERP工作的要求进行优化，配送职责分工进一步明确细化，配送日常基础工作更加规范认真。2006年，随着生产规模的逐步扩大和化纤装置、铁路运输部二级库的逐步取消及生产车间整合，配送工作从原来重点为生产单位配送化工产品，转变为多层次、大批量、范围广、品种多的配送模式。修订完善配送物资工作网络图，向各生产车间配送物资时间相对固定，开通紧急抢修和检修的物资配送绿色通道。2007年，形成适合生产要求的物资配送工作机制，密切与车间的沟通与联系，丰富服务内容。做好节假日、双休日预配送工作，通过局域网及时发布配送工作信息，接受使用单位的监督。改进每周报表，完善配送现场交接手续，做好物资合格证、产品说明书的配送交接记录。2008年，进一步提高物资配送的工作质量、服务质量，提高配送效率，建立业务回访机制，定期同计划、机动、设计、生产、维修、使用单位等部门联系，了解生产建设物资的需求情况和施工进度，定期到车间以及检维修单位了解情况，征求意见，保证每季度回访1次。2009年，逐步扩大配送范围，对直达现场的包装材料等物资实行配送，至2010年，实现洛阳分公司范围内所有物资的配送供应。

第四节 原料油仓储

原料油仓储主要包括管输原油、路运原油、各类重油（包括减压渣油、蜡油、燃料油、油浆、重污油等）的储存。原料油仓储 2001 年 1 月～2010 年 9 月，由油品车间负责管理。2010 年 9 后由油气车间负责管理。

仓储设施

2001～2010 年，原料油仓储主要通过调整重油库容来满足生产需求。2002 年，3 台燃料油罐 G707、708、709 及 3 台机泵划入四联合溶剂脱沥青装置管理。2008 年，适应焦化装置开工，新建减压渣油罐 3 台，增上机泵 3 台。

原料油罐区

2007 年 7 月，建成投用减压渣油罐 3 台，单台容量 5000 立方米。截至 2010 年底，原料油仓储设施有 1 号罐区、7 号罐区、8 号罐区、16 号罐区、17 号罐区五个罐区，共有原油罐、蜡油罐、减压渣油罐、燃料油罐、油浆罐、重污油罐 27 台，总库容 59.7 万立方米，配套机泵 19 台。

仓储管理

仓储管理包括原油罐区管理和重油罐区管理。

原油罐区管理的主要内容是原油的加温、脱水、计量，向装置输送优质原料。2008 年，原油罐区增上火灾报警监控系统。

重油仓储管理主要内容是各种重油收付，收上游装置冷料并开泵付下游装置冷料，并做好重油的维温、脱水、计量，整体上保持重油库存平衡，维护装置平稳运行。2004 年新上重污油处理设施，将重污油进行污水、污泥、重油三相分离，分离出符合要求的油、水、泥，为装置提供优质原料，降低成本消耗。

第五节 化工原料仓储

化工原料仓储包括炼油化学药剂站和化纤化学药剂站两部分。炼油化学药剂站由油品车间管理，化纤化学药剂站 2001 年～2005 年 3 月由化纤厂管理，2005 年 4 月～2010 年 9 月，划归油品车间管理。2010 年 9 月后油气车间负责管理。

炼油化学药剂站

炼油化学药剂站储存炼油生产所需的浓硫酸、隔膜碱液和四联合装置回收的液氨。

储存设施 2006 年，更新 1 台 200 立方米硫酸罐，2007 年，更新 1 台 200 立方米硫酸罐和 2 台 200 立方米隔膜碱液罐。2008 年，更新 2 台 200 立方米隔膜碱液罐。总库容 1350 立方米。

卸车设施 2007 年，改造更新卸车栈台。可接卸硫酸、隔膜碱等化工原料，共有 7 个鹤位，酸、碱卸车泵各 1 台，甲（乙）醇卸车泵 1 台，真空泵 1 台，真空罐 1 台。

输送设施 主要包括隔膜碱输送泵 1 台，隔膜碱压送罐 2 台，酸压送罐 2 台。2006 年增上液氨压缩机 1 台。

接收 用真空卸车方法接卸硫酸、隔膜碱液。通过液氨管网接收四联合装置生产的液氨。

碱液调和 进入冬季后，将浓度 40% 以上的浓碱加入除盐水调和成浓度 20% 左右的稀碱向装置输送，降低碱液的凝固点，避免因伴热导致管道应力腐蚀开裂。

输送 用泵或工业风作动力向一联合、二联合、四联合、水汽和排水等车间输送生产用隔膜碱液，用工业风作动力向四联合、水汽等车间输送生产用硫酸。2009 年后，各装置自备用酸，油气车间不再向各装置送酸。2010 年，库存硫酸向各装置用户处理完毕。通过液氨管网靠储罐内介质自身压力向四联合装置输送液氨，通过液氨压缩机装汽车槽车出厂。

安全管理　浓硫酸和隔膜碱液对人的皮肤和衣服具有强烈腐蚀性，液氨汽化时可将人冻伤，氨强烈的刺激性气味可导致人员窒息。为此，专门制定《化学药剂操作规程》，岗位配备水冲洗设备、防酸碱服、防护面罩、呼吸器、硼酸和碳酸氢钠水溶液等防护用具或用品，并编制化学危险品跑漏处理预案。

表 7－2　　2010 年炼油化学药剂站储罐基本情况

工艺编号	介质	型号规格（毫米）	罐顶形式	容量（立方米）	投用日期
G1401	碱液	∅6580×6038	拱顶	200	2008 年 10 月
G1402	碱液	∅6580×6038	拱顶	200	2007 年 10 月
G1403	碱液	∅6580×6038	拱顶	200	2008 年 10 月
G1404	碱液	∅6580×6038	拱顶	200	2007 年 10 月
G1405	硫酸	∅6620×7432	拱顶	200	2007 年 10 月
G1406	硫酸	∅6620×7432	拱顶	200	2006 年 10 月
G1407	液氨	∅4600	球罐	50	1989 年 2 月
G1408	液氨	∅4600	球罐	50	1989 年 2 月
G1409	液氨	∅4600	球罐	50	1989 年 2 月

化纤化学药剂站

化纤化学药剂站储存芳烃车间、化工车间、聚酯车间、热电站和洛阳实华合纤公司生产所需的乙二醇、离子碱液和醋酸。2008 年 5 月开始，负责焦化车间用离子碱液。

储存设施　2005 年，新上 2 台 3000 立方米乙二醇罐 G1417、G1418。其他储存设施保持不变，包括 2 台 5000 立方米乙二醇储罐，2 台 200 立方米离子碱液储罐，2 台 1000 立方米醋酸储罐及 2 台乙二醇换热器。

卸车设施　有专供接卸离子碱、乙二醇和醋酸等化工原料的栈台 1 个，共有 9 个鹤位。台下设有卸车用真空泵、真空罐和管道系统。2009 年 10 月，卸车设施划归铁路运输部轻油车间管理。

输送设施　主要包括离子碱输送泵 2 台，乙二醇泵输送泵 4 台，醋酸泵 2 台，其中 2005 年配套新乙二醇罐增上 2 台乙二醇泵输送泵。

接卸　用真空卸车方法，将乙二醇、离子碱液和醋酸接卸至各储罐中。冬季需要加热卸车，维温输送，离子碱冬季不调和。2009 年 10 月卸车设施划归铁路运输部轻油车间后，接卸操作由轻油车间负责。

输送　采用机泵输送方式。向聚酯车间和洛阳实华合纤公司输送乙二醇，向化工车间、焦化车间、热电站等输送离子碱液，向化工车间输送醋酸。

安全管理　为防止酸碱对卸车人员造成意外伤害，岗位配备水冲洗设备、防酸碱服、防护面罩、呼吸器等防护用具或用品，并编制化学危险品跑漏处理预案。真空泵排出的含酸气体，在台面高空散放。

表 7－3　　2010 年化纤化学药剂站储罐基本情况

工艺编号	介质	型号规格（毫米）	罐顶形式	容量（立方米）	投用日期
G1411	离子碱液	∅6620×8280	拱顶	200	1999 年 8 月
G1412	离子碱液	∅6620×8280	拱顶	200	1999 年 8 月

续表

工艺编号	介质	型号规格（毫米）	罐顶形式	容量（立方米）	投用日期
G1413	乙二醇	∅21000×16580	拱顶	5000	1999 年 8 月
G1414	乙二醇	∅21000×16580	拱顶	5000	1999 年 8 月
G1415	醋酸	∅11000×12640	拱顶	1000	1999 年 8 月
G1416	醋酸	∅11000×12640	拱顶	1000	1999 年 8 月
G1417	乙二醇	∅18900×11250	拱顶	3000	2005 年 6 月
G1418	乙二醇	∅18900×11250	拱顶	3000	2005 年 6 月

第六节 石油产品仓储

石油产品仓储包括对汽油、柴油、航煤等石油产品的储存、调和与管理，以及装置间互供原料的储存。2001～2010 年 9 月，由油品车间负责管理。2010 年 9 月起由油气车间负责管理。

仓储设施

仓储设施包括油品的储存、调和、自动化控制、出厂等设施。

储存设施 2001 年，新建 2 台 2 万立方米汽油罐。2004 年，更新并扩容 2 台 3000 立方米轻污油罐。2006 年，两台航煤罐由拱顶罐改为内浮顶罐。2008 年，新建 2 台 5000 立方米轻石脑油罐。2010 年 6 月，8 台 1 万立方米的汽、柴油储罐开始建设。

截至 2010 年底，石油产品仓储系统拥有各类轻油罐 61 台，总容量 45.8 万立方米。

新建汽柴油罐区项目开工建设

调和设施 炼油装置生产的汽油、柴油、航煤等石油产品一般情况下不能直接作为成品油出厂，必须经过调和才能达到质量要求。2004 年，新增汽油在线调和设施。2007 年，新增柴油在线调和设施。2008 年，新增汽柴油抗静电剂加剂设施。

航煤加剂设施 2001～2002 年，航煤抗静电剂为 T1501，2003 年，改为 STADIS450。2009 年开始加航煤抗磨剂，航煤抗磨剂为 T1602，主要设施有母液罐 1 台，比例泵 1 台。

自动化设施 2001 年以后，罐区自动化系统逐步升级。2008 年实现罐区液位温度 DCS 实时监控，部分罐区实现对机泵阀门的自动控制。截至 2010 年底，大部分石油产品仓储油罐安装雷达液位计、伺服液位计，实现油罐液位与温度的自动测量。

仓储管理

石油产品储存管理的主要内容是产品接收、调和、输送、计量、质量和安全管理。

汽油接收 2001 年～2005 年 3 月，主要接收一联合装置和二联合装置的催化裂化汽油。2005 年装置大检修后，主要接收汽油加氢装置汽油及部分一催化装置的催化裂化汽油。2008 年装置大检修后，汽油不再加氢，主要接收一联合装置和二联合装置的催化裂化汽油。另外，罐区接收重整装置生产的催化重整汽油。

柴油接收 2001～2008 年，接收常压装置的直馏柴油、两套催化装置的部分催化裂化柴油。2008 年装置大检修后，还接收焦化装置开工后的焦化柴油、蜡油加氢装置的加氢柴油和三联合

车间催化柴油加氢装置的柴油。2010年，随着260万吨/年柴油加氢装置的开工，原催化柴油加氢装置停运，主要接收260万吨/年柴油加氢装置的加氢柴油、两套催化装置的部分催化装置裂化柴油、蜡油加氢装置的加氢柴油。

煤油接收 2001～2008年，接收常压装置的航煤组分。为了保证产品质量，煤油组分经过滤器过滤后进罐。2008年装置大检修后，航煤加氢装置开工，接收航煤加氢装置生产的航煤。

其他产品接收 接收常压装置的重整原料油、分子筛料以及三联合车间的粗汽油、轻石脑油、芳烃抽提装置的轻组分、抽余油等。

汽油调和 2001年以后，汽油调和主要利用一联合、二联合装置催化裂化汽油及三联合装置重整汽油组分调和各种汽油产品。催化裂化汽油作为主要组分时调和90号汽油，另外利用重整汽油组分和汽油抗爆剂汽油抗爆剂，调和93号汽油和97号汽油。2003年开始，随着乙醇汽油的推广使用，汽油产品达到6种，分别为90号、93号、97号汽油和90号、93号、97号乙醇基础油。2004年，油品车间新上汽油在线优化调和控制系统（简称BCS），参与调和的中间组分油由一催化汽油、二催化汽油、重整汽油、MTBE、汽车抗爆剂、化纤组分6种组成，催化汽油从（一、二套催化）装置馏出口出来直接参与调和，其他中间组分油从组分罐中抽出参与调和，经过调和设施，调和出成品汽油，以93号为主，也能调和90号、97号汽油。2008年后，汽油加氢装置停运，主要利用一联合、二联合催化裂化汽油组分、三联合重整汽油、外购芳烃、芳烃装置部分组分和汽油抗爆剂调和各种汽油产品。

柴油调和 2001年以后，柴油调和组分主要是直馏柴油、催化裂化柴油、三联合催柴加氢精制柴油和不合格航煤组分、分子筛料及降凝剂等，调和指标主要为凝固点、冷滤点和十六烷值。2007年，新上柴油在线优化调和控制系统，参与柴油优化调和的中间组分油有6路：催化柴油（一催化柴油或二催化柴油，一般只参与一路）、三联合催柴加氢精制柴油、直馏柴油（一联合常压柴油）、不合格航煤、分子筛料和降凝剂S－4744。其中，催化柴油、加氢精制柴油、直馏柴油从各装置馏出口出来直接参与调和，其他3种中间组分油从相应罐区组分罐中用泵抽出参与调和。经过在线优化调和设施，调和出合格成品柴油，主要包括0号、－10号、－20号柴油，2010年，第一次调和出－35号柴油。

航煤调和 装置生产的航煤组分经过滤进罐分析合格后，采用倒罐方式在线加入抗静电剂经过滤调和进成品罐，以提高航煤的电导率。2001～2002年，航煤抗静电剂为T－1501，2003年改为STADIS450。2009年，开始生产军用航煤，加入T1602航煤抗磨剂。2010年罐区经过增上油罐调和喷嘴改造后，采用油罐自我循环的方式进行调和。

油品输送 罐区接收装置的各种产品后，大部分产品调和为汽油、柴油、航煤成品出厂，一部分则作为装置的原料，进行油品的再加工。产品出厂主要以铁路槽车为主，部分由华龙公司外运。2007年，洛阳分公司建设汽柴油长输首站，2008年实现汽柴油管道长输。油品二罐区G209、210汽油和四罐区柴油通过长输首站，经过洛阳—郑州—驻马店输送至郑州及驻马店油库。除产品出厂外，油气车间还负责接收上游部分中间产品向下游装置输送或补充中间原料。

油品计量 油罐区计量主要包括油品接收、油品调和及成品出厂计量。罐区计量主要以大罐液位计为准。部分产品出厂以流量计计量，作为核算标准。每天双点计量一次，6时和18时算量，并在MES上输入操作。每月10日、20日和月末最后一天的6时进行库存盘点。

质量管理 石油产品进入罐区后，经过油品的组分分析，符合质量标准要求的油品可根据情况直接出厂，不合格产品必须经过调和，分析合格后才能出厂。各种油品的调和以质检中心质量检查科给出的调和比例和要求为依据，严格控制各种组分的比例和添加剂的加入量，以保证一次调和合格率。

成品油脱水是油品质量管理的一项重要内容。石油经过加工后一般含有少量的水，在油品质量管理中，要求操作人员严格执行“三脱水”及“五不出厂”原则。

安全管理 2001年以后，结合油罐区的具体情况，逐步制定完善油罐区安全管理制度，编写事故预案。油罐区安全管理的主要内容有：油

品的接收和储存工艺指标，严禁不合格油品进入合格油罐，严禁油品互串，杜绝超温、超压、超负荷运行。夏季做好防洪、防雷电、防暑降温及管线放压工作，冬季做好管线伴热及防冻防凝工作。对内加强职工安全教育和培训，严格各种规章制度的执行，避免误操作，加强设备安全检查和隐患治理，及时消除隐患，防止事故发生。加强外来施工人员的管理，制定和落实各项安全措施，保证施工动火安全。

第七节 化工产品仓储

化工产品仓储包括液态烃、硫黄、沥青、石油焦以及苯、对二甲苯等产品的储存和管理。液态烃球罐的仓储管理、瓦斯及凝缩油回收设施管理和油气小品种装卸设施管理，2001 年～2010 年9月，由气体车间负责，2010 年9月起由油气车间负责。

仓储设施

化工产品的仓储设施包括液体产品和固体产品两部分。

液态烃球罐区　2005 年4月，建成投用车用液化气脱硫罐。2006 年9月，建成投用2台2000 立方米液化气球罐，并配套增上1台消防水泵，形成18号罐区。2008 年5～6月，对丙烯系统进行改造，增上2台2000 立方米丙烯球罐，于2009 年12月投用。在四分站东空地增加新泵房，增上2台50 米^3/时车用液化气（轻烃）泵、1台75 米^3/时丙烯泵，并将B405、B411 移至新泵房（改位号为B414、B413）。四泵房B406A/B处增上2台200 米^3/时丙烯泵，B408 处增上1台200 米^3/时液化气泵、B411 处增上1台28 米^3/时液化气回炼泵，拆除切割气添加剂罐。2009 年，将C402 丙烯压缩机拆除，增上液态烃输送泵B417，11月19日投用，并开通G1202 号至一催化线，开始供一催化液态烃。12月9日开通G1202 号至芳烃线，开始供芳烃液态烃。2010 年11月，投资200 万元对球罐区进行DCS 改造，更换11号罐区仪表槽盒。至此，形成11号、12号、18号3个球罐区，总容量达到1.8 万立方米，与之相配套的其他设施包括离心泵19台、丙烯压缩机1台、汽化器1台、其他容器3台。

液态烃球罐区

瓦斯及凝缩油回收设施　随着炼油生产能力的不断提升，瓦斯量也在增多。2001 年6月增上2台容积流量为30 米^3/分的喷水螺杆压缩机LG－01、LG－02。2005 年8月，增上1台从美国进口的容积流量为60 米^3/分的喷油螺杆压缩机，替代原来的容积流量为20 米^3/分的喷水螺杆机LG－03。2007 年10月，增上1台容积流量为60 米^3/分的喷水螺杆压缩机LG－04。2010 年12月，将LG－01更新为容积流量60 米^3/分的喷水螺杆压缩机。至此，瓦斯回收能力达到1.26 万米^3/时，气柜回收瓦斯和外输高压瓦斯的能力得到提升。

2003 年9月，低温冷储专用火炬开始施工，项目投资500 万元，同年11月13日建成，并点火一次成功。2005 年8月1日，化纤低压瓦斯系统、凝缩油系统划归气体车间管理，实现瓦斯系统的统一管理。同年，增上高压瓦斯专用凝缩油排放及压送系统，并于11月18日投用。2006 年6月和2007 年10月，分别增上2条气柜压缩机出口高压瓦斯至二催化装置的干气脱硫线，改善高压瓦斯质量。2009 年5月，建成并投用与4万吨/年硫黄回收项目配套的酸性气火炬系统。2010 年8月，完成瓦斯密闭化排放改造，9月3日，开始向4万吨/年硫黄回收装置付酸性水。

油气小品种装卸设施　油气小品种装卸指液态烃产品通过汽车、瓶装出厂和四联合车间溶剂原料进厂。2008 年5月，油气小品种装车设施全部重新布局改造，增加装车和卸车鹤位，丙烷切割气操作台南移，拆除调和罐和加剂罐。7月，改造完毕并投用。油气小品种装卸设施包括丙烯装车鹤位3个、轻烃（车用气）装车鹤位3个、正丁烷卸车鹤位1个、丙烷切割气操作台1个，其中装瓶鹤管3个。

硫黄仓储设施 原硫黄仓储部分有硫黄成品库房2个，分属于硫黄（Ⅰ）和硫黄（Ⅱ），按每套装置生产量5000吨/年配置，库容约300吨。4万吨/年硫黄回收装置开工后，原硫黄装置停工，两套硫黄库停用。2008年，新硫黄装置按4万吨/年配置成型及库房设施，库容600吨。采用新型硫黄成型设备，设有计量、封口、喷码等自动生产包装线，生产粒状硫黄。产品外运上，库外设有专门的汽车装车及火车装车设施。

沥青仓储设施 沥青仓储设施包括沥青储存、沥青装车、燃料油3部分。沥青储存有5000立方米储罐T－4034/5、6、7共3台，2000立方米沥青储罐T－4034/1、2共2台；燃料油储罐T－4034/4罐容300立方米。装车设施有：燃料油汽车装车小鹤管（DN80，共2套），沥青汽车装车小鹤管（DN80，共2套），火车装车小鹤管（DN100，共4套）。另有装车泵P1－P5等重油装车泵数台。为提高沥青汽车出厂量和解决四联合装置装车设施的安全隐患问题，2009年8月，由工程建设公司投资的沥青仓储出厂设施开工建设。新建仓储设施包括2台3000立方米储罐、2个汽车装车台（4个鹤位）、管道流量计、汽车衡等相应设施，占地1.4万平方米。2010年5月，沥青仓储设施建成并装车运行（厂区内汽车装车设施同时停用）。同年，经过改造，可以临时适应2个品种装车，出厂能力达36万吨/年。

石油焦仓储设施 石油焦仓储设施包括南北长99米、东西宽36米的焦棚、办公室、微机室及装车地衡等，总占地1万平方米。项目由洛阳石化工程设计有限公司设计、河南红旗渠建设集团有限公司承建，2008年7月27日投入生产运行。

仓储管理

液态烃球罐区接收一联合、二联合、三联合等装置生产的液态烃、丙烯。经沉降、脱水、分析合格后，分别送到聚丙烯公司、宏力化工公司

沥青仓储设施建成投用

作生产原料，送到华龙公司及小品种装车院汽车出厂，送到轻油计装车间装火车出厂。液态烃罐区的管理主要包括收付管理、计量管理、质量管理和安全管理等。

收付管理 罐区接到生产调度处收付通知后，了解收付液态烃的品种、数量、罐号、去向等，并做好记录。认真查看收付罐液位、设备管线状况、产品质量是否合格等，与泵房及收付方密切配合进行收付操作。收付作业结束后关闭流程，及时计量，并与对方核对收付量，如有较大误差，及时查明原因。

计量管理 计量管理包括收料计量、外输计量和倒罐计量。每天双点计量一次，6时和18时算量，并在MES上输入操作。每月10日、20日和月末最后一天的6时进行库存盘点。

质量管理 为保证液态烃产品质量，液态烃进罐后要进行脱水处理，要求球罐停止收料后静置2小时，然后进行脱水。脱水完毕，经化验分析合格，填写质量台账。

安全管理 为确保球罐安全运行，冬季气温下降时，要减少瓦斯带液，保证防冻防凝设施完好，伴热管线畅通。夏季外界气温高于30℃或罐内压力接近操作上限时，及时打开喷淋设施进行降温。保持罐区静电接地良好，排水沟畅通。操作过程中严禁球罐超温、超压、超负荷运行，充装系数不得超过0.9。不得穿带钉子的鞋进入罐区，上罐操作严禁随意敲打。非罐区操作人员未经允许严禁进入罐区。

苯类产品的仓储管理 部分芳烃产品2001年1月～2005年4月由芳烃车间管理。2005年5月，中间罐区划归油品车间后，所有苯类产品仓

储均由油品车间负责管理。2010年9月28日以后由油气车间负责管理。

硫黄仓储管理 4万吨/年硫黄回收装置开工后，由四联合车间负责设施设备的维护管理。2010年6月，转由仓储中心负责管理。成型包装部分由工程公司负责管理，库内码垛及装车由通达公司负责管理，均实行外包管理。

沥青仓储管理 四联合车间负责液体沥青产品及燃料油的调和、储存、装车等日常生产工作。计量管理中心在现场设有汽车装车计量点，由专人进行产品外出计量。2010年6月，沥青仓储设施转由仓储中心负责管理。

石油焦仓储管理 焦化车间主要负责石油焦出厂仓储单元的焦场设施安全监护、石油焦存储协调及出厂票据统计等日常工作。计量管理中心在焦场设有汽车装车计量点，由专人进行产品外出计量。通达公司在焦场设有装运班，专门负责石油焦的存储转运及装车。2010年6月，石油焦仓储设施转由仓储中心负责管理。

第八节 化纤与塑料产品仓储

2001年~2010年5月，化纤产品仓储分别由聚酯车间、短纤维车间和长丝车间负责，2010年6月，由仓储中心负责管理。塑料产品的仓储分别由聚丙烯公司、宏达公司负责管理。

仓储设施

2002年3月，长丝车间在中间库东段，采取砖墙、大棚顶方案增加库容，缓解成品库容不足、周转困难的局面。2005年，中空纤维车间撤销，库房并入短纤维车间。2008年，对短纤维装置北侧大棚实施改造，增加库存能力980吨。截至2010年，精对苯二甲酸（PTA）仓储面积为2880平方米、最大库容2000吨。聚酯仓储面积3672平方米、库容2200吨。长丝仓储面积9504平方米、库容5180吨。短纤维仓储面积4104平方米、库容1900吨。

截至2010年，聚丙烯公司仓储面积8194平方米，总容量3200吨。宏力化工公司仓储面积860平方米，总容量600吨。

2004年12月，2万吨/年双向拉伸薄膜装置开工时，建有540平方米的原料库和1485平方米的成品库各1座，可储存原料500吨、成品600吨。2006年，根据生产需要又建成1座1800平方米的成品库，可储存成品800吨。储存成品能力达到1400吨。

仓储管理

化纤产品均由仓储中心负责产品的入库、移库和出库，建有出入库台账，管理人员每天盘库对账，进行相应的MES和ERP录入操作，并牵头进行开具装车发货单、车辆安排、发货装车、出门证管理、销售结算、发票开具和发票审核等各产品出厂环节的“一站式”业务办理。

聚丙烯和双向拉伸聚丙烯薄膜均为固体产品，经包装入库后，产品按不同牌号分区域、定位堆垛摆放。仓库配有专职保管员，负责产品的入库验收、保管和出库发放，建立出入库明细台账。仓库账目实行日清月结，每日入库、出库、库存三对照，生产、仓库、财务三对照，实现仓库管理无差错。

第九节 铁路运输管理

铁路运输是原料油、化工原料、建材物资等进厂和各类产品出厂的主渠道，除运输计划申报和车辆组织业务由营销部负责外，其余由铁路运输部负责。截至2010年底，铁路运输系统有铁路专用线55.02千米及相应辅助设施。大型内燃机车6台，自备罐车129辆。共有装、卸、洗台位12个、车位409个，及相应的自动化、半自动化装卸设施，铁路运输能力可达550万吨/年。

运输计划申报

洛阳分公司铁路运输计划的申报由营销部运输调度科负责办理。

2001~2005年，铁路运输计划延续以往模式，由洛阳铁路分局运输科计划室审批。每月6日前，营销部运输调度科将下月的产品出厂运输计划上报洛阳铁路分局运输科计划室。当月的计划外计划，第一批在每月8日前报送，第二批在每月16日前报送。洛阳铁路分局运输科计划室每月22日向留庄车站下达洛阳分公司下月铁路运输计划。留庄车站将批复计划返回营销部运输调度科，营销部运输调度科于每月24日前向洛阳铁路分局运输科上报下月的旬运输计划，铁路部门根据旬计划组织车辆。

2005年3月，洛阳分公司铁路运输计划改为郑州铁路局运输处货运科审批。2007年12月，铁道部建立大客户运输管理模式（运输量达到并超过100万吨/年或运输费用达到并超过1亿元/年的单位为大客户），运输调度科通过网络直接向郑州铁路局申报，郑州铁路局运输处货运科在网络上审批。按照货规要求，每月6日前，营销部运输调度科将下月的产品出厂运输计划报出。当月的计划外计划随报随批。每月26日，郑州铁路局运输处货运科同时向留庄车站和洛阳分公司下达下月铁路运输计划，铁路部门根据月计划组织车辆。

运输车辆组织

洛阳分公司绝大部分产品为液体产品，主要依靠轻油罐车进行运输。但由于铁路运力和运能限制，难以保证轻油罐车按时按量均衡到达。营销部运输调度科除同铁路部门保持密切联系、争取理解和支持外，在管理上采取一系列措施。

2002年，开通整列发运、整列返回的铁路龙组的运输方式。2005年后，由于“五定班列”已经不再适应企业产品出厂的实际情况，“五定班列”的运输方式被停止运行。2005年3月，营销部运输调度科适应形势变化，撤销长驻洛阳铁路分局人员，增加驻郑州铁路局人员，加强郑州铁路局运输车辆的协调组织工作。2007年12月，铁道部建立大客户运输管理模式后，洛阳分公司成为铁道部首批100家大客户单位，享受优先配空、挂运、放行等优惠政策。同时，洛阳分公司按照铁道部要求加强铁路自备车辆等铁路运输安全管理工作。2009年，铁道部大客户运输管理系统升级，改变日请车模式，由原来到留庄车站当天请第三天的车辆计划，改变为通过网络直接向郑州路局提报第二天请车，提高请车的准确率，确保产品顺利出厂。2010年7月，争取到中国石化龙组3列计150车进厂运行，缓解轻油罐车不足，确保生产后路畅通。

2007年8月29日，洛（阳）—郑（州）—驻（马店）成品油管道开通，当年成品油管道出厂量35万吨，2008年出厂145万吨，2009年出厂165万吨，2010年出厂192万吨。产品出厂得到分流，减轻了洛阳分公司铁路运输压力。

2001～2010年共组织运输车辆698688辆，其中轻油罐车618721辆。

生产组织

2003年5月，储运厂更名为铁路运输部，机构设置不变。截至2010年底，铁路运输部设有轻油计装、重油装卸、机务、运输、洗槽5个车间。机关设有生产科、设备科、安全技术科和综合办公室。在册职工588人，其中全民合同工346人，为金达公司、宏业公司代管劳务人员242人。

铁路运输的生产组织由铁路运输部主任直接领导，生产副主任具体负责，生产调度科组织实施。生产组织的具体内容包括生产调度、运输业务和制度建设等。

生产调度 铁路运输的生产指挥由生产调度科全面负责。生产调度科下设铁路调度和留庄驻站两个运行班。铁路调度包括行车调度、货运调度、日勤调度，留庄驻站主要指驻站货运员。行车调度负责洛阳分公司产品出厂和原料进厂的铁路运输组织及装车、卸车、洗车、编组、解体等方面的生产组织、协调、指挥。货运调度负责各台位生产作业，车辆到站和日装车计划的落实，货物运单的接收、核对、传递以及有关信息的录入。日勤调度负责货车使用费单据的接收、核对和货车使用费的分析。驻站货运员负责与留庄车站业务联系和交接，主要包括进出厂货物车辆的交接，到达洛阳分公司的重车与现车核对，装、卸车和货车使用费情况核对及汇总等。

2002年底，对生产调度计算机管理系统进行升级。升级后系统有终端23个，覆盖铁路运输部部分管理岗位及其所属车间。实现与轻油中心机房、重油装卸车间台八、洗槽车间和运输车间等多个岗位的微机联网，调车作业计划和装、卸、洗车等作业信息均由网上传递。

2002年，全自动装车会话光控液位计、定量装车计算机全方位显示控制系统和远程集中控制密闭装车系统等12项新技术研制开发成功，5个装油栈台全部实现远程自动控制定量装车，作业效率和日装车能力提高2倍多。

2010年，对铁路调度系统进行升级改造，实现调度系统与微机信号、安全调车监控系统的联网，可实时显示现场机车作业动态、信号排列，调车作业计划直接传到机车。取消调度手工抄写股道信息，提高车辆信息的安全系数，降低劳动强度，实现铁路调度行车指挥作业方式根本性改变，提高了作业效率。

2010年，增上无线调车安全监控系统。该系统以综合调度指挥中心为核心，覆盖站场、机车、油台、轨道衡等一线生产现场，指挥现场作业、监视现场的作业过程，对生产过程实现集中管理、分散控制。

运输业务　铁路运输业务包括各种进厂原辅材料的接卸、产品出厂装车及组织运输等。2001~2010年，铁路运输一直保持较为平稳的生产水平，年进出厂量均在400万吨以上，2010年铁路运输总量达到593万吨。

2001~2010年铁路运输进出厂量统计

表7-4　　吨

年份	进厂量	出厂量	进出厂总量
2001	2024606	3487679	5512285
2002	1986499	3400385	5386884
2003	1574561	3465763	5040324
2004	758251	3717104	4475355
2005	828540	3430480	4259020
2006	1561945	3914892	5476837
2007	1836169	3450716	5286885
2008	1963339	2094717	4058056
2009	2916989	2891964	5808953
2010	3045779	2891405	5937183
合计	18496678	32745105	51241782

2000年，化纤装置开工后，铁路运输进出厂品种不断增加，至2010年底出厂品种达22个。进厂接卸品种达22个，新增卸车品种包括塔河混合油、凝析油、中质原油、直馏石脑油、茂名混合芳烃、催化油浆、抽出油、沥青、润滑油、黄岛原油、外蒙古原油等。2005年5月，开始接卸热电站用煤。

铁路运输业务包括现场作业和收费管理。

现场作业　铁路运输现场作业是在铁路调度统一指挥下，按照下达的作业指令实施装、卸、洗、运等铁路运输任务。现场作业分为接车、调车、装卸洗、交出4个环节。接车是车辆进入工业站后，由车号员打印车号并与现场核对，确认无误后，通知货运调度可以接车，车辆信息进入调度系统。调车是行车调度根据现场存车、装卸计划、列车到站等情况，编制调车作业计划，由行车作业人员按作业计划作业。装卸洗是各台位按照生产调度下达的装车、卸车、洗车通知单进行装车、卸车、洗车作业。交出是装好的重车和卸净的空车在工业站编组后，通知留庄车站将车辆拉出。

收费管理　铁路运输使用铁路系统的车辆需要缴纳车辆使用费。按收费协议办法，每辆车从进厂（到达工业站）到交出，装车停留时间轻油罐车不得超过4.5小时（航煤车不超过8小时），卸车停留时间黏油罐车不得超过5.5小时（敞车、棚车4小时），超过规定时间要收取货车使用费。货车使用费由留庄货运室负责办理，铁路运输部留庄驻站货运员核对确认签字后，交财务处结算。

对客户进厂装运液化气、苯类等的罐车，均按其在厂内停留时间收取站存费。对来厂装液化气等液体产品的罐车，需经铁路运输部检车员审阅罐车全部资料，检查车体各部件是否齐全、完好，达到装车条件的由检车员在铁路调度系统上填写“完好”以后才能装车。液化气车按规定对用户收取检车费。以上收费由铁路运输部填写单据，财务处在用户费用中扣减。

2001年，储运厂部还担负着为洛阳石化工程公司炼油试验厂中转原油的任务，当年共中转原油9.5万吨。2001年以后停止中转业务。

制度建设

2001年7月，储运厂编写《专用铁道管理细则》轻油篇和重油、洗槽篇。2005年6月，铁路运输部修订完善《铁运部专用铁道管理细则》、《轻油计装车间操作规程》、《重油装卸车间安全技术操作规程》、《铁运部洗槽车间操作规程》。2008年，修订编印《铁运部QHSE管理体系文件汇编》（共三册），包括安全环保、生产工艺、设备、综合、党群工作、轻油车间、重油车间、机务车间、运输车间、洗槽车间10大类。2009年一季度又对《铁运部专用铁道管理细则》、《轻油计装车间操作规程》、《重油装卸车间安全技术操作规程》、《铁运部洗槽车间操作规程》再次修订。

第十节　铁路专用线

洛阳石化铁路专用线西与留庄车站相接，东至装卸站各装卸线的尽头，全长7.8千米（至厂铁路门口），设有吉利工业编组站。工业站与留庄站间为单线区间，工业站与装卸站设有两条联络线。专用铁路总延长55.02千米。

专用铁路是炼油装置与化纤装置的配套设施。按作业量分类为大型专用铁路，线路技术指标为Ⅰ级专用铁路，主要承担易燃易爆危险品货物的装卸及车辆调运作业任务。

洛阳石化铁路专用线

布局与职能

铁路专用线根据设备特点、作业性质和布局，划分为工业站、炼油装置和化纤装置3个作业区。

工业站作业区　西起下行进站信号机，东至工业站东侧的高（矮）柱信号机。该区域主要进行进出厂车辆的解体、编组和普洗台洗车的调车作业。

炼油装置作业区　西起工业站东侧的高（矮）柱信号机，东至各装卸台位作业线尽头。该区域主要进行空重车拉入各装卸台位对位和空重车拉出的调车作业。2004年增加热电站运煤线876米。

化纤装置作业区　西起洛阳分公司铁路门附近的1号道岔，东至化纤装置各作业线尽头。该区域主要进行各类进厂物资的卸车和化纤固体产品装车出厂的调车作业。

维护与保养

专用线日常维护保养包括巡道、拨道、路基的捣固整理、路基两边排水沟的疏通等。由铁路运输部委托铁路工程队承担。中修和大修则由铁路运输部负责向洛阳分公司申报维修计划，铁路工程队负责组织实施。2003年以后，每年均对部分路段进行大修，2004年铺设热电站运煤线876米，2006年进行送庄段护坡整修。2001～2010年，累计整改护坡2095平方米，更换枕木5244根，更换钢轨1600米，补充道渣约1万米^3，整理排水沟500米。

铁路专用线通讯系统由信息中心负责维护。电力系统分厂区和工业站两部分，厂区由三隆公司电气车间负责，工业站区域由铁路运输部洗槽车间电务班负责。线路维护保养包括线路、桥梁、涵洞等的日常维修保养，5～10年一次中修，10～15年一次大修。

2003年11月，铁路专用线信号微机连锁控制系统（工业编组站、装卸油台装卸区和工业站场部分）开通，利用全电子模块和计算机代替过去人工手动操作，对铁路信号、道岔进行自动化控制，结束洛阳石化铁路运输靠人工扳道、手信号作业的原始生产模式。铁路调车作业效率大幅度提高，准备一条进路时间由原来的10分钟降低到0.5分钟。该系统的日常维护保养由铁路运输部运输车间信号班负责。

2010年6月，铁路运输部依托工业编组站计算机连锁系统，对化纤站场信号控制系统进行自动化改造。新增加连锁道岔6组、信号机37架、化纤站执行机1台，对原来的信号执行机进行相应改造，并全面更新原有铁路运输信号控制系统连锁程序，使铁路专用线所有线路、道岔的信号系统全面实现自动化控制，减少人为操作失误，增加铁路运输安全系数，提高铁路调车作业效率，特别是化纤区域调车作业时间每钩减少20分钟，每年节约货车使用费近50万元。

装卸（洗）车设施

铁路运输的装卸设施包括装车设施、卸车设施和洗车设施3部分。装车设施和卸车设施共有10个台位，分别由轻油计装车间和重油装卸车间管理。

洗车设施有普洗和特洗2个台位，分别由洗槽车间、重油装卸车间管理，可满足年出厂航煤35万吨的洗车要求。

装车设施　产品出厂装车油台有台一、台二、台三、台四、台五、沥青台、化五等7个，均为东西走向。

台一　栈台为双面栈桥式，2层平台，全长144米，两面股道分别为103道、104道。采用升降密闭气压装车小鹤管。2008年，进行苯装车鹤位、密封盖改造和苯装车控制系统升级改造，拆除6个轻石脑油鹤位，新增6个苯鹤位。截至2010年底，103道有16个鹤位，用以充装液化气、丙烷，卸丙烯。其中液化气装车鹤位12个，丙烷、丙烯共用装卸鹤位4个。104道有14个鹤位，充装苯、甲苯、对二甲苯、邻二甲苯、重芳烃，苯装车鹤位10个、甲苯（邻二甲苯）装车鹤位2个、对二甲苯（重芳烃）装车鹤位2个。

台二　栈台为双面栈桥式，2层平台，全长144米，两面股道分别为105道、106道。105道、106道各有12个鹤位，采用气动升降密闭气压装车小鹤管。2008年，进行管线改造和装车控制系统升级，把台二改造成航煤特油台，实现105道、106道同时充装3号航空煤油。

台三　栈台为双面栈桥式，2层平台，全长288米，两面股道分别为107道、108道，各有23个鹤位。2003～2005年，完成小鹤管更型改造。2007年完成装车控制系统改造。2008年，进行管线改造，实现六罐区石脑油在台3充装。采用气动升降密封液压DN100型小鹤管，可充装90号高清洁汽油、93号高清洁汽油、97号高清洁汽油、90号汽油（组分）、93号汽油（组分）和石脑油。

台四　栈台为双面栈桥式，分3层，全长50米，两面股道分别为109道、110道。装车系统采用由浸没式外液压大鹤管、控制部分、液压系统、气压系统和爬车系统5部分组成的大鹤管系统。109道、110道各有1个鹤位，可以充装0号柴油、+5号柴油、-10号柴油、-20号柴油、航煤组分油、高清洁汽油和石脑油。2010年对控制系统进行升级改造，增加自动对位系统。

台五 栈台为双面栈桥式，分3层，全长50米，两面股道分别为111道、112道。2004年，完成大鹤管装车控制系统改造，安装2台DN150的质量流量计。2008年，新增4台小鹤管和溶剂油装车控制系统。111道、112道各有3个鹤位，大鹤管用于充装0号柴油、+5号柴油、-10号柴油、-20号柴油、4号轻燃料油。小鹤管用于120号溶剂油、200号溶剂油装车和直馏石脑油卸车及故障车倒装。

沥青台 2005年3月28日，铁路运输部接管原四联合车间的沥青铁路装车设施，当年4月5日，接管沥青台新增抽出油卸车设施。栈台为单面栈台式，位于装卸站28股道，2层平台，全长50米，担负着沥青产品的出厂装车和抽出油的卸车任务。主要设备有4台沥青装车小鹤管和4台抽出油卸车鹤管。2009年，对沥青台装卸设施进行改造，台位向西延长50米，增加4台沥青装车小鹤管和8台沥青卸车小鹤管，同年利用原有股道增加沥青加温车位14个，2009年12月16日投用。

化五 2009年11月24日，正式接管化五卸车工作。化五主要承担乙二醇、醋酸及离子膜碱的接卸任务，栈台为单面栈台式，2层平台，全长120米。主要设备有10台卸车小鹤管和6台离心泵，可接卸铁路罐车运输的原料，还可接卸汽运原料，分别有7个乙二醇、2个醋酸、1个离子膜碱的卸车鹤位和2个乙二醇、2个醋酸、1个离子膜碱汽车卸车位。

卸车设施 卸车设施主要是卸原油设施，包括台六、台七（1）和台七（2）3个台位。

台六 位于装卸站113、114股道间，担负着燃料油出厂的装车任务及化工轻质油和化纤原料的接卸任务。主要设备有重油装车大鹤管、轻油卸车小鹤管、液压站、牵引设备和操作控制系统。装车设计能力为63万吨/年，卸车设计能力为15万吨/年，一次可对位槽车24节。2002年，在台六增上PX卸车设施，采用上卸方式。2005年大检修期间，增上200号溶剂油装车设施，鹤管和石脑油卸车系统共用。2009年，台六进行增上黏油卸车系统改造，承担塔河混合原油进厂接卸任务，原油接卸能力由300万吨/年提高到500万吨/年。

塔河混合原油台接卸改造工程完工

台七-（1） 栈台为双面栈桥式（115、116道），2层平台，全长312米。卸油设施主要由48套DNl00下卸鹤管、4套上卸鹤管及埋地汇油管组成，一次可同时对位52节槽车。设计接卸能力为原油3列/天。2005年，在台七-（1）增上PX卸车设施，包括4台上卸鹤管、4台离心泵、2台换热器等设施，解决PX接卸能力不足问题，

台七-（2） 栈台为双面栈桥式（117、118道），2层平台，全长264米，卸油设施主要由44套DNl00下卸鹤管及埋地汇油管组成。设计接卸能力为原油3列/天。

零位泵房 由2台300立方米原油缓冲罐、2台200立方米原油缓冲罐、4台离心泵、3台蒸汽往复泵组成接卸、输油系统。另有1台100立方米轻污油罐和1台管道离心泵承担轻污油转输任务。原油卸车台受零位缓冲罐有效容积、泵输送能力及工艺管线等影响，最多可接卸原油5列/天。

洗车设施 特洗台（台八）位于装卸站119道、120道之间，为2股道双侧洗车，每侧4个洗车位，采用人工洗车，可满足35万吨/年航煤出厂的生产要求。2005年，增上石脑油接卸设施，包括卸车机泵等设备，可满足5万吨/年要求。2006年，在台八增上静态衡，由计量管理中心使用并管理。2008年，在121道增设临时加温设施，可一次加温12节槽车，解决小品种重质油接卸加温问题。同年还在油台区域增上电视监控系统，共安装摄像头12个，在轻油车间中心控制室、铁路调度安装监控器2个，对整个油台区域实施监控。

普洗台 栈台为双面栈桥式（工业站22、23道），2层平台，全长285米。22、23道各有23个车位，采用人工洗车，主要设施由抽真空系统、污水处理系统和污油储存系统组成，可满足出厂油品400万吨/年的洗车要求。

电锅炉 2004年，洗槽车间2台4吨、2吨燃煤锅炉淘汰，增上1台WDRJ－2.0－1.0型电热蒸汽锅炉。2005年1月28日投用，承担冬季普洗台洗车用汽生产任务。每年11月15日至次年3月15日为电热蒸汽锅炉生产时间。

2002年1月，铁路运输部对台四、台五、台六、台八共8套爬车系统进行技术改造。5月，油气回收装置油气回收新工艺技术开发应用通过省部级技术成果鉴定。同年，研制开发出全自动装车会话光控液位计、定量装车计算机全方位显示控制系统和远程集中控制密闭装车系统等12项新技术，台一至台五全部实现远程自动控制定量装车。

2010年，油气回收装置进行扩能改造和工艺技术改进，装置与现场装车连锁，将汽油、石脑油回收与三苯蒸汽回收分开，解决油气回收处理能力不足问题和油气互串导致的产品质量问题，保证油气达标排放。

机车车辆管理

机车车辆 包括铁路运输用的动力机车和装运产品用的各类罐车。截至2010年底，洛阳分公司拥有内燃机车6台，其中东风4型5台、东风7型1台，均为大功率内燃机车。其维护保养分为整备、中检、定修、架修和大修几种形式。整备在每天机车出库前进行。机车每月进库中检1次，两个月进库定修1次，定修后进行集中整备，3～4年架修（中修）1次，完成2个中修后，第三个中修进行大修。中检和定修由铁路运输部机务车间检修班负责，中修委托铁路部门机务段进行，大修则由机车工厂进行。2002年，委托常州戚墅堰机车工厂对0341号机车进行大修。2003年、2004年、2006年，委托洛阳机车工厂分别对3028号机车、0340号机车、7497号机车进行大修。

2001年，机务车间完成《机车检修工艺》编写工作，为机车检修提供规范。2004年对《机车检修工艺》进行修订和完善。

自备罐车 自备罐车是洛阳分公司购买的用于装运油品的罐车。2000年，拥有自备罐车53辆，其中液化气罐车23辆、沥青罐车30辆。沥青罐车于2008年5月转交上海沥青销售分公司。液化气罐车2003年报废。2005年从石化总厂移交79辆苯自备槽车，当年由营销部外租50辆自备苯罐车交由铁路运输部管理，共129辆。根据铁路第六次大提速要求，2007年，完成苯自备罐车改造79辆，2008年完成改造50辆。截至2010年底，共有苯自备罐车129辆。苯自备罐车5年厂修1次，1年段修1次，半年辅修1次，铁路提速改造后取消辅修。维修均委托郑州铁路局进行。

（责任编辑 赵税宽）

第八章　安全管理

2001 年，安全环保处负责洛阳分公司、石化总厂安全环保管理工作。2002 年 1 月，化纤厂撤销后，石化总厂成立安全处，负责石化总厂范围的安全环保管理工作。2003 年 5 月，炼油厂、动力厂撤销，其安全管理人员并入洛阳分公司安全环保处。2005 年 3 月，石化总厂安全处人员及业务并入洛阳分公司安全环保处。2008 年 10 月，成立洛阳资产分公司安全生产管理部，作为洛阳分公司安全环保处的派出机构，对多经和改制企业安全生产实施监督管理。2010 年 2 月，工程项目管理部撤销 HSE 管理部，其业务和人员成建制划入安全环保处。

安全管理包括安全活动、安全教育、安全监督、HSE 管理、劳动保护、消防管理等内容。

第一节　安全活动

安全活动包括“安全生产月”活动、“安全生产周”活动、“百日安全无事故”活动和班组安全活动。通过开展各项活动，增强职工安全意识，提高安全技能，保证企业安全平稳无事故。

“安全生产月”活动

自 2002 年开始，每年 6 月开展“安全生产月”活动，主要内容是学习宣传安全生产法律法规和规章制度，普及安全知识，开展安全检查和预案演练，整改安全隐患。2002 年，围绕“安全责任重于泰山”主题，开展安全生产宣传和装置检修的安全工作，确保装置检修安全进行和开车一次成功。2003 年，以“实施《安全生产法》，人人事事保安全”为主题，举办黑板报展评，召开安全生产座谈会，开展以《安全生产法》为主要内容的知识答卷、“6·28”安全警示日等活动。2004 年，以“以人为本，安全第一”为主题开展安全知识竞赛、事故预案演练、“十大安全卫士”评选、安全技术管理论文征文等 10 项活动。2005 年，结合装置停工大检修，将主题定为“遵章守法，关爱生命；以人为本，安全检修”，实现重大人身伤害、重大设备事故、火灾爆炸事故、污染中毒事故为零的安全检修目标。2006 年，以“安全发展，国泰民安”为主题，举行大型综合事故演练、黑板报展评、全员安全知识考试。2007 年，以“综合治理，保障平安”为主题，开展事故隐患排查、制定突发事件应急预案等活动。2008 年，以“安全检修，平稳开工，治理隐患，防范事故”为主题，围绕装置检修开工开展安全生产检查、隐患排查、突发事件应急预案演练等活动。2009 年，以“关爱生命，安全发展”为主题，开展安全生产宣传教育、推行标准化操作、组织突发事件应急预案演练、评选“十大安全卫士”等活动。2010 年，以“安全发展，预防为主”为主题，开展“我要安全”主题活动，以及“党员

“我要安全”主题活动推进会

身边无违章”、“平安工地建设”、“比学赶帮超”等活动，组织事故隐患排查、安全技能培训、突发事故预案演练。

“安全生产周”活动

2001年，在全国第11次“安全生产周”活动中，围绕“落实安全规章制度，强化安全防范措施”的主题，举办黑板报展评，加强安全生产宣传教育，进一步增强职工安全生产意识。

从2002年开始，每年4月的最后一周为《中华人民共和国职业病防治法》宣传周，通过开展宣传周活动，宣传贯彻《中华人民共和国职业病防治法》，提高员工守法、维权意识，消除职业卫生隐患，改善工作条件。

“百日安全无事故”竞赛活动

2001～2004年，每年开展3次“百日安全无事故”竞赛活动，时间各为100天。截至2004年底，累计开展57次“百日安全无事故”竞赛活动。从2005年起，中石化集团公司每年组织一次“百日安全无事故”竞赛活动。2005年10月20日～2006年2月10日，组织开展以“夯基础、抓落实、保安全”的“百日安全无事故”竞赛活动。2006年11月1日～2007年2月25日，组织开展以“落实责任、夯实三基、狠抓整改、确保安全”为主题的“百日安全无事故”竞赛活动。2007年11月1日～2008年2月21日，组织开展以“贯彻禁令反‘三违’，责任在我抓整改，全员动手保安全”为主题的“百日安全无事故”竞赛活动。2008年11月1日～2009年2月9日，组织开展以“贯彻禁令反‘三违’，完善制度抓落实，排查隐患保安全”为内容的“百日安全无事故”竞赛活动。2009年11月16日～2010年2月28日，开展以“落实责任，消除隐患，确保安全”为主题的“百日安全无事故”竞赛活动。每次“百日安全无事故”竞赛活动都有布置、有检查、有总结评比和表彰。

“百日安全无事故”竞赛活动表彰大会

班组安全活动

2005年前，班组安全活动每月不少于3次，每次不少于1小时。2005年，新版的《安全教育管理规定》实施后，班组安全活动每月不少于2次，每次不少于1小时。单位领导和技术管理人员对班组安全活动记录进行检查、签字，并写出评语，安全环保处定期检查。洛阳分公司领导每季度参加1次班组安全活动，机关处室领导每月参加1次班组安全活动，基层单位领导每月参加2次班组安全活动。

安全环保处结合安全生产实际，每月制定班组安全活动计划。班组安全活动的主要内容是：学习安全生产法律法规和上级有关安全生产文件、安全通报、安全技术规程、安全管理制度及安全技术知识；结合中石化集团公司事故汇编和安全信息，讨论分析典型事故，总结和吸取事故教训；开展防火、防爆、防中毒及自我保护能力训练，以及异常情况紧急处理和应急预案演练；开展岗位安全技术练兵、比武活动；开展查隐患、纠违章活动；开展安全技术座谈，观看安全教育电教片等。

2009年，对班组安全活动进行改进，并在一联合车间等9个试点单位推广创新成果。2010年，在试点的基础上，制定《班组安全活动管理规定》，全面推行新的班组安全活动模式。发挥班组安全员的组织作用和车间定点联系人员的指导作用，采取自学与集中活动相结合、理论学习与技能操作相结合的方式，确保班组安全活动取得实效。

第二节 安全教育

安全教育包括入厂教育、特殊作业人员教育、装置检修前安全教育、外来人员入厂前安全教育、安全培训、安全知识竞赛。

入厂教育

新入厂员工上岗之前必须接受洛阳分公司、车间、班组三级安全教育。新入厂员工包括聘用工、学徒工、外单位调入员工、合同工、代培人员和大中专院校实习生等。三级安全教育不少于56学时。其中，洛阳分公司级安全教育由安全环保处会同人力资源处组织实施，时间不少于24学时，教育内容为国家有关安全生产法令、规定和职业安全卫生法律法规；通用安全技术、职业卫生基本知识，包括一般机械、电气安全知识、消防知识和气体防护常识等；企业安全生产的一般状况、工厂性质、安全生产的特点和危险部位；中石化集团公司、洛阳分公司安全生产规章制度，劳动、操作、工艺、施工和工作纪律；典型事故案例及其教训，预防事故的基本知识。新入厂员工经公司级安全教育并经考试合格后分配到车间。车间级安全教育由车间主任组织实施，时间不少于24学时。教育内容为本车间的生产概况、安全卫生状况；本车间主要危险有害因素及安全事项，安全技术操作规程和安全生产制度；安全设施、工具、个人防护用品、急救器材及其性能和使用方法，预防工伤事故和职业病的主要措施等；典型事故案例及事故应急处理措施。新入厂职工经车间级安全教育并经考核合格后分配到班组。班组级安全教育由班组长组织实施，时间不少于24学时。教育内容为班组、岗位的安全生产概况，本岗位的生产流程、工作特点和注意事项；本岗位的职责范围，应知应会知识；本岗位安全操作规程，岗位间衔接配合的安全卫生注意事项；本岗位预防事故及灾害的措施，安全防护设施的性能、作用和使用操作方法，个人防护用品及保管方法等；典型事故案例。新入厂员工按规定通过三级安全教育并经考核合格后方可上岗。

2001~2010年，累计对517名新入厂的员工进行三级安全教育，新入厂员工接受三级安全教育率达100%。

特种作业人员教育

凡从事电气、锅炉、放射、压力容器、金属焊接、起重、车辆驾驶、爆破、电梯等特殊工种作业的人员，必须由安全环保处、机械动力处和地方政府主管部门组织进行专业性安全技术教育，经考试合格，取得特种作业操作证方可上岗工作。特种作业人员定期参加培训和复审。2001年，组织331名特种作业人员参加由洛阳市经贸委举办的培训班，进行复审或取证，特殊工种持证上岗率100%。2002~2003年，共有189名特种作业人员通过复审或取证培训，取得作业资格证书。2004年，有94名特种作业人员通过复审，18人通过培训考试取得资格证。2005年完成机动车驾驶员培训84人次、电梯工培训16人次、起重工培训49人次，电气焊工培训52人次，维修电工培训94人次。2006年，完成厂内机动车驾驶培训159人次、电梯工培训44人次、起重工培训210人次、电气焊工培训91人次、维修电工培训59人次、进网电工培训495人次。2007年，完成起重工培训194人、电梯工培训101人、厂内机动车辆驾驶培训141人、电工培训145人、焊工培训164人。2008年，组织完成厂内机动车驾驶员、电梯工、起重工、电气焊工、维修电工等331人次特种作业人员培训。2009年，对964名特种作业人员进行取（审）证培训。2010年，对281人特种作业人员进行取证培训。

装置检修前安全教育

生产装置检修前，由安全部门负责组织，对参加检修单位的职工进行“四个一”安全教育，即进行一次检修专题安全活动，观看一次安全检修录像片，进行一次安全考试，对施工机具进行一次安全检查。

2002年装置大检修前，有2921名检修职工接受“四个一”安全教育。2005年，组织装置检修前“四个一”安全教育，对装置检修监火大队86人进行监火资格培训。2008年，针对装置大检修，编印《装置停工大检修HSE宣传册》2万册，发放到所有参加检修人员手中，进行学习培训。组织监火员培训班，790人培训合格。

外来人员入厂前安全教育

外来施工人员、参观人员和非技术岗位且风险小的季节性临时工等入厂人员，都要接受安全

教育。外来施工人员的安全教育，分别由用工单位、安全环保处、作业所在单位（车间）逐一进行。首先由用工单位对外来施工人员进行安全教育，考试合格后由安全环保处进行入厂前安全教育，再经考试合格，签订《安全承诺书》，然后到保卫处办理《临时出入证》。进入现场作业前，由作业所在单位（车间）进行作业前安全教育，合格后方可作业。外来施工人员入厂安全教育考试成绩有效期为一年，且仅作为办理《临时出入证》的依据。来厂参观人员的安全教育，由接待部门负责，内容为本单位的有关安全规定及安全注意事项。非技术岗位且风险小的季节性临时工的安全教育时间不少于8学时，主要内容为生产工艺特点、入厂须知、所从事工作的性质、安全注意事项和事故教训、有关安全规章制度等。

2001～2010年，共组织对35841名外来施工人员进行安全教育，经考试合格后办理入厂手续，同时要求进入厂区施工的人员进行安全承诺。

安全培训

在职的洛阳分公司正、副总经理及各直属单位的正、副厂长（经理）的安全教育由组织部（干部处）和安全环保处会同地方政府主管部门共同组织，或参加由河南省、洛阳市政府主管部门组织的厂长（经理）安全教育培训班，经考核合格后取得相应证书。安全环保处处（科）长必须按中石化集团公司的要求，进行教育培训，持证上岗。其中新上岗的处（科）长必须先进行培训，取得岗位资格证书后方能上岗；在职的处（科）长也要按资格标准进行培训，取得岗位资格证书。基层单位负责人、安全技术管理人员必须经过安全教育并经考核合格后方能任职。安全技术管理人员的安全教育由安全环保处组织，参加中石化集团公司安全环保局举办的安全干部岗位培训班，或参加市级以上政府主管部门组织或认可的岗位培训班，考核合格后持证上岗。其他管理负责人、专业工程技术人员的安全教育由组织部（干部处）、人力资源处会同安全环保处，按干部管理权限分层次组织实施，经考核合格后方能任职。安全教育时间不少于40学时，安全教育内容为职业安全卫生法律法规、本部门、本岗位安全卫生职责，安全技术、职业卫生和安全文化知识，事故案例及事故应急处理措施。

2001～2010年，共组织33名安全管理人员参加中石化集团公司举办的安全工程师岗位培训班，组织17名安全环保处（科）长参加中石化集团公司举办的安全处（科）长任职资格学习班，组织1515名安全环保管理人员及班组长进行HES管理体系及危害识别风险评价知识培训，组织847名安全管理人员进行危险化学品经营管理人员资质培训。另外，组织2712人次参加HSE管理制度培训、职业卫生、气防知识培训和监火人员资格培训。

安全知识竞赛

为增强职工安全意识、提高安全素质，不定期组织安全知识竞赛。2001年，结合安全生产法的颁布实施，安全环保处、团委组织职工进行安全生产法知识竞赛，印发答题卷2000份。安全环保处、工会举办“安康杯”劳动保护3个条例知识答题，订购答题卷1000份。2002年团委组织全体青年团员举行安全生产法知识竞赛。

青工在进行安全知识竞赛

第三节 安全监督

安全监督贯彻“全员、全过程、全方位、全天候”的原则，通过开展多种形式的安全监督检查，推动各级安全生产责任制落实，强化安全生产规章制度执行，及时纠正和查处违章行为，排查治理各类安全隐患。

安全监督包括安全检查、事故管理、重大事故、应急预案管理、关键生产装置管理、危险化学品管理、隐患治理、承包商管理、安全生产保证基金管理。

洛阳分公司在安全监督检查

安全检查

安全检查贯穿生产全过程，主要包括岗位责任制大检查、季节性安全检查、节日前安全检查、专业性安全检查、安全环保大检查等。

岗位责任制大检查 2001～2010年，每年开展2次岗位责任制大检查，重点检查安全生产责任制落实、关键生产装置和重点要害部位监控管理、重点隐患治理、作业票证管理情况。在岗位责任制大检查中，除各单位自查自改外，安全环保处和企业管理处组织生产、技术、设备、消防等专业管理人员进行检查，查出问题记录在案，责任单位逐项整改，管理部门现场核查整改情况。

2005年9月，岗位责任制检查职能由安全环保处并入企业管理处，在企业管理处专门设立岗检科，归口负责岗位责任制检查工作。同时，在安全环保处成立安全督导办公室，配备专职工作人员，负责监督检查直接作业环节各项规章制度的落实情况，纠正查处违章行为，并根据《承包商保证金管理和违章考核办法》及《洛阳分公司安全目标考核办法》进行考核兑现。2008年10月，成立资产分公司安全生产管理部，作为洛阳分公司安全环保处的派出机构，对多经和改制企业安全生产实施监督管理。同时，撤销安全督导办公室，成立安全环保处安全督导巡查队，将安全督导办公室人员、业务成建制划入。同年11月，安全督导巡查队挂牌成立并正式开展工作。安全督导巡查队按照规定的巡查路线和巡查内容，进行24小时全天候安全督导巡查，重点监控直接作业环节安全动态，排查各种不安全因素，及时发现事故隐患，避免事故发生。

季节性安全检查 春季以防火检查为主，内容主要是防火措施的制定和落实，清除油罐区和装置周围的干草。夏季以防汛、防雷电和防暑降温为主要检查内容。冬季检查以设备的防冻防凝、防滑和人身安全为重点。

节日前检查 元旦、春节、“五一”劳动节、“十一”国庆节等节假日前进行安全检查。各基层单位节日前进行自查整改，安全环保处组织生产、技术、机动、消防等职能部门人员组成安全检查组对主要生产单位、仓库、公共娱乐场所等进行重点检查。检查内容包括节假日领导值班安排、自查自改和隐患治理、安全防范措施落实情况等。

专业性安全检查 主要包括设备、电气、防火安全、操作和工艺纪律检查，分别由机动、消防、生产、技术部门负责组织。安全环保处根据生产实际，组织有针对性的专项检查，2004年，对液化气罐区、液氨、氯气设施和放射源管理进行专项安全检查。2005年，装置停工大检修，对各装置进行交付检修前的安全检查；同时以防火、防爆、防中毒、防物体打击和高处坠落为重点，组织4次拉网式安全大检查，对装置用火、进设备、高处、起重、临时用电等作业的安全措施落实情况进行检查。2007年，以落实《安全生产禁令》为重点，安全环保处、企业管理处、工程项目管理部、消防支队组织开展3次专项大检查。2008年装置大检修期间，组织开展16次专项安全检查，查处各类问题265项，印发10期《装置检修安全环保动态》，通报检修安全情况。2009年，按照中石化集团公司部署，开展“我要安全”主题活动，进行专业检查，检验和评价活动效果。2010年6月，《洛阳石化安全生产禁令》颁布实施后，组织对执行情况进行专项检查，并将检查情况在督导通报、“我要安全”主题活动简报和调度会上进行通报。

安全环保大检查 中石化集团公司每年对企业进行安全环保大检查，检查内容涉及安全环保、职业卫生、消防、设备、生产、工艺、工厂保卫

等。2004～2006年，中石化集团公司共组织安全生产督察6次。洛阳分公司对督察、检查组提出的各项问题落实整改责任单位，列出整改时限，并对整改的过程进行监督检查和验证考核。

事故管理

事故分为火灾事故、爆炸事故、设备事故、生产事故、交通事故、人身事故、放射事故7类，分别由安全、消防、设备、生产、保卫等管理部门负责调查。安全环保处负责各类事故的汇总、统计、分析、上报工作，并对各类事故的调查处理进行监督。

事故管理坚持“预防为主，防患于未然”的原则。事故发生后，由事故当事人或发现人直接或逐级报告车间、安全管理部门、洛阳分公司领导，采取措施保护现场。发生伤亡事故，及时抢救受伤人员并拨打电话通知石化医院。值班人员、单位领导、主管处室领导和洛阳分公司领导接到报告后，赶到现场组织抢救，采取措施防止事故蔓延扩大，尽一切可能减少事故损失。安全环保处根据事故分类及性质，初步确定事故类别和级别。报中石化集团公司的事故由安全环保处统一上报；发生火灾、爆炸事故或其他报中石化集团公司的事故，在事故发生后24小时内，以《事故快报》形式上报；关键装置要害部位发生火灾、爆炸，可燃物质、有毒有害气体非正常排放和严重泄漏，危及周边社会安全时，立即通过电话或简明文字形式报告中石化集团公司办公厅值班室和当地安全生产监督管理局；涉及人员伤亡等重大事故，按事故性质，及时报告洛阳市安全生产监督管理局，在事故发生后的30天内，向中石化集团公司安全环保局提交正式报告和《四不放过登记表》。其他各类事故，由事故单位在24小时内以电话或书面形式将事故基本情况报事故主管职能部门。在事故发生后的第一次调度会上，事故单位要通报事故发生的时间、地点、经过、后果、原因初步分析和已采取的措施等情况。在事故发生的15天内，写出正式报告，报事故主管职能部门。直属单位的安全技术人员或主管安全的负责人（包括事故分管部门）每月底前将各类事故汇总，报安全环保处。安全环保处填写事故月报，送洛阳分公司主管领导审阅签字后于次月6日前报中石化集团公司或上级有关部门。在洛阳石化范围内施工的承包商发生的重大事故或在社会上造成较大影响的，必须上报中石化集团公司安全环保局备案。

事故处理坚持“四不放过”原则，即事故原因未查清不放过、责任人员未处理不放过、整改措施未落实不放过、有关人员未受到教育不放过。

2001～2010年，共发生各类事故61起。

表8-1　　2001～2010年事故统计　　起

项目 年份	事故总数	火灾事故	爆炸事故	设备事故	生产事故	交通事故	人身事故	放射事故	月均千人负伤率（‰）
2001	10	2	0	0	0	2	6	0	0.07
2002	5	0	0	1	2	1	1	0	0.04
2003	5	2	0	0	2	0	1	0	0.04
2004	6	2	0	2	0	1	1	0	0.036
2005	11	3	0	3	1	1	3	0	0.037
2006	7	1	0	0	2	0	4	0	0.038
2007	2	1	0	0	0	0	1	0	0.012
2008	4	3	0	0	0	0	1	0	0
2009	8	3	0	0	1	0	4	0	0.036
2010	3	1	0	2	0	0	0	0	0

重大事故

2001～2010年，共发生上报中石化集团公司重大事故6起。

“6·28”重大生产责任事故 2002年6月26日，洛阳分公司储运厂留庄驻站当班人员将新疆奎屯车站发出的3车乙二醇，与同期到达的5车混合二甲苯罐车都按二甲苯罐车错抄错报给储运厂货运调度。6月27日，货运调度员对报单与货单是否一致未经认真核实就通知卸车，致使2槽车乙二醇卸入芳烃装置的中间储罐。6月27日23点25分，石化总厂芳烃车间未按规定对外购原料进行脱水和化验分析，直接送入装置塔内，当班操作工监盘责任不落实，对异常情况缺乏分析判断能力，导致吸附剂失活，芳烃联合装置停工。

“11·29”硫化氢中毒事故 2004年11月29日0时10分，洛阳三隆设备安装维修公司仪表工王某在未按规定办理作业许可证和佩带隔离式呼吸防护用具，未采取任何防护措施的情况下，进入三联合直柴加氢装置处理回流罐V3205液位浮筒LC207故障时，被喷出的硫化氢油气熏倒，发生硫化氢中毒严重昏迷，经抢救无效死亡。

“2·20”电缆损坏事故 2008年2月20日15时15分，由洛阳石化工程建设有限责任公司总承包、中国化学工程第十一建设公司承建、洛阳市信昌建设集团有限公司专业分包的焦化装置系统管网管架桩基工程，在厂区化纤铁路线以北、经九路以西打桩时，将热电站总变电所至5号变电所Ⅱ段35千伏馈出埋地电缆绝缘损坏，导致热电站总变电所外送的12回35千伏电路全部跳闸，造成全厂大面积停电。

“7·12”硫化氢中毒事故 2008年7月12日8时，洛阳炼化工程有限责任公司下属基础衬里分公司民工王某、丁某到排水车间CPI装置东侧油泥井里进行疏通作业，王某在未办理任何作业手续的情况下进入25号油泥井清理污泥。10时20分左右，当王某第二次进入井内作业时吸入硫化氢落入井内。闻讯赶到的在附近作业的民工李某，未采取任何防护措施就直接下井救人，也倒在井内。随后赶到的另一民工王武下井救人感觉不适，被抢救上来后昏迷。10时32分，消防队员抵达现场施救，10时35分和10时40分分别将李某和王某救出，救出时李某和王某呼吸、心跳停止，经抢救无效分别于7月12日21时50分、7月13日15时07分死亡，王武经抢救脱离生命危险。

“10·14”火灾事故 2008年10月14日17时07分，洛阳资产分公司下属宏达实业总公司宏力化工厂聚丙烯装置气分单元脱丙烷塔（T101）顶水冷器（E105）发生泄漏，液化气物料串入循环水场凉水塔，泄漏扩散，遇50米外新建气柜施工用火，发生回燃，引起凉水塔着火。17时56分火被扑灭。此次事故当场造成1人死亡，3人重伤，3人轻伤，凉水塔损坏，过火区域内门窗、玻璃、树木受损。1名重伤员经抢救无效于10月19日9时15分死亡。

“12·22”硫化氢中毒事故 2008年12月22日3时45分，二联合车间二催化装置气压机入口富气流量突然下降，造成气压机反飞动阀打开，引起反应器及再生器压力升高，装置连锁停车。在恢复生产过程中，发现油浆蒸汽发生器（E1216A/B）封头法兰泄漏，二联合车间联系保运单位隆惠公司进行紧固。5时，开具进入生产装置一般作业许可证后进行现场作业。5时58分，二联合车间监护人员发现2名作业人员先后倒在距E1216A/B约3米远的空地上。二联合车间随即安排4名操作人员佩戴空气呼吸器将2人抬出危险区，进行施救，并拨打急救电话，气防、医护人员相继赶到现场，将中毒人员送至医院抢救。事故造成1人死亡，1人重伤。

应急预案管理

2006年，洛阳石化成立应急预案编制修订领导小组，组织专门力量，编制完善洛阳石化1个总体预案，8个专项突发事件应急预案（危险化学品、火灾爆炸、环境污染事件、放射性事件、公共卫生、破坏性地震、洪汛灾害、群体性事件），整合31个二级单位应急预案。2006年9月14日发布实施。6月9日，在芳烃装置、中间原料罐区、排水车间等区域进行一次企业级重大安全、环境污染事件综合应急救援演练。7月1日晚，受河南省电网波动停电影响，炼油、化纤、化工生产装置及动力系统被迫停工。突发事

件发生后，立即启动应急预案，组织装置安全平稳停工和恢复开工工作，避免起火、中毒、腐蚀、爆炸等次生灾害事故发生。

突发事件应急救援演练

2007年，举办领导干部和管理人员应急预案培训班，对总体预案和专项预案进行系统培训。在生产调度处安装应急短信群发系统，确保有关人员在事件发生的第一时间得到信息。7月5日，在芳烃拔头油罐区、排水系统等区域进行一次企业级重大安全、环境污染事件应急救援演练。

2008年，对应急预案体系进行修订完善，包括1个总体预案、8个专项预案和31个二级单位应急预案。2008年6月12日上午，在焦化车间吸收稳定区和排水车间等区域进行突发安全环境污染事件综合应急救援演练。

2009年，结合《中国石化重特大事件应急预案》和装置变化情况，对洛阳石化突发事件应急预案体系进行修订完善，形成1个总体预案、11个专项预案（即危险化学品、火灾爆炸、环境污染事件、放射性事件、公共卫生、破坏性地震、洪汛灾害、群体性事件、恐怖袭击事件、公共聚集场所事件和计算机信息系统损害事件应急预案）和25个二级单位应急预案体系。相应成立应急队伍，配备应急装备和应急物资。洛阳分公司和各二级单位按要求组织开展事故应急预案演练，做到有计划、有实施、有总结、有改进。4月30日，在蜡油加氢装置和排水车间等区域进行突发安全环境污染事件综合应急救援演练。6月17日，举行河阳新村高层住宅消防演练。

2010年，修订完善应急预案体系，形成1个总体预案、11个专项预案和25个二级单位应急预案体系。7月13日，完成应急预案向地方政府部门的备案工作。6月12日、6月18日和10月12日，分别在油气罐区、金达特油厂和260万吨/年柴油加氢装置进行突发安全环境污染事件综合演练。

关键生产装置管理

关键装置是指工艺操作在易燃、易爆、易腐蚀、高温、高压、真空、深冷、临氢、烃氧化等条件下进行的生产装置。要害（重点）部位是指相对集中的油气生产与处理装置区；制造、储存、储运和销售易燃易爆危险化学品、化学毒性为高度、极度危害的化学物质，以及可能形成爆炸和火灾场所的罐区、装卸台站、油库、仓库等；对装置和生产“安稳长满优”运行起关键作用的公用工程系统等。

关键装置要害（重点）部位实行洛阳分公司、直属单位（车间）、班组分级管理与分级监控的原则。一级关键装置要害（重点）部位由洛阳分公司监控，报中石化集团公司安全环保局备案。二级关键装置要害（重点）部位由直属单位（车间）监控。班组监控包括严格执行巡回检查制度，严格遵守工艺、操作、劳动纪律和操作规程，每周对安全设施、每天对危险点进行安全检查，及时报告险情和处理存在的问题。

对关键装置要害（重点）部位，洛阳分公司至少每半年组织一次安全监督检查，形成关键装置要害（重点）部位安全检查书面报告，建立安全检查档案。在关键装置要害（重点）部位配备专职安全工程师，实行领导干部定点联系制度，执行《领导干部定点联系关键装置要害（重点）部位安全管理规定》，建立关键装置要害（重点）部位登记台账。

截至2010年底，洛阳分公司共有关键生产装置35个、要害部位45个，其中洛阳分公司监管的一级关键生产装置19个、要害部位24个，洛阳资产分公司监管的一级关键生产装置3个、要害部位6个。各关键装置、要害部位均按规定配备安全工程师，并对9个车间增配安全员，建立安全监控网络，绘制危险点分布图，制定安全监控制度。在主要关键生产装置和要害部位增上电视监控和智能巡检系统，加大运行监控力度。

按照要求对关键装置、要害部位，从工艺、设备、安全、电仪、消防等方面，编制统一规范的安全检查表，按规定编制安全检查技术报告，对检查评价出的问题及时进行整改。每年根据机构调整情况，及时对定点联系工作安排进行调整，将定点联系情况作为考核领导干部的重要内容，要求每季度报告一次定点联系情况，保证定点联系工作不断线。有针对性地开展停电、火灾、中毒等事故应急预案演练，提高职工的应急处置能力。

危险化学品管理

洛阳分公司对危险化学品生产、储存装置每两年进行一次安全评价。对安全评价提出的隐患，及时组织整改，暂时整改不了的采取相应安全措施，制定整改计划限期整改。

2002年，按照危险化学品目录对生产、储存、使用的危险化学品进行摸底调查，统计上报到洛阳市经贸委。2003年，健全危险化学品的安全管理机构，制定《危险化学品安全管理规定》，编印危险化学品安全技术说明书和安全标签，完善“一书一签”制度。委托青岛安全工程研究院对生产、储存、经营、使用等环节进行危险化学品专项安全评价。2004年，组织有关车间建立危险化学品登记台账，对生产环节的危险化学品安全管理实行动态监控。根据危险化学品安全评价报告识别的20个重大危险源，制定《洛阳分公司危险化学品应急救援预案》和《洛阳分公司安全生产应急救援预案》。2005年1月，洛阳分公司取得河南省首家《安全生产许可证》证书。2006年，完善危险化学品“一书一签”制度，2007年5月，邀请国家石化项目风险评估技术中心对正在运行的危险化学品生产装置进行第二次安全现状评价。2008年，洛阳分公司《安全生产许可证》到期之前，委托国家石化项目风险评估技术中心对危险化学品在役生产装置进行安全现状评价。4月，河南省安监局组织对洛阳石化危险化学品安全生产条件进行审查，提出40项问题和隐患。洛阳石化利用装置大检修的时机，排入检修计划，进行立项治理，对暂时不具备整改条件的，制定相应的安全防范措施，确保风险处于受控状态。7月，洛阳市安监局对问题整改情况进行复查，8月，续办危险化学品《安全生产许可证》。2009年，严格执行《危险化学品安全管理规定》和《剧毒化学品安全管理规定》，加强对危险化学品生产、储存、运输、使用各环节的安全监督管理。完善危险化学品登记台账，及时掌握危险化学品品种及数量变化情况，实行动态管理。对剧毒化学品实行“五双”管理，确保剧毒化学品处于严格受控状态。按规定向有经营资质的单位销售危险化学品，并提供相应的安全技术说明书。生产液氨和使用氯气、强酸、强碱的车间均建立完善的操作规程和应急预案，现场设置有毒气体报警仪、冲洗器和风向标，按规定配备空气呼吸器、防护手套、防护眼镜等劳动防护用品。2010年，完成危险化学品登记工作，22套危险化工工艺通过洛阳市、吉利区安监局审查验收。

隐患治理

2001年，中石化集团公司批准6项重大隐患治理项目，分别是厂区消防水改造，炼油厂罐区消防道路改造（一期）、大型油罐隐患整改（45台），一级关键生产装置配置故障安全控制系统，逐步更新淘汰型电气设备和排污设施隐患治理。前3项批准总投资3650万元，其中补助1095万元，自筹2555万元。后3项总投资190万元，其中自筹137万元。

2002年，上报中石化集团公司级的隐患治理项目5项，分别是炼油厂罐区消防道路改造（二期），大型油罐标准化整改（二期），二联合装置B505、B506丙烯泵增上快速切断阀，六联合装置配置FSC系统，三联合C3101/B增压机基础下沉整改。总投资1263万元，其中自筹资金694万元。

2003年，中石化集团公司批准8项重大隐患治理项目，分别是炼油低温冷储装置火炬隐患治理，部分工艺管架储罐基础抗震加固，部分框架管架支架覆盖防火层，炼油、储运可燃气体报警仪更新，储运厂装车栈台高液位报警连锁隐患治理，动力厂热电站锅炉瓦斯分液罐排凝线改造，供应处仓库照明线路更新，供应处仓库新增照明灯塔。总投资1153万元。

2004年，中石化集团公司批准8项重大隐患治理项目，分别是空压车间空分站机房噪声超标治理，四联合车间、二联合车间部分机泵出入口

加装快速切断阀，发变电车间、油品车间、铁路运输部、销售公司、水汽车间部分生产设施抗震加固，完善二联合车间、三联合车间、五联合车间安全通道，常减压车间、二联合车间、四联合车间、五联合车间、排水车间增设毒气可燃气检测报警仪，部分承重钢框架、支架、裙座、管架覆盖耐火层，铁路运输线交道口增上自动报警系统，五联合装置碱液及恶臭治理。总投资1018万元。

2005年，中石化集团公司批复隐患治理项目19项，总投资4270万元。分别是常压塔系统安全阀出口改密闭排放，一催化分馏系统安全阀出口改密闭排放；购买气防车和气防装备，高压综保系统改造，35千伏高压柜系统改造，聚丙烯公司球罐区、消防水系统标准化整改，聚酯装置CP－2热媒泵区地基下沉隐患治理，储油罐增上自动采样系统，空压站高压柜GC－1隐患治理（28台），油品车间高压柜GC－1隐患治理（33台），四联合装置高压柜GC2－10隐患治理（25台），开闭所敞开式间隔隐患治理（38台），二联合高压柜GC－1隐患治理（24台），供水车间高压柜GC－1隐患治理（25台），供水车间低压柜BSL隐患治理（22台），空压车间低压柜BSL隐患治理（6台），除盐水低压柜BSL隐患治理（7台），气体车间低压柜BSL隐患治理（18台），供水循环水场加氯设施改造。对重大隐患治理项目，实行项目负责人制度，按程序对项目设计、订货、施工、验收等环节进行严格管理，按要求如期完成。

2006年，中石化集团公司批准2项隐患治理项目，即生产装置工艺消防设施完善和供水车间、排水车间、铁路运输部洗槽车间电气隐患治理，投资325万元，年底按计划完成。对日常发现的各种隐患，通过危害识别和风险评价，确定11项企业级隐患治理项目，年底全部完成治理任务。

2007年，对中石化集团公司确定的22项隐患治理项目实行“四定”管理，年底完成20项。

2008年，中石化集团公司批复的隐患治理项目共有11项，总投资3264万元。16项企业级隐患治理项目，总投资1105万元。实际完成27项，总投资4149万元。

2009年，中石化股份公司批复第一批中石化集团公司级隐患治理项目8项，第二批中石化集团公司级隐患治理项目4项，共计投资2702万元；企业级隐患治理项目8项，投资644万元。以上20项隐患治理项目当年全部完成。

2010年，中石化股份公司批复7项中石化集团公司级隐患治理项目、5项企业级隐患治理项目，中石化资产公司批复1项隐患治理项目。以上13项隐患治理项目全部完成。

表8－2 2001～2010年安全隐患治理项目情况

项目 年份	隐患治理项目数		总投资（万元）	
	总部级项目	企业级项目	总部级项目	企业级项目
2001	6	－	3650	190
2002	5	－	1263	－
2003	8	－	1153	－
2004	8	－	1018	－
2005	19	－	4270	－
2006	2	11	325	340.2
2007	20	－	－	－
2008	11	16	4149	－
2009	8	8	2702	644
2010	8	5	－	－
合计	95	40	18530	984.2

说明：总部级即中石化集团公司级。

承包商管理

2001～2002年，按照《承包商HSE管理程序》要求，加强对承包商及施工队伍的管理，审查施工队伍的安全资质，加强施工队伍入厂教育，强化对施工现场的安全监督检查，查处和纠正违章行为。

2003年，成立承包商HSE管理程序运行监督检查小组，对施工现场承包商的HSE管理情况进行检查。制定《承包商安全信誉等级管理制度》和《承包商安全保证金管理和违章处罚办法》，进一步理顺对承包商的HSE管理。

2004年，修订《承包商HSE管理程序》和相应的岗位安全生产责任制，认真执行《承包商安全管理规定》，建立各方联检制度，加强对施工现场的管理，及时发现和纠正各类违章行为。

2005年，在装置大检修过程中，对参与检修施工的15个一级承包商进行施工资质和安全资质审查，与符合要求的承包商签订《施工安全管理协议》，并实行安全保证金管理。对检修和施工中承包商的违章行为、不安全因素和事故苗头进行查处通报，并按照规定进行违章处罚。全年处罚金额49330元。

2006～2008年，先后对进厂施工的53家承包商进行安全信誉等级评价和HSE资格确认，签订《施工安全管理协议》，各承包商按规定缴纳安全保证金。加强对施工作业过程监督检查和违章考核，共查处承包商违章515次，处罚金额26.5万元。

2009年，制定并实施《施工项目“三位一体”责任制安全管理办法》，规定承担施工项目的职能管理部门、项目所属基层单位（车间）和承包商均要设立项目经理和HSE工程师。其中承包商项目经理是承包商安全第一责任人，负责施工资质、HSE资质审查，以及施工人员的安全管理。负责组织制定并落实项目施工承包商的HSE方案和措施，以及重大风险作业的“一评三案”相关内容，参与施工项目的安全监督检查及关键节点的安全条件检查确认，整改存在的隐患和问题。承包商HSE工程师是承包商的安全主管责任人，负责落实有关安全生产法律法规和中石化集团公司及洛阳分公司的各项安全管理制度，制定项目施工承包商的HSE方案和措施，以及重大风险作业的“一评三案”相关内容。负责落实有关安全措施，对施工现场进行HSE监督检查，纠正违章行为，整改存在的隐患和问题。对进厂施工的26家承包商进行安全信誉等级评价和HSE资格确认，签订《施工安全管理协议》，各承包商按规定缴纳安全保证金。每季度组织召开承包商安全例会，通报中石化集团公司施工安全事故和对承包商的违章考核情况。在施工作业过程中，加强监督检查和违章考核，有效遏制事故发生。全年共查处承包商违章239次，处罚金额13.65万元。

2010年，对承包商施工资质和安全资质进行审查，督促承包商建立相应的安全管理体系，强化自身安全管理，与合格承包商签订《施工项目安全管理协议》，缴纳安全保证金。要求承包商必须与外来施工人员签订劳动合同，并为他们交纳保险。编制承包商安全培训教材，加大对外来施工人员入厂安全教育力度，设置10%的淘汰率，保证外来人员具备基本的安全素质。制定《外来施工人员车间级安全教育管理规定》，对车间级安全教育的内容、时间、试卷、台账等进行规范。每月召开承包商HSE例会，及时进行信息沟通。把承包商发生的事故和违章作为本企业事故和违章进行管理。加强对施工作业过程监督检查和违章考核，督促承包商加强现场管理，全年共考核承包商违章275项。

安全生产保证基金

安全环保处负责安全生产保证基金（以下简称安保基金）的管理和使用，并负责组织理赔工作。财务处负责安保基金的收缴和银行结算。审计处负责对安保基金管理和使用的审计监督。安保基金计提的依据是固定资产原值和存货。安保基金缴纳单位，以期末固定资产原值和最近6个月存货账面平均余额（扣除规定的扣除额）为基数，每年分2次提取。中石化集团公司返回的安保基金，由企业统筹安排使用。返回安保基金的使用范围包括：一般事故隐患的治理，安全技措项目，防止重大事故，消除重大隐患或对安全生产有贡献的先进单位和个人的奖励，安全教育培训。

表8－3　　2001～2010年安全生产保证基金上缴使用情况　　万元

项目 年份	缴纳	中石化集团公司返回					实际使用				累计结余
		合计	返回	隐患治理补助	安全先进奖励	自然灾害赔付	教育培训	安全奖励	隐患治理	返回第三产业	
2001	4228.56	845.71	845.71	–	–	–	238.25			–	–
2002	4172.89	1262.58	834.58	428.0	–	–	1153.36			13.45	–

续表

项目 年份	缴纳	中石化集团公司返回					实际使用				累计结余
		合计	返回	隐患治理补助	安全先进奖励	自然灾害赔付	教育培训	安全奖励	隐患治理	返回第三产业	
2003	3644	1305.3	728.8	576.5	–	–	1852.18			11.02	821.92
2004	3644	1317.2	728.8	587	1.4	–	2523.08			12.02	701.57
2005	3644.04	2868.11	728.81	2135	4.3	–	2762.44			–	956.63
2006	3646.01	913.8	729.2	180.5	4.1	–	1231.69			–	638.74
2007	3878.15	2469.68	775.63	1663	31.05	–	2777.59			–	330.83
2008	5407.25	4523.62	1081.44	3076.8	44.15	321.23	4366.72			–	487.73
2009	4974	3929.89	1354.99	2552	22.9	–	4388.05			–	29.57
2010	5156	2765.82	672.52	2057	36.3	–	2765.02			–	30.37

第四节 HSE 管理

HSE（健康、安全、环境）管理体系是国际石油石化公司通行的现代管理方法。HSE 体系倡导的风险全过程控制，以风险评价为核心，确定其自身活动可能发生的危害和后果，采取有效的防范手段和控制措施防止其发生，从而将生产经营活动中可能引起的人员伤害、财产损失和环境污染降到最低。

管理制度修订

2001 年，结合企业分立运行后机构变化情况，对 50 个单位共计 2094 个岗位的安全生产责任制进行修订。2002 年，对职业安全卫生管理制度进行修订，涉及各部门安全职责、消防、职防、安全管理、安全技术等内容共计 39 项制度，并对 1998 年以后制定的 25 项管理制度进行收集汇总，形成比较全面的安全管理制度。2003 年，对石化总厂 1997 年版的安全管理制度进行修订完善，新修订的《洛阳石化职业安全健康管理制度》分 4 篇、共计 65 项管理制度。2004 年，根据机构调整、变动情况，组织各单位对照核定后的岗位，重新对岗位安全生产责任制进行修订和完善。2005 年，制定洛阳石化《安全生产事故责任追究暂行规定》、《承包商安全信誉等级管理规定》、《承包商安全保证金管理和违章处罚办法》、《安全目标考核办法》。根据中石化集团公司《安全生产监督管理制度》（2004 版），对洛阳石化《职业安全健康管理制度》（2003 版）进行修订和完善，共形成 68 项职业安全健康管理制度。2006 年，制定《洛阳分公司日常隐患治理项目管理规定》、《集中用火日管理规定》、《安全目标奖励资金考核管理办法》。2 月，成立油品质量升级改造管理项目部，新组建加氢车间和焦化车间，建立相应的安全生产管理制度和岗位安全生产责任制。2007 年，制定《安全黄红黑牌管理规定》、《避免事故奖励评审暂行办法》、《集中用火日管理规定》等安全管理制度。根据中石化集团公司颁布的《安全生产禁令》，修订《承包商安全保证金管理和处罚办法》、《安全生产事故责任追究暂行规定》、《安全目标考核办法》、《厂区道路交通安全管理规定》、《禁烟禁火管理规定》、《消防管理考核制度》6 项管理制度。2008 年，制定《工程建设项目承包商管理规定》、《工程建设项目施工现场作业管理规定》、《检维修项目施工作业管理规定》，修订《用火作业管理规定》、《职业卫生管理规定》、《临时用电安全管理规定》、《进入受限空间作业安全管理规定》、《安全台账管理规定》、《氯气使用贮存安全管理规定》、《安全检查规定》、《放射防护管理规定》、《安全承诺管理规定》9项安全管理制度。2009年，组织修订《硫化氢防护安全管理规定》、《高毒物品防护管理规定》、《进入生产区域一般作业安全管理规定》、《高处作业安全管理规定》等31项安全管理制度，新制定《重大风险作业安全管理规定》和《施工项目“三位一体”责任制安全管理规定》、《班组安全活动管理规定》、《资产分公司职业安全健康管理制度》等12项制度，形成比较完善的制度体系。根据中石化集团公司新下发的安全生产责任制，对安全生产责任制进行全面修订，形成2219个岗位安全生产责任制，做到一岗一责、有岗必有责。2010年，修订《安全事故管理规定》、《安全生产事故行政责任追究规定》、《承包商安全保证金管理和处罚办法》、《承包商安全信誉等级管理规定》、《进入受限空间作业安全管理规定》、《关键装置要害(重点)部位安全管理规定》、《避免事故评审奖励管理办法》、《安全教育管理规定》、《液氨生产储存运输安全管理规定》9项安全管理制度，新制定《洛阳石化安全生产禁令》、《违反安全生产禁令离岗培训及考核管理规定》、《外来施工人员车间级安全教育管理规定》、《建设项目劳动安全、职业卫生“三同时”管理规定》和《HSE观察管理规定（试行)》5项安全管理制度。

HSE体系建立与运行

2002年，洛阳分公司成立HSE工作领导小组和工作小组，着手建立HSE体系。在完成HSE管理手册和程序文件编制后，洛阳分公司HSE管理体系于当年12月23日发布运行。

2003年，洛阳分公司成立HSE工作推进小组。在分级培训的基础上，各单位对作业活动和设备设施列出清单，推进小组牵头采取先树样板再全面铺开的方式进行危害识别和风险评价，对有代表性的144个题目进行危害识别和风险评价，11月印发《洛阳分公司危害识别和风险评价范例》。全年共识别作业活动及设备设施2501项，对2148项进行危害识别和风险评价，识别危害因素45项。

2003年7月，石化总厂开始建立、推广、实施HSE管理体系。2004年3月1日，石化总厂HSE管理体系发布试运行。

2004年，洛阳分公司继续坚持把危害识别和风险评价工作与日常的生产作业活动相结合，控制重大风险。在常压炉A转油线包盒子及常压炉B的恢复改造、六联合预加氢催化剂撇头作业、六联合重整装置改造、四联合油浆拨头装置开工等重大作业前，先进行危害识别和风险评价，然后制定生产、施工方案和应急措施，消除和控制重大风险，保证作业活动安全。11月13日，第二套催化装置再生滑阀阀板脱落后，对存在的风险进行评价，在确定保持再生滑阀现状操作风险不大，仅有非正常状态下紧急停工的风险后，制定特殊的生产操作方案、特护措施和事故应急预案，继续保持平稳运行。10月，洛阳分公司对质量、环境、职业安全健康三大管理体系进行整合。11月2~5日，开展QHSE（质量、健康、安全、环境）管理体系内审，对不符合项进行纠正。

2005年，抓好体系文件运行的监督、检查，进行内审和管理评审，确保体系文件实施到位。对运行中暴露出的问题，采取措施，明确责任，通过PDCA循环模式加以改进。坚持开展危害识别和风险评价，使职工掌握危害识别和风险评价的方法。把危害识别和风险评价工作与日常的生产作业活动相结合，控制重大风险。共完成分析项目3103项，其中作业活动的JHA（工作危害分析）2072项，设备设施的SCL（安全检查表）分析950项，评价确定15项重大风险，及时向中石化股份公司申报隐患治理项目，对重大风险制定有关方案和措施加以控制，使之处于受控状态，保证安全生产。

2006年，洛阳分公司共完成危险源辨识风险评价项目3134项，其中作业活动JHA分析1979项，设备设施SCL分析1062项，用其他分析方法95项，最终确定洛阳分公司8项重大风险。对安全健康管理进行评审，形成评审材料。

2007年初，分层次开展危害识别风险评价培训，各单位成立危害识别风险评价小组，列出所有生产作业活动和设备设施清单，组织员工逐项进行危害识别风险评价。共完成危害识别风险评价分析项目3812项，其中作业活动的JHA分析2331项，设备设施的SCL分析1253项，用其他分析方法分析的有228项。经过逐级评价，确定17项重大风险。

2008 年，根据机构和人员变动情况，补充和调整 QHSE 体系管理网络，并组织部分内审员进行取、换证培训。修订完善 QHSE 管理手册、程序文件及相关作业文件。10 月，组织 QHSE 管理体系内审，对不符合项进行纠正和预防，年底对 QHSE 管理体系进行管理评审，不断持续改进。

2009 年，进一步完善体系文件，加强监督检查、内审和管理评审，整改存在的问题，使管理体系得到持续改进，管理水平不断提高。

2010 年，按照标准化建设要求，对 QHSE 体系文件进行修订完善，通过河南省安全标准化考核评审验收。

第五节　劳动保护

劳动保护包括劳动保护用品、保健津贴、职业病防治。

劳动保护用品

劳动保护用品旨在保护职工在劳动过程中的安全和健康，防止发生人身事故和预防职业病。洛阳分公司贯彻执行《河南省劳动防护用品监督管理办法》，制定《劳动防护用品管理规定》和《劳动防护用品配备标准（试行）》。2003 年和 2005 年，两次对《劳动防护用品管理规定》进行修订，对劳动保护用品的采购、审批、发放、管理等作出明确规定。

表 8－4　　**2001～2010 年劳动保护费用支出情况**　　万元

品种 年份	总支出	大劳保	小劳保	防暑降温	装置大检修	应急特殊劳保	职业健康检查	特殊食品	纯净水	其他
2001	207.7	63.26	144.44	–	–	–	–	–	–	–
2002	202.2	44.90	91.87	65.43	–	–	–	–	–	–
2003	321.39	120.25	62.97	52.16	–	35.35	33.94	–	–	16.72
2004	297.65	110.07	83.55	48.49	–	27.56	25.65	2.33	–	–
2005	533	221.42	113	69.5	14.38	50	42	8.16	14.54	–
2006	540.74	365.16		74.3	–	–	53.12	7.78	40.38	–
2007	554.45	359.79（含应急）		76.54	–	–	78.26	4.6	35.26	–
2008	606.61	403.51（含应急）		84.66	–	–	69.05	–	49.39	–
2009	830.79	492.96（含应急）		167.82	–	–	79.57	–	34.18	56.26
2010	906.59	476.34（含应急）		270.27	–	–	79.78	–	70.65	9.55

说明：大劳保指工作服等劳动保护用品，小劳保指每季度发放的洗护用品。

保健津贴

洛阳分公司保健津贴按照 5 个等级的标准执行，即特等、甲等、乙等、丙等、丁等。2000 年以来，陆续对芳烃车间、化验二车间、油品车间、铁路运输部轻油车间、重油车间接触苯的岗位职工每人每个工作日供应 500 克牛奶（酸奶）。

职业病防治

2002 年 1 月，洛阳分公司在安全环保处设立职防科，职业病防治业务由职工医院转至职防科。通过大量的基础工作，理顺职防管理体制，健全职防管理网络，对领导层及相关单位的职业卫生职能分工进行界定，实现职防工作程序化管理。

每年年初对生产现场的职业病危害因素进行识别、调查，制定年度《职业病危害因素监测计划》。经过不断完善，截至 2010 年底，职业病危害因素监测点增至 282 个，包括硫化氢、氮氧化物、氨、二氧化硫、氯气、醋酸、苯、甲苯、二甲苯 9 种毒物、粉尘和噪声。每季度向中石化集团公司编制上报职业卫生报表。每年年底修订、完善公司级和车间级的职业卫生档案。根据接触职业病危害因素的种类确定检查项目，开展在岗职工职业健康检查。

2002 年，组织 2000 人进行职业健康体检。对体检中发现的职业禁忌症患者，及时提出处理意见。

2003 年，组织对接触职业病危害因素的 39 个单位 2307 名在岗职工进行职业性健康体检，对新进厂的 32 名职工进行上岗前体检，对离岗的 43 名职工进行离岗体检，对直接从事放射作业的 21 名职工进行专项体检，并将体检结果通知职工本人。确定职业病危害因素 16 项。对 20 个车间 153 个监测点进行监测，共监测样品 2058 个，不合格样品数 7 个，职业病危害因素监测项目合格率 99.6%，监测计划完成率 98.1%。委托洛阳市职业病防治所对 27 个放射源（射线）装置进行密封性能检测，检测结果全部合格。

2004 年，对化工车间 PTA 装置扩能改造项目、聚丙烯公司新建 BOPP 薄膜项目、宏力化工厂新建 MTBE、异丁烯项目等进行职业病危害控制效果评价。对 24 个单位的 78 个尘毒监测点和 28 个单位的 80 个噪声监测点实施监测，检测计划执行率 100%，不合格点 20 个，监测点合格率 96.8%。对工程建设公司新购置的 6 个放射源、拉膜厂新购置的 1 个放射源及在用的 1 个放射源、洛阳分公司在用的 27 个放射源、石化总厂在用的 15 个放射源及 3 台 X 射线分析仪器相继联系和委托进行密封性能监测，检测结果全部合格。对 3749 名在岗职工进行职业健康体检（石化总厂 2020 人，洛阳分公司 1729 人），体检率 100%。对 8 名放射作业人员进行专项体检，对新进厂 52 名大学毕业生、华龙公司 5 名换岗职工、聚丙烯公司 BOPP 薄膜车间 118 名劳动者进行上岗前体检。为 49 名离岗职工办理离岗体检手续，16 名职工进行离岗体检。

2005 年，委托具备评价资质的职业卫生技术服务机构，对实华合纤有限责任公司 18 万吨/年聚酯和 15 万吨/年直接纺涤纶短纤维进行职业病危害预评价。对宏力化工厂 MTBE 扩能改造及新建 1 万吨/年异丁烯装置进行职业病危害预评价和控制效果评价。对宏力化工厂 2 万吨/年 MTBE 及 3000 吨/年异丁烯联合生产装置、聚丙烯公司 2 万吨/年双向拉伸薄膜、芳烃联合装置扩能改造项目进行职业病危害控制效果评价，并通过洛阳市卫生局组织的职业卫生专项验收。11 月，委托放射卫生检测、评价机构对洛阳石化的放射源进行年度检测，放射源监测率 100%，检测结果全部合格。全年完成职业尘毒监测数据 1500 个，职防噪声监测数据 936 个。组织在岗职工职业健康体检，实际体检人数 3277 人，体检率 100%。组织 166 人上岗前体检。离岗体检人数 24 人。

2006 年，与有放射源（射线）装置的 8 个单位签订《安全管理责任书》，定期组织放射防护安全检查。对复杂的探伤作业环境，邀请洛阳市疾控中心现场监测，确认防护距离，制定有效的防护措施。开具射线探伤作业票 364 张，放射源收放作业票 38 张，均实现安全作业。制作完善 100 套风向标发放到各单位。对 32 个单位的 196 个监测点进行监测，监测覆盖率 98.77%，监测点合格率 98.76%。不合格项目主要是噪声。职业尘毒监测数据 1932 个，职防噪声监测数据 594 个。组织对 3996 名员工进行在岗期间的职业健康体检，体检率 100%。对新进厂的 42 名大学毕业生进行上岗前的职业健康体检。对 60 名离岗职工进行离岗职业健康检查，办理离岗手续 58 人次。

2007 年，对 23 个单位的 108 个毒物及粉尘监测点、26 个单位 106 个噪声监测点实施日常监测，监测点检测率 100%，监测点合格率 97.35%。4 月，委托有资质的职业卫生技术服务机构，对各单位作业场所职业病危害因素进行监测和评价，对 22 个单位 67 个岗位，设置 115 个监测点并进行取样检测，形成评价报告。组织 6599 名员工进行职业健康检查，体检率 100%。对新进厂的 30 名大学毕业生进行上岗前职业健康检查。对加氢车间、焦化车间的 112 名职工进行上岗前的职业健康检查。对 46 名离岗员工进行离岗职业健康检查。通过职业健康检查，查出职业禁忌症 2 人，检出率 0.6‰。宏达公司职业禁忌症 1 人，检出率 1.9‰。

2008 年，申报办理 53 个放射源和 1 套射线装置的《辐射安全使用许可证》，新购置的 2 个放射源也获得使用许可，委托有资质的职业卫生技术服务机构对放射源的密封性能进行检测。为

基层单位配备与辐射类型和辐射水平相适应的防护用品和检测仪器。购置6台X－γ辐射个人报警仪、3台X－γ辐射检测仪，分别配备给三联合车间、化工车间、热电站、焦化车间等单位。共设立职业病危害因素监测点254个，计划执行率100%，监测点检测率100%，不合格点23个，监测点合格率96.47%。全年共完成职业病危害因素检测880项次。委托有资质的职业卫生技术服务机构，对作业场所职业病危害因素进行监测和评价，对21个单位的67个岗位，设置监测点259个并进行取样检测，形成评价报告。组织5391名员工进行职业健康检查。组织上岗前职业健康检查49人次，离岗职业健康检查46人次。检查率为100%。在岗职业健康检查中，2人被确定为职业禁忌，作出限期调离的处理。

2009年，对化工车间氧化反应器的尾气干燥系统、空压车间4号、5号空压机、热电站1号球磨机、发变电4号机和聚酯车间添加剂岗位等噪声超标问题进行治理。组织离岗体检40人次，上岗前体检83人次，在岗职业健康检查5007人次，体检率100%。在岗职业健康检查列为职业禁忌证的5人，其所在单位均采取措施并妥善安置。无慢性职业病及急性职业病病例。

2010年，投入45万元对PTA装置包装岗位进行粉尘治理，投入25万元对PTA尾气干燥放空系统噪声进行治理。组织离岗体检52人次，上岗前体检97人次，在岗职业健康检查4463人次，体检率100%。在岗职业健康检查列为职业禁忌证的17人，协调相关单位及时处置。无慢性职业病及急性职业病病例。

第六节 消防管理

2003年5月，消防大队更名为消防支队，下设综合办公室、战训科、防火科（气防站）。2010年3月，气防站正式独立建站。

消防管理包括消防训练、消防检查、消防教育、消防设施。

消防训练

日常训练 消防支队每年年初制定全年训练及考核计划，开展原地着装、两盘水带连接、沿楼层垂直铺设水带、双干线出移动泡沫炮操、单干线出两支水枪操、30米障碍、百米障碍等科目训练。将百米跑、3000米跑、举重、单双杠、引体向上等体能项目纳入季度必考内容。班组车操训练中，增加水带更换、移动炮阵地前移等内容，增强训练科目的实用性。2005年，对常用的22项消防员个人和集体训练项目操作规程进行整理，规范日常训练工作，做到月有计划、周有安排、月底有考核，形成日常训练考核体制。2007年，对劳务工实行战斗员工资绩效考核管理，推行战斗员等级制，把业务能力与个人收入挂钩。2008年，建立中队月考核内容与支队综合考核内容挂钩的定期业务考核机制，完善训练成绩与奖惩挂钩的管理体制。

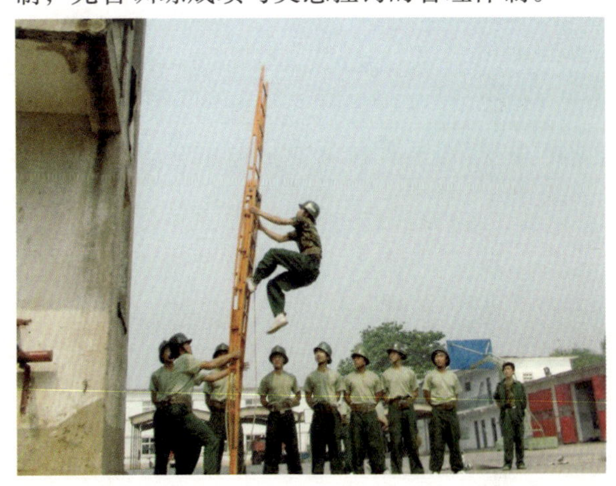

消防训练

2001年，以中石化集团公司消防第三区域联防组组长单位名义，组织联防组单位间的技术竞赛，洛阳分公司取得团体第3名、号操第1名。2003年，河南省公安消防总队首次对洛阳分公司消防支队进行年终业务考核，在考核的4个项目中，3项优秀、1项良好，名列河南省企事业专职消防队先进单位首位。2005年，在洛阳市企业专职消防队会操和洛阳市消防技术比武中，消防支队获两盘水带连接、三盘水带连接、百米负重等项目第1名，车操竞赛第2名。2006年，在河南省多种用工形式消防队业务比武，消防支队获团体赛第2名、比赛总分第1名。

灭火演练 按照中石化集团公司提出的油品罐区“一罐一案”的要求，组织力量制定油品罐区灭火预案。截至2002年底，完成油品车间14个罐区灭火预案制定，共制定预案110套。2003年，针对炼油、化纤重点装置和重点部位新完成灭火预案25套。2004年，制定生产装置及社区高层建筑等灭火预案13套。2005年，对PX装置扩建、宏达合纤、三联合汽油加氢等装置制定灭火预案11套，对“119综合管理系统”及时进行新装置信息地理地图的更新。各中队按照中石化集团公司每月白天、夜间至少各演练2次的要求进行实地操作，每月至少进行一次通过“119综合管理系统”的演习。2006年，对已有的100多套罐区和装置灭火预案进行修订，并根据《洛阳石化突发事件应急预案》的要求，制定8套新改扩建装置灭火预案。2007年，对新、改、扩建装置，如渣油罐区、硫黄装置等及时制定预案，全年制定8套灭火预案和15套气防抢险预案。2008年，针对延迟焦化装置和新建硫黄回收装置的重点部位制定完成8套灭火预案。2010年，制定成品油首站、18号罐区、低温冷储、金达特油TK203、新建260万吨/年柴油加氢装置、工程公司奥油装置等新预案12套，修订旧预案10套。

表8－5　　2001～2010年消防演习统计

年月日		演习时间	地　点
2001年	1月17日	15时44分	二联合烷基化回流罐苯体泄漏着火
	2月17日	18时59分	PTA装置化工二部BR－106氧化反应器
	10月25日	14时55分	油品车间4号罐区403号罐
2002年	10月31日	16时10分	油品3号罐区306柴油罐着火
2003年	11月7日	16时11分	气体车间1108罐
2004年	3月24日	14时30分	厂办公楼7层
	8月11日	16时35分	铁路运输部工业站苯车冲撞泄漏起火
	8月27日	10时01分	油品306号罐
2005年	4月29日	11时02分	化纤芳烃溶剂油分馏塔
	9月10日	14时22分	油品3号罐区301号罐
2006年	6月9日	9时17分	9时30分芳烃苯塔15－C06、9时29分G1707罐
	9月15日	14时13分	油品16号罐区1601罐
2007年	7月5日	9时32分	油品车间苯罐G1507冒罐着火
	9月11日	11时37分	油品602罐雷击着火
2008年	6月12日	9时05分	焦化车间
	10月29日	10时52分	油品306号罐进出口阀
2009年	1月24日	9时48分	一联合容1341
	4月30日	14时33分	加氢车间空冷器A5101油气泄漏着火
2010年	6月12日	14时31分	气体1807号罐法兰处丙烯泄漏、爆炸，对二甲苯罐1504罐底角焊缝撕裂
	6月18日	9时15分	金达特油厂TK203罐排污口起火
	9月7日	16时27分	油品1号罐区102号罐发生雷击起火
	10月12日	15时42分	三联合260万吨/年柴油加氢A3401发生火灾
	11月2日	9时05分	工程公司奥油装置V2101罐底法兰泄漏

抢险救援　抢险救援是消防支队肩负的重要职责。截至2010年底，受理火警389起，其中厂内209起、厂外180起，为装置进行现场监护627次，出动车辆1028台次。

表8－6　2001～2010年火警受理统计

年份	厂内火警（起）	厂外火警（起）
2001	26	26
2002	16	16
2003	12	11
2004	24	19
2005	35	22
2006	17	13
2007	5	6
2008	40	17
2009	18	25
2010	16	25

消防检查

2001～2010年，消防安全责任书签订范围逐步扩展到洛阳分公司机关处室。按照年度、月度防火和气防检查计划，结合阶段性工作重点开展消防检查。除按计划开展固定灭火系统、消防设施、消防器材、空气呼吸器、固定用火点、禁烟禁火等常规检查外，同时对各重点单位、要害部位、施工作业现场特别是装置停工检修现场以及社区、高层建筑、公众聚集场所进行消防检查。2001～2010年，累计开展防火、气防监督检查703次，查出消防隐患和问题1284项，下发隐患整改通知书111份，整改隐患和问题111项。

消防教育

消防教育的主要对象是消防责任人、管理人员、义务消防骨干、新入厂人员等。组织专业人员修订《消防气防培训教材》，完善培训课件，收集事故案例，制作教学片，丰富和改进教育培训模式。2001～2010年，共开展消防气防授课和指导11996人次，共计589课时。组织消防责任人、管理人员及义务消防队员轮训，培训4051人次，共计324课时。举办消防设施操作、初起火灾扑救、消防气防预案演练知识讲座，组织消防重点单位开展消防、气防预案演练，对重点岗位人员加强消防法规知识培训，共计405人取得消防安全培训合格证书。每年开展“119消防宣传日（周）”活动，普及消防知识，提高职工家属的消防意识。2006年，开展消防和气防知识竞赛、灭火器材和气防器材知识培训、固定用火点检查、家庭防火知识咨询以及大型摄影展等活动。2007年，与吉利区公安消防大队联合举办“119消防宣传活动”启动仪式，组织消防知识咨询及消防文艺演出。2008年11月3～9日，开展以“关注消防、珍爱生命、共享平安”为主题的“119消防宣传周”活动，在电视台滚动播放消防宣传标语，通过手机发送消防安全宣传短信，在企业局域网上设立消防知识宣传专栏，举办消防应急救援装备展示，开展“三会一标”知识答题活动。2009年，开展以“生命至上，平安和谐”为主题的消防宣传活动，在各生活区普及家庭安全用火、用电、用气知识，散发消防知识宣传单，设立咨询台，演示家庭火灾的扑救方法方式。2010年11月8～14日，对19家重点生产单位的78名操作人员进行“消防三懂三会”、“气防一能”抽查。指导惠康公司、宏业公司等单位开展应急疏散演练。征集职工家属制作的卡通形象设计作品17幅、图片70多幅，推出《河阳风消防专刊》。与洛阳分公司关心下一代工作委员会一起组织近400名学生走进警营，感受消防文化，接受消防知识教育。

消防宣传

消防设施

2003年，消防支队配备消防执勤车16台，其中进口消防车5台。新增8门进口大功率移动炮，替换老式移动炮。全队执勤人员配备97式战斗服、轻（重）型防化服、避火服、隔热服等防护装备总计130余套（件）。接警室增上“119综合管理系统”，实现接警、地图定位、预案生成及出警过程记录的自动化管理。2004年，火警受理由分散接警改为集中接警，并与洛阳市119消防指挥中心实现无线通讯联网，在火场通讯方面基本实现由市指挥中心——石化支队——各执勤中队（战斗班）的三级通讯网络模式。2005年，购置排气量较大的新压缩机，为重点单位增配空气呼吸器54具，解决多数单位空气呼吸器未成对配置的问题，使全厂配置数量达到220具。

新购置1台性能优良、操控先进的载重18吨的进口泡沫消防车，增配一批大功率进口移动炮，每个中队新配1套高空救援器材，战斗班配置一批个人防毒面具。新建训练塔，车库实现更新改造。2007年，完善消防车辆基础档案和维修保养记录，建立随车装备档案，实现“一车一档”。全队统一更换新式消防员头盔，部分配发头盔专用照明灯，增配防毒面具、泡沫钩管等装备器材。2008年，故障率较高的黄河消防车全部淘汰。2010年，配置2台干粉泡沫联用车和2台16米举高喷射车。

表8－7　　**2010年固定消防设施统计**

序号	名　称	数　量	分　布
1	稳高压消防水泵房	3个	供水车间、聚丙烯公司、铁路运输部
2	泡沫站	8个	芳烃车间、化工车间、聚丙烯公司、油品车间、华龙公司
3	室外消火栓	583台	厂区各单位
4	室内消火栓	428台	厂区各单位
5	消防炮	109台	厂区各生产单位
6	小型灭火器	3671具	厂区各单位
7	半固定式、消防竖管阀门	890个	厂区各生产单位

（责任编辑　杨红卫）

第九章　环境保护

洛阳石化坚持环保设施与主体工程同时设计、同时建设、同时投用，全面推行清洁生产，实施节能减排，严格控制、压缩污染源，改善环境行为。2006 年，洛阳石化被中石化集团公司确定为首批清洁生产示范企业。2006～2010 年，连续 5 年获中石化集团公司环保工作先进单位称号，2009 年获“河南省污染减排十大领军企业”称号。

环境保护包括环境管理、环保技术、环境监测、环保治理、环境绿化等内容。

第一节　环境管理

2001 年，安全环保处负责石化总厂和洛阳分公司的环境保护工作。2002 年 1 月，石化总厂成立安全处，下设安全环保部，负责石化总厂的环境保护工作。2003 年 5 月，洛阳分公司撤销二级机构，原炼油厂、动力厂安全环保部部分人员划入安全环保处。2005 年 2 月，洛阳分公司安全环保处和石化总厂安全处合并为安全环保处。安全环保处设环保技术科和环境监测站。

环境管理包括管理制度和管理措施等。

管理制度

1999 年，洛阳石化通过 ISO 14001 环境管理体系认证，并取得 UKAS 国际证书，2003 年再次通过复审。2004 年，对质量、环境、职业安全健康 3 个管理体系进行整合，建立 QHSE 管理体系，同年 10 月 11 日，正式发布实施 A 版体系文件。2006 年 9 月 11 日，正式发布实施 B 版体系文件。

2001 年起，对环保管理程序进行修订、补充和完善。涉及环境保护的作业文件主要有《洛阳分公司内部排污计费办法》、《洛阳分公司环境监测管理规定》、《洛阳分公司废水排放管理规定》、《洛阳分公司废气排放管理规定》、《洛阳分公司噪声污染管理规定》、《洛阳分公司固体废物管理规定》、《洛阳分公司生产装置异常作业环境管理规定》、《固体废物堆放场管理规定》、《雨排系统防止水污染管理规定》、《洛阳分公司清洁生产管理规定》、《洛阳分公司环境污染治理设施管理规定》等 11 项。

2003 年 7 月 1 日，开始实行企业内部排污计费制度，将污水处理和各项污染物排放相关费用纳入成本核算，促使各单位从源头减少污染物的产生和排放，从而降低末端污染治理的费用和污染物排放总量，控制污染物产生量。每年按规定向中石化集团公司及省市区环保部门上报环保月报、季报、年报等各种环保统计报表。

管理措施

每年召开一次安全环保委员会会议。每月在班组安全活动中安排有关环境保护知识的学习内容。每年“6·5”世界环境日发布年度环境质量状况公告和领导讲话，并通过举办黑板报展评、环保知识答题竞赛，张贴环境保护宣传海报，征集职工关于清洁生产、节能减排方面的合理化建议，加大宣传教育力度，增强职工和家属环境保护意识。

在日常工作中，加强上下游现场管理，严格控制、压缩污染源；加强全过程监督管理；积极开展废物综合利用研究，减少“三废”排放。加强排污申报制度的实施，异常紧急状态下的排污做到有序排放。2008 年，装置停工检修期间，污染物排放时间集中、浓度高，各单位认真开展

洛阳石化召开"6·5"世界环境日大会

各阶段、各环节环境因素识别与排污申报，制定并实施相应的环保措施，对重大作业进行重点监控，上下游密切协作，实现"无事故、无污染、无恶臭、无黑烟、无扰民"的环保目标。

成立环保事故应急队伍，储备应急物资，完善污染事故应急预案，组织开展泄漏污染应急处置现场模拟演习。2005～2009年，每年开展一次处理污染事故应急演练。2010年，开展2次处理污染事故应急演练。

第二节 环保技术

洛阳石化通过采用新工艺、新设备、新技术，加大技术攻关和技术改造力度，提升环境保护技术和管理水平，保证环境保护与生产的协调发展。

环保技术包括环保"三同时"、环保科研、技术进步、清洁生产等内容。

环保"三同时"

严格执行国家《建设项目环境保护管理条例》、《建设项目环境影响评价文件分级审批规定》和中石化集团公司《建设项目环境保护实施细则》要求，坚持环保配套设施与主体装置同时设计、同时建设、同时投用。

2001年，投资1.4亿元建成包括化纤污水处理场、热电站灰渣场在内的大型环保设施10余处，对污染物进行治理和综合利用。8月，中国环境监测总站、中国石化环境监测总站和河南省环境监测中心站对化纤工程进行清洁生产工艺考核和环保设施竣工验收监测。11月，化纤工程环保设施正式通过国家环保总局验收。同年，总投资1.5亿元的精对苯二甲酸装置扩能改造项目，由中石化集团洛阳石化工程公司环评中心完成项目环境影响报告书，并获河南省环保局审查批复。7500吨/年涤纶中空纤维项目、宏力化工厂液态烃扩能项目通过验收。

2002年，完成宏力化工厂新增8000吨/年聚丙烯专用料生产线项目、金达塑料制品厂项目、金达印刷厂改建项目的环评批复与验收，洛阳石化薄膜有限责任公司双向拉伸薄膜项目获得河南省、洛阳市环评批复。

2003年，完成宏力化工厂4台旧釜更新改造、聚丙烯公司改扩建工程、苯公路出厂设施扩建工程、芳烃联合装置扩能改造、增上2条差别化涤纶长丝生产线技改项目的环评审查与批复。对精对苯二甲酸装置扩能改造工程实现环保竣工验收。

2004年，完成洛阳石化薄膜有限责任公司2万吨/年双向拉伸薄膜项目、宏力化工厂2万吨/年MTBE及3000吨/年异丁烯联合生产装置的环保验收，洛阳实华合纤有限责任公司18万吨/年聚酯和15万吨/年短纤维项目获河南省环评审查与批复。

2005年，直柴加氢装置改造为重汽油加氢装置、催柴加氢装置扩能改造项目环评，通过洛阳市环保局审查批复。油品质量升级改造和新建45万吨/年PX工程项目环境影响评价报告书编制完成，通过国家环保总局环境工程评估中心技术评估。

2006年，完成芳烃联合装置扩能改造、直柴加氢装置改造为重汽油加氢装置、催柴加氢装置扩能改造、2条差别化涤纶长丝生产线技改项目环境保护设施竣工验收。2月，按新的环评要求向国家环境保护总局上报油品质量升级改造和新建45万吨/年PX工程项目《环境风险分析专题报告》，8月，获得国家环境保护总局对该项目环境影响评价报告书的批复。

2007年，按照环保"三同时"要求，在油品质量升级改造项目中认真把好初步设计和基础设计审查关，确保配套环境保护设施同步建设。4万吨/年硫黄回收和110吨/时污水汽提装置开工试运，炼油污水处理场改扩建工程开

始施工。

2008年，新建硫黄装置、焦化装置、CFB锅炉、烟气脱硫、炼油污水处理场改扩建等工程中的相关环保设施相继投入使用。

2009年，4万吨/年硫黄回收装置尾气治理设施投入使用，炼油污水处理场现场改造工作全部完成。新建14万吨/年聚丙烯项目环评报告通过省环境评估中心的评估，获河南省环境保护局批复。

2010年，完成14万吨/年聚丙烯变更建设地址的补充环评和增上汽柴油储罐项目环评的评审。油品质量升级一、二期工程相继竣工，向环保部门申请试生产，5月，取得试生产批复。向国家环境保护部申请环保竣工验收，10月，国家环境监测总站进行现场勘查，编制监测方案。

环保科研

2001年，组织PTA污水治理、“三泥”治理等项目攻关，取得显著效果。开展炼油污水旋流气浮工业应用技术开发、生物流化床处理工业污水新工艺及设备开发。

2002~2003年，投资230万元对污水处理场“三泥”系统进行改造，4月，一次开车成功，使污泥含水率由99%下降到80%以下。投资60万元配套开发的环境监测数据传输系统，完成现场安装调试和验收工作并上网运行。投资40万元对第一套污水汽提装置实施侧线加碱项目施工完毕，降低净化水氨氮含量，确保外排污水氨氮指标的合格率。总投资500余万元的热电站干灰回收设施投入正常使用，实现粉煤灰全部综合利用，减少了固体废弃物的外排。

2004年，与北京化工研究院、抚顺石油化工研究院共同开展PTA污水回用、PTA尾气催化燃烧技术开发两项科研项目。PTA污水回用项目中试通过鉴定，PTA尾气催化燃烧技术开发完成前期数据采集。

2004~2006年，与抚顺石油化工研究院共同合作，在现场开展催化燃烧处理PTA氧化尾气中试技术开发试验。2007年，通过中石化集团公司技术开发成果鉴定。2006~2008年，与北京化工研究院合作，在现场开展PTA装置精制废水回用技术研究试验。2008年，通过中石化集团公司技术开发成果鉴定。2008年，与中国科学院成都生物研究所合作开展洛阳石化化纤PTA污水处理活性污泥膨胀调查与分析科研项目。

2009~2010年，与中科院成都生物研究所合作开展化纤污泥钴锰回收及性能改善生物技术研究项目，完成实验室小试，现场中试试验及设备制造、安装和试运。化纤污水装置MBR污水回用系统微滤膜长周期平稳运行科研项目完成膜设备采购。

技术进步

2001~2002年，进行炼油污水旋流气浮工业应用技术开发、生物流化床处理工业污水的现场试验。2003年，投资1000万元的膜生物反应器深度处理化纤污水回用项目完成初步设计，以原有化纤污水处理装置为依托，通过技术改造增上厌氧—好氧—膜区循环运行膜生物反应器（MBR）处理系统，设计处理规模为200米^3/时，处理后的化纤污水替代新鲜水回用作供水循环水补水，实现污水资源化综合利用。

2004年，实施化纤污水回用系统改造、空分站机房噪声超标治理、五联合装置废碱液及恶臭治理三大环保治理项目。11月25日，实现化纤污水回用于循环水，成为国内首家大规模成功应用MBR膜技术的企业。2005年，实施炼油污水处理场曝气系统改造、隔油能力提高改造、化纤生产污水加装在线仪表、污水汽提流程优化、恶臭治理5个项目，总投资1142万元。高噪声源治理项目施工完毕。

2006年，中石化集团公司批复化纤污水处理场生产生活污水治理改造、热电站灰场回水系统改造、厂区清污分流、增上13号罐区二次切水设施、增上油泥无害化处理设施5个环保治理项目，投资1260万元。到年底，除增上油泥无害化处理设施项目外，其余全部建成投用。

2007年，列入中石化集团公司环保治理的项目共4项，其中油泥无害化处理项目开工试运，热电站输煤系统冲地水治理项目收尾，PSA制氢装置S201脱液治理项目完成设计，投资4592万元的热电站烟气脱硫项目进行设计。

2008 年，中石化集团公司批复的环保治理项目共 3 项，分别是建设固体废物填埋场、炼油污水处理场构筑物加盖、防止恶臭气体挥发和油品车间轻污油罐切水送污水汽提装置处理项目，总投资 320 万元。热电站烟气脱硫项目于 11 月 28 日建成投用，脱硫效率达到 90% 以上。炼油污水处理场改扩建工程有序进行，部分设施交付生产投入使用。投入资金 593.95 万元，增上 1 万立方米污水事故池，对水体环境风险隐患进行整改，进一步提高预防水体污染的能力。

2009 年，中石化集团公司批复的 3 项环保治理项目总投资 692 万元，包括炼油污水处理场恶臭治理（二期）、化纤油剂废水治理、完善环境在线监测系统。

2010 年，中石化集团公司批复的环保治理项目共 3 项，合计 1572 万元。完成增上活性污泥处理设施项目，炼油污水处理场废气治理项目、酸性水罐、碱渣罐顶气净化处理项目。完成环境在线监测系统项目。

清洁生产

2002 年，洛阳分公司成立清洁生产领导小组，制定下发《洛阳分公司清洁生产示范企业审计工作计划》，定期召开工作汇报会和协调会，有序推进各项工作。按计划开展企业废弃物排放现状调查，进行评估和方案筛选，确定需要审计的 11 套重点装置和清洁生产实施方案及主要清洁生产目标，编制各装置清洁生产审计报告和洛阳分公司审核报告。

2003 年，重点对污水系统进行排查，分析排放现状，实施清污分流，确定改造第一套催化、常减压装置机泵冷却水系统，使机泵冷却水通过自流热水系统进入循环水场，作循环水补充水；对五联合硫黄成型冷却水进行回收利用，污水处理场处理后的污水作为绿化用水；热电站冲灰水回用于装置，实现节水减污。同时采用先进技术，对工艺流程及设备进行改造，实施热电站锅炉瓦斯分液罐排凝线改造，排水车间污泥过滤设施完善等。

2004 年，完成洛阳分公司 2000 ~ 2003 年清洁生产审计报告，基本达到企业清洁生产审计验收条件。

花园式厂区

2005 年，利用装置停工检修的时机，实施 12 项中高费方案，累计投资 3146 万元，另有 10 项中高费方案实施，投资 2902 万元。

2006 年，举办清洁生产培训班 5 期，组织编印 5000 本《清洁生产宣传手册》，开展全员答题活动。按中石化集团公司《清洁生产企业标准》要求，编制《洛阳分公司清洁生产审核报告》。6 月，中石化集团公司清洁生产验收预评估组进行预评估。11 月 2 日，一次通过中石化集团公司清洁生产验收评估组专家对洛阳石化清洁生产企业的正式审核验收。

2007 ~ 2009 年，制定更高的清洁生产目标。根据污染全过程管理的原则，积极开展环保合理化建议征集、废物综合利用，严格控制、压缩污染源，加强全过程监督管理，尽量减少“三废”排放。督促落实筛选出来的清洁生产中高费方案的实施，逐步建立起一套消耗少、产出多，资源利用率高、污染排放率低，持续改进、清洁发展的生产管理体系。

2010 年，按照《清洁生产企业标准》要求实施清洁生产。6 月，根据地方政府环保部门要求，委托有清洁生产审核资质的单位对企业进行清洁生产审核，编制完成清洁生产审核报告，10 月，上报河南省环境保护厅。

第三节　环境监测

洛阳石化按照QHSE体系和监测计划开展环保监测工作，加大环境监测频率和密度，对废水、废气、环境空气、噪声、职防进行监测，定期发布环境质量公告。

环境监测包括水质监测、大气监测、噪声监测等内容。

水质监测

2001年，完成水质监测数据14546个，全年污水外排综合合格率99.21%。配合化纤、炼油生产装置换热器查漏，动力厂除盐水站、电站除盐水站水质分析，参与化纤工程环保单项验收分析工作。环境质量管理系统硬件部分进行安装调试，软件开发基本完成，并于年底投入试运行。

2002年，共完成水质监测数据15918个，污水外排综合合格率98.70%。在炼油污水排口和化纤污水排口分别设置pH、COD、TOC、流量计等在线监测仪表，对污水外排状况实行实时监测。全年完成2项重大科研攻关，与北京汇博精瑞科技有限责任公司合作进行的环境质量管理系统开发，实现对污染源的有效监控，监测数据实现快速传递和共享。完成高效厌氧菌处理PTA污水项目的工业化流程试验。

2003年，完成水质监测11506项次，污水外排综合合格率98.41%。在炼油污水总排口及炼油污水总进口增加流量计、pH、氨氮、石油类4台自动监测仪器，共有8台污水水质自动监测仪器投入使用。

2004年，完成水质监测11210项次，污水外排综合合格率98.42%。根据《产品质量检验机构计量认证/审查认可（验收）评审准则》的要求编制《质量手册》、《程序文件》，建立环境监测站质量管理体系，并正式通过河南省质量技术监督局组织的评审验收。

2005年，完成水质监测数据9336项次，配合攻关等水质加样数据542个，污水外排综合合格率98.09%。开展800万吨/年炼油扩能项目环境评价水质监测。另外进行MBR污水回用技术

清洁的水处理装置

攻关监测、五联合车间碱渣湿式氧化科研项目监测和存续企业排污申报监测工作。组织对监测质量体系的内部审核和管理评审，并编制内审报告和管理评审报告，对审核中发现的不符合项目进行整改，保证监测质量体系的有效运行。

2006年，完成水质监测10466项次，污水排放综合合格率98.68%。参与炼油污水处理技术攻关，对电脱盐污水、油品车间含油污水、五联合净化水、五联合酸性水等引起炼油污水水质波动的排水点多次进行加样全分析。配合化纤污水回用攻关，查找来水水质变化情况，测定残渣原水、PTA污水处理场B104池出水和化纤污水回用水、短丝、合纤、生产生活污水、供水循环水等样品。配合三联合扩能环保验收工作，对炼油污水排口和化纤污水排口进行连续的全分析监测。配合存续企业排污申报监测工作，先后对宏达化纤材料厂、金达公司塑料厂、华龙油气装运站、职工学校、宏力化工厂等多家单位进行污染因子监测。

2007年，完成水质监测数据9272个，水质临时攻关分析数据1060个，污水外排综合合格率98.13%。根据中石化集团公司关于开展污染源普查工作的部署和要求，制定污染源普查监测方案，组织进行污染源普查监测。积极参与技术攻关项目和科研攻关工作，协助博士后流动工作站开展化纤污水处理场恶臭分析与治理课题的相关分析工作。

2008年，完成水质监测数据5251个，水质加样数据645个。在装置停工检修和开工期间，共监测污水、环境空气、噪声数据602项次。参与科研攻关，配合炼油污水治理攻关、油泥无害化开工、化纤污水回用、博士后工作站《化纤污

水场臭气成分分析及治理途径》、成都生物研究所《化纤污水场污泥膨胀问题研究》等项目开展数据监测与分析。

2009年，完成水质监测数据9946个，水质加样数据646个。配合炼油污水场和化纤污水场攻关工作，完成化纤装置污染源排查分析、化纤装置物料分析、炼油装置污染源排查分析、炼油油品罐区脱水污染源情况分析、炼油污水场絮凝剂筛选试验、石油类及溶解油的对比分析试验、化纤污水场来水可生化性分析、有毒有害物质含量分析等，共完成临时监测数据600多项次。

2010年，完成水质监测数据10835个，水质加样数据174个。配合炼油与化纤污水攻关监测，为化纤污水回用和炼油污水场稳定运行提供技术支持。实现环境在线监测系统的数据传输，电站烟气脱硫数据和炼油污水总排口数据实现与中石化集团公司对接。

大气监测

环境空气监测点位包括开元社区、双苑社区、三和社区、河阳新村、厂区环境空气，以及生产装置废气排放口。主要分析项目包括总悬浮颗粒物、二氧化硫、二氧化氮、非甲烷总烃、烟尘、林格曼黑度、芳烃等。2001年，完成环境空气与废气监测数据1986项次。2002年，完成大气监测数据2357项次，建立噪声、二氧化硫、氮氧化物、硫化氢、总烃、苯、甲苯、二甲苯8个职业危害尘毒监测岗位，完成职业危害因素监测数据1772项次。2003年，完成大气监测1614项次。2004年，完成环境空气监测数据723项次。2005年，完成环境空气监测数据345项次。参与800万吨/年炼油扩能项目环境评价环境空气监测。2006年，完成环境空气监测数据435项次，参与PTA尾气治理科研项目和五联合恶臭气体治理项目科研实验废气样品分析。2007年，完成环境空气监测数据610项次，参与博士后流动站《化纤污水处理场恶臭分析与治理》科研课题分析工作。2008年，完成环境空气监测数据567项次。2009年，完成环境空气、烟气监测数据270项次，气象数据1330个。2010年，完成环境空气、烟气监测数据273个，气象数据1024个。

环境监测车对空气质量进行监测

噪声监测

噪声监测包括生活区噪声、厂界噪声、噪声源的监测。生活区噪声监测点有开元社区、双苑社区、三和社区、河阳新村等，生活区噪声执行Ⅱ类标准。厂界噪声监测点有聚丙烯公司、宏力化工厂、华龙公司厂界和洛阳石化生产区域厂界，厂界噪声执行厂界噪声Ⅲ类标准。环保监测站每年均按照环境监测计划的要求执行正常监测。

第四节　环保治理

洛阳石化“三废”和噪声经治理后均符合国家标准。截至2010年，共有环保治理装置16套。

环保治理包括废水治理、废气治理、废渣治理、噪声治理等内容。

废水治理

2000～2010年，炼油污水处理装置、化纤污水处理装置、含硫污水处理装置相继进行技术改造和技术提升。装置运行平稳，外排水质逐年好转，逐步实现炼油污水的分级回用和化纤污水处理装置向循环水补水系统的回用。

炼油污水处理装置升级改造　炼油污水处理场是与500万吨/年炼油工程配套建设的环保治理设施，由隔油、浮选、生化、砂滤、活性炭等设施组成。1984年开工运行。进入污水处理场

的各种污水，经“老三套”装置及砂滤、活性炭等装置处理和提升泵计量后排放。由于建成时间较早，逐渐与主装置加工能力不匹配。2005年开始，随着油品质量升级改造项目的实施，炼油污水处理装置也相应进行一系列升级改造。2005年，完成炼油污水处理场方曝池曝气系统改造、隔油能力提高改造项目。2006年，完成炼油污水处理场均质罐内污油回收设施改造项目。2007年，炼油污水处理场进行改扩建，污水处理场规模扩建至700米^3/时，将原有的混合排水系统，分为含盐和含油2个独立的处理系统，其中含油污水系统处理能力为550米^3/时，含盐污水系统能力为150米^3/时。含油、含盐污水经隔油、浮选水解酸化、两级生化、MBR处理达到一级排放标准后排放。

化纤污水处理装置膜生物反应器（MBR）改造 化纤污水场是洛阳化纤工程的配套装置，2000年5月正式投用，主要接收处理PTA、PET装置高浓度有机污水，设计处理能力为440米^3/时，实际处理量为200米^3/时。2004年3月，在原化纤污水处理装置的基础上，通过技术改造增上污水处理回用系统，使处理后的化纤污水替代新鲜水回用做供水循环水补水，实现污水资源化综合利用。污水处理回用系统采用厌氧－好氧－膜区循环运行膜生物反应器（MBR）处理技术，设计处理能力为200米^3/时，共18组36套。2004年11月，试运完毕，交付生产。生产运行过程中，曾出现过膜结垢、膜断丝，出水浊度高、COD波动大、出水水质不稳、膜污染和膜通量下降等问题。通过采取进水工艺优化、监测池改造、投用活性炭吸附、膜组件抖动风移位改造、化学清洗周期的调整等措施，陆续解决膜出水浊度高、悬浮物高、膜易受污染和膜通量降低等难题，实现长周期平稳运行。2006年4月，化纤污水全部回用于供水循环水，在国内首次实现化纤污水的工业回用。

2005～2010年，化纤污水场MBR处理后污水作为循环水补水共回用334.8万吨，少用新鲜水和少向黄河排污近400万吨。

含硫污水汽提装置 洛阳分公司共有2套含硫污水汽提装置。处理后的净化水部分回用于常减压装置，作为电脱盐注水，回用量为56万吨/年，其余净化水排入炼油污水处理场处理。在油品质量升级改造项目中，规划新建1套110吨/时的酸性水汽提装置，以满足总的酸性水处理量要求。装置设1套脱气、除油设施，采用2套单塔并列操作，共用1套分凝、氨精制、氨压缩的流程。2008年3月，交付生产，6月，新污水汽提装置一次开车成功。

废气治理

随着油品质量升级改造项目的实施，洛阳分公司进一步加大对废气治理的投入力度，先后对硫黄回收装置进行技术改造，新建热电站烟气脱硫设施，炼油污水处理场进行恶臭治理。这些装置投用后，每年可少向大气排放二氧化硫约4000吨。

硫黄回收装置 洛阳分公司原有2套硫黄回收装置，其中Ⅰ套装置设计生产能力为3000吨/年，1987年8月开工，2001年4月扩能改造至1万吨/年。Ⅱ套装置设计生产能力为3000吨/年，1997年9月开工，2000年3月扩能改造至1万吨/年。新建4万吨/年硫黄回收装置于2008年3月正式交付生产，6月，新硫黄单元硫黄回收装置经过系统吹扫、充压气密和升温烘炉后，成功引入酸性气，实现开车一次成功。装置投产后，年产硫黄4万吨。

4万吨/年硫黄回收装置

热电站烟气脱硫设施 热电站烟气脱硫项目，是在热电站原有的烟气处理基础上，通过扩能改造，实现在原烟气中去除二氧化硫等有害性气体。项目于2007年6月立项，2008年8月建成中交，总投资4592万元，2008年11月实现开工运行，烟气脱硫率达到95%以上。

炼油污水处理场恶臭治理　在炼油污水处理场隔油、气浮、曝气等工艺处理过程中，一些有害气体散发出来，影响环境空气质量。2008年油品质量升级改造过程中，采取对炼油污水处理场构筑物加盖密闭、集中收集的措施，减少恶臭气体挥发。恶臭的主要治理措施先期采用物理方法，为散发有毒、有害气体的污水处理设施安装隔离罩并设置气管排放。隔离罩材质为高强度玻璃钢。

废渣治理

在固体废物处理和处置方面，一方面加大对废催化剂的生产厂家分类回收管理，另一方面新增油泥无害化和湿式气体碱渣处理装置，解决困扰企业的固废处置难题。

油泥无害化治理　2006年，洛阳分公司同抚顺石油化工研究院合作，共同开展含油污泥综合治理研究工作。2007年，国内首套油泥无害化处理装置在洛阳分公司正式建成投用。该项目总投资1100余万元，设计每小时处理含水率80%的油泥1~2吨。采用抚顺石油化工研究院最新国内专利技术，间歇运行，设备维护简单，操作条件温和，能源消耗低，油泥处理效率高，符合国家资源化和无害化处置原则，与焚烧法相比，不存在焚灰和尾气处理等问题，是较为先进的油泥处理技术。截至2010年底，累计处理炼油污水处理场产生的油泥2460吨。

油泥无害化处理装置

碱渣处理　常减压蒸馏装置直馏柴油碱渣、催化汽油碱渣及脱硫醇装置液态烃碱渣全部进入碱渣处理装置处理。经2001年扩能改造，处理柴油碱渣能力达到1.5万吨/年，催汽碱渣通过氧化脱臭－酸化生产粗酚，设计年处理催汽碱渣8480吨，生产粗酚123吨。碱渣处理一直采用传统的浓硫酸中和法，由于碱渣处理装置脱臭设施不完善，在处理汽油碱渣和液态烃碱渣时，恶臭味很大，污染大气环境。2004年，采用抚顺石油化工研究院开发的废碱渣湿式氧化处理技术，将碱渣中的恶臭物质氧化脱臭，再进行硫酸中和，彻底解决汽油碱渣和液态烃碱渣处理过程中的恶臭污染问题。汽油碱渣和液态烃碱渣在加压、加温条件下，不断地通入空气，使空气中的氧溶解于水中，利用空气中的氧作为氧化剂，在一定反应温度（100℃~200℃）和较高压力（0.2~3.5兆帕）下，把碱渣中产生恶臭味的硫化物氧化成无味的硫代硫酸盐或硫酸盐，从而消除废碱渣的臭味。

碱渣湿式氧化装置于2005年1月正式投料试运行，运转情况良好。

固体废物填埋场　热电站灰场位于厂区北围墙1.4千米的寨上庄南沟，2000年建成投用。为防止冲灰水下渗影响地下水，在填埋场底部作防水处理，在填埋场周围合理绿化，改善环境。沟顶宽100米，沟长2.35千米，沟深20米，坝高171米，有效容积87万立方米，剩余库容73万立方米。

化纤固体废物堆场位于热电站东侧，火炬西侧。该堆场底部及四周作防渗处理后，设有淋溶水收集排放系统将淋溶水排至污水处理场进行处理，总容积为8550立方米，用于堆埋化纤装置产生的废催化剂、废吸附剂等固体废物。

2008年，中石化集团公司批复新建固体废物填埋项目。该项目位于厂区北侧火炬院内，总容量为8500立方米，2010年10月建成投用。

噪声治理

洛阳石化坚持以人为本，按照QHSE体系要求，根据实际监测情况，本着轻重缓急的原则，加大投入力度，分期分批进行噪声污染治理。

表 9－1　　　　**噪声治理项目情况**

年份	单位	隐患部位	危险等级	费用（万元）	治理后评估情况
2004	空压车间	空分站机房噪声	中石化集团公司级	49.8	达标验收
2007	一联合车间 二联合车间	装卸催化剂噪声	中石化集团公司级	10	良好
	气体车间	气柜操作室增上降噪音设施	中石化集团公司级	2.5	良好
2008	短纤维车间	PLC 控制操作室噪声	洛阳分公司级	30	达标
	二联合车间	气压机 3.5 兆帕蒸汽放空加消音器	洛阳分公司级	10	良好
	化工车间	环境噪声治理	洛阳分公司级	17	达标
	热电站	锅炉磨煤机更换隔音罩	洛阳分公司级	60	良好
2009	空压、发变电等车间	生产车间噪声治理	洛阳分公司级	100	良好
2010	化工车间	PTA 尾气干燥放空系统	洛阳分公司级	25	良好

表 9－2　　　　**2001～2005 年环保经济技术指标**

项目 年份	工业废水达标率（%）		炼油专业吨油排水量（吨）		工业废水排放量（万吨）		万元产值 COD 排放量（千克）	
	考核值	实际完成值	考核值	实际完成值	考核值	实际完成值	考核值	实际完成值
2001	>95	99.21	<0.75	0.71	－	－	<0.95	0.95
2002	96	98.70	0.75	0.60	－	－	1.00	1.02
2003	95	98.41	0.75	0.68	－	－	1.05	1.20
2004	95	98.42	0.75	0.59	－	－	－	－
2005	≥95	98.09	≤0.65	0.61	≤550	430.56	≤600 *	465.26 *

* 表示 2005 年数据，为 COD 排放总量，单位为吨。

表 9－3　　　　**2006～2010 年环保经济技术指标**

项目 年份	外排废水达标率（%）		工业废水排放量（万吨）		COD 排放总量（吨）		危险废物妥善处理率（%）		炼油专业加工吨原油排水量（吨）		污水回用率（%）	
	考核值	实际完成值	考核值	实际完成值	考核值	实际完成值	考核值	实际完成值	考核值	实际完成值	考核值	实际完成值
2006	≥95	98.68	≤350	312.6	≤380	302	100	100	≤0.6	0.49	－	7.3
2007	≥95	98.13	≤312	159.4	≤300	160.6	100	100	≤0.47	0.244	≥35%	61.3
2008	≥97	99.8	≤170	155.48	≤174	149.15	100	100	≤0.26	0.22	－	45.9
2009	≥98	100	≤220	219.91	≤220	213.46	100	100	≤0.25	0.19	－	33
2010	≥98	100	≤210	259.58	≤210	255.38	100	100	≤0.2	0.21	－	31.24

第五节 环境绿化

2001年9月，园林公司与惠康公司合并，厂容厂貌纳入惠康公司统一管理。2007年以后，通过开展“打造两张名片、创建优美环境”活动，建成区绿地率达到26%。

环境绿化包括厂区绿化、社区绿化等内容。

厂区绿化

2001~2006年，由于资金投入有限，惠康公司对厂区绿地只负责日常修剪、防病虫、浇水等维护管理，相关的人工费、运行费通过社区服务费用等方式支付给惠康公司。从2007年开始，洛阳分公司加强对厂区绿化的投入和管理。

2007年，根据厂区绿化改造总规划，相继完成经九路、经七路、纬六路、纬十六路，化四路部分路段、西办公楼后、污水处理场等处的绿化改造，化十四路、小车队南侧道路沥青路面、16号罐区环形消防通道水泥路面的铺设，一联合等装置、管线的防腐刷漆工作，新种草坪实现自动喷灌。

厂区绿化

2008年，完成经九路以东的绿化改造，累计完成10条道路及新硫黄、焦化2个装置区的绿化改造任务，种植草坪22万平方米、各类乔木950株，安装浇灌水线6万米，彩化道路8条，其中铺设吸水砖2.48万平方米、彩砖9895平方米。根据厂区项目建设，配合移栽苗木7289株。割除厂区、灌区杂草275万平方米，修剪草坪、图案926.4万平方米，打灭虫药158车。通过绿化改造，使厂区经九路以东区域基本达到“无黄土裸露，无卫生死角，无荒草杂树，无污秽墙壁”的目标要求。

2009年，组织完成经九路以西、青年生态园、供排水车间、厂南门、化十四路南侧、热电站装置和加氢装置的绿化改造任务，累计植树约1.4万株、花灌木16.24万株，新增绿地面积约25.2万平方米，铺彩砖（含吸水砖和草坪砖）3.62万平方米，敷设水线2.8万米，安装道牙1.48万米，为26个生产车间操作室配备盆花。河南省林业厅野生动物救护中心向洛阳石化赠送10头梅花鹿代养，以体现人与自然、大工业生产与自然的和谐，并将洛阳石化作为人与自然和谐相处的试点企业。

2010年，组织完成铁路运输部装卸油台部分环境整治任务，对化纤厂前路两侧绿化带实施改造，新植苗木28.66万余株，改造绿地面积11.86万平方米，安装水线2000余米、道牙2130米，砌挡土墙及排水沟加高4425米。根据油品质量升级改造项目的需要，拆迁并异地重建花房6座。加强厂容督察，全年累计外运垃圾4512车，清扫保洁厂区道路47.8万平方米。

社区绿化

为打造环境宜人的舒适社区，实施绿化、彩化、净化和亮化工程。维修4个社区花园，实现一区一园一特色。社区绿地面积达到22.65万平方米，树木68种58137株，苗木成活率、绿化覆盖率分别达98%和40%以上。加强绿化维护管理，及时更新、填平补齐绿色植物，定期修剪养护花草树木，确保社区三季有花、四季常绿，同时在社区主要树木上悬挂标牌。社区空地因地制宜实施硬化、彩化和绿化，道路两侧铺上彩砖，彩化面积43793平方米。环境卫生严格执行卫生保洁细则和“三查”（清洁工自查、管理员巡查、领导抽查）制度，清扫人员分片包干，在确保一天两扫、全天保洁的基础上，做到夏灭蚊蝇、秋扫落叶、冬清积雪，为居民创造清洁宜人的生活环境。2006年，按照地方政府的要求，在社区重要部位安置果皮箱，封闭垃圾道，安装外置地埋式垃圾箱，实现生活垃圾袋装化管理，进一步保持和优化社区环境。维修、改造社区照

明系统，走廊灯分别采用智能控制器和声控开关，新安装社区路灯、花园灯384盏，铺设路灯电缆4170米，其中在新开发的商业小区和其他社区部分路段安装太阳能路灯39盏，每年可节约用电2.5万千瓦·时。路灯、花园灯根据自然照明情况自动调整开、闭时间，确保在亮化、美化社区的同时，尽可能地节约用电。2007年，组织完成4个社区部分区域的彩化硬化、道牙刷漆、路面扩宽、外屋面清理、植树绿化等环境改造项目。增设社区保洁人员，统一着装和工具，实行卫生保洁责任制，加大楼道清扫力度，加强管理考核，社区面貌有较大改观。2008年，以洛阳市争创全国文明城市和河阳新村创建国家示范小区为契机，相继组织实施3个社区楼道粉刷、部分楼栋阳台脱落整治、部分公共设施维修、河阳新村生活污水管线修理等社区环境改造项目。2009年，新植苗木约1500株、草坪约7100平方米，完成部分道路扩宽、彩化硬化、住宅楼外墙粉刷、文化设施整修等29个环境改造项目。在4个社区新增部分停车位，摆放文化景观石15块。2010年，加强土地整理、草木种植、修剪养护，力求达到“整齐美观、品质优良”的目标。全年累计新植苗木4604株、绿篱1500余米、草坪1.75万平方米，种植乔、灌木2.02万株。修建双苑、三和、河阳新村3个社区文化橱窗。

环境优美的河阳新村

（责任编辑　杨红卫）

第十章 科学技术

洛阳石化坚持把科技创新和技术进步作为提高企业核心竞争力和经济效益的着力点，实施科技兴企战略，充分发挥科学技术的“推进器”作用，为生产经营提供技术支撑。

第一节 技术管理

技术管理包括工艺技术管理、产品质量管理、专利管理和合理化建议。

工艺技术管理

技术质量处工艺技术科负责工艺技术管理，主要工作内容包括：组织编制和审定新装置开工方案和操作规程，参与新装置开工试运；对生产过程中出现的技术难题组织技术攻关，参与生产装置、生产方案调整及工艺参数审定；组织编写新增生产项目建议书、可行性研究报告及设计委托，参与审查设计方案及项目完成后的竣工验收、投用标定工作；组织新技术、新工艺推广应用和新产品的申报及成果鉴定；组织生产装置达标、合理化建议和技术交流。

工艺技术实行统一领导，分级管理。装置开工投产以后，技术质量处在洛阳分公司领导下开展工作。直属生产车间设技术组，负责工艺技术规程、岗位操作法、工艺卡片、技术月报编制及装置达标、技术标定等管理工作。

2001~2010年，由于机构、管理模式变化以及先进工艺技术和装置设备的应用，先后修订、制定操作规程、技术协议、化工辅助材料管理办法、化工辅助材料ABC分类、化工原辅材料使用管理细则、涤纶长丝产品过程质量控制管理办法、工艺技术管理制度、操作平稳率管理细则、技术月报（季报、年报）管理细则、工艺技术例会管理细则、工艺卡片管理细则、工艺技术规程（操作法）管理细则、工艺操作参数分级管理细则、工艺技术台账管理细则、工艺连锁（报警）管理细则、开停工方案管理细则、工艺技术标定管理细则、岗位操作记录管理细则、达标管理细则、技术攻关管理细则、技术改进合理化建议管理细则、工艺技术基础资料管理细则、工艺纪律检查管理细则等管理制度和规程。

根据原料质量、产品市场、生产特性和装置运行情况，及时对装置进行标定，对工艺卡片进行修订，提出原料评定报告、装置运行状况报告、生产调整建议和短期生产规划。

2001年，开展RICH（催化裂化柴油深度加氢处理）技术工业应用，脱除催化柴油中的硫、氮等杂质，改善安定性。通过改变进料的烃类组成，提高柴油馏分的十六烷值，柴油收率达到95%以上。第二代降烯烃助剂GOR－U在加入5%的助剂后，汽油烯烃含量降低约11个百分点，汽油芳烃含量提高约0.7个百分点，汽油辛烷值略有下降，轻油收率、干气产率、焦炭产率基本保持不变。长丝POY油剂攻关解决了影响丝束上油均匀性问题。

2002年，应用新技术、新工艺对部分关键装置进行改造。针对催化装置原料持续变差、钒含量居高不下、生焦率偏高、产品分布不理想以及汽油质量升级的情况，加强催化剂使用前的技术交流和品种筛选工作。根据两套催化装置结构、原料性质和生产要求，及时调整催化剂的配方和品种，先后试用TMOPOPAL878L、GORC降烯烃催化剂和RESOVE750降硫助剂。对“6·28”事故失活吸附剂组织再生成功，最大限度减少损失。

2003年，组织装置标定4次，完成催化装置进口降烯烃催化剂及助剂的标定，大处理量情况下的炼油系统标定及模拟计算等。根据装置结构和原料性质，摸索出长流程加工模式，即常减压-溶剂脱沥青-催化裂化组合加工流程。该流程的实施，使催化进料性质得到改善，由原来纯常压渣油进料改为常压渣油、减压蜡油、脱沥青油混合进料。催化生焦和干气有所降低，自用率下降，综合商品率提高。综合能耗由87千克标油/吨降至80千克标油/吨以下，催化剂单耗由1.7千克/吨催化原料降至1.4千克/吨催化原料。为确保4月1日前汽油满足新标准要求，在催化裂化装置应用降烯烃催化剂及NS-FCC脱硫助剂，与其他工艺配合，使汽油达到新标准的要求。为改善催化裂化装置产品分布，提高轻液收率，在一催化装置采用新型高效催化裂化活性助剂、二催化装置应用增产丙烯助剂、采用MGD等新技术。四联合装置采用“低负荷进料，高负荷循环”运行模式，确保装置运行平稳。

2004年，装置负荷高、原油库存低、原油硫含量高、产品质量问题突出，为降低催化剂消耗和费用，将催化剂消耗纳入预算管理。为提高PX产量，对芳烃联合装置吸附塔工艺参数进行优化，在81%负荷、99.6%纯度时，产量达到19吨/时。通过采取有效措施和技术攻关，解决聚酯装置高负荷、快循环运行时的熔体质量问题。

2005年，在装置停工大检修过程中，工艺技术管理人员深入现场，了解装置改进特性，对存在的问题和运行结果进行预测，制定相应措施，保证装置开工和运行的可靠性。

2006年，优化重整装置运行，提升重整生成油的芳烃含量。在原油价格高位震荡，原油、成品油价格长期倒挂的情况下，以新产品开发和质量监控等管理环节为重点，加强航煤生产质量管理，改善产品结构，停开长丝FDY2线和5线。根据市场情况，对FDY2线进行双头纺改造，生产适销对路的55dtex/24f双头纺产品，同时停运长丝POY8线。

2007年，对Ⅱ套催化装置实施“一轻二重”的运行模式，一催化装置使用FCA-100A催化裂化强化助剂，在重金属含量较高情况下，适当提高催化剂活性，改善产品分布。将气体脱硫富液闪蒸气由直接排低压瓦斯系统改为进分馏塔顶分液罐，回收轻烃，降低加工损失。在化纤上下游装置负荷调整的同时完善技术措施，增产“三苯”。在满足聚酯及合纤原料供应的前提下，PTA装置实施弹性操作运行模式。

2008年，140万吨/年延迟焦化和220万吨/年蜡油加氢装置先后开工投产，气体分馏装置扩能至65万吨/年，常减压蒸馏装置减压深拔、二催化装置FDFCC改造等项目加紧进行。在原料劣质化和装置运行模式发生重大变化的情况下，强化装置运行分析，实施34项课题攻关。通过提高减压炉出口温度、增加塔底注汽量和调整减三线抽出比例等手段，常压渣油中350℃前的含量稳定在6%左右，减压渣油中530℃前含量由11%降到7%左右。在一催化装置实施原料优化措施，生焦率和催化剂单耗明显降低。投用二催化装置外取热器，并通过将再生方式改为完全再生，优化进料模式，焦化汽油全进提升管等措施，催化剂单耗大为降低，烟气中一氧化碳化学能得以有效回收，通过烟气能量利用，主风机耗电进一步降低。140万吨/年延迟焦化装置开工稳定后，利用焦炭塔空间，进行大处理量运行考核，突破22小时生焦周期的技术瓶颈。通过提高丙烯等高附加值产品的收率，加强重油加工流程攻关，优化沥青生产，减少燃料油产率，改善催化裂化原料性质。

2009年，220万吨/年蜡油加氢装置开工后，对炼油总流程进行优化。根据催化原料性质，调整催化剂配方，提高焦炭选择性，将焦化蜡油、DMO全部加氢，减压蜡油尽可能加氢，最大限度改善催化原料品质，简化进料模式，在改善装置产品分布的同时，提高装置运行的可靠度。采取常压蒸馏提高炉出口温度，加强95%点馏出温度控制和增加常压塔底注汽等措施，优化常压塔操作。针对蜡油加氢装置产品柴油、石脑油产量较少以及两套催化裂化装置负荷较大的特点，将加氢装置侧线产品打入蜡油去催化裂化装置，降低加氢分馏塔进料温度，停止分馏塔侧线抽出的优化措施，使分馏塔进料加热炉出口温度由370℃降低至240℃，节约瓦斯1100米^3（标准）/时，停运3台泵、6台空冷器、1台水冷器、2台汽包，能耗由18.27千克标油/吨降至

14 千克标油/吨。

2010 年，开展常减压和Ⅱ套催化装置特级维护，维持常压塔稳定运行，使脱后含盐量低于 4 毫克/升。5 月，完成装置催化剂撇头，稳定装置运行。研究制定焦化、溶剂脱沥青装置满负荷运行措施，灵活调节闪蒸系统负荷，提高重油平衡调控能力，使塔河原油加工量达到 12 万吨/月。提高Ⅱ套催化装置运行水平，优化Ⅰ套催化装置运行工况和再生系统，降低生焦率和平衡催化剂定炭。

加强装置达标工作，成立洛阳分公司装置达标工作领导小组，下设技术经济组、成本核算组、安全环保组、设备运行组、节能降耗组 5 个专业组，每月对达标情况进行总结，通过对各项数据统计分析，找出存在的问题及影响因素，提出改进建议。采用新工艺、新设备对装置进行技术改造，开展技术攻关和技术开发，降低能耗、物耗，提高装置运行水平。在常减压、一催化、二催化、催化重整、聚酯和长丝 6 套装置 2001 年实现专业达标的同时，2002 年，精对苯二甲酸装置实现达标，2003 年短纤维装置实现达标。

2009 年，以中石化股份公司下达的炼化达标指标为基础，完善炼油、化纤和化工装置达标体系，以轻质油收率、综合商品率、综合能耗和费用指标为重点，选定系统内同类先进装置作为参比对象，选取关键对标项目作为装置考核指标，健全考核体系。在车间、洛阳分公司两级技术例会上，对装置对标完成情况进行总结通报，分析存在问题，制定优化措施，督促项目落实。2010 年，结合“比学赶帮超”活动，进一步健全装置达标考核体系，通过指标分解、加强技术分析、达标月报通报和调度会通报排名等手段，促进装置运行水平和各项技术经济指标的提高。

表 10－1　　2001～2010 年炼油专业装置达标基本指标

年份＼名称	轻质油收率（%）	综合商品率（%）	吨油加工能耗（千克标油/吨）	高附加值产品收率（%）	加工损失率（%）	原油储运损耗（%）
2001	77.70	89.87	86.86	82.78	1.03	0.58
2002	75.89	89.32	86.56	83.65	1.01	0.52
2003	74.45	90.97	84.95	82.83	1.00	0.51
2004	74.01	91.20	79.06	83.44	1.00	0.32
2005	74.54	90.76	75.09	83.19	1.00	0.36
2006	76.06	91.63	68.41	83.56	0.95	0.40
2007	74.16	91.06	69.14	81.62	0.90	0.45
2008	74.50	91.37	67.39	81.83	0.86	0.39
2009	74.92	93.15	64.53	82.88	0.78	0.37
2010	74.12	94.02	61.72	82.14	0.71	0.30

表 10－2　　2001～2010 年化纤专业装置达标基本指标

年份＼项目	PTA 装置 PX 单耗（千克/吨）	PTA 一级品率（%）	PET 装置 PTA 单耗（千克/吨）	PET 一级品率（%）	长丝熔体单耗（千克/吨）	长丝 A 级品率（%）	短丝熔体单耗（千克/吨）	短丝 A 级品率（%）
2001	660.52	99.50	861.00	99.65	1029	96.04	1020	98.53
2002	659.85	100	859.42	99.85	1022	97.21	1033	93.50
2003	659.44	100	858.28	100	1019	97.33	1023	98.35

续表

项目 年份	PTA 装置 PX 单耗（千克/吨）	PTA 一级品率（%）	PET 装置 PTA 单耗（千克/吨）	PET 一级品率（%）	长丝熔体单耗（千克/吨）	长丝 A 级品率（%）	短丝熔体单耗（千克/吨）	短丝 A 级品率（%）
2004	658.50	99.94	857.49	99.18	1022	97.41	1021	99.27
2005	657.93	100	858.94	98.68	1022	96.16	1024	97.53
2006	656.77	100	857.58	100	1018	97.30	1021	98.75
2007	657.11	100	857.69	98.22	1021	96.84	1021	98.89
2008	654.89	100	859.08	99.11	1025	96.95	1019	99.77
2009	654.97	100	856.15	99.83	1022.24	97.12	1016.74	98.24
2010	654.86	100	856.15	99.86	1021.68	97.11	1016.33	99.49

产品质量管理

围绕优化资源配置，跟踪原油掺炼比例、馏出口和成品质量，开展质量攻关、新技术应用，调整生产装置工艺参数，保证产品质量合格。生产实际中，明确基层车间专职质量工程师，班组设兼职质量员，形成公司、处室部门、车间、班组四级产品质量管理网络。2002～2004 年，作为河南省、洛阳市车用乙醇汽油推广应用工作小组成员，参与开发生产车用乙醇汽油调和组分油、97 号车用无铅汽油、－20 号轻柴油，推广新标准车用无铅汽油，配合河南省推广应用车用乙醇汽油调和组分油，解决生产中煤油、汽油脱硫醇难题以及高附加值产品产量和质量矛盾突出等问题。2005 年，以提高产品质量、服务用户市场，全面实行数据信息网络化管理。2006 年，根据《轻质油品安全静止电导率》要求和中石化集团公司的部署，实施汽油、柴油、煤油等轻质油品安全静止电导率控制不小于 50 微微西门子电导率/米。根据中石化集团公司《关于做好添加奥运赞助标志工作的通知》及《中国石油化工集团公司奥运赞助标志使用规范》，完成涤纶牵伸丝、涤纶预取向丝、涤纶短纤维、纤维级聚对苯二甲酸乙二醇酯（PET）树脂、工业用精对苯二甲酸和工业硫黄等产品包装材料添加奥运赞助标志工作。组织开展质量信息管理系统优化与开发，结合 LIMS（实验室信息管理系统）实施，对化验二车间质量信息系统进行完善。2007 年，产品质量检验数据实现 LIMS 上线运行，保证数据和信息的安全快速传输。加强产品质量监控，组织质量攻关，发现和解决生产运行中出现的问题。针对长丝装置产品逐步向细旦化、差别化发展，稳定长丝产品质量存在较大困难的实际，及时确定 POY 86dtex/48f、266dtex/288f 等产品质量指标，严把化工原辅材料进厂关，保证生产稳定。合理调整产品品种，优化长丝装置操作条件，加强与下游用户交流，强化产品过程控制和产品质量内控管理，保证产品合格出厂。2008 年，开展航煤固体颗粒污染物超标问题攻关，排查确定 RB－01 吸附剂老化和白土粉化的原因，采取相应对策，保持航煤生产的正常进行。基本解决聚酯切片端羧基含量、水分和涤纶短纤维卷曲率等项目的分析数据差异问题。2009 年，220 万吨/年蜡油加氢装置建成投产后，将汽油加氢装置改为航煤加氢装置，解决航煤闪点偏低、腐蚀不稳定等技术问题，航煤产量达到 5 万吨/月。11 月开始，以军用喷气燃料标准组织航煤生产。按照国家和中石化油品质量升级的总体安排，推进汽油及乙醇汽油调和组分国Ⅲ排放标准升级，11 月 15 日，生产出国Ⅲ标准汽油，并率先投放河南市场，比国家总体部署提前一个半月。根据生产工艺和产品标准变化情况，起草和修订《3 号喷气燃料生产管理细则》、《化工辅助材料管理细则》、《产品内控标准》等制度，加强质量管理，化工化纤产品优等品率达到 96.5% 以上，产品出厂合格率保持 100%。乙醇汽油调和组分油、0 号轻柴油、3 号喷气燃料等产品先后通过国家燃料油质量监督检验中心、河南省技术质量监督局的质量抽检。2010 年，通过采用增产丙烯助剂、优化芳烃组分调和汽油等手段，高附加值产品产率达到82.6%。

质量检查的主要任务是对产品质量标准执行情况和产品质量进行检验监督，确保产品出厂合格率达到100%。按标准下达产品化验分析计划，并对其分析数据负责，确认产品质量符合标准要求后，签发产品合格证。制定、修订生产装置馏出口质量指标，完成成品馏出口合格率的统计、考核等工作。

2001～2010年，100多项石油、化工、化纤、塑料、水质以及各种原材料产品标准（国家、行业、企业），上千项检验测试方法（国家、行业、企业）经过制定、修订和贯彻，应用于企业生产实践中。除中石化集团公司、纺织和化纤协会部分行业产品标准外，还参加《化学纤维短纤维疵点试验方法》、《化学纤维短纤维含油率试验方法》、《化学纤维长丝含油率试验方法》、《化学纤维长丝线密度试验方法》、《纤维级聚酯切片分析方法》等13项国家标准试验方法及《涤纶牵伸丝》、《涤纶短纤维》、《纤维级聚酯切片（PET）》、《涤纶低弹丝》4项国家标准的修订起草工作。

专利管理

专利管理包括专利的收集、申报和日常管理等。2001～2010年，洛阳石化累计申报国家专利23项，授权专利17项，待审查6项。

表10－3　　2001～2010年申报发明专利

名称	类别	申请时间	专利号	授权时间	发明人或设计人
催化裂化废催化剂磁分离方法与装置	发明	1998.06.24	ZL98110319.7	2002.08.28	杨德陆　袁峻业　刘树贻　卫全华　王志结　黄梓友　戴景朝
一种新型胶带纸切割机	实用新型	2001.02.17	01216404.6	2002.08.28	刘永明
对苯二甲酸氧化残渣中钴锰催化剂回收方法	发明	1999.10.19	ZL99121153.7	2003.09.10	李　林　李殿卿　葛　巍　刘大壮
航煤脱色用颗粒白土的再生工艺方法	发明	2001.02.17	ZL01107793.X	2003.10.01	边家领　王治卿　袁峻业　李　林　韩剑敏　李德文　卫全华
一种脱色用白土的再生方法	发明	1999.07.20	ZL99110580.X	2003.10.29	边家领
一种新型热塑性弹性体	发明	2001.05.16	ZL01114932.9	2004.01.07	王治卿　袁峻业　周春怀　王延伟　杨军忠　李德文
降低催化裂化汽油硫含量的方法	发明	2002.04.30	ZL02110319.4	2005.07.13	赵振辉　王治卿　刘耀宇　叶晓东　鲁　芹
利用催化裂化废催化剂制备颗粒吸附剂的方法	发明	2002.09.29	ZL02135616.5	2005.10.05	边家岭　杜瑞华　李德文
一种新型的沥青质减黏生产石油燃料的方法	发明	2002.12.19	ZL02135897.4	2006.09.06	李　林　王治卿　薛稳曹　韩剑敏　韩长青　赵　刚
一种喷气燃料脱色剂的制备方法	发明	2003.07.08	ZL03138773.X	2005.11.09	王治卿　韩剑敏　李　林　边家岭　杨朝晖　刘永明　李德文　杜瑞华　许朝峰

续表

名称	类别	申请时间	专利号	授权时间	发明人或设计人
从重污油中回收清油的方法	发明	2003.09.30	ZL03134933.1	2006.02.22	任满年 赵振辉 薛稳曹 熊三民 吉振坡 董力军 杨 萍 田英爱 蔡廷建 白丽萍 王丽娟 邢松桃
一种催化裂化油浆拔头工艺及工业装置	发明	2005.05.13	200510017571.7	2008.01.25	赵振辉 任满年 杨书显
一种原油脉冲电脱盐工艺	发明	2007.04.29	200710054331.3	2009.01.12	任满年 李 林 刘可非 董力军 李中新 杨 萍 梁晓斌 齐文瑞 陈灵文 田英爱 徐 娟 杜瑞华 叶久良 陈卫平 王 正 李丛梅
一种重油加工组合工艺	发明	2007.04.30	200710054354.4	审查阶段	赵振辉 柴志杰 任满年 杨书显 杨志强 黄建林 李中新
一种高等级道路沥青生产工艺	发明专利	2007.04.30	200710054355.9	审查阶段	赵振辉 任满年 杨书显 柴志杰 杨志强 黄建林 李中新 陈卫平 王 正 岳利梅
精对苯二甲酸装置精制母液回收利用系统和工艺方法	发明专利	2007.11.26	200710180548.9	审查阶段	郑国栋、况成承、高国正 顾祥万 李 彬 李海潮 刘可非 张照鹏 王家范 梁朝科 任中亮 高跃峰 焦冬梅 牛建升 周大强
一种复合交联物及其制备方法和用途	发明专利	2005.05.19	200510070778.0	2008.10.29	杨军忠 郭丰平 刘 伟 景振华 王 军 王延伟 孙春燕 代振宇
顺丁橡胶－低密度聚乙烯交联物及其制备方法和用途	发明专利	2005.01.18	200510002251.4	2007.03.21	杨军忠 郭丰平 刘 伟 景振华 王 军 王延伟 孙春燕 代振宇
一种茂金属三元乙丙橡胶－低密度聚乙烯交联物及其制备方法和用途	发明专利	2005.05.19	200510070777.6	2007.07.11	杨军忠 郭丰平 刘 伟 景振华 王 军 王延伟 孙春燕 代振宇
一种热流道注塑成型用聚丙烯树脂组合物及其制备方法	发明专利	2005.05.18	200510002252.9	2008.10.25	杨军忠 郭丰平 刘 伟 景振华 王 军 王延伟 孙春燕 代振宇

续表

名称	类别	申请时间	专利号	授权时间	发明人或设计人
一种增溶剂及聚丙烯/聚氨酯共混复合材料及制备方法	发明专利	2009.11.26	200910172733.2	审查阶段	赵振辉 张玉清 张 力 陆 昶 梁万军 赫玉欣 曹豫新 刘继纯 周宝森 席志武 黑云志
一种阻隔性聚丙烯复合材料及其制备方法	发明专利	2009.08.27	200910065952.0	审查阶段	赵振辉 张玉清 张 力 刘继纯 梁万军 高喜平 曹豫新 彭淑鸽 周宝森 赫玉欣 席志武 黑云志
多组分增韧剂制备的多功能废旧PET与聚丙烯原位成纤复合材料	发明专利	2009.12.14	200910227471.5	审查阶段	赵振辉 王经武 张 力 王荣娜 梁万军 吕亚男 曹豫新 代佳丽 周宝森 席志武 黑云志

合理化建议

合理化建议实行统一领导、归口管理，随时收集，定期审评。对合理化建议实行精神和物质鼓励相结合的奖励原则。2001～2010年，累计评审合理化建议8140项。

表10－4　2001～2010年科技类合理化建议

年份	上报项目	采用项目	攻关项目	奖励项（成果）
2001	1488	321	26	51
2002	1490	891	31	25
2003	2000	489	44	28
2004	1700	500	32	36
2005	1000	800	24	22
2006	183	183	28	23
2007	55	31	31	21
2008	74	33	33	26
2009	80	39	39	30
2010	70	38	38	31

说明：不同时期管理体制的差异，统计口径各不相同。

第二节　技术发展

技术发展包括技术改造、科技成果研究与转化等内容。

技术改造

2001年以后，洛阳石化进行一催化装置反再系统UOP技术改造、二催化装置增上富气压缩机、减压、溶剂脱沥青装置等重大技术改造，新增减黏裂化、油浆拔头装置及重整装置膜分离氢提纯设施，消除装置及公用工程方面的制约瓶颈。2003年，对化纤装置进行扩能改造，芳烃装置PX产能由18万吨/年提高到21.5万吨/年，PTA装置产能由22.5万吨/年提高到32.5万吨/年。2005年，装置大检修期间对常减压装置进行加工含硫原油适应性改造，常压装置加工能力达到800万吨/年。对催柴和直柴加氢装置进行改造，满足汽柴油质量升级的需要。对重整装置进行改造，满足化纤原料的要求。二催化装置进行FDFCC－Ⅲ工艺技术改造后，产品结构得到优化。实施芳烃装置综合节能改造后，空气预热器的出口温度由250℃降至140℃以下，炉效率达到91%以上。采用高效塔盘对二甲苯塔等8个塔器实施改造，能耗降低15%。利用先进过滤技

术，对 PTA 装置精制母液中的固体颗粒进行回收利用，母液固体回收率达到98%以上，PX 单耗降低2~3千克/吨。同时，循环使用精制母液，降低脱离子水消耗量，减少污水外排。在聚酯装置采用乙二醇蒸汽喷射泵技术替代水蒸气真空抽气系统，改造后装置能耗降低8个单位，每小时减排废水约3吨。2008年装置检修中实施低温余热系统改造，改造后系统运行稳定，循环热水用量减少，每小时节约0.3兆帕蒸汽15吨，每年节约社区燃煤1500吨，能源综合利用水平进一步提高。

科技成果研究与转化

2001~2010年，累计投入科研经费2亿元，完成科研开发项目200多项。通过省、部级鉴定成果53项，其中获国家、河南省、中石化集团公司级奖励41项。

通过省部级鉴定的科技成果50%以上已直接应用于当时的生产，解决阶段性生产难题，也有部分项目作为技术储备或专利保留起来。

表 10-5　2001~2010年主要获省部级科技成果鉴定项目及获奖情况

项目名称	鉴定时间	鉴定单位	研制单位	授奖单位	奖励种类	级别
精对苯二甲酸新产品开发	2001	河南省经贸委	洛阳石油化工总厂	河南省经贸委	新产品奖	二
聚酯切片新产品开发	2001	河南省经贸委	洛阳石油化工总厂	河南省经贸委	新产品奖	二
卷帘密封型干式气柜新技术工业应用	2001	中石化股份公司科技开发部	洛阳分公司	河南省经贸委	新技术奖	三
炼油厂液化石油气低温储存技术	2001	中石化股份公司科技开发部	洛阳分公司	河南省经贸委	优秀新产品新技术奖、科技进步奖	三
第二代降低催化裂化汽油烯烃助剂的开发	2001	中石化集团公司科技开发部	洛阳石化工程公司、天津石化炼油厂、洛阳分公司炼油厂	中石化集团公司科技奖励评审委员会	科技进步奖	三
大型催化裂化烟气能量回收系统三旋的研究与开发	2001	中石化集团公司科技开发部	中石化工程建设公司、中国石油大学、洛阳石化工程公司、洛阳分公司、中石油大庆炼化分公司	中石化集团公司科技奖励评审委员会	科技进步奖	三
催化柴油深度加氢处理 RICH 技术开发及工业应用	2002	中石化集团公司科技开发部	石油化工科学研究院、洛阳分公司、长岭催化剂厂	中石化集团公司科技奖励评审委员会	科技进步奖	二
PX 氧化反应过程优化操作技术研究	2003	中石化集团公司科技开发部	洛阳石油化工总厂、华东理工大学	中石化集团公司科技奖励评审委员会	科技进步奖	二

续表

项目名称	鉴定时间	鉴定单位	研制单位	授奖单位	奖励种类	级别
催化裂化增产丙烯助剂 LPI－1 的研究开发及工业应用	2004	中石化集团公司科技开发部	洛阳分公司、洛阳石化工程公司	中石化集团公司科技奖励评审委员会	科技进步奖	三
FDY 双头纺技术研究	2004	中石化集团公司科技开发部	洛阳分公司	中石化集团公司科技奖励评审委员会	科技进步奖	三
炼油厂能量消耗计算与评价研究	2004	中石化集团公司科技开发部	中石化股份公司炼油事业部、洛阳石化工程公司、上海高桥、北京燕山、天津、济南、洛阳分公司	中石化集团公司科技奖励评审委员会	科技进步奖	三
大型精对苯二甲酸生产过程智能建模、控制与优化技术	2004	教育部	华东理工大学、浙江大学、扬子石化公司、洛阳石油化工总厂、天津石化工公司	国家科技进步奖评审委员会	国家科技进步奖	二
低氢烃比高空速 HLD－001 甲苯歧化与烷基转移催化剂研制与工业应用	2004	中石化集团公司科技开发部	上海石油化工研究院、天津分公司、洛阳分公司	中石化集团公司科技奖励评审委员会	科技进步奖	一
汽油在线优化调和系统	2005	中石化集团公司科技开发部	洛阳分公司、天津分公司、北京中科诚毅科技发展有限公司	中石化集团公司科技奖励评审委员会	科技进步奖	二
CDC 重油深度转化降低汽油烯烃催化剂的研究开发及工业应用	2005	中石化集团公司科技开发部	石油化工科学研究院、洛阳分公司、催化剂长岭分公司	中石化集团公司科技奖励评审委员会	科技进步奖	二
涤纶全牵伸丝（FDY）设备生产预取向丝（POY）产品技术开发及应用	2005	中石化集团公司科技开发部	洛阳分公司	中石化集团公司科技奖励评审委员会	科技进步奖	三
TA 蒸汽管回转干燥机研制	2005	中石化集团公司科技开发部	天华化工机械及自动化研究设计院、洛阳石油化工总厂	中石化集团公司科技奖励评审委员会	科技进步奖	三

续表

项目名称	鉴定时间	鉴定单位	研制单位	授奖单位	奖励种类	级别
国产连续重整技术的开发及工业应用	2006	中石化集团公司科技开发部	洛阳石油化工工程公司、洛阳分公司、石油化工科学研究院	中石化集团公司科技奖励评审委员会	科技进步奖	一
SKI－100A 脱乙基型碳八芳烃异构化催化剂研发及工业应用	2008	中石化集团公司科技开发部	石油化工科学研究院、洛阳分公司	中石化集团公司科技奖励评审委员会	科技进步奖	二
炼厂含油污泥处理热萃取脱水技术	2008	中石化集团公司科技开发部	抚顺石油化工研究院、洛阳分公司、天津分公司	中石化集团公司科技奖励评审委员会	科技进步奖	二
PTA 装置精制母液回用系统新技术开发	2008	中石化集团公司科技开发部	洛阳分公司	中石化集团公司科技奖励评审委员会	科技进步奖	三
涤纶短纤维油剂国产化工业应用	2008	中石化集团公司科技开发部	洛阳分公司、天津工业大学	中石化集团公司科技奖励评审委员会	科技进步奖	三
重整再生单元干燥器国产化	2008	中石化集团公司科技开发部	洛阳石油化工工程公司、洛阳分公司、珠海德特空气净化设备有限公司	中石化集团公司科技奖励评审委员会	科技进步奖	三
石脑油催化重整成套技术的开发与应用	2009	中石化集团公司科技开发部	洛阳石油化工工程公司、石油化工科学研究院、洛阳分公司、扬子石化、湖南建长石化股份有限公司、镇海炼化分公司	国务院	国家科学技术进步奖	一

第三节 科技学术活动

科技学术活动包括技术交流、论文发布等内容，分别由技术质量处和发展规划处组织。

技术交流

2001 年，洛阳分公司决定对 PTA 装置进行扩能改造。为此，与洛阳石化工程公司进行多次交流，进行项目可行性论证。

2002 年，加强催化剂使用前的技术交流和品种筛选工作，先后与 AKZO 公司、DAVISON 公司、长岭催化剂厂、齐鲁周村催化剂厂、兰州催化剂厂、石油化工科学研究院等多家单位进行数十次技术交流，使用LRC－9、LV－33、ORMIT－3600、CC－20DV、CC－20DV1、CC－20DV2等多种牌号的催化剂，还试用TMOPOPAL878L、GORC降烯烃催化剂和RESOVE750降硫助剂。

2003年，与洛阳石化工程设备研究院、天津大学共同开发生物流化床污水处理技术。2004年，中石化股份公司炼油事业部先后组织专家组，对常减压装置、催化裂化装置进行诊断咨询，提出生产优化运行方案及产品质量升级、节能降耗、设备防腐等方面的建议。邀请石油化工科学研究院、抚顺石油化工研究院有关专家，重点就清洁汽油生产技术、清洁柴油生产技术、加氢裂化技术及应用进展、延迟焦化工艺新进展等进行技术交流和讨论，并提出汽柴油质量升级方案、加工流程近远期优化方案。

2005年，采用抚顺石油化工研究院（FRIPP）开发的OCT－M技术，将80万吨/年直馏柴油加氢装置改造为汽油选择性加氢脱硫装置，满足汽油质量升级的要求。对催化重整装置进行扩能改造，再生部分将法国IFP第一代技术改造为洛阳工程公司开发的LPEC连续再生技术，加工能力由50万吨/年提高至70万吨/年。

2006年，在青岛新天诚纺织有限公司进行1.20dtex产品试纺工作，在不改变任何纺织加工条件的前提下，清花、梳棉、并条、粗纱、细纱各工序运行良好，制成缝纫线强力比原使用1.33dtex产品生产的61支缝纫线提高20－30CN。与东华大学合作，相继开发“U”字功能型和“十”字透气导湿涤纶长丝新产品。洛阳石化博士后流动站开展合成发光塑料母粒及发光塑料开发研究。

2007年，与北京化工研究院合作开发“精对苯二甲酸精制废水回用技术工业化试验”项目。应用抚顺石化研究院技术，建设国内首套油污泥无害化处理装置，对固废污染物实施有效治理。

2008年，芳烃联合装置采用上海石油化工研究院的HLD－001甲苯歧化与烷基转移催化剂获得成功。10月，与洛阳石化工程公司建立长期战略合作伙伴关系。

2009年，加强与中石化科研机构合作，采用LPEC的连续重整国产化技术应用效果良好。

2010年，通过不断完善科研管理体制，与科研机构的合作进一步加强，形成塔河混合原油的整套加工技术，成功开发焦化装置除焦检测技术，长短丝国产油剂研发实现工业化应用，国产长丝环吹技术应用日趋成熟，沸腾床渣油加氢技术开发工作积极推进。

论文发布

技术论文发布会每年举行1次，2001～2010年，共征集论文约1000篇，评出优秀论文一等奖42篇，二等奖122篇，三等奖205篇。

洛阳石化科技论文发布会

2006年8月，洛阳石化召开首次科技与人才大会。2009年4月，召开第二次科技与人才大会，对国家科技进步奖、中石化科技进步奖获得者进行通报表彰，表彰基层单位“科技创新先进集体”、洛阳石化“科技创新标兵”、洛阳石化“技术能手”等。

第四节　科技信息

科技信息工作由信息中心负责。2003年5月，信息中心成立情报站，负责信息调研、科技情报、图书和科技刊物的管理。

信息调研

2001年，完成信息调研课题32项。4月，在成都召开的第七届中国石油和石油化工信息成果交流会上，洛阳石化获“信息成果交流奖”和“优秀组织奖”。2002年，完成64项信息调研的收集与整理工作，对外交流信息调研成果40项。

向行业网、油品市场网等网站提供信息150条。2003年，完成64项信息调研成果的评审、交流，并汇编成册，共计43万字。2005年，协调组织有关ERP模块设计、长丝新产品开发、重整自控改造、延迟焦化技术等方面的调研60项。2006年，围绕生产经营实际完成60项专题调研的计划下发、管理评审，对外交流50项。2007年，结合油品质量升级项目实施，开展加氢裂化、延迟焦化技术专项服务，从先进工艺、大型设备、装置特点、产品特性、安全环保等方面进行信息调研，评选出49项优秀成果，其中“重整装置进一步技术改造”、“涤纶短纤维中缝纫涤纶线等新产品的开发”、“20万吨/年聚丙烯装置改造”等成果紧密结合企业实际，为生产建设和持续发展提供建设性的意见。2008年，信息调研成果中，“800万吨/年炼油改造”、“大聚丙烯项目建设”、“延迟焦化开工”、“化纤新产品研发”等在实际工作中实施。2009年，围绕生产经营组织完成调研项目56项，被评为中石化集团公司信息调研工作先进单位。2010年，完成52项情报信息调研项目的计划、评审与管理，与20多家兄弟企业开展情报信息交流，获第16届石油和石油化工信息成果交流优秀奖。

每年的获奖成果材料报送石油化工行业信息网，在一年一度的信息成果交流会上进行交流。

信息资料

情报站图书室采购与企业生产、建设、经营、管理有关的图书、标准、报刊、资料等，进行整理编目、入库，供专业技术人员借阅和查阅。随着企业的发展，图书室馆藏各类图书资料也在丰

排列整齐的档案资料柜

2004年，建设图书综合管理系统。随后又利用网络优势，将各类信息有机组合，建立Web（网络）页面，并提供检索通道，实现与图书、期刊和大型中文期刊数据库的链接。2005年，提供综合、炼油、化工、化纤等动态科技、市场类信息1400条，为5280人次提供图书资料借阅查询服务。2006年，加强情报信息动态网站的开发建设和维护，将图书文献、标准、石化科技快报、信息成果等信息进行整合，建立7个数据库。2007年，建立更新油品、沥青、聚酯、芳烃、长短丝等产品生产周报和市场信息数据2000余条。2008年，以企业网站主页为平台，增上中文期刊全文数据库检索查询系统。2009年，更新综合类信息2000多条，周报和日报1000多期。更新维护中国期刊数据库期刊论文25万多篇、会议论文2万篇、硕士和博士论文2万多篇，更新维护中国石化期刊库论文700多篇。增上网络标准数据库系统。全年对外交流论文100多篇。2010年，完成法律法规库42万多条数据的安装与调试，清华同方“CNKI”数据库系统新增和更新数据量约1.5TB，及时处理万方标准全文数据库系统问题20多次，为基层单位提供检索服务100多次。维护更新洛阳石化科技等专题库和油品等产品数据库，实现石油、化工、化纤生产三大业务信息日更新。

信息刊物

情报站负责《洛阳石化科技》、《石化科技快报》等信息刊物的编辑出版及发放、交流。

2001~2010年，连续出版《洛阳石化科技》50期，每期约10万字，发行800册，主要内容是企业内部科技成果、技术改造、生产经营、技术报告、调研报告等，同时还介绍国内外的新技术、新工艺、新设备、新材料。出版发行后与石化、石油系统百余家企业交流。2008年《洛阳石化科技》改为双月刊。

2008年，《石化科技快报》更名为《石化信息快报》，主要内容是摘要报道最新的政策法规、科技信息、市场信息、综合信息等。2001~2010年，连续出版480期，发至工程技术人员。

《油化纤文摘》每年出版6期，书后附有图书室新进图书资料的目录，为读者介绍馆藏情

况，提供导读服务。

2001~2010年，洛阳石化与河南省化工研究所合作编辑出版《河南化工》洛阳石化专辑6期，每期刊登论文50多篇，展示洛阳石化所取得的科技成果。

第五节　计算机开发应用

随着信息技术的发展，信息化在提升传统产业方面的作用越来越显著，计算机在企业得到普及，网络覆盖面不断扩大。2005年10月，信息中心成立ERP（企业资源计划）支持中心。2006年9月，更名为ERP系统维护站，负责ERP等应用系统的运行维护和深化开发。

网络应用

2001年，开通计算机宽带网。1月，石化总厂局域网Internet出口DDN（数字数据网）专线由64K提速到128K。8月，与中国电信、中国联通签署协议，采用LAN（局域网）连接方式，将带宽扩升为10M，完成扩升后系统平台、设备环境、开发环境的优化管理，对WWW（万维网）主页重新改版，及时注册与洛阳石化相关的7个中文域名。并以河阳新村、三和社区部分住宅楼为试点建设生活区ADSL（非对称数字线路）宽带网，11月底完成施工，达到开通条件。到2002年底，生活区安装宽带400余户。

2003年，进一步拓宽网络覆盖面，形成计算机内部网框架，机关处室和生产车间全部联入企业内部网。企业主干网5个网段的带宽升至千兆。并开通中石化集团公司SDH2M（同步数字系列）专用数字链路，实现与中石化集团公司广域网的联网。新增、升级网络防火墙2台、入侵监测系统1台、防病毒服务器4台、网络管理系统1套、网络IP（网络之间互连的协议）加密机1台，使500个客户端、30台服务器实现防病毒系统应用。2004年，联入节点1800个，安装企业网EDSL（以太数字用户线路）节点9个，新增网络防火墙3台、VPN（虚拟专用网）系统1套，更换主干交换机15台，网络应用覆盖所有单位和部门。2005年，新增VPN系统1套。

2006年，根据内外网分离运行的实际，建立办公大楼和厂内东办公楼2个因特网网络查询室。2007年，完成信息中心新办公楼的整体装修和核心机房的改造搬迁，重建网络环境和电子培训教室，并对重要地段二级机房网络设备进行提升，完成部分新装置网络改造工程，不断扩大网络覆盖面和系统应用范围。2008年，铺设光纤1万多米，新联网和改造节点20多个，新增联网用户200多个。2009年，实施机房改造工程，按国家机房建设标准设计、建设，使新机房在建筑装修、供配电、照明、温湿度控制、烟雾检测报警及灭火、接地防雷、空调新风、综合布线、环境设备集中监控、安全管理及监控、KVM、机柜12大系统方面都符合标准要求，搬迁原机房设备到新机房，改造原通讯配线间为网络查询室。共完成6类线路铺设1.21万米、互联光纤铺设750米，安装配线及理线设备280套，制作网络模块3216个，割接网络主干光纤13条，安装网络终端12套，熔接制作光纤终端460多点，安装部署机柜60台，迁移网络及网络安全设备20台、服务器105台套。

改造后的核心网络机房

2010年，实施双网隔离项目，通过构建单独的外部网络，实现内部网络与外部网络分离运行。共配置安装11台交换机、2台服务器，搭建独立的外网访问平台，完成办公大楼、工程项目管理部、信息中心、营销部、物资装备部、厂内东办公楼上网室的联网工作，接入因特网计算机90台。实施中石化推广项目Symantec网络准入控制系统建设项目，完成2台SEPM服务器的安装配置，4台LANEnfrocer局域网控制网管的安

装调试，以及25个机关处室的现场实施工作，共安装客户端1200台左右，实现安全准入策略检查、防火墙策略下发。

截至2010年底，核心机房使用面积276平方米，网络覆盖率达100%，涉及60个部门及车间，网络光纤覆盖率99%，全网使用单模光纤共计38千米左右，网络采用标准3层架构，速率双冗余互联主干8000兆汇聚至主干4000兆互联，接入层至终端桌面75%实现1000兆到桌面，25%实现100兆到桌面，双网隔离、内外网单独使用，划分120个VLAN，建设5个网络区域。用户5400个，采用网络准入系统统一认证登陆。

软件开发

2002年5月，储运厂生产调度管理系统由DOS（磁盘操作系统）平台升级到Windows（视窗操作系统）平台，10月安装调试设备，12月投入运行。同时开发投用计划统计信息系统、动力厂生产日报系统，完成中石化集团公司办公自动化系统连接测试和党群部门办公自动化平台搭建。

2003年，自主开发企业全面预算管理系统，开展数据源建设，7月底试用，12月实现网上指标考核。完成物资管理系统、轨道衡数据处理系统、网络安全系统、车间数据上报程序、电力调度日报等17项系统的开发任务。

2004年2月，开发InfoPlus实时数据库系统，10月投用，实现B/S（浏览/服务器）模式下的实时数据监视和对全面预算管理系统的数据支持。2005年，开发生产报表系统。根据中石化集团公司的统一部署，全面实施ERP系统平台。

2006年，为提升ERP系统应用水平，开发物资编码网上提报系统，加快物资编码的申请与处理。重新编制调度日报系统程序，升级改造外部电子邮件系统，对常减压等9套装置进行流程模拟模型开发与应用。

2007年，开发信息系统设施管理和维护系统，对各单位服务器、打印机、投影仪等设备进行集中统一管理，实现计算机维修流程化。

2008年，移动信息化项目持续推进，增加调度早报短信收发、工资短信通知等功能。开发投用物资需求计划提报系统。1月，开始OA（办公自动化）系统功能提升计划开发，后与石化盈科合作开发，3月底投用，提升OA系统，实现电子合同会签。OA系统由C/S（Client/Server客户端/服务器）模式改为B/S（浏览/服务器）模式，减轻用户端维护量。

2009年，着手开发企业信息管理和查询系统，完成生产信息、经营信息、财务信息、设备动力及计量、业务公开、系统管理等主模块开发，实现信息查询、报表服务、数据统计分析等功能。

2010年，完成生产数据库RAC双机热备安装配置和投用，开发ERP、MES、LIMS、RTDB、短信平台等数据库的接口，实现ERP等数据库和本地数据库夜间数据同步功能，按照优化后的架构模式对网站整体框架进行优化开发。完成经营模块主页面开发，实现45个关键数据的集成与展示，开发二级页面42个，涵盖原油信息、煤炭信息、物资库存信息、产品信息、销售信息、储运信息等各类数据信息。完成40余个二级页面的开发，集成数据点800余个，经营模块投入试运行。完成信息基础设施管理模块功能开发。生产模块完成电力信息等7个主要页面的数据提取和页面开发以及15个二级页面的开发、150余个数据点的分析提取工作。

计算机应用

2001年，采用ASP（动态服务器主页）重新改造设备管理系统，暂未达到联网条件的车间可以通过拨号上网的方式进行数据录入和查询。2002年，炼油厂部分车间可通过实时数据库系统取得班组成本核算数据。随着动力厂、储运厂局域网的建成，利用数据库系统，分厂内部车间与厂部管理层之间的数据传输可直接通过网络实现，班组成本核算数据的处理、查询、上报实现计算机自动化。

2004年，按照中石化ERP建设规划，编制《洛阳分公司ERP实施方案》，进行ERP前期项目建设，铺设光缆20000余米，改造支线45条，网络主干新增4段并升级到千兆，共有10段达千兆，新增并调试交换机26台，安装机柜55个。2005年，洛阳分公司被确定为中石化ERP系统上线单位之一。5月18日，正式启动项目建设，先后完成核心机房建设、ERP服务器及网络设备安装调试、联网，涉及单位70个。安装SAP客户端软件850台套，完成BASIS（系统基础）配置系统管理，设计230个业务流程，配置675个通用和本地角色。11月7日，ERP系统正式上线运行。

2006年，根据中石化MES（生产执行系统）项目总体规划，洛阳分公司被列为第一批推广单位。项目于3月正式启动，经过项目准备、流程确认与工厂模型数据收集、系统测试、系统试运行等阶段，11月21日正式上线运行。

2007年，洛阳分公司被列为中石化集团公司首批LIMS（实验室信息管理系统）系统推广企业之一。项目于3月29日正式启动，从静态数据收集、网络完善、系统集成、仪器连接、设备安装调试、系统测试到主数据导入、业务流程确认、集成测试、最终用户培训等，各项实施工作均按期完成。11月6日，在6家推广企业中率先实现LIMS系统上线运行。另外，实施桌面安全管理系统，实现系统补丁、病毒库分发等功能，提高网络安全性；实施TBM（全面预算）系统和AIS（审计信息）系统。

2008年，投用生产调度视频会议系统，计量数据采集系统完成预验收，DCS实时监控系统整合提升项目制定具体的实施技术方案，并开始组织实施。9月，启动ORION（炼油调度优化）系统的建设。

2009年，实施ERP系统物码转换项目，开发报表110多张，整理各模块数据近50万条，9月7日实现重新上线运行。开发建设PS（工程项目管理）模块，完成流程设计42个，差异分析5个，客户化开发7个，10月16日正式上线运行。3月，ORION系统通过阶段验收，9月正式上线运行，12月1日通过中石化集团公司专家组的验收。6月，LIMS项目通过中石化集团公司验收。MES配套计量数据采集系统通过功能完善提升，实现长周期稳定运行。DCS实时监视系统优化提升项目完成合同规定的所有实施内容，6月上线运行，9月通过验收。此外，还实施炼油生产调度指挥系统（二期）和生产营运指挥系统以及设备管理系统等项目，开发统计平衡优化提升项目。

2010年，完成化工生产调度指挥系统（二期）实时生产数据校核及上线试用。结合260万吨/年柴油加氢装置建设，实施DCS监视系统扩充优化项目，新增DCS网关4台、流程图78张、工位点2128个，组织机构和人员权限调整125人次，满足新装置开工投产和日常生产管理的需要。

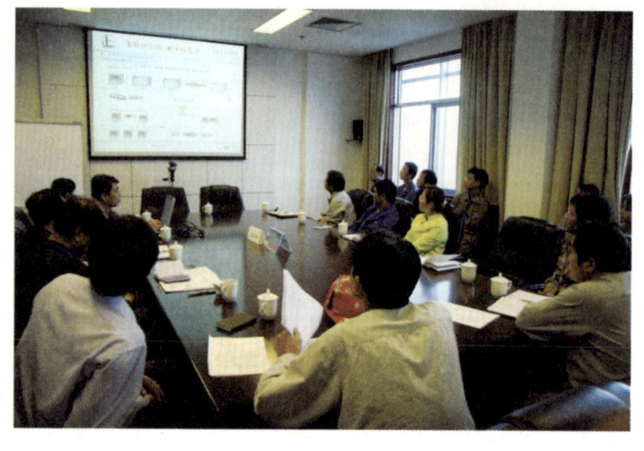
LIMS项目启动会召开

截至2010年底，洛阳分公司服务器及小型机达100台套、台式机1797台、笔记本230台，打印机1018台。办公自动化系统使用率85%，实现公文传输、内部邮件、公文流转、合同会签等功能。装置数据库实时显示36套生产装置运行情况。常压、加氢、对二甲苯3套装置应用APC（装置先进控制系统）。

第六节　通讯管理

2001年，信息中心对企业“三网合一”（通讯、计算机、广播电视）进行可行性研究论证。2003年5月，信息中心机构调整，原通讯站改为通讯公司，试行独立核算，为改制作准备。2006年9月，洛阳石化通讯业务移交网通公司。根据移交协议，网通公司承担洛阳石化以及改制、移交单位和生活区所有通讯设施的更新、改造、维修和服务工作，原通讯公司人员分流成立网络维护站，仍隶属信息中心，负责维护生产、办公用通讯及网络设施。

通讯维护

通讯维护包括对数字程控电话交换机、中央空调、光端机、通讯电力设备、卫星通讯设备、

远端设备、OTN（光传送网）、通讯线路和电缆交换箱等设备的维护和管理，同时对通讯基础网进行扩容和完善。

2001年，敷设、更新光缆5750米、电缆4500米。4月，小浪底职工培训中心建成后，安装计费系统1套，电话170部。6月，根据化纤厂生产需要，将调度机由管控中心移至外商院。2003年，完成化纤厂区东半部通讯光电缆扩容及更新改造项目10项，敷设光电缆18000米。完成宏达公司办公楼等网络工程4项，安装槽盒2200米，完成调度机、机动处电力调度机、化纤远端设备扩容，增加聚丙烯公司、宏力化工厂电话远端模块。2004年，对通讯线路进行改造完善，完成工程公司、ERP项目等光缆施工2.3万米，化验楼综合布线2400米，聚丙烯公司、薄膜车间内部通讯施工1.6万米，三隆公司热电站维修车间布线1600米，隆惠公司、宏力化工厂MTBE装置通讯工程7500米，生活区通讯施工布线1.5万米，通讯电缆改造1.2万米，抢修通讯线路5次。

2005年3月21日，洛阳石化电话号码由7位升至8位。

2006年，移机、新装电话近700部，处理电话故障500多起，设备故障20多次，为视频会议提供技术保障15次，油品质量升级改造项目部等综合布线近2万米，改造4号交接箱，加固留庄铁路光缆，制定《洛阳石化通讯保障应急预案》。组织6699号段住宅用户通讯费用的收缴工作，将近千户ADSL宽带统一割接到网通公司ADSL网络平台上，提高安全可靠性，实现6699号段电话查号服务与洛阳本地114查号台的融合。

2007年，完成电话故障测量1100多台次，跳线650余线对，处理生产电话故障1800多台次，装、拆、移电话机720多部，组织25起线路抢修。处理程控电话大面积终端、中央空调、生产调度机等各类设备故障230余起，新开通办公大楼IP（卫星）视频会议分会场，为视频会议提供技术服务54次。

2008年，敷设改造厂区电话线路1.3万多米，完成电话故障测量500多台次，跳线350余线对，处理各类生产电话故障1200多台次，装、拆、移电话500余台，处理生产调度、卫星通讯等设备故障50多次，为视频会议提供技术服务51次，组织生产抢修20余起。配合网通公司完成生产厂区、生活区通信设备割接。

2009年，敷设改造长丝车间、排水车间等通信线路11000多米，更换厂区纬六路、化十二路等龙门架槽盒200多米，完成西办公楼至厂南门、信息中心至厂外办公大楼等光缆线路施工5300多米。处理生产电话故障700多台次，新安装电话180多台次，拆、迁、移电话360多台次。组织完成三联合车间外操室等部位的光缆接续工作，熔接光纤482芯，完成各类生产抢修10余起。

2010年，完成热电站通信电缆改造任务，敷设线路6600多米，接续电缆1600余线对。更换厂区经一路、化四路等部位的槽盒，敷设聚酯生产管理部、仓储中心光缆线路5400多米。组织完成聚酯生产管理部等部位的光缆接续工作，熔接光纤716芯。组织完成铁路运输部信号楼等生产抢修10余起，接续电缆560余线对。配合完成3个分会场高清视频会议系统的安装调试任务，将原有卫星视频会议系统和标清视频会议系统全部升级改造为HDX8000高清视频会议系统，由冗余的2M专用线路传送高清视频信号。

技术开发

2001年，制定《办公、住宅电话及移动电话费用管理办法》，对各单位办公电话费用考核办法进行调整。采取措施鼓励开通长话的单位通过卫星通信线路拨打长途电话。对移动通讯工具进行统一规范管理，减少费用支出。利用信息产业部电信资费调整的时机，与中国网通洛阳分公司协商，将吉利区拨打洛阳市区网话改为市话。同时与洛阳移动通信公司合作建立虚拟网，覆盖洛阳石化1000余户“全球通”手机用户。通过引进中国网通“小灵通”无线市话，替代“本地通”电话卡。

2002年，争取中国移动通信公司和洛阳移动通信公司费用优惠，实现职工使用手机时市话与手机以及手机之间通话的单向收费，职工住宅计算机网络用户的宽带网价格由原来的100元/月降到60元/月。当年企业通讯费用支出较计划指标下降50%。2003年，与南京雅信公司联合开发“170”电话费查询和局域网网上话费查询系统，

10月1日正式开通使用。利用敷设到位的光缆资源，扩充电话号码资源，改变通信专网布局。2003年5月，信息中心与聚丙烯公司、宏力化工厂、丙纶丝厂达成协议，由上述3家单位投资，在聚丙烯公司新上416门BISC生产的EWSD（电子全球数字交换系统）远端模块，12月31日完成设备安装调试，投入运行。2005年，开通ADSL宽带VOD（视频点播）系统和网上话费查询系统。2006年，通过组建固定电话、手机、小灵通等3个虚拟网，累计为企业和职工节约通讯费用约450万元。2008年，为加强电话费用管理，开发投用“电话计费核账管理系统”。2009年，利用“电话计费核账管理系统”，对联通公司每月提供的10多万条电话计费原始数据进行核账处理。

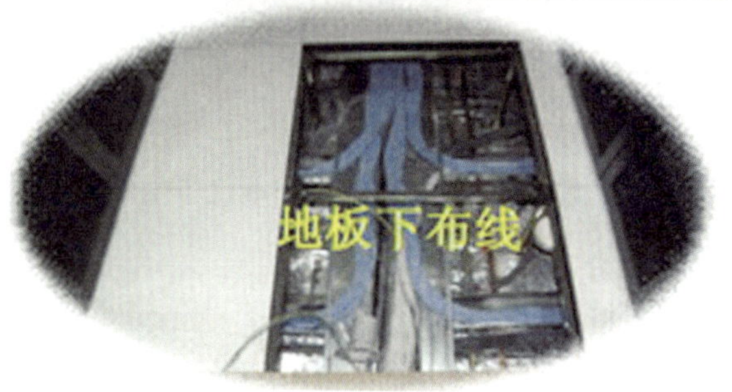

达到国际标准的网络设施

（责任编辑　杨红卫）

第十一章　企业现代化管理

2001～2010年，洛阳石化贯彻中石化集团公司“改革、调整、管理、创新、发展”的工作方针，结合企业实际，提出“管理科学，指标先进，效益突出，环境优美，企业和谐”20字方针，在继承和发展传统管理的同时，引入、推广实施内部控制制度、QHSE、ERP、MES等管理理念和手段，推动企业现代化管理水平不断提高。

企业现代化管理包括“三基”工作、现代化管理、法律事务管理、发展规划管理。

第一节　“三基”工作

基层建设、基础工作、基本功训练，是石油石化企业在长期实践中形成，并随着生产发展和技术进步不断完善起来的行之有效的优良管理传统。2000年10月，洛阳分公司、石化总厂分立运行后，成立洛阳石化基层单位建设领导小组，洛阳分公司、石化总厂分别在企管部门设立基层建设科，具体负责“三基”工作的日常管理。2005年机构融合后，成立“三基”工作领导小组，在企业管理处设立“三基”工作办公室，全面负责洛阳石化“三基”日常管理工作。

基层建设

2001年，重新制定《洛阳石化基层单位建设考核细则》，明确各级管理部门的工作和责任，细化考核标准。召开洛阳石化基层建设经验交流大会，总结交流基层建设工作经验，表彰先进集体和先进个人，对基层建设工作进行安排部署。

2002年，为各生产车间配发《现代班组管理学丛书》，组织有关职能处室，采取“听、选、评、帮、推”的形式，对各车间基层建设工作进行检查评比，树立安全环保管理、生产技术管理、设备维护管理、职工培训管理、成本核算管理等5个“样板车间”。召开“夯基础、促管理、树样板”基层建设经验交流会，并把经验汇编成书，发至各班组学习。

2003年，基层建设工作按照“夯基础、促管理、树样板”的指导方针推进。制定下发《关于2003年基层单位建设工作安排的通知》，召开基层建设经验交流会和现代化班组管理经验发布会，共有19个班组发布管理经验成果。

2004年，对《基层单位建设考核细则》进行修订，将基层单位的基础工作分为12个方面，细化为85个小项进行考核。班组工作分为4个方面，细化为18个小项进行考核。同时明确工作程序和各职能处室在基层建设工作中的职责和任务。对开展“现代班组管理”活动进行全面部署。组织现代班组基本知识全员考试和电视抢答赛，举办2期班组长培训班，邀请有关专家讲授班组管理知识。将年度“十佳班组”的经验汇编成书，发至各班组学习推广。

2005年，对32个生产车间的人员、班组结构、工种种类等进行摸底调查，分别在四联合车间、热电站和聚丙烯公司召开2次“三基”工作现场经验交流会。组织新一轮质量管理基本知识统一考试，购买《全面质量管理基本知识》教材100本，分发给炼油、动力板块和铁路运输部24个生产车间的质量管理人员，邀请洛阳市质量专家来厂举办全面质量管理基本知识培训班，在11月举行的全国统一考试中，参加考试的117名职工全部通过考试。为化工、化纤板块班组购置130套现代班组管理培训教材，组织编写《洛阳分公司“三基”工作知识问答》。

2006年，根据中石化集团公司“三基”工作会议精神，制定洛阳石化《关于进一步加强“三基”工作的指导意见》，召开洛阳石化“三基”工作会议，提出以党支部、班子和班组为重点加强基层建设的总体思路。组织2005年度“二十佳”班组部分班组长参加中石化集团公司举办的班组现代管理培训。举办洛阳分公司第15期“三基”轮训班，开展新一轮全面质量管理普及教育工作，70人参加培训并通过全国统一考试。

2007年，开展年度“十佳班组”评选活动，将“十佳班组”先进经验整理印发给各单位交流学习。成立洛阳石化班组长联谊会，组织班组长学习现代管理理论，提升自身综合素质，促进现代班组建设，增强班组自我管理能力。召开车间领导、班组长经验交流座谈会，学习推广广州石化、天津石化“三基”工作经验和茂名石化TPM设备管理经验。

2008年，评选“三基工作红旗单位”和“十佳班组”，在职代会上进行表彰，并将这些单位和班组的经验材料整理汇编，供各单位学习交流。10月，中石化集团公司召开“三基”工作会议，洛阳分公司化验二车间获中石化集团公司“优秀基层单位”称号。

2009年，召开“三基”工作研讨会，传达贯彻中石化集团公司“三基”工作会议精神，讨论并确定当年“三基”工作重点，并对具体工作进行安排部署。同时，进一步明确“三基”工作领导、职能部门以及基层单位的“三基”工作任务和职责。推行标准化操作，召开推行标准化操作研讨会、推行标准化操作经验交流会。

2010年，开展年度“十佳班组”的评选活动，对评选产生的2009年度“十佳班组”进行表彰。5月，印发《关于制定、修订班组管理制度及考核细则的通知》，要求基层单位班组健全完善以岗位责任制为核心的管理标准和制度，明确班组工作流程、工作标准、检查反馈及量化考核等重点内容，共制定班组管理制度137项。

基础工作

2001年，出台《关于加强洛阳石化基层单位建设工作的意见》，从组织机构、工作原则、工作分工、检查考核等方面作出规定，首次明确二级单位、车间和班组“三基”工作的具体内容、考核标准和运作程序。之后，对“三基”工作考核细则进行修订和完善。各生产车间也相应制定班组建设考核标准和相应的管理制度。

2002~2003年，结合ISO 9001、ISO 14001体系认证，把基础工作的重点放在制度建设上，修订《固定资产投资管理办法》等规章制度，制定《各部门单位职责划分》，进一步细化各单位、部门工作内容、工作权限，明确各单位、部门的关系和考核依据。将过程管理、数据分析、PDCA（计划－执行－检查－反馈）循环等现代化管理方法引入“三基”工作，要求基础工作要有记录，通过追溯分析原因，明确责任，制定对策，持续改进完善管理制度，逐步建立规范、标准的“三基”工作运行机制。修订成本考核办法，对生产车间进行直接考核。

2004年，对《基层单位建设考核细则》进行修订，重新对“三基”工作进行分工，取消对二级厂的考核。将HSE、ISO 14001、ISO 9001管理体系与基础工作相结合，把质量、安全、环保等基础管理工作纳入相应的管理体系，推动基础工作制度化、规范化、标准化。

2005年，以QHSE管理体系作业文件的形式，对“三基”工作考核细则进行重新修订，根据整合后的各职能处室职责，重新划分调整工作分工和考核内容，对具体考核条款和内容进行补充完善。同时还对“三基”工作考核运作程序做相应调整。开展可控生产成本核算考核，将化纤各车间纳入洛阳分公司可控生产成本考核体系，实行统一考核。

2006年，开展“三基”工作课题攻关，组织论文征集研讨活动，共征集“三基”管理论文67篇。在开展“找差距、定措施、挖潜增效”活动过程中，对炼油、化工、化纤板块主要生产技术指标进行收集和整理，制作5大类经济技术指标牌，将行业、企业的历史指标、先进指标、现实指标一一列举，进行直观对比，实施显性化管理，促进挖潜增效活动深入开展。

2007年，制定年度“三基”工作统筹图，下发《洛阳石化2007年“三基”工作要点》，明确年度工作目标。修订完善煤炭管理制度，

明确煤炭管理职责分工。对绩效考核中的《基础管理共同考核标准》进行集中修订。规范并统一印制记录本，启用基层单位《班组记录》、《交接班记录》、《干部值班记录》、《干部值班巡检查岗记录》、《人员去向登记本》等。对《岗位责任制管理检查办法》进行修订完善，对各单位在岗检工作中的职责及开展岗检的方法进行明确，并对现场巡检牌进行重新设计，为11个单位设计制作并安装现场巡检牌500余个。规范生产单位倒班岗位轮班方式、上班时间及上班班次。

2008年8月，组织开展基层单位基础资料评比活动，对装置操作记录、交接班记录、班组记录、《一体化目标管理绩效考核实施细则》制定情况、车间内部管理制度修订情况等资料进行评比。

2009年，进一步完善管理制度，加强对记录等基础资料的管理。制定《洛阳分公司规章制度管理办法》，明确规章制度归口部门和工作职责。对已有的规章制度进行清理、修订，新增《重大风险作业安全管理规定》等21项制度，修订完善《QHSE体系文件编制规则》、《包装材料管理办法》等35项制度。按照“简明、实用”的原则，对各类记录表格进行梳理、整合、优化，进一步完善记录管理。为规范基础资料管理，分3次对22个基层车间的《操作记录》、《交接班记录》、《班组记录》、《干部值班记录》、《干部值班巡检记录》、《现场巡检记录》、《班组记录》等记录书写情况进行检查。

2010年，规范体系文件的起草、审批、发放、更改、再批准、作废等过程管理，组织开发文件管理系统，于2月8日正式上线运行。

基本功训练

2001年，洛阳分公司建立以职工教育委员会、人力资源处、各单位第一培训员和培训员为主体的四级培训管理网络，先后制定《员工培训管理办法》、《员工培训工作量化考核实施细则》、《员工培训学分管理办法实施细则》、《双月考试制度》等管理制度，建立员工培训档案，坚持每月进行一次量化考核。实施“三个一”的培训统筹，即每季度举办一次综合考试，每季度进行一次事故预案演练，每年开展一次技术大比武。

2002～2003年，逐步建立完善员工培训题库，并实行电子化管理，解决职工培训教材问题。建立职业技能鉴定机制，明确每2～3年举行一次高、中、初技术等级评定，按技术等级竞聘上岗。建立核心人才库，重点培养各级各类优秀专业技术人才和技能人才。开展群众性培训、练兵活动，除坚持传统的“一日一题、一月一考、一季一演练、一年一比武”外，各单位还开展形式多样的基本功训练活动。

2004年，结合“创建学习型企业”主题教育活动，举办“三基”知识考试，1747人参加答卷。组织“三基”知识电视竞赛，16个单位参加选拔赛，6个单位参加电视竞赛。开展首批职业技能鉴定，完成炼油系统8个车间9个工种共325人的初、中、高级鉴定工作。

2005年，实施以“三基”为主要内容的员工轮训。化工化纤装置进入上市部分后，建立健全培训网络，组建近70人的兼职培训师资队伍，制定《职工培训工作量化考核实施细则》，开展技术比武和事故预案演练。全年举办各类培训班247个，培训员工32007人次。完成对31个车间（站）62个工种3443名职工的职业技能鉴定。截至2005年底，共有62个工种、4467人次参加鉴定，基本涵盖所有技能操作类工种，994名职工取得高级工职业资格，1478名职工取得中级工职业资格，786名职工取得初级工职业资格。

2006年，补充完善《洛阳分公司‘三基’知识问答》，组织开展“三基”知识普及学习活动。全年举办“三基”培训班27期，参加人员1300多名。总结整理建厂以来“三基”工作的成功经验和有效做法，编写《洛阳石化‘三基’读本》。

2007～2008年，基本功训练以岗位适应性培训为重点，培训内容与生产经营活动紧密联系，共举办“三基”轮训班51期，52个单位2219名学员参加轮训。开展岗位适应性培训，完成各类培训项目514项，培训职工29860人次，“岗位练兵”在岗职工参与率达到100%。累计开展装置停水停电、气防消防救护、原料泄漏、催化装置主风机停车、三甘醇泄漏着火、硫化氢中毒等145个专题、180多个岗位的事故模拟演练，参加演练的职工达11500多人次。完成油品储运调和操作工技师考评工作，对149名技师、高级技师进行了考核。

2009年，组织相关部门对《‘三基’知识问答》进行修订。结合“我要安全”主题活动，在基层单位推行标准化操作，共识别标准化操作程序996条，建立标准化操作的培训、检查和考核机制。拍摄制作标准化交接班视频教程，要求各单位严格执行交接班程序，落实交接班制度，做到“十交五不接”。

洛阳石化“三基”知识竞赛

2010年，召开“三基”工作现场会，组织基层单位领导和有关人员观看标准化交接班、标准化事故演练和规范劳保用品着装DV短片以及基础资料展示片。

第二节　现代化管理

洛阳石化在继承和发扬石化行业优良传统的同时，引入现代化管理理念和模式，推动企业管理由传统管理向现代化管理的转变。

现代化管理包括QHSE管理、一体化目标管理、管理创新工程、岗位责任制检查等内容。

QHSE管理

2002年5月，成立洛阳石化质量管理体系认证办公室。7月，召开ISO 9001贯标动员会，全面启动ISO 9001质量管理体系贯标工作，自2002年7月开始，组织质量管理体系策划和文件编写，同年7月，形成一套包括《质量手册》、30个《程序文件》、712个作业文件和867类记录的体系文件。2003年8月13日，召开质量管理体系文件发布会，同年12月，北京三星九千认证中心对洛阳石化质量管理体系进行现场审核，同意推荐认证。12月22日，洛阳石化获得质量管理体系认证证书，从此质量管理体系开始步入正常运行轨道。

2004年4月，印发《关于开展管理体系整合工作的通知》，开始对质量、环境、职业健康安全管理体系进行初始评审等策划。6月，确定“求同存异”的管理体系整合原则，以ISO 9001标准为主线，按照共性条款兼容、个性条款保留的原则，形成整合型的QHSE管理体系文件。10月11日，洛阳石化QHSE管理体系文件正式发布。

2005年1月，北京三星九千认证中心对洛阳石化QHSE管理体系进行现场审核，审核组认为洛阳石化QHSE管理体系的运行充分有效，同时开出10个不符合报告、提出8个重点问题。鉴于部分机构变动，9月15日，洛阳石化党政联席会议决定对QHSE体系组织机构进行调整。

2006年9月，洛阳石化召开QHSE管理体系B版文件发布会。12月，北京三星九千认证中心对洛阳石化QHSE管理体系进行现场审核。现场审核组对洛阳石化QHSE管理体系运行给予高度评价。同时开出10个不符合报告，要求责任单位举一反三，做好整改工作。

2007年，组织相关职能部门对QHSE管理体系作业文件开始进行全面修订。本次修订的依据是QHSE管理体系《管理手册》、《文件控制程序》、《记录控制程序》、《文件编制规则》、《洛阳石化公文处理办法》。修订范围和内容是：各相关职能部门、具有管理职能的直属单位，根据现行的职能分配和职责、权限，修订各类（管理类、党群类、技术类）作业文件。

2008年，举办科级领导干部QHSE管理体系培训班，51名科级干部参加学习培训。12月，北京三星九千认证中心对QHSE体系进行一年一度的外部审核，对领导层和13个单位抽样检查并对100多个条款进行复审，宣布对洛阳石化QHSE管理体系外部审核的结果和意见，继续保持认证资格。

2009年，先后举办QHSE管理体系知识讲座和科级领导干部QHSE管理体系培训班，进一步

宣传贯彻 QHSE 管理体系知识。11 月，北京三星九千认证中心对洛阳分公司 QHSE 管理体系进行再认证审核，审核结论是：质量管理体系、环境管理体系、职业健康安全管理体系、HSE 管理体系 4 个体系均为推荐保持认证注册资格，换发证书，对开出 19 项不符合报告进行整改。

2010 年，对 QHSE 管理体系文件进行修订，7 月 30 日正式发布实施 C 版体系文件。6 月，进行 QHSE 管理体系 2010 年度监督审核。建立法律法规识别、更新、评审机制，通过文件管理系统平台，增上法律法规管理功能，完善法律法规的识别、更新、评审工作。

SQC

质量管理体系认证证书

注册号：03109Q10439R2L

兹证明：中国石油化工股份有限公司洛阳分公司

注册地址：中国河南省洛阳市吉利区

邮　编：471012

GB/T19001-2000 / ISO9001:2000标准

石油燃料、石油气、石油沥青产品的设计、开发和生产及溶剂油、化工原料油、石油酸、石油焦、工业硫磺、液氨产品、聚酯切片、涤纶纤维、苯类、精对苯二甲酸的生产

发证日期：2009 年 11 月 15 日

有效期至：2012 年 11 月 14 日

初次发证：2003 年 12 月 22 日

总经理：

北京三星九千认证中心

CNAS

体系认证

CNAS C031-Q

IAF

质量管理体系认证证书

一体化目标管理

2001 年，洛阳分公司与 19 个单位签订方针目标责任书，主要突出经济效益考核，把目标兑现与实际指标完成情况相结合，细化各项指标预算管理，促进专业管理分工合作，实行指标联动考核。9 月、10 月进行 2 次调查摸底。12 月，进行检查和考核兑现。

2002 年，制定《目标责任制考核办法》，与各单位签订年度目标责任书，进一步细化单位内部考核指标，突出关键指标联动考核，强化横向管理，同时加强对指标落实情况的监督考核。加强生产经营过程管理和环节控制，对部分关键性指标的考核进一步细化，制定《目标责任制部分关键性指标考核细则（试行）》。选定“汽油装车损耗”、“原油储存损耗”、“管输原油损耗”、“原油装车合格率”、“原油卸净度”等 10 项关键性经济技术指标作为考核对象，明确责任分工，细化管理过程。

2003 年，制定年度目标责任制考核办法，加强对炼油厂、动力厂、储运厂、销售公司、计量处 5 个单位关键效益指标的考核。机构调整后，制定新增加的 17 个直属车间和质量处等 18 个单位的目标责任书，按照“科学性、先进性、可操作性”的原则，选取 118 个集中反映各车间生产管理水平的指标进行考核，其中液化气轻油收率、催化剂单耗、丙烯收率、原油储耗、燃煤单耗等关键性效益指标均保持较高水平。从 11 月开始，将与产品质量关系紧密项目纳入指标考核体系，并对质量目标的有效性和适宜性进行评审。

2004～2005 年，根据中石化集团公司下达的成本、利润、生产技术指标，按照 QHSE 管理体系、全面预算管理及内控制度的要求，将各项管理考核体系进行整合，推行一体化目标管理考核。修订完善《一体化目标管理实施方案》，与各单位签订《一体化目标管理责任书》，对职能处室、直属单位以及直属车间（站）的党政“一把手”实施工作业绩考核。开发一体化目标管理考核网站，实现目标管理考核网络化，提高工作效率。2005 年 10 月，根据工资制度改革的有关文件精神，及时修订《一体化目标管理绩效考核方案》。

2006 年，全面调整、修订一体化目标管理绩效考核办法，形成包括主要经济技术指标在内的 572 项考核项目，基础管理“共同考核标准”28 个专业共计 341 项考核条款。与各单位负责人签订年度目标管理责任书，汇编成册，形成年度一体化目标管理绩效考核实施方案，印发各个单位。对《一体化目标管理绩效考核实施方案》专业基础管理“共同考核标准”进行细化修订，增加“三制两纪”检查、信访工作、共青团及青年工作等考核标准。

2007 年，修订印发 2007 年《一体化目标管理绩效考核实施方案》和专业基础管理“共同考核标准”。在负激励考核为主的框架下，增加正激励考核项目，对安全生产（无事故）、平稳生产（无异常波动）的单位按月进行加分奖励。

2008 年，对各单位 2007 年度目标、指标的适宜性、有效性进行评价，并结合生产经营形势和总部下达的年度目标任务，制定印发《一体化目标管理绩效考核实施方案》。

2009 年，对各专业管理考核标准进行细化完善、整合修订，修订后的考核标准共包括 31

个专业管理工作考核标准、763 个考核条款。新方案印发后，组织各单位劳资管理人员进行专题培训。全年累计完成考核 10000 多项次，对未完成目标（指标）及工作任务的考核共计 1557 项次。

2010 年，根据中石化股份公司下达的年度目标任务以及洛阳石化职代会部署，制定 2010 年一体化考核目标和重点指标，并逐项分解编制 57 个单位《一体化目标管理绩效考核责任书》及相应考核办法，与各单位负责人签订责任书。加强月度一体化目标管理绩效考核力度，确保各项工作任务的落实和完成。

管理创新工程

2001 年，洛阳石化开始开展管理创新工程活动，并制定管理创新活动实施方案。当年有 42 项课题列入管理创新工程攻关项目，包括生产组织、计划安排、物资供应、产品销售、行政管理等方面。年底，召开管理创新成果评审会，评出管理创新成果二等奖 6 个，三等奖 19 个。经推荐上报，1 项获中石化集团公司二等奖、2 项获三等奖，3 项获河南省一等奖。2002 年，有 21 项课题列入 2002 年度管理创新课题及管理攻关难题，年终有 19 项管理创新成果完成并取得效果。洛阳石化被洛阳市人民政府授予“管理创新优秀企业”称号。企业管理处完成的《弹簧式绩效考核管理》创新成果获中石化集团公司一等奖。

2003 年，成立洛阳石化管理创新工程领导小组，下设评审委员会和办公室，进一步加强对管理创新工作的组织领导。将 2004 年确定为“管理创新工程年”，围绕降本增效、生产技术优化、提高员工素质、学习型组织建设、现代班组管理等方面选题立项；组织第三届管理创新成果发布，共发布 11 项管理创新成果，评审管理现代化成果 309 项。

2005 年 2 月，举行洛阳石化第四届管理创新成果发布会。同时，以解决生产经营中的难题，实现降本减费、挖潜增效为目的，组织开展生产经营难题攻关活动，确定《合理组织，确保下半年完成原油加工量 285 万吨》、《降低化纤装置先进操作费用》等 17 个攻关课题。

2006 年，开展“找差距、定措施，挖潜增效”活动，以挖潜增效为目标，以精细管理为手段，提出活动目标，制定相应措施，共收集 51 个单位的 294 项攻关指标，多经、改制企业 44 项攻关指标。在河南省企业联合会、河南省企业家协会召开的 2006 年企业管理创新表彰大会上，洛阳石化获首届“河南省创新型企业”称号。

2007 年，以提高 QHSE 管理体系运行水平为核心开展管理年活动，通过倡导精细管理理念，实现生产经营全过程优化，不断提升管理水平，增强企业持续赢利能力和市场竞争力。

2008 年，各单位申报管理创新项目 87 个，经过初审、复审，最终确定管理攻关项目 38 项。同时，组织相关责任单位签订节能降耗、污水减排、扭亏增盈等单项承包协议，开展管理攻关。

2009 年，开展“挖潜增效”管理攻关活动，各单位共申报“挖潜增效”管理攻关项目 61 项，经过初审、复审，确定管理攻关项目 38 项。

2010 年，继续开展“挖潜增效”管理攻关活动。各单位共申报“挖潜增效”管理攻关项目 56 项，组织实施 28 项。

表 11－1　　2001～2010 年管理创新工程成果

年份	单位	名称	授奖单位	授奖级别
2001	二联合车间	极限成本管理	河南省	一等奖
			中石化集团公司	三等奖
	一催化车间	机组安装投用的网络化管理	河南省	一等奖
	二联合车间	齿轮式互动管理	河南省	一等奖
			中石化集团公司	二等奖
	一催化车间	实行网络化管理，确保机组安装投用成功	中石化集团公司	三等奖

续表

年份	单位	名称	授奖单位	授奖级别
2002	供应处	强化供应链管理，提高物资采购效益	河南省	一等奖
	安全环保处	实施 ISO14001 管理，实现效益环境双赢	河南省	一等奖
	财务处	建立效益预测模型，提高原油加工效益	河南省	一等奖
			中石化集团公司	三等奖
	四联合车间	星旗梯级目标管理	河南省	二等奖
			中石化集团公司	二等奖
	企业管理处	弹簧式绩效考核管理	中石化集团公司	一等奖
	炼油厂	创建上、下游培训新模式，提高炼油系统生产操作管理水平	中石化集团公司	二等奖
2003	洛阳分公司	石化企业以低成本为目标的管理	全国企业管理现代化创新成果审定委员会	二等奖
	销售公司	加强成本控制，降低原油途耗	河南省	一等奖
	生产调度处	决策技术在生产调度管理中的应用	河南省	一等奖
	炼油厂	加强三级控制，降低炼油加工费用	河南省	一等奖
	热电站	机炉安全运行管理	河南省	二等奖
	计划处	计划统计综合网站的开发及应用	河南省	二等奖
	企业管理处	以过程增值为导向的优化管理	中石化集团公司	一等奖
	铁路运输部	运用“三维趋势图”法，实现降本增效	中石化集团公司	二等奖
	企业管理处	控制生产成本，加强经济核算，全面提升企业竞争力	中石化集团公司	三等奖
	计量处	降低管输原油途耗，为企业增效作贡献	中石化集团公司	三等奖
2004	财务处	推行全面预算管理，实现企业降本增效	河南省	一等奖
	二催化车间	“黄金搭档”式优化管理	河南省	一等奖
	安全环保处	运用 HSE 管理体系控制重大风险	河南省	二等奖
	机械动力处	关键机泵承诺制	河南省	二等奖
	发变电车间	余热发电系统的动态统筹量化管理	河南省	二等奖
	财务处	边际分析法在企业决策中的应用	中石化集团公司	一等奖
	计划处	以增效为目标的分类预算管理	中石化集团公司	二等奖
	一催化车间	化工原材料的线性规划和滚动优化管理	中石化集团公司	二等奖
	质量技术处	质量信息敏捷化管理	中石化集团公司	二等奖
2004	经营管理处	ISO 9001 质量管理体系信息网络一体化管理	中石化集团公司	三等奖
	经营管理处	利润基数联合确定管理法	中石化集团公司	三等奖
	计量处	流量计系数法在原油交接中的有效应用	中石化集团公司	三等奖
	营销部	高附加值产品销售中的创新管理	中石化集团公司	三等奖

续表

年份	单位	名称	授奖单位	授奖级别
2005	企业管理处	以过程优化为主线的增值管理	河南省	一等奖
	企业管理处	实施管理体系的整合再造与创新	中石化集团公司	二等奖
	计划处	技术经济指标统计提升系统的开发应用	中石化集团公司	二等奖
	一催化车间	成本预算的集散聚中管理	中石化集团公司	二等奖
	常减压车间	创建多学多得机制，打造学习型车间	中石化集团公司	三等奖
	安全环保处	追求行为安全的 HSE 风险管理	中石化集团公司	二等奖
	技术质量处	以做精做强优势产品为目标的管理	中石化集团公司	二等奖
2006	四联合车间	以班组团队建设为核心的“互动”式管理	中石化集团公司	一等奖
	长丝车间	适应市场的差别化产品增值管理	中石化集团公司	二等奖
	财务处	以保证资产安全为目标的内部控制机制的建立和实施	中石化集团公司	三等奖
	纪委监察处	以挖潜增效为目标的效能监察管理	中石化集团公司	三等奖
	计划处	运用市场机制，细化化工原材料管理	中石化集团公司	三等奖
	安全环保处	承包商安全信誉等级管理	中石化集团公司	三等奖
	铁路运输部机务车间	引入“四全一综合”管理法提升车间“三基”管理水平	中石化集团公司	三等奖
	二联合车间	完善负向激励的系统化绩效管理	中石化集团公司	三等奖
2007	聚丙烯公司	极限目标管理	中石化集团公司	二等奖
	生产调度处	运筹学在节水减排中的应用	中石化集团公司	二等奖
	铁路运输部	创新安全文化建设确保企业安全生产	中石化集团公司	三等奖
	热电站	热电联产企业生产长周期安全高效管理	中石化集团公司	三等奖
	党委办公室	运用“人本”系统管理促进企业本质稳定	中石化集团公司	三等奖
	短纤维车间	涤纶短纤维质量追溯管理	中石化集团公司	三等奖
	三联合车间	推行“系统目标”管理法提升“三基”工作水平	中石化集团公司	三等奖
	空压车间	现场管理到位法的构建与实施	中石化集团公司	三等奖
2008	焦化车间	联赛绩效目标管理	中石化集团公司	二等奖
	二联合车间	“滴油淘金”式精细化管理	中石化集团公司	二等奖
	机械动力处	石化企业电力系统的风险机遇管理	中石化集团公司	二等奖
	聚丙烯公司	以“规范行为”为手段的安全目标管理	中石化集团公司	三等奖
	团委	企业团青工作的多维网络信息化管理	中石化集团公司	三等奖
	铁路运输部	“制度＋亲情＋和谐”管理法	中石化集团公司	三等奖
2009	企业管理处	一体化绩效目标管理	中石化集团公司	二等奖
	机械动力处	炼化装置 TPM 管理	中石化集团公司	三等奖
	焦化车间	“点点”管理	中石化集团公司	三等奖
	二联合车间	“黄金搭档”式优化管理	中石化集团公司	三等奖

续表

年份	单位	名称	授奖单位	授奖级别
2009	能源管理处	以持续提高能源利用效率为核心的循环经济实践	中石化集团公司	三等奖
	铁路运输部	基于“安全力”的动态调车安全生产控制的创新管理	中石化集团公司	三等奖
2010	安全环保处	实施“三位一体”控制施工风险	中石化集团公司	一等奖
	能源管理处	石化企业以生产过程优化为核心的节能管理	中石化集团公司	二等奖
	技术质量处	以对标为抓手加强过程管理提升技经指标	中石化集团公司	二等奖
	生产调度处	实现低成本国Ⅲ汽油生产的精细化管理	中石化集团公司	二等奖
	企业管理处	求同存异优势互补实现岗检和管理体系内审优化整合	中石化集团公司	二等奖
	焦化车间	“加1减1精1”标杆管理	中石化集团公司	三等奖
	芳烃车间	以降本增效为目标的精细化管理	中石化集团公司	三等奖
	计划处	“六步工作法”降低原油储运损失	中石化集团公司	三等奖
	营销部	自销产品区域经理制创新管理	中石化集团公司	三等奖
	铁路运输部	实现安全生产6连冠的“三三一四”管理	中石化集团公司	三等奖

岗位责任制检查

2001～2005年期间，每年开展2次岗位责任制大检查，重点检查安全生产责任制的落实、关键生产装置和重点要害部位的监控管理、重点隐患治理、作业票证管理等情况。在岗位责任制大检查中，除各单位自查自改外，安全环保处和企业管理处组织生产、技术、设备、消防等专业管理人员进行检查，查出问题记录在案，责任单位逐项整改，管理部门现场核查整改情况。2005年9月，岗位责任制检查职责由安全环保处划入企业管理处，在企业管理处设立岗位责任制检查科，主要负责“三制两纪”（岗位专责制、交接班制、巡回检查制度；劳动纪律、工作纪律）落实情况的检查考核。

2005年，修订《基层单位干部值班管理规定》，从值班时间、值班要求、值班考核到值班记录等方面进行规范和强化。制定《岗位责任制检查活动管理办法》和《岗检工作检查考核标准》等制度。截至年底，共组织岗检31次，其中综合岗检3次，检查132个单位，查出问题60多项。

2006年，制定下发《岗位责任制检查管理办法》，对各职能部门在岗检工作中的工作职责、岗检内容、岗检形式以及考核办法等作出具体规定。6月，组织部分职能部门制定《洛阳石化岗位责任制检查细则及评分标准》，标准共分9部分238条。

2007年，对基层单位内部小岗检活动进行规范，要求各生产车间及直属单位每周开展一次内部小岗检，做到岗检有制度、有标准，工作有计划、有程序，检查有记录、有考核，问题有整改、有验证，实现岗检工作的闭环管理。企业管理处岗检科不定期对各单位内部小岗检活动开展情况及问题整改情况进行抽查，确保小岗检活动落到实处。同时，对部分记录进行规范并统一印制，先后在基层单位投用《班组记录》、《交接班记录》、《人员去向登记本》等。组织开展《交接班日志》、《操作记录》和《干部值班记录》交流评比活动。对《岗位责任制管理检查办法》进行修订完善，明确各单位岗检工作职责及开展岗检的方法。对现场巡检牌进行重新设计，设计制作并安装巡检牌500余个。

2008年，制定下发《交接班管理办法》，对交接班的程序、交接班记录的内容进行规范。根据中石化集团公司安全大检查组提出的建立、完善外操巡检记录的建议，制定统一的记录格式，确定外操巡检记录参数，统一印刷，规范管理。2月、8月，分别组织开展第59次和第60次岗位责任制大检查活动，共查出各类问题916项，逐项监督整改落实。

2009年，进一步深化日常岗检工作，将工作重点放在干部值班制、交接班制度和巡回检查制度的落实上，坚持每周3～4次到生产现场查职工巡检和干部值班，到操作岗位查基础资料，不定期检查交接班情况，对检查发现的问题在调度会上通报，按月进行考核。1月12日～3月13日，组织开展第61次岗位责任制大检查活动。7月20日～8月21日，开展第62次岗位责任制大检查活动，首次将QHSE管理体系内部审核融入到岗检活动中，以管理体系内部审核的方式，对各单位岗检开展情况进行检查验收。

2010年，进行日常岗检130余次，查出具体问题40项，编写《岗检简报》44期。4月，对基层单位基础记录资料进行专项检查，查出共性问题6项。针对部分单位夜间劳动纪律松懈、巡检不规范等问题，加大对基层车间在岗职工夜间劳动纪律、巡检情况、干部值班情况和记录填写情况检查的力度。组织开展第63～64次岗位责任制大检查暨QHSE管理体系内部审核活动，查出588项问题，一般整改项296项，开具不符合项19项。

第三节　法律事务管理

法律事务管理节包括法律事务基础建设、诉讼纠纷管理、合同事务管理、法律宣传教育和公司事务。

法律事务基础建设

1989年4月，石化总厂在企管处设立法律顾问室，负责法律咨询、合同管理及经济纠纷等事务。2000年，企业分立运行后，洛阳分公司企管处继续保留法律顾问室。2003年5月，石化总厂在经营管理处设立法律顾问室，负责石化总厂范围内的法律事务工作，代表洛阳石化对外处理各类法律事务，并规范外聘法律顾问管理，明确法律事务处理程序。2005年1月，将石化总厂、洛阳分公司法律顾问室整合，成立法律事务处，明确企业总法律顾问，实施法律事务工作人员持证（法律顾问资格证）上岗。加强法律事务制度体系建设，落实企业法律风险报告制度，建立健全法律风险防控和处置机制。法律事务工作绩效考评体系，包括合同管理、法律事务纠纷管理、法制宣传教育工作等方面。2006年，按照中石化集团公司的统一部署和要求，推行企业法律总顾问制度建设，制定《总法律顾问制度实施方案》和《洛阳分公司总法律顾问制度实施办法》。进一步加强法律事务工作队伍建设，调整合同管理员队伍，建立合同管理人员档案，组织专兼职合同管理员参加培训并取得中石化集团公司颁发的兼职合同管理员证书。为加强多经及独立核算单位的法律事务管理工作，建立法律事务联系人制度，形成以专职法律工作人员为主，兼职法律工作人员为辅的全方位法律事务管理网络。2007年，建立法律事务纠纷“零”报告制度和内部督察制度。2008年，制定《合同专用章管理办法》、《内部控制授权管理办法》和《法制工作三年工作规划》。2009～2010年，加强内部控制环境建设，建立3项分公司级业务流程、8项处室工作流程。

诉讼纠纷管理

为避免和减少诉讼纠纷，加强源头控制，从内控授权、合同管理入手，依法经营，痕迹留存，防止诉讼纠纷的发生。一旦发生诉讼案件，及时通报案情，针对每一起诉讼案件，从发案、庭审、终结，每一个阶段都向主管领导写出情况报告，反映案件由来、争议焦点、庭审情况、需要开展的工作等，使案件处在可控状态。结案后写出结案报告，总结经验，对案件中暴露出的管理问题，举一反三，吸取教训，加强管理。其中，河南省六建公司诉石化总厂承包合同纠纷案，通过再审胜诉。湖北省压力容器厂诉石化总厂买卖合同纠纷案妥善解决。同时，通过法律手段维权增效，清收不良债权，促使济源石油机械公司开始偿还拖欠多年的欠款。

合同事务管理

2007年3月，根据内控制度要求，建立合同管理业务流程，明确合同管理的控制节点。同时，对《洛阳分公司合同管理制度》、《合同专用章管理办法》、《合同管理业务监督细则》、《合同管理业务公开办法》等规章制度进行修订完善，并与业务流程一起，实行月抽查、季

检查，检查结果在绩效考核中兑现。建立专兼结合的合同管理员队伍，定期培训，实行持证上岗。2008 年 5 月，开发并运行合同网上电子会签系统，提高合同办理效率。按照中石化集团公司要求，推行合同标准文本，并严格执行会签制度和履行结果报告制度。加大合同管理日常检查力度，开展合同管理效能监察，下发监察建议书和整改通知单。2009 年，组织修订洛阳分公司“一般合同管理业务流程”、“权限指引”和签订合同人员授权权限及范围，制定《合同管理业务监督细则》、《合同管理业务公开暂行办法》、《合同专用章管理办法》等制度。2010 年，举办 2 期合同管理员培训班，推广使用中石化集团公司开发的标准文本，统一合同文本格式，合同送审率、会签率、审核率均保持 100%。

合同法律知识培训

法律宣传教育

2001~2006 年，法制宣传教育工作由党委宣传部负责。这一时期法制宣传教育的重点是围绕“四五”普法规划，以改革发展、和谐稳定为主题，开展法制宣传教育工作。每年以文件形式下发当年的普法计划，明确目标、任务和工作标准，编印法律法规学习宣传辅导材料，开展法律知识普及活动，重点宣传贯彻《公司法》、《合同法》、《环境保护法》、《计量法》、《保密法》、《产品质量法》、《税法》、《信访条例》、《中国共产党纪律处分条例》和《中国共产党党内监督条例（试行）》等法规党纪。同时，把法制教育与综合治理结合起来，分门别类地对重点单位进行普法教育，狠抓基本建设、物资供应、产品销售等职能部门的法制教育。

2007 年，法制宣传教育职责由党委宣传部划入法律事务处。为推动工作有效开展，定期下发法制宣传教育工作要点，加强业务指导。每月编辑一期《普法简报》在局域网上发布，为职工学法提供教材。有针对性地开展法制宣传，为领导干部举办《公司法》、《合同法》、《劳动合同法》、《侵权责任法》等专题讲座，增强领导干部的法制意识。利用专题宣传日对安全生产法、消防法等法律法规进行宣传，并在“12·4”全国法制宣传日开展集中法制宣传活动，组织法律知识考试。

2008 年，开展法律知识音像教学，购买《石化大案要案录》、《和谐社会与法制建设》等教育片，组织全厂职工集中收看。在“三基”轮训班中开设法制课堂，进行法律知识讲座。推进法律进社区活动，在社区电子显示屏上宣传普法内容，积极宣传安全生产、节能减排和环境保护等法律法规。

2009 年，根据机构变化，调整洛阳分公司法制宣传教育工作领导小组，明确各成员单位的职责。突出法制宣传教育在加强企业管理、建设和谐企业中的职能，将法制宣传教育工作纳入维护稳定工作体系中进行考核，明确法制宣传工作的重点内容、教育对象、宣传方式与载体。落实领导干部学法制度，组织洛阳分公司领导班子学法 2 次，达到中石化集团公司法制宣传教育工作领导小组的普法要求。

2010 年，继续加大普法力度，组织全员法律知识答卷，组队参加中石化集团公司“创先争优与法同行”知识竞赛初赛。完成“五五”普法验收工作。

公司事务

按照中石化股份公司规定办理权限指引与内控授权工作，参与招投标、经营管理、稳定等有关工作，及时提供法律服务。从 2002 年起，先后参与通达公司、隆惠公司、三隆公司、工程建设公司、工程公司、设计公司、华诚公司等单位的改制工作，为改制工作提供相关法律意见、审查有关法律文书。加强工商事务及有关证照管理，强化对多种经营公司和改制单位法律事务的指导，提供法律服务，维护企业的合法权益。2010年，法律事务处加大对多经改制单位法律服务力度，分片包干定期提供法律服务，提高风险防范的及时性和有效性；完成洛阳分公司和洛阳资产分公司营业执照和组织机构代码证更换工作，保证日常经营管理的需要。

第四节　发展规划管理

2003年5月，石化总厂成立发展规划处，与科学技术协会合署办公，负责新项目的征集、调研，项目建议书、可行性研究报告的编制、评估、报批以及项目初步设计的编制、审查、报批等工作。2005年3月，石化总厂原技术质量处技改技措科业务及人员整体并入发展规划处，成立洛阳分公司发展规划处，下设发展规划科和技改科。2006年，计划处原投资计划科业务及人员整体并入发展规划处，由发展规划处负责固定资产投资管理。发展规划处下设发展投资计划科、发展规划科和技改科。

固定资产投资计划管理

固定资产投资项目按项目建设性质分基本建设项目和技术改造项目，同时包括设备更新、零星购置、隐患治理、环保、科研开发资本化、信息、计量项目。按投资额大小分限上项目（3000万元以上项目）、限下项目（1000万～3000万元项目）、一般措施（100万～1000万元项目）、小型技改项目（100万元以下项目）和零星购置项目。2001年前，固定资产投资计划一直实行“统一领导，归口管理，分工负责”的计划管理体制，由计划处统一负责固定资产投资计划管理。2001年后，固定资产投资计划实行专业归口管理模式。2002年1月，石化总厂机构调整，撤销化纤厂，成立计划经营处，下设投资管理科，行使设备零星购置计划管理职能。2003年，洛阳分公司对固定资产投资管理办法进行修订，出台新的管理办法。新办法明确固定资产投资计划管理遵循集中决策、统一管理，优化项目、控制投资，调整结构、提高回报的原则，经理办公会研究决定固定资产投资事项，审定、批准年度综合投资计划。计划处是固定资产投资计划的归口管理部门。2006年，计划处原投资计划科业务及人员整体并入发展规划处，发展规划处成为固定资产投资计划归口管理部门，负责企业年度固定资产投资计划下达等工作。2009年，修订《洛阳分公司固定资产投资管理办法》，重新明确固定资产管理流程及部门职责。2010年，在《洛阳分公司固定资产投资管理办法》基础上，修订发布A、B、C三个版本，并完成《固定资产管理程序流程图》的绘制。重新修订《固定资产投资管理工作考核标准》，细化考核细则，增强可执行性。加强固定资产投资项目管理的考核工作，通过对每个项目制定实施统筹，按月进行检查，对不能按期完成的项目单位严格考核。

2006～2010年固定资产投资计划汇总

表11－2　　万元

年份	中石化集团公司批复投资计划			实际完成投资		
	总投资	炼油部分	化工部分	总投资	炼油部分	化工部分
2006	47912	40900	7012	47912	40941	6971
2007	113384	104361	9023	114022	105022	9000
2008	124876	117129	7619	124926	117176	7622
2009	47099	39272	7817	47083	39145	7928
2010	60124	49456	10668	59432	48721	10668

2006～2010年，中石化集团公司累计批复洛阳石化固定资产投资39.33亿元，其中炼油部分35.11亿元，化工部分4.21亿元。累计完成固定资产投资39.32亿元。

短期发展规划

2000年，化纤工程建成投产后，企业初步实现油、化、纤一体化的目标。根据形势的变化，洛阳石化研究和探索企业新的发展思路和方向，提出依靠科技进步，对装置进行填平补齐，着力提高炼油装置的适应能力和化纤装置的配套加工能力，坚持向“安稳长满优”生产要效益，向产品结构调整要效益的思路。“十五”期间，先后实施一批重大技术改造项目，使装置结构发

生重大变化，油、化、纤上下游和主辅装置的适配能力得到完善，生产经营规模不断扩大，贯通了500万吨/年炼油全流程。

根据中石化集团公司统一部署，在“十五”末完成上市、非上市融合体制改革后，企业逐渐成为生产和成本控制中心。洛阳石化一方面在优化生产、调整结构上下工夫，不断提升技术经济指标，坚持走内涵发展之路；另一方面，调整发展思路，不断寻求和探索有效发展的新路子。经过努力，最终形成以800万吨/年炼油和45万吨/年PX项目建设为主要内容的第三次大发展总体框架。

“三步走”发展战略

2005年11月，洛阳石化第五次党代会提出落实科学发展观、做精做强做大并重、实施“三步走”的发展战略。第一步，从2005年到2007年，投资20亿元左右，建成延迟焦化、蜡油加氢处理、硫黄回收、制氢等装置，实施减压改造、增上CFB锅炉及配套发电机组等，使年原油综合加工能力达到650万吨，销售收入达到300亿元。第二步，到2008年底，建成加氢裂化、柴油加氢精制、连续重整、45万吨/年PX装置及配套系统工程，年原油综合加工能力达到800万吨，汽、柴油质量达到欧Ⅲ标准，销售收入达到400亿元。第三步，到2010年前后，按照中石化西部资源接替战略，以增炼西部原油为目标，完成上下游装置的填平补齐和系统优化，通过适当改造使年原油综合加工能力达到1000万吨，销售收入达到500亿元。同时，围绕主业发展，规划、建设一批石化下游深加工、精细化工及配套项目，增强多种经营公司和改制企业自立生存能力，建设大洛阳石化。

油品质量升级改造项目第一阶段实施工程

2005年12月1日，中石化股份公司批复《洛阳分公司油品质量升级改造第一阶段实施工程可行性研究报告》。批复的主要改造内容包括减压蒸馏装置改造、新建140/年延迟焦化装置、新建220万吨/年蜡油加氢处理装置、新建4万米^3（标准）/时的干气制氢装置、新建4万吨/年硫黄回收及尾气处理、公用工程及储运配套，总投资23.08亿元。截至2009年9月，新建140万吨/年延迟焦化装置、220万吨/年加氢处理装置、4万米^3（标准）/时制氢装置、4万吨/年硫黄回收装置和800万吨/年常减压装置减压蒸馏部分改造项目以及公用工程及储运配套工程均已建成投产。

油品质量升级改造项目第二阶段实施工程

2008年2月13日，中石化股份公司批复《洛阳分公司建设14万吨/年聚丙烯装置可行性研究报告》。批复的主要内容是：采用中石化开发的国产化第二代环管法丙烯成套工艺技术，建设一套14万吨/年聚丙烯装置，包括聚合、挤压造粒、成品包装及中间仓库等，配套设施增加2个1000米^{3}的丙烯储罐、火炬系统、变配电所等，总投资5.9亿元。3月26日，中石化股份公司批复《洛阳分公司油品质量升级改造二期工程加工塔河混合原油适应改造项目可行性研究报告》。批复的主要内容有：新建260万吨/年柴油加氢精制装置，配套改造铁路装卸车台、零位罐及泵房、热力管网等系统设施以及仪表、电气、自控等，总投资控制在4.57亿元（含外汇395万美元）。2009年6月29日，新建260万吨/年柴油加氢装置及装卸车油台改造项目开工奠基，油品质量升级改造项目第二阶段实施工程开工建设。2009年12月30日，装卸车油台改造工程建成投用，企业原油接卸能力由300万/年提高到500万吨/年。260万吨/年柴油加氢装置于2010年9月16日实现装置中间交接，10月16日实现装置开车一次成功。

45万吨/年PX装置前期工作 2007年1月，中石化股份公司总裁王天普到洛阳石化调研期间，对洛阳石化的发展定位进行明确，即以原油加工流程最佳化为原则，形成炼油化工一体化的基地，将聚丙烯和芳烃项目做大做强。据此，洛阳石化对油品质量升级改造第二阶段实施工程总流程进行优化，按照原油一次加工能力800万吨/年、二次综合加工能力1000万吨/年进行调整。同年2月，洛阳石化委托洛阳石化工程公司编制45万吨/年对二甲苯（PX）项目进行可行性研究报告。4月，根据中石化股份公司领导意见，按照塔河改质油和西部轻油实施分输、分储、分炼的原则，对油品质量升级改造项目第二阶段实施工程总流程再次进行优化，并对炼油二期工程和45万吨/年PX项目的界区范围进行调整。6月，洛阳石化45万吨/年对二甲苯（PX）项目申请报告上报中石化集团公司。2008年4月，中国国际工程咨询公司在洛阳石化召开《中国石化洛阳分公司对二甲苯装置技术改造项目申请报告》的现场调研评估会。评估认为，该项目符合国家产业政策，符合中石化发展规划，建设是必要的。同年8月26日，国家发展和改革委员会正式核准对二甲苯（PX）扩建项目，同意洛阳石化依托炼油装置，将现有对二甲苯生产能力由23万吨/年提高到68万吨/年，项目总投资20.4亿元（含外汇7340万美元）。

汽柴油储罐项目　2007年8月，洛阳—驻马店成品油长输管道投用后，由于在首站没有配套建设相应的储罐设施，洛阳分公司油品罐区承担企业汽、柴油生产、调和、储存、出厂和洛（阳）—驻（马店）成品油首站收油、储存、输送双重职能，造成生产难度加大，输送切换频次增加，输送损失增大，管道运行效率下降。为优化生产运行，提高管道输送效率，发挥管道输送在解决成品油后路、降低物流成本的作用，2009年2月，洛阳分公司向中石化股份公司上报项目可研报告。11月19日，中石化股份公司批复洛阳分公司增上汽柴油储罐项目可行性研究报告。2010年1月21日，中石化股份公司批复该项目基础设计；2月，开始项目的详细设计；4月，项目用地拆迁平整完毕；6月18日，项目开工建设。

总图管理

洛阳石化建厂已有30多年，特别是近年来随着装置的改造与扩建，地面设施与地下管线均有很大变化，原有资料与现状有很大出入，地上和地下设施布置和用地矛盾越来越突出，难以满足厂区管线综合规划设计、建设实施和生产运行管理需要。为建立企业总图管理信息系统，实现总图管理的科学化、数字化、信息化和信息共享，及时、准确地为企业的规划设计、建设发展和生产管理提供重要的基础资料，2007年底完成厂区现状地形图测绘和地下管线探测，2008年启动总图管理信息系统建设，当年通过验收并开通网上查询功能。该系统具有现状总图（地形图）管理、地下管线管理、规划与设计成果管理、地籍图管理、管线数据录入与编辑、管线数据检查、管线信息维护更新、管线日常业务处理功能等以及总图信息检查、查询、统计、分析、发布、输出等功能。系统设计为客户机/服务器模式（C/S）和浏览器/服务器模式（B/S）混合体系结构，满足系统数据实时更新、动态管理和网络共享的要求。2008年10月，对新建油品质量升级改造在建装置进行补测补探，面积约0.3平方千米，地下管线约30千米。

（责任编辑　杨红卫）

第十二章 计划 财务

计划、财务管理担负着企业的产、供、销规划统筹，人、财、物综合平衡职能。2000 年 9 月，石化总厂重组改制，计划、财务管理机构分设并立运行。石化总厂和洛阳分公司按照中石化集团公司的统一要求，实行规范化运作。2005 年，石化总厂和洛阳分公司两个计划处合并。2006 年，石化总厂财务处转为洛阳资产分公司财务资产处。

计划、财务包括计划、统计、财务管理，包括综合计划、统计工作及财务成本管理、资金管理、固定资产管理、预算管理、财务会计基础工作、财务信息化管理、财务指标和内部控制管理等内容，其管理职能部门是计划处和财务处。

第一节 生产计划

生产计划包括生产计划管理、生产计划制定原则、生产建议计划制定、生产计划衔接、年生产计划编制、季生产计划编制、月生产计划编制、生产计划执行与调整、PIMS 模型维护。

生产计划管理

生产计划管理包括年、季、月生产计划编制和计划的执行、检查、调整与考核。内容包括炼油生产计划、化工生产计划、辅助材料计划、添加剂计划、物料消耗计划、化验用物料计划和消防器材计划。计划处为生产计划的管理部门，行使管理职能，负责生产计划编制、实施、检查、考核和统计。生产计划管理实行总经理直接领导下的洛阳分公司、车间（直属单位）二级管理体制。2000 年 9 月 25 日，石化总厂管理机构重新设置，成立计划经营处，负责计划管理工作。2002 年 1 月，机构调整，撤销化纤厂，成立石化总厂计划处，计划处下设计划科、统计科和投资管理科，行使石化总厂计划、统计、投资管理工作。原计划经营处更名为经营管理处，撤销调度科、计划科和综合科。2005 年，根据中石化集团公司要求企业实行“一企一制”，石化总厂、洛阳分公司实现机构、人员的融合。

生产计划制定原则

按照“安全第一、符合环保”的要求，保证产品质量，节能降耗减排。优化资源配置和运输，降低原油采购加工成本。根据市场需求调整产品结构，满足国内成品油市场需求和化工原料需要，最大限度增产高附加值产品，实现效益最大化。

生产建议计划制定

生产建议计划包括年度、季度和月度生产建议计划。目的是为生产运行和财务预算提供依据。生产建议计划制定实行生产建议计划例会制度。会议由洛阳分公司主管领导主持，计划处、生产调度处、技术质量处、机械动力处、财务处、原油采购部、营销部、物资装备部等单位参加。下一年度生产建议计划提前半年编制，下一季度生产建议计划提前 2 个月编制，下一月度炼油生产建议计划每月 10 日前完成编制和上报，下一月度化工生产建议计划每月 15 日前完成编制和上报。生产建议计划需经洛阳分公司生产建议计划例会评审。计划处负责生产建议计划的审签和编报。

生产计划衔接

计划处负责洛阳分公司生产计划衔接会议的

组织、对接和落实工作。原油资源计划，由计划处根据国内和进口原油资源，利用PIMS软件进行生产方案优化，提出采购原油的品种、数量及调整建议。外购原料油的采购与加工，遵循有计划、有市场、有效益的原则，计划处依据原油采购部提供的外购原料油品种、价格进行效益测算，制定年度、季度和月度预安排生产计划。

年生产计划编制

年生产计划编制重点做好3个平衡和3个衔接：物料平衡、产运销平衡和动力平衡；正常生产衔接、检维修开停车衔接和新装置投产与正常生产衔接。年计划编制依据年度生产经营目标，利用PIMS软件编制多方案年度炼油生产计划和化工生产计划。在此基础上，每年7月由总经理组织有关职能处室进行年度生产计划的研讨、论证与决策，制定出下一年度的生产建议计划说明和方案。计划处负责组织编报和年度计划的衔接落实。年度生产计划经过总经理签发行文后组织实施。

季生产计划编制

季生产计划是在年度计划的基础上编制。每年在2月、5月、8月、11月，根据年度计划分解及生产实际，利用PIMS软件编制洛阳分公司多方案季度炼油生产建议计划和化工生产计划。洛阳分公司根据中石化股份公司季度排产会议精神以及分配的资源和市场需求编制季度生产计划，季度建议计划和生产计划经洛阳分公司生产计划例会评审通过后组织实施。

月生产计划编制

月生产计划编制，主要依据季度生产计划安排。每月10日前，根据季度计划分解及生产实际，利用PIMS软件测算提出下一月度生产建议计划。炼油生产计划重点要落实月度原油资源、产供销平衡衔接，并结合季节变化和市场需要、生产装置运行状况以及产成品、半成品库存变化等确定生产方案与技术经济指标，平衡全厂物料和动力消耗。化工生产计划重点要落实分牌号的产品生产与销售，原料互供及建议、合成树脂三月滚动计划等。月度生产计划需经洛阳分公司生产经营计划编制审定会议评审，主管总经理审核、签发行文后组织实施。

生产计划执行与调整

洛阳分公司在编制下达年生产计划的同时，配合企业管理处，编制下达年度一体化目标管理绩效考核的主要计划指标目录。原油和外购原料油采购计划按照《原料油采购管理规定》组织实施，化工原料采购计划按照《物资采购控制程序》组织实施，原料油、化工原料加工计划和产品产量计划按照《生产过程控制程序》组织实施，产品销售计划按照《产品交付控制程序》和《与顾客有关的过程控制程序》组织实施。计划处和有关部门编报综合或专业统计报表，检查考核生产计划执行情况。

生产计划一经批准下达，必须严肃对待，各单位无权修改。如因客观原因和条件变化影响生产计划完成，需要对原生产计划进行调整，必须严格按规定程序进行。中石化股份公司要求调整生产计划时，由计划处根据中石化股份公司的调整计划或调度令，编制《生产计划调整通知单》，主管总经理审核、签发后组织实施。企业需要调整生产计划时，由计划处负责写出书面报告，报中石化股份公司审核批准后执行。

PIMS模型维护

PIMS模型是编制年、季、月度生产计划的基本工具。每年的1月、7月需要定期进行PIMS模型维护校核。维护的主要内容包括收集装置生产数据、质量数据、财务数据，根据生产方案调整和变化，及时对模型进行校核调整，并根据中石化股份公司会议要求进行年度和季度多方案效益测算。

第二节 综合计划

综合计划管理实行专业归口管理模式。生产计划、设备零星购置计划和化工原材料计划由计划处编制，其他计划分别由各主管部门编制，并统一纳入洛阳分公司年度一体化目标管理绩效考核实施方案。

生产计划

2002年1月，石化总厂机构调整，撤销化纤厂，成立计划处，负责行使生产计划管理工作，之前的生产计划管理由石化总厂生产经营管理处负责管理。2003年，制定《生产计划管理制度》。2005年，石化总厂、洛阳分公司计划处实现机构、人员和业务融合，统一负责生产计划的管理。

设备零星购置计划

设备零星购置计划编制采用自下而上的申报方式。经资金平衡、项目审定后纳入综合计划。其主要内容为生产用小型设备、仪器以及计算机、复印机、空调机、传真机、对讲机等。2002年1月，石化总厂计划处投资管理科行使设备零星购置计划管理工作。之前化纤厂的设备零星购置计划由洛阳分公司计划处代管。2006年，洛阳分公司机构及人员调整，原计划处投资计划科业务及人员整体并入发展规划处，由发展规划处负责固定资产投资（包括设备零星购置计划）归口管理。

辅助材料计划

辅助材料计划分年计划和月计划两种。化工辅助材料计划管理执行《化工原辅材料管理办法》和《化工辅助材料计划管理实施细则》。年度计划的编制工作于每年9月进行，月计划的编制工作于每月24日进行。计划编制采用自下而上的申报方式。年度和月度辅助材料计划由计划处负责初审后，报经主管（副）总经理审核、签发后纳入年度综合计划和月生产计划统一管理。2009年5月，洛阳分公司印发《化工辅助材料计划管理实施细则》，制定相应的考核标准及考核办法，对各单位职责进行划分，对年度计划、月度计划、合理库存、新型化工辅助材料计划管理等进行全过程管理。2002年1月，石化总厂计划处负责行使辅助材料计划管理工作，之前的辅助材料计划管理由石化总厂生产经营管理处负责管理。2002年，石化总厂计划处制定《洛阳石油化工总厂化工原辅材料管理办法》。

包装材料计划

包装材料计划分年度计划和月计划两种。年度计划的编制工作于每年9月进行，月计划的编制工作于每月24日进行。包装材料是指炼油、化纤及化工装置生产的固体产品所用的包装材料，主要包括包装袋（编织袋）、纸筒管、泡沫隔板、纸隔板、木托盘、纸箱、平口袋、缠绕薄膜、机用捆扎带、粘胶带、标签、打包袋等。计划编制采用自下而上的申报方式。洛阳分公司包装材料管理执行《包装材料管理办法》，主要内容包括计划制定、订货采购、质量检验、统计、储存和使用等。计划处负责包装材料的归口管理。

非油脂类物料消耗计划

2001～2007年，洛阳分公司非油脂类物料消耗管理由机械动力处负责。2008年，计划处负责非油脂类物料消耗的归口管理，印发《关于非油脂类物料消耗计划申报有关问题的通知》。非油脂类物料消耗是指除润滑油脂、汽轮机油、冷冻机油、液压油、仪表油等之外的物料消耗，包括编织袋、瓷球、钢球、化验用物料、玻璃器皿等。非油脂类物料消耗计划分年计划和月计划两种。年度计划的编制工作于每年9月进行，月计划的编制工作于每月20日进行。计划编制采用自下而上的申报方式。非油脂类物料消耗计划管理执行《非油脂类物料消耗管理办法》，主要内容包括计划编制下达、计划执行、使用与管理、统计与考核等。

第三节 统计工作

统计工作包括统计管理体制、统计制度和统计管理工作、统计培训等内容。

统计管理体制

洛阳分公司统计管理实行主管总经理直接领导下的洛阳分公司（综合统计和专业统计）、车间（或直属单位）二级管理体制。计划处为综合统计管理部门，行使综合统计管理职能。统计数据采集流程遵循自下而上，从源头进行统计数据采集的原则，即基层单位和生产单位→综合统计部门（或专业管理部门）。综合统计是企业的一项基础工作，具体负责协调洛阳分公司统计工作，研究制定洛阳分公司统计管理工作制度，对企业的生产经营活动，如加工量、产品产量、生产能力、技术经济指标、能耗、化工辅助材料、非油脂类物料消耗等进行统计调查。专业统计是指企业综合统计之外的固定资产投资、设备与动力、安全与环保、劳动工资、科研开发与产品质量和物资购销存等统计。

洛阳资产分公司统计管理

2001～2004年，洛阳石化非上市部分的统计工作由石化总厂计划处负责。2005年，化纤上市、机构融合后，洛阳分公司计划处仍对口负责统计工作。2006年1月，洛阳资产分公司统计工作由洛阳分公司计划处移交资产管理处，主要内容包括洛阳资产分公司本部及自来水公司的经济效益指标、社区能源管理及收费情况、自来水公司的生产指标、固定资产投资完成情况等统计工作。多经改制单位的统计数据统一由资产管理处收集汇总后报送洛阳分公司计划处。另外资产管理处还负责其他有关洛阳资产分公司的统计工作。

统计制度

企业统计沿袭“集中管理、分级负责，各自对口，统一管理”的管理体制。石化总厂计划经营处负责石化总厂计划、统计管理工作。2000年11月，印发《洛阳石油化工总厂生产经营企业综合统计月报表编制办法（暂行）》。2001年制定《化纤外购原料盘库管理办法》。

2002年石化总厂计划处成立后，完善、制定相关管理制度，包括《洛阳石化总厂统计管理制度》、《洛阳石化总厂基础统计数据计算单位界定原则》、《洛阳石化总厂化纤生产能源消耗统计规定》、《洛阳石化总厂统计工作评比办法》、《洛阳石油化工总厂化工原辅材料管理办法》和《新鲜水定额管理办法》等。2002年1月，洛阳石化范围内上报省、市的统计报表，由石化总厂计划处统一负责。

2005年，石化总厂、洛阳分公司实现机构、人员和业务融合后，综合统计工作由洛阳分公司计划处统一负责。2007年8月，按照《中华人民共和国统计法》和《河南省统计管理条例》、《中国石油化工集团公司暨股份公司统计管理制度》和《内部控制》制度，整理修订规范相关企业统计管理制度，内容包括《统计管理制度》、《统计工作考核评比办法》、《统计资料管理实施细则》、《统计资料保密管理办法》和《统计资料提供与使用管理规定》5项管理制度。

统计工作

2001～2010年，计划处负责加工量、产品产量、生产能力、技术经济指标、能耗、化工辅助材料、非油脂类物料消耗等综合统计工作。

2001年，制定印发年度《统计工作安排》、并严格按照洛阳分公司《基层单位报表制度》进行规范管理，指导全厂统计工作开展。完善、规范统计工作管理，完善统计报表审核制度，加强统计数据质量审核，提高统计数据准确性。

2001年底，完成全国第二次基本单位普查工作，共清查登记194个单位，其中法人单位67个（填报甲表），产业活动单位74个（填报乙表），其他经营单位53个。2003年，完成全国第四次投入产出调查以及河南省第二次对外经济普查工作。2004年11月，完成第一次全国经济普查基本单位清查工作。2005年3月，完成全国第一次经济普查资料的汇总和上报工作。2008年，完成全国第五次投入产出调查。2009年，完成第二次全国经济普查基本单位清查工作。

2002年，洛阳分公司计划处在做好统计工作与石化总厂计划处交接的基础上，结合洛阳分公司的实际，从制度建设入手，建立洛阳分公司统计管理体系，实施统计规范管理。10月，印发《洛阳分公司统计工作评比办法》和《洛阳分公司统计管理办法》，对洛阳分公司各单位的统计基础工作、原始记录、统计报表、统计分析、统计保密等工作进行规范和细化，并制定量化考核标准。7～9月，石化总厂以规范统计原始资料和统计台账，健全基层单位统计制度为目标进行统计执法工作检查。2003年，洛阳分公司计划处重新修订和规范基层单位统计报表制度。2005年以后，企业按照《内部控制》制度规定每年进行一次统计

执法情况检查（或抽查）。

2003年，按照中石化集团公司《关于认真做好技术经济指标统计系统提升项目推广工作的通知》要求，组织完善统计信息传输网络，整合现有的软、硬件环境，实现石化总厂统计网络服务器与中石化集团公司及中石化股份公司统计网络服务器联通，并完成程序调试，基础数据输入。9月，统计生产经营月报开始石化总厂、洛阳分公司综合生产统计数据实现网络上报，并逐年得到完善与升级。2009年，开发应用“洛阳分公司综合统计平衡优化提升系统”。

根据河南省、洛阳市统计部门要求开展大中型工业企业统计基础工作规范化验收活动，2003年7月，石化总厂、洛阳分公司通过洛阳市统计局的初步验收，成为洛阳市工业统计基础规范化示范单位。9月，洛阳市统计局在洛阳石化召开洛阳市工业统计基础规范化建设现场会。

2001～2010年，综合生产统计先后获国家、省（部）、市级表彰18次，连续10年被中石化股份公司评为“综合生产统计报表优胜单位”，连续5年被中石化股份公司评为“统计分析先进单位”。2003年，洛阳石化获“全国投入产出调查先进集体”称号。2004年，洛阳石化被国家统计局授予“全国工业企业联网直报先进单位”称号，洛阳分公司被中石化股份公司评为“年度统计工作先进单位”。2005年，洛阳石化被评为河南省“全国第一次经济普查工作先进单位”。2009年、2010年被评为中石化集团公司年度“统计工作先进单位”。2010年被评为“2009～2010年河南省工业企业统计工作先进单位”。

统计分析及论文评比

2001～2010年，坚持开展年度统计分析及论文评比工作。

2001年，共收到16个单位79篇统计分析（论文），其中有3篇统计分析文章获中石化集团公司优秀统计分析论文奖。2002年，共收到统计分析论文60篇，《企业统计工作创新的难点与对策》等4篇统计分析（论文）被中石化股份公司评为年度优秀统计分析（论文）。2003年，共收到统计分析论文104篇，推荐中石化股份公司7篇。2004年，对统计分析评比与考核工作进行量化，评出年度统计工作先进单位1个、统计报表优胜单位2个、统计分析先进单位5个，统计分析论文一等奖18篇，二等奖44篇，三等奖70篇，四等奖37篇。《企业应该有效地实施质量损失统计工作》等4篇统计分析被评为中石化股份公司年度优秀统计分析。2004年，组织参加中国统计学会组织的“泰钢杯”全国优秀统计论文评选活动，推荐《企业统计信息失真原因分析与质量控制》等统计分析论文7篇。2005年，针对企业生产物料平衡核算方法、企业ERP项目实施、装置数据采集等工作开展年度统计分析，全年收到统计分析论文106篇，内容涉及企业生产、经营、基础管理、装置改造等各个环节，其中有8篇文章被中石化集团公司评为年度优秀统计分析论文。

2001年12月，出版《1999～2001年企业统计分析、论文》汇编资料，约10万字。2003年、2004年、2005年在统计分析评比工作基础上，对获奖的统计分析（论文）电子文档进行整理、汇编，制作电子版（PDF格式）——《洛阳分公司统计分析论文文集》。

统计培训

2001～2010年，根据国家统计局、人事部《统计从业资格认定办法》要求和企业《内部控制》制度规定，坚持开展统计从业资格认证培训、统计人员继续教育培训、统计专业知识培训、统计法规培训以及ERP、MES等计算机应用知识等培训。共培训各类统计人员1500多人次，110人获中华人民共和国《统计从业资格证书》，统计员持证上岗率保持在100%。

表 12－1　　2001～2010 年原（料）油加工量

项目 年份	单位	原料油合计	原油	其他原料油	项目 年份	单位	原料油合计	原油	其他原料油
2001	吨	4428372	4239535	188837	2007	吨	5931002	5157171	773831
2002	吨	4553838	4335476	218362	2008	吨	5494690	4754854	739836
2003	吨	4817662	4568627	249035	2009	吨	7098595	6357067	741528
2004	吨	5391997	5208741	183256	2010	吨	7579232	6717540	861692
2005	吨	4932758	4582565	350193	合计		56254062	51149791	5104271
2006	吨	6025916	5228215	797701					

表 12－2　　2001～2010 年主要产品产量

年份 产品名称	单位	2001	2002	2003	2004	2005	2006	2007	2008	2009	2010	合计
一、工业总产值	万元	1171815	1110380	1386329	1841639	1842596	2519698	2567737	2573279	2927048	3779197	21719718
二、原料油加工量	吨	4428372	4553838	4817662	5391997	4932758	6025916	5931002	5494690	7098595	7579232	56254062
原油	吨	4239535	4335476	4568627	5208741	4582565	5228215	4754854	5157171	6357067	6717540	51149791
三、主要产品产量												
（一）炼油部分												
汽油	吨	941630	1015927	998125	1011276	938348	1066273	1109214	1117932	1422766	1518002	11139493
90 号汽油	吨	717610	682082	581178	439969	501858	531923	222718	221051	386492	221841	4506722
93 号汽油	吨	224020	317600	372074	482482	324928	441578	748002	800558	854895	1057590	5623727
97 号汽油	吨	0	16245	44873	88825	111562	92772	138494	96323	181379	238571	1009044
煤油	吨	165281	175508	158764	235814	169544	211844	324461	256818	416627	569229	2683890
3 号航煤	吨	164617	175508	158764	232413	169544	211844	324461	256818	416627	569229	2679825
灯煤	吨	664	0	0	3401	0	0	0	0	0		4065
柴油	吨	1650433	1598620	1731739	1937532	1657007	2185078	1895411	1866896	2402051	2468624	19393391
+5 号柴油	吨	55510	36150	0	0	0	0	0	0	0		91660
0 号柴油	吨	1425025	1317695	1473506	1637068	1331205	1842552	1563502	1546631	2301341	2283809	16722334
-10 号柴油	吨	169898	230159	258233	300464	325802	335053	325034	320265	100710	165265	2530883
-20 号柴油	吨	0	14616	0	0	0	7473	6875	0	0	19550	48514
化工轻油	吨	683351	666064	678280	751530	832051	1081818	1040977	835793	902199	963245	8435308
烷基苯料	吨	138512	195890	151566	180133	187529	250032	234278	193252	32759	0	1563951
石脑油	吨	172004	178221	199842	202026	195964	242810	237806	190044	267554	322372	2208643
重整生成油	吨	372835	291953	326872	369371	448558	588976	568893	452497	601886	640873	4662714
商品原料油	吨	0	0	0	12003	413	0	15736	8001	137950	111409	285512
航煤组分油	吨	0	0	0	0	0	0	0	0	75373	18946	94319
分子筛料	吨	0	0	0	0	0	0	0	0	49494	43962	93456
碳十	吨	0	0	0	12003	413	0	15736	8001	13083	18019	67255
铝箔油基础油	吨	0	0	0	0	0	0	0	0	0	17777	17777
粗己烷	吨	0	0	0	0	0	0	0	0	0	12705	12705

续表

年份 产品名称	单位	2001	2002	2003	2004	2005	2006	2007	2008	2009	2010	合计
溶剂油	吨	112	0	9763	19672	19431	26359	12858	8281	36680	24998	158154
6 号溶剂油	吨	0	0	0	0	8757	13754	6401	3995	19366	10533	62806
120 号溶剂油	吨	0	0	0	0	8394	12605	6457	4286	17314	14465	63521
200 号溶剂油	吨	112	0	9763	19672	2280	0	0	0	0		31827
燃料油	吨	107018	156927	293945	367525	294282	247729	316639	129875	44698	43669	1875657
4 号轻燃料油	吨	0	0	10101	22646	59941	12154	0	0	0		104842
7 号燃料油	吨	107018	156927	283844	344879	234341	235575	294831	129875	44698	43669	1875657
重油	吨	0	0	0	0	0	0	21808	0	0	0	21808
沥青	吨	0	0	2303	61326	106940	196886	203259	191502	279423	302405	1344044
70 号沥青	吨	0	0	0	0	0	5926	8719	915	3045	0	18605
90 号沥青	吨	0	0	0	38672	25056	74875	47336	3317	13935	620	203811
100 号沥青	吨	0	0	2303	22654	81884	116085	147204	187270	262443	301785	1121628
液化气	吨	297589	307542	332900	343299	498533	552280	325680	302886	388068	420092	3768869
丙烯	吨	71995	74789	93442	99021	87949	97126	98822	90714	144518	139706	998082
丙烷	吨	159	146	626	274	611	4283	1520	333	254	341	8547
氢气	吨	7861	3040	5282	7002	7649	14891	15172	7052	6121	3220	77290
硫黄	吨	8884	9452	10098	13921	11134	12653	13005	15106	24850	32204	151307
液氨	吨	696	922	889	841	995	1278	1265	1400	1018	1236	10540
石油焦	吨	0	0	0	0	0	0	0	166862	398965	477332	1043159
（二）化纤部分												
纯苯	吨	63695	44664	63210	84997	104238	127697	125823	76856	98558	105894	895632
抽提苯	吨	37801	28253	37256	46847	60412	78025	74416	43864	55047	64083	526004
歧化苯	吨	25894	16411	25954	38150	43826	49672	51407	32992	43511	41811	369628
对二甲苯	吨	164685	97099	159895	155872	170798	238871	242192	163803	236904	226969	1857088
邻二甲苯	吨	0	0	0	0	8988	19433	33346	13008	29298	33517	137590
精对苯二甲酸	吨	242776	246503	280873	325599	312919	330854	312153	227768	312385	321044	2912874
粉料	吨	192030	191663	194691	186129	190011	281700	271821	172799	234818	278306	2193968
包装料	吨	50746	54840	86182	139470	122908	49154	40332	54969	77567	42738	718906
聚酯	吨	223774	229886	222019	217300	190756	206825	175973	113599	183046	198979	1962157
熔体	吨	180932	200309	190311	186728	166571	181104	126931	77721	141346	161503	1613456
切片	吨	42842	29577	31708	30572	24185	25721	49042	35878	41700	37476	348701
涤纶长丝	吨	88732	91471	86152	82682	70632	75722	61797	37764	59100	59173	713225
FDY	吨	47839	43472	33095	32776	29877	34770	29073	17568	36023	36552	341045
POY	吨	40893	47999	53057	49906	40755	40952	32724	20196	23077	22622	372181
涤纶短纤维	吨	81407	103852	100296	100628	92304	101669	62921	38000	79219	99787	860083
切片纺短纤维、中空纤维	吨	0	267	1082	4423	0	0	0	0	0		5772

续表

年份 产品名称	单位	2001	2002	2003	2004	2005	2006	2007	2008	2009	2010	合计
（三）化工部分												
聚丙烯	吨	84876	91062	107617	105266	96425	110781	111620	77363	98510	107194	990714
聚丙烯公司	吨	70293	73994	88016	86316	80008	91410	94451	66163	82553	91432	824636
宏力聚丙烯	吨	14583	17068	19601	18950	16417	19371	17169	11200	15957	15762	166078
双向拉膜	吨	3613	3769	4850	4364	9364	15877	17240	14281	15778	15909	105045
聚丙烯公司	吨	0	0	0	27	9364	15877	17240	14281	15778	15909	88476
拉膜厂	吨	3613	3769	4850	4337	0	0	0	0	0	0	16569

表12－3　　2001～2010年主要技术经济指标

年份 项目名称	单位	2001	2002	2003	2004	2005	2006	2007	2008	2009	2010
一、主要质量指标											
产品质量等级品率	%	123.96	124.31	122.19	121.65	132.11	133.96	133.61	133.88	131.05	132.79
合格品产值率	%	24.16	23.05	25.60	26.08	11.99	11.80	12.93	13.13	16.75	14.22
一等品产值率	%	4.30	5.28	4.4	4.54	11.81	8.48	6.93	5.99	4.40	5.99
优等品产值率	%	71.54	71.67	69.99	69.38	76.20	79.71	80.16	80.88	78.85	79.80
二、主要石油加工指标											
汽、煤、柴、润总收率	%	62.27	61.27	59.96	59.06	56.05	57.47	56.13	56.13	59.75	60.11
汽、煤、柴、化收率	%	77.70	75.57	74.04	73.00	72.92	75.42	73.68	74.21	72.46	72.82
石油产品轻质油收率	%	77.70	75.89	74.45	74.01	74.54	76.06	74.16	74.50	74.92	74.62
石油产品综合商品率	%	89.87	89.32	90.97	91.20	90.76	91.63	91.06	91.37	93.15	94.02
石油产品综合自用率	%	8.94	8.87	8.51	7.82	8.13	7.58	8.04	8.01	6.21	4.92
催化烧焦率	%	6.21	6.74	6.23	5.46	5.13	4.65	5.00	4.03	2.93	2.48
原油加工损失率	%	1.03	1.01	1.00	1.00	1.00	0.95	0.90	0.86	0.78	0.71
燃料油收率	%	2.42	3.45	6.10	6.82	5.97	4.11	6.04	2.70	0.70	0.64
商品燃料油收率	%	2.34	3.37	6.17	6.81	5.89	4.07	5.98	2.47	0.43	0.59
高附加值产品收率	%	86.44	84.59	83.65	82.55	82.46	83.58	81.62	82.10	82.88	82.49
石油产品总损耗率	%	0.40	0.26	0.34	0.23	0.22	0.17	0.20	0.10	0.09	0.08
原油综合损失率	%	1.93	1.72	1.79	1.50	1.55	1.48	1.56	1.34	1.22	1.08
原油途耗率	%	0.43	0.39	0.33	0.14	0.18	0.20	0.24	0.23	0.24	0.23
原油储耗率	%	0.15	0.12	0.18	0.19	0.18	0.17	0.19	0.16	0.14	0.10
三、主要化工化纤消耗指标											
精对苯二甲酸装置对二甲苯单耗	千克/吨	661.10	659.85	659.44	658.50	657.93	656.77	656.68	654.89	654.97	654.86
精对苯二甲酸装置醋酸单耗	千克/吨	56.34	46.92	46.86	49.99	46.97	46.97	46.12	44.40	47.97	46.87
聚酯装置精对苯二甲酸单耗	千克/吨	858.54	859.42	858.28	857.49	858.94	857.58	857.37	859.08	856.15	856.15
聚酯装置乙二醇单耗	千克/吨	335.29	334.92	334.46	333.07	332.76	333.60	332.26	336.54	333.14	333.14

续表

项目名称 \ 年份	单位	2001	2002	2003	2004	2005	2006	2007	2008	2009	2010
长丝（FDY）装置聚酯熔体单耗	千克/吨	1038.67	1024.50	1020.86	1024.46	1024.75	1019.50	1023.06	1035.72	1024.98	1024.04
长丝（POY）装置聚酯熔体单耗	千克/吨	1031.56	1019.93	1018.79	1018.79	1019.80	1016.70	1019.52	1025.33	1017.96	1017.87
涤纶短纤维装置聚酯熔体单耗	千克/吨	1078.14	1033.13	1022.62	1021.44	1023.66	1020.95	1020.52	1019.32	1016.74	1016.33
聚丙烯公司丙烯单耗	千克/吨	1029.76	1027.04	1013.26	1007.82	1011.75	1010.47	1007.31	1008.24	1044.19	1005.99
聚丙烯公司 BOPP 装置聚丙烯单耗	千克/吨	–	–	–	–	1151.56	1064.53	1054.48	1063.83	1024.49	978.33
四、加工原油能源消耗											
加工一吨原油耗新鲜水	吨/吨	1.49	1.43	1.22	0.95	0.99	0.69	0.64	0.52	0.49	0.04
加工一吨原油耗电	千瓦时/吨	65.58	61.82	70.64	65.12	71.68	67.90	64.98	67.96	62.37	61.79
加工一吨原油耗蒸汽	吨/吨	0.21	0.15	0.20	0.15	0.34	0.29	0.28	0.30	0.26	0.19
加工一吨原油耗燃料油	千克/吨	0.32	0.69	0.04	0.05	0.74	0.40	0.59	2.04	2.41	0.30
加工一吨原油耗燃料气	千克/吨	27.00	20.90	22.75	23.57	29.23	28.95	29.88	26.64	26.74	23.26
吨原油综合耗能（标油）	千克/吨	86.86	86.56	84.95	79.06	75.09	68.41	69.47	67.39	64.53	61.72
单位能量因数耗能（标油）	千克/吨·因数	13.33	12.97	12.38	11.50	11.22	10.90	10.46	11.63	10.89	9.23
五、其他指标											
加工一吨原料耗催化剂	千克/吨	1.25	1.71	1.49	1.12	1.26	1.47	1.50	1.19	0.78	0.71
石油产品产量合格率	%	100	100	100	100	100	100	100	100	100	100

表 12－4　　2001～2010 年工业总产值、工业增加值等统计指标

项目 \ 年份	工业总产值（亿元）	炼油工业总产值（亿元）	化纤工业总产值（亿元）	化工工业总产值（亿元）	工业总产值环比发展速度（%）	工业总产值定比发展速度（%）	按生产法计算工业增加值（亿元）	工业增加值率（%）	工业经济效益综合指数（%）
2001	117.18	92.80	21.13	3.25	5.19	103.54	15.93	13.59	–
2002	111.05	84.65	22.94	3.46	－5.24	92.87	12.99	11.70	–
2003	138.63	105.60	28.19	4.84	24.85	140.80	14.22	10.26	–
2004	184.16	137.14	40.63	6.39	32.84	219.89	14.30	7.76	–
2005	184.26	140.45	36.43	7.38	0.05	220.05	3.36	1.82	–
2006	251.98	200.16	42.67	9.15	36.75	337.66	－8.24	－3.27	–
2007	256.78	203.92	43.01	9.85	1.91	346.01	3.31	1.29	–
2008	257.33	225.29	25.01	7.03	0.22	346.97	－47.39	－18.42	–
2009	292.71	256.89	29.55	6.27	13.75	408.42	71.87	24.55	–
2010	377.92	331.08	38.10	8.74	29.12	556.44	–	–	–
合计	2172	1777.98	327.66	66.36	–	–	–	–	–

说明：2001～2010 年工业总产值均按现价计算。国家自 2001 年始取消不变价核算体系（如，90 不变价等）。

第四节 财务管理

财务管理包括财务管理部门的机构调整和财务管理职责沿革。

财务管理机构调整

2000年9月，石化总厂重组改制，石化总厂财务处一分为二，新设立洛阳分公司财务处，与原石化总厂财务处并立运行。洛阳分公司财务处下设成本科、财务科、综合科，并在洛阳分公司物资供应处下设财务科。石化总厂财务处下设综合科、成本科、财务科、资金结算中心。

2002年，石化总厂财务处科室调整为综合科、财务一科、财务二科及会计代理中心。

2003年，洛阳分公司物资供应处财务科并入财务处成立财务处采购科。

2005年，石化总厂及洛阳分公司机构融合，石化总厂财务处财务一科业务及人员整体划入洛阳分公司财务处，洛阳分公司财务处科室调整为成本科、财务科、会计科、采购科、综合科。石化总厂财务处其他科室与经营管理处、工程管理处有关科室组成洛阳分公司资产管理处，财务处撤销。资产管理处代行石化总厂财务核算、多经管理、改革改制、资产处置等职能。

2006年，洛阳分公司根据项目管理和内部控制管理业务须要，对财务处业务科室进行调整，设立成本科、财务科、会计科、材料科、资产科、内部控制科、综合科。

财务管理职责沿革

2000年9月，财务管理机构分设并立运行后，洛阳分公司财务处负责原洛阳石化炼油与动力板块业务管理，石化总厂财务处负责石化总厂本部、化纤板块和文教、卫生、社区服务、检维修、多种经营业务及聚丙烯公司的业务管理。洛阳分公司财务处负责洛阳分公司成本费用、销售、资金、价税、资产等财务管理与核算。物资供应处财务科负责洛阳分公司物资采购业务核算，月末并入财务处总账。石化总厂财务处负责本部和化纤板块业务的财务管理与核算及多经单位财务报表的合并与管理。

2002年，石化总厂财务处科室调整后，主要业务管理负责石化总厂本部和化纤的财务管理与核算并代理聚丙烯公司、拉膜厂、自来水公司等单位的会计核算工作。

2003年，石化总厂基本建设财务管理职能由工程建设承包公司代管转由石化总厂财务处负责，财务处代理的聚丙烯公司会计核算业务转回聚丙烯公司负责。

2005年，根据中石化集团公司和中石化股份公司的要求，石化总厂化纤部分和占55%股权的洛阳石化聚丙烯有限公司的相关资产、负债和权益并入上市公司。洛阳分公司财务处负责财务管理及财务报表的合并与管理。石化总厂财务处代理的自来水公司会计核算业务转回自来水公司负责。

2006年，洛阳分公司油品质量升级改造项目部成立，在油品质量升级改造项目部设立财务管理部，业务并入洛阳分公司财务处。原由洛阳分公司企业管理处负责的内部控制管理工作转由财务处负责。

第五节 财务信息管理

财务信息管理包括财务核算主系统、财务核算辅助系统和财务报表信息系统3项内容。

财务核算主系统

2001年1月～2005年5月，财务核算主系统采用山东浪潮软件开发有限公司和中石化集团

ERP关键用户启动会

公司联合开发的中国石化财务管理信息系统，即浪潮财务管理系统。期间，洛阳分公司财务处根据会计核算和财务管理需要对该财务软件进行优化，并开发效益预测应用软件，提高工作效率。

2005年5月，根据中石化股份公司统一部署，洛阳分公司开始启动德国SAP信息管理系统（即ERP系统）。2005年11月，ERP系统正式上线试运行。2006年1月1日，ERP系统正式运行，并停止浪潮财务管理系统运行。ERP系统的运行改变传统的会计核算工作方式，原料采购、物资采购、产品销售、修理费用核算等业务，由财务人员制作会计凭证转为在ERP系统线上审核集成凭证。

财务核算辅助系统

2001年，按照中石化股份公司统一要求，洛阳分公司在应用浪潮财务管理系统的同时，又增上博克财务成本核算系统，作为财务核算主系统的补充，专门对洛阳分公司动力系统产品成本核算进行细化，加强辅助生产成本差异分配管理。2004年底该辅助系统停止运行。

财务报表信息系统

2000年1月～2005年12月，洛阳分公司财务报表系统采用浪潮财务管理系统中的报表管理模块。2006年1月ERP系统正式运行后，财务报表系统开始采用ERP报表管理系统，即浪潮财务报表管理系统。2010年10月，按中石化集团公司统一安排，洛阳分公司开始采用中国石化联合开发的ERP深化应用项目——财务数据仓库及报表合并项目（BW&BCS）出具财务报表，原中国石化ERP报表管理系统作为辅助报表管理系统。

第六节 财务基础工作

财务基础工作包括财务管理制度、财务报表合并范围和财务会计核算等内容。

财务管理制度

按照中石化集团公司重组上市总体部署，2000年3月，洛阳分公司开始建账，实行独立核算。财务核算按照《中国石化股份公司内部会计制度》、《中国石化股份有限公司会计制度》和企业会计准则执行。2001年1月1日，《股份有限公司会计制度》废止，开始执行《企业会计制度》。2007年1月1日，执行新企业会计准则，原《企业会计制度》停止执行。2001年，洛阳分公司制定19项内部会计核算和财务管理制度。2007年和2009年2次进行内部会计核算和财务管理制度修订，并编制印发《洛阳分公司财务制度汇编》。

会计人员继续教育培训班

财务报表合并范围

2001～2004年，洛阳分公司财务无报表合并事项，石化总厂财务处合并聚丙烯公司财务报表。2005年，洛阳石化聚丙烯公司并入上市公司，洛阳分公司财务合并其财务报表。2005年，石油化工工程质量监督总站洛阳石化分站划归石化总厂，资产管理处代理会计核算，年末并入石化总厂财务总账。2007年11月，根据中石化集团公司和中石化股份公司要求，工程质量监督总站洛阳石化分站的相关资产、负债和权益并入中石化股份公司，洛阳分公司受托管理，财务处代理其会计核算，并按照规定纳入洛阳分公司财务报表合并范围。

财务会计核算

会计核算库存物资的计价采用计划成本核算，月末调整成本差异。2003年5月，洛阳分公司修改材料核算流程，主要化工材料由计划成本核算改为加权平均成本核算。2004年，对除原料油以外其他原材料的发出核算统一调整为按实际成本移动加权平均法核算。2005 年 11 月，ERP 系统上线以后，通过 ERP 系统的标准配置、统一的会计科目、规范的业务流程，规范会计核算，提升会计信息的质量。根据财政部、国家税务总局关于《中部地区扩大增值税抵扣范围暂行办法》，2007 年 7 月 1 日，洛阳分公司固定资产投资项目实行增值税转型，固定资产增值税进项税开始抵扣。2008 年，洛阳分公司进一步健全完善《会计凭证管理规定》、《财务综合考核办法》、《ERP 管理考核细则》等管理办法，实行会计业务 4 级审核制度。

第七节　财务预算

预算管理经历由财务部门编制预算到由各职能部门编制和控制预算，从电子表格编制到实现全面预算系统（TBM）在线编制、审核、批复和控制的逐步完善过程。以预算指导生产经营，提高资金使用的计划性，实现对企业资源的优化配置和生产经营的事前、事中控制、事后考核，提升企业管理水平。

预算制度建立

2001 年，中石化股份公司在中国石化系统推行以财务预算为中心的预算管理体系。财务部门编制财务预算和资金预算。2002 年，中石化股份公司改进和完善预算管理，重点增强预算指标的事前预测、事中控制、事后考核职能。2003 年，洛阳分公司印发《关于实施全面预算管理的通知》和《洛阳分公司全面预算管理实施办法（暂行）》，成立全面预算管理委员会，设立预算管理办公室和预算考核办公室。开发投用全面预算管理信息系统，实现预算管理在线编制、审核和批复，开始全面推行全面预算管理。2005 年，中石化股份公司推行财务预算管理系统与洛阳分公司全面预算管理信息系统并行运行。2006 年，洛阳分公司借助 ERP 系统中预算和基金功能实施 ERP 系统线上中断性控制，加强预算执行的刚性和严肃性。按照内控制度要求，履行业务事项审批，严禁预算外支出事项发生，强化企业预算控制。2007 年，按照中石化股份公司统一部署，全面启动实施 TBM，实现 TBM 系统与 ERP 系统有机衔接。根据年度预算逐月编制月度预算，炼油板块通过 TBM 系统编制和下达预算，化工板块在修改完善装置成本核算基础上，开始装置成本分析工作。

预算管理体系

洛阳分公司逐步建立完善的预算管理体系，细化分解预算指标，加强预算考核，实现预算指标的控制和管理。每年年初，根据中石化股份公司下达的年度利润、成本费用和专业达标等预算指标，细化、量化、分解年度预算控制指标，将预算指标分解到每一个职能部门。各职能专业部门再将其负责的预算指标做二次分解，具体责任到每一个基层单位，使具体的预算指标控制做到横向到边、纵向到底，形成全方位的预算执行责任体系。借助 ERP 和 TBM 等信息管理系统，实现预算指标的实时监控，提高预算的分析功能。完善预算管理的激励和约束机制，实施一体化管理目标管理，对下达的预算指标严格考核兑现。

第八节　资金管理

资金管理包括资金预算管理、统一结算管理、统一借贷管理、统一账户及收支两条线管理。

资金预算管理

按照全面预算管理和中石化股份公司资金管理规定，洛阳分公司资金预算管理逐步加强，资金利用率逐步提高。2001 年，编制并执行月度资金预算。2005 年，中石化股份公司推行资金预算管理系统，并实行大额资金周预算制度。2006 年，实行日资金计划申报制度。2008 年，按中石化股份公司统一要求开始实行 5 日资金预算，并实行大额资金支出报中石化股份公司审批制度。同时，执行月度资金预算、日资金计划申报制度。2005 年，中石化股份公司将货币资金、短期借款、应付票据、应收账款、其他应收款、预付账款、应收票据和清理欠款 8 项资金指标纳入年度考核体系。财务处在对各项资金指标进行

分析的基础上，对各职能部门分解下达资金控制指标。

2010年7月，正式启用资金集中管理信息系统（TMS），将原有资金用款申请审批系统、上存款系统、筹融资系统、账户系统等工作平台整合为一体，实现中石化集团公司资金“一个平台进出，一个网络监控，一个资金池运作”的目标。

统一结算管理

2001年，对汽、柴油货款的结算，实行通过中国石化财务公司统一结算。洛阳分公司财务处、营销部、销售华北公司驻洛阳分公司办事处、中国石化财务公司等部门办理从产品出厂、开票、汇总填表、传真、结算等手续，加速货款回笼和资金周转，提高资金利用效率，降低欠款和坏账风险。2003年，对金陵石化的分子筛料销售纳入统一结算管理。2004年，对中原乙烯的石脑油销售也纳入统一结算管理。2005年，随着化纤板块融合上市，化纤产品销售也逐步纳入统一结算管理。2006年，沥青产品全部通过上海沥青公司纳入统一结算管理。2010年，石油焦产品通过上海沥青公司纳入统一结算管理。截至2010年底，除液化气、硫黄、溶剂油等少数自销产品外，其余产品全部纳入统一结算。

统一借贷管理

2001年，洛阳分公司在各商业银行的借款，采取2种模式解决。一是各商业银行短期借款由中石化股份公司下拨临时周转借款进行置换。二是各商业银行长期借款到期后，由中石化股份公司下拨内部拨入款直接归还。洛阳分公司提取折旧按月全额上交中石化股份公司，实现净利润也要按月全额上交，亏损时按扣除所得税后部分亏损额进行补亏。生产经营过程中流动资金不足，由中石化股份公司临时周转借款进行补充，利率按人民银行公布半年期借款利率下浮10%。固定资产投资需要的资金，按中石化股份公司下达给洛阳分公司投资计划的实际发生额进行拨款。每年初中石化股份公司对上年度的固定资产拨款，根据中石化股份公司实际情况分割给洛阳分公司一定比例的长期借款。长、短期借款的利息由洛阳分公司承担，分割的长期借款到期时由中石化股份公司下拨款归还，而短期借款由洛阳分公司归还。

统一账户及收支两条线管理

2001年，中石化股份公司逐年压缩洛阳分公司在银行账户数，每年对货币资金余额进行核定并且逐年递减。2006年，中石化股份公司要求洛阳分公司实施收支两条线管理，中国工商银行洛阳分行吉利支行为洛阳分公司收入账户，除统一结算的收款在财务公司进行收款外，所有自销产品的收款都通过中国工商银行洛阳分行吉利支行进行收款，每天16时后对全天的收款上划到中石化股份公司。中国建设银行洛阳分行吉利支行为洛阳分公司支出账户，除统一结算支出款在财务公司进行支付外，其他的支出款都通过中国建设银行洛阳分行吉利支行进行支付，每天16时前对下一个工作日需要付款项目，通过中石化股份公司资金申请审批系统按明细项目进行申请，下一个工作日的10时前划入吉利建行账户，当天支付完毕不留余额。

2009年11月，正式启用银行分账户和财务公司收支户，将原来的“银企互联”改为“财企互联”，所有资金收付业务逐步纳入中石化集团公司资金管理系统，即所有收款业务通过吉利工行虚拟账户进入财务公司收款户“资金池”，所有付款业务经过中石化集团公司批准后，从“资金池”通过吉利工行虚拟账户进行支付，真正实现账户“零”余额管理。

第九节 成本管理

产品成本核算办法和管理原则，由财务处依据《中国石化股份有限公司内部会计制度》和《成本费用管理和核算办法》确定。

2000年重组上市后，洛阳分公司对炼油生产系统和动力系统分别按车间进行管理与核算。石化总厂将化纤厂划分为芳烃抽提成本中心、对二甲苯成本中心、精对苯二甲酸成本中心、聚酯成本中心、长丝成本中心、短丝成本中心6个核算单位进行成本管理与核算。

班组成本核算

2001年7月，根据中石化股份公司要求，洛阳分公司在所有生产车间开展班组成本核算。2004年，洛阳分公司开发投用"TI"成本核算软件，实现班组成本核算与DCS在线控制相结合的在线班组成本核算，提高成本数据的准确性和时效性，实现成本分析的自动化，完善车间成本考核体系、加大成本考核权重、实行成本否决，进一步完善和推动车间班组核算工作。

炼油化纤成本核算

2005年，化纤资产并入洛阳分公司后，洛阳分公司按炼油板块和化纤板块分别核算成本费用。职能管理部门、单位的成本费用先在炼油板块集中核算，月末按比例分配结转至化纤板块。ERP上线运行后，洛阳分公司仍按炼油板块和化纤板块分别核算成本费用。对产品成本核算，炼油板块产品成本按系数法分配结转，化纤板块各成本中心之间按分步法分配结转产品成本。成本中心内先按中石化股份公司下发的固定价格扣除副产品成本，再按系数法分配结转主产品成本。

第十节　固定资产管理

固定资产的管理包括实物管理和账务管理，具体管理工作包括制定固定资产管理制度，办理固定资产的调拨、转移、增减和报废鉴定审批、退库、修复、残值回收及新固定资产的验收、编号等。

2005年以前，洛阳分公司固定资产实物管理统一由机械动力处负责，各使用部门（单位）具体管理。固定资产账务由洛阳分公司财务处负责，按规定分类计提折旧。石化总厂固定资产实物管理统一由石化总厂设备处负责，各使用部门（单位）具体管理。账务由石化总厂财务处负责，按规定分类计提折旧。2005年机构合并后，固定资产实物管理统一由机械动力处负责，各使用部门（单位）具体管理。洛阳分公司的固定资产由财务处负责，洛阳资产分公司的固定资产由资产管理处负责。

2003年1月，石化总厂开始执行《企业会计制度》，当年提取资产减值准备17.43亿元。根据财政部及中石化集团公司要求，采用追溯调整法对2003年按原方法计提的固定资产折旧、摊销的无形资产及长期待摊费用进行追溯调整，其中冲回2003年多提的固定资产折旧1.04亿元，冲回2003年多摊销的无形资产2024万元，冲回2003年多摊销的长期待摊费用（开办费）783万元。

2005年，洛阳分公司统一生产装置名称及编码标准，实行新增生产装置申报、核定、授码制度，并在此基础上确定生产装置名称及编码标准。2006年，洛阳分公司油品质量升级改造第一阶段实施工程启动，成立油品质量升级改造项目部，并在财务处设立资产科，专门负责所有固定资产与投资的管理工作。2009年6月，油品质量升级改造二期工程开工建设。2010年5月，油品质量升级改造项目第一阶段工程完成竣工决算审计，12月，中石化集团公司调整概算批复，实际完成投资24.19亿元，主要包括4万吨/年硫黄回收装置、140万吨/年延迟焦化装置、220万吨/年蜡油加氢精制装置和4万米^3（标准）/时制氢装置以及配套的渣油罐区和污水处理设施，同时包括常减压装置改造等一批技术改造项目。2010年9月，油品质量升级改造二期工程的核心项目260万吨/年柴油加氢装置建成中交。至此，总投资27.67亿元的油品质量升级改造项目全面建成，洛阳分公司原料油综合配套年加工能力达到千万吨级炼化行列。

表12－5　　2001～2010年固定资产情况　　万元

项目 年份	年末资产原值			年末累计折旧			年末资产净值		
	合计	洛阳分公司	石化总厂	合计	洛阳分公司	石化总厂	合计	洛阳分公司	石化总厂
2001	1004886	454696	550190	300452	212725	87727	704434	241971	462463
2002	1028811	463259	565552	355889	236998	118891	672922	226261	446661

续表

年份 \ 项目	年末资产原值			年末累计折旧			年末资产净值		
	合计	洛阳分公司	石化总厂	合计	洛阳分公司	石化总厂	合计	洛阳分公司	石化总厂
2003	1059656	469934	589722	407611	260323	147288	652044	209610	442434
2004	1078710	1032317	46393	432948	419195	13753	511993	479353	32640
2005	1085713	1054568	31145	481970	476013	5957	469984	444796	25188
2006	1145507	1113205	32302	536251	530085	6166	476001	449865	26136
2007	1160363	1129420	30942	600717	594004	6712	426400	402170	24230
2008	1183502	1150927	32575	663776	656632	7144	380871	355441	25431
2009	1408174	1372228	35946	703286	695781	7505	572329	543888	28441
2010	1470975	1433449	37526	906346	897960	8386	475657	446517	29140

说明：2006年以后，石化总厂为洛阳资产分公司。表内数字不含改制企业。

第十一节 财务指标

财务指标是企业生产经营状况和经营成果的直接反应，包括销售收入、销售成本、利润、税金、费用等主要指标。

表12-6　　**2001～2010年主要财务指标**　　万元

年份 \ 项目	销售收入		销售成本		利润总额		税金总额		利税总额	
	合计	洛阳分公司	合计	洛阳分公司	合计	洛阳分公司	合计	洛阳分公司	合计	洛阳分公司
2001	1171824	891862	1101383	824598	-43612	-10851	97509	87467	53601	76320
2002	1132393	848021	1019036	754708	20302	20302	111934	98484	122151	110867
2003	1412580	1047778	1300515	975774	1082	1082	98381	83120	97457	82196
2004	1845174	1361713	1694746	1285054	28249	3852	105009	82885	130995	84474
2005	1832715	1778656	1831927	1781844	-76615	-73600	62922	54577	-15376	-20138
2006	2394891	2391050	2533458	2527673	-262152	-254895	81495	80656	-186094	-175373
2007	2534454	2530149	2533217	2528291	-165902	-153130	87061	85625	-88957	-69169
2008	2540810	2536678	2973827	2968788	-547390	-551132	65106	62859	478498	-489108
2009	2873626	2866234	2269886	2264032	25074	32518	519627	517214	542380	547412
2010	3740162	3732638	3224509	3218541	-204267	-197007	650162	647739	445395	450232

说明：表中合计指标含石化总厂。年度指标与当年财务报表合并范围口径一致。

表 12-7　　2001~2010 年化纤主要经济指标

项目＼年份	单位	合计	2001	2002	2003	2004	2005	2006	2007	2008	2009	2010
原料加工量	万吨	619	50	47	52	61	64	76	73	53	69	74
重整生成油	万吨	468	38	29	33	37	45	59	57	45	60	65
乙二醇	万吨	67	8	8	8	7	6	7	6	4	6	7
醋酸	万吨	14	1	1	1	2	1	2	1	1	2	2
产品产量	万吨	639	49	48	53	65	70	78	74	55	71	76
销售数量	万吨	640	52	49	54	64	67	78	74	56	70	76
平均销售价格	元/吨	–	4352	4678	5224	6389	6635	7038	7301	6692	5161	6538
销售收入	万元	3909692	227866	230748	282005	408518	442931	546308	539160	371400	363723	497033
销售成本	万元	3668283	234102	217353	252424	341309	417105	496821	506022	441592	321608	439947
销售税金及附加	万元	6551	652	951	1082	2389	–	248	352	37	35	805
销售费用	万元	57820	8193	6642	6789	9928	9050	9055	5398	900	886	979
管理费用	万元	157411	9393	8808	5609	6186	11547	11436	24346	25891	26466	27729
财务费用	万元	141476	12070	26562	21494	20454	9845	13013	4620	20141	3562	9715
营业外净支出	万元	5028	-241	-123	-117	74	774	-1106	152	5436	-1595	1774
其他销售利润	万元	6272	64	24	16	376	1507	113	235	1029	1353	1535
利润总额	万元	-90402	-36722	3881	–	28552	-3883	16954	-1494	-123626	11407	14529
税金	万元	64603	7344	10904	12257	18829	370	2546	3638	131	54	8529
利税总额	万元	-26022	-29377	14786	12257	47157	-3513	19500	2144	-123495	11461	23058
消费税	万元	739	–	–	–	739	–	–	–	–	–	–
增值税	万元	55478	6529	9515	10823	15756	–	2000	3153	–	-1	7704
城建税	万元	3987	457	666	759	1156	2	176	225	2	2	541
教育费附加	万元	1706	195	285	325	495	1	76	95	1	1	232
其他税	万元	2693	163	438	350	683	367	294	166	128	52	52
单位完全生产费用	元/吨	–	–	–	–	–	1835	1745	1697	2391	1728	1673
修理费支出	万元	104614	8043	8168	8626	9620	11117	9552	12574	13228	12270	11416

表 12-8　　2001~2010 年炼油主要经济指标

项目＼年份	单位	合计	2001	2002	2003	2004	2005	2006	2007	2008	2009	2010
原料油加工量	万吨	5626	443	455	482	539	493	603	593	550	710	758
原油	万吨	5116	424	433	457	521	458	523	516	476	636	672
其他原料	万吨	510	19	22	25	18	35	80	77	74	74	86
产品产量	万吨	5094	394	402	433	488	444	549	537	498	658	691
销售数量	万吨	5094	399	400	434	482	448	544	538	497	656	696
平均销售价格	元/吨	3612	2237	2122	2412	2825	3578	4123	4353	5116	4182	5200
销售收入	万元	19536628	891862	848021	1047778	1361713	1601941	2243608	2438019	2605104	2804161	3694421
销售成本	万元	18842700	824598	754708	975774	1285054	1631842	2437240	2479278	2964396	2250265	3239545
销售税金及附加	万元	1463711	54120	54128	55246	57355	50508	67130	67882	59574	482842	514926

续表

项目＼年份	单位	合计	2001	2002	2003	2004	2005	2006	2007	2008	2009	2010
销售费用	万元	32048	4063	6487	6280	7067	1176	1070	1148	1179	1399	2179
管理费用	万元	228816	15061	12240	15013	13610	12375	13782	29337	39963	35129	42306
财务费用	万元	139558	8586	4774	2871	5040	9903	18425	17946	38153	15830	18030
营业外净支出	万元	-87899	445	1899	746	641	517	1417	7	-97853	300	3982
其他销售利润	万元	42473	4158	6517	9233	10907	4996	6662	-	-	-	-
利润总额	万元	-1100468	-10851	20302	1082	3852	-69150	-273986	-157578	-421444	17751	-210446
税金	万元	1771289	87476	98484	83120	82885	51957	74674	77801	61161	515394	638348
利税总额	万元	740108	76320	110867	82196	84474	-17193	-199710	-79777	-360992	532345	511038
吨原油利润	元/吨	-	-24.49	44.62	2.24	7.15	-140.26	-454.37	-265.73	-766.26	25.00	-277.63
单位完全生产费用	元/吨	-	164.89	174.99	164.56	147.24	172.46	161.23	167.16	267.29	181.29	196.44
单位现金操作成本	元/吨	-	85.91	104.29	104.32	93.41	106.08	88.05	93.05	149.00	113.26	111.72
修理费支出	万元	179050	16569	19459	17810	18184	19400	16000	14798	23598	15569	17672

第十二节　内部控制管理

内部控制管理包括建立内控制度、内控组织机构、内控基础工作等内容。

建立内控制度

2003年，中石化股份公司推行内部控制制度。2004年，洛阳分公司按照统一部署开始推行内部控制制度，2005年正式实施运行。2005年，针对化纤上市和机构融合后，部门职责和岗位变动情况，对部分单位职责进行划分，并按划分后的职责对有关单位业务流程各控制点和权限进行界定。2006年，洛阳分公司按照“明确各级授权，完善业务流程，严格规范操作，实现穿透管理”的总要求，在健全机构、宣传培训、修订制度、开展考评等方面做细致工作，内部监控体系达到运作规范化、管理科学化、监控制度化。

内控组织机构

2003年11月，洛阳分公司印发《关于试行内部控制制度的通知》，成立以总经理为组长、副总师以上领导和各单位行政一把手为成员的内控领导小组和内控办公室。

2005年，化纤上市后，洛阳分公司及时对内控领导小组成员作相应调整，由总经理担任内控领导小组组长，党政领导班子其他成员担任副组长。领导小组下设内控办公室，办公室设在企业管理处，由财务、企管、计划、审计、法律等相关部门负责人组成。

2006年8月，洛阳分公司在财务处专门设立内控科，并配备专职管理人员，原企业管理处具体负责的内控日常工作转入财务处。按照《内部控制手册》要求和责任分工，将所有业务流程逐一分解落实到各责任单位（部门），单位的主要负责人担任业务流程责任人，明确单位内控联络员，健全企业内控管理网络，提高对业务流程控制和执行力度。

2007年4月和2010年6月，根据洛阳分公司机构调整和领导人员的变动情况，两次及时调整内控领导小组成员。

内控基础工作

2006年，修订《内部控制手册》，包括业务流程27个，控制点518个。2007年，建立内控工作季度例会制度和月度抽查制度，进一步完善规范内控工作机制。修订完善《内部控制手册》。《内部控制手册》包括业务流程32个，控制点611个。2008年修订后的《内部控制手册》包括业务流程32个，控制点630个。2009年修订后的《内部控制手册》包括业务流程37个，控制

内控领导小组会

点720个。2010年修订后的《内部控制手册》包括业务流程35个，控制点734个。

按照集中统一、归口管理的原则，洛阳分公司内控办对支撑内控制度运行的各项管理制度进行全面清理、修订和完善。2007年，共清理适用制度208项，统一编号和编制目录，确保规章制度与内控流程的一致性。2010年，再次梳理后的适用制度为259项，编制制度汇编（电子版）。每年根据新版内控手册的修订情况和中石化集团公司要求，内控办制定培训计划，制作幻灯教材，建立内部控制专业网站，对各单位（部门）负责人和相关岗位工作人员进行内控知识培训。2007年集中培训400多人次，2008年集中培训610多人次，2009年培训685人次，2010年培训789人次。2006年和2007年，共组织开展8次季度自查和4次半年度检查，2008～2010年，每年分别组织开展4次季度自查和1次年度检查。通过检查评价发现问题并及时整改，促进内控制度全面有效执行。

第十三节　洛阳资产分公司财务管理

2001～2010年，根据中石化集团公司统一部署，石化总厂（2006年9月后为洛阳资产分公司）持续推进重组整合、清理整顿、主辅分离等工作，经营范围、机构设置、整体架构不断发生变化，财务管理的对象也随之发生较大变化。

洛阳资产分公司财务管理包括重要会计政策、资金运作、补充流动资金、企业资产重组、资产减值与财务核销、预算管理和内部控制制度等。

管理机构

2000年，石化总厂进行首次重组，炼油、储运、动力等生产装置重组为洛阳分公司，石化总厂财务管理的对象为剩余的化纤项目、对外投资和多经企业等。2004年底，洛阳石化进行第二次重组，将化纤资产、聚丙烯股权注入上市部分，石化总厂财务管理的对象变更为土地、社区资产、社区服务、离退休管理等。2005年，洛阳石化上市、非上市机构融合，在石化总厂财务处的基础上，并入工农关系协调、土地管理、改革改制等业务，成立洛阳分公司资产管理处，代行石化总厂管理职能。2006年，按照中石化集团公司体制转换要求，注册成立洛阳资产分公司，承继石化总厂经营业务，注销石化总厂。洛阳资产分公司设立财务资产处，负责会计核算和财务管理工作。

重要会计政策

2001～2002年，石化总厂执行财政部颁布的《企业会计准则》、《工业企业会计制度》及其补充规定。

2003年1月1日，石化总厂执行《企业会计制度》。为满足《企业会计制度》要求，经报中石化集团公司、国务院、国资委审批，12月共计提资产减值准备17.43亿元，转销盈余公积金2.12亿元，冲减未分配利润15.31亿元。同时，按照财政部及中石化集团公司要求，采用追溯调整法对2003年计提的固定资产折旧、摊销的无形资产及长期待摊费用进行追溯调整。

2007年1月1日，洛阳资产分公司执行新会计准则，并以该日作为新准则首次执行日和衔接转换调账日。执行新会计准则的公司为洛阳资产分公司和洛阳吉利自来水有限责任公司。洛阳资产分公司受托管理的全资、控股单位——河南华城房地产开发公司、石油化工工程质量监督总站洛阳石化分站、洛阳石化拉膜厂，因2007年列入中石化资产公司清理整顿计划，未执行新的会计准则。

按照中石化集团公司会计核算要求，在2006年结账后，对资产负债表和利润表的主要项目进行重新分类，并按照《新旧会计科目总分类账余额转换调整对照表》中确定的新科目余额，对财

务管理信息系统进行初始化，完成财务建账工作。

资金运作

化纤工程共计借入日本输出入银行贷款246亿日元。在中石化集团公司指导下，2001年6月29日，将日元债务调为美元债务，锁定汇率：1美元=124.50日元，降低汇率风险。

2004年，借国际外汇市场美元短期利率大幅下调的有利时机，先后2次将外汇借款1.98亿美元由固定利率调整为浮动利率，全年节约外汇利息支出2792.55万元。

2001年，石化总厂对银行存款超过100万元以上部分办理协定存款，使存款利率由0.99%提高到1.71%。在控制贷款规模的同时，争取到流动资金借款，在人民银行基准利率的基础上下调5%~10%的优惠，利用银行调息机会，采用借新还旧等方式将原高利率短期借款全部提前归还，置换为优惠利率借款。2002年7月，经与中石化集团公司和国家开发银行多次协调，使国家开发银行全部借款（尚余28.52亿元）利率下浮5%。2002年，共节约利息支出321万元。

补充流动资金

2001~2008年，石化总厂累计收到中石化集团公司补充流动资金12.03亿元，资本金注入8000万元。中石化集团公司补亏资金和直接注资，缓解了企业流动资金紧张局面。

企业资产重组

根据《关于中国石化集团公司向中国石化股份有限公司出让部分存续企业主业资产的决定》，以2004年6月末为评估基准日，以2004年12月31日为资产交割日，将中石化集团公司持有的洛阳聚酯资产（包括聚丙烯权益）及相关负债经审计评估后出售给中石化股份公司。按照“与拟上市业务相关的资产、负债注入上市，关联度不大以及为解决改革、改制等所需的资产、负债留在总厂”的分割原则，对石化总厂年末资产、负债及权益进行分割并上报中石化集团公司。按照《关于洛阳石油化工总厂资产转让及财务处理的批复》确定资产划转方案，即2004年12月31日上划中石化集团公司资产总额为28.41亿元，负债总额为25.81亿元，净资产为2.60亿元。

资产减值与财务核销

2003年，石化总厂按照中国石化财会〔2003〕185号文件规定在12月集中进行会计调整处理，共提取资产减值准备17.43亿元，其中坏账准备1.8亿元、长期投资减值准备6419万元、固定资产减值准备13.13亿元、无形资产减值准备（专利权）1.62亿元、应转销长期待摊费用（开办费）2348万元。转销盈余公积2.12亿元、未分配利润15.31亿元。同时，根据财政部及中石化集团公司要求，采用追溯调整法对2003年按原方法计提的固定资产折旧、摊销的无形资产及长期待摊费用进行追溯调整。

2006年，石化总厂的资产减值准备计提与财务核销包括4部分内容：一是增加石化总厂拉膜厂长期股权投资减值准备1430万元。2005年8月~2006年7月，石化总厂拉膜厂以净资产1969万元首次在上海联合产权交易所挂牌出售，没有征集到受让方。2006年8~9月，石化总厂拉膜厂以在净资产1969万元的基础上下浮10%，以人民币1772万元二次挂牌出售，仍然没有征集到受让方。2006年11月，经中石化资产公司批准，按挂牌价格与账面价值的差额计提1430万元的减值准备。二是减少长期股权投资减值准备2736.88万元。根据《关于转发集团公司〈关于转发国资委〈关于洛阳新友谊大酒店有限责任公司国有股权和中国石化集团洛阳石化总厂宏达化纤厂无偿划转有关问题的批复〉的通知〉的通知》，9月，将洛阳新友谊大酒店国有股权和石化总厂宏达化纤厂无偿划转洛阳市政府，并进行账务处理，转出资产减值准备2736.88万元，其中洛阳新友谊大酒店372.85万元，石化总厂宏达化纤厂2364.03万元。三是减少减值准备262.80万元，其中出售单身7号楼减少减值118.18万元，单身3号楼、4号楼、5号楼及职工食堂价值回升转回减值84.10万元，报废资产减少减值60.52万元。四是转回及核销坏账1014万元。将郑州商鼎实业发展公司剩余净资产195.14万元全部用于归还石化总厂欠款，核销石化总厂应收郑州商鼎实业发展公司欠款1105.46万元，减值转回103.69万元，核销提取的坏账准备910.32万元。

2007年6月，洛阳资产分公司对石化总厂拉膜厂长期股权投资提取减值准备1225万元。12月，洛阳资产分公司将持有的石化总厂拉膜厂股权通过上海联合产权交易所转让，取得转让款1139万元，同时转销长期股权投资余额4588万元、减值准备4588万元。2007年，金达公司改制分流匹配资产转销固定资产原值17.93万元，累计折旧0.93万元，减值准备1.29万元。

2008年，洛阳资产分公司资产减值准备转回与财务核销包括2部分内容：一是对河南华诚房地产公司应收款提取减值转回。石化总厂全面接收河南华诚房地产公司后，累计投入2.46亿元，其中资本金2000万元，债权2.26亿元。2003年，石化总厂对应收河南华诚房地产公司债权提取减值准备1.7亿元。2006年11月，对河南华诚房地产公司欠款提取的减值予以部分转回，收回欠款冲减应收河南华诚房地产公司债权净额5597万元，超出账面净额部分9103万元挂账，暂不作减值转回、确认损益。2008年7月，应中石化集团公司要求将应收河南华诚房地产公司债权减值9103万元转回并确认损益。二是洛阳吉利自来水有限责任公司应收款财务核销。2008年，按照中石化集团公司预决算会议精神，由洛阳资产分公司组织对内外部各项债权债务进行核对，催收应收款项。自来水公司收回大部分欠缴水费，对确认不能收回的欠款计19.08万元，经自来水公司董事会审议，提请作为损失进行财务核销，并向中石化集团公司备案。

2009年，按照财务制度规定和中介机构决算预审意见，洛阳资产分公司将华诚公司剥离资产49.33万元上收并账，并确认公司制改建形成的对华诚有限公司长期股权投资2018.17万元和应收款项1.74亿元。2010年，收回华诚公司欠款转回坏账准备605万元。

财务预算管理

洛阳资产分公司为加强财务预算管理工作，成立组织机构，明确工作分工，完善工作程序，逐步建立比较完善的预算管理体系。总经理对财务预算管理工作负总责，总会计师负责组织、领导财务预算的编制、执行、分析、控制和考核等工作，组织拟定预算管理的具体措施和办法，协调解决预算编制和执行过程中出现的矛盾和问题。财务资产处负责组织财务预算的编制、审查、汇总、平衡、上报、下达、修订、考核等工作。各职能部门负责本部门分管业务的预算编制、执行、分析、控制等工作。基层单位是主要的财务预算执行单位，负责本单位现金流量、经营成果和各项成本费用预算的编制、控制、分析工作，接受检查、考核。

洛阳资产分公司财务预算按年编制，分月（度）落实，以月度预算保年度预算。2005年，按照中石化资产公司统一部署，适应内部管理体制、运行机制转变需要，洛阳资产分公司实行分类财务预算管理制度，即财务预算由经营预算、社区综合预算、内退及离退休经费预算、改革预算4部分组成。通过年度、月度预算的编报，财务资产处将预算指标分解落实到责任部门，同时为确保预算执行到位，财务资产处加强预算的过程控制，对预算执行情况进行实时监控，及时将预算执行情况反馈给相关部门，对重大差异及时查明原因，提出控制措施。通过加强预算管理，洛阳资产分公司年度各项指标均控制在中石化资产公司下达的指标范围内。

内部控制制度

2006年3月，中石化集团公司印发《关于集团公司非上市企业试行内部控制制度的通知》。5月，印发《中国石化集团公司内部控制制度》。根据中石化集团公司要求，石化总厂成立内部控制领导小组，资产管理处牵头，着手内控制度修订工作。先后对4类10个主要业务流程进行再造，包括提供劳务、负债筹资、资产/产权处置、费用支出、股权投资、固定资产投资、货币资金管理、对外担保和财务报告编制及监督评价流程。

2006年9月1日，经中石化资产公司批复，洛阳资产分公司按内部控制制度实施细则（试行）开展内控管理试行工作，形成包括《差旅费开支规定》、《现金管理制度》、《银行存款管理制度》、《结算中心管理及核算办法》及《合同管理规定》等17项管理制度。2007年8月，中

石化集团公司内控检查组对内控制度试行情况进行检查评价，控制点执行率90.48%，检查评价得分95.50分。

2008年，洛阳资产分公司印发《关于促进多经及改制企业内控管理工作的通知》，按照中石化资产公司要求正式实施内控制度。围绕内控制度建设，坚持每年制定内控工作计划，及时开展内控细则修订、宣传培训、检查评价等工作，确保内控工作的有序开展。为保障内控制度的实施，洛阳资产分公司成立由总经理任组长，分管副总经理、总会计师任副组长，相关职能处室负责人为成员的内控领导小组。内控领导小组下设办公室，内控办公室设在财务资产处。内控办公室是内部控制工作的日常工作机构，负责内控工作的具体组织实施。

内控制度培训班

清理整顿、改制分流

从2001年职工医院在中石化集团公司范围内试点改制，到2009年宏达公司完成改制分流，洛阳石化改制分流持续9年，清理整顿进行4年，完成职工医院、通达公司、三隆公司、隆惠公司、工程建设公司、设计院6家国有单位，工程公司、金达公司、宏达公司3家集体企业，合计9家单位的改制分流，分流职工3106人（其中全民工1664人，集体工1442人），改制分流成本3.44亿元，其中国有资产2.55亿元，集体资产8869万元。中小学、公安、中原路、北环路等部分市政道路移交划转地方政府管理，移交人员284人，划转资产7288万元。

资金集中管理信息系统上线运行

为落实中石化集团公司资金集中管理要求，洛阳资产分公司成立资金集中上线领导小组和工作小组，制定工作计划和上线运行方案，明确具体工作步骤，按照确定的上线日期，倒排时间，按时完成各阶段工作。2009年6月26日，洛阳资产分公司资金管理系统实现上线运行，资金上线后，洛阳资产分公司的资金收支均通过资金集中管理系统完成，降低资金风险，提高资金使用效率。

第十四节　关联交易

2000年，中石化股份公司海外上市后，按照会计信息披露要求，需要公布存续（石化总厂）和上市公司（洛阳分公司）之间的交易情况（即关联交易）。同时，存续和上市部分为维持正常的生产经营，也需要通过关联交易取得收入。

2001～2007年5月，关联交易工作由企业管理处具体负责。2007年5月，关联交易工作由企业管理处移交计划处管理。同年，进一步规范完善企业内部市场管理和关联交易管理工作。进一步明确管理原则、管理范围、管理职责和管理程序。2008年，重点规范关联交易协议（合同）的签订程序，建立健全关联交易及内部市场协议（合同）台账。

企业分立运行期间，石化总厂计划经营处、洛阳分公司企管处是关联交易工作的协调部门。关联交易主要为2大部分：一是文教卫生、社区服务，二是生产装置保运等定向性劳务。

2001年，中石化集团公司先后印发《关于印发关联交易管理暂行办法的通知》、《关于解决目前关联交易存在问题的若干规定》等文件，对关联交易的范围、价格确定的原则纳入中石化集团公司和中石化股份公司统一管理的关联交易内容等作出明确规定。文教卫生、社区服务项目、生产装置保运项目由中石化集团公司和中石化股份公司统一定价。

2001～2004年，石化总厂与洛阳分公司之间的关联交易内容主要包括石化总厂从洛阳分公司购入重整生成油及丙烯等化工原料。石化总厂从洛阳分公司购入水电气（汽）风。石化总厂委托洛阳分公司物资装备部统一采购的催化剂等外购物资。化纤装置将加工重整油产生的石脑油出售给洛阳分公司。石化总厂出售给洛阳分公司的新鲜水、化学水。石化总厂为洛阳分公司提供检维修、装置保运、建筑、安装、工程监理等服务。石化总厂为洛阳分公司提供的社区管理、文化教育、医疗卫生等后勤服务。石化总厂向洛阳分公司收取的固定资产和土地租金。2004年以后，关联交易主要包括社区文教卫服务、新鲜水、蒸汽。

2003年5月，洛阳石化成立协调委员会办公室，以市场价格为参照建立公平、公正、公开、平等，互惠互利的关联交易协商原则。关联交易重大事宜由协调委员会裁决。

随着检维修、工程建设等辅助生产单位的改制分流和化纤装置上市，石化总厂和洛阳分公司之间的关联交易逐渐减少。

石化总厂（洛阳资产分公司）与洛阳分公司的关联交易情况

表12－9　　万元

年份	石化总厂卖出	洛阳分公司买入	洛阳分公司卖出	石化总厂买入
2001	43509	43509	133169	133169
2002	52082	52082	128025	128025
2003	52412	52412	164181	164181
2004	52460	52460	214937	214937
2005	53489	53489	1127	1127
2006	2983	2983	347	347
2007	3090	3090	566	566
2008	3069	3069	415	415
2009	6083	6083	468	468
2010	6018	6018	44	44
合计	275195	275195	643279	643279

（责任编辑　张自俭）

第十三章 人事劳动管理

随着企业改革的深化，人事劳动管理理念和职能也在不断变化，各项管理制度在改革中得到完善和规范。

人事劳动管理包括领导人员管理、专业技术人员管理、技能操作人员管理、用工管理、薪酬改革与管理、社会保险、离退休职工管理。其管理机构是组织部（干部处）、人力资源处和离退休职工管理办公室（简称离退办）。

第一节 领导人员管理

领导人员管理包括干部考核、干部任免、干部培训、领导人员管理制度及干部档案。

干部考核

洛阳分公司对领导人员实行定期考核与不定期考察相结合，坚持以任期考核为主，以日常考察为辅，动态、全面地掌握各级领导班子的作用发挥和领导人员的履职情况。干部考核工作由洛阳分公司党委直接负责，党委组织部（干部处）牵头组织落实。

不定期考察，主要是做好领导人员的任前考核与领导班子调整后的跟踪考核。任前考核一般安排在领导人员提拔任用和职务调整以前，主要是掌握其德能勤绩廉各方面的最新情况，关键是了解缺点和不足。跟踪考核，主要考察领导班子整体作用发挥情况和领导人员岗位适应情况及履职情况，目的是帮助新调整的领导班子和领导人员解决困难，促进工作。一般安排在领导班子成员调整后或领导人员职务变动后进行，原则上考核周期为半年。2008 年，跟踪考核生产调度处、财务处等 34 个领导班子，2009 年跟踪考核财务处、企业管理处等 50 个领导班子。

定期考核，一般每2～3年安排一次。2001 年 3 月，石化总厂党委分 4 个考核小组，对 50 个单位，47 个直属领导班子的 455 名处、科级干部进行定期考核。在考核方法上，坚持领导评价与群众评议相结合，考核与审计相结合。同时，广泛征求财务、审计、企管、安全环保、监察、综合治理、计生等部门的意见，力求做到客观公正、注重实绩。其中民主评议安排 1466 人参加，占职工总数的 20.3%，谈话安排 1310 人，占职工总数的 18.1%。最终评出炼油厂、聚丙烯公司、人力资源处和组织部等 11 个一类班子，32 个二类班子和 4 个三类班子；评定出 15 名优秀领导人员，377 名称职领导人员，基本称职领导人员 47 人，基本不称职领导人员 14 人，不称职领导人员 2 人。

2003 年 2 月，党委组织部（干部处）对全厂 57 个单位，51 个直属领导班子和 394 名处、科级领导人员进行定期考核，历时 20 天。考核过程中，共 2020 人参加民主评议，占职工总数的 29%；谈话 1369 人，占职工总数的 20%。最终评出财务处、聚丙烯公司、离退办、聚酯车间等一类班子 13 个，二类班子 36 个和三类班子 2 个；评出优秀干部 21 人，称职干部 365 人，基本不称职干部 6 人，不称职干部 2 人。

2005 年，按照中石化集团公司有关精神和部署，组织开展全厂性的处、科级领导岗位竞聘工作，未再组织定期考核工作。

2007 年 8 月，在洛阳分公司党委的直接领导下，分 4 个考核组对洛阳分公司、洛阳资产分公司所属的60个单位的领导班子、344名领导人员进行全面考核，其中对领导班子的评价分为“好、较好、一般、差”4个格次，对领导人员的评价分为“强、较强、一般、弱”4个格次。最终评定为“好”的领导班子16个，“较好”的领导班子35个，“一般”的领导班子3个。评定出领导人员核心能力“强”的64人，“较强”的272人，“一般”的8人，“弱”的0人。考核累计工作53天，共发放各类表格5802份，收集处理数据8万余个，记录访谈笔记近40本，形成电子版材料600多个，书面综合评价材料30余万字，从而比较全面地掌握领导班子和领导干部的状况。

2010年，按照中石化集团公司“1+7+1”干部选拔任用文件规定和洛阳分公司党委的工作部署，由党委组织部（干部处）牵头，分层次组织实施干部履职考核工作。一是从5月12日~6月底，分8个考核组，由洛阳分公司领导班子成员、总经理助理带队，对58个直属单位、223名领导人员进行考核。二是9月1日~10月15日，成立干部考核领导小组，对洛阳分公司直接管理的37个单位的255名科级领导人员进行考核。通过两个层次的干部考核，掌握干部队伍现状，把握各级领导班子、领导人员的思想状态和工作业绩，为加强领导班子和领导人员队伍建设提供依据，达到提高领导干部履职能力的效果。

干部任免

2000年，洛阳石化分立运行以后，领导人员职务任免工作由党委组织部（人事处）归口管理。2005年实行一企一制改革后，领导人员职务任免工作由党委组织部（干部处）负责管理，其中聚丙烯公司、宏达公司、惠康公司等部分单位依据领导人员管理权限，由本单位在上级党委核定的领导人员职数范围内，按照有关政策和程序自行任免，并报上级组织人事部门备案。

2001年，根据领导人员考核结果和工作需要，全年调整领导班子31个、领导人员145人，其中降职或改任主任科员4人，免职或解聘13人，取消科级待遇1人，退出现职18人，交流35人，领导干部职数减少22人。2002年，石化总厂党委先后对聚酯车间、芳烃车间等领导班子和领导干部进行调整。全年新提拔22人，降免职5人，退出现职6人。2003年，干部调整共涉及68个领导班子、220名领导干部，其中提拔100人，交流133人，退出现职11人，降免职13人。新提拔人员呈现出年轻化、知识化、专业化的特点，平均年龄35.7岁，大专以上学历占80%，具有中级以上专业技术职务的占78%。2005年，根据中石化集团公司有关领导人员精简的工作部署，通过两轮处级领导岗位竞聘和科级领导岗位竞聘，处级领导由159人减少到118人，压缩25.8%，平均年龄由45.9岁下降至42.9岁。具有大专以上文化程度的人员比例提高9个百分点。机关和直属机构的科级领导人员由168人减至119人，减少49人，减幅29.2%。

2006年，调整任用领导人员117人。其中交流任职49人，占调整总人数的42%；提拔任用25人，其中处级7人，科级18人；退出现职2人。2007年，调整任用35个单位的领导人员132人。其中交流任职30人，其中正副处级领导人员15人，占调整总人数的23%；提拔任用55人，其中处级16人、科级39人；退出现职7人。2008年，调整任用领导人员52人。其中交流任职17人，占调整总人数的33%，其中正副处级领导人员14人；提拔任用24人，其中处级13人，科级11人；退出现职9人。2009年，调整任用领导人员129人。其中交流任职有25人，占调整总人数的19%，其中正副处级领导人员2人；提拔任用83人，其中处级25人，科级58人；退出现职6人。2010年，调整任用领导人员158人，其中交流任职86人，占调整总人数的54%，其中正副处级领导人员19人；提拔任用90人，其中处级13人，科级77人；退出现职12人。

2001~2010年洛阳石化副科级以上干部统计

表13-1

级别/年份	厂级	处级（人）		科级（人）	
		正处级	副处级	正科级	副科级
2001	12	221		606	
2002	11	72	130	357	238

续表

年份＼级别	厂级	处级（人）		科级（人）	
		正处级	副处级	正科级	副科级
2003	15	87	113	367	260
2004	12	75	99	310	229
2005	10	66	89	289	160
2006	8	44	84	260	178
2007	7	49	71	213	145
2008	7	50	67	198	156
2009	6	57	69	243	142
2010	8	56	60	226	152

干部培训

领导人员培训工作坚持思想政治教育与业务能力培训相结合，坚持全面提高与个别培养相结合，坚持培训与使用相结合，采取长期与短期、在岗与脱产、内部办班与外出培训相结合等形式，开展讲授式、案例式、模拟式、体验式等多种方式的培训。

2001 年，组织举办 2 期领导干部培训班，共 74 名领导干部参加培训，其中 16 名学员进行论文发布。2002 年，举办 3 期车间主任培训班，对化纤各车间、拉膜厂、聚丙烯公司等单位的 139 名车间主任进行培训。下发《洛阳石化 2003 年领导人员培训工作安排意见》，明确培训的目的、班次。2003 年 6 月，对新提拔的 47 名领导人员进行培训。8 月，与河南财经学院合作，举办 2 期党务和多经单位领导人员培训班，共有 81 人参加。10～11 月，举办 3 期领导人员“三个代表”重要思想培训班，共培训领导人员 147 人次。2004 年，根据《2004 年领导人员培训要点》，在副科级以上领导人员中开展自学读书活动，并结合学习型企业创建活动，在自学《第五项修炼》基础上，将 ISO 9001、ISO 14001、HSE 管理体系标准内容，纳入领导人员学分管理。首次组织系统的领导人员管理知识培训班，参照 MBA 核心课程，结合企业实际，精选人力资源管理、管理经济学、企业战略管理等 6 门课程，对全厂处级领导和直属单位党政一把手进行管理知识的全员培训。2005 年，组织 400 人次参加《营销管理》、《经济法学》课程的面授，并购置教材 470 册，在副科级以上领导人员中开展自学读书活动。选送领导人员参加高层领导人员管理知识培训班、培训中心主任培训班，并安排 2 名领导人员分赴英国、美国参加高级管理培训和涉外审计培训。

洛阳石化履新领导干部培训班

2006 年，组织开展中层领导人员核心能力建设培训班，分 3 个批次共 124 名中层领导人员参加。组织推荐优秀领导人员参加中石化集团公司和地方举办的高层次培训班，5 人参加中石化集团公司 EMBA（高层管理人员工商管理硕士）国际化经营人才培训班，9 人分别参加中石化集团公司举办的国际石化工程项目管理培训班、国际化经营专业技术人员英语培训班、炼化企业设备动力处（科）长岗位资格专业培训班、安全环保技术工程硕士班，1 人参加洛阳市委组织部举办的科技人才政治理论培训班。组织安排副科级以上领导人员参加管理知识培训班，共 400 余名领导人员集中学习《战略管理》与《宏观经济形势和人民币汇率改革》等课程。购买第二批全国干部学习培训教材中的《科学发展观》、《中外企业管理经典案例》等书籍，配发《江泽民文选》三卷册，开展领导人员自学活动。2007 年，开办处级领导人员培训班，对科级领导人员开展《领导与管理》的角色和技能、技巧方面的培训，在培训内容的实用性上进行优化。组织开发在线培训系统，并进入联网试运行阶段，初步实现领导人员教育培训网络化。2008 年，组织举办 2 期领导人员学习党的十七大精神培训班，269 名领导人员参加培训。其中中层领导人员参加培训率达到 95%，出勤率达到 94%。学员培训后撰写心得体会文章 166 篇，择优刊发 21 篇。推荐新提拔的6名处级领导人员参加中石化集团公司干部管理技能提升高级研讨班。10～12月，组织副处级以上领导人员和直属车间党政一把手参加全球化能源公司管理系列讲座。11～12月，举办2期科级领导人员《领导与管理》培训班。2010年，一是集中开展履新干部入职教育，以领导方法和廉政教育为主题，对2007年以来新提拔的237名领导干部进行集中培训，引导履新干部明确目标，立足岗位，施展才华，建功立业。二是启动新一轮正处级干部培训工作，以提高执行力为重点，在北京举办1期正处级干部培训班，来自机关、直属机构，以及多经企业、改制单位的29名正处级领导干部参加学习。

领导人员管理制度

2001年，制定《领导干部竞聘上岗暂行办法》、《领导干部任前公示暂行办法》、《直属领导班子和领导干部调整原则》、《建立职工竞争上岗、待岗机制意见》、《洛阳石油化工总厂行政领导和职能处室职责范围》。2002年，印发《关于开展机关作风整顿活动的通知》，制定“首问负责制、限时答复制、联系基层制、责任追究制”等机关工作“四制”。2003年，进一步规范领导人员管理，印发《关于下放储运厂科级干部任免权的通知》、《总厂、分公司机构设置暨领导人员调整基本原则》，并结合竞聘工作经验，制定《洛阳石化领导人员竞聘上岗实施办法》。2005年，修订完善《干部管理制度》，研究制定《洛阳石化机构融合重组暨中层管理岗位定编方案》、《洛阳分公司机关和直属机构处级领导人员竞聘上岗办法》、《洛阳石化关于领导人员精简分流的若干规定》、《洛阳分公司机关和直属机构科级岗位设置暨科级领导人员竞聘上岗实施办法》。2006年，制定《关于明确科级机构设置暨领导人员调整原则的通知》和《关于洛阳石化科级以上领导人员部分职务消费和福利制度改革实施意见》。2007年，研究制定《洛阳石化党员领导人员报告个人有关事项的规定》、《机关领导人员联系基层工作制度（试行）》和《关于规范领导人员退出现职工作程序的通知》。2008年，组织制定《关于印发中组部〈组工干部“十严禁”纪律要求〉的通知》，并进一步对领导人员退出现职有关程序进行调整完善。2009年，制定《领导人员退出现职管理规定（暂行）》和《关于〈领导人员退出现职管理规定（暂行）〉的补充规定》，制定《洛阳分公司集体决策重要事项范围（试行）》。

干部档案

根据干部人事档案集中统一、分级负责管理原则，洛阳分公司领导班子成员人事档案由中石化集团公司人事部负责管理，组织部（干部处）负责管理洛阳分公司干部人事档案。截至2010年底，洛阳分公司干部人事档案共计2230卷，设专职人员负责档案管理工作。

2006年，制定并完善干部人事档案管理10项职责、8项制度，向中石化集团公司申报干部人事档案目标管理二级达标单位。2007年，按照中石化集团公司对干部人事档案电子化管理工作要求，投入运行干部档案管理软件，初步实现干部人事档案的电子化管理，进一步加强干部人事档案的标准化、制度化、科学化管理工作。

查阅干部人事档案必须是2名中共党员，并持有手续完备的《查（借）阅干部人事档案审批表》，随带本人证件。查阅者不得查阅本单位主要负责人的人事档案。如必须查阅，应报组织部（干部处）领导批准。干部人事档案原则上不外借，因特殊情况需借阅时，须经组织部（干部处）领导批准，并在一周内归还。查（借）阅干部人事档案要严格遵守保密制度和阅档制度，不得泄漏和传播档案内容。严禁圈划、抽取、折叠、涂改档案材料，不准擅自拍摄、复制档案内容。

干部人事档案转递时，应在接到有关干部的任免、调动文件或领导指示后的3天内办理有关档案的转递工作，详细登记编号，干部档案与《转递单》一并严密包封，骑缝处粘贴密封签并加盖公章，通过机要部门转递，不准邮寄，更不准交本人带走。收档后一周内退回执。

第二节　专业技术人员管理

专业技术人员管理包括专业技术职务任职资格评审、专家管理、人才开发与培养、博士后管

理、新引进毕业生入厂教育培训。

专业技术职务任职资格评审

2001年8月，经中石化集团公司人事教育部批准，对工程系列高级专业技术职务任职资格评审委员会进行换届，组建第五届评审委员会。同时对工程、政工、教育、卫生4个系列的中级专业技术职务任职资格评审委员会进行换届，组建第四届评审委员会。

2003年8月，成立第一届专业技术职务任职资格推荐委员会，负责向中石化集团公司高级评委会推荐石化总厂、洛阳分公司参评工程系列教授级以及政工、教育、卫生、经济、会计、统计系列的教授级和高级任职资格人员。因期满换届，组建第六届工程系列高级专业技术职务任职资格评审委员会以及第五届工程、政工、教育3个系列的中级专业技术职务任职资格评审委员会。按照中石化集团公司有关要求，不再组建新一届卫生系列中级专业技术职务任职资格评审委员会。

2004年7月，对第一届推荐委员会主要成员进行调整。2005年8月，经中石化集团公司人事教育部批准，组建新一届工程系列高级专业技术职务任职资格评审委员会，同时组建第六届工程系列、政工系列中级专业技术职务任职资格评审委员会。按照中石化集团公司有关要求，不再组建新一届教育系列中级专业技术职务任职资格评审委员会。2007年6月，组建第二届专业技术职务任职资格推荐委员会，洛阳分公司经理任主任委员。2008年8月，经中石化集团公司人事教育部批准，组建新一届工程系列高级专业技术职务任职资格评审委员会，同时组建第七届工程系列、政工系列的中级专业技术职务任职资格评审委员会。专业技术职务任职资格的评审，严格按照国家和中石化集团公司有关政策以及中石化集团公司统一部署逐年规范有序进行，2006年中石化集团公司要求各企业暂停评审任职资格1年。

2004年起，中石化集团公司人事教育部委托洛阳石化代为评审西安石化分公司工程、政工、档案等系列中级专业技术职务任职资格。2008年起，代为评审西安石化分公司工程系列高级专业技术职务任职资格。

2007年起，按照国家和中石化集团公司规定，取消对申报初级专业技术职务任职资格人员的外语要求。2008年，在专业技术职务任职资格评审中不再加试计算机。

截至2010年底，洛阳石化共有各级各类专业技术职务任职资格人员1629人，其中教授级专业技术职务任职资格6人，高级专业技术职务任职资格217人，中级专业技术职务任职资格496人。

表13－2　2010年各类专业技术人员统计　人

专业系列	人数	专业技术职务任职资格				
		教授级	高级	中级	助理级	员级
工程	1201	5	178	321	638	59
经济	113	1	9	51	45	7
会计	67	–	3	24	33	7
统计	21	–	–	10	10	1
教育	57	–	9	20	18	10
政工	130	–	13	50	54	13
新闻编辑	7	–	2	2	3	–
图书	16	–	–	10	4	2
其他	17	–	3	8	4	2
合计	1629	6	217	496	809	101

2001～2010年取得
专业技术职务任职资格人员统计

表13－3　人

年份	教授级	高级	中级	初级
2001	5	56	127	165
2002	1	41	91	94
2003	2	43	66	81
2004	1	20	47	52
2005	4	34	52	66
2006	–	–	–	–
2007	2	30	57	231
2008	2	31	35	166
2009	1	23	39	156
2010	1	25	29	172
合计	19	303	543	1183

专家管理

洛阳分公司共有8类专家，即享受国家政府特殊津贴人员、中石化集团公司有突出贡献的中青年科技和管理专家、中石化集团公司学术技术带头人、中石化集团公司优秀青年知识分子、洛阳市优秀专家、洛阳市学术技术带头人、洛阳市青年科技奖获得者、洛阳市学科带头人。2001～2010年期间被授予各类专家称号的共计47人。

表13-4　　2001～2010年获得各类专家称号人员统计　　人

名称 年份	享受政府特殊津贴人员	中石化集团公司中青年科技和管理专家	中石化集团公司学术技术带头人	中石化集团公司优秀青年知识分子	洛阳市优秀专家	洛阳市学术技术带头人	洛阳市青年科技奖获得者	洛阳市学科带头人
2001	–	–	–	–	–	–	–	–
2002	–	3	–	3	–	–	2	–
2003	–	–	13	–	–	1	–	–
2004	–	1	–	3	3	–	–	–
2005	–	–	–	–	–	–	2	–
2006	1	–	–	–	–	–	–	–
2007	–	–	–	1	1	–	3	–
2008	–	–	–	–	–	1	–	3
2009	–	1	–	1	3	–	–	–
2010	1	–	–	–	–	–	–	–

享受国家政府特殊津贴人员是经人事部批准，由国务院颁发政府特殊津贴证书，并发放政府特殊津贴。中石化集团公司有突出贡献的中青年科技和管理专家、学术技术带头人及优秀青年知识分子，由中石化集团公司组织评审并授予称号。洛阳市优秀专家、洛阳市学术技术带头人、洛阳市青年科技奖及学科带头人分别由洛阳市委组织部、洛阳市人事局以及洛阳市科协组织评审，并授予称号。

2007年，组织实施洛阳分公司高级主管和高级专家的评聘工作。评聘工作采取先试点、后扩大的方式进行，通过个人申请、单位推荐、资格审核、上会确定、公示、发文聘任等环节，分别于8月和12月评聘产生31名高级主管和高级专家，其中高级主管22人，高级专家9人。

人才开发与培养

按照中石化集团公司人才培养战略，结合企业发展需要，洛阳石化坚持每年选派技术骨干参加中石化集团公司组织的各类培训班。2001年，选拔推荐11人分别参加中石化集团公司战略人才工程硕士班、炼油设备和合成树脂高级研修班、英语强化班。2002年，推荐10人分别参加人力资源专业MBA班、营销高研班、高级审计人才培训班、化工机械硕士研究生班、石化设备和自动化专业进修班。2003年，推荐15人分别参加化学工程专业硕士班、MBA班、国际贸易专业硕士班、市场营销专业双学士班，催化裂化、炼油设备、加氢技术、炼化仪表自动化4个高研班。2004年，选拔推荐21人分别参加工程硕士班、高级研修班、技师、高级技师以及各种短期培训（轮训）班。2005年，推荐26人分别参加中石化集团公司高层领导人员管理知识培训班，物流工程硕士班，炼油用能和节能技术、延迟焦化高研班，3个专业领域学术技术带头人培训班，合同管理、国际贸易管理培训班和培训中心主任培训班。2006年，选拔推荐36人分别参加中石化集团公司领导人员管理知识培训班，工

程管理、人力资源管理、财务管理等专业的国际化经营人才培训班，化学工程硕士班，安全环保工程硕士班，以及炼化电气技术、加氢技术、蒸汽优化技术等多个专业的高级研修班。2007 年，选拔推荐 12 人分别参加国际化经营人才培训班，物流工程硕士班，电气工程硕士班，加氢工艺与工程技术高研班，炼油总体优化技术高研班，环保技术高研班，化学工程研究生辅导班，外事部门负责人培训班等国内培训，1 人赴美国参加为期 3 周的全球能源管理 EMBA 班毕业培训考察。2008 年，推荐 17 人分别参加工程硕士班、硕士研究生班、炼油厂总体优化技术高级研修班、炼油用能与节能技术管理高级研修班、电气安全经济运行高级研修班、蒸汽优化技术高级研修班、节水高级技术研修班、国际化英语培训班，同时推荐领导班子成员参加炼化企业领导人员 ERP 深化应用培训班。2009 年，推荐 18 人分别参加蒸汽优化技术高级研修班、合成树脂高级研修班、化工设备高级研修班、化纤高级研修班、加氢工艺与工程技术高研班、炼油总体优化技术高研班、炼化企业催化重整、催化加氢生产新技术骨干培训班及国际化经营专业技术人才英语培训班。2010 年，推荐 19 人参加中石化集团公司青年骨干人才提高创新能力研修班、合纤原料技术高级研修班、化工分析检验技术高级研修班、炼油设备高级研修班、化工生产装置长周期运行技术高级研修班、含硫含酸原油加工技术高级研修班、炼化安全技术高级研修班、炼化节能技术高级研修班、电气专家高级研修班、炼化企业首席专家培训班、炼化领域国际化领军人才培训班、炼油新技术高级研讨班、能源计量高级管理培训班及国际化经营专业技术人才英语培训班。

2003 年 3 月，举办 2 期科技论文写作知识讲座，共有 500 人参加学习。2004 年 8 月，与河南财经学院合作开办领导人员管理知识培训班。利用 2 年左右时间，对处级领导和直属单位党政一把手进行管理知识培训。2008 年 4 月，举办《环境污染与节能减排》专题技术讲座，邀请洛阳分公司博士后科研工作站博士为 140 名专业技术人员讲授环境问题的根源、环境所面临的压力、世界十大环境问题、21 世纪环境问题、世界环境日与节能减排，以及应对策略等内容。11 月，举办《石油化工与煤化工的竞争》专题技术讲座，邀请天津大学教授为 150 名专业技术人员讲授当前石油化工和煤化工的发展趋势。2009 年 4 月，举办《经济危机与石油化工》专题讲座，邀请天津大学教授为 126 名专业技术人员讲解经济危机下的石油化工行业的现状和发展。2009 年 7 月，举办《现代化学工业的基本特征》专题讲座，邀请天津大学化学工程研究所教授为 126 名专业技术人员讲授现代化学工业特征和现代化学工业所需人才应具备的才能与素质。2010 年 5 月，举办《低碳催化裂化技术》的专题讲座，邀请中科院院士、著名催化专家何鸣元教授为 150 名专业技术人员讲授催化裂化工艺中的先进技术。同月，举办《科技论文写作知识》的专题讲座，邀请洛阳石化工程公司教授讲解将实践经验升华为理论知识的技巧，科技论文写作的要点，介绍科技论文国家规范标准。7 月，举办

现代化学工业的基本特征科技讲座

《专业技术工作者应具备的素质和能力》的专题讲座，邀请洛阳分公司博士后科研工作站在站博士讲解专业技术工作者应具备的创新意识和创新能力、专业技术论文和项目材料的写作以及科研立项和报奖程序等内容。

2001 年，洛阳石化决定与高校联合举办在职工程硕士班，培养高层次人才。同年，首次与北京化工大学联办材料工程领域工程硕士班，22 名职工参加学习。2005 年，与西安石油大学联办机械工程领域工程硕士班，23 名职工参加学习。同年，与郑州大学联办材料工程领域工程硕士班，17 名职工参加学习。2008 年，与天津大学联办化学工程领域工程硕士班，31 名职工参加学习。2009 年 9 月，召开“洛阳石化天津大

学工程硕士班双导师聘任会”，为32名硕士班学员聘任企业导师22名。

博士后管理

2003年12月，人事部、全国博士后管委会等领导机构批准，中国石化集团洛阳石油化工总厂博士后科研工作站正式建立。2004年3月，河南省人事厅召开会议，对包括洛阳石化在内的全省16家新设立博士后科研工作站的单位授牌。

2005年12月，成立洛阳石化博士后科研工作站管理委员会，石化总厂厂长、党委书记任委员会主任，委员会下设办公室，办公室设在干部处。委员会主要负责贯彻落实国家、中石化集团公司及省、市有关博士后工作精神，研究制定洛阳石化博士后管理工作的各项政策制度，审定博士后研究人员的研究课题和招收工作，研究解决博士后管理工作中的重大事宜。同月，制定印发《洛阳石化博士后管理制度（试行）》，包括管理暂行规定、考核办法、经费使用管理等10个规定。同月，举行洛阳石化博士后科研工作站揭牌暨博士后进站仪式，博士焦桓正式进站工作，博士后科研项目全面启动。2007年4月，经全国博士后管委会办公室同意，“中国石化集团洛阳石油化工总厂博士后科研工作站”更名为“中国石油化工股份有限公司洛阳分公司博士后科研工作站”。6月，举行博士后进站仪式，郑帼博士和韩润平博士进站工作。同年12月，举行博士后出站考核会，焦桓博士完成博士后课题的研究工作，达到出站要求，按期顺利出站。2009年9月，由郑州大学化学系相关专家、教授和洛阳石化有关专家组成的考核组对韩润平博士进行出站考核，并做出“韩润平博士课题研究圆满完成，具备出站条件”的评价，按期顺利出站。2010年10月，引进华南理工大学冯大春和天津工业大学徐进云2人进站工作。同年12月，郑帼博士完成研究工作出站，在站期间，郑帼博士带领研发团队勤奋工作，勇于创新，在洛阳石化生产装置实现以国产聚酯纤维油剂替代进口油剂的目标，承担完成的课题先后通过中石化和河南省技术鉴定，获科技进步奖，技术达到国际先进水平。同时，郑帼博士被授予洛阳石化“优秀博士后”。

新引进毕业生入厂教育培训

按照企业有关规定，对新引进的大学本科以上学历毕业生，要就企业概况、企业文化和厂史厂情、生产装置流程和概况、公文写作、保密、法律常识、安全环保等应知应会内容进行教育培训，加快由学生到职工的转变。在新引进毕业生入厂教育培训中，坚持按实际需要设计安排主要培训课程。新引进大学生考核合格率达100%。

新引进毕业生入厂教育

表13－5　2001～2010年毕业生引进情况

学历 年份	本科（人）	双学位（人）	研究生（人）
2001	16	1	－
2002	24	－	－
2003	26	－	－
2004	49	－	－
2005	47	－	－
2006	41	－	2
2007	30	－	2
2008	47	－	11
2009	83	1	16
2010	97	－	25
合计	460	2	56

第三节　技能操作人员管理

技能操作人员管理包括技能培训和职业技能鉴定。

技能培训

洛阳分公司建立以职工教育委员会、人力资源处、各单位第一培训员和培训员为主体的四级培训管理网络，组建兼职培训师资队伍，并建立培训工作月例会制度，及时研究解决培训工作中出现的问题。制定《职工教育培训管理办法》、《职工培训工作量化考核实施细则》和培训工作考核标准，将职工培训工作纳入单位考核范围。

根据技能培训对象为技能操作人员的特点，在开展技能培训工作时，注重将培训工作与技能鉴定工作相结合，增强技能操作人员参与培训的积极性和主动性，突出技能培训的针对性和实际效果，并建立《职工培训档案》。技能培训的主要形式为岗位练兵、技术比武和经常性的事故预案演练。2001～2010年，共开展各类技能培训项目5938项，举办班组长培训等各类培训班1550个，开展原料泄漏、装置停电、气防救护等多个专题的模拟演练4583次。

2005～2009年，洛阳分公司实施以“三基”为主要内容的轮训工作，服务生产经营。“三基”轮训主要由管理知识培训、心智训练、活动竞赛和经验交流等模块组成。其中，针对生产一线的操作工，共举办86期“三基”轮训班。

2010年，启动以提高职工安全意识和安全技能为主题的第二轮“三基”轮训，重点培训安全意识、安全责任、危害识别和风险评价、安全防护器材使用、现场急救等内容。举办轮训班12期，479名技能操作骨干参加轮训。举办各类培训班370个，参加培训人数达19300人次。举办班组长外培班2个，参培人数80人。全年共进行原料泄漏、装置停电、机泵跳停、气防救护等105个专题、120余个岗位的事故预案演练，参加演练的职工达12500人次。12月，组织开展2010年度技术比武活动，共有29个生产单位、3200多名职工参加。

班组长职业技能培训

2001～2010年，共选拔、推荐2594人次参加外委培训。选拔41批次、806名操作骨干人员赴石化行业兄弟单位学习。

职业技能鉴定

2004年，根据中石化集团公司“三支队伍”建设工作整体部署，全面启动职业技能鉴定工作。调整洛阳石化职业技能鉴定委员会成员组成，组建考评员队伍。2006年，购置并投用职业技能鉴定国家试题库。

2004年，首先启动常减压蒸馏装置操作工等9个工种的技能鉴定工作。2005年，职业技能鉴定工作全面展开，完成炼油、化工和辅助系统3个板块62个主体工种的鉴定工作，累计鉴定技能操作人员3443名。2006～2007年，开展技师职业资格考评工作，99人取得技师职业资格。2006年，制定《技师、高级技师管理办法》。2007年，开展技师、高级技师的考核聘任工作，经个人总结、述职、单位推荐和洛阳分公司党政领导班子审定，135人通过考核，受聘技师、高级技师岗位。2008年3月，对在聘技师、高级技师进行首次年度考核。2008～2009年，开展新一轮职业技能鉴定工作，累计完成3371人的职业技能鉴定。同时，对已取得初、中、高级职业资格等级人员，进行以实际操作考核为主的职业资格证复核，累计验证考核2042人，2026人通过复核。2009年，组织开展高技能人才“N+Y”（“N”表示能力，“Y”表示业绩）评价体系试点工作，完成3个工种的技师评定工作。2009年，借鉴中石化集团公司“N+Y”高技能人才评价方式开展任职期满考核，在突出业绩考核的前提下，对履职责任进行量化考核，并首次引入红黄牌机制。

2007年、2008年、2010年，组队参加中石化集团公司职业技能竞赛。

2010年，制定下发《关于加强高技能人才队伍建设的实施意见》，进一步明确今后一个时期高技能人才队伍建设的目标任务，同时也就年度考核、成果创新、技艺传承以及构建技能人才快速成长通道等方面的工作提出要求，进一步规范日常管理。组织开展考评员资格培训，为130名考核合格人员办理由中石化集团公司职业技能鉴定指导中心统一颁发的高级考评员、考评员证卡，并颁发聘书，进一步强化考评员队伍管理，规范职业技能鉴定工作流程。

职业技能鉴定理论考试

借鉴中石化集团公司“N+Y”高技能人才评价方式开展任职期满考核。经过系统考核，23人因考核优秀受到表彰，2人因聘期内连续3年考核优秀而延长聘期至6年，2人因业绩考核成绩低于60分被解聘，7人因履职责任考核成绩较差或职工反映较为集中，分别受到缓聘一年和黄牌警告处理。2010年，按照炼油、化纤和辅助系统板块分3批组织38名骨干技师赴青岛炼化、天津石化、扬子石化和仪征化纤等兄弟单位调研实习。

第四节　用工管理

用工管理包括定员管理、用工改革。

定员管理

洛阳分公司定员实行分级管理体制。总经理办公会为定员管理的决策机构，负责审定定员管理制度和定员方案。人力资源处为定员管理的日常工作机构，负责拟定洛阳分公司定员方案和相关管理制度。各单位为定员管理的执行机构。

核定定员的依据主要是中石化集团公司统一颁布的《石油化工企业定员标准》及有关规定，同时参考国家有关部门及河南省、洛阳市颁布的有关定员标准、同类企业先进定员标准和设计定员等。

2003年6月，依据中石化集团公司1998年颁布的定员标准，采用各单位自核、定员核定工作组初核、分配制度改革领导小组审定的方式，在洛阳分公司范围内开展定员核定工作，并相继开展《岗位说明书》编制和岗位测评工作。

2005年，根据石化总厂、洛阳分公司机构融合的实际，配合分配制度改革工作，参照中石化集团公司2004年颁布的定员标准，对各单位定员进行核定。聘用工、劳务工等其他形式的用工也纳入定员范围，使定员更加科学合理。

2006年，根据中石化集团公司2004年颁布的定员标准，开展机关处室、直属单位的定员核定工作。对机关处室按照职工总数的8%确定，定员总数为324人，与实际人数相比，核减比例为20.6%。考虑机关附属单位的业务特性，核定机关附属单位定员总数为535人，核减比例相对较小。直属单位定员按照适度从紧原则核定，定员总数为1382人，核减比例为10.8%。

2007年3月，依据中石化集团公司2004年颁布的定员标准，按照科学、合理、先进的原则，对21个直属生产车间的定员标准进行修订、完善，定员总数为2879人。

2009年初，中石化集团公司下发新的炼化企业劳动定员标准初稿。洛阳分公司结合实际，对照新的定员标准，对各生产车间的定员及实际用工情况进行核算，为下一步贯彻落实集团公司新的定员标准奠定基础。

2010年，根据需要，并结合各单位定员和实际用工状况，对部分单位人员结构进行优化调整。3月，按照总量控制、精简高效的原则，提出仓储中心、招标办公室、新上14万吨/年聚丙烯项目等新设机构的定员意见，同时对机械动力处、生产调度处、保卫处、项目部及聚丙烯公司

机关等科室设置发生变化的单位，提出定员调整意见。经总经理办公会研究决定，分批对缺员单位进行人员补充。4 月末，从信息中心、营销部、二联合车间、四联合车间、化工车间等单位选调 22 人补充到仓储中心专业技术岗位，从消防支队和经理办公室小车队选调 2 人补充到仓储中心司机岗位。5 月，按照人随业务走的原则，将 30 名车间库管员从各生产车间划转到仓储中心。随着长丝空压冷冻站设施及业务划转空压车间管理，将 12 名操作人员由长丝车间划转空压车间。8 月底，以选调的形式补齐招标办公室和按 2007 年定员标准机关处室所缺 19 名专业技术人员。

用工改革

2001 年 2 月 25 日，中石化集团公司暨中石化股份公司召开减员增效工作会议，下发《中国石油化工集团公司关于“十五”期间减员增效工作的指导意见》、《关于开展协议解除劳动合同的实施办法》等文件。3 月 12 日，洛阳石化总厂、洛阳分公司成立减员增效工作领导小组。6 月 11 日，召开减员增效动员会，下发《关于开展 2001 年协议解除劳动合同工作的通知》、《关于 2001 年办理职工内部退养的通知》等文件。同时，各单位开始接受协议解除劳动合同、内部退养申请。截至 7 月 26 日，共有 1084 人办理协议解除劳动合同手续，其中洛阳分公司 299 人，石化总厂 785 人。

2001 年，对复员退伍军人接收安置办法进行改革，采取通过文化课考试确定安置身份，全年共安置复退军人 87 名，其中考试成绩前 44 名的以全民身份安置，其余 43 名以集体身份安置。6 月 1 日，洛阳石化被洛阳市人民政府评为 2000 年度退伍军人安置工作先进单位。10 月，对各类临时工进行清理。确需继续使用的人员，转入宏业劳务有限公司，与宏业劳务公司建立劳动关系，洛阳分公司作为劳务输入单位，与宏业公司签订劳务协议，实现由“用人”向“用工”管理模式的转变。2002 年，在对国家、地方有关政策进行充分研究，并与洛阳市有关部门进行沟通的基础上，进一步改革复员退伍军人接收安置办法，对 2002 年起接收的复员退伍军人有偿转移安置到宏业劳务公司，转移安置的复员退伍军人与宏业公司签订劳动合同，建立劳动关系。2004 年起，仅接收职工子女复转军人，并转移安置至宏业公司，对非职工子女复转军人安置计划则以向洛阳市缴纳转移安置费的形式完成。

2007 年，针对劳务用工数量较多、岗位分散、混岗严重、存在法律风险的实际情况，结合定员标准，开展劳务工置换工作，初步实现劳务用工的集中规范使用。2008 年，根据《劳动合同法》逐步完善劳务工管理制度，保证合法合规用工。

2010 年初，协调多经及改制单位，安置 19 名困难职工子女就业。协调吉利区有关单位帮助 30 名协解人员实现再就业。同时，工会对 308 名协解退休人员实施帮扶资助。9 月，根据生产车间需求，通过宏业公司招收劳务工职工子女 100 人，经过 2 个月的培训，于 12 月初，分别补充到聚酯生产管理部、动力生产管理部、铁路运输部、聚丙烯公司、二联合车间、三联合车间、四联合车间、焦化车间、加氢车间、芳烃车间、化工车间、聚丙烯车间、油气车间和质检中心 14 个单位。11 月底，通过宏业公司转移安置 2008 年退伍的职工子女 10 人。

2010 年 6 月，根据中石化集团公司《关于〈洛阳分公司用工结构调整工作实施方案〉的意见》，洛阳分公司开展用工结构调整工作，对与宏业劳务公司签订劳动合同并派遣到洛阳分公司工作的符合规定条件的全日制劳务派遣工进行用工形式转变，洛阳分公司与其签订劳动合同，纳入正式职工统计和管理。共调整符合条件的劳务工 69 人，其中聘用工 25 人，复转军人 9 人，一般劳务工 35 人。

第五节　薪酬改革与管理

薪酬改革与管理包括薪酬改革和考勤管理。

薪酬改革

2001 年，石化总厂、洛阳分公司分立运行。石化总厂人事处工资科负责按照中石化集团公司下达的工资总额计划，管理石化总厂本部、化纤厂、化纤产品销售处等单位的工资业务；多种经营单位、聚丙烯公司等仍使用从洛阳市、吉利区有关部门申请的工资总额计划。洛阳分公司人力资源处工资科负责按照中石化集团公司下达的工资总额计划，管理炼油厂、动力厂、储运厂等单位的工资业务。2005 年，石化总厂、洛阳分公司机构融合，原石化总厂人事处工资科业务并入洛阳分公司人力资源处工资科。

2001 年 4 月，根据企业生产经营实际情况，对职工工资结构、标准及发放方式进行调整，停发误餐费，基本工资按 85% 计发，节余部分通过绩效考核实行再分配，以强化工资的激励功能。11 月，按中石化集团公司暨中石化股份公司统一部署，进行首批特殊津贴人员选拔工作，推行特殊津贴制度，促进工资分配模式向一岗一薪、易岗易薪转变。2002 年 6 月 27 日，下发《关于试行加班总量控制的通知》，对加班进行总量控制管理，遏制加班工资增长过快的势头，发挥加班工资应有的分配功能。7 月，制定在生产单位实行空额工资的管理办法，对实际用工总量少于定员总量的单位按照定员总量不足数发放空额工资。2003 年，根据中石化集团公司的总体安排，按照“参照市场，横向比较，承认历史，逐步过渡；突出岗位责任，注重技术含量，参考工作业绩；控制总量，差距适度，逐步到位；配套改革，谨慎操作，确保稳定”的基本原则，对工资分配制度进行改革。在不进行技能工资升级的前提下，将固定发放的连动工资、水电液化气和副食补贴取消，与部分奖金及新增工资总额（4%）一起，增设市场价位调节工资。同时相应调整新参加工作职工初期工资待遇。配合分配制度改革，开展岗位评价和岗位分析，完成《岗位说明书》的编制，重新核定各单位的岗位定员，并开展竞争上岗工作。通过这次改革，引入劳动力市场价位，突出岗位责任和工作业绩，初步建立起适应市场经济需要的竞争和激励机制。2004 年，结合 2003 年分配制度改革实施后的有关情况，调整部分岗位市场价位调节工资。2005 年，根据中石化股份公司深化内部分配制度改革动员大会和《关于进一步深化内部分配制度改革的指导意见》精神，确立“引入劳动力市场价位机制，统筹兼顾、配套改革，总量控制、杠杆调节，积极稳妥、整体推进”的改革原则，建立岗位绩效工资分配体系，进一步强化“整体薪酬”概念，促进职工思想观念的转变。2006 年，按照总量控制、市场导向、以岗定薪的原则，在原有分配模式基础上，增设生产车间奖励基金、倒班满 20 年奖励金等长期激励项目。2007 年 12 月，根据中石化股份公司工资调整意见，制定基础工资、部分津贴及见习期工资标准调整方案，同时对劳务工工资分配方案进行调整。2008 年初，实施《调整增加职工工资收入实施办法》，提高职工工资和劳务工工资标准。10 月，指导宏业劳务公司做好劳务工工资待遇调整方案的制定和实施工作，再次提高劳务工工资标准。2009 年 5 月，为进一步完善职工工资正常增长机制，在采取增加绩效考核工资基值和单项奖奖励力度等措施基础上，对岗位工资档位设置和晋档办法进行评估，并结合职工代表大会有关精神，制定新的岗位工资档位设置及晋档管理办法，统一“三支队伍”岗位工资晋档条件，同时进一步拓展岗位工资晋升空间，实现职工工资增长的多途径、多方位。

2010 年 3 月，根据洛阳分公司《关于修订和完善岗位工资管理办法的通知》，开展 2010 年度员工岗位工资晋档工作，对符合条件的职工在 4 月进行工资调整兑现，实现其工资的正常增长，发挥岗位工资增长的激励作用。8 月，为表彰奖励长期工作在生产一线的倒班职工，对连续倒班满 20 年的职工进行核定、奖励，最终确定 82 名职工符合奖励条件。至 2010 年 8 月，受表彰奖励倒班职工累计达 535 人。10 月，根据国家、地方政府最新颁布实施的有关规定，组织有关部门修订《职工休假考勤管理办法》。为持续推进同工同酬工作开展，分别于 7 月和 12 月指导宏业公司调整劳务工工资，提高收入待遇。

考勤管理

2001 年 12 月，下发《关于修订女职工生育产假实施办法的通知》，对生育产假管理制度进行修订，女职工正常生育产假由 24 个月改为 12 个月。2004 年 3 月，修订下发《员工休假考勤管理办法》，对事假、病假、计划生育假、年休假、换休假等假期的期限、审批权限和程序以及考勤办法作出明确规定，进一步规范员工休假考

勤管理工作。

2008年1月，根据国家《职工带薪年休假条例》，结合企业实际，制定《职工带薪年休假管理办法（试行）》，规定连续工作1年以上的在岗正式职工，均可享受带薪年休假，且国家法定假日、休息日不计入年休假假期。

2010年初，为进一步完善职工休假考勤制度，根据国家、地方政府最新颁布实施的有关规定，对职工休假考勤管理办法进行修订。10月，下发实施职工休假考勤管理办法。

第六节 社会保险

社会保险包括养老保险、医疗保险、工伤保险、失业保险、生育保险、住房公积金、安全生产责任保险和“五七工”、“家属工”纳入基本养老保险统筹等内容。

2008年1月，洛阳市社会保险事业管理局（原洛阳市社会保险中心）设立洛阳石化分中心，负责洛阳石化及其改制单位社会保险业务管理工作，分中心日常工作委托洛阳分公司代管。2010年，完善《女职工生育待遇支付办法》、《分中心管理审批权限指引》等管理制度。同时，通过“总额预付”制，合理使用节余医疗保险费，为参保职工提供疫苗接种、健康体检套餐等服务。根据河南省安全生产监督管理局在高危行业推行安全生产责任保险有关精神，经向中石化集团公司主管部门争取政策支持，洛阳分公司为在职职工建立危险化学品生产行业安全生产责任保险，提高职工因工伤亡的医疗补助标准和经济补偿标准。7月，经与中石化集团公司人事部以及洛阳市住房公积金行政主管部门协调沟通，洛阳分公司将正式职工住房公积金缴存比例从10%调整到12%。住房公积金缴存比例调增2个百分点后，职工住房公积金个人账户年度积存金额人均达到1.2万元。9月，结合新的企业年金制度，制定《企业年金实施办法》、《实施企业年金制度的有关规定》、《激励性年金分配方案》等，并报中石化集团公司审批。10月26日，年金方案获得批准。11月22日，年金方案在职工代表团组长会议上表决通过。12月，账户移交、补缴2009年至2010年个人账户差额部分等工作全部完成。共建立企业年金账户4043个，账户积累资金1.16亿元。截至2010年，基本养老保险、基本医疗保险、工伤保险、失业保险、生育保险和住房公积金等“五险一金”实现全员覆盖，同时建立补充养老保险（企业年金）、离退休人员企业补贴和补充医疗保险，并参加安全生产责任保险，从而建立起“以社会保险为主体，企业补充保险、商业保险为补充”的保障体系。

养老保险

2001～2010年，基本养老保险缴费比例进行多次调整，其中企业缴费比例为上年度工资总额的20%，个人缴费比例为上年度平均工资收入的8%。

根据《河南省完善企业职工基本养老保险制度实施意见》，2006年7月1日，城镇职工基本养老保险个人账户规模统一由本人缴费工资的11%调整为8%，全部由个人缴费形成，单位缴费不再划入个人账户，同时对基本养老金计发办法进行改革。

2005年1月，根据中石化集团公司《规范离退休人员企业补贴的意见》精神，在对离退休人员基本养老保险统筹基金以外企业支付的补贴进行规范的基础上，建立统一的离退休人员企业补贴制度。企业补贴标准按照离退休人员离退休时的行政职务级别、专业技术职务级别和职业技能等级确定，从190元/月到340元/月不等。2008年1月，根据中石化集团公司《进一步规范离退休人员企业补贴的意见》精神，对离退休人员企业补贴标准进行调增，调增幅度从140元/月到300元/月不等。

2009年1月，根据原劳动和社会保障部《企业年金试行办法》政策规定，在中石化集团公司统一部署下，按照有序衔接、平稳过渡原则，将补充养老保险制度转换成企业年金制度，替代离退休人员企业补贴制度。职工按本人上年度月均工资2%，企业按照4%缴费，个人账户储存额在职工退休时一次性支付。

2001～2010年，河南省先后9次调整退休人员基本养老金，提高退休职工生活水平。

医疗保险

基本医疗保险费由企业和职工个人共同缴纳，其中企业缴费比例为上年度工资总额的6.5%，个人缴费比例为上年度工资收入的2%，退休职工不缴费。

鉴于洛阳石化远离市区，职工看病就医主要依靠洛阳石化医院的实际，经洛阳市主管部门同意，洛阳石化被列为洛阳市基本医疗保险实行“总额预付”结算办法试点企业之一。洛阳市主管部门按照企业缴纳保险费的一定比例返还医疗费，由企业负责使用和管理。节余保险费主要用于健康体检和疾病预防，以进一步改善和提高职工医疗保障水平。

在参加城镇职工基本医疗保险的同时，根据洛阳市《关于参加洛阳市城镇职工大病救助保险的实施意见》精神，按照企业、职工分担原则，参加洛阳市城镇职工大病救助保险。大病救助保险按比例报销基本医疗保险支付限额以上部分住院医疗费，缓解患重大疾病职工医疗费个人负担过重问题。

2001年，结合参加城镇职工基本医疗保险后职工在医疗费支出方面的变化，根据《国务院关于建立城镇职工基本医疗保险制度的决定》精神，建立补充医疗保险制度，作为基本医疗保险的补充。企业补充医疗保险费按上年度工资总额的2%提取，主要用于按比例报销职工个人负担的住院医疗费。11月，根据《洛阳市城镇职工基本医疗保险暂行规定》，参加洛阳市城镇职工基本医疗保险，洛阳石化所属各单位在册全民职工（包括内部退养职工）、退休职工全部纳入基本医疗保险，改变职工医疗保障由企业包揽的管理模式，实行社会化管理。

工伤保险

工伤保险实行行业浮动费率，企业按照上年度工资总额的1%缴纳工伤保险费，职工个人不缴费。

2009年4月，印发洛阳分公司《工伤保险管理办法》，对相关部门在处理工伤保险事务中的职责进行明确，对工伤申报、工伤认定、劳动能力鉴定等工作流程进行规范，为及时处理工伤事故提供制度依据。

失业保险

失业保险费由企业和职工个人共同缴纳，其中企业缴费比例为上年度工资总额的2%，个人缴费比例为上年度工资收入的1%。2001年8月，协调解决协议解除劳动合同职工失业保险待遇，1084名协议解除劳动合同职工按政策规定领取失业保险金。2009年3月，为帮助企业应对金融危机，切实减轻企业负担，洛阳市人民政府将失业保险企业缴费比例由2%暂时下调到1%，职工个人缴费比例由1%暂时下调到0.5%。

生育保险

2007年12月，根据《洛阳市人民政府关于加快我市女职工生育保险制度改革的通知》精神，参加生育保险，企业按照上年度工资总额的0.8%缴纳保险费，职工个人不缴费。生育医疗费、计生医疗费以及生育女职工产假期间津贴由保险基金支付。2009年3月，为帮助企业应对金融危机，切实减轻企业负担，洛阳市人民政府将女职工生育保险缴费比例由0.8%暂时下调到0.6%。鉴于洛阳石化大部分岗位属接触有害化学物质岗位，为确保生育女工和新生儿健康，经洛阳市主管部门批准，女工生育产假时间可延长至12个月。

住房公积金

2005年10月，住房公积金缴费基数调整为职工上年度月平均收入，缴费比例调整为10%。2007年7月，根据中石化集团公司要求，职工上年度月均工资高于同期洛阳市社会平均工资3倍以上部分，不再作为住房公积金缴费基数。2010年7月，经中石化集团公司和洛阳市住房公积金主管部门批准，住房公积金缴费比例由10%调整至12%。

安全生产责任保险

根据河南省安全生产监督管理局在高危行业推行安全生产责任保险精神，经中石化集团公司主管部门批准，2010年1月，洛阳分公司参加河南省危险化学品生产行业安全生产责任保险，保险对象为在职职工。参加安全生产责任保险，对在履行岗位职责过程中受到意外伤害的职工，在

工伤保险之外又增加一重保障。

“五七工”、“家属工”纳入基本养老保险统筹

2010 年 9 ~ 12 月，根据河南省人力资源和社会保障厅《关于将原“五七工”、“家属工”等人员纳入城镇企业职工基本养老保险统筹范围的通知》要求，在洛阳市行政主管部门指导下，协助 444 名在洛阳石化从事过临时性工作的原“五七工”、“家属工”通过一次性补缴养老保险费方式，纳入城镇职工基本养老保险统筹。纳入养老保险统筹的“五七工”、“家属工”达到法定退休年龄时，城镇职工基本养老保险基金按月发放养老金，以解决这一特殊群体老有所养问题。同时，根据中石化集团公司政策规定，对 432 名职工家属给予应补缴保险费 20% 的补助。

第七节　离退休职工管理

离退休职工管理包括落实两项待遇、党群建设工作、老年文化活动、基础设施建设、优化管理服务、关心下一代工作。

落实两项待遇

政治待遇　坚持通报情况制度，每年组织离休局级干部听取洛阳市委、市政府的情况通报。洛阳分公司领导班子坚持每年两次向离休干部、副总师以上退休干部和党支部书记通报企业情况。2009 ~ 2010 年，洛阳分公司主管领导和离退办每年分别组织召开退休科级以上和离退休人员情况通报会。按照规定组织离休老干部和退休厂领导外出参观学习，考察工农业生产。2009 ~ 2010 年，分 17 批组织 1400 名离退休人员进厂参观，并在职工餐厅与在职职工共进午餐。2010 年 4 月和 11 月，分别组织 41 名离休老干部和 22 名退休厂领导，乘坐高铁前往三门峡、陕县、开封等地参观考察。坚持阅文制度，在离退办建立离退休老领导阅文室，配发文件和资料。坚持报告会制度，每年集中进行形势教育，邀请洛阳市委党校、解放军外国语学院、河南科技大学的专家教授为老同志讲授国际国内形势。坚持离退休职工代表参加洛阳分公司党代会、职代会等重要会议制度。每年重阳节、春节为全体老同志发放慰问金或慰问品。定期组织召开不同形式的座谈会，2010 年，离退办先后召开党支部书记、夕阳红义务督导队等 9 个不同层面的座谈会，认真听取意见和建议，妥善解决离退休职工反映的实际问题。

离退休老同志到厂区参观

生活待遇　认真落实党和国家的政策规定，坚持与洛阳市社保中心、医保中心、老干部局、老龄委、民政局等有关部门保持联系沟通，确保离退休生活费按时足额发放，医疗费报销用足政策，优待证、寿星证及时办理。在企业内部，按时发放养老保险统筹外的有关补贴，离休干部的护理费按政策规定进行调整，医药费按规定范围据实报销。保证离休干部看病、住院及因公用车。离休干部每年一次健康体检，每两年一次健康休养。定期举办卫生保健知识讲座。2009 年起，每年组织全体退休人员进行健康体检，开展大病救助，每年对有困难的老职工给予救济。坚持对生病住院离退休人员慰问制度，对居住在河南省内的离退休老职工每年走访慰问一次，对居住在外省的每两年进行一次走访或致信慰问。2001 ~ 2010 年，洛阳分公司领导和离退办累计到医院慰问老职工 1000 多人次，妥善处理 100 多名老职工的后事，为 50 多名老职工申请大病救助，对 330 多名生活困难的老职工进行救济。2009 年，石化医院购置的 16 层螺旋 CT 投用后，首先用一年时间为全体老职工免费体检。70 岁以上的老职工就医免收挂号费。2010 年 5 月，协助市医疗鉴定专家对 14 名离休干部健康状况进行鉴定。

党群建设工作

2001年10月24日，中国共产党洛阳石化离退休职工管理办公室委员会第一次代表大会召开，选举产生离退办党委委员和纪委委员，完善和健全离退办党的各级组织。2006年2月23日，中国共产党洛阳石化离退休职工管理办公室第二次代表大会召开，选举产生新一届党委和纪委，提出在新形势下搞好离退休职工管理工作的方针和目标。针对离退休党员流动性大的实际情况，建立党员流动管理制度。对长期在外地居住的党员，实行定期联系制度，使每个党员始终处于党组织的管理之中。按照就地、就近原则，将分散居住在4个生活区的党员分成14个片区，按片区成立党支部。截至2010年，离退办党委有党员695人，党支部15个，其中开元社区7个、双苑社区1个、三和社区2个、河阳新村4个、离退办机关1个。2010年，15个党支部换届。每年按计划对支部委员进行培训。建立党员信息库，及时转移组织关系，实行党支部党建工作月报和人员外出情况统计制度。完善离退休人员党支部组织生活、政治学习、情况报告、联系群众、党员管理等制度。2004～2010年，持续开展以“支部班子好，党员队伍好，组织设置好，活动开展好，群众反映好”为内容的“五好”离退休人员党支部建设达标活动，做到有部署、有检查、有考核、有表彰。每年“七·一”前夕，召开创先争优表彰大会。

国庆60周年为老同志颁发荣誉奖章后合影

2006～2010年，加强离退休人员思想政治建设，提出“政治坚定，思想常新，理想永存”的工作目标，采用党课、报告会等形式，对老同志进行形势任务和思想政治教育，引导离退休职工党员牢固树立正确的人生观，坚定理想信念。建立党政工齐抓共管的离退休人员思想政治工作机制，健全思想政治工作网络。坚持以正面教育、自我教育为主，围绕普遍关心的热点问题，做好解疑释惑工作。坚持思想政治工作与合理解决离退休人员的实际问题相结合，做好一人一事的思想工作。坚持人文关怀和心理疏导并重，组建“开心聊天室”和信访稳定小组，及时协调解决老同志的家庭矛盾和邻里纠纷，认真处理来信来访。做好重点人群和重点人员的稳定工作，做好离休干部反映的提高住房补贴、劳务工子女转正、军转干部“八一”建军节慰问、企业年金等问题的接访工作。2010年，开展“爱心卡”服务活动，为1791名老同志赠送“爱心卡”，并在离退办开通24小时服务热线，每一起都及时联系，协调解决。坚持每月召开一次党支部书记情况通报会、一次思想动态分析会、一次支委会、一次支部党员大会。2010年，开展幸福指数问卷调查活动，认为“非常幸福”和“幸福”的占调查总人数的89.1%。

老年文化活动

2001～2010年，认真贯彻“老有所教、老有所学、老有所乐”的工作方针，建立起文艺、书画、钓鱼、象棋、麻将、扑克、桥牌、太极拳、腰鼓、秧歌、台球、门球、乒乓球、风筝等15个协会，成立《红枫》文学社。文体活动以离退休老同志为主体，以协会为单位，做到年有计划、月有安排、全年天天有活动。给每个生活区工作站阅览室配备报纸25种、杂志24种。给离退休职工每人一份《老人春秋》或《石化老年》、每人一份《洛阳石化》、《社区之声》。每

老年大学绘画班

年元宵节，组织离退休人员参加元宵节秧歌、锣鼓等踩街活动。组织参加吉利区、洛阳市有关文体比赛。为离退休党支部和文体协会安排专门的办公场所，设立老年图书室，坚持每年举办书画展、摄影展。2009年编印出版《河阳唱响桑榆情》画册，全面反映洛阳石化的离退休工作和离退休人员的各项活动。

坚持“按需施教、寓教于乐、以教促乐”的工作思路，以老年大学为阵地，从离退休人员中组织师资力量，开展各种适合老年特点的老年教育。先后开设书法、中国画、剪纸、刺绣、围棋、电子琴、声乐、素描、二胡、舞蹈、电脑等10多个专业的学习班。老年大学每年分上下两个学期，每期的学员都在百人以上。2001~2010年，学员达20252人次，学习期间多次组织学员作品展览。坚持每年组织文艺会演，参加社区和吉利区的文艺演出，老同志的二胡演奏曲目和一些自编自演的节目在中石化集团公司文艺比赛中获奖，部分老同志的作品在全国老年书画作品展览上获奖。2010年8月，承办中石化集团公司第二届离退休人员门球赛洛阳赛区比赛，被中石化集团公司离退休工作部授予“优秀组织奖”。

基础设施建设

2007年，筹资300多万元，对离退办开元社区离退休职工活动中心进行修缮，配备先进的器材和器具。为方便老同志活动，给活动中心大楼内安装电梯。2008~2010年，先后投资50多万元将阶梯教室改造修缮成“老年会堂”。投资60多万元，将河阳新村5号楼地下室改造成老年活动室，并配齐活动器材。投资30多万元搬迁河阳新村门球场。投资40多万元改造两个门球场，扩建三和社区活动室和双苑社区活动场所。2009年，将经理办小车队2台奥迪A6小轿车调给离退办使用，投资50多万元购置2台小型面包车，使离退办服务车辆达到11辆，满足老领导、老同志看病就医、取送报刊、办事出行的需要。为老年大学购置计算机，为生活区活动站配备电视机、DVD、扑克、象棋等，给各工作站安装热水器。2010年底，4个生活区活动场所总面积达8000多平方米。

优化管理服务

2001~2010年，先后修订管理制度、规定、岗位职责和管理办法4类75项，其中离退休行政管理类38项，服务工作类11项，老干部工作类7项，党务工作类19项。2008年将修订的管理制度、规定和办法汇集成册，编印《管理制度汇编》。

建立日常事务服务到科站、党员教育到小组、文化活动组织到协会、离退休人员管理到自管会的网络。实现从管理型向服务型转变，从侧重物质生活服务向侧重精神文化生活服务转变，从工作岗位向楼栋、家庭转变，从松散型管理向紧密型管理转变，从每天八小时工作时间向全天候转变。

每年围绕一个主题，先后开展“优质服务年”、“强素质、树形象”、“优化管理、优质服务、建文明单位”、“构建和谐企业”、“创五好、争四优”、“促和谐、促发展”、“讲党性、重品行、作表率”等活动。组织“创先争优”劳动竞赛，开展“文明科室、红旗工作站、优秀驾驶员评比”竞赛。开展交通安全管理爬坡活动，实现连续11年安全行车。管理服务做到“三心四一样五必到”（即接待热心、解答耐心、办事诚心；对老同志的大事小事、难事易事、份内份外一个样、要求不要求一个样；老同志住院、思想不通、家庭不和、遇到困难、有意外情况必须到现场）。建立多位一体的政工运行机制，开展“堡垒工程”、“常青工程”、“余热工程”、“温暖工程”四大工程建设，形成党、政、群三位一体的思想政治工作网络体系。

2001~2010年，先后举办自管会主任学习班、职工文明礼仪培训班、老干部政策业务知识、相关法律知识、文件管理信息系统使用操作培训班，组织学习安全禁令、《老干部政策知识问答》、《中国石油化工集团公司关于加强新形势下离退休工作的指导意见》等。观看江苏油田等兄弟单位的《离退休工作经验》、《商务礼仪》以及洛阳电视台《新闻聚焦》栏目播出的反映洛阳石化离退休工作的专题片。分层次开展工作人员老干部政策知识考试和驾驶员理论和实际业务知识考试，形成以学促培，以考代培。

在2009年的职代会上，洛阳分公司提出

离退休工作汇报会

“让老同志幸福是我们的责任”的洛阳石化离退休工作理念，明确“老同志是财富不是包袱、是资源不是闲员、是帮手不是对手”三个定位。同时提出“两个延伸”的工作要求，即将尊重、关心、学习老同志，从现职领导班子向中基层领导延伸，将老同志发挥资源、财富、帮手作用，从担任过领导职务的离退休人员向普通离退休职工延伸。

2010 年 10 月 15 日，洛阳石化召开离退休工作会议。回顾和总结 5 年来的离退休工作，部署和安排今后几年离退休工作目标和任务。表彰 10 个“离退休工作先进单位”、10 个“关心下一代工作先进单位”、10 名“尊老敬老好干部”、10 名“十大孝星”、10 名“老有所为”先进个人、10 名“健康老人”、10 名“关心下一代工作先进个人”。修订并印发《洛阳石化加强新形势下离退休工作的实施意见》，调整“洛阳石化离退休工作管理委员会”，成立“洛阳石化老龄工作委员会”和“老年科技协会”。

关心下一代工作

洛阳石化关心下一代工作委员会（简称关工委）成立于 1991 年 5 月，是一支以离退休老干部、老教师、老科技工作者、老职工、老模范等为主体的关心下一代工作者队伍。截至 2010 年，关工委下设 19 个分会，103 个关工委小组。

开展“中华魂”主题读书活动 2003 ~ 2010 年，关工委组织 35 岁以下青年职工和少年儿童开展“中华魂”主题教育读书活动。2003 年的主题是“高举光辉旗帜，誓做时代新人”。2004 年的主题是“弘扬民族精神，全面建设小康”。2005 年的主题是“崇尚真善美，学做诚信人”。2006 年的主题“团结互助友爱，共建和谐社会”。2007 年的主题是“知荣明耻，从我做起”。2008 年的主题是“心系奥运，健康成长”。2009 年的主题是“祖国在我心中”。2010 年的主题是“中国精神颂”。每年购买“中华魂”读本，发到青工和学校班级。把读书活动纳入创建“学习型企业”之中，纳入团建活动之中，纳入创建五好基层关工委建设之中，纳入年度工作考核之中，纳入中小学生寒暑假校外辅导活动之中。

开展爱国主义教育 2001 ~ 2010 年，洛阳石化各级关工委，先后开展纪念抗日战争胜利 50 周年、纪念长征胜利 60 周年、抗美援朝战争胜利 50 周年、新中国成立 60 周年、中国共产党成立 80 周年、毛泽东诞辰 110 周年、解放军建军 75 周年，洛阳解放 55 周年系列活动。2003 年 9 月，企业电视台播放中共中央宣传部确定的 100 个爱国主义教育电视片，2004 年 9 ~ 10 月，播放“挺进中原”、“毛泽东的故事”等 16 部革命历史经典电影。2006 年，在青少年中开展“道德银行”活动，同时开展“环境建设小卫士”活动。2008 年，组织“心系奥运，健康成长”知识竞赛。与此同时，关工委先后组织部分青少年学生到北京参观天安门，观看升旗仪式，到卢沟桥、长城、军事博物馆、抗日战争纪念馆参观，到企业生产装置、厂史馆参观学习。

关工委举办小记者通讯员培训班讲座

开展思想道德建设 2001 年，在建党 80 周年纪念活动中，开展歌颂党、歌颂社会主义、歌颂英模为主题的书画比赛，收到作品 600 多幅，

征文比赛收到文章400多篇。组织开展《公民道德建设纲要》的学习和宣传，512名青少年向关工委交送学习心得体会。

为落实中共中央对青少年进行理想信念教育的指示精神，落实《中国“小公民”道德建设计划》，在青少年中开展在家庭做父母的小帮手，在社会做帮人律己的小标兵，在学校做团结合作的好伙伴，在公共场所做环境保护的小卫士，积极投入到“我做合格小公民”活动中，从小养成遵守社会公德的好习惯。2008年，组织开展“安全、环境保护小卫士”活动，组织学生在生活区进行义务巡逻，举办青少年“迎奥运、爱家园”的绘画展和征文活动，购买《未成年人保护法》、《预防青少年犯罪法》、《家长教育行为规范十讲》等挂图63幅，在4个小学和4个生活区巡展。认真学习贯彻落实中共中央、国务院《关于进一步加强和改进未成年人思想道德建设的若干意见》。每年3月和国庆节与团委共同组织青年志愿者服务队，在4个生活区开展便民服务达34400人次。一些团员青年与困难职工结成“一帮一”服务对子，为患病、困难职工和希望工程捐款近40万元，资助失学儿童538名。

举办家长学校 家长学校于1998年底成立。2002年，为中学200多名新入校的学生家长和教师购买河南省家长学校教材，邀请洛阳市教育专家来厂作报告。组织家长和教师收看“成人、成材、成功”光盘。2003年，邀请著名教育研究专家、中国青少年研究中心副主任为中小学生家长和教师作《“好父母”培养孩子的科学方法》专场报告会，1300多人参加。印发周弘“解决家教的万能钥匙——从聋哑女到留学硕士”赏识教育材料。2004年，购买周弘的赏识教育录像片，暑假期间分别在4个生活区组织学生家长观看。2005年，请北京大学幼教中心教授为幼儿家长作“幼教奥数启蒙亲子教育”报告。2006年，请洛阳市德育学校老师为部分家长作“崇仰高尚道德，建立和谐社会，创造幸福人生”报告。2007年，请郑州众诚职业培训学校校长作“亲子关系和亲子教育问题”报告，现场进行答疑。2008年，与第五小学一起举办150多名一年级学生家长参加的学习班，就如何教育好子女进行培训。

创建“五好”基层关工委 关工委按照中石化集团公司关工委2004年1号文件关于在基层关工委开展创建“五好”活动的条件（即班子建设好，骨干队伍作用好，制度建设好，经常活动效果好，积极探索创新好）和洛阳市关工委2003年关于基层关工委建设的“五个一”标准（即一个好班子、一支好队伍、一套工作制度、一套完整的活动方案、一个相适应的办公条件）开展工作。成立领导小组，制定方案，下发坚持开展创建“五好”基层关工委活动的指导意见，制定创建“五好”基层关工委的考核标准。将五个方面细化为20个项目，满分为100分。通过创建“五好”基层关工委活动，先后有聚丙烯公司、宏达实业总公司、惠康物业管理公司、铁路运输部、营销部、消防支队、热电站、一联合车间等单位获“五好”基层关工委称号。洛阳石化关工委获指导创建活动先进集体、关心下一代工作先进集体、关工委宣传工作先进集体、中华魂读书活动先进集体等24项荣誉，有157人受到上级关工委表彰。

（责任编辑　周　军）

第十四章 审计 监察

2001年以后，洛阳石化逐步加强财务收支、经济责任、专项管理、效益审计及管理，健全廉政制度，开展廉政教育，做好案件的查处工作，维护企业正常的经营秩序，保证各项政策的贯彻执行，打击和预防经济犯罪，形成一套行之有效的经营运作和监督管理机制。

审计、监察包括审计工作和监察工作，管理机构是审计处和监察处。

第一节 审计工作

2001年，石化总厂设审计处，下设生产审计科、经营审计科、基建审计科，在职职工9人。2005年，随着体制转换的实施，审计处隶属于洛阳分公司，下设审计一科、审计二科，负责洛阳石化的审计工作，人员配置7人。

2001～2010年，共开展各种审计项目206项，其中财务收支审计64项，专项审计（审计调查）66项，经济责任审计42项，内控审计评价8项，竣工决算审计20项，后续整改审计2项，其他4项。审计中发现问题金额5.49亿元，提出审计意见及建议684条，共审计工程项目预（结）算书71716份，审计金额26亿元，审减金额6570万元。

审计工作包括财务收支审计、专项审计、经济责任审计、配合企业改制工作、“小金库”自查自纠工作、内部控制独立评审、配合外审外查、后续整改审计、外委外包工程项目结算审计、工程项目竣工决算审计、审计管理。

财务收支审计

2001年以来，共开展财务收支审计64项，时间集中在2002～2007年，主要涉及职工技术协会、高新利群石化科技工贸有限公司、嘉合文体中心等单位，以及洛阳石化原9家改制单位和其下属单位。2008年以后，主要开展对聚丙烯公司、吉利自来水公司和洛阳分公司内部独立核算单位的财务收支审计。通过财务收支情况及经营运作情况的审计，发现并纠正财务会计工作中违反财务会计制度和税收法律法规的问题，规范会计核算工作。

2003年，对宏力化工厂、洛阳石化驻北京联络处（简称北京办）、吉利自来水公司2002年度财务收支情况进行审计。纠正了虚增成本、内控制度不严等问题。

2004年，在对商鼎公司的审计中，针对财务核算中由于历史遗留问题形成的投资不规范、债权债务虚增、虚假投资、往来账项长期不清理等问题，提出整改的意见和建议。同年，根据年度审计工作计划和中国石化《关于在全系统开展对所属宾馆、疗养院、培训中心和外埠办事处专项审计调查的通知》要求，对北京办和石化宾馆2003～2004年度的费用使用情况进行审计。

2006～2007年，通过对北京办年度财务收支审计，将北京办的报表纳入洛阳分公司报表合并范围，并实行预算管理和权限管理。

2006～2008年及2010年，每年对石化宾馆和小浪底职工培训中心（2008年以后称石化招待所）上年度财务收支情况进行审计。围绕降本减费，找出管理中存在的薄弱环节。被审计单位逐步规范财务管理和核算关系，树立增加收入、降本减费的经营意识，并逐步建立健全内部控制制度。

2009年对聚丙烯公司2008年度财务收支情况进行审计，就货币资金管理、存货管理、工程管理等方面提出加强内部管理、防范管理风险的意见和建议。

专项审计

2001年以后，共开展专项审计（审计调查）66项，其中2001年15项，主要是洛阳石化原9家改制单位及其下属单位费用承包和资产清查专项审计。2001年，石化总厂对加油站实行集中管理，审计处组织对金达公司金太阳加油站、邙山加油站、会盟加油站进行了资产清查、资产界定审计。参与宏达公司华岳孟津加油站资产清算交接，理清资产实有数量、现实价值，使交接工作顺利进行。开展对隆发公司资产清理审计、对职工技校资产的调查、对北京洛石化物资中心2001年3月的资产界定审计、众源化工经贸部的资产清查、工程公司新华印刷厂和金达公司三环印刷厂合并的资产移交审计。在审计中，对资产逐项盘点，对不合规会计事项进行调整，摸清各单位的家底，为合并和移交奠定基础。

2003年，先后开展洛阳房地产开发公司清产核资、惠康公司所属幼儿园资产清查及对宏达化纤厂2002年经营情况专项审计调查。由于产业政策的影响，宏达化纤厂丙纶丝产品的用户大部分处于关停并转之列，给应收账款的回收造成压力。作为石化总厂的全资子公司，宏达化纤厂一直由宏达公司代管，财务管理薄弱环节一直得不到加强。通过审计，对企业是否关停通过调查分析提出审计意见。

2004年，对宏业劳务公司2003年度经营情况进行专项审计调查，对洛阳分公司、石化总厂及所属单位劳务合同的履行情况、各种费用支出情况进行审计。针对存在的用工待遇差别、收入和支出核算不对应的、部分保险费支付不到位等问题，从费用支出和细化账务核算方面，提出审计意见。按照石化总厂《关于包装材料供应价格协调会纪要》精神，对金达公司塑料厂2003年生产成本情况进行专项审计调查，并对该单位主要产品的成本进行测算，向石化总厂领导提出加大自产产品力度的建议。开展对外投保社会保险情况的专项审计调查，对部分单位社会保险管理中存在的财务核算不合规、为职工个人投保商业保险等问题提出整改建议。

中石化集团公司审计局专项审计动员会

2005年，按照中石化集团公司改制工作的整体部署，石化总厂化纤装置及职能处室实现上市，其直属部门下属的经营实体拟关停和撤销。对石化总厂工会下属的嘉合文化体育中心和洛阳高新利群石化科技工贸有限公司、团委下属的怡心文化服务中心、宣传部下属的新界面技术开发部、聚丙烯有限公司下属的洛阳市利达聚丙烯有限公司、离退休办公室下属的康乐综合服务公司共6个经营实体进行开业以来的经营情况审计，清理核实所开办公司的资产、负债及所有者权益情况，对财务会计核算方面存在的乱列支出、漏缴个人所得税及资产管理中账实不符、固定资产缺乏有效管理等不规范行为提出近20条整改意见和建议。

2004年，开展对2003～2004年度安保基金计提上缴和使用情况专项审计。2009年2月，对洛阳分公司2006～2008年安保基金管理和使用情况进行专项审计。对安保基金提取、使用、管理情况以及安全隐患治理项目和安全技术装备购置项目计划总体完成情况监督检查。

2005年，由纪委监察处牵头，物资装备部、审计处等部门组成物资采购专项监察小组，对洛阳分公司物资采购中指定采购的情况进行调查，对物资供应相关部门的工作提出改进意见和建议。2006年12月，根据《中国石油化工股份有限公司物资供应管理规定》及洛阳分公司的相关规定，对2006年1～10月物资装备部物资采购情况进行专项审计。在肯定成绩的同时，对供应商管理、网上竞价、需求计划执行情况考核等方面提出改进意见。

2008年9月，对洛阳石化2002～2008年7月补充医疗保险基金的管理和使用情况进行专项审计，进一步理顺洛阳石化补充医疗保险基金的管理和使用程序。

2007～2010年，中石化集团公司审计体制改革完成后，审计工作完成中石化集团公司统一部署的专项审计（审计调查）14项。其中2007年开展清理整顿退出情况专项审计调查、管理费用专项审计调查、节能降耗专项审计调查、科技开发费投入及使用情况专项审计调查。2008年开展2006～2007年资产分公司所属土地资产管理、利用及处置情况的专项审计调查。同年对洛阳分公司2007～2008年上半年“三剂”采购和管理情况进行专项审计。2009年开展自销产品销售及管理情况专项审计、后续整改情况专项审计以及改制分流遗留问题专项审计。2010年5～8月，开展洛阳分公司2008～2009年安全生产保证基金提取、使用和管理情况专项审计、工会经费及代管资金管理使用情况专项审计、2007年以后新增应收（预付）款项情况专项审计、节能减排计划执行及效果情况专项审计调查、2008～2009年的修理费使用及管理情况专项审计等5项专项审计和审计调查工作。

经济责任审计

根据国务院办公厅关于《国有企业及国有控股企业领导人员任期（离任）经济责任审计暂行规定》和中石化集团公司《关于经理（厂长）任期目标和离任审计的规定》，对下属二级独立核算单位的负责人，适时开展任期经济责任审计。2001～2010年共开展经济责任审计42项。2001年开展任期（离任）经济责任审计13项，包括对吉利自来水公司董事长董明、金达公司经理魏世林、惠康公司经理张玉、吉利大化纤科贸公司经理邹军、工程建设公司经理姬彬、商鼎公司经理安顺和、宏达公司经理韩秀贵、三隆公司经理杨秉军、宏达化纤厂厂长崔跃、自来水公司经理张国华、监理公司经理陆惠章、拉膜厂厂长张新锁、聚丙烯公司经理朱书贞任期（离任）经济责任审计。

2003年，开展任期（离任）经济责任审计10项，包括对上海吉达公司经理张静宝、宏力化工厂董事长路玉堂、聚丙烯公司经理况成承、商鼎公司经理安顺和、通达公司经理崔宏、金达公司经理杨发宏、基建公司经理姬斌、宏力化工厂经理杜建军、工会主席裴春旺、工程公司经理胡智民任期（离任）经济责任履行情况进行审计。并对一些单位投资关系未理顺、虚假投资、资产质量不高、为职工购买商业保险、内部单项工程承包及财务会计工作中存在的薄弱环节和会计信息失真等问题提出整改意见和建议。

2005年3月，对吉利自来水公司原经理张国华任职期间履行经济责任情况进行审计。6月，洛阳分公司决定撤销洛阳市利达聚丙烯有限公司，审计处对利达公司原经理韩明朝进行离任经济责任审计。在肯定成绩的基础上，分别对吉利自来水公司存在的水资源效益流失等问题提出整改建议，对利达公司在丙烯来料加工以及聚丙烯产品销售方面与聚丙烯公司关联交易的不规范之处，对其不良债权和固定资产报废形成潜亏，以及对劳务费用和技术服务费列支不规范、投资决策不严谨等问题提出审计意见，落实经济责任。

2006年，对拉膜厂原厂长张新锁离任经济责任进行审计，并对2004年10月拉膜厂关停以后的费用支出、存货处置和管理情况进行重点审计。2008年，开展对华诚房地产公司孟春浦、质监站原站长关银岭的任期经济责任审计。2009年，对宏业劳务公司原经理刘新学2001年10月～2008年10月任职期间的经济责任履行情况进行审计。

配合企业改制工作

2002年，组织对改制试点单位职工医院进行资产清查和评估。对会计事项进行调整，摸清家底，配合职工医院改制工作。

2003年，为配合中小学移交工作，对教培中心2001年、2002年经费承包情况、2002年底资产、负债、净资产情况进行审计，对其模拟收入总额、费用开支总额进行分析，对2004年及以后年度预计可返还教育费附加进行测算。对中学、小学的各项固定资产及盘盈资产进行详细清查。2004年，协助完成设计公司、工程建设公司、通达公司、隆惠公司，2005年三隆

公司、2006 年金达公司、2007 年工程公司、2008 年宏达公司改制分流中有关资产清查、评估和改制方案制定工作，对改制单位的负责人开展离任经济责任审计，尤其是对改制评估基准日至新公司注册登记日之间的损益进行确认，在效益测算、资产评估、资产匹配、人员匹配、拟定改制方案中发挥作用，保证改制工作有条不紊进行。

2007～2010 年，会同中介机构分别对洛阳石化工程设计有限公司、洛阳石化工程建设有限责任公司、洛阳石化通达运输工程有限责任公司、洛阳隆惠石化工程有限公司、洛阳石化医院、洛阳三隆安装检修有限公司、洛阳金达石化有限责任公司首届经营者任期届满的经营业绩情况进行审计。审计结果上报洛阳分公司总经理办公会审批。审计确认相关协议履行情况、资本保值增值情况等，确保首届经营者岗位激励股合法合规兑现。

“小金库”自查自纠工作

2009 年 6 月，根据中石化集团公司党组关于认真整改审计问题、杜绝严重违规违纪问题重犯和《关于开展“小金库”自查自纠工作的通知》要求，开展“小金库”自查工作，重点对虚列支出套取资金情况进行自查。经过自查没有发现私设“小金库”的情况。

2010 年 8 月，中石化集团公司审计局下发《关于开展“小金库”专项治理工作的通知》，10 月 8 日下发《关于再次补充上报“小金库”问题的紧急通知》，11 月 1 日下发《关于对“小金库”专项治理工作开展“回头看”的通知》。对照国资委国有企业治理“小金库”工作领导小组办公室转载的中央关于“小金库”治理工作政策，洛阳分公司成立以党委书记魏文波、总经理赵振辉为组长的“小金库”自查自纠工作领导小组，组织开展“小金库”自查自纠工作、“回头看”活动，重点对账外资产、账外物资、盘盈资产、权属不明账外房产、奖金结余以及提前预支会议费及培训费等“小金库”问题进行核查。检查发现存在账外物资 1180 项，估价金额 3207. 20 万元。按照中石化集团公司“小金库”专项治理工作的要求，对以上账外物资进行重新入账。

内部控制独立评审

2003 年下半年，中石化集团公司修订和完善内控制度，并在各业务环节逐步推行。2004 年，审计处协助中石化股份公司开展对原油采购、一般物资采购等 17 项业务流程的内部控制测试工作。2006 年，按照中石化股份公司对内部控制落实情况监督和检查的相关要求，企业审计部门每年要独立地抽取 5～20 个业务流程进行审计评价。2006 年 9 月，洛阳资产分公司开始实施内控制度。2007～2010 年，审计处每年对洛阳分公司和洛阳资产分公司抽取 9 个以上业务流程进行独立检查、评价，并对相关业务流程进行月度抽查。对所有检查出的问题督促各流程责任单位整改。2009 年，洛阳分公司新增“内部审计管理业务流程”，并按要求进行季度穿行测试。

配合外审外查

2001 年，中石化集团公司审计局和审计署驻郑州特派办先后对石化总厂化纤项目进行竣工决算审计。

2003 年 9 月 4 日～26 日，中石化集团公司审计局对石化总厂及洛阳分公司 2003 年度经济效益情况进行为期一个月的审计。针对审计组提出的问题，洛阳分公司从严治内，规范经营行为，加强财务控制，确保国有资产保值增值的反馈意见，并督促落实整改。2004 年，配合中石化集团公司审计局完成对石化总厂 2003 年度经济效益审计的后续调查工作。

2006 年，配合中石化资产公司审计部完成对洛阳石化存续部分的管理和效益审计工作。2007 年 9 月，配合中石化股份公司审计局南京分局对管理费用和节能降耗进行专项审计。2008 年 3 月，为迎接审计署对中石化集团公司的审计，组织开展自查自纠工作，将自查发现的问题如实向审计局汇报，并接受中石化集团公司督察组的监督和指导。8 月，配合审计署开展对油品质量升级改造项目的延伸审计工作。9 月，配合中石化集团公司审计局南京分局开展对洛阳分公司 2007 年 7 月～2008 年 7 月内部控制制度执行情况进行检查评价。

2010 年 5 月，配合中石化集团公司审计局聘请的中介机构开展油品质量升级改造第一阶段工程项目竣工决算审计工作。9月7日~21日、10月19日~11月23日，配合中石化集团公司审计局南京分局完成对洛阳分公司前任总经理魏文波的离任经济责任审计、3个专项审计、内部控制审计评价、经济效益分析等示范项目的审前调查及审计实施工作。

后续整改审计

2006年，分两次对2005年以后已审项目中需要整改问题的整改情况进行后续审计。审计过程中，除几项历史遗留问题未整改外，各单位对审计提出的问题都进行整改，对于后续审计的结果，在党政联席会上进行通报，并重点研究有关单位的整改情况。同时，为贯彻中石化集团公司相关规定，洛阳石化作出注销康乐综合服务公司、新界面技术开发部、利群公司、嘉合文体中心4个单位的决定，并要求在12月10日前完成清算注销等工作。

2007年以后，审计工作逐步制度化、规范化，对每项审计都要求被审计单位根据审计决定书限期整改，并将整改结果报审计处，审计组负责检查整改落实情况。

2009年，对2008年审计项目（包括内审外查的审计项目）发现问题的整改情况开展后续审计，督促各单位进行整改。

外委外包工程项目结算审计

2001~2010年，审计处共审计工程项目预（结）算书71716份，审计金额26亿元，审减金额6570万元。其中2005年、2008年洛阳分公司进行装置停工大检修，工程审计人员深入检修现场，查看工程量，为装置检修提供审计服务，同时也为审核工程签证积累原始资料。

工程项目竣工决算审计

2003~2010年，审计组织中介机构对双向拉膜厂5000吨/年新生产线、PTA装置扩能（2003年）、芳烃联合装置扩能改造（2005年）、芳烃装置吸附塔改造、一催化再生器旋分器改造、80万吨/年直馏柴油改造、常减压装置改造、重整装置改造和长丝装置差别化改造（2006年）、柴油在线优化调和设施、PTA精制回用、总开闭所隐患治理以及燃料气、加氢尾气脱硫设施（2008年）、二催化FDFCC－Ⅲ技术改造及气分改造、大型储罐隐患治理、芳烃联合装置综合节能优化改造（2009年）、热电站烟气脱硫、PTA氧化母液钴锰催化剂回收（2010年）等项目开展竣工决算审计。通过审计，促使相关部门加强固定资产投资管理，规范投资行为，提高投资效益，保证固定资产投资活动真实、合规、合法。

审计管理

2007年8月，在中石化集团公司审计局的统一部署下，洛阳分公司辅助审计信息系统（AIS）上线，并在各种审计项目中进行运用。同时，根据《中国石油化工股份有限公司ERP环境下辅助审计信息系统AIS深化应用指导意见》，并按照《AIS应用达标要求》，对洛阳分公司2008~2010年ERP环境下AIS的推广应用工作进行安排，做到已上线的业务模块都有专人负责。2009年7月项目验收合格。

洛阳分公司AIS达标验收汇报会

2009年，根据实际情况修改、完善企业内部审计制度。修改和制定《洛阳分公司审计项目档案管理办法（试行）》、《洛阳石化经济责任审计管理办法》、《洛阳石化经济责任审计工作联席会议制度（试行）》、《洛阳石化工程项目审计管理办法》、《洛阳分公司ERP环境下辅助审计信息系统（AIS）应用管理实施细则（试行）》、《洛阳分公司审计项目审理实施细则（试行）》、《洛阳石化审计工作情况通报暂行办法（试行）》。

第二节　监察工作

1992年，纪委办公室和监察处合署办公，实行一班人员、两个牌子。2005年3月，撤销纪委办公室，成立纪委监察处，隶属党委和行政共同管理。

监察工作包括效能监察和监督监察。

效能监察

2000年，洛阳石化开展效能监察工作。2001～2010年，共确立效能监察项目180个（其中由石化总厂、洛阳分公司直接控制的项目59个，基层自主开展项目121个）。通过效能监察，增加和创造经济效益1.81亿元，避免和挽回损失2.26亿元，整改各类问题345个，建立和修订规章制度581项。

2001年，立项51个，监察处集中抓10项，基层单位开展41项。增加和创造经济效益889万元，避免和挽回损失2627万元，提出管理建议57条，建立和修订规章制度53项。

2002年，确立“立项适当，典型带动，积极指导，规范运作，注重质量”的效能监察方针，在深入调研的基础上选题15项，增创经济效益和避免损失合计5195万元，整改各种问题198项，建立和完善制度161项。立项调研围绕“四个层面”（即：围绕上级要求的重点工作领域调研；围绕领导关心的工作方面调研；围绕职工群众关注的问题调研；围绕基层单位生产实际调研），做到“五个坚持”（即：坚持多层面调研；坚持适时选项；坚持有所为有所不为；坚持围绕企业生产经营的重点和难点，坚持基层自主选题），突出“六个明确”（即：明确责任领导、明确责任单位、明确成员单位、明确协调单位、明确完成时间、明确责任目标）。项目实施采取上下联动，综合初查、集中汇报、系统整改的方式进行。成果评审注重效果，坚持科学化评审，效能监察评审实现“成果申报、效益测评、公开发布”。

2003～2007年，洛阳石化共确立效能监察项目98项（其中由石化总厂、洛阳分公司直接控制的项目29个，基层自主开展项目69个），增加和创造经济效益1.82亿元，避免和挽回损失1.2亿元。下达效能监察建议书58份，提出监察建议164条，提出管理建议203条，整改各类问题288个，建立和修订规章制度481项。

效能监察工作汇报会

2008～2010年，共确立效能监察项目48个（由洛阳分公司直接控制的项目18个，基层自主开展项目30个）。在效能监察实施过程中，下达效能监察建议书53份，提出监察建议139条，提出管理建议638条，建立和完善制度121项，共避免经济损失9791万元，增创经济效益1.42亿元。

监督监察

2001～2010年，纪检监察部门注重过程监督、事前监督，拓宽监督的范围和渠道，探索监督方法和途径，注重加强对涉及面广、容易产生不稳定因素的重大事项监督，确保公开公正。特别是物资采购、工程招投标、职称外语考试、干部竞聘、子女招工考试等工作中，坚持全过程参与，监督工作程序，对弄虚作假等不正之风，做到态度坚决，对业务过程中的不规范行为及时提出规范意见。纪检监察部门共参与各类招标监督490多次，防止问题的发生，降低采购和工程费用。

（责任编辑　周　军）

第十五章 行政管理

洛阳石化行政管理职能随着企业的发展不断调整和完善，管理水平得到加强与提高，在企业生产、经营和发展中发挥重要作用。

行政管理包括文秘工作、信访管理、接待工作、外事工作、档案工作、工厂保卫、社会治安综合治理、交通安全管理、土地房产管理、地方关系协调。其管理机构是经理办公室、信息中心、保卫处和资产管理处。

第一节 文秘工作

文秘工作包括文秘机要管理和秘书工作。

文秘机要管理

机要工作包括洛阳分公司、洛阳资产分公司、洛阳分公司级领导、经理办公室印章的保管和使用，各单位印章的刻制、启用、更换，文件传递及归档，保密工作，介绍信管理和传真收发。

为适应现代化办公的需要，先后购置传真机、彩色激光打印机、扫描仪、计算机等现代化办公设备。2005 年启用电子印章，并配备专用的密钥，用于配合办公自动化向中石化集团公司及中石化股份公司、中石化资产公司机关及其各部门传输电子公文时盖章使用。各单位申请使用印章必须填写用印申请表，经洛阳分公司和洛阳资产分公司主管领导审批同意后方可用印。机要秘书对接收的传真登记后送交经理办公室主任拟办后呈报有关领导阅批，并根据领导批示意见交由相关部门办理，并做好督察督办工作。

秘书工作

机构变化 2001～2005 年，厂长办公室秘书科和经理办公室秘书科分别承担石化总厂和洛阳分公司的文秘工作。文印工作由厂长办秘书科打字室统一负责。2003年12月，厂长办秘书科文印、总值班管理和行政服务等业务转入厂长办公室行政信访科管理，打字员和行政服务人员相应转入行政信访科管理。2005 年 1 月 1 日，石化总厂和洛阳分公司机构融合，打字室重归秘书科管理，厂志办公室人员和业务转由秘书科代为管理。2010 年 8 月，厂志办公室人员和业务划归党委办公室。

文字起草 文字材料主要包括综合性行政工作报告、总结、领导讲话等。随着企业的发展壮大，来厂调研、参观人数逐年上升，汇报材料工作量大幅增加。先后引进 2 名大学生，逐步充实秘书队伍。2001～2010 年共起草职代会行政工作报告 10 份，共计 28.5 万字，起草各类大型综合文字材料 680 份，约 510 万字。

公文处理 行政公文处理工作严格执行《国家行政机关公文处理办法》和《中国石油化工集团公司公文处理办法》有关规定，坚持实事求是、精简、高效的原则，公文处理做到及时、准确、安全。2001 年，根据《中国石油化工集团公司公文处理办法》，对《洛阳石化公文处理办法》进行修订和完善，同年 7 月 1 日正式印发执行。2002 年，印发《关于进一步加强公文处理管理的通知》，明确公文运行、文书管理、机要文件借阅、印鉴管理等工作程序。2005 年，中国石化办公综合业务处理系统投入运行，洛阳分公司和洛阳资产分公司与中石化集团公司及中石化股份公司、中石化资产公司机关及其各部门互相传输具有规范格式的电子数据文书（简称电子

公文，与相同内容的纸质公文具有同等的行政法律效力），实现公文即传即达，提高公文处理效率。中石化集团公司及中石化股份公司、中石化资产公司机关及其各部门来文的登记、阅办、流转、归档，以及洛阳分公司、洛阳资产分公司上行文、下行文的起草、核稿、审签、编号、归档均实现计算机操作。2006 年 3 月，制定印发《洛阳石化电子公文运行管理暂行规定》。同时有针对性地加强计算机技能操作培训，使员工熟练应用办公自动化系统等办公软件，提高电子公文的处理效率。2001 ~ 2010 年共办理收文 2631 份，发文 18233 份。

督察工作　主要是洛阳分公司重大决策、生产经营中阶段性的重点工作、领导批示意见等的督察督办。各单位如有请决事项，填写统一格式的签报单，经本单位领导签字后交由经理办呈报给主管领导审签，具体由秘书科负责。审签完毕后，秘书科及时将领导的批示意见反馈给相关单位，并做好督察督办工作。秘书科定期编发《重点工作周报》，对经理办公会和党政联席会议议定事项的落实工作进行督察督办。

会议筹办　主要是总经理会务的组织安排，做好记录并编写会议纪要。包括经理办公会和党政联席会议，以及每年年中和年末传达贯彻中石化集团公司工作会议精神的大会。2008 年 10 月，洛阳分公司月度经济活动分析会由计划处转由经理办公室负责组织筹备，具体由秘书科负责。到 2010 年底，共组织会议 26 次。

文印管理　经理办公室负责洛阳石化公文（包括行政和党委文件）、汇报材料、简报以及各单位文字材料的印刷工作。随着计算机办公逐渐普及，文印量随着企业不断发展呈逐年上升态势，及时配备更新文印设备，进一步规范文字材料的审批、印刷程序和服务质量标准。2001 ~ 2010 年累计文印各种文字材料 450.6 万张。

第二节　信访管理

信访管理包括信访机构、信访处理、信访制度、信访宣传和培训。

信访机构

2000 年 9 月，石化总厂、洛阳分公司分立运行，厂长办公室和经理办公室分别下设行政信访科，各配备 1 ~ 2 名工作人员负责信访工作，合署办公。2005 年 1 月，石化总厂、洛阳分公司机构融合重组，成立信访科，隶属经理办公室。2010 年底，信访科有 3 名工作人员。

2005 年 10 月，调整信访工作领导小组，隶属稳定工作领导小组，洛阳分公司党委和行政主要领导担任组长。

2005 年 3 月，对信访工作网络进行调整，由各直属单位（包括改制、移交单位）主管信访工作的领导和信访员负责本单位信访工作。2010 年底，共有信访网点 68 个。

信访科在信访稳定工作领导小组和经理办公室的领导下，在中石化集团公司信访保卫处和洛阳市信访局的业务指导下，完善工作程序，加强与职能部门、兄弟单位和地方政府的沟通协调。根据“属地管理，分级负责，谁主管、谁负责，依法、及时、就地解决问题与疏导教育相结合”的原则，做好职工群众日常来信来访（电）接待处理工作，组织安排领导接待来访和信访值班，处理上级信访部门转（交）办的信访事项，协调处理重要信访事项，对直属单位承办的信访事项进行督办，收集、分析、报告信访信息，统计、报告信访数据，建立和管理信访档案资料，对直属单位信访工作进行指导和考核。

稳定信访工作研讨会

信访处理

信访科按照国务院《信访条例》和上级信访部门要求，坚持文明接待，热情服务，确保信访渠道畅通。向有关领导汇报职工群众来信来访情况，按照领导批示，将信访件转交职能部门和相关单位办理。加强与职能部门和相关单位的沟通和信访件的督办工作，对重要信访事项进行协调处理。安排洛阳分公司领导的信访接待日程和重点时期的信访值班。把依法按政策解决问题和思想疏导工作相结合，维护信访秩序，确保企业稳定。

2001 年，石化总厂、洛阳分公司开展协议解除劳动合同（简称“协解”）工作，一些职工对“协解”补偿标准等不满意，多次到机关办公大楼集体上访，最多时有上百人，影响企业正常的工作秩序。石化总厂、洛阳分公司党政主要领导多次出面接待上访人员，耐心进行政策解释，最终稳定上访职工情绪，“协解”工作顺利进行。截至 2010 年，石化总厂、洛阳分公司共有 1084 名职工“协解”。

2001 年，石化总厂对退伍军人的安置政策进行改革。2003 ~ 2009 年，退伍军人及其家属多次写信和到信访科、洛阳市信访局、河南省信访局、中石化集团公司信访处上访，要求转变身份，提高工资等各项待遇。经过各方面共同努力，保持了这一群体的稳定。

2005 年 3 月，受洛阳石化远离市区影响，部分“协解”人员难以在社会上再就业，加上物价上涨、“两险”交纳数额增加、离退休人员增加企业补贴等各种因素影响，部分“协解”人员多次到机关办公大楼集体上访，先后共有 19 批 1357 人，人数最多的一次达 400 余人，持续时间达一个多月。洛阳石化党政领导班子按照国务院新的《信访条例》“属地管理”原则，争取洛阳市、吉利区两级地方党委和政府的支持，确定由吉利区政府承担“协解”人员的管理工作，洛阳石化提供临时工岗位，吉利区人事劳动和社会保障局人力资源交流中心进行招聘，安排“协解”人员再就业。截至 2010 年底，共安置 545 名“协解”人员再就业。

2005 年 9 月，金达公司内部集体工、农场家属、三线“农转非”家属、购买城镇户口家属等劳动工家属多次到机关办公大楼集体上访。洛阳石化党政领导、信访科与人力资源处、保卫处、基层党组织和吉利区公安分局部门耐心细致做解释工作，最终妥善化解这一群体性事件。

2006 年，得知宏达化纤厂要移交洛阳市政府的消息后，部分宏达化纤厂“协解”人员到洛阳石化机关办公大楼上访，并且到中石化集团公司信访处集体上访。洛阳石化及时成立移交稳定工作小组，并与洛阳市政府有关领导沟通情况，企业与政府协调配合，确保移交工作的稳定有序进行。

2007 年以后，部分职工和协解人员反映子女就业难的来信、来访较多。洛阳石化领导责成宏业劳务公司于 2008 年 8 月、2009 年 3 月、2010 年 9 月共组织 4 批劳务工和本科毕业生待业子女招聘工作，招聘安置 400 余名职工子女到洛阳分公司或改制单位就业。

2010 年，部分退伍军人和聘用工到洛阳石化机关办公大楼上访，其中有 3 人到中石化集团公司信访处上访。洛阳石化党政领导多次接待来访人员，并召开专题会议，带案下访，深入基层进行政策宣传和解释。相关单位领导积极配合，对来访人员逐一作思想政治工作，稳定这一群体。

截至 2010 年底，信访科处理来信来访 2605 件，连续 23 年被评为“洛阳市信访工作先进集体”。2003 年 5 月，被洛阳市信访局授予“文明接待室”。2008 年 11 月，被中石化集团公司评为“‘保奥运，保生产’维护稳定工作先进集体”。

信访制度

洛阳石化不断加强信访制度建设，努力构建“统一领导、部门协调、各负其责、齐抓共管”的大信访工作格局。先后制定完善洛阳石化《领导信访接待日制度》、《信访工作程序》、《信访工作制度》、《稳定（信访）工作预案》，制作洛阳石化《信访工作操作流程图》、《信访事项登记表》、《集体来访代表登记表》、《信访事项办理答复意见书》、《信访事项不予受理告知单》、《信访事项督察督办立项单》等图表单据，编印《信访条例及相关制度汇编》，对外公布《洛阳石化群众来访接待机构及相关事项》。将信访工作纳入企业“一体化目标”管理绩效考核，根据情况变化每年对《信访管理

工作目标考核制度》进行修订。每月编发一期《信访工作情况通报》，向信访工作领导小组和相关职能部门、单位通报职工群众来信来访情况。对重大疑难信访实行带案下访和召开联席会，对上访老户和重点人员实行包案制度，充分调动相关职能部门和基层单位做好信访工作的积极性，做到"单位内部的问题，解决不出单位；企业内部出现的问题，解决不出企业"，把矛盾化解在基层，把问题消除在萌芽状态，减少越级上访和集体上访。

信访宣传和培训

2001～2010年，每年开展一次《信访条例》宣传月或宣传周活动。2005年4月，举办信访干部培训班，对65个直属单位的主管信访领导和信访员进行培训。7月，组织全厂7000余名职工参加信访知识答卷活动。2006年10月，举办信访干部"三基"培训班，对各直属单位信访员进行培训。2009年9月，组织洛阳分公司和多种经营、改制单位8000余名职工进行信访知识答卷。同时，选派专兼职信访员参加中石化集团公司和洛阳市信访部门组织的信访知识培训。通过信访宣传和培训工作，落实《信访条例》"两个规范"和"三个责任"，增强职工群众依法信访意识，规范信访工作行为和职工群众信访行为，强化领导干部和信访工作人员的责任，引导群众以理性合法的形式表达利益诉求、解决利益矛盾。

信访条例宣传

第三节 接待工作

接待工作包括机构及管理制度、接待服务、接待设施。

机构及管理制度

2000年9月，洛阳分公司经理办公室成立，下设综合科，负责接待等工作。石化总厂厂长办公室下设接待科。2005年，厂长办公室、经理办公室合并组建为新的经理办公室，原综合科、接待科合并组建为新的接待科。

接待科负责上级领导机关来企业检查指导工作、兄弟单位来企业进行经验交流、一般单位对口学习、参观、业务洽谈等人员接待工作。大型参观访问团体或在洛阳分公司召开的各种会议，由接待科将住宿、就餐、会议室和车辆使用等安排计划报经理办主任审核，再经主管领导批准后由相关单位承办。省、市级以上领导来厂考察，由有关领导陪同接待。

2003年7月，制定石化总厂《接待科科长岗位说明》、《接待科接待人员岗位说明》、《服务接待人员道德守则》、《接待用油管理制度》、《接待科管理岗位制度》、《接待用餐制度》、《订购机、车票制度》、《会议管理制度》。2008年5月，洛阳分公司修订岗位说明书等，接待工作进一步规范化、制度化。

接待服务

接待科以服务企业中心工作为主线，不断改进工作方式方法，提高接待水平，为来宾提供热情周到的服务。截至2010年底，先后接待罗干、贾庆林、曾庆红等党和国家领导人、中央有关部委、中石化集团公司、河南省、洛阳市领导及来宾75批，14215人次，接待其他客人16792人次，接待安排262个大中小型会议，累计为宾客代订车（机）票17479张。

接待设施

石化宾馆 石化宾馆占地面积24980平方米，总建筑面积11193平方米。有客房楼2栋、

餐厅楼1栋、会议楼（科技交流中心）1栋、后勤服务楼1栋，有各式客房139间套、餐位500余个，以及棋牌、台球、商务中心等配套服务设施。硬件设施基本达到社会酒店三星级标准，可满足中小型会议团体的接待服务需要。2006年8月，会议楼交由经理办行政服务中心管理。

2001年底，石化总厂投资35万元加装石化宾馆南楼消防喷淋系统。2003年6月，装修餐厅北一楼雅间。2004年9月，更新洗衣设备、装修餐厅南二楼雅间、一楼大餐厅以及客房北楼。2005年6月，装修南5楼。2007年初，陆续完成宾馆庭院改造、电视信号接收系统改造、宽带安装等改造项目。2009年3月，装修客房南楼4、6楼，更新消防安监系统。2010年下半年，对宾馆南楼一、二层客房及东西楼梯、连接餐厅的二楼走廊进行改造。

小浪底培训中心 地处孟津县小浪底镇后村村，占地面积163987平方米，总建筑面积6615平方米。培训中心有各式服务楼7栋，其中有3栋为河南省国土资源厅资产，暂交洛阳石化代管。有客房90间套，餐位150个。2001年4月，石化宾馆接管小浪底职工培训中心。

2001年8月，开始建设小浪底职工培训中心综合楼，2002年9月投用。2002年12月，南码头、庭院花坛建成投用。2003年6月，游泳池、广场、花园、观景台投用。2004年上半年，装修1号楼客房10个套间、单间，铺设广场砖、增建2个观景亭。2005年底，增配发电机组。2009年9月开始，历时7个月，对1号楼、2号楼的57间客房、2个会议室、14间功能用房进行修缮，施工总面积4500平方米。2010年12月，完成综合楼会议室、餐厅二楼平台的改造，增建宴会厅。

宝缘大酒店 宝缘大酒店建筑面积15000平方米，属于三星级涉外酒店，承担着洛阳石化以及地方到访宾客的接待工作。2001年，随着洛阳化纤工程完工及外宾撤离，酒店客源减少。2007年，分流部分职工，关停部分经营设施，注销宝缘旅行社。2008年，宝缘裙楼一楼宝缘鞋市租赁协议终止，租赁给交通银行及移动公司。2010年，酒店在册职工13人。

小车队 主要职能是为洛阳分公司生产、营销、公务活动、会议、外事接待提供交通服务。2001年1月，小车队下设1个综合办公室，4个行车班组。2005年，更名为洛阳分公司经理办公室小车队。2008年3月，搬迁到原研究所内办公。新址为两层楼房，一楼可停放车辆40台，二楼分别为办公室、会议室、司机休息室、党员活动室。截至2010年底，小车队有职工46人，小轿车、旅行车、吉普车、中轿车合计53台，实现安全行车“十一连冠”。

小车队安全工作会

第四节 外事工作

外事工作包括机构和职责、技术与设备引进、外事接待（外国专家管理）和出国管理（外事教育）。

机构和职责

2001年，外事外贸处由工程建设公司代管，下设2个科，业务科负责涉外合同管理、进出口业务、报关、运输和现场服务；外事管理科负责行政管理、文秘会务、外事接待、出国管理、涉外项目档案管理等。2003年5月，外事外贸处直接由石化总厂管理。2005年4月，外事外贸处划入洛阳分公司管理，更名为外事处。2006年8月，外事处并入经理办公室更名为外事办。原外事处的合同科划归物资装备部管理，成立进口科。外事办主要职责为：负责企业外事管理，包括办理因公出国（境）事务，组织外事教育。负责外事接待和外国专家管理，涉外技术交流和现场管理，以及企业的外事工作等。2009年11月，经中石化

集团公司外事局考核并授权，洛阳分公司成为第二批因公护照管理单位，外事办制定《洛阳分公司因公护照管理办法》，配备专用证件扫描仪和护照保管柜，为进一步做好外事工作打下基础。

技术与设备引进

精对苯二甲酸（PTA）扩能改造项目　2001年3月，中国石化集团公司对洛阳石化PTA扩能改造项目初步设计方案进行批复。2001年5月，批复该项目可行性研究报告。7月，中石化国际事业公司开始组织技术谈判，并陆续对进口设备询比价和国际招标。PTA扩能改造项目大部分采用国产设备和物资，关键设备从国外进口。由于该项目符合国家产业政策，外事外贸处开展项目项下进口设备的减免税工作，总计免税额407.24万元人民币。

2002年2月，中国石化国际事业公司陆续对外签约，总计进口设备6项，进口合同金额465万美元。8月，买方派出国团组赴日本进行关键设备空压机的初步设计审查。

2003年3月，买方派出国团组赴日本进行关键设备空压机的出厂检验。4月起，PTA扩能改造项目的进口设备开始陆续到港。其中PTA项目关键设备空压机组，由于制造商日本三菱重工无法按时交货，原定3月底交货一再推迟，到5月全部到齐。6月，所有进口设备到货完毕，进口许可证和减免税工作完成。外事外贸处先后8次到洛阳、郑州海关办理设备减免税，总计免税407万元人民币。

2003年10月，PTA扩能改造项目试车一次成功。12月，对外方因迟交货进行索赔结束。

双向拉伸薄膜项目　2003年3月，石化总厂与中标单位法国迪莫泰（DMT）公司签订2万吨/年双向拉伸薄膜主生产线设备引进合同，合同总价为1000万欧元。4月，石化总厂与日本不二铁株式会社签订配套分切机合同，价格为173万美元。6月10日和8月21日，河南省发展和改革委员会分别以豫计规划17、18和27号文件分3次对该项目签发免税确认书。8月，由于该项目符合国家产业政策，洛阳石化利用自营进出口外贸权着手开展项目项下进口设备的减免税工作。11月，买方派员赴欧洲进行设备检验。

2004年2月开始，进口设备分批到货。10月，所有进口设备到货完毕，全部进口设备的进口许可证和减免税工作结束。外事外贸处到洛阳、郑州海关办理设备的减免税事宜，总计免税3139.45万元人民币。2006年底，对外方索赔结束。

涤纶长丝差别化改造项目　涤纶长丝差别化改造项目采用日本东丽公司技术，新建2条熔体直接纺细旦及超细旦POY涤纶长丝生产线，公称生产能力15000吨/年，年操作时数为8000小时。

2004年5月18日，中国石化集团公司下发《关于洛阳石化总厂涤纶长丝装置差别化改造项目初步设计的批复》，同意石化总厂所报设计及自审意见。5月21日，通过技术谈判和国际招标，与美国康泰斯公司签订引进合同。项目总用汇额度为540万美元。洛阳石化工程建设有限责任公司总承包。7月26日和2005年1月21日，中石化集团公司和河南省发展和改革委员会签发项目的免税确认书。8月，办理进口许可证。10月，着手开展项目项下进口设备的减免税工作。

2005年2月开始，进口设备分6批到货。6月，所有进口设备到货完毕，全部进口设备的进口许可证和减免税工作完成。外事外贸处共分8批次到洛阳、郑州海关办理设备的减免税，总计免税1340万元。11月，涤纶长丝差别化改造项目设备安装调试完毕，实现投料试车成功并正式投入生产。

外事接待（外国专家管理）

按照《中石化集团公司外事管理规定》，在外事接待工作中坚持友好合作、内外有别的原则，做到遵守外事纪律，执行保密制度，周密安排周到服务，确保外宾在厂期间的安全。

每次外宾来厂，制定接待计划，明确来访公司、人员、目的，指定陪同人员。落实会议地点、参加人员、材料准备等会务工作，组织好相关会议、会谈和技术交流，对来厂进行现场技术服务的外国技术人员，进入现场前全套配备劳动保护用品，落实对外宾的安全防护。

2001年，化纤工程5套引进装置相继建成投产，2002年化纤工程全面建成。后续的精对苯

哥伦比亚 XTDA 公司代表到洛阳石化调研

二甲酸（PTA）装置扩能改造项目、宏达合纤项目、长丝差别化项目、2 万吨/年双向拉伸薄膜生产线等引进项目在 2007 年底全部完成。截至 2010 年底，炼油 ACCS 改造项目、化纤聚酯热媒炉技术交流，二氧化钛离心机、蜡油加氢进料泵调试和 AGF 过滤器安装技术服务、电脱盐破乳剂试验等项目全部完成。2001～2010 年，共接待来自美国、英国、日本、韩国、印度、马其顿、德国、意大利、瑞典、芬兰、法国、新加坡、中国台湾、加拿大、西班牙、俄罗斯、尼日利亚、巴基斯坦、巴西、墨西哥、苏丹、印度尼西亚、瑞士、荷兰、以色列、科特迪瓦、蒙古等国家和地区的技术人员 390 批（次）、990 人（次）。

出国管理（外事教育）

外事办作为企业因公出国的归口管理部门，执行中石化集团公司有关因公出国管理规定，遵守因公出国任务立项制度。从服务生产一线、服务企业发展、促进技术进步的大局出发，严格报批程序。及时派出生产培训、物资采购、设计联络、项目谈判等多个任务团组，满足工程建设、引进和改造项目执行出国任务的需要。

2001～2010 年，因公出国（境）前往美国、英国、德国、印度、意大利、日本、新加坡、法国、澳大利亚、新西兰、巴西、瑞士、欧盟、韩国、沙特、挪威、南非、俄罗斯、哈萨克斯坦、加拿大、荷兰、埃及、泰国、印度尼西亚、希腊、阿联酋、中国香港、瑞典、芬兰、摩纳哥、卡塔尔等国家和地区 172 个团组 275 人次。所有出国人员行前分批进行的相关外事教育。完成任务后均按期返回，无违纪现象发生。

第五节 档案工作

2001 年，档案馆隶属于厂长办公室。2005 年 4 月，其业务和人员成建制划入信息中心。

档案工作包括档案管理、档案设施、档案利用。

档案管理

2001 年，贯彻国家档案局《归档文件整理规则》，将传统的文书档案以“卷”为保管单位改为以“件”为保管单位。5 月、11 月化纤工程和中空纤维装置档案资料分别通过中石化集团公司专项验收。全年共接收档案 9308 卷。

2002 年，修订完善《档案管理暂行规定》、《档案分类规则》和《文书档案整理办法》等制度，承办河南省重点项目档案暨企业档案工作研讨会，国家档案局和河南省档案局领导到会做重要讲话。2003 年，完成 10 大门类、11 个库房共 12 万卷馆藏档案卡片、目录、计算机、实物“四对照”的清理核对工作。受中石化集团公司委托，承办中石化工程建设交工技术文件管理培训班，国家档案局、燕山石化专家授课。完成河南省档案局指定的 3 个重点调研课题，其中一项获省档案局调研成果一等奖、其余两项获二等奖。新改造增加两个密集架库房，将炼油基建档案及财务档案正本移入改造后的档案库房，实现正副本分开保管。

2004 年，制定《工程建设交工技术文件管理实施细则》，修订归档范围，制定《电子文件管理暂行办法》，规范电子文件的形成、归档管理。接收宏达公司宏达化纤厂（原洛阳市化工六厂）1965 年建厂以来的所有档案资料计 1 万余卷（件）。2 月，PTA 扩能改造工程竣工档案通过中石化集团公司专项验收。为夯实“三基”工作，档案馆抽调人员，用 4 个多月时间，帮助各车间整理资料，促进基层档案资料管理的规范化、标准化。5 月，建立洛阳石化信用档案专题库。2005 年，重点做好以合同档案为代表的经济档案的归档工作，进一步理顺声像档案的管理办法及归档程序，加强对科研档案形成、收集、

归档的管理。11月，PX工程竣工档案通过中石化集团公司专项验收。

2006年，加强企业改制分流中及破产企业档案的处置工作，宏达化纤厂全部档案资料移交洛阳市档案局二馆。4月，常减压、重整、长丝等装置技术改造工程项目竣工档案通过中石化集团公司专项验收。2007年，制定《工程建设项目档案收集归档管理办法》、《油品升级项目设备随机资料归档编制要求》及《油品升级项目交工技术文件编制规定》、《实物档案归档管理办法》。全年共接收各类档案5641卷（件），企业档案管理工作再次通过国家一级的复查审核。2008年，帮助部分基层单位建立档案资料计算机目录检索系统，为基层档案资料管理的规范化、标准化奠定基础。对《洛阳分公司档案管理规定》、《洛阳分公司文件材料收集归档制度》、《洛阳分公司档案分类及案卷编号标准》、《洛阳分公司文件材料归档范围、保管期限及密级划分标准》等制度及标准进行修订、完善；并新制定《洛阳分公司声像档案管理规定》、《洛阳分公司交工技术文件编制规定》等。接收建厂以来至2005年所形成的声像档案，加强了装置检修项目档案资料的收集归档，全年接收各类档案4360卷（件），扫描转换纸质档案资料19690件。

中石化集团公司档案工作评价会

2009年，重点做好新建延迟焦化装置、蜡油加氢装置等多个重大建设项目档案的收集归档、整理工作，接收石化宾馆及科协科达公司等内部独立核算单位成立以来的所有财务档案。配合宏达公司、河南华诚房地产开发公司做好改制前档案资料的处置工作。接收各类档案16360卷（件）。2010年，根据中石化集团公司《关于建立档案工作评价体系和机制的通知》，重新建立、完善档案管理网络，68位主管档案工作的领导、80位专兼职档案资料员在档案馆备案并进行培训。接受各门类纸质档案9360卷（件），声像档案358盒（盘），电子档案256盘。6月18日，油品质量升级改造第一阶段实施工程32个重大建设项目的档案资料通过中石化集团公司专业验收。10月13日，中石化集团公司档案工作评价体系小组对洛阳分公司档案工作进行评价验收。

截至2010年底，馆藏档案168089卷（件），其中管理档案27200件，产品、科研档案1434件，设备档案19686卷，基建档案59778卷，财会档案33386卷，底图7465卷，荣誉实物档案536件，声像档案16887件，合同档案1717件。20%馆藏纸质档案信息实现原文数字化。

档案设施

2001年7月，购进5个防磁柜，将录音、录像带存放其中，基本解决录音、录像带存放过程中易受外界磁场影响而消磁的现象。同时，购置3台恒温恒湿机，解决部分库房温湿度超标问题。2003年，档案馆进行墙壁粉刷和电气线路改造，密集架购置、安装按期完成。2004年8月，完成财会档案、底图档案新库房的改造、设备安装及投用。

2004年，投入70余万元完善档案馆现代化管理设施，建设数字化档案馆，清华紫光公司承担项目软硬件开发。年底，进行设备调试安装。2005年，完成数字化档案管理系统的更新升级。2006年，实现文书档案的全信息管理，对已归档的部分声像档案进行扫描、采集、转换、刻录。2007年，进一步完善数字化档案工作系统，各项功能更趋实用，实现对OA系统中文件的读取与转换，对新归档的资料进行数字化处理和转换，使新归档的基建、设备档案实现全息扫描存储，利用者通过局域网可直接检索到图纸原文。2008年，投资20万元，购置工程复印数码存储一体机，使图纸在复印发放的同时，实现档案信息自动存储，不仅减少档案利用过程中的重复劳动，也延长纸质档案的使用寿命。

2009年，投入18万余元更新档案库房的烟雾报警器，维修库房照明设施，拆除库房内不合规电线、网线，消除安全隐患。2010 年投入 27 万余元改善档案保管条件，完成设备、产品、科研、合同等档案库的密集架更新。

截至 2010 年底，档案馆库房面积 1600 平方米，拥有密集架库房 10 个，密集架 136 列，底图柜 60 节，普通档案柜 40 个，防磁柜 5 个，除湿机 4 台，加湿机 1 台，空调 20 台，网络服务器 1 台，数据存储设备 1 台，计算机 15 台，A3 复印机 1 台，工程数码复印机 1 台、工程扫描仪 1 台，A3 双面扫描仪 4 台，刻录机 2 台，打印机 6 台，数码照相机 1 台，数码摄像机 1 台。

档案利用

2002 年，按照石化总厂党委开展的“向管理要效益”主题活动安排，开展“利用档案创效益”活动，收集工程技术人员利用档案解决生产及管理上的实际问题事例 75 件。根据国家档案局《开发利用科技档案所创经济效益计算办法》计算，利用档案创效 7876. 54 万元。2003 年，收集利用事例 223 件，石化总厂、洛阳分公司利用档案所创效益分别为 6854. 78 万元、10193. 14 万元，并对利用档案创效益优秀项目及个人进行专项奖励。

2006 年，提供利用各类档案 14942 卷，4232 人次。2007 年，提高档案利用率，全年共提供档案利用 19942 卷，6232 人次。2008 年，为装置全面停工检修、常减压装置改造、二催化改造、重整装置改造等提供大量基础资料和依据。协助新星石化勘探设计院，为地下勘探工作的进行做好服务。协助中国特检中心洛阳项目组，调阅芳烃抽提装置、对二甲苯装置、变压吸附装置的全部静设备相关档案资料，为该项目安全评估提供可靠依据。配合中石化集团公司、河南省、洛阳市完成审计检查及国税地税检查审核工作。配合有关部门对所有建筑物的抗震等级和消防管线分布情况进行摸底，并为惠康公司申报国家级示范小区提供完整系统的档案资料。2009 年，提供利用各类档案 15943 卷件，4532 人次。2010 年为项目建设、装置改造、检修、安全评估、全厂地下管线勘探等工作提供各类档案 5943 卷件，2532 人次，复印档案 10 万余张。

第六节　工厂保卫

洛阳石化重视工厂保卫，加强剧毒品、危险品以及现金票证等登记管理。强化社会治安综合治理，开展基层创建安全单位竞赛活动，在保障工厂安全和社区稳定中起到积极作用。

工厂保卫包括生产保卫和政治保卫工作。

生产保卫

生产保卫分为检修现场保卫、门禁管理、剧毒化学危险品管理以及铁路专用线保卫。

检修现场保卫　2001～2010 年，对炼油、化工、化纤等生产装置先后进行 6 次停工检修。保卫处及早动手，制定详细的现场保卫方案和保卫组工作职责，联系当地驻军协助经济民警中队实施现场警戒，抽调精干力量组成现场保卫组，负责现场保卫和协调。对检修现场实行 24 小时封

厂区巡逻

闭式管理，交通要道设卡定哨，对出入检修现场的车辆、人员携带的物品进行严格检查。2008 年，在装置停工大检修和北京奥运会期间，开展“保检修、保奥运、促发展”专项行动，配备车辆底盘检测仪、金属探测仪、强光手电、对讲机等，做好“三查”（查车、查证、查物资）工作，组织开展企业第一次反恐演练，制定反恐演练预案，细化分工、落实责任，模拟演练 3 次，出动警力 120 余人，完成装置停工大检修现场保卫任务。2009 年，完成重整等装置停工小修期间的现场保卫工作和二催化抢修现场执勤保卫。全年共负责放射源运输过程保卫 3 次和入库放射

源保卫13个，为生产装置顺利开工提供保障。2010年，完成PTA装置两次停工小修的现场保卫，在PTA贵重金属催化剂更换工作中，进行周密部署，合理安排执勤，保证贵重金属催化剂24小时处于严密守卫之中。全年共负责放射源运输过程保卫2次和入库放射源保管2个。

门禁管理 经济民警中队主要负责厂区各大门车辆、人员、物资进出厂查验工作和厂区巡逻工作。2009年根据洛阳市公安局要求，经济民警中队更名为内保护卫大队，执勤岗位由原来的8个增加至15个，经济民警（农民轮换工）由2001年的58名增加至2010年的190名（内保队员）。内保护卫大队按照上级规定、制度，认真履行岗位职责，做好厂区门禁管理，采取固定岗哨和流动巡逻相结合的办法，实施全天候、全方位巡防，严防无证车辆、人员携带火种、爆炸危险品及其他可疑物品进厂。严格进出厂物资查验，确保出门证、物品两者相符。2003年5月，在化纤装置停工检修期间．及时找回芳烃车间丢失的3个价值3万元的冷却器。2007年，堵截查获违规出厂物资及盗窃物资90余起，挽回经济损失60万元。同年底，在洛阳分公司办公大楼大厅内安装无遮拦电子门禁系统，办理电子通行证件11000个。2001年~2010年，共查获过期、转借、伪造证件5401张，堵截查获违规出厂物资797起，挽回经济损失近百万元，确保厂区治安安全和生产安全。

剧毒化学危险品管理 2001~2005年，全厂共有剧毒化学品存放点3个（聚丙烯公司、化验一车间、化验二车间），爆炸品存放点1个（保卫处）。2005~2010年，全厂共有剧毒化学品存放点1个（保卫处）。保卫处落实《治安防范工作管理规定》，确保剧毒化学危险品安全。2005年10月，将所有化验用剧毒化学危险品集中在保卫处保管，专人负责，专人发放，安装报警器、防盗安全门。2007年，国务院颁布《危险化学品安全管理条例》，保卫处加强对剧毒化学危险品的管理，严把剧毒化学品的领用审批关，严格执行剧毒化学品计量管理及“五双制度”，坚持每月开展剧毒化学品使用、剩余数量的核对工作，严格执行每月专项检查制，共发放剧毒化学品219次，数量1315.946克。审批并办理易制毒化学品（盐酸、硫酸）购买证明22次，数量5020.24吨。2008年10月，为剧毒化学品库和机械库安装视频监控系统。2009年发放剧毒化学品37次，数量175.464克，审核并办理易制毒化学品（盐酸、硫酸、甲苯、混合苯三号）购买证明29次，数量共计29240吨。2010年，收回质检中心在清理原研究院仓库时发现的碘化汞800克、氯化汞500克、硫氰酸汞100克。全年发放剧毒化学品30次，数量130.764克。审核并办理易制毒化学品（盐酸、硫酸、甲苯、混合苯3号）购买证明50次，数量共计58253吨。

铁路专用线保卫 2001~2004年5月，铁路专用线保卫由铁路公安科负责。2004年6月~2005年2月，由二科负责。2005年3月~2006年7月，由车辆管理科负责。2006~2008年底，由经济民警中队负责。为确保7.8千米铁路专用线的行车安全，保卫处派专人担负铁路专用线治安保卫工作，每周对铁路沿线检查一次，定期、不定时对济涧大桥值班人员查岗，每月走访一次铁路沿线的13个自然村和学校，向周边村民、学生广泛宣传《铁路法》、《治安管理处罚条例》等法律法规，增强铁路沿线人民群众的依法护路意识。及时与相关单位沟通反馈信息，加大对铁路“三点一线”的巡查力度，排查不安全因素，共同做好治安联防工作，2009~2010年，共查处铁路专用线治安安全隐患15起，发现火情隐患10起，排除安全隐患40余起，保证铁路专用线安全畅通。

政治保卫工作

2001年6月，石化总厂开展减员增效工作，引起部分职工思想波动，发生集体上访，公安处及时安排警力维持办公大楼秩序，负责现场保卫工作，对上访职工分人包干做思想工作，组织集体谈话，宣讲有关法律法规。2005年3月~2006年10月，先后发生“协解”人员、农场工、家属工、复转军人及其家长、附近村民等到办公大楼上访事件，保卫处干警按照《洛阳石化重大治安案（事）件紧急预案》要求，工作在第一线，维护办公大楼的治安安全和工作秩序。大检修和北京奥运会期间，保卫处把防恐反恐维稳工作放在首位，强化进出厂人员、车辆、物资的查验力度，组织厂区巡逻队，按照炼油、化工、化纤等不同区域设立封闭管理区，固定哨和流动哨相结合，实施全天候、全方位巡防，专门聘请武警、警校学员进驻厂区，保卫放射源库房、油品罐区等重点部位。2009 年，保卫处提前排查掌握不稳定信息，及时化解安全隐患，完善处理突发事件应急体制，妥善处理多起“协解”人员、家属工、复转军人及其家属、附近村民等到办公大楼上访事件。2010 年 10 月，因用工结构调整，40 余名聘用工集体到洛阳分公司办公大楼上访，保卫处全力维护现场秩序，做好线索摸排和人员劝解工作。

2009 年，保卫处以推进河南省反恐防范试点工作为契机，进一步加强防恐反恐软件建设，完善基础台账，赴新疆反恐第一线考察，结合企业实际制定日常、戒备、紧急三种状态下的应急预案、反恐防范试点单位建设标准、反恐防范工作电子课件及相关方案。2010 年 4 月，厂区二道门电子门禁系统投用。同年 4 月，在河南省反恐工作推进会上，洛阳石化获省反恐怖防范工作先进单位称号。

第七节　社会治安综合治理

社会治安综合治理包括基层创安、平安建设、综治培训、案件侦破和民事调解。

基层创安

2001～2004 年，分别与 80 个二级单位主管领导签订《治安承包责任书》，并进行“创治安安全单位”考核，保卫处依据《目标责任制考核办法》每月对相关单位进行检查，每季进行考核，严格按照《治安防范工作管理规定》、《社会治安综合治理一票否决的决定》予以兑现。2003 年，与油品车间、短纤维车间等重点单位签订《治安联防协议书》，减少盗窃案件的发生。2004 年，根据中央、省、市关于加强综合治理工作的精神，制定下发《关于加强社会治安防控体系建设，争创全省综合治理先进单位的通知》，石化总厂拨专款，在厂大门前制作安装大型争创宣传牌。3 月，洛阳市政法委在石化总厂召开全市重点企业综治工作现场会，介绍石化总厂综治工作经验。10 月，河南省政法委副书记、综治办主任张国臣一行来到石化总厂检查指导综治工作。下旬，由中央综治办、公安部、人事部、文化部等组成的中央综治委检查组一行来石化总厂检查综合治理工作，给予高度评价。

平安建设

根据中石化集团公司及地方政府有关文件精神，保卫处积极开展平安建设工作。2006 年 3 月，参与起草下发《洛阳石化关于创建平安单位活动实施方案》，与所属 34 个基层单位签订创平安单位责任书，并将创建工作与单位一体化目标管理考核挂钩，逐步建立起全天候、全方位的治安防控网。组织基层单位学习国务院颁布的《企业单位内部治安管理条例》，开展法制宣传教育，加强各单位内部安全防范措施，增强法制意识。加强企业内部安全防范措施，坚持每季度和节假日前对各单位进行治安安全防范检查。2009 年，认真做好国庆 60 周年安保工作。2010 年，认真做好上海世博会、广州亚运会期间的厂区安保工作。组织开展“争当企业忠诚卫士”劳动竞赛，机关管理人员和党员每天坚持深入厂区、门岗检查，开展查处假通行证专项行动，加强对油品、气体罐区等关键装置和要害部位的安全巡查监控，落实防范措施，消除治安隐患。做好证件更换，共审批办理职工芯片证件 4500 余人（次）、临时进厂人员证件 5000 余人（次），临时进厂车辆证件 300 余车（次）。2006～2010 年，保卫处按照维护稳定工作专业分工，注重拓宽维稳工作的广度、深度，坚持稳定信息“零”报告制度，收集不稳定因素及相关信息，做到未动先知、提前化解。完善处理突发事件应急机制，坚持“发现及时、到场及时、处理及时”的“三及时”原则，正确处置群体上访等涉稳事件 300 余起。洛阳分公司被评为洛阳市“平安洛阳建设工作先进单位”，保卫处被评为吉利区“完成平安建设工作责任目标先进单位”。

综治培训

2005 年 11 月，在小浪底培训中心举办综治、内保骨干培训班，洛阳市公安局治安支队、

吉利区政法委等单位领导，分别就如何做好新形势下的社会治安综合治理及稳定工作给学员们上课。2006年11月，组织洛阳石化所属单位50名综治、内保人员参加的培训班，专门聘请河南省公安高等专科学校教授以及洛阳警校教授到培训班授课。2007年，安排组织处机关16名管理人员分批参加有关业务知识培训学习，100多人次参加了各类知识答卷活动。11月，组织由55人参加的洛阳石化内保、综治干部培训班。2008年11月，组织50名综治、内保人员参加的培训班，聘请河南省警校、吉利区公安局等单位领导到培训班授课。2009年11月，在济源市举办全厂40余名综治、内保人员参加的培训班，专门邀请河南省警校学生处处长、吉利区公安分局副局长、二炮教研室主任授课，收到良好效果。2010年11月，在小浪底培训中心举办综治、内保骨干培训班，特邀省警校教研室主任讲授新型犯罪的类型及预防，吉利区公安局副局长、中原路派出所所长讲授当前治安形势及如何做好企业治安防范工作，洛阳市交警支队事故科科长讲车辆事故处置及新下发的交通法规，危化品运输管理科科长讲授危化品运输相关知识。

案件侦破

2001年，开展“反盗抢”专项行动，重点打击窃电、偷盗自行车、化纤产品等违法犯罪活动。2002年，开展“反盗抢”、“快速反应抓现行”、“反双抢双盗”专项斗争。2003年，组织开展“零点行动”、“霹雳行动”等专项斗争。2001～2004年9月，洛阳石化共发生刑事案件65起，破获23起，移交吉利区公安分局刑警大队35起，破获外案19起、隐案12起、积案4起。发生治安案件18起，查破12起。发生治安事件103起，查处100起，共处理违纪违法人员246人，追回赃款赃物折合人民币70余万元。2004年9月3日，根据中石化集团公司关于移交企业公安职能的精神，在石化总厂党委、厂部和吉利区委、区政府、公安分局的支持下，公安处分离出10名人员成立中原路派出所，纳入地方公安序列，公安处刑侦科工作职能也随之移交。

民事调解

民事调解工作坚持“调防结合，以防为主”的原则，从服务企业改革、稳定、发展大局出发，针对部分机构撤销、合并等情况，及时调整民事调解网络，在所属单位成立民调小组。2002年11月，举办民调业务培训班，为60名民调员授课，提高基层民调员的素质和调解处理纠纷能力。2001～2004年，共受理调解处理民事纠纷102起，实现“两率”（调解率100%，调成率95%）、“三无”的工作目标（无因调解不当引起民转刑、非正常死亡和生产事故）。2003～2004年，被河南省司法厅评为“模范人民调解委员会”称号。

第八节　交通安全管理

交通安全管理包括管理机构、交通安全。

管理机构

车辆交通安全运行管理由保卫处车辆管理科负责，主要业务有车辆进厂证件办理工作、车辆管理人员及驾驶员安全教育培训、交通事故处理、机动车辆办理入险手续等。2010年，增设危化品运输管理科，负责危险化学品运输车辆安全管理，主要业务有危险化学品运输环节的监管、与地方政府运管和交管部门的运输协调、监督检查危险化学品公路运输车辆及人员安全情况、规划危化品运输车辆行驶路线、办理进厂证等。

交通安全

坚持落实安全日、车场日活动和安全例会制度，定期到有车单位进行安全检查。2003年4月，开展“拒绝违章，保护生命”交通安全劳动竞赛活动，发放交通安全知识答卷750份。2004年3月，组织开展新颁布的《中华人民共和国道路交通安全法》学习宣传，发放《道路交通安全法》1200本，挂图100幅。12月，下发《洛阳石化生产厂区车辆封闭化管理规定》。2006年、2007年，组织开展“个人无违章，单位无事故”交通安全劳动竞赛活动。2008年，为强化“三基”工作，对所属单位50名车辆安全管理人员进行集中培训，完善《机动车和驾驶员管理制度》，制定《厂区道路交通安全管理规定》、《生产厂区车辆封闭化管理制度》。节假日期间，实行机动车辆“三交一封”、车辆审批等制度。注重厂区内交通秩序的治理，在重要路段设卡检查，厂区交通秩序明显改善。新增道路交通标志牌108块，维修标志牌228块，刷新交通标志线9千米。每年邀请洛阳市车管所来厂现场检审，共办理车辆年审1978台，驾驶员应检3542人，节约费用51.98万元。2009年，开展“个人无违章、单位无事故”交通安全竞赛活动，修订完善《洛阳石化机动车准驾证管理规定》、《生产厂区车辆封闭化管理规定》等规章制度，与各有车单位签订交通安全管理责任书，深入基层开展专业检查。开办车辆管理人员培训班，564名驾驶员参加洛阳石化交通安全知识考试，切实提高交通知识水平。开展厂内道路交通安全检查，全年共查纠各类违章车辆123台次，同时做好厂区交通设施的维护工作，定期检查，及时维修，刷新交通标志110个。2010年，与31家有车单位签订《交通安全管理责任书》，全面贯彻落实准驾证制度，为166名专职司机和115名兼职司机办理机动车专、兼职准驾证，指导9家改制单位实施准驾证制度，实现“动车需有证、无证不动车”管理目的。开展夏季车辆安全、厂区车辆超速专项检查活动，加大化纤路段车辆停放秩序检查，加强企业外部车辆管理，修订企业外部车辆担保书，担保期限由1年调整为3个月，按时办理机动车辆的入险手续，全年共为182台机动车办理入险手续，帮助基层单位办理机动车审验和车辆报废手续。截至2010年底，洛阳石化共有机动车526辆，专职机动车驾驶员193人，兼职机动车驾驶员117人。共发生交通事故7起，全部得到妥善处理。

第九节　土地房产管理

2003年5月，石化总厂成立工程和房地产管理处，下设房地产管理科，负责石化总厂土地和房产的产权管理工作。工农办撤销，土地管理业务并入房地产管理科。2005年3月，洛阳分公司成立资产管理处，房地产管理科成建制划入。

土地房产管理包括房产管理、土地管理、住房建设和住房管理。

房产管理

2001～2010年，洛阳石化的住宅和社区配套房屋由惠康公司负责管理。生产和办公用房的财务管理由财物部门负责；产权管理中，石化总厂的房屋先后由经营管理处、工程和房地产管理处、资产管理负责，洛阳分公司的房屋由机动处负责。2007年，根据内控制度，机动处将其管理职能移交资产管理处。

2003年12月16日，石化总厂发文开展房屋资产状况及房屋租赁情况调查。

表15－1　　2003年12月石化总厂房产情况

房产类别	单位数	房屋数量（幢）	建筑面积（m^2）	房产原值（万元）	主要用途	产权归属	房产证数
化纤厂区生产用房	8	42	142621.9	24654.5	生产	石化总厂	－
职能部门使用的房产	4	35	72347.4	7657.9	办公	石化总厂	12
各公司使用石化总厂的房产	5	66	98384.1	3841.4	多经	石化总厂	35
石化总厂全资子公司的房产	3	33	27824.0	2411.4	经营	石化总厂	12
合计	20	176	341177.4	38565.2			59

在石化总厂全部176幢房屋中，有房产证的59幢，建筑面积105139平方米。临时建筑5幢（基建公司、三隆公司、设备处使用），建筑面积2635平方米，不需要办理房产证。剩余112幢未办理房产证（其中2幢已投用，未办理资产交付手续），面积233403平方米。

2004年2月12日，《洛阳石油化工总厂房产管理暂行办法》印发全厂执行。同年，共办理《房屋所有权证》152本。其中，洛阳聚酯上市办理石化总厂《房屋所有权证》37本，聚丙烯公司《房屋所有权证》22本。办理4所小学的《国有土地使用证》4本和《房屋所有权证》9本。2004年，4个改制单位改制涉及房屋14幢，29492平方米，其中通达公司1幢，建筑面积2017.76平方米，评估净值118.59万元。隆惠公司10幢，建筑面积16374.6平方米，评估净值700万元。设计院2幢，建筑面积合计6475.33平方米，评估净值84.66万元。工程建设公司1幢，建筑面积4624.53平方米，评估净值229.97万元。

2005年初，洛阳分公司承受石化总厂聚酯上市房屋资产，建筑面积172184.47平方米，评估净值2.08亿元。其中，在洛阳市范围的房产建筑面积169228.57平方米，评估净值1.86亿元。本次纳入中石化股份公司范围的资产不涉及土地，洛阳分公司所使用的土地向石化总厂租赁。

2006年，按照体制转换工作安排，对石化总厂的房产进行清查。8月，石化总厂账面实有房产117幢，建筑面积98633.43平方米。其中有房产证的房产44幢，建筑面积73214.32平方米，无证房产73幢。开展房屋产权变更登记工作，共办理96幢房屋所有权证，其中吉利区境内87幢，建筑面积85669.2平方米。孟津县境内9幢，建筑面积14928平方米，合计100597.2平方米。

洛阳分公司新郑机场房地产原由营销部负责管理。2007年，经多方查证、核实此处房地产的权属和登记资料，资产管理处与营销部办理房地产实物接管手续，并妥善解决看管遗留问题。为确保国有资产的保值增值，将该处房地产出租给中石化股份公司管道储运分公司新乡输油处，作为管道巡检用房使用，并由其出资对房屋进行装修，负责实物管理工作。

截至2007年12月31日，洛阳分公司有证房产147项，建筑面积142421.18平方米。无证房产126项，其中52项有账面建筑面积，面积共计68083.8平方米，74项尚无账面建筑面积。

无证房产中，吉利区有125项，2000年之前的有78项，2000～2003年的有43项，2004～2006年的有4项。

土地管理

根据机构变动情况，洛阳石化的土地管理先后由工农办、工程和房地产管理处、资产管理处负责。

2000年12月31日止，石化总厂共有土地70宗，面积6228227.54平方米。按土地使用权类型划分：授权经营土地40宗，面积3704510.63平方米；出让土地1宗，面积15175.68平方米；划拨土地29宗，面积2508541.23平方米。按权证持有情况划分：有土地使用证60宗，面积5212780.88平方米；无土地使用证10宗，面积1015446.66平方米。

2002年5月13日，石化总厂印发《洛阳石油化工总厂土地管理暂行办法》。2004年2月3日，正式出台《洛阳石油化工总厂土地管理办法》，作为土地管理的规范性文件，以规范石化总厂土地资产关系，合理利用土地资源，加强土地资产监管，促进石化总厂资本运营和生产经营健康发展。

截至2002年12月31日，石化总厂共有土地76宗，面积6287287.67平方米。按土地使用权类型划分：授权经营土地40宗，面积3704510.63平方米；出让土地1宗，面积15175.68平方米；划拨土地35宗，面积2567601.35平方米。经清理办证，土地面积增加59060.12平方米。

按照中石化集团公司改制分流及清理整顿工作部署，自2002年启动职工医院试点改制到2009年底完成宏达公司集体企业改制，历时8年，对所有改制单位的土地进行规范处置，理顺产权关系，维护国有资产权益，为改制单位的发展创造有利条件。

洛阳石化改制分流土地处置情况

表 15－2　　　　平方米

单位名称	划拨土地宗数	划拨土地面积	出让土地宗数	出让土地面积
石化医院	1	22614.68	–	–
通达公司	1	48420.09	–	–
工程建设公司	2	27406.39	1	6487.06
隆惠公司	2	123194.15	–	–
设计院	1	3126.36	–	–
三隆公司	4	37021.72	–	–
金达公司	9	87331.10	–	–
工程公司	4	138236.20	–	–
宏达公司	3	63351.61	–	–
合计	27	550702.30	1	6487.06

2004 年，因中石化集团公司持续重组工作需要，增加授权经营土地 6 宗，面积 407856.767 平方米。

2005 年，因洛阳聚酯上市处置划拨地，增加出让土地 9 宗，面积 380536.07 平方米。

2006 年 9 月，中石化集团资产经营管理有限公司洛阳分公司组建。11 月，洛阳石油化工总厂工商注销，将石化总厂名下的全部土地变更到洛阳资产分公司名下，根据土地管理工作需要，对原有土地进行合并和分割。2006 年 12 月 31 日止，洛阳资产分公司管理的土地共计 110 宗，面积共计 5649771.08 平方米，其中授权经营土地 45 宗，面积为 4112427.08 平方米，出让土地 10 宗，面积为 387366 平方米，划拨土地 55 宗，面积为 1149978 平方米。

2007～2010 年，洛阳资产分公司土地管理步入规范化、制度化轨道。2010 年底，洛阳资产分公司管理的土地共计 93 宗，土地面积共计 5360852.17 平方米，其中授权经营土地 45 宗，土地面积为 4112427.08 平方米，出让土地 10 宗，土地面积为 387366 平方米，划拨土地 38 宗，土地面积为 861059.09 平方米。

2007 年 7 月，洛阳分公司油品质量升级改造第一阶段实施工程取得 1 宗出让土地，面积 93282.97 平方米，满足项目建设需要。

2010 年 9 月，洛阳分公司增上汽柴油储罐项目取得 1 宗出让土地，面积 10593.10 平方米，申请办理《国有土地使用证》，并缴纳相关税费，为项目建设创造有利条件。

住房建设

1998 年 9 月 18 日，由洛阳石化惠康物业管理公司、洛阳石油化工总厂工程公司、洛阳石化金达实业公司三家按照 70%、20%、10% 的出资比例组建洛阳石化房地产开发有限责任公司。1998 年 11 月，洛阳市建委《关于公布洛阳石化房地产开发有限责任公司资质等级的通知》将洛阳石化房地产开发有限责任公司资质等级暂定为叁级。2003 年 1 月 28 日，惠康公司所持有的洛阳石化房地产开发有限责任公司 70% 股权有偿转让给洛阳石化工程建设有限责任公司。2003 年 2 月 8 日，房地产开发公司二届一次股东会决定将注册资本由 500 万元增加到 800 万元，工程建设公司、工程公司、金达公司出资额分别占 73.75%、20% 和 6.25%。2004 年 8 月 29 日，石化总厂厂长办公会明确，以 8 月 31 日为节点，将石化总厂工程建设公司在房地产开发公司的股权转让给惠康公司，此后石化总厂不再参与房地产和住宅楼建设。2004 年 9 月 21 日，房地产开发公司二届二次股东会、董事会研究同意股权转让事项。2010 年 6 月 3 日，惠康公司将其持有的洛阳石化房地产开发有限责任公司 73.75% 的股权转让给工程公司。2001 年 7 月，河阳新村 4～7 号楼 442 套高层住宅建成交付，并对化纤工程施工期间由施工单位居住的 24～28 号楼 264 套多层住宅进行安装、维修，交付物业管理部门。

从 1999 年开始，石化总厂陆续开发建设经济适用房 4 期 723 套，建筑面积共 88221.4 平方米。第一期：建设河阳新村 1 号楼、三和社区 38 号楼、39 号楼共 3 栋楼，住宅 99 套，建筑面积 10270 平方米。1999 年 6 月开工，1999 年 12 月竣工。其中 38 号楼有 3 套复式结构。第二期：建设河阳新村 36 号、37 号、38 号、39 号 4 栋住宅楼，共有住宅 168 套，建筑面积 18240.6 平方米。2000 年 8 月开工，2001 年 8 月竣工。第三期：建设河阳新村 31 号、32 号、33 号、34 号、

35号共5栋楼，住宅168套，建筑面积20967.6平方米。2002年4月开工，2002年9月竣工。2003年11月，开工建设开元社区32号、33号、35号3栋住宅楼108套，建筑面积17377.2平方米，2004年12月竣工。第四期：2004年1月30日，石化总厂厂长办公会决定拆除大板楼，建设新住宅。4月，300户居民搬迁安置完毕，开始拆除。2004年11月新楼开工，2005年6月竣工，建成开元社区西区1~5号共5栋楼，住宅180套，建筑面积21366平方米，8月开始向职工出售。

2006年2月，房地产开发公司以市场价购得河阳新村东侧和南门西侧两块土地，开发建设河阳家园。10月18日，项目举行开工奠基仪式，洛阳石化商品房步入实质性开发建设阶段。一期商品房总计建设11栋楼、344套住房，建筑面积47059平方米。2007年10月26日，河阳家园一期住房交工。10月30日，为住户办理交钥匙及相关入住手续。2008年3月10日，开工建设河阳家园二期工程9栋商品楼、228套住房，10月，全部预售。2009年6月23日，项目完成竣工验收，24日开始陆续交付住户。此外，河阳新村40号楼住宅80套、商铺16套，于2007年3月开工，7月竣工。河阳家园综合楼（商住楼）住宅80套、河阳家园20号楼住宅70套，均于2009年1月开工，10月竣工。

河阳家园奠基

2008年6月13日，房地产开发公司董事会通过，6月27日，洛阳分公司经理办公会研究，决定购置吉利区委西泰安路以北，人民路以南，长安路以东，长治路以西98172平方米的土地，用于开发建设商品房。2008年10月挂牌，11月17日房地产开发公司揭牌。与此同时，物探、地探、总体设计等前期工作陆续进行。为确切掌握洛阳石化各种用工无房户情况，在职代会职工生活福利委员会和房地产开发公司的共同努力下，对5类总计1869户无房户进行初步调查、摸底，为确定无房户范围和开发规模、实现定向开发提供依据。2009年11月，西霞花园“三通一平”工作基本完成。12月初，一期工程开工。2010年11月底，二期工程开工。2010年底，一期工程部分多层住宅结顶。

建设中的西霞花园

住房管理

洛阳石化惠康物业管理公司设有房产管理部，配备专职人员对职工住房进行管理，包括住房调整、出租、出售方案的制定，分配过程各环节工作落实，空房的验收、检查、维修等日常管理。管理的主要依据为《洛阳石油化工总厂职工住房管理办法》、《洛阳石油化工总厂出售公有住房暂行办法》、《洛阳石油化工总厂住房租赁管理办法》等文件。

2003年4月，对不符合申请购买和调整住房条件的全民工、集体工、聘用工，一次性放宽住房租赁条件，解决这部分职工的住房困难。2006年6月30日，完成所有住房的调整工作，此后公有住房出售未再进行调整。根据洛阳市政府提出的“限定房改房申报时限，在2006年6月30日前仍不申报的，不再办理”的要求，石化总厂、洛阳分公司联合发文决定，对已出售的公有住房（房改房）和经济适用住房，最后一次集中统一办理《公有住房出售产权界定卡》、《房屋所有权证》、《土地使用证》。经过惠康公司、资产管理处的共同努力，2008年底，完成4个社区4910户房改房的办卡办证工作。

2004年底前，完成三和社区38号、39号楼、河阳新村1号、36～39号楼经济适用住房办卡办证工作。2008年，开始办理河阳新村31号、35号、开元社区东区32号、33号、35号楼房屋权属证卡。2009年，开元社区西区1～5号楼开始办理。2009年5月，启动剩余公有住房的租赁情况排查摸底和办卡办证工作。公有住房清查上半年完成，剩余888套住房。2004～2010年，累计办理经济适用住房房产证967个、土地分割证829个。

2010年5月，对洛阳石化社区内的公有住房租赁户开展变更租赁关系工作，将出租方由原“洛阳石油化工总厂惠康物业管理公司”变更为“中国石化集团资产经营管理有限公司洛阳石化分公司”，累计签订租赁合同867份。10月22日，洛阳分公司总经理办公会明确，进一步按照洛阳石化公有住房租赁管理规定，对不符合租赁条件的租户进行清理。

2009年10月23日，洛阳石化召开会议，启动职工住房普查工作。截至11月15日，共收到9401名职工的住房普查材料。在此基础上，根据《中国石油化工集团公司进一步深化住房制度改革实行住房分配货币化实施办法》，稳妥推进住房分配货币化。期间，针对职工住房普查和实行住房分配货币化工作中遇到的三和社区2号和3号楼住房性质认定、洛阳石化自建经济适用住房性质认定等问题专门进行研究、咨询，形成答复意见。与职工和其所在单位反复核对，确保职工货币化补贴数据测算的准确性、严肃性。2010年6月3日，洛阳石化上报《洛阳分公司进一步深化住房制度改革实行住房分配货币化实施方案》，7月6日获中石化集团公司批复。10月27日，洛阳石化召开住房补贴实施工作会议，启动住房补贴分批发放工作。截至年底，1353名离退休等非在职人员的住房补贴发放完毕。

第十节　地方关系协调

地方关系协调包括历史沿革、工作制度和程序、重大工农关系协调。

历史沿革

建厂初期，由于实行政企合一体制，企业与当地农村存在诸多问题。为弄清事实，解决工农矛盾，1980年，河南炼油厂建设指挥部成立解决工程遗留问题办公室，后改为工农关系办公室（简称工农办）。此后，工农办一直隶属于基建指挥部的下属单位工程管理处。1984年开工生产后，工农办的业务职能逐步扩大，主要负责协调解决基本建设、装置生产、技措技改项目实施过程中产生的工农关系问题以及土地征用和管理。1995年4月，石化总厂机构调整时工农办为副处级单位，由基建承包公司代管。1996年9月，工农办为处级单位。2003年5月6日，石化总厂成立工程和房地产管理处，撤销工农办，成立工农关系科，工农办业务及部分人员划入工农关系科，负责协调地方关系和房地产管理，处理生产、经营和建设中发生的工农关系问题。2005年3月，洛阳分公司成立资产管理处，工农关系科成建制划入。

工作制度和程序

1995～2005年，石化总厂、吉利区每年召开1～2次工作例会，研究地企之间发生的各种问题，形成会议纪要，明确责任部门予以落实。

1996年8月20日，厂、区工作例会明确自1996年开始，石化总厂每年拨出资金50万元，吉利区政府出资30万元，设立工农关系区长专用资金，作为区政府对一般性工农关系处理的工作费用。同年，工农办建立“三方四级赔青签字”制度。三方是指施工方、被占地方和洛阳石化方，四级是指经办人、工农办主管领导、基建承包公司领导和洛阳石化领导。对于需要处理的工农关系问题，由相关各方现场实地测量、签字确认，按规定计算出补偿额，并签订补偿协议。此后逐步对此制度进行完善，成为处理工农关系问题的

重要制度。与此同时，根据工作需要，逐步建立并完善与吉利区支重办周一碰头会制度、一事一档的工农关系处理制度和每周工农关系工作周报制度，进一步加强工农关系处理的制度化、程序化建设。

1997年5月，吉利区成立支援重点工程建设领导小组和办公室，与石化总厂工农办合署办公。支重办由土地、城建、公检法、乡政府等部门人员组成，设办公室、地方材料科、小型工程科、治安大队，制定相应的规章制度，定期编辑印发《支重快讯》，工农办定期编发《情况反映》，为领导决策提供依据。厂、区之间这种合作模式，在化纤工程建设期间发挥重要作用，2003年作为经验由河南省主管部门向全省推广。化纤工程建设结束后，吉利区为延续这种有效措施，继续为企业创造良好的外部环境，将“支援重点工程建设办公室”更名为“支援国家重点企业办公室”。

1997年6月28日，厂、区工农关系专题协调会对小型工程施工的推荐和管理问题进行研究。8月20日、9月15日，吉利区人民政府据此相继出台《吉利区地材管理办法》、《洛阳石化总厂基本建设中小型工程管理办法》。《小型工程管理办法》对50万元以下、技术含量较低的小型工程的委托、推荐、会签、施工管理等进行明确规定，对于维护化纤工程建设期间的有序管理起到积极作用。此后，鉴于国家对建筑市场管理出台新的规定，原《小型工程管理办法》已不适应形势需要，吉利区对该《办法》予以废止。

重大工农关系协调

2001年以来，本着积极化解矛盾，构建和谐地企关系的工作思路，工农关系协调部门及时组织协调解决企业生产经营、新建项目或技改、技措项目施工中的日常性或突发性工农关系问题，为企业创造良好的外部环境。

2001～2010年，协调处理工农关系问题754件，主要涉及对外供电、供水收费，当地村民强行承揽工程施工和物料运输，环境污染治理等方面。

（责任编辑　周　军）

第十六章　投资项目与管理

1978～2000年，洛阳石化建成500万吨/年炼油工程和20万吨/年化纤工程，形成油化纤一体化发展的格局。2001年以后，洛阳石化进入一个新的发展时期。2005年开始实施油品质量升级改造工程，相继建成140万吨/年延迟焦化装置、220万吨/年蜡油加氢装置、260万吨/年柴油加氢装置等及一批配套设施和改造工程。2001～2010年，累计投资近60亿元。

投资项目与管理包括投资管理体制、投资管理工作程序、固定资产投资项目、油品质量升级改造项目、多经和改制企业投资项目。

第一节　投资管理体制

投资管理体制包括投资管理体制的历史沿革、管理体制调整和化纤工程项目管理。

历史沿革

1978年，河南炼油厂建设指挥部成立，这是洛阳石化最早的基本建设管理部门。随着体制改革和基本建设规模的扩大，1994年12月，成立洛阳石油化工基本建设工程承包有限责任公司。1995年2月，撤销基建指挥部。同年4月，原化纤工程筹建处并入基建公司，组建化纤工程建设指挥部，与基建公司一个机构两块牌子。为适应社会主义市场经济体制及工程建设总承包的要求，1997年4月，石化总厂决定撤销化纤工程建设指挥部，成立洛阳石油化工总厂工程建设承包公司，与洛阳石油化工基本建设工程承包有限责任公司一个机构两块牌子。

1999年5月，石化总厂对所属公司进行清理规范、清产核资。办理洛阳石油化工总厂基本建设工程承包有限责任公司股权转让手续，原股东单位监理公司、工程公司、隆惠公司按照各自的出资比例，将股权全部转让给石化总厂，工程建设公司成为石化总厂的全资子公司。

管理体制调整

2000年9月25日，工程建设办公室并入洛阳分公司计划处，保留工程建设办公室机构及业务。石化总厂技术中心设技术管理科、项目开发科。此后，石化总厂的基本建设管理职能由工程建设公司代行，逐步转为由专门的职能管理处室行使；洛阳分公司的基本建设项目主要通过签订合同，委托工程建设公司承包施工。

2001年6月6日，石化总厂设计院、监理公司并入工程建设公司，工程建设公司设计部与设计院合并，监理部与监理公司合并，均为一个机构两块牌子，对内对外名称有所不同。

2002年1月11日，石化总厂成立计划处，设投资管理科。撤销工程建设办公室，业务划归投资管理科。成立发展规划处，与石化总厂技术中心一套机构两块牌子。

2003年5月6日，石化总厂计划处撤销投资管理科，发展规划处与技术中心分立，撤销技术管理科、项目开发科。成立工程和房地产管理处，设工程管理科、投资管理科等科室。将石化总厂计划处投资管理科业务和人员相应划入，将工程质量监督站从工程建设公司划出，由工程和房地产管理处代管。

2005年1月14日机构融合时，将工程和房地产管理处的房地产管理和工程质量监督职能划出，名称改为工程管理处。将洛阳分公司技术

处、质量处和石化总厂质量技术处（技术中心）合并，技改技措业务并入发展规划处。9月，工程质量监督站成为洛阳分公司的直属机构。

2006年2月9日，成立洛阳分公司油品质量升级改造项目管理部。2月23日，成立发展规划处投资计划科，将计划处综合计划科业务和人员成建制划入投资计划科。2007年3月28日，油品质量升级改造项目管理部和工程管理处合并为工程项目管理部。同时成立技改部，隶属于工程项目管理部。

随着基本建设管理体制的逐步调整，形成发展规划处负责企业发展规划和项目计划，工程项目管理部负责基本建设项目和技措技改项目管理，机械动力处负责维修项目和应急改造项目管理，资产管理处负责洛阳资产分公司固定资产和维修项目计划和管理，相关多经和改制单位参与基本建设和检维修项目施工的管理格局。

2010年7月30日，洛阳分公司发布实施《固定资产投资项目管理程序》，对基本建设、技术改造、设备更新、零星购置、安全环保隐患治理、计量、信息、科研开发资本化支出等固定资产投资项目的设计和建设全过程控制进行明确。该程序规定，发展规划处负责基本建设项目、技术改造项目的征集、审查、汇总、调研、立项、审批、报批、下达等工作；工程项目管理部是项目实施管理部门，负责项目的前期准备、详细设计管理、五大控制、竣工验收、资产交付等工作；机械动力处负责设备更新项目的立项、报批，以及设计、审查、实施及投资控制等工作；安全环保处负责安全隐患治理项目、环境保护项目的立项、报批、实施监督，以及建设项目“三同时”等有关安全、环保方面的工作；物资装备部、生产调度处、技术质量处、能源管理处、信息中心、计量管理中心、消防支队、审计处、财务处、资产管理处、招标办、监察处、外事办等单位根据业务职能，在建设项目管理过程中分别承担相应的职责。

化纤工程项目管理

1995年4月，为搞好化纤工程项目管理，石化总厂建立以项目法人责任制为主体，规范、高效的工程建设管理机构，甲方、乙方和监理方通过签订经济合同、完善管理制度来管理工程建设。撤销工程建设指挥部，成立以石化总厂厂长、主管基本建设的副厂长为正副主任的工程建设办公室，代表项目法人，行使甲方职能，管理化纤工程项目。将原隶属于石化总厂工程建设公司的监理公司和质量监督站独立出来，成为独立法人，行使监督和监理职能。实行工程总承包管理，由洛阳石化工程公司对芳烃抽提和对二甲苯装置进行以设计为龙头的总承包，洛阳炼化监理公司对工程实施全过程监理。其余化纤项目由洛阳石化总厂工程建设承包公司总承包管理。

洛阳化纤工程2000年建成后，经生产考核，全部生产出合格产品，形成生产能力。与此同时，环境保护设施、劳动卫生设施、消防设施等按设计要求与主体工程同时建成投用。2001年初，洛阳石化成立竣工验收工作领导小组，全面开展竣工验收的各项准备工作，相继完成档案、职业安全、工业卫生、环保、消防等专项验收，并通过项目竣工决算审计，整个工程项目达到国家和中石化集团公司关于建设项目竣工验收的有关规定。

化纤工程竣工验收签字仪式

2002年3月28日，洛阳化纤工程举行竣工验收会议。经中石化集团公司有关部门及河南省、洛阳市有关部门领导和专家组成的竣工验收委员会认真审查，洛阳石化化纤工程顺利通过竣工验收。验收委员会主任委员、中石化集团公司工程建设部副主任张克华向洛阳石化颁发竣工验收证书。

第二节　投资管理工作程序

投资管理工作程序包括固定资产投资项目立项、可行性研究、设计管理、投资计划与统计管理、项目责任与项目开工、投资项目实施管理、“五大”控制、专业项目管理、投资项目资金与财务管理、项目审计、项目后评价和项目监督、检查与考核等内容。

项目立项

每年7月底前，发展规划处、机械动力处、安全环保处、能源管理处、信息中心、计量管理中心等单位完成相关项目的征集、初审，将结果报发展规划处。发展规划处组织对项目的必要性、可行性进行论证，形成初步意见后，报洛阳分公司总经理办公会决策，形成洛阳分公司下年度投资建议计划，统一上报中石化股份公司，并做好与中石化股份公司相关部门的对接工作。

对限上、限下项目，征得中石化股份公司同意后，发展规划处负责组织开展可行性研究报告的编制上报工作。可行性研究报告批复后，组织项目基础设计的编制上报工作。基础设计审批、投资计划落实后，转交工程项目管理部，由工程项目管理部负责详细设计等有关工作。对一般措施、小型技改项目，中石化股份公司下达投资计划后，发展规划处负责组织项目设计，审查概算，下达洛阳分公司固定资产投资计划，项目管理部门根据下达的投资计划组织实施。

可行性研究

发展规划处委托或通过招标选定有相关资质的设计单位编制项目建议书和可行性研究报告，组织内审后，分限额以上投资项目和限额以下投资项目，分别上报中石化股份公司发展计划部和相关部门进行审批。

项目工艺技术方案的选择由发展规划处组织进行技术咨询、调研、研究讨论，提出推荐的技术方案报主管副总经理或洛阳分公司总经理办公会决定。重大项目的工艺技术方案，由发展规划处负责报送中石化股份公司审核。工艺技术询价书，由发展规划处组织有关单位进行调研和技术交流，提出询价意向，报洛阳分公司主管副总经理或总经理办公会审核后，对外发出。重大项目的对外询价书应先组织内审，然后报中石化股份公司发展计划部和有关事业部审核。引进技术或重大设备的对外询价书，报中石化国际事业公司负责对外发出并组织开展对外技术和商务谈判，发展规划处组织有关部门专业技术人员参与、配合。

设计管理

重大投资项目（含有3套及以上工艺装置的项目）在可行性研究报告批准后编制总体设计。总体设计由发展规划处委托或通过招标选定有相关资质的设计单位编制完成，经洛阳分公司组织内审后，上报中石化股份公司发展计划部审批。限额以上投资项目原则上应编制基础设计，由发展规划处委托或通过招标选定有相关资质的设计单位，编制完成并组织初审后，上报中石化股份公司发展计划部审批。限额以下投资项目的基础设计由发展规划处委托设计，洛阳分公司审批后归口上报相关事业部备案。

总体设计、基础设计的设计审查由中石化股份公司发展计划部或各事业部组织，洛阳分公司有关单位参加。中石化股份公司委托洛阳分公司组织审查的项目，由发展规划处组织，并将审查结果报中石化股份公司审核备案。对一般措施、小型技改项目，除中石化股份公司有要求外，洛阳分公司投资计划下达后，由发展规划处直接委托进行详细设计，审定后的设计概算作为项目投资控制的依据。

工程项目管理部负责限上、限下项目的详细设计。机械动力处负责设备更新项目、发展规划处负责一般措施、小型技改项目的详细设计。详细设计严格按照批准的基础设计（或投资计划）进行。委托部门负责各自委托项目的设计交底并组织审查、设计变更及图纸档案资料等管理。

投资计划与统计管理

按照中石化股份公司编制下一年度投资计划

的总体要求，结合洛阳分公司的实际情况，由发展规划处组织，于每年7月底前提出下一年度投资计划建议报主管事业部，抄报发展计划部。用于资本性支出的安保基金、科研、信息等项目纳入年度投资计划。

中石化股份公司下达投资计划后，由发展规划处编制并经总经理办公会讨论后下达洛阳分公司年度投资计划，作为投资控制的依据。各项目归口管理部门严格按照中石化股份公司下达的投资计划，搞好投资控制。工程项目管理部根据洛阳分公司年度投资计划编制项目实施计划，明确项目主要控制节点，作为年度监督检查考核的依据。

项目概算审定后，实施中如果出现超投资情况，由项目管理部门认真分析原因，书面上报发展规划处，由发展规划处提出意见，报洛阳分公司总经理办公会研究确定。如确因市场发生变化、工程进度调整需要增加投资计划，由发展规划处负责报请中石化股份公司审批，投资落实后下达调整计划。

工程管理部门每月25日前向发展规划处按规定表式报送项目的进展情况、投资完成情况，发展规划处负责向洛阳分公司有关领导、中石化股份公司、地方政府有关部门上报统计报表。

项目责任与项目开工

重大建设项目，按照中石化股份公司要求，同中石化股份公司签订“项目法人责任书”，认真落实项目法人责任制。

需办理开工报告的投资项目，由项目管理单位按照国家、中石化股份公司的有关要求，上报开工报告。根据中石化股份公司固定资产管理规定，由中石化股份公司审批的投资项目，中石化股份公司发展计划部纳入年度投资计划，视同批复该项目开工报告。由洛阳分公司下达投资计划的项目，发展规划处下达的《项目委托书》视同为洛阳分公司同意项目开工建设。

投资项目实施管理

发展规划处完成基础设计或详细设计后，以《项目委托书》的形式将项目管理主体移交给工程管理部门。工程管理部门收到《项目委托书》后，即可开展项目详细设计、设备、材料订货、工程施工组织等实施工作。同时编制项目实施统筹，作为项目控制和考核的依据。

工程管理部门根据项目的性质、大小选择相应的管理模式。对专业性较强的项目，委托洛阳分公司有关部门管理。自行管理的项目必须实行项目责任制，明确职责，责任到人。委托管理或监理的项目必须签订协议或合同，明确责任、权利、义务。对项目总承包单位、施工单位、监理单位的选定，按招投标管理办法确定。

建设准备工作在项目可行性研究报告批准后进行，由工程管理部门负责组织拆迁、工程地质勘察、文物普探、场地“四通一平”等。新征用地、补偿、地面附着物拆迁等由资产管理处负责。

物资装备部根据下达的投资计划、审定的概算、施工图及相关技术协议附件，制定采购计划，组织采购。为加强投资管理，在采购过程中对超设计概算的设备、材料需向委托部门提交报告，在征得同意后方可采购。对制造周期长需提前订货的设备、材料，由发展规划处负责报请中石化股份公司有关部门批准，征得同意后方可进行。技术改造项目、更新项目的设备，经项目管理单位审核后，由使用单位办理出库手续。材料由施工单位编制材料需求计划，由计划审批单位批准后，使用单位办理出库手续。

建设项目严格按照施工程序、设计文件、图纸和施工标准、规范施工。安装施工基本完成后，工程管理部门组织生产、施工等单位进行“三查四定”。由工程管理部门组织单机试车方案编制、实施，施工单位负责，生产单位参与、配合。在工程施工安装结束后，由工程管理部门组织施工单位向生产单位进行中间交接。

生产准备与工程建设同步进行，由生产调度处负责。

生产调度处组织编制总体试车方案、联运试车方案和生产装置的投料试车方案；技术质量处组织对以上方案进行审查批复。重点建设项目的总体投料试车方案，须报中石化集团公司工程建设管理部组织审查。生产调度处组织投料试车条件检查、确认和试车工作，重点建设项目的投料试车条件，由中石化集团公司工程建设管理部组织检查。生产运行正常一个月后，由技术质量处组织性能考核。

工程管理部门负责各自分管项目的工程预（结）算审核。审核后转审计处审计。限下、一般技措、小型技改项目，工程投用后45天内完成工程结算审核转审计处，审计处15天内完成工程结算审计，财务处在整个项目竣工后30天内完成项目转资。对工程结算超计划投资的项目，没有发展规划处确认，超出计划的投资部分，财务处不予以支付。对限上项目（含国家、中石化股份公司重点建设项目），根据工程实际情况，按合同规定的具体时间，按期完成。

工程管理部门负责组织、督促相关部门完成竣工资料的收集、整理、编制、交付工作。完成性能考核、竣工财务决算和竣工决算审计后，按专业验收和整体竣工验收两个阶段组织竣工验收。限下项目由工程管理部门组织竣工验收后，对项目提出综合考评及奖罚意见，经发展规划处会签报主管领导审批后执行。限上项目由工程管理部门报请主管部门组织竣工验收。

精对苯二甲酸项目竣工验收会议

当工程项目达到预定可使用状态时，项目管理部门及时书面通知财务处，财务处接到通知的当月进行资产预交付。固定资产正式交付根据不同项目有不同的要求。零购项目，财务处在设备出库当月进行资产交付。一般措施、更新项目预交付后3个月内完成竣工决算和正式资产交付。限下项目预交付后3个月内完成竣工决算和正式资产交付。限上项目、重点工程项目预交付后1年内完成竣工决算和正式资产交付，非重点工程项目在预交付后3个季度内完成竣工决算和正式资产交付。

“五大”控制

投资控制 投资控制按照施工图预算不得超基础设计概算，基础设计概算不得超总体设计概算，总体设计概算不得超可研报告批复投资，项目投资不得超计划投资的原则进行。由设计变更或其他原因引起项目投资超计划时，由工程管理部门向发展规划处提交报告，报请洛阳分公司总经理办公会审查、落实投资后，对投资计划进行调整。

进度控制 投资计划下达后，项目管理部门负责编制项目统筹网络计划，物资装备部根据统筹网络计划编制物资采购计划，经洛阳分公司主管领导审定后组织实施。重大项目原则上要编制总体统筹控制计划，重大建设项目的总体统筹控制计划须报中石化集团公司工程建设管理部审查。

质量控制 工程质量实行终身负责制，建立健全质量保证体系，层层落实质量管理责任。在设计阶段严格按照国家、中石化股份公司有关设计规范、要求进行设计。施工中严格按照施工图要求进行施工，在签订施工合同时，明确质量控制目标。

建设项目必须实行工程质量监督，总投资在5000万元以下的项目，由工程管理部门委托石油化工工程质量监督总站洛阳石化分站进行工程质量监督；总投资在5000万元以上的工程建设项目，由工程管理部门向石油化工工程质量监督总站办理监督申报手续。

安全控制 施工过程中的HSE控制由工程管理部门负责，安全环保处进行指导、监督。

合同控制 项目的勘察、设计、采购、施工、监理的承发包必须签订合同，明确合同双方的责、权、利。合同的签订由各相关责任部门按照权限进行。

专业项目管理

生产应急项目 对生产经营管理中出现的应

急项目，由使用单位提出申请，报生产调度处提出审查意见，提交洛阳分公司主管领导批准后，由发展规划处下达项目投资计划，机械动力处组织实施。除不需设计的临时措施外，机械动力处严格按照计划下达的项目内容与投资组织生产应急项目实施。

隐患治理项目　每年7月底前，安全环保处与发展规划处共同将下年度的隐患治理项目列入固定资产投资建议计划上报中石化股份公司发展计划部。每年9月底前由安全环保处组织编制出洛阳分公司下年度事故隐患治理计划表，经洛阳分公司主管领导及总经理批准，上报中石化股份公司安全环保部和有关管理部门。中石化股份公司确定隐患治理项目并下达投资计划后，列入洛阳分公司事故隐患治理项目年度计划。安全环保处负责事故隐患治理项目实施情况的督促、指导、检查与协调，负责向中石化股份公司有关部门上报项目进展情况。已竣工的隐患治理项目，在经试运转基本正常后的2个月内，由工程管理部门组织考核验收。重大隐患治理项目由中石化股份公司安全环保部或委托有关单位组织验收。

科研开发资本性支出项目　对科研开发项目中需购建科研仪器、设备、有关科技成果的现场试验、工业转化大型科研试验装备、建造房屋建筑物等资本性支出，纳入固定资产投资管理程序，列入固定资产投资计划进行管理。每年7月底，技术质量处负责将下一年度的科研开发资本性支出项目建议计划报发展规划处，由发展规划处统一纳入年度固定资产投资建议计划上报中石化股份公司。财务处依据科研合同或中石化股份公司批复的科研用设备零购计划、费用报销单等原始凭证，按课题划分资本性支出和费用性支出。

设备更新项目　每年7月底前，各单位根据固定资产现有性能及使用情况，提出更新改造初步计划，报机械动力处汇总、初审，经发展规划处汇总报洛阳分公司总经理办公会审定后，按规定上报、审批，更新改造项目全部列入当年的投资计划。项目的设计、施工及投资控制，由机械动力处负责。

信息化项目　根据中石化股份公司的安排和洛阳分公司各单位、部门提出的项目建议，由信息中心汇总、初审，报洛阳分公司总经理办公会审查通过后，上报中石化股份公司发展计划部和信息管理部申请立项。限额以上（200万元及以上）信息技术项目（含其他项目中的信息技术子项），由信息中心委托有资质的单位做可行性研究，组织专家组对可行性研究报告进行评审，并报中石化股份公司立项，项目资金由中石化股份公司信息管理部统一拨付。限额以下（200万元以下）信息技术项目，报中石化股份公司信息管理部审批。由中石化股份公司各事业部审批的限额以下信息技术项目的投资计划，须经信息管理部会签。洛阳分公司一般措施、小型技改及零星购置的信息技术项目投资50万元以下由洛阳分公司根据当期生产经营管理的需要，在中石化股份公司每年核定的投资限额以内进行安排，并纳入洛阳分公司年度投资计划管理。经中石化股份公司批准立项的信息化建设项目，纳入洛阳分公司固定资产投资项目进行管理。信息中心负责组织制定项目实施计划，负责组织项目责任部门（单位）审查集成商、咨询商、开发商及供应商的资质，组织专家组对项目详细设计进行评审，开展询比价、商务谈判等工作，并负责组织项目竣工验收。

零星购置项目　各单位每年7月底前上报零星购置计划，发展规划处统一平衡，报总经理办公会审定。发展规划处按审定的项目内容向中石化股份公司落实投资，下达洛阳分公司零星购置计划，物资装备部采购。采购完毕后，经发展规划处签字盖章后使用单位方可办理出库手续。对工作中急需购置的设备、办公器具，使用单位提交申请报告，经主管领导批准后，交发展规划处，发展规划处根据年度计划平衡情况，纳入洛阳分公司应急零星购置计划。

节能项目　各单位每年7月底前上报节能项目，经能源管理处汇总、审核后报发展规划处，发展规划处统一平衡，报总经理办公会审定。能源管理处会同发展规划处与中石化股份公司对接，落实投资后，列入洛阳分公司年度计划组织实施。能源管理处负责节能项目实施情况的督促、指导、检查与协调，负责向中石化股份公司有关部门上报项目进展情况。

投资项目资金与财务管理

财务处根据洛阳分公司下达的投资计划，编制洛阳分公司年度投资资金预算，落实年度投资计划的资金来源。依照中石化股份公司《内部会计制度》做好各投资项目的会计核算工作，严格按照内部控制程序和有关合同、资金管理制度的付款授权程序，进行审核后付款。做好固定资产和在建工程的核算工作。配合发展规划处对投资项目的执行情况进行监督、检查和考核。按照年度投资计划和内部控制制度控制投资资金的使用。建立健全资金支付的内部审批制度和权限管理制度，严格资金支付管理。对于预付施工单位的工程款、备料款，严格进行控制，在合同规定的比例范围内支付。严格按照批准的概算、预算和年度投资计划，做好投资项目的成本核算工作。投资项目成本核算按照权责发生制的原则，及时计入对应的单项工程。

财务处负责按照中石化股份公司规定进行项目资金清算。财务处负责项目竣工财务决算，发展规划处依据项目投资计划并按照项目分类对财务决算投资完成数进行核审。限额以上项目报发展计划部直接审定；限额以下项目，报相关事业部审核，发展计划部审定。

财务处参与签订投资项目工程等业务合同的工作，在对外合同签署前提出财务审核意见，特别是合同中有关付款结算方式条款的审核，做好财务事前审核。

经洛阳分公司总经理办公会研究后，投资项目前期费用由财务处按计划安排垫付，列入年度投资计划后，再从项目投资中安排。

项目审计

审计处根据《中国石油化工股份有限公司建设项目审计管理办法》，按照洛阳分公司年度投资计划和建设项目竣工验收计划以及审计分工，制定年度建设项目审计工作计划，对建设项目进行审计。未经审计，财务处不予办理项目结算。

建设项目竣工决算审计实行分级管理。列入中石化股份公司年度固定资产投资计划，由中石化股份公司组织竣工验收的建设项目，其竣工决算审计由中石化股份公司审计部组织实施；洛阳分公司自行验收的建设项目，竣工决算审计由洛阳分公司审计处组织实施。依照投资项目竣工验收管理规定，投资项目在竣工验收时要经过决算审计。

项目后评价

根据国家、中石化股份公司有关要求，限下、限上项目由中石化股份公司选择有代表性的项目进行项目后评价。项目后评价工作由中石化股份公司组织，发展规划处牵头配合，相关单位参与。评价内容包括项目前期准备、决策、实施过程以及项目当期的经济效益情况，客观评价项目建成投产后实际效果与项目立项前期预计情况的偏离程度及产生的原因，全面总结项目投资管理经验。

中石化股份公司未选择后评价项目，应对项目进行项目自评，并形成项目自评报告。专业管理项目由对口专业处室负责项目自评，其他技改项目由发展规划处负责项目自评。项目自评在项目正常运行3个月内完成。

项目监督、检查与考核

项目相关部门每月向发展规划处报送当月项目投资计划完成情况，分析存在的问题，提出改进的意见和建议。发展规划处会同有关职能部门不定期对年度投资计划的执行和管理情况进行检查，按月对项目进展情况进行检查，通报检查结果，并作为洛阳分公司对各单位的绩效考核内容。

第三节　固定资产投资项目

固定资产投资项目包括基本建设项目和技术改造项目（含设备更新、零星购置、隐患治理、科研开发资本化、信息、计量项目）。根据投资额，分为限额以上投资项目、限额以下投资项目、一般措施项目、小型技改项目和零星购置项目。限额以上投资项目指总投资在3000万元及

以上的项目；中石化集团公司投资在200万元以上或20万美元及以上的信息系统建设、科研开发实验基地建设、计算机软硬件、炼化非安装设备、大型技术装备和科研开发仪器购置及引进项目；中外合资合作项目及境外投资项目；中石化集团公司规定重点管理的其他项目，或需上报国家有关部门审批的其他项目。限额以下投资项目指总投资在1000万～3000万元之间的项目。一般措施项目指总投资在100万～1000万元的项目（含设备更新）。小型技改项目指100万元以下的项目。零星购置项目指购置的非安装性小型设备、仪器等。

中空纤维项目

中空纤维项目是由吉利区经济发展投资有限公司和洛阳石化科达公司共同出资，洛阳石油化工总厂工程建设公司负责建设和管理的化纤后加工项目，全部采用国产设备，工艺控制采用具有国内领先水平的变频加PLC技术，设计规模为年产普通棉型涤纶短纤维7500吨、中空纤维6690吨。1999年12月29日工程奠基，2001年3月22日中间交接，4月27日实现开工试运一次成功。2001年9月正式办理项目资产交付手续，竣工财务决算总投资5119.8万元。经过生产技术改造，增加投资296.36万元。2005年12月，中空纤维装置停产。2006年关停。

双向拉伸薄膜项目

洛阳石化拉膜厂成立于1990年，最初由洛阳石油化工总厂与洛阳市吉利区政府共同投资组建，年设计生产双向拉伸聚丙烯薄膜3000吨。2000年前后，为扩大规模，提高效益，曾开展过增上进口生产线的调研和前期工作，并于2001年8月报中石化集团公司待批。后决定增上5000吨/年国产生产线。2001年12月18日主设备合同签订，2002年3月19日开始施工。2002年12月14日8时，生产线打通全流程，收卷机开始收卷，生产出合格产品。

为筹集5000吨/年生产线建设资金，增加洛阳石化金达实业公司、惠康物业管理公司作为股东单位。两个公司各出资1000万元入股后，各股东单位出资额及比例分别为：石化总厂出资5981万元，占73.42%，金达公司出资1000万元，占12.27%，惠康公司出资1000万元，占12.27%，吉利区政府出资165万元，占2.04%。2004年9月，拉膜厂停止生产。

2003年4月，河南省发展计划委员会批复洛阳石化2万吨/年拉膜项目可行性研究报告。5月，组织初步设计的安全、环保、消防、职业卫生等单项审查。7月，组织审查项目初步设计概算。项目采用法国DMT公司的技术和设备，年产2万吨五层共挤双向拉伸聚丙烯薄膜产品。项目占地面积79433.99平方米，总投资2.34亿元，其中建设投资2.18亿元。

2万吨/年双向拉伸薄膜项目投资洽谈签字仪式

2003年4月12日，主厂房基础土方开挖和办公楼开工，分别由中建二局二公司和六冶机械化公司施工。5月，成立工程建设领导小组。7月，经过招标由工程建设公司中标，对工程实施工程建设总承包，工程的监理任务，经过议标由洛阳炼化监理公司承担。2004年11月16日，项目完成中间交接，12月17日22时生产出薄膜产品，实现开工试车一次成功。

精对苯二甲酸（PTA）装置扩能改造项目

洛阳化纤PTA装置原设计公称生产能力22.5万吨/年，2000年5月25日投产后运行良好。为进一步提高化纤装置的整体效益，洛阳石化提出对PTA装置进行扩能改造的设想。2001年8月完成装置扩能改造可行性研究报告，11月完成可行性研究报告评估，2002年3月得到中石化集团公司批复，4 月编制完成 PTA 装置扩能改造工程的初步设计及初步设计补充材料，5 月由中石化集团公司组织完成设计审查。

PTA 装置扩能改造项目初步设计概算编制范围包括精对苯二甲酸装置改造、精对苯二甲酸包装及储运改造、精对苯二甲酸全厂性工艺及热力管网改造、污水处理场改造、1 号变电所改造，2002 年 7 月设计追加增上裂解汽油罐、增上火车位及产品库房、铁路化六线和化七线之间道路硬化 3 个单项工程。2002 年 10 月项目开工建设。2003 年 5 月进入安装阶段，5 月 24 日 ~6 月 18 日，完成扩能改造与原 PTA 装置管线碰头工作，6 月 19 日建成并向生产单位进行中间交接，6 月 26 日装置开车一次成功，7 月 16 日达到扩能设计负荷。通过 72 小时连续运行性能考核，每小时产量达到 42.9 吨，超过设计 42.76 吨/小时的目标值，所有分析项目均达到优等品标准，单耗均控制在指标范围之内。通过扩能改造，PTA 装置的生产能力由 22.5 万吨/年提高到 32.5 万吨/年，PTA 包装能力由 6.92 万吨/年提高到 15.1 万吨/年。

PTA 装置扩能改造项目由洛阳石油化工工程公司进行初步设计和施工图设计，洛阳石化工程建设有限责任公司总承包，洛阳炼化工程建设监理公司进行施工监理，石油化工工程质量监督总站洛阳石化分站进行质量监督。项目累计完成投资 12799.44 万元，其中建筑安装工程 3432.71 万元，设备投资 7427.83 万元，待摊投资 1938.90 万元。根据河南省工业经济调整和高新技术产业化领导小组文件，该项目省、市财政给予贷款贴息 600 万元，河南省、洛阳市财政按照各一半匹配。

连续催化重整装置技术改造项目

洛阳分公司原重整装置是 1987 年引进的 IFP 重整技术，规模为 70 万吨/年，原料为中原直馏石脑油，以生产高辛烷值汽油组分为主。随着原油资源结构发生变化，特别是化纤工程建成投产后，重整装置的生产目的变更为以生产芳烃抽提原料为主，装置实际处理能力仅有 40 万 ~50 万吨/年，重整生成油的辛烷值、芳烃潜含量都不能满足化纤生产需要，也难以满足炼油生产高质量、高标号汽油的需要。经中石化集团公司科技委专家现场调研、咨询，建议对重整装置进行改造，主要是将重整反应系统由“三炉三反”调整为“四炉四反”。

2003 年 9 月 26 日，中石化股份公司批复连续催化重整装置技术改造项目的可行性研究报告。2004 年 1 月，通过中石化集团公司组织的基础设计审查。2004 年 3 月 2 日，中石化股份公司批复基础设计。2004 年 5 月 14 日开始施工，2005 年 7 月建成投产。10 月 25 日 8 时 ~10 月 28 日 8 时对装置进行 72 小时连续运行性能考核。技术改造完成后，装置加工能力由 50 万吨/年提高至 70 万吨/年。

项目由中国石化集团洛阳石化工程公司进行设计，隆惠公司、工程公司、三隆公司负责施工，洛阳炼化工程建设监理公司实施监理。累计完成投资 1.3 亿元，其中建筑工程 365.89 万元，安装工程 4107.18 万元，设备 7068.62 万元，待摊及其他 1467.26 万元。比投资计划节约 211.05 万元。

涤纶长丝装置差别化改造项目

2003 年 12 月，中石化集团公司批复涤纶长丝装置差别化改造项目的可行性研究报告。2004 年 4 月，通过中石化集团公司组织的初步设计审查。5 月 18 日，中石化股份公司批复初步设计，同意新建 2 条熔体直接纺细旦及超细旦 POY 涤纶长丝生产线，公称生产能力 1.5 万吨/年（单线为 7500 吨/年）。6 月 25 日正式下达投资计划。

项目由中国纺织工业设计院负责设计，工程建设公司实行工程建设总承包，洛阳炼化工程建设监理公司实施监理，三隆公司、江苏华誉工程有限公司等单位负责施工。2004 年 6 月项目开工，2005 年 12 月主体装置工程完工。2006 年 6 月 25 日 16 时 ~28 日 16 时，完成 72 小时连续运行性能考核。项目累计完成投资 5285.79 万元。其中建筑工程 72.03 万元，安装工程 242.51 万元，设备投资 4598.56 万元，待摊投资 372.69 万元。根据河南省工业经济调整和高新技术产业化领导小组文件，该项目省、

市财政给予贷款贴息177万元，河南省、洛阳市财政按照各一半匹配。

芳烃联合装置扩能改造项目

2003年4月17～21日，中石化集团公司科技委进行项目咨询，对石化总厂PX装置扩能改造方案进行优化，确定分两步实施。2003年8月完成第一步达标改造，通过更换国产HAT－097歧化催化剂和消缺改造，使PX产量达到18万吨/年。第二步配合重整装置70万吨/年改造，使对二甲苯（PX）生产能力由18.4万吨/年扩建至21.5万吨/年。

2003年10月13日，中石化集团公司批复芳烃联合装置扩能改造项目可行性研究报告。2004年5月18日，中石化股份公司批复项目基础设计。主要改造内容为：新增苯抽提单元，工艺采用北京石油化工科学研究院的抽提蒸馏技术；异构化单元催化剂更换为SKI－100A型，并对脱庚烷塔等设备进行改造；芳烃分馏单元增加生产邻二甲苯塔系及相应设施。项目于2004年7月开工，2005年6月主体装置工程完工，7月实现中间交接。

项目由中国石化集团洛阳石化工程公司设计，工程建设公司实行总承包，洛阳炼化工程建设监理公司实施监理，石化工程质量监督总站洛阳石化分站进行质量监督，中国建筑第二工程局第二建筑公司、隆惠公司、三隆公司等单位施工。项目实际完成总投资6864.87万元，其中设备投资2930.28万元，建安工程3145.45万元，待摊投资629.14万元，无形资产160万元。根据河南省工业经济调整和高新技术产业化领导小组文件，该项目省、市财政给予贷款贴息271万元，河南省、洛阳市财政按照各一半匹配。

直柴加氢改造项目

直柴加氢装置改造为催化重汽油加氢装置项目采用抚顺石油化工研究院研制开发的OCT－M催化汽油选择性加氢脱硫催化剂及工艺成套技术，进行新氢前移、增上预分馏系统、反应器中部注冷氢、出口注氨、循环氢排放等改造，以提高产品质量。2004年12月14日，中石化股份公司将该项目列入2004年度第六批技术改造投资计划。2005年增上稳定塔，计划总投资为2183万元。

项目2004年9月开工，2005年12月主体装置工程完工，2006年1月全部完工交付使用。由洛阳石化工程设计有限公司负责设计，洛阳炼化工程建设监理公司实施监理，石化工程质量监督总站洛阳石化分站进行质量监督，洛阳石化惠康物业管理公司建筑安装队等单位施工。项目实际完成投资2058.64万元，其中设备投资1718.02万元，建安投资54.05万元，待摊投资286.57万元。

常减压蒸馏装置技术改造项目

常减压蒸馏装置技术改造项目，按照加工含硫0.89%（质）、酸值0.2毫克氢氧化钾/克的原油设计，新建1座常压塔，装置由500万吨/年改扩到800万吨/年，设计操作时数8400小时/年。

2005年2月，中石化股份公司批复常减压蒸馏装置技术改造项目的可行性研究报告。2005年1月26日开工建设，7月建成投产。在装置改造开车成功并平稳运行3个月后，于2005年10月10日9时～10月13日9时对装置进行72小时连续运行的性能考核。技术改造完成后，装置加工能力得到提高，能耗明显下降，为实施油品质量升级改造项目奠定基础。

项目由中国石化集团洛阳石油化工工程公司负责设计，中国石化集团第二建设公司、三隆公司、隆惠公司、兴宏公司、通达公司负责施工，洛阳炼化工程建设监理公司负责监理。累计完成投资2.14亿元，其中安装工程1.11亿元，建筑工程457.97万元，设备8271.47万元，待摊及其他1628.37万元。

芳烃联合装置吸附塔适应性改造项目

2002年10月芳烃联合装置吸附剂再生后，吸附塔的压差一直呈缓慢上升趋势，造成吸附单元的负荷降低。至2004年11月，负荷仅为77.7%，产品纯度降至99.6%，吸附分离已成为制约扩能的主要瓶颈。

2005年3月28日，中石化股份公司批复芳烃联合装置吸附塔适应性改造项目可行性研究报告。10月27日，正式下达投资计划。项目于2005年大检修期间完成。改造内容为：采用UOP技术改造吸附塔内件，增加冲孔板，更换部分损坏的格栅板、密封条和分配器等；对预分馏单元的脱戊烷塔、重整分馏塔和歧化单元的苯塔、甲苯塔进行适应性改造，选用高效塔盘代替现有塔盘，改造部分空冷器、管线和机泵。改造后，对二甲苯生产能力由21.5万吨/年提高到22.08万吨/年。

项目由洛阳石化工程设计有限公司设计，工程建设公司总承包，洛阳炼化工程建设监理公司实施监理，石化工程质量监督总站洛阳石化分站进行质量监督，中石化第二建设公司等单位负责施工。项目实际完成总投资2158.55万元，其中设备投资872.07万元，建安投资1223.06万元，待摊投资63.42万元。

一催化装置再生器旋风器更新项目

2005年，中石化股份公司将一催化再生器旋风器更新项目列入当年度第五批投资计划下达洛阳分公司，投资概算为1415万元。

项目的施工单位是隆惠公司、三隆公司、工程公司，由石化工程质量监督总站洛阳石化分站进行质量监督，当年项目实施完毕。实际完成投资1222.43万元，其中设备投资1029.25万元，建安投资152.51万元，待摊投资40.67万元。

瓦斯、液化气脱硫设施项目

2004年12月，洛阳分公司提出瓦斯、液化气脱硫设施项目立项请示。项目采用MDEA（甲基二乙醇胺）作为脱硫剂脱硫，液化气和瓦斯脱硫共用溶剂再生系统的工艺技术方案，包括新建25.2万吨/年液化气脱硫、6.56万吨/年瓦斯脱硫以及溶剂再生等配套系统，处理第二套催化装置的液化气，脱硫后送往二联合装置脱硫醇，处理瓦斯管网及加氢装置的干气，将净化瓦斯送往以瓦斯作为燃料气的各个装置。2006年2月，中石化股份公司批复项目总投资2050万元。1月开工建设，6月29日开工一次成功。项目实施后，每立方米液化气中的硫化氢含量由300毫克下降到5毫克，干气中的硫化氢含量由300毫克下降到5毫克。

项目的设计单位为工程设计公司，施工单位为工程建设公司、三隆公司、隆惠公司，监理单位为洛阳炼化工程建设监理有限责任公司。项目实际完成投资2305.53万元，其中建筑工程168.14万元，安装工程1057.36万元，设备879.02万元，待摊投资201.01万元。

精对苯二甲酸装置精制污水回用项目

2005年8月，洛阳分公司提出实施精对苯二甲酸装置精制污水回用项目。2006年4月25日，中石化股份公司批复该项目可行性研究报告。5月12日，正式下达投资计划。项目布设在装置内原母固回收系统过滤器的位置，采用国内自行开发并实验成功的技术，引进关键设备，对工艺流程中的母固回收部分进行改造，增上2台过滤器，与现有的1台过滤器并联使用，处理精制母液80吨/时。过滤器采用美国MOTT公司的专利滤芯。增加1台滤饼再打浆罐，更换或改造2台PTA固体过滤器进料泵、2台过滤母液泵和1个PTA母液冷却罐喷射器，2台回收固体再循环泵利旧。相应增加部分控制仪表和设备。

项目由洛阳石化工程设计有限公司负责设计，隆惠公司、工程建设公司、三隆公司负责施工。2006年6月1日项目开工，2007年11月8日预交付使用并投入生产运行，装置运行正常，质量达到设计要求。累计完成投资2280.55万元，其中安装工程517.25万元，设备1701.71万元，待摊投资完成61.59万元。

柴油在线优化调和项目

柴油在线优化调和设施是将常压、一催化、二催化、直柴催柴等生产装置来的柴油与分子筛料、降凝剂、航煤等进行调和，生产出所需牌号的柴油，可有效解决手工调和一次合格率低、返工率高等问题，达到准确控制产品质量、减少质量过剩、提高生产效率、降低劳动强度的目的。项目主要包括柴油调和相关工艺管线、机泵三台、分析小屋及配套控制系统（由供应商负责成套供应）等。

项目由工程设计公司负责设计，隆惠公司、

兴宏公司、三隆公司负责施工，洛阳炼化工程建设监理有限责任公司负责监理。2006年8月15日开工，2007年11月16日预交付使用，并投入生产运行。实际完成投资1556.78万元，比概算总投资1590万元节约33.22万元。其中建筑工程4.11万元，安装工程301.23万元，设备673.01万元，待摊及其他578.43万元。

热电站烟气脱硫项目

2007年6月，热电站烟气脱硫项目立项。2008年6月，中石化股份公司批复基础设计。2008年1月9日项目开工，8月28日实现中间交接，11月27日烟气脱硫系统进行联动试车。12月初，系统正式通入烟气。在系统试运行期间，对烟气在线监测系统（CEMS）进行调试，监测数据完全合符合设计要求。通过对初期系统运行故障分析处理，自2008年12月31日起，系统进行满负荷连续试验，至2009年1月7日，在完成连续7天无故障运行试验后，交付生产管理。装置投运后，烟气脱硫率达到95%以上，解决长期困扰企业环境污染治理的难题。

热电站烟气脱硫项目由中国联合工程公司、广州市天赐三和环保工程有限公司负责设计，中石化集团第二建设公司、甘肃第四建设集团有限责任公司负责施工。完成总投资4942.90万元，与设计概算4943.01万元比节约0.11万元，其中建筑工程投资775.59万元，安装工程投资1713.41万元，设备投资1904.90万元，待摊投资549万元。

芳烃联合装置综合节能优化改造项目

芳烃联合装置综合节能优化改造项目是洛阳分公司2008年装置停工检修的主要技术改造项目之一。该项目的实施范围主要是芳烃抽提单元、二甲苯分离单元和加热炉的余热回收单元。主要对芳烃联合装置8个效率低、能耗高、节能潜力大的塔器（降液管、塔盘板），以及加热炉余热回收空预器进行改造，优化工艺流程。

2007年12月27日和2008年12月23日，中石化股份公司分别以投资调整计划的形式，下达芳烃联合装置综合节能优化改造项目投资计划。项目于2008年4月开工，2009年3月预交付使用并投入生产运行。项目设计单位为南京凯宁化工装备有限公司、河南方圆工业炉设计制造有限公司及洛阳石化工程设计有限公司，施工单位为洛阳炼化工程有限责任公司、中石化第二建设公司，监理单位为洛阳炼化工程建设监理有限责任公司。项目累计完成投资2759.55万元，其中建筑工程6.29万元，安装工程835.16万元，设备1648.35万元，待摊投资269.75万元。

二催化装置FDFCC及气分装置改造项目

为降低车用汽油中的烯烃含量，同时最大限度地生产高附加值产品丙烯，满足市场需求，将催化裂化装置向石油化工型发展，提高企业的经济效益和竞争力，实现效益最大化，经中石化股份公司批准，2008年，对2号催化裂化装置实施多产丙烯和降低汽油烯烃的技术改造。二催化装置FDFCC改造主要是对反应部分应用先进可靠的FDFCC－Ⅲ技术，采用双沉降器－双分馏塔的流程，新增汽油提升管、汽油沉降器及汽提段，更新重油提升管反应器预提升段，调整再生系统部分内构件，余热锅炉1号过热器更换为翅片管；新增1座直径3800毫米副分馏塔，主分馏塔更新17层高效塔盘，稳定塔更换塔内件，新增副分馏塔顶油汽分离器和汽油缓冲罐各1台；新增换热设备17台、新增空冷器2片；特阀3台、机泵6台。气分装置改造项目主要是根据对产品的要求，对脱丙烷塔、脱乙烷塔和丙烯塔系统进行改造，脱异丁烷塔系统维持现状不变，但其控制系统引入改造后的DCS系统内，同时取消脱戊烷塔系统。改造内容为增加2台直径3400毫米丙烯塔，现有2台丙烯塔更换塔内件，脱丙烷塔提馏段直径由2400毫米扩至3000毫米，脱乙烷塔更换塔内件；新增2000立方米丙烯储罐、丙烯塔顶回流罐1台，更换原料缓冲罐；新增冷换热设备9台、更换10台；新增机泵4台，更换12台；配套改造热水泵及管线。扩能改造后，气体分馏装置的公称设计规模由30万吨/年增至65万吨/年。

2007年7月27日，中石化股份公司批复洛阳分公司2号催化裂化装置FDFCC－Ⅲ技术改造及气分改造可行性研究报告。2008年8月4日批复基础设计，2010年1月11日批复对项目概算进行重新核定。主要设计单位为中国石化集团洛阳石化工程公司、南京凯宁化工装备有限公司、洛阳石化工程设计有限公司。主要施工单位为中国石化集团第五建设公司、隆惠公司、三隆公司、工程公司、山东胜越石化工程建设有限公司。项目于2008年4~6月装置停工检修期间实施完成。完成总投资1.91亿元，其中建筑工程1078.47万元，安装工程7181.62万元，设备8248.63万元，待摊投资1897.65万元，其他投资700万元。

PTA氧化母固回收项目

PTA氧化母固回收项目是对CTA（苯二甲酸）母液进行节能减排的技术改造项目，采用美国MOTT（盟德）公司的精微过滤技术，达到回收母液中TA（对苯二甲酸）和催化剂，实现降低PX单耗、减少催化剂消耗的目的。

项目由中国纺织工业设计院负责设计。土建工程由洛阳炼化工程有限责任公司承担；静设备、钢结构及工艺配管由洛阳隆惠石化工程有限公司承担；机电仪安装由洛阳三隆安装检修有限公司承担。2008年12月开工建设，2009年10月建成中间交接。累计完成投资2936.34万元，其中建筑工程投资16.72万元，安装工程投资178.03万元，设备投资2280.57万元，待摊投资461.02万元。

表16－1　　2001~2010年洛阳石化固定资产投资项目情况

年份	石化总厂（洛阳资产分公司）		洛阳分公司		代表性项目
	数量（项）	总投资（万元）	数量（项）	总投资（万元）	
2001	83	22374	124	16376	减压炉空气预热器改造，一催化反再系统UOP技术改造，一催化取热系统改造，一催化干气脱硫塔塔盘改造，二催化增上富气压缩机，气柜增上螺杆压缩机，污水汽提和硫黄回收装置改造，液化气示范罐区改造，罐区固定消防设施，催化柴油加氢装置改造恢复，增上汽油罐，重整装置DCS及压缩机改造，一催DCS系统改造，一催化顶循及柴油系统换热改造，重整装置改造，增上拔头油罐，二催化余热炉改造，发变电到炼油厂主电缆改造，循环水系统扩能改造，空压站增上离心机，聚丙烯装置更换M301干燥器，宏力化工厂气分装置改造，中空纤维，小浪底职工培训中心，河阳新村，三区变电所
2002	51	10039	28	16225	常压塔塔盘改造、减压装置改造恢复，溶剂脱沥青装置改造恢复，两套催化装置应用MGD技术改造、二催化余热炉改造、35千伏变电所改造恢复，气体分留装置改造，重整装置DCS改造及更换PS－Ⅵ新型催化剂、增上三泥过滤设施，增上2万立方米汽油罐，六联合装置安全控制系统，罐区消防道路改造，大型油罐隐患整改，一催化及水汽DCS系统改造，一催化增上热水泵，液化气示范罐区罐区固定消防设施改造，宏力化工厂聚合釜改造、液态烃罐标准化整改，丙纶强力丝一步纺改造，增上造粒机，PTA扩能改造，PSA装置扩能改造恢复

续表

年份	石化总厂（洛阳资产分公司）		洛阳分公司		代表性项目
	数量（项）	总投资（万元）	数量（项）	总投资（万元）	
2003	22	12232	41	4313	汽油在线优化调和，化纤污水回用系统改造，增上油浆拔头设施，六联合膜分离氢提纯设施，液化气出厂设施，炼油低温冷储装置火炬隐患治理，炼油系统电缆沟改造，更换二催化1号主风机转子，PTA装置扩能改造，PX装置扩能改造（第一阶段），聚酯装置扩能20%，PTA装置增上污水冷却器，苯装车设施改造，化学药剂卸车设施改造，增上液体催化剂进料罐，计量泵变频器改造，溶剂油单元改造，热媒炉PLC控制系统改造，短纤维系统差别化改造，宏力化工厂聚合釜改造
2004	40	19936	45	27726	重整装置改造，常减压装置适应含硫原油改造，直馏柴油加氢装置改造为催化重汽油加氢装置，催化柴油加氢装置扩能改造，烷基化装置改造，四联合增加1台5000立方米沥青储罐，化纤污水回用系统改造，增上火车卸煤设施，汽油在线调和设施完善，五联合装置废碱液及恶臭治理，进口1辆泡沫消防车，液化气脱硫设施改造，增加PX冬季卸车设施，化纤外部供配电设施改造，PTA输送系统改造，增建乙二醇储罐，BT403塔盘改造，FDY双头纺改造，聚丙烯造粒装置掺和管改造，东加压站高低压变电所改造，芳烃装置扩能改造，长丝装置差别化改造，PSA增上干气脱硫设施，大庆路综合整治
2005	10	494	102	58483	常减压装置适应含硫原油改造，重整装置技术改造，80万吨/年直馏柴油改为50万吨/年催化重汽油加氢脱硫，催化柴油加氢扩能，烷基化装置改造，燃料气、加氢尾气脱硫设施，一催化再生器旋分器更新，柴油在线优化调和设施，油品轻污油罐改造，炼油污水场隔油能力提高改造，五联合污水汽提塔改造，二催化空冷器改造，溶剂脱沥青装置扩瓶颈改造，21.5万吨/年PX项目扩能改造，长丝装置差别化改造，芳烃装置吸附塔改造，PTA污水线隐患治理，增上1台溴化锂制冷机组，塑料制品厂、宏力化工厂扩能改造
2006	6	1232	57	50316	油品质量升级改造项目第一阶段实施工程，化工部分设备更新，PTA装置精制污水回用，燃料气、加氢尾气脱硫设施，塔河油加工工业试验项目，柴油在线优化调和设施，污泥无害化处理，长丝差别化，重整装置消缺改造，部分车间电气隐患治理，炼油装置区凝结水精处理回用，BT403局部塔盘改造，汽油加氢装置（OCT－M）增上循环氢脱硫设施，增上防止水体污染设施，长丝双头纺改造，重整装置高温脱氯设施，热电站灰场灰水系统改造，连续重整和二催化先进控制配套，炼油污水处理场均质罐内污油回收设施改造，关键装置要害部位增设工业电视监控系统，聚丙烯公司增上2台丙烯球罐
2007	13	2587	45	114282	油品质量升级改造项目第一阶段实施工程，炼油总开闭所隐患治理，污泥无害化处理，炼油老区氢气资源优化，PTA装置精制污水回用，PTA装置氧化母液钴锰催化剂回收，芳烃联合装置综合节能改造，谐波治理，长丝FDY双头纺改造，黄河水场调蓄水池底部防渗透处理，化纤凝结水完善，聚酯车间EG蒸汽喷射泵系统代替原有的水蒸气喷射系统改造，碳酸钙脱硫剂项目，社区部分高低压开关柜更新，社区垃圾中转站环保式改造，西区采暖管线改造

续表

年份	石化总厂（洛阳资产分公司）		洛阳分公司		代表性项目
	数量（项）	总投资（万元）	数量（项）	总投资（万元）	
2008	13	1524	66	124990	油品质量升级改造第一阶段实施工程，热电站烟气脱硫工程，二催 FDFCC－Ⅲ技术改造及气分改造，加工塔河混合原油适应性改造，二催化改造为 ITCC 控制系统，大型储罐隐患治理，重整反应“三合一”加热炉改造，国产消防车更新，西部轻质原油资源优化利用，丙烯液化气出厂设施完善，黄河水场增上二级过滤设施，碳酸钙脱硫剂，社区供暖节能降耗，社区消防隐患治理，开元社区 2 台换热器更换，社区供热供电及部分环保设施改造
2009	31	2015	56	45306	油品质量升级改造第一阶段实施工程，加工塔河混合原油适应性改造，热电站烟气脱硫工程，二催 FDFCC－Ⅲ技术改造及气分改造，国产消防车更新，气柜火炬等低压瓦斯系统密闭化改造，新增沥青罐项目，罐区低温热完善，焦化装置 20 小时生焦周期技术完善，增上三苯蒸汽回收设施，铁运部化纤站微机连锁，化纤油剂废水治理，芳烃工艺优化与节能改造 IV，热电站 DCS 改造，化纤凝结水回收精处理，2000 立方米丙烯球罐，河阳新村液化气管线隐患治理，社区供暖节能降耗，社区供热供电及部分环保设施改造
2010	19	682	82	58316	油品质量升级改造第一阶段实施工程，加工塔河混合原油适应性改造，热电站烟气脱硫工程，二催化 FDFCC－Ⅲ技术改造及气分改造，增上汽柴油储罐，连续重整装置节能改造项目，罐区隐患整改，酸性水罐、碱渣罐密闭改造及增上脱臭系统，航煤加氢工艺完善改造，原油罐外浮顶喷涂保温隔热涂料，重油罐顶喷涂节能隔热涂料，柴油加氢加热炉系统节能改造，增上轻油油气回收设施，化纤循环水排污水回用，PTA 装置精制部分增上压力过滤机，社区安全隐患治理
合计	288	73115	646	516333	

第四节　油品质量升级改造项目

洛阳分公司油品质量升级改造项目是中石化股份公司“十一五”发展规划的重点项目，是洛阳石化实现第三次大发展宏伟蓝图和实施“三步走”战略发展目标的希望工程。项目的实施，对洛阳分公司进一步优化调整装置、产品结构，提升汽柴油产品质量和技术经济指标水平，提高企业经济效益和整体竞争实力，实现原油加工能力达到 800 万吨/年规模具有重要的意义。

油品质量升级改造项目包括油品质量升级改造项目的概况、项目审批、项目管理模式，以及 140 万吨/年延迟焦化装置、220 万吨/年蜡油加氢处理装置、4 万米^3/时制氢装置、4 万吨/年硫黄回收装置、800 万吨/年常减压装置减压蒸馏部分改造、310 吨/时 CFB 锅炉、50 兆瓦抽凝发电机组以及配套公用工程和储运系统的建设情况。

项目概况

洛阳分公司油品质量升级改造项目分第一阶段实施工程和第二阶段实施工程。

第一阶段实施工程主要包括新建 140 万吨/年延迟焦化装置、220 万吨/年蜡油加氢处理装置、4 万米^3/时制氢装置、4 万吨/年硫黄回收装置（含污水汽提、溶剂再生）和 800 万吨/

年常减压装置减压蒸馏部分改造，310 吨/时 CFB 锅炉、5 万千瓦抽凝发电机组以及配套的公用工程和储运系统。总投资为 23.08 亿元。项目于 2006 年 9 月 26 日奠基，2009 年 5 月全部建成。

第二阶段实施工程即加工塔河混合原油适应性改造项目，主要包括 260 万吨/年柴油加氢装置，配套改造铁路原油装卸车台、零位罐及泵房、热力管网等系统设施以及仪表、电气、自动控制等。总投资 4.59 亿元。2009 年 6 月 29 日，项目开工建设，2010 年 10 月全部建成投产。

项目审批

2003 年初，洛阳分公司向中石化集团公司提出进行炼油装置改造。2004 年 6 月 23 日，中石化集团公司和河南省人民政府在郑州签署《合作发展协议》，明确提出建设洛阳石化 800 万吨/年炼油和新建 45 万吨/年PX 工程。

2005 年 3 月 29 ~ 31 日，中石化集团公司科技咨询委员会在洛阳石化召开洛阳分公司“十一五”发展规划技术咨询会，对 800 万吨/年炼油改造和新建 45 万吨/年PX 项目总体方案进行优化，为中石化集团公司决策提供重要依据。5 月 12 日，中石化股份公司与河南省人民政府举行会谈，进一步明确洛阳石化炼油改造等一批项目的建议安排。

2005 年 5 月 13 日，洛阳分公司油品质量升级改造项目现场办公会在洛阳石化召开。会议明确洛阳石化 800 万吨/年炼油改造和新建 45 万吨/年 PX 项目的总体进度安排、工程管理模式等一系列重大问题。2005 年 12 月 2 日，中石化股份公司批复洛阳分公司油品质量升级改造项目第一阶段实施工程。2006 年 5 月 22 日，中石化股份公司批复项目总体设计方案。2008 年 3 月 26 日，中石化股份公司批复洛阳分公司油品质量升级改造二期工程，同意实施加工塔河混合原油适应性改造项目。

项目管理

洛阳分公司油品质量升级改造项目第一阶段实施工程分两个标段进行。第一标段为新建项目，包括 4 万吨/年硫黄回收装置、140 万吨/年延迟焦化装置和 220 万吨/年加制氢联合装置，由洛阳石油化工工程公司进行设计总承包采用 E + P + C（管理 + 监理 + 施工）的管理模式，洛阳炼化监理公司负责工程监理。第二标段为改造项目，主要包括：800 万吨/年常减压装置减压蒸馏部分改造，310 吨/时 CFB 锅炉、5 万千瓦抽凝发电机组以及配套的公用工程和储运系统，由洛阳石化工程建设公司总承包采用 EPC 的管理模式，南京金陵石化监理公司负责工程监理。

140 万吨/年延迟焦化装置

延迟焦化装置设计规模为 140 万吨/年，采用国内先进的“一炉两塔”和可灵活调节循环比工艺和“连续 - 间隙”式操作，主要用来加工减压渣油，通过脱碳、脱硫，从而达到提高油品质量的目的。工程占地 25200 平方米，批复设计概算 3.88 亿元。土建工程由中国建筑第二工程局二公司承担，主体安装工程由中国石化第二建设公司承担。

延迟焦化装置焦炭塔吊装

2006 年 2 月，项目“三通一平”工作展开，先后完成古墓勘探、发掘、50 万立方米土石开挖调运、110 千伏太吉线搬迁移位等工作。2006

年9月28日项目正式开工建设，2008年3月23日建成实现中间交接，2008年6月25日实现开车一次成功。

220万吨/年加制氢联合装置

加制氢联合装置包括220万吨/年蜡油加氢处理和4万米^3（标准）/时制氢装置。两套装置分别占地10934平方米和9841平方米，采用联合设计，共用一个配电室、一个中心控制室，DCS系统和SIS系统分开设置控制站。蜡油加氢处理装置采用抚顺石油化工研究院开发的FH－18高活性加氢处理催化剂。加氢蜡油作为催化裂化装置进料，其硫含量控制在0.2%（质）以下。制氢装置造气单元采用洛阳石化工程公司低能耗轻烃蒸汽转化技术；净化单元采用变压吸附（PSA）氢提纯技术。制氢原料为加氢重整干气和焦化干气。项目土建工程由中国建筑第二工程局二公司承担，主体安装工程由中国石化第五建设公司和山东胜越工程建设公司共同承担。2006年9月28日工程奠基，2008年9月6日建成中间交接，2009年5月20日实现开工投产一次成功。

4万吨/年硫黄回收装置

硫黄回收装置包括110吨/时酸性水汽提、300吨/时溶剂再生和4万吨/年硫黄回收单元。硫黄回收采用二级转化Claus（克劳斯）制硫工艺。尾气处理采用还原－吸收工艺。酸性水汽提采用单塔加压汽提侧线抽氨工艺。脱硫剂选用复合型甲基二乙醇胺（MDEA）溶剂，浓度按30%（质）进行设计。项目由洛阳石化工程建设有限责任公司总承包，中石化集团洛阳石化工程公司负责设计，南京金陵石化工程监理有限公司负责监理。土建工程由甘肃第四建设公司承担，安装工程由洛阳隆惠石化工程有限公司和洛阳三隆安装检修有限公司共同承担。2006年7月1日项目正式打桩，2006年9月28日开工建设，2007年8月15日开始设备安装，11月29日建成中间交接。2008年2月3日成功生产出合格硫黄产品，实现开工一次成功。

项目完成的实物工程量为：钢筋混凝土9700立方米，钢结构2000吨，静设备146台，动设备53台，工艺配管34千米，埋地管道1.2千米，电气设备盘柜82台（套），电缆60千米，仪表设备1390台，电缆180千米。按照设计能力，装置投产后，每年可回收含硫气体8万吨以上，总硫回收率达99.85%以上，年生产硫黄4万吨，对治理环境污染、实现环保达标排放有着重要的社会效益和环保效益。

减压蒸馏系统改造

常减压装置原设计加工能力为500万吨/年。2005年对常压部分进行扩能改造。2008年装置停工检修期间，对减压系统进行改造。改造完成后常减压装置处理能力达到800万吨/年。

项目划分为9个单位工程、42个分部工程、175个分项工程。累计完成各类设备、构筑物基础78座，混凝土灌注桩28套，地管、工艺管网18000米，拆、安动静设备84台（套），减压塔拆除安装1台，减压炉1台拆除安装炉管、炉壁，常压炉1台更换急弯弯管，安装钢结构470吨，仪表设备172台，电气、仪表电缆4.2万米。洛阳石化工程设计有限公司负责设计，南京金陵石化工程监理有限公司负责监理，主要施工单位有工程公司、隆惠公司、三隆公司、山东胜越石化工程建设有限公司。

热电站改造

热电站改造项目主要是新增1台310吨/时高压循环流化床（CFB）锅炉和1台5万千瓦/时双抽凝汽式汽轮发电机组，包括9个单位工程，42个分部工程，175个分项工程。

项目由中石化集团宁波工程公司负责设计，南京金陵石化工程监理有限公司负责监理，土建工程由中国建筑第二工程局二公司承担，锅炉安装工程由中石化第五建设公司承建，汽轮发电机组由河南省火电第二建设公司承建。项目于2006年9月28日开工建设，2009年9月30日实现建成中间交接，11月27日实现并网发电。完成主要设备安装233台（件），工艺管线3886米，阀门651个，电气设备266台（套），电气电缆99597米，仪表设备1268台

（套），仪表电缆65.7千米。

储运及系统工程改造

储运及系统工程改造项目包括新增3台5000立方米的渣油罐、2台5000立方米的低压轻油罐、酸性气火炬和工艺热力管网改造。

3台5000立方米的渣油罐和2台5000立方米的低压轻油罐土建工程由洛阳炼化工程建设公司承建，安装工程由洛阳隆惠石化工程有限公司承建。项目于2006年9月底开工建设，分别于2007年7月15日和2008年7月10日建成投用。

给排水工程

给排水工程包括三部分：污水处理场改造、给排水及消防管网改造、新建8000吨/时循环水场。污水处理场安装工程由中国建筑第七工程局承建。8000吨/时循环水场的土建工程由洛阳炼化工程建设公司承建，安装工程由中国化学工程第十一建设公司承建。项目于2007年4月1日开工建设，11月13日建成中间交接，2008年5月23日开工运行。

加工塔河混合原油适应性改造项目

加工塔河混合原油适应性改造项目属洛阳分公司油品质量升级改造的二期工程，包括260万吨/年柴油加氢装置和配套的油台改造系统。管理模式为管理+监理+施工（E+P+C）。项目可行性研究报告于2008年3月16日获得批准，基础设计于2009年3月13日获得批复。

加工塔河混合原油适应性改造工程

项目用地为洛阳分公司预留地。洛阳石油化工工程公司承担工程设计。土建工程由洛阳炼化工程责任有限公司承担。新建260万吨/年柴油加氢装置安装工程由中石化集团第二建设公司承担，系统配套及装卸车站台改造安装工程由洛阳隆惠石化工程有限公司和洛阳三隆安装检修有限公司联合体承担。工程监理单位为洛阳炼化工程监理有限责任公司。

油台接卸改造工程2008年12月24日完成基础设计审查，2009年5月18日开始施工，12月30日建成投用。项目的建设不仅使洛阳分公司铁路运输能力由原来的300万吨/年提升至500万吨/年，而且满足新建260万吨/年柴油加氢装置加工塔河原油的工艺要求。

260万吨/年柴油加氢装置2009年6月29日开工建设，2009年3月实现土建交安，2010年9月实现中间交接，2010年10月16日实现开工一次成功。以此为标志，总投资27.67亿元的油品质量升级改造工程全面建成投产，洛阳石化由此达到千万吨级炼厂规模，洛阳石化第五次党代会确定的“三步走”战略目标胜利实现。

第五节　多经和改制企业投资项目

2001～2010年，洛阳石化多经和改制企业依托母体，发展投资少、见效快的项目。多经和改制企业投资项目包括聚丙烯装置改造、合纤项目、甲基叔丁基醚及异丁烯联合装置、特种油项目等。

聚丙烯装置改造

宏力化工公司聚丙烯装置包括气分单元和聚合单元。2001年投资588万元，对气分装置进行技术改造，使装置加工能力从6.6万吨/年提高到12万吨/年。项目2000年9月立项，2001年2月开始施工，4月23日生产出合格产品。2002年，投资780万元，新建8000吨/年聚丙烯专用料生产线，使聚丙烯生产能力从1.5万吨/年提高到2.3万吨/年。该项目2001年9月立项，2002年3月开始施工，5月9日生产出合格产品。

合纤项目

2003年，石化总厂PTA装置扩能改造完成，PTA产能由22.5万吨/年提高到32.5万吨/年。为发展下游产业，2004年2月25日，宏达公司、金达公司与洛阳市、吉利区地方政府4家单位签署合资协议，成立洛阳实华合纤有限责任公司，启动合纤项目建设。项目包括18万吨/年聚酯和15万吨/年直接纺涤纶短纤维两套装置。3月29日，成立合纤项目工程建设指挥部。4月6日，分别与中国纺织工业设计院、中国纺织化纤工程总公司和康泰斯国际有限公司签订聚酯和短纤维装置工程建设总承包合同。

2004年4月28日，合纤项目立项得到洛阳市发改委批复。5月，河南省环保局批复环评报告，6月14日，河南省发改委正式批复同意立项建设。2004年6月26日，现场开始桩基施工。2005年8月，聚酯装置设备安装完成，11月短纤维装置设备安装工作基本完成。2006年7月，全部工程基本完工。2005年9月23日，聚酯装置投料试车一次成功。11月27日，短纤维装置后纺一线原丝上线试车取得成功。2006年2月15日，前纺一线开工取得成功。短纤维装置前纺二线于2010年10月20日开工一次成功，装置实现满负荷生产。项目完成固定资产投资4.71亿元，比批复投资节省5187万元。

甲基叔丁基醚（MTBE）及异丁烯联合装置

宏力化工公司MTBE及异丁烯联合装置以洛阳分公司炼油装置提供的碳四为原料，经混相床—催化精馏联合工艺技术（催化精馏工艺），生产MTBE及异丁烯，产品主要用于汽油添加剂。该项目由吉林化工研究设计院和齐鲁石化设计院共同设计，分为MTBE单元、异丁烯一单元、异丁烯二单元3个生产单元，设计规模为MTBE 2万吨/年、异丁烯3000吨/年。2003年12月，项目开工建设，2004年6月基本建成。7月3日和8月7日两套装置分别生产出合格产品。项目共计完成投资2240万元。

2005年5月，宏力化工厂投资2046万元，对2万吨/年MTBE单元进行扩能改造，改造后装置的生产能力达到4万吨/年。同年7月，由青岛科大伊科思软件技术有限公司设计的1万吨/年异丁烯装置建成投产（异丁烯二单元）。2008年，采用吉林化工研究院固定床—催化精馏专利技术，将3000吨/年异丁烯装置扩能到1万吨/年，使异丁烯产能达到2万吨/年。宏达公司投资，委托宏力化工公司管理的新建4万吨/年MTBE装置于2007年10月进行项目备案，2007年11月可研报告获得批复，共安装设备110台，完成投资1.03亿元。2010年4月11日装置中间交接，4月30日装置开车投料一次成功，MTBE生产能力扩大到10万吨/年。

制氮项目

宏达公司5000米^3/时制氮项目是洛阳分公司油品质量升级改造工程的配套项目，位于宏力化工公司已有制氮装置的北侧，占地面积1275平方米。项目以净化空气为原料，采用低温法制氮工艺生产氮气，产品主要供应洛阳分公司。

2005年6月起，进行考察、调研等项目的前期工作。2006年9月，洛阳市发改委批准项目备案。2007年2月项目奠基，7月实现中间交接，9月转入正式生产阶段。项目由天津市化工设计院洛阳分院负责可研及设计，洛阳炼化工程有限责任公司、洛阳隆惠石化安装检修有限责任公司、洛阳兴宏安装检修有限公司负责施工。累计安装设备11台，完成投资2793万元。

成品油铁路仓储设施项目

2007年，宏达公司决定建设总库容为1万立方米成品油铁路仓储设施。项目位于吉利科技园西北、洛阳分公司铁路运输部普洗台东北侧，占地面积4万平方米，配套建设相应的装卸设施，公用工程依托洛阳分公司。

2007年4月10日，项目由洛阳市发改委立项。12月，获河南省商务厅批复。2007年10月开始施工准备，2008年7月26日完成设备和工艺管道安装，并实现中间交接。8月2日，完成单机试运、系统联运，达到试生产条件。8月8日，开工试生产。12月，通过河南省商务厅组织的验收。

项目由安庆实华工程设计有限公司负责可行

性研究，洛阳石化工程设计有限公司负责设计，洛阳隆惠设备制造安装有限公司、洛阳兴宏检修安装公司、洛阳石化工程公司、洛阳朋辉建筑安装有限公司负责施工。主要工程量：制造安装8台常压储罐、10台装卸车泵和2台消防泵、22台装卸车鹤位和配套管线及配套消防设施，完成投资2088万元。

碳酸钙脱硫剂项目

碳酸钙脱硫剂项目以高钙石灰石为原料，经粉碎、分离、筛分、除尘收集等工艺，为洛阳分公司热电站CFB锅炉提供碳酸钙脱硫剂，生产规模为10万吨/年，是洛阳分公司油品质量升级改造工程的配套项目，也是洛阳资产分公司尝试投资式改制，推动惠康公司改制分流的重要措施。从2005年5月起，着手设备调研、原料市场调查和选址等前期工作。2006年3月，洛阳市发改委进行项目备案。2007年7月5日可研报告获得中石化资产公司批复。2007年9月28日项目奠基，2008年12月3日实现中间交接。随后开展单机试运、联动试运，并结合CFB锅炉的施工进度，进行带料试生产。2009年11月转入正式生产阶段。

碳酸钙脱硫剂项目中间交接

碳酸钙脱硫剂项目位于热电站北侧，占地面积21418平方米。主要工程量：石灰石原料棚2016平方米、制粉间983平方米、输送栈桥192平方米、配套设施建筑800平方米，安装电磁振动给料机1台、带式输送机1套、柱磨式制粉机组1套、埋刮式输送机1台、斗式提升机2台、石灰石粉仓1座、螺杆式空压机2台，完成投资2253.38万元。项目由中国联合工程公司负责可研及设计，中国化学工程第十一建设公司、中国石油天然气第一建设公司负责施工。

除盐水项目

除盐水项目是洛阳分公司油品质量升级改造工程的配套项目，采用多介质过滤器+活性碳过滤器+RO装置+一级混床+二级混床工艺，为热电站CFB锅炉供应除盐水。项目位于洛阳分公司热电站西南侧，占地面积约5000平方米，规模为600吨/时，一期生产能力为400吨/时，二期预留生产能力为200吨/时，概算投资3300万元。实际完成投资2495.58万元。

2006年8月，洛阳分公司经理办公会研究决定由惠康公司投资建设除盐水项目。9月28日，项目在洛阳市发改委备案立项。2006年7月完成工艺设计、安装的招标工作，上海半岛环保科技有限公司为总承包单位。2007年1月底，完成施工图设计，现场实现“三通一平”。2月，对土建和配套设施进行招标，中国建筑第二工程局第二建筑工程公司、中国化学工程第十一建设公司等单位中标，同时委托洛阳炼化工程建设监理有限责任公司进行项目监理，随后土建和安装工作陆续展开。2008年7月，惠康公司组建装置操作人员队伍，并先后在洛阳分公司热电站和齐鲁分公司除盐水装置进行实习。11月装置竣工验收，投入生产运行。

特种油项目

2004~2010年，金达公司为调整产业和产品结构，增强自立生存能力，先后在吉利科技园区投资建设3套特种油项目，称为特油一期、二期和三期项目。

特油一期项目以洛阳分公司生产的分子筛料为原料，采用洛阳石油化工工程公司开发的专用加氢技术及专用催化剂，生产D系列特种溶剂油、铝铂轧制油。产品中的硫含量可低于1×10^{-6}，芳烃含量可低于0.1%。产品主要应用于铝轧制、杀虫气雾剂、电子清洗、日化等领域，面向中原、西南及东南沿海一带销售。项目于2004年3月16日由吉利区计划经济委员会批准立项，8月18日批复可研报告。2005年3月开工建设，2006年4月建成投产。中国石化集团洛阳石油化工工程公司、洛阳石化工程设计有限公司负责设计，中国建筑第二工程公司、三隆公司、隆惠公司、洛阳市北陈建筑安装有限公司、中国石油天然气第一建设公司负责施工。项目总投资4992万元，投产后年实现销售收入2亿元。2008年7月，通过技术改造，项目规模由3万吨/年扩能至5万吨/年。

金达公司特油一期装置

特油二期项目以洛阳分公司生产的碳十重芳烃为原料，通过精密分馏，生产各种高沸点芳烃溶剂、橡胶软化剂、PVC增塑剂等化工产品。产品主要应用于农药、烤漆、油墨、橡胶加工、PVC辅助增塑剂等领域，面向全国销售。项目于2006年10月17日由洛阳市发改委批准立项。2007年11月开工建设，2008年8月建成投产。工程设计公司负责设计，三隆公司、隆惠公司、洛阳市北陈建筑安装有限公司负责施工。项目规模为5万吨/年，总投资1999.66万元，投产后年实现销售收入1.8亿元。

特油三期项目以洛阳分公司生产的粗乙烷为原料，采用中科院山西煤化所开发的专利技术及专用催化剂，生产正已烷、异己烷和庚烷产品。产品主要应用于食用油抽提、医药、精密食品清洗、快干胶、化学试剂、涂料稀释剂、杀虫气雾剂以及化工聚合用溶剂等领域。项目于2009年4月17日由河南省发改委批准立项，8月开工建设，2010年9月建成投产。四川省康能电力设计咨询有限公司洛阳分公司负责设计，三隆公司、隆惠公司、洛阳市北陈建筑安装有限公司负责施工。项目规模为5万吨/年，总投资11245万元，投产后年实现销售收入2.8亿元。

沥青仓储项目

沥青仓储项目由工程建设公司自筹资金建设。2009年6月，洛阳石化工程设计公司完成《沥青仓储项目可行性研究报告》编制工作。7～11月，陆续完成项目立项备案、安全评价、规划审批、环境影响评价和消防设计备案等前期工作，12月29日，获得项目施工许可。项目于2009年3月中旬开始启动，8月15日正式开工，10月5日交付安装。2010年3月10日实现中间交接，同月通过安全验收，12月通过环评验收。4～6月进行试生产，设备运行正常，各项工艺指标符合设计要求，装车速度和装车秩序明显得到改善。

项目共建设2台3000立方米沥青储罐、4个汽车装车鹤位、2台沥青装车泵、1台100吨汽车衡等设施。由工程建设公司总承包和监理，工程设计公司负责设计，工程公司、隆惠公司、三隆公司和洛阳冶成建安公司、洛阳寰龙建安有限公司参与施工。项目概算投资2952.38万元，其中建筑费用534.10万元，设备费343.29万元，主材费691.10万元，安装费409.77万元，其他费用974.12万元。

奥油项目

奥油项目是工程公司改制后为调整产业结构，缓解主营收入不稳定的压力而建设的精细化工项目。项目利用洛阳分公司的液化气资源，年产5万吨高附加值产品异辛烷，同时联产约6万吨化工级异丁烷。项目位于吉利区胜利路中段西侧，南北两侧分别为中国天然气第一建设公司第二工程处和洛阳炼化防腐保温分公司。

奥油项目一期工程异丁烷装置投资4700万元，包括主装置分离单元、产品罐区储存单元、产品装车单元和循环水场单元。2009年底，完成可行性研究报告编制、备案注册以及安评、环评、土地规划等手续办理。010年1月，土建工程施工。3月，完成职工入股、一期设计、新职工调入、大型设备订货等工作。5月，开始设备安

奥油装置

装。10月28日建成中间交接。11月3日，装置开车一次成功，实现当年建设当年投产的目标。

第六节 投资项目质量监督

石油化工工程质量监督总站洛阳石化分站是中石化集团公司质量监督管理的派出机构，受总站和洛阳石化的双重领导，承担洛阳石化范围内建筑工程质量监督管理的职责。

质量监督机构

2000年8月，洛阳石化总厂工程质量监督站更名为中国石化工程质量监督总站洛阳石化分站。2003年5月，再次更名为石油化工工程质量监督总站洛阳石化分站（简称工程质量监督站），由工程和房地产管理处代管。2005年9月，工程质量监督站从工程和房地产管理处剥离，成为洛阳分公司的直属单位，并完成法人变更手续。

2010年，有职工13人，其中正式职工9人，外聘人员4人。2004年，工程质量监督站被河南省建设工程质量监督总站评为年度先进工程质量监督站。

工程质量监督

工程质量监督站按照国家的法律、法规和相关标准、规范，以及《石油化工工程质量监督工作程序》，对洛阳石化新建、改扩建项目责任主体单位的质量行为和工程实体质量进行监督，并把工程的质量监督纳入洛阳分公司内控和一体化考核中。在工作中注重监督工作的制度化、程序化、规范化、信息化，最大限度地减少人为因素对监督工作的影响。监督人员认真履行职责，深入施工现场，对发现的质量问题及时告知有关责任单位，并督促整改。通过工程质量管理例会，通报整改情况，对于整改不及时或不彻底的责任单位给予批评，并通过局域网对一些实体质量问题进行曝光。

2001～2010年，工程质量监督站对申报过的全部新建和改扩建项目进行质量监督工作。主要工程有PTA装置扩能改造项目、2万吨/年双向拉伸聚丙烯薄膜项目、黄河取水工程项目、芳烃联合装置扩能改造项目、常减压适应含硫原油800万吨/年装置改造项目、80万吨/年直馏柴油改为50万吨/年催化重汽油加氢脱硫项目、重整装置改造项目、长丝车间新建2条生产线项目、二催化增上干气脱硫项目、油品质量升级改造项目、260万吨/年柴油加氢精制项目、增上汽柴油储罐项目、宏达公司新建18万吨/年聚酯项目、新建15万吨/年直接纺涤纶短纤维项目、宏力化工公司新建1.3万吨/年异丁烯装置项目、金达公司新建3万吨/年特种溶剂油装置项目、惠康公司新建除盐水项目、宏力化工公司2000立方米干式气柜工程、工程公司5万吨/年化工级异丁烷联产化工级正丁烷项目、漯河石油分公司2010年安保基金隐患治理项目、许昌石油分公司襄城北二环加油站项目，以及洛阳分公司技术改造项目（机动处）、项目部技措技改项目。2005年宏达公司新建18万吨/年聚酯项目被中石化集团公司评为优良工程。

质量监督人员对罐基础进行检查

（责任编辑 刘 勇）

第十七章 生活服务

2001～2010年，洛阳石化的社区、供餐、医疗和通勤等后勤服务工作主要由惠康公司、通达公司、石化医院承担。通达公司、石化医院改制分流后，继续承担相应的服务职责，洛阳石化通过关联交易协议支付相应费用。

生活服务包括社区管理、餐饮服务、医疗通勤服务和计划生育。

第一节 社区管理

2000年，石化总厂、洛阳分公司分立运行后，社区及后勤管理主要由惠康公司负责。内容包括社区的物业管理、水电气暖日常运行和维护、环卫绿化、治安保卫、托幼教育等业务。园林公司主要负责厂区绿化及维护工作，2001年9月并入惠康公司。2005年资产管理处成立，作为社区及后勤工作的主管部门，逐步加强社区工作。

社区管理包括社区概况、社区管理模式、社区项目管理、社区安全管理、社区路场建设、社区绿化卫生、社区服务、社区文体活动和社区改革。

社区概况

洛阳石化共有开元、双苑、三和、河阳新村、河阳家园5个封闭社区，开元、双苑、三和、河阳新村社区的前身分别为第一、第二、第三和第五生活区，2003年4月更名为现名称。社区占地面积84.51万平方米，共有189栋住宅楼，8254套住房，常住人口近21389人。社区电话、宽带、热水入户，河阳新村、河阳家园实现管道液化气入户，幼儿园、学校、医疗点、餐饮点、文化体育等生活服务设施齐全，功能完善。环境整洁，三季有花，四季常绿，居民对社区环境状况的满意度达98%。先后获河南省物业管理示范社区、河南省优秀住宅小区、洛阳市安静居住小区等称号。

表17－1 **洛阳石化社区基本情况**

名称 社区	社区占地面积（万平方米）	房屋建筑面积（万平方米）		住宅数量（套）	住宅楼（栋）	居住人口（人）	备注
		总建筑面积	其中：住宅				
开元社区	34.99	20.8	15.92	2140	53	5154	
双苑社区	9.3	8.1	6.73	1012	32	2769	不含宏力化工厂5栋205套
三和社区	10.13	11.21	9.09	1455	36	3793	不含金达公司2栋72套
河阳新村	24.27	24.89	24.89	2664	39	7778	
河阳家园	5.82	9.46	9.01	706	22	1893	
合计	84.51	74.46	65.64	7977	182	21387	

社区管理模式

洛阳石化对社区实行企业、物业公司和物业部三级管理。洛阳分公司设资产管理处，安排和落实重大社区基本建设项目，对社区工作实行宏观管理。惠康公司及其下属的各社区物业部具体负责社区绿化卫生、治安保卫、水电气暖供应等物业管理和服务工作。为进一步加强社区建设，地方政府为每个社区配备3～5名工作人员，常驻社区办公。公安部门在每个社区设立1个警务室，配备1警3员，24小时值班，维护社区治安。街道办事处在每个社区设立党支部和居委会，宣传落实有关政策，做好社区居民低保、老年人、残疾人、计划生育、反对邪教等方面的工作。

优美的社区环境

2001年以后，石化总厂按照中石化集团公司的要求，每年都与惠康公司签订社区服务协议，明确服务内容和标准，做到费用支出有项目、考核有标准。支付惠康公司的社区服务费逐年递减，逐步引导惠康公司推进社会化服务、市场化运作。石化总厂（洛阳资产分公司）不直接向居民提供社区服务。水电气暖等介质由惠康公司负责转供，代收代缴相关费用，其他物业服务由惠康公司提供，石化总厂（洛阳资产分公司）进行检查、监督和考核。

新鲜水由石化总厂（洛阳资产分公司）的控股公司洛阳吉利自来水公司提供，热水利用洛阳分公司热电站余热通过交换站供给，电、液化气由洛阳分公司供给，暖气分锅炉供热和利用洛阳分公司热电站余热通过交换站供热两种形式，其中双苑社区采用锅炉供热，其他3个社区通过交换站供热。水电气暖转供资产全部属于石化总厂（洛阳资产分公司），惠康公司负责日常运行和维护。转供资产大修费用由石化总厂（洛阳资产分公司）承担，日常运行维护费用由石化总厂（洛阳资产分公司）通过社区服务费用予以支付，不足部分由惠康公司自行解决。

社区收入主要来自洛阳分公司支付的关联交易费、多经和改制企业支付的文教卫社区服务费，以及向职工收取的部分费用。文教卫生社区服务费用由石化总厂财务处（2005年后为洛阳分公司资产管理处）实行集中统一管理。审计处每年对文教卫生、社区服务费用进行专项审计。

社区项目管理

2001～2004年，社区项目由石化总厂计划处、设备处归口管理，石化总厂的维修费用主要用于化纤、化工部分的设备维修，社区基本没有大的投入。2005年以后，石化总厂（洛阳资产分公司）的维修费主要用于社区维修，由资产管理处负责管理。固定资产投资和维修项目由洛阳资产分公司向中石化资产公司申请，获得批复后下达执行。项目实施后经过验收、审计、结算等环节，交付惠康公司管理和使用。2010年底，洛阳石化决定社区项目管理由资产处、机动处和项目管理部共同参与。

社区安全管理

2004～2010年，洛阳石化以打造平安社区为目标，多渠道筹措资金，并争取中石化资产公司的支持，对社区水、电、暖等设施进行一系列更新、维修和改造。先后更新上下水管线5000米，增上水管网监控系统，完善冷、热水计量设施，通过流量检测及时发现漏点，使“跑冒滴漏”现象大为减少。累计改造社区供电线路10条、4500米，更新变压器9台、配电柜等电气设施132台。对47栋住宅楼的电气线路进行大修，改造更换楼栋配电箱和入户电缆。对住户用电计量设施进行改造，实行“一表管四费”。对4个社区采暖系统及工艺进行改造，更换、新增换热器13台、机泵22台，维修更换管线6000米。对41栋楼约7500组铝合金暖气包进行更换。新铺设开元社区交换站至西区采暖管线，实现4个区域独立供暖。2005年，对河阳交换站进行采暖系统改造，将低压采暖分为南北两个独立系统供暖。将双苑社区锅炉房改为热交换站，并新铺设长约8000米的余热管线，双苑社区停止烧锅炉供暖供热水。供暖设施的维修改造，使热水损耗大幅度下降，2007年各社区采暖补水量与往年相比，平均每天减少90吨左右。从2004年开始，陆续对液化气供应设施进行安全隐患整改和维修，增上河阳气化站紧急排空火炬系统，对8栋高层住宅的消防系统进行自动连锁控制改造，对消防应急灯、防火门等设施进行完善，新增消防栓18处，为每户居民配发灭火器。对4个社区59栋住宅楼实施屋面平顶改斜坡，对768户住宅的卫生间实施防水处理，解决部分房屋漏雨漏水的问题。

洛阳石化通过加强社区治安综合治理，打造平安社区。4个社区均设有围墙、大门，实行封闭式管理，增上红外线自动报警系统，重点区域安装74个监控探头，门卫24小时值班。机动车凭证出入，在河阳新村社区还投用具有双因控制技术的道闸系统。社区主要路段设立车辆限速标志，严格落实机动车行驶、停放管理制度，保持良好的社区交通秩序。加强“五乱”现象整治，确保楼道无乱堆乱放，墙壁无乱贴乱画，住宅无乱搭乱建，社区无乱种乱养，车辆无乱停乱放现象。建立健全社区警务室，配备专业民警和保安人员，成立由协解再就业人员组成的巡防队，开展巡逻守望、看楼护院等工作，形成以社区保安、巡逻队员为主体，人防、物防、技防相结合的社区治安防范机制和防控网络。制定社区公共安全应急预案，进一步完善消防设备设施，重点针对高层住宅的防护，加强消防培训、检查和事故预案演练。建立健全社区防盗、防火、防暴、防毒、防传染病、食品安全、灾害事故等应急反应机制和防范措施，实行专人负责、逐级“零报告”制度，提高社区应对突发事件的能力，维护社区的治安秩序。2008年10月，洛阳资产分公司成立安全生产管理部和安全督察队，加强对社区管理部门和公共场所的安全督察，促进社区安全管理水平的提高。

社区路场建设

2004～2010年，陆续扩宽道路86条，面积28678平方米，维修路面49138平方米；修建61个停车场，规划717个停车位。同时，对社区道路进行命名，制定社区车辆行驶和停放管理规定，禁止公车夜间停放在社区。

社区巡逻

2006年，维修、改造社区照明系统，走廊灯分别采用智能控制器和声控开关，新安装社区路灯、花园灯384盏，铺设路灯电缆4170米，其中在新开发的商业小区和其他社区路段安装太阳能路灯39盏，每年节约用电2.5万千瓦·时。

社区绿化卫生

为打造环境宜人的舒适社区，实施绿化、彩化、净化和亮化工程。维修4个社区花园，实现一区一园一特色。截至2010年，社区绿地面积达到22.65万平方米，树木68种58137株，苗木成活率达98%以上。加强绿化维护管理，及时更新、填平补齐绿色植物，定期修剪养护花草树木，确保社区三季有花、四季常绿，同时在社区主要树木上悬挂标牌。社区空地因地制宜实施硬化、彩化和绿化，道路两侧铺上彩砖，彩化面积43793平方米。环境卫生严格执行卫生保洁细则和“三查”（清洁工自查、管理员巡查、领导抽查）制度，清扫人员分片包干，在确保一天两扫、全天保洁的基础上，做到夏灭蚊蝇、秋扫落叶、冬清积雪，为居民创造清洁宜人的生活环境。2006年，按照地方政府的要求，在社区重要部位安置果皮箱，封闭垃圾道，安装外置地埋式垃圾箱，实现生活垃圾袋装化管理，进一步保持和优化社区环境。

社区服务

洛阳石化的社区服务以便民、惠民、方便、快捷为目标，以“事事灵”（66996440）便民服务热线为中心，确保值班电话24小时畅通，有答复、有记录、有反馈。加强公共设施的日常巡检和维护保养管理，上门维修严格执行服务程序，在规定的时间内到达现场，提供专业服务。为全面搞好社区管理和服务，物业部门完善组织机构，进一步明确职责，落实分工，确保社区事事有人问、处处有人管。配备远程办公管理系统，编制《物业管理制度汇编》，制定、完善巡检制度和各项考核细则；对社区各项基础数据和资料进行测量、登记，建立住户和社区设施管理数据库，健全社区服务重要岗位的基础资料和台账，开展入户问卷调查，为社区检维修等工作的开展提供依据。完善社区岗检组织机构和措施，认真落实干部社区夜间值班制度，加强社区检查考核管理，建立社区岗检曝光台。设立社区医疗中心，4个社区分别设有医疗站，做到小病不出社区，大病不出中心。开展“四保一创”、“满意在社区”、“优质服务”等各类劳动竞赛和技术练兵活动，调动服务人员的积极性，促进社区服务态度的转变和服务质量提高。

社区文体活动

2005年，新建开元社区、河阳新村社区2个文体广场，面积共计11900平方米。2009年在河阳新村改造投用文体活动室。在4个社区布设27个宣传栏，设置2个篮球场、2个网球场和6个羽毛球场，增添40套乒乓球台、149套健身器材、50套石桌石凳。2008年，在4个社区大门内醒目位置安装电子显示屏，及时发布有关信息、重要新闻、天气预报、温馨提示等。充分利用专栏、报栏、电视、报纸、局域网等宣传党的方针政策、法律法规、和谐创建和生活常识，用先进文化占领社区思想文化阵地。以离退休职工为主体，成立15个群众性文体协会，将社区文化活动与精神文明建设相结合，组织开展形式多样、健康有益的文体活动，使社区文体活动呈现出“周周有活动、月月有高潮、处处有亮点、区区有特色”的生动局面。大力倡导尊老爱幼、文明礼貌、家庭和睦、邻里互助的和谐人际关系，深入开展打击“黄赌毒”、邪教组织和传销活动，倡导新风正气，促进居民的身心健康。

社区文艺演出

社区改革

根据中石化集团公司《深化社区服务系统改革指导意见》和《社区服务收费暂行办法》等文件精神，洛阳石化稳妥推进社区各项改革。开展社区服务定岗定编工作，压减机构3个，并通过协解、转岗等方式，多渠道分流安置富余人员。2002年12月16日起，社区居民用电全部用IC卡智能电表计量，实现一卡管四费，规范水电气暖收费。2004年，职工生活用新鲜水、电、液化气、暖气收费价格全部按中石化集团公司要求收取，减少企业补贴106万元。2003年3月，切断农用电，年减少损耗46.8万千瓦·时，外供电全部收费到位。加大水电暖等基础设施的改造投入，促进规范收费。与此同时，完善计量手段，健全机制，收费率进一步提高。职工住宅及外供水、电、液化气装表率达到100%。通过深化改革，内涵挖潜，增收节支，采取关停、承包、租赁等形式，转换经营机制，强化服务意识，促进管理水平的提升。

社区服务水平的提高和计量设施的完善，为社区收费改革创造条件。居民用自来水每吨价格2004年5月从0.4元提高到1.2元，2005年9月提高到1.35元，2006年2月提高到2元。2004年5月居民用电每千瓦·时从0.3元提高到0.485元。2008年10月开始实行阶梯电价，每户每年超过1200千瓦·时的部分按照0.56元收取电费。2005年开始以建筑面积为基础收取采暖费，价格为一个采暖季普通职工8.4元/平方米，副科级以上干部13.2元/平方米。供应生活区的液化气产品（含瓶装和管输）执行同期市场价格，由惠康公司代为负责管理和收费，所收费用全部转洛阳分公司。

第六次全国人口普查

2010年，根据国家和地方政府关于开展第六次全国人口普查工作的要求，洛阳石化成立人口普查工作领导小组和工作组，以社区物业管理部门为主，选调137名普查员和普查指导员，9月3日召开动员会，多次进行专题培训。按照吉利区统计局的要求，还承担四十三中住校生、吉利建行家属区等社区外单位的普查工作。10月底前，开展入户摸底两次。11月1日起，普查员进行人口普查的入户登记，克服人口流动、人户分离等困难，完成普查数据的收集、普查表填报和全面复查任务。

第二节　餐饮服务

餐饮服务是后勤管理的主要服务项目之一，包括为在岗职工供餐、生产应急供餐和社区餐饮点的供餐服务。

社区供餐

2005年之前，社区内基本没有公共就餐场所。惠康公司每天制作一些馒头和副食半成品，在社区马路边销售给职工。2005年，在社区新建餐饮中心店和开元店、双苑店、三和店、河阳店，连同主副食加工基地，初步形成社区餐饮服务网，方便社区居民。社区餐饮店服务项目统一安排，服务标准统一制定，服务管理统一模式，服务质量统一监管，做到统一餐具、统一消毒、统一检查、统一奖惩兑现，使职工吃上实惠餐、放心餐、卫生餐，受到职工家属的好评。

社区餐饮中心开业

职工供餐

职工供餐主要由惠康公司膳食部负责经营管理，包括职工食堂（厂外）、倒班食堂、聚丙烯公司食堂和2001年投用的化纤餐厅。工业站食堂2001年建成投用，由铁路运输部负责管理。宏业公司食堂由宏业公司进行管理，主要服务对象为单身劳务工。消防支队、保卫处和部分多经

改制单位均设有食堂，为本单位职工提供就餐服务。2001～2010年，各食堂不断完善硬件设施，提高饭菜质量，服务职工生活，并完成大检修、装置抢修、除夕慰问等供餐服务。

2007年，洛阳资产分公司出资对厂内倒班食堂进行改造，从10月1日起，倒班食堂提高饭菜质量，对倒班职工优惠供餐。每名倒班职工每月可享受优惠供餐次数为8次。从2010年1月1日起，倒班职工实行免费就餐。

2008年，资产管理处牵头，多方筹集资金，将原小车队用房改建成为职工餐厅。工程分改建和新建两部分，改建部分2层，建筑面积2245平方米，建筑高度9.9米。新建部分1层，建筑面积898.6平方米，建筑高度4.950米。建筑结构形式为框架结构，建筑耐火等级为二级，抗震设防类度为七度。项目由工程设计公司负责设计，工程公司负责施工，工程建设公司负责施工监理，工程质量监督站负责质量监督，惠康公司负责设备、设施、家具的采购、安装。2008年初开始筹划并委托设计，4月中旬首次组织施工图及概算审查。经过近4个月的施工，于8月5日实现中间交接。2008年9月1日开始对白班职工供餐，每名白班职工每月可享受优惠供餐次数为8次（与倒班职工相同）。

供餐管理

2007年10月1日之前，厂内倒班职工午餐一直由惠康公司膳食部制作、供应，食堂的人工费、运行费通过社区服务费用等方式进行弥补。饭菜按直接成本卖给职工。2003年职工食堂实行承包经营，聚丙烯公司食堂实行目标承包。2004年职工食堂关停。

新倒班食堂和白班职工餐厅陆续投用后，由惠康公司负责经营，资产管理处负责管理和监督。2007年10月，由资产管理处牵头，分别成立食堂供餐管理委员会和监督委员会，并制定详细的管理办法和考核细则。供餐监督委员会由部分车间书记和相关处室管理人员组成，定期调整。供餐监督委员会对供餐情况进行检查，资产管理处根据检查结果对惠康公司进行考核。

生产抢修供餐根据生产调度处通知，惠康公司提供供餐服务，凭通知单与洛阳分公司结算。

第三节 医疗 通勤服务

洛阳石化原有的职工医院和通达运输工程公司分别于2003年和2004年改制分流，但继续承担洛阳石化职工的医疗和通勤服务。

医疗服务

洛阳石化医院原是企业兴办的医疗卫生服务单位，主要为洛阳石化职工和家属提供服务。2002年底实施改制后，石化医院继续为企业职工和家属提供服务。2001年和2008年，石化医院分别被列为洛阳市城镇医保定点医院、新型农村合作医疗定点医院。

高压氧舱

在为企业和职工、家属提供医疗服务方面，洛阳石化每年与石化医院签订协议，将医疗服务工作承包给石化医院，并支付相应的费用。主要服务内容有：石化医院三辆救护车和相应的医护人员24小时处于待命状态，为洛阳石化安全生产、现场急救提供服务，同时免费接送患者；在举办各类大型会议、安全检查和消防演习时，负责提供现场医疗和保健服务；在生产装置开工和抢修过程中，为员工提供心理咨询和医疗服务；办好厂区卫生所，以及双苑社区、三和社区和河阳社区卫生服务站，为员工和家属提供健康咨询、计划生育等服务；根据要求，为企业提供职业病防治、防护知识培训服务；做好流行性传染病的防治工作等。

“非典”防控

2003年春夏之交，针对非典型肺炎（SARS）疫情爆发，洛阳石化及时成立“非典”防治工作领导小组和办公室，对非典防治工作进行周密部署和安排。制定科学严密的防范措施，加强对生活区的管理。改造石化医院感染楼，设置发热门诊和隔离病区，拨款40万元，购置消毒药品、器械和防护用具，组织人力坚持每天在生活区进行循环消毒，保证企业生产和职工生活的正常进行。

甲型H1N1流感防控

2009年6月，河南省开始出现输入性甲型H1N1流感疑似病例。为切实做好疫情防控工作，7月17日，洛阳石化制定《甲型H1N1流感防控工作应急预案》。9月2日召开防控工作会议，对做好防控工作进行全面部署。完善防控工作网络，购置、储备必要的设备、设施和药品，为各单位配发非接触式体温检测仪，在重要公共场所安置门挂式体温检测仪，加强防控常识教育和科学引导，建立起疫情报告、隔离、检查督导、信息通报等制度。9月下旬，配合吉利区疾控中心对第二外国语学校甲型H1N1流感密切接触者、吉利区部分小学发热和疑似病例密切接触者进行隔离观察，保持职工、家属情绪稳定和企业生产经营秩序正常。

通勤服务

通达公司承担着洛阳石化职工上下班通勤，以及职工、家属出行的交通服务（主要为洛阳市区）职责。2001～2010年每年的客运班车约为9000台次。

通达公司2004年改制后，继续为企业职工提供通勤服务，洛阳石化通过与通达公司签订运输服务协议，满足工作需要。协议规定，通达公司应努力提高服务质量和工作质量，做好所承担的运输服务工作，包括洛阳分公司职工上下班通勤用车服务，以及洛阳石化服务范围内的生产应急、重大会议、职工集中培训、大型接待业务等范围的用车服务。通达公司开展“礼宾化”服务，提高通勤班车服务质量，使便捷快速、服务优质的通勤班车逐步成为洛阳石化的一张靓丽“名片”。

第四节 计划生育

洛阳石化重视计划生育工作，建立健全工作机构和制度体系，按照国家和地方法律法规要求开展计划生育管理，落实相关政策，为育龄职工提供计划生育服务。计划生育包括计划生育工作机构、宣传教育、计生管理和服务等内容。

工作机构

2001年，石化总厂设立计划生育办公室（简称计生办），人员编制3人。2005年1月，计生办随工会并入洛阳分公司。2005年6月，洛阳石化对计划生育领导小组成员进行调整，计生办由16人组成，人员编制定为2人。2007年8月，石化总厂工会更名为洛阳分公司工会，石化总厂计生办更名为洛阳分公司计划生育办公室。2008年，计划生育专职管理人员1人，基层各单位兼职管理人员46人。

宣传教育

利用“双节”和重要纪念日，深入开展计划生育宣传活动。2004年，在春节期间、“5·29”计生协会成立纪念日和10月28日男性健康日，举办3次大型计划生育黑板报展评活动，共展出板报106块。2005年，在13亿人口日、正月十五以及《中华人民共和国妇女权益保障法》实施之际，举办宣传一条街活动，共展出黑板报158块。2007年，举办宣传一条街活动，以黑板报、挂横幅、知识答卷等方式宣传计划生育政策法规，发放女性健康知识手册2000多本，增强职

举办计划生育培训班

工群众依法生育的观念。

为提高计划生育宣传员的业务素质，普及新婚知识，每年举办计划生育宣传员培训班2期，新婚知识学习班2期，基层各单位坚持每半年对已婚育龄女职工开展1次计划生育政策、优生优育等知识的学习。

计划生育管理

2000年起，计划生育工作实施计算机动态管理，对职工新婚、职工生育、节育措施变动、职工新进厂及调出等情况及时输入微机，不断完善档案管理。

2002年，开始执行新的职工生育产假实施办法，凡符合政策、计划内正常晚婚生育的全民合同制女职工生育产假为12个月，其中产前休假不超过3个月。女职工享受上述产假后，其生育时出现难产、剖宫产、多胞胎生育等情况的，不再另行增加产假。特殊情况出现新生儿死亡的，其产后休假不超过3个月。同时，对职工生育产假期内的工资待遇等方面作出规定。修订后的职工生育产假实施办法自2002年1月1日起执行。

同年，针对洛阳石化开展的协议解除劳动合同工作，及时为456名协议解除劳动合同的已婚育龄女职工出具计划生育接管证明，并将其计划生育档案全部移交至本人所属的居委会管理。两次为398名协议解除劳动合同职工的独生子女一次性发放独生子女保健费7万多元。

2003年，对原《洛阳石化总厂、洛阳分公司计划生育管理制度》进行修订，新制度于5月21日印发执行。2001～2007年，计生办将上级计生部门下达的计划生育目标责任分解到基层，每年年初与基层直属单位签订目标管理责任书，年底进行综合检查评比，评选出先进单位和先进工作者。2008年计生办不再与各直属单位签订目标管理责任书，而是将计划生育工作纳入“一体化目标”管理绩效考核中，严格按照计划生育工作考核标准对各单位进行考核。

2008年2月，洛阳市社会保险中心取消洛阳石化医疗保险“总额预付”结算办法，设立洛阳石化分中心，对医疗费报销等有关程序进行调整，女职工生育保险医疗费实行定额报销，职工持相关证明经计划生育管理部门审核并经洛阳市社会保险中心洛阳石化分中心审批后，按规定标准报销有关费用。7月，为加强副科级以上干部的计划生育管理工作，按照吉利区计划生育委员会文件精神，为745名副科级以上干部建立计划生育电子档案，并按要求上报上级计划生育管理部门。12月，根据中共河南省委、省政府《关于完善利益导向机制，进一步做好人口和计划生育工作的意见》精神，独生子女父母奖励费标准由原来的每人每月5元提高到每人每月20元。从2009年1月起开始执行。

2001～2010年，计生办每年与离岗已婚育龄女职工签订合同，要求在离岗期间参加洛阳分公司组织的每年两次的健康检查。每年4月组织一次独生子女病残儿鉴定，并对符合生育条件者，经上级批准照顾生育二胎。

洛阳分公司及基层单位严把流动人口持证上岗关，严格执行流动人口管理办法，流动人口持证率100%。

计生服务

2001～2010年，每年5月和10月，组织约3000名已婚育龄女职工进行健康检查，内容包括环情监测、孕情检查、子宫附件B超、妇科病普查和乳腺扫描，并将检查结果逐一反馈到职工本人，对患有疾病的女职工建立跟踪治疗档案，提供咨询服务。针对女职工乳腺、妇科疾病高发的情况，编印《女职工生活与健康》等专刊，发到职工手中。邀请乳腺、妇科方面的专家深入基层车间为女职工讲授乳腺病、妇科病、艾滋病防治、优生优育和生殖保健等知识。每年与女职工签订药具合同，建立药具台账。为进一步搞好优质服务，2007年5月，建立已婚育龄优质服务室，聘请专业咨询师每月为职工进行心理健康等方面的免费咨询服务。

（责任编辑　刘　勇）

第十八章　企业文化

洛阳石化重视现代企业体制下的企业文化培育，在长期的生产建设实践中，培育出具有企业特色的“三自”精神、“五个一”精神、“四个特别”精神，为激励职工的进取精神，增强职工的集体荣誉感，树立企业的良好形象，发挥积极的作用。

企业文化包括企业精神、和谐企业建设、“名片”文化建设、文艺体育和文化载体。

第一节　企业精神

企业精神包括“三自”精神、“五个一”精神、“四个特别”精神。

“三自”精神

1986年企业提出“创新、拼搏、合作、奉献”的洛炼精神，经过长期的生产经营实践又赋予许多新的内涵。1991年把具有企业特色的“自加压力、自找苦吃、自强不息”的“三自精神”确定为企业精神，2000年修订为“自加压力、自强不息、自我超越”。培育和升华企业精神，使内涵日益丰富，为企业发展壮大提供动力支持。

“五个一”精神

2005年，装置检修、开工实践中，洛阳石化人展现的“一盘棋、一家人、一条心、一股劲、一个目标”的“五个一”精神，既是对“三自”企业精神的经典演绎，也是对“三自”企业精神的进一步丰富和发展。“五个一”精神，反映出的是顾全大局，服从指挥，步调一致，合拍共振的集体主义精神；不畏艰险，攻关克难，敢打敢拼，勇往直前的拼搏奋斗精神；患难与共，风雨同舟，齐心协力，众志成城的合作奉献精神；精诚团结，勇挑重担，精益求精，争创一流的高效团队精神；孜孜以求，忘我拼搏，奋发有为，追求卓越的执著进取精神。洛阳石化人在装置检修、开工实践中反映出的“五个一”精神，赋予企业精神新的内涵。“五个一”精神就是“检修、开工”精神，是企业“三自”精神在特殊生产经营过程中的再一次升华，是企业进入新时期、面对新任务、迎接新挑战，取得新成就的不竭动力。

“四个特别”精神

2008年，装置停工检修、装置开工历时55天，这次装置大检修，是消除企业生产瓶颈、增加炼量、扩大能力、提高产品质量的关键环节。以6月19日16时46分常压装置成功切换原油为标志，以6月25日9时53分新建焦化装置投料一次成功为起点，洛阳石化已经达到年加工量800万吨的能力，企业“三步走”发展战略的第二个目标实现。

2008年5月12日，发生四川汶川大地震。5月15日，洛阳石化向四川地震灾区捐款仪式隆重举行，一份份爱心捐款投入募捐箱。短短两天时间内，洛阳石化有11000名干部职工捐款104万元。5月21日，接到中共中央组织部和中石化集团公司党组关于做好部分党员缴纳“特殊党费”用于支援抗震救灾工作的通知后，洛阳石化2926名共产党员和非党干部、群众共缴纳“特殊党费”769696元，其中个人缴纳“特殊党费”1000元及以上的党员群众达到220名。本着力所能及、自觉自愿的捐助原则，洛阳石化各级团青组织和团员青年也踊跃缴纳“特殊团费”。截至

洛阳石化职工向四川汶川地震灾区捐款

5月30日，共有35个团青组织的757名团员青年缴纳“特殊团费”26319.1元。广大离退休职工也纷纷慷慨解囊，在洛阳石化谱写皓首丹心的动人篇章。

5月24日，洛阳市委、市政府通知，决定由洛阳石化承担援助地震灾区的部分过渡安置房的运输和安装任务。洛阳石化是国家安全生产应急指挥中心救援基地之一，在震后不久就根据中石化集团公司通知，迅速组织一支由45人组成的救援突击队，随时准备开赴震区。5月29日，由洛阳分公司有关部门和通达运输公司共61人、26台车辆组成的赴川救灾工作队成立。由19辆大型货运汽车和7辆包括机械维修、对外协调、宣传报道、后勤保障、运输调度等工作车组成的洛阳石化支援灾区运输车队，开赴洛阳，集结装货。5月30日，作为洛阳石化历史上最大的一支成建制运输队、洛阳市第一支国有企业独立组队运送救灾物资的车队集结至开元大道西高速路口，接受洛阳市人民的检阅，千里驰援，挺进安县。5月31日10时37分，洛阳石化所有抗震救灾车辆抵达目的地。根据当地要求，19辆运输车要分成3个地点卸车，其中桑枣镇6辆、沸水镇11辆、秀水镇2辆。这258套安置房，可以搭建5330多平方米的住房，解决近5000名灾民的过渡安置问题。6月2日晚8时，车队返回吉利区，连续工作85个小时、行程2600多千米。

在装置大检修和抗震救灾中，洛阳石化广大干部职工表现出的“特别顾大局、特别守纪律、特别能吃苦、特别会战斗”的“四个特别”精神，不仅升华洛阳石化的“三自”精神，诠释“五个一”精神的深刻内涵，同时铸就具有新时期鲜明特色的洛阳石化精神。

第二节　和谐企业建设

洛阳石化始终以邓小平理论和“三个代表”重要思想为指导，积极践行科学发展观，按照中石化集团公司党组要求，坚持一手抓发展、一手抓和谐，响亮提出“管理科学，指标先进，效益突出，环境优美，企业和谐”的20字方针，自2007年开始推进和谐企业建设。

和谐企业建设包括建设和谐干群关系、建设和谐劳动关系、建设和谐团队关系。

建设和谐干群关系

2007年举办第4期中层领导干部培训班，对45名中层干部进行培训。历时4个月，对54个领导班子、365名领导干部进行一次全面系统的考核。坚持领导干部向同级党组织报告工作制度，组织观看《集团公司廉洁勤政优秀领导人员先进事迹》录像片，召开廉洁勤政优秀领导人员先进事迹报告会，举办廉洁文化月、廉洁文化进社区等活动，以“抓作风促廉洁”为主题，举办知识竞赛和领导干部作风建设征文活动。向全体共产党员发出加强廉洁文化建设、筑牢拒腐防变思想防线的倡议，使廉洁理念延伸到班组、岗位、社区。加强提案办理工作，24个提案、89个建议件件有回音、项项有办理结果。

2008年，以开展“深入群众促和谐，凝心聚力促发展”和“抓源头、促清廉”两个主题教育活动为载体，坚持从正面抓，从源头抓，不断完善监督制度，领导干部的廉洁自律意识不断增强，党群干群关系进一步融洽。深入分析2007年领导班子和干部考核结果，按照建设“四好”班子要求，适时进行组织调整。以“讲理想、比贡献”为主题，在技术人员中深入开展学习闵恩泽活动。以“抓源头、促清廉”活动为主线，加强反腐倡廉教育，完善制度建设，规范从业行为，深化效能监察工作。经理办公会认真对职工代表提出的29个提案、40个建议进行研究，并一一反馈到提案人。

2009年，根据中石化集团公司党组的统一部署，牢牢把握科学发展观这个主题，按照党员干部受教育、科学发展上水平、职工群众得实惠的总体要求，认真组织开展深入学习实践科学发展观活动，做到“两手抓、两不误、两促进”，取得实实在在的成效。围绕打好“两个翻身仗”，实现“三项突破”，在广大党员中深入开展“讲安全、讲效益，争当安全先锋、争当增效先锋”主题实践活动，125名表现突出的先进个人受到表彰，充分调动党员的工作积极性和创造性。加强领导班子和干部队伍建设，优化直属领导班子结构，干部队伍梯队建设更加科学合理。加强党风廉政建设，制定《洛阳石化建立健全惩治和预防腐败体系2008年~2012年工作任务分工方案》，开展廉洁文化创建活动，认真落实党风廉政建设责任制，规范廉洁从业行为，党员领导干部的党性党纪观念进一步增强。洛阳分公司主要领导亲自审阅每一个提案和建议，8个提案，99个建议的办理情况全部向职工代表进行通报。

2010年，洛阳石化扎实有效推进创先争优活动，干群关系活力进一步显现。7月8日，洛阳市委市政府联合下发《关于深入开展学习洛阳石化活动的决定》，对近年来围绕实践科学发展观，自觉转变发展方式，努力做大做强企业，积极推进可持续发展所取得的成绩给予充分肯定和高度评价，号召全市各行业深入开展学习洛阳石化活动。通过开展“佩党徽、履承诺、作表率”活动、“党员身边无违章”主题实践活动、“全市学我们，我们怎么办”学习讨论活动，党员的党性观念和责任意识进一步增强。修订完善党建工作制度和考核办法，发挥先进典型的引导带动作用，实现党建工作在典型带动下提升、在改进创新中提高，洛阳分公司党委再次被河南省委授予“五好基层党组织”称号。对直属领导班子及成员、机关科级干部进行三年一次的任期考核，对部分领导班子进行优化调整，组织开展42个副科级岗位的竞聘上岗工作，优化干部队伍结构。开展“勤勉为民、廉洁从业”主题活动，通过举行“廉洁从业”宣誓、开展处级干部廉洁从业培训和警示教育，领导干部廉洁从业意识得到增强。坚持团结、稳定、鼓劲、正面宣传为主的方针，加强和改进宣传思想工作，坚持开展“十佳人物”、“五朵金花”、“模范共产党员”等评先表彰活动和“月评五面流动红旗”、青年建功立业劳动竞赛，调动职工积极性。

建设和谐劳动关系

2007年，创建和谐企业领导小组以多种载体推动活动开展，签订集体合同，并组织职工代表进行巡视。以学习贯彻新的《劳动合同法》为契机，依法建设和谐劳动关系，维护职工合法权益。调整劳务工工资待遇，为各类员工办理较为完善的社会保险，建立以岗定薪、按劳取酬的分配制度。开展职工培训，完成岗位练兵培训项目595项，培训职工19450多人次，在岗职工参加率达100%，学员培训合格率达98%以上。为1022名员工办理养老保险，为1005名员工办理医疗保险，为868名员工办理生育保险，为1001名员工办理工伤保险，为1017名员工办理失业保险，为180名员工办理住房公积金，组织1000余名员工进行职业健康检查。为职工发放平价矿泉水票、体检票，提高健康疗养内疗标准。开发就业岗位，促进协解人员再就业，帮助517名协解人员实现再就业。

2008，进一步完善劳动合同制度，修订、制定《职工带薪年休假管理办法》、《劳动合同管理办法》等9个管理制度。坚持长期规划与短期计划相结合，持续调整优化劳动力组织，满足生产经营活动和企业发展需要。规范劳务工管理，先后3次为劳务工调增工资。开展领导干部与困难职工结对子活动，与151户困难家庭开展一对一的结对帮扶，帮助解决其实际问题。在住房、就餐、就医、就业、收入待遇等方面为职工办8件好事：改造投用白班职工餐厅，改造石化医院门诊楼和病房，帮助110名职工子女实现就业，建立正常的工资增长机制，选拔先进集体和先进人物代表赴京观看奥运比赛，河阳家园二期工程228套商品住房建成交付，调整、提高劳务工工资待遇，帮助600多名协解人员实现再就业。

2009年，加大矛盾纠纷排查调处力度，预防、化解矛盾，接待职工群众来信来访295件次，比2008年同期减少56件（次）。妥善处理集体来访6起，办理上级交办信访件3件（次）。实现年初提出的“无赴京、省、市集体上访”目

标，做到进京上访、赴省市集体上访和重大治安案件三个为“零”。修订完善岗位工资管理办法，建立职工工资正常增长机制。按照中石化集团公司新的劳动定员标准，加强定员管理，及时补充缺员，优化人员结构。全面开展技能鉴定工作，组织开展高技能人才评价试点工作，对192名毕业生实施“人才导师制”培养，推进“多岗轮训”，有效促进人才队伍建设。规范劳务用工的待遇、费用列支渠道以及社会保险、福利待遇等，将劳务用工劳动保护费用纳入洛阳分公司统一管理，实现劳务用工劳动保护在项目、标准、管理等方面统一。

退休职工在阅读全彩印刷的《洛阳石化》报

2010年，洛阳石化劳动竞赛领导小组结合工作重点，调整竞赛内容，优化考核机制，统筹兼顾，全面推进，使竞赛活动更加贴近企业中心工作。各参赛单位细化竞赛方案，分解工作任务，落实考核兑现，掀起你追我赶的竞赛热潮，全年有24个单位获流动红旗，其中8个单位夺旗次数在3次以上。各基层工会在“五面流动红旗”竞赛的引领下，不断把劳动竞赛向深度延伸、向广度拓展，开展“加一减一精1度”、“指标创一流”、“平稳操作”、“八比一争一扛”等形式多样、内涵丰富的自主竞赛活动40多项。在深入开展“五面流动红旗”竞赛的同时，组织主要生产装置、系统车间及保运单位，开展装置平稳运行劳动竞赛。参赛单位选取对标项目，查找问题，赶超目标，促进装置的平稳运行，提升经济技术指标，全年有40项经济技术指标创历史最高水平。

响应中石化集团公司“比学赶帮超”活动号召，按照七届五次职代会确定的“指标争先进、管理上台阶、发展见成果”工作要求，把“比学赶帮超”活动分为平稳生产、精细管理、全员竞赛3个板块，将活动范围扩展到整个大洛阳石化，广泛开展“提建议、献良策”活动，征集合理化建议363条，调动职工群众参与活动的积极性。开展“选标杆、树标杆、学标杆”活动，在安全工作、技术比武、攻关创新、思想工作等不同层面和领域，选树5个标杆集体、20名标杆人物，发挥表率示范作用。

建设和谐团队关系

加大先进典型、模范人物的评选、表彰、奖励力度。坚持每年表彰“十面红旗”、“十佳人物”、“十佳班组”、“五朵金花”和“青年岗位能手”、“青年创效标兵”等先进集体和个人，举办先进人物事迹宣讲会。对连续倒班满20年的职工进行奖励，组织生产骨干、先进模范人物进行荣誉疗养，举办班组长培训班、联欢会、班组长征文等活动，实现资源共享和优势互补。

2007年，扩大职工互助基金会组织，新发展会员464人。对困难职工实施救助和补助，免除困难职工家庭的采暖费用。在重要节日广泛开展送温暖活动，春节期间慰问困难职工、离退休人员、烈属、伤残军人、历届劳动模范等160户，发放春节慰问品6100份，中秋、国庆期间慰问生产一线职工5570人。投入资金改造员工公寓，添置空调、电视、衣橱、床褥用品，开办员工洗衣房，添加洗衣设施，完善食堂设施，改善员工生活。石化医院对门诊大厅进行扩建，增加中药房，扩大挂号、收费系统，对住院部各病区进行改造装修，安装床旁呼叫系统、中心吸氧、中心牵引系统，改善职工群众就医条件。

2008年，继续为职工群众办好事、实事，组织领导干部与困难职工群众家庭“结对子”。为206名协解退休人员发放帮扶救助金62.24万元。职工互助基金全年资助会员321人次26.68万元。救助困难职工81人次10.4万元。为8894名参保职工发放健康体检票，对3000多名女职工进行妇科病普查，办理特病保险，为15名患病女职工办理、发放理赔金8.5万元。为96名连续倒班满20年职工发放一次性奖励19.2万元。安排职工健康疗养652人，荣誉骨干疗养

228人。

2009年，精心部署、认真落实“送温暖”活动长效机制。“送新春祝福”，春节慰问特困职工、劳动模范、困难家庭244户，慰问住院职工35人次、在岗职工5660人次。“送困难帮扶”，国庆、中秋双节为53户领导干部结对子户、82户协解再就业困难家庭、208名协解退休人员发放帮扶救助金11.92万元。“送互助互济”，职工互助基金全年资助会员358人次32.99万元。“送年度体检”，为职工发放体检票，为女职工进行妇科病普查。“送健康疗养”，安排职工疗养822人，骨干疗养219人，荣誉疗养35人。“送倒班奖励”，为120名连续倒班满20年职工发放一次性奖励24万元。“送医疗保障”，帮助协调石化医院添置空气消毒机、无创呼吸机等医疗设备498万元。“送现场慰问”，现场慰问装置抢修、检修、开工单位25次，“三八”慰问在岗女职工560人，高温酷暑天气为47个单位的在岗职工送去防暑降温饮料、食品。“送贴心关怀”，为女职工办理特病保险，理赔金额6.2万元，开展温馨聊吧、单身联谊活动。“送高雅文化”，邀请中央芭蕾舞团来厂慰问演出《红色娘子军》，举办洛阳石化CBA篮球联赛，承办“洛阳石化杯”全国男子青年篮球联赛。这些活动让职工感受到企业大家庭的温暖和关怀，增强企业凝聚力、向心力。

中央芭蕾舞团在洛阳石化演出《红色娘子军》

2010年，通过职工互助，资助401人次，共35.52万元。通过“金秋助学”，资助205人次，共20.5万元。通过办理职工疗养，831人享受到健康疗养，152人享受到模范人物、生产骨干荣誉疗养。春节期间看望特困职工、劳动模范、困难家庭、住院职工161人次，慰问在岗职工5500人次，国庆、中秋“双节”为46户领导干部“对子户”发放慰问金1.98万元。办理丧葬抚恤金41人次，发放遗属生活补助费132人次，共计72.09万元。在装置检修、抢修、开工等期间，组织19次现场慰问，鼓舞职工士气。维护女职工权益，为2612名女职工进行妇科普查、为3115人办理特殊疾病保险。通过改善文体场馆的“硬件”与“软件”，面向职工群众免费开放，接待各类活动2200多场次，服务职工群众20余万人次。此外，各基层工会上下联动，认真落实“五必访”制度，对婚、丧、病、困、生育等职工和家属及时探访慰问。通过提高绩效考核工资基数，改善职工收入状况。实施用工结构调整，69名劳务工实现用工身份转换。开展住房补贴工作，实施企业年金制度。参与安全生产责任保险，提高因工伤亡的医疗补助标准和经济补偿标准。认真落实“让老同志幸福是我们的责任”的工作理念，老同志的政治生活待遇得到更好落实，在离退休人员幸福指数测评中，认为“幸福”和“基本幸福”的接近九成。

第三节　“名片”文化建设

2007～2010年，洛阳石化围绕落实“20字”方针，实现“环境优美”目标，服务“三步走”战略，促进和谐企业创建，结合洛阳市开展的创建国家卫生城市、文明城市的要求，开展“打造两张名片、创建优美环境”活动，使厂区、社区环境面貌发生可喜的变化，厂容管理和社区物业管理水平明显提高，职工家属的环境意识、文明素质显著增强，形成具有洛阳石化特色的“名片”文化。

“名片”文化建设包括“名片”文化建设的提出、“名片”文化形象创建、“名片”文化宣传、“名片”文化系列活动、“名片”文化建设升华。

“名片”文化建设的提出

2007年，洛阳石化七届二次职代会提出“管理科学，指标先进，效益突出，环境优美，

企业和谐”的20字方针，把建设优美的企业环境提到重要议事日程。同年，洛阳市提出要创建全国卫生城市，对环境卫生、拆墙透绿、绿化保洁、基础设施建设等方面的综合整治提出明确要求。洛阳石化是吉利区的重点单位，吉利区创建办还专门下达整改通知。

企业的环境面貌代表企业形象，是企业的“名片”。2007年7月19日，洛阳石化印发《关于广泛开展“打造两张‘名片’、创建优美环境”活动的实施意见》，拟通过坚持不懈、持之以恒的创建活动，对厂区和社区环境实行综合治理，进而使洛阳石化的厂容厂貌和社区环境成为企业的突出亮点，成为展示企业形象的“名片”。

“名片”文化形象创建

“名片”文化的创建活动，首先从环境整治开始。2007年，厂区环境整治主要围绕经九路、纬六路、化四路等参观必经路段进行。社区主要围绕供热系统、供电系统及部分环保设施改造、隐患治理、计量完善、减损降耗、公共设施维修和创卫专项整改等，实施53个项目。

洛阳石化举办“名片”文化电视论坛

2008年，研究提出厂区绿化改造总体方案，决定以厂区中轴线——经九路为界，当年完成经九路以东区域的环境整治。改造方案结合石油化工企业的特点，以草坪为主，合理种植树木和布置花灌木，做到“乔木、花灌木、草坪”三结合，达到开阔通透、四季常青、三季有花、步移景异的效果。在4月大检修开始前，已完成全年绿化工程总量的50%。大检修期间，厂区环境整治项目见缝插针，及时平整小块土地，播撒草籽，为全面完成绿化整治任务赢得时间。从7月15日开始，经九路以东纬八路、经一路8条道路彩化改造全面展开。截至10月20日，除排水车间因基建项目施工绿化推后外，经九路以东的绿化改造项目基本完成。同时，社区以洛阳市争创全国文明城市为契机，完成社区固定资产投资和维修项目47个，其中对三和社区、开元社区、双苑社区的108栋楼进行维修，共粉刷墙面11.28万平方米、栏杆和窗户1.73万平方米。将4个社区的垃圾中转站全部改造为封闭式压缩转运站，提高垃圾压缩比和工作效率，消除二次污染。对开元社区8栋楼418户阳台进行整治。维修社区道路9057平方米。2008年对厂区南大门和厂前路进行改造。对厂内东、西办公楼进行装修改造，并改造投用白班职工餐厅，进一步改善职工的工作、生活条件。

2009年，对厂区经九路以东的排水车间、焦化车间、加制氢装置区域、经一路部分路段和化十二路东段北坡等进行绿化整治。对经九路以西的环境面貌进行全面、综合整治。社区环境主要围绕停车秩序整治，进一步开发停车位，限制公车在社区占位过夜，逐步缓解社区停车难的问题。进一步完善水电气暖等公共设施，消除安全隐患。开展门卫示范岗活动，打造安静社区、平安社区。围绕绿色社区创建，加强环保宣传教育，对栽种时间长、老旧的植物及时进行更新，加强绿化、卫生的日常管理和维护，搞好“五乱”整治，提升社区品位。

2010年8月28日，装卸油台区域环境整治工程完工。通过治理，改变该区域杂草丛生、地面高低不平、枕木和石头杂乱无章的面貌。改善基层车间办公环境工作被列入洛阳分公司承诺办理的“8件实事”，2010年，完成10个车间的环境改善工作。经一路排洪沟区域、化十二路北坡及火炬装置周围绿化改造工程已列入计划。同时，加大清扫保洁和垃圾外运力度，对厂区部分彩砖、道牙进行修补，开展厂容督察，加强厂内垃圾斗管理，做到巡检到位、摆放到位、维修到位。社区环境建设主要是围绕部分道路扩宽、彩化硬化，以及提高文化品位等方面，完成近30个环境改造项目。

通过环境整治，厂区新增绿地65万平方米，彩化、硬化地面近10万平方米，更换路灯498

套，粉刷墙壁16万平方米。社区新增草坪1470平方米，乔木368棵，灌木4910株，彩化、硬化地面6500平方米，完成与环境整治有关的社区工程60余项。

“名片”文化宣传

“名片”文化创建初期，充分利用报纸、电视等传统媒体，做到报纸期期有文章，电视周周有画面。利用每月一期的《社区之声》，宣传“名片”活动。在局域网开辟专栏，设有基层动态、有奖征文、数码大赛、曝光台、稿件排行榜等子栏目。平均每周将近200条。编辑出版《活动简报》，每周一调度会发放至参会领导，从未间断，《简报》开辟管理快讯、名片项目、基层动态、创建之窗、群众感言、校园心语等栏目，已经逐步成为调度会前领导们的必读内容，成为“名片”活动的“名片”。通过对“名片”活动安排、布置、总结、座谈等环节进行宣传。“名片”活动开展3年多来，洛阳分公司共组织10多次表彰会、推进会、座谈会。“名片”活动办公室成员单位也能够把握时机，开展深入持久的宣传工作。党委办公室以基层党组织工作片会为载体，加强“名片”活动的学习、观摩和交流，有效促进各单位活动的开展。工会利用艺术节之机，把打造两张“名片”活动的内容编成节目，搬上舞台。团委配合打造两张“名片”活动，组织开展“和谐在我身边”演讲比赛等活动。资产管理处坚持每周在调度会上进行讲评，使基层开展活动抓有载体，讲有内容。惠康公司利用社区电子屏、宣传橱窗，及时播发信息，展示创建成果。机关党委不仅对活动做出专项安排，而且组织研讨交流，召开演讲会、报告会，把打造“名片”活动与宣传贯彻十七大精神紧密结合起来，进一步浓厚活动氛围。

“名片”文化系列活动

为推动“名片”活动深入开展，在活动方式上精心策划，形成“舆论宣传引路、系列活动支撑”的工作思路，结合活动进展，先后推出系列活动。

团委发挥自身优势，组织开展“绿色青年志愿者”和“共青绿地”活动，并组织开展管架基础刷漆、清扫检修现场等义务劳动。利用“五四”青年节，在厂区种植青年成长树，并对“青年路”和“青年生态园”进行命名。通过参与、配合创建活动，培养团员青年爱护环境的意识。

离退休老职工充分发挥自身优势，自发成立“打造两张‘名片’夕阳红义务督导队”。截至2010年底，4个社区督导队共出动督导检查20000人次，纠正不文明行为6000多人次，提合理化建议近300条，处理治安事件数10起，摆放自行车、摩托车13000次，纠正违章车辆4000多辆，做好人好事上百件，撰写稿件100余篇，出黑板报50期。

夕阳红义务督导队在社区督查

社区3所学校的1040名学生组织成立“环境建设小卫士”，每天佩戴袖标轮流执勤，在社区和学校督察不文明行为，成为社区精神文明和环境建设的又一支生力军。

“打造两张‘名片’”活动办公室组织开展魅力石化杯有奖征文和数码摄影大赛，每年评选一次。广大文学和摄影爱好者围绕活动开展，从不同角度记录创建历程，反映工作亮点，为深化活动营造积极向上的舆论氛围，促进广大职工、家属环境意识和文明素质的提高。

组织开展“我为环境文化献一言”活动，累计收到职工和家属有关环境建设的箴言、警句3802条，建议556条。

2008年大检修来临之际，为少损坏草坪，保护好绿化成果，提前下发《关于加强检修期间厂容管理的通知》，组织有关施工单位签订承诺，发出倡议书。检修期间，共办理44起占用绿地手续，面积达10000余平方米，并及时制止5起违规占用绿地行为，对草坪实施有效保护。

2009年春节前夕，组织开展“环境寄语进

万家”活动。通过职工、家属在“环境建设我承诺”卡片上签字，为职工住户发放环境春联，进一步强化职工家属保护环境建设成果、共建和谐家园的意识和理念。2009年、2010年共发放环境春联16000份。

2010年7月20日，是“打造两张‘名片’、创建优美环境”活动开展三周年纪念日。“名片”活动办公室策划实施包括报纸、电视宣传纪念，“社区不文明行为征集”，“我看环境新变化”征文，社区文化石刻字，举行重大环境建设项目开竣工仪式，举办活动开展三周年座谈会、图片展、大型电视访坛以及《魅力石化和谐企业》画册设计制作等10项活动。其中，“我看环境新变化”征文累计收到各种体裁的稿件55篇。“社区不文明行为征集”共征集到不文明行为1132条，意见24条，建议164条。“名片”文化电视访谈以对话的形式，充分展示洛阳石化开展打造两张“名片”活动3年多来所走过的道路和取得的成绩，同时也是对“名片”活动和宣传工作的一种创新。

“名片”文化建设升华

2008年，“名片”活动推进会提出“四个促进”（促进安全生产、促进现场管理、促进队伍作风建设、促进和谐企业创建），将“名片”活动与企业经营管理和队伍建设结合起来，初步形成用“名片”活动推动企业文化建设的工作理念。各基层单位把“名片”活动作为强化环境卫生管理，完善基础工作，带动整体管理水平全面提高的着眼点，结合TPM活动和内部小岗检，逐步建立起“日抽查、周检查、月考核”的动态管理体系，借“名片”活动的东风促现场管理。2009年4月27日，在聚丙烯公司召开“名片”活动现场会暨推进会，提出2009年打造两张“名片”活动的总体安排，推进“三个延伸”（向生产现场环境面貌规范化延伸，向基础管理规范化延伸，向职工行为规范化延伸），抓好“三项达标”（装置现场规范化达标，多经及改制单位环境整治达标，绿色社区达标）。

两张“名片”活动现场会暨推进会

在“名片”文化的创建活动中，基层单位把现场管理、基础工作、岗位责任制检查等内容与之有机结合起来，使“工作名片化、生产清洁化”成为一种基本准则。这种理念已升华为“名片”文化，进而工作负责任、讲标准，要干就干出高水平，已成为每名职工的自觉行动。通过开展“名片”活动，锤炼职工严谨过细、求实高效的过硬作风，培养良好的职业操守，对促进安全生产发挥着越来越重要的作用。

第四节 文艺 体育

文艺、体育包括文化艺术、体育活动。

文化艺术

洛阳石化坚持寓教于乐，用先进文化占领职工思想阵地，成立文联，完善文联、体协下属专业协会，形成文体活动以协会为主、以业余为主的格局。

坚持每年春节、重要节假日举办庆祝活动，相继开展正月初一职工游园、元宵节秧歌舞踩街、大型灯展、焰火晚会、“三八”女职工形象大使选拔赛、庆祝建党80周年职工歌咏比赛等职工文化活动。举办“创建和谐社区”、“美德育新风”社区文化活动，露天电影、大型时装表演、戏曲晚会等丰富职工家属的业余文化生活。举办节假日电影周，为职工免费放映电影。2005年，装修俱乐部，引进交响乐、芭蕾舞、现代京剧、新年音乐会、“长征组歌”、话剧、大型魔术表演、木偶剧等，使高雅艺术走近职工生活。2006年7月，俱乐部更新放映机、音响设备，建成休闲广场，装修音乐茶座，为职工开展文化活动提供场所。2007年，举办第四届职工艺术节，全厂有4000多名职工参与不同形式的活动，先后开展“和谐之声”职工声乐大赛，少儿才艺展演，“迎接十七大，颂歌献给党”职工拉歌比赛，“河洛欢歌”社区文化广场活动，举办“红色记忆”经典露天电影月，“安全在我心”职工漫画大赛，“和谐随笔”、“岁月如歌”征文，“环境优美、企业和谐”数码摄影大赛等一系列文化活动，自编自导自演的建厂30周年庆典晚会，通过音乐快板《危急时刻》、音乐小品《欢歌唱明天》和大型舞蹈《快乐女工》等节目，用艺术形式将企业发展历程和重大事件呈现给职工。2008年，开展纪念改革开放30周年系列活动，以职工合唱团汇报演出为主的纪念晚会受到广大职工好评。2009年，开展庆祝新中国成立60周年书法、美术、摄影展，散文、小说、诗歌大赛，“为祖国放歌”歌咏比赛。2010年，历时6个多月，整修职工文化宫，增添培训教室、舞蹈排练室、电教室、健身房和多功能会议室，扩充乒乓球城、图书馆和阅览室，发挥文化宫的阵地优势，努力开辟职工文化活动新天地。

北京军区战友文工团在洛阳石化演出《长征组歌》

2002年，洛阳石化成立文联，组建摄影、书法美术等7个专业协会。各协会坚持日常活动不间断，相继举办美术培训班、报告文学、摄影、集邮知识讲座等，开展“聚焦检修”摄影展、诗歌朗诵比赛、文学作品征文、书美影作品大赛等活动，并加强对外交流，取得良好的成绩。2003年，在第四届中国石化书法美术摄影展上，石化总厂获先进集体，8件个人作品获奖。2004年，参加中石化集团公司首届职工文艺会演，参演节目取得优异成绩，洛阳石化获中石化集团公司优秀组织奖。2005年，组队参加中国石化集团公司声乐、器乐大奖赛，获两个铜奖和优秀组织奖。2006年，创办文联电子杂志《河阳风》，每季发行1期，完善文联、体协下属专业协会，初步形成文体活动以协会为主、以业余为主的格局。2007年，成立职工合唱团，围绕迎接十七大、唱响主旋律和庆祝建厂30周年，实施“三个一”工程，即编印《三十年的脚步——庆祝建厂三十周年纪念专集》、制作《辉煌的历程——纪念建厂三十周年电视专题片》、举办《共同见证的岁月——建厂三十周年庆典晚会》。举办第四届职工艺术节系列活动，先后举办职工声乐大赛、少儿才艺展演、现代京剧专场晚会、木偶剧演出，“和谐随笔”、“岁月如歌”、“感恩生活”等征文，“环境优美、企业和谐”数码摄影大赛等活动。开展创建和谐家庭系列活动，举办《我的事业·我的家》、《美好工作和谐家庭》征文活动，举办以“父母养育情、夫妻恩爱情、兄妹手足情、婆媳体贴情、邻里互助情”为内容的“五情促和谐”DV大赛活动，举办“美在和谐”女职工风采展示以及“和谐就在我身边”演讲比赛活动。引进高水平演出和体育比赛，开展全民健身运动，组织周末赛事，丰富职工群众文化生活。

2008年，合唱团在纪念改革开放30周年晚会上向职工进行汇报演出。音乐舞蹈协会坚持艺术创作，在中国石化第三届职工文艺调演中获6个奖项。摄影协会被河南省摄影家协会吸收为团体会员，在省“新人新作”摄影大赛中，13名会员的作品获奖，在中国石化第四届书法美术摄影展上，获先进集体，8件个人作品获奖。在中国石化第五届职工美术书法摄影展上，7幅作品获奖。2009年，开展庆祝新中国成立60周年书法、美术、摄影、散文、小说、诗歌大赛。音乐舞蹈协会在中国石化庆祝新中国成立60周年暨第二届职工文艺会演中，舞蹈《我要安全春满园》获金奖，合唱《在灿烂阳光下》获铜奖。《我要安全春满园》还在全国产业系统职工文艺比赛中获奖。摄影协会18名会员被河南省摄影家协会接收为省级会员，1名会员在首届中国石化“朝阳”文学艺术奖摄影类评比中获奖。文学创作协会会员作品在中国石化庆祝新中国成立60周年暨第二届小说大赛中，获中篇

上海京剧院在洛阳石化演出《智取威虎山》

小说二等奖、短篇小说三等奖。2010年，舞蹈队排练的《姹紫嫣红》获中国石化第四届职工文艺录像调演作品三等奖。美术协会会员作品获中国石化首届“朝阳”艺术奖美术类奖。文联会员创作的6篇文学及美术、书法作品被《现代班组》杂志刊登。组织文联协会编辑出版《职工摄影美术书法奇石》画册，收录108人创作的优秀作品197幅。职工合唱团参加央视爱国歌曲大家唱，舞蹈队新编舞蹈《春到石化》再次入选中国石化春节团拜会，美术协会1名会员获中国石化“朝阳”艺术奖。

体育活动

洛阳石化体协下设篮球、足球、排球、乒乓球、羽毛球、毽球、拳操、网球、棋牌、钓鱼、信鸽等11个单项体育协会。各单项协会独立自主地开展工作，体协在业务上给予指导，活动中给予帮助，经费上给予支持，为全民健身运动的普及起到积极的作用。

2003年，将原游泳池改造成设施齐备的室内游泳馆。2006年，改造建成乒乓球城、体育馆、网球场、“五人制”足球场。同时从职工家属的实际需要出发，将修建全民健身场地和配置健身器材，纳入各生活小区的建设规划，修建羽毛球馆、室外篮球场、网球场、文化体育健身广场，满足不同层次群众的健身需求。

2001年，举办“团结杯”拔河比赛、厂庆登山比赛、“健康迈进21世纪”健身操比赛等活动。2002年，举办有3400多人参加的职工健身周活动。2003年厂庆期间，开展健身秧歌、围棋、游泳、篮球比赛等活动。2004年，举办第五届职工运动会，43个单位6000人次参加40个单项比赛。2005年，开展“职工健身月”系列活动，对42个单位，3689名职工进行身体素质测试，测试率达81.5%，并组织长跑、乒乓球等比赛。2006年，举办第六届职工运动会，设立14个大项60个小项，3200人次参加各类比赛。2007年举办周末赛事30多场，1200名职工参加各种球类比赛。2008年，引进高水平体育比赛、文艺演出7场，举办职工文化活动26次。开展纪念改革开放30周年系列活动，开展“全民健身与奥运同行”系列活动，3000多人次相继参加大众体育健身方法展示、千名职工长跑、广播操、排球、乒乓球、足球、篮球、羽毛球等各项体育比赛。“三八节”期间，举办“爱企业、爱家庭、爱生活”系列活动，开展千人跳绳比赛、为岗位女职工送鲜花、演讲比赛、女职工十字绣手工艺展等活动。2009年，举办职工篮球、羽毛球、乒乓球联赛。体协各协会加强日常训练，羽毛球、桥牌、网球、健美操、男子篮球等项目，在参加对外比赛中取得较好成绩。2010年，历时7个多月，举办第七届职工运动会，职工有7197人次参加14个大项59个小项的比赛。运动会与企业生产、“我要安全”主题活动紧密结合，将安全技能纳入其中，新增趣味体育比赛。同时引进高水平的体育赛事，先后邀请甲A、甲B男子篮球队、步步高女子排球队来厂进行高水平对抗赛，举办中俄男子篮球对抗赛、CBA男子篮球争霸赛、“洛阳石化杯”乒乓球大赛，承办“全国女子篮球青年联赛”、“河南省第十一届运动会女子篮球比赛”等30场高水平赛事，为丰富职工文化生活开辟新的天地，有力地带动洛阳石化群众文化体育事业的蓬勃发展。

2001年，组团参加洛阳市第九届运动会，取得1金1铜。2002年，组队代表洛阳市参加河南省健身秧歌比赛，分别获规定动作和自选动作一等奖。同年，在河南省石化工会组织的羽毛球比赛中，取得团体第2名和个人第1名。2003年，组队参加中石化集团公司首届职工运动会，参加乒乓球、桥牌、田径等项目，奖牌总数在52个参赛队伍中列第17位，获中石化集团公司“体育道德风尚奖”。2005年，组队参加洛阳市第十届运动会，获4金8银。2007年，参加中石化集团公司第二届职工运动会。2008 年，在洛阳市第一届职工运动会羽毛球比赛中，获男子个人第 3 名、团体第 4 名、女子团体第 2 名。2009 年，在中国石化“长岭炼化杯”第三届职工桥牌比赛中，获团体第 5 名并被授予体育道德风尚奖；组队参加洛阳市第十一届运动会，羽毛球获女团、女单、女双 3 枚金牌，男团、女单 2 枚银牌，男双 1 枚铜牌；网球、健美操、男子篮球等项目也取得好成绩。2010 年，参加中国石化第二届职工羽毛球比赛，洛阳石化代表队被授予体育道德风尚奖；代表洛阳市参加河南省十一届运动会羽毛球项目比赛，获 6 个一等奖、2 个二等奖；参加洛阳市职工运动会，获得羽毛球比赛 7 个项目中的 6 个冠军。先后获 2000 ~ 2005 年度全国推广广播体操、工间操及《普通人群体育锻炼标准》先进单位，2005 ~ 2008 年度“全国群众体育先进单位”。

第五节　文化载体

文化载体包括电视、报纸、刊物、局域网、洛阳石化因特网站、厂史展览、志鉴。

电视　报纸

2001 年，《洛阳石化》报社和电视台撤销，成立洛阳石化总厂新闻中心，下设采编一部（负责报纸宣传工作）和采编二部（负责电视宣传工作）。2003 年，新闻中心在编职工 20 人，其中电视板块 12 人，报纸板块 8 人。对内广播发稿 1500 篇，电视发稿 1200 篇，报纸发稿 2500 篇，对外发稿 40 篇。2003 年，新闻中心新界面技术开发部进行多种经营的探索和运作，共制作播出 70 条广告，营业额为 3. 3 万元，提前完成 3 万元的年度目标。2004 年 7 月，新闻中心网站在局域网上发布运行，开辟新的宣传阵地。10 月，广播停播。同年，借三线（电话线、闭路电视线、网络线）下地工程的机会，电视台完成有线电视网络直接并入市广电网络管理。在开工投产 20 周年庆典期间，电视台配合“庆祝开工生产 20 周年”活动，拍摄、制作、播出专题片《巍巍丰碑耀河阳》，并制作成 VCD 发放职工家属，起到很好的宣传效果。全年，新闻中心电视发稿 1200 篇，报纸发稿 2500 篇，对外发稿 50 篇。新闻中心新界面技术开发部共制作播出 66 条广告，营业额为 3 万多元，完成年度目标。2005 年，电视共开设栏目 12 个，制作专题节目 14 个，采访、播出电视新闻 1100 篇，对外发稿 60 篇。报纸出版《洛阳石化》正刊 52 期，特刊、专刊 17 期，共计 69 期，报纸发稿 2400 篇。同年，《洛阳石化》电子版在局域网上运行，新闻中心新界面技术开发部注销。有线电视网络进行数字化线路改造，实现数字电视传送。自办频道节目也完成数据编码进入数字网络传送。2006 年，新闻中心人员数量发生变化，在编职工 19 人，其中电视板块 13 人，报纸板块 6 人。电视共采访、播出电视新闻 900 条，制作、播出专题节目 6 部，与兄弟单位联合举办各种知识抢答赛 6 期。报纸出版《洛阳石化》正刊 49 期，出版《安稳长特刊》15 期，增出重大活动特刊、专版 8 个。《洛阳石化》报被评为洛阳市 2006 年新闻出版质量评比一等奖。2007 年，报纸出版正刊 50 期，出版《社区之声》专版 8 期，增出重大活动特刊、专版 8 个。与惠康公司合作，在社区开设阅报栏，使报纸进入社区。与工会等单位紧密合作，举办征文比赛、摄影比赛、好新闻比赛等 5 项活动。通过开展版式设计技能培训、数码摄影知识培训和基层通讯员培训等活动，加强通讯员、文学创作人员、摄影爱好者等三支队伍的建设，提高新闻宣传队伍的整体素质。电视共采访、编辑、播出新闻 146 期 1022 条。开设《迈向新高度》、《放眼三步走》、《第 58 次岗检专题》、《飘扬的旗帜》、《学习十七大、唱响主旋律》等栏目。对外编发《中国石化新闻》30 条，采用播出 21 条。电视直播洛阳石化迎新春音乐晚会、庆“七一”表彰暨“颂歌献给党”拉歌比赛、排球、篮球、乒乓球比赛、建厂 30 周年《共同见证的岁月》文艺演出等 9 次。录播七届一次职代会、庆“三八”文艺演出、和谐之声 OK 大赛、少儿才艺演出、社区戏曲演出、篮球比赛、廉政勤政讲座共 7 场电视节目。制作《洛阳石化》之歌、《三自精神》之歌 MTV。摄制《辉煌的征程》30 周年厂庆专题片。制作《崛起的彩虹》油品质量升级改造项目建设巡礼、热电站

《群策群力、把握机遇、平稳生产、促进发展》等5部专题片。2008年，报纸出正刊50期，增出专刊专版20个。举办基层通讯员培训班3期，为单位培训骨干通讯员11人。电视台制作播出《中心新闻》130期，播发视频新闻910条，对各种体育比赛、文艺演出等直播8次，其中播出的《中心新闻》期数已超绩效考核指标10期。全年共播出电视剧45部，故事片140部，总计2000多个小时。2009年10月，成立电视台、报社，撤销新闻中心。同年2月开始，《洛阳石化》报改为四版全彩印，每期加印2000份，向每一位离退休职工送阅。《洛阳石化》报出版41期，专版、专刊35个；电视台编辑制作电视新闻156期，计952条新闻，开设《回眸08展望09》、《喜迎职代会、贯彻落实职代会》、《我要安全》、《学习实践科学发展观》等7个电视专栏，拍摄《我要全安专题汇报》、《硫化氢的危害及防护知识》、《打造两张名片，创建绿色社区》、《加氢装置建设回顾》、《标准化交接班》等9个专题片。2010年，《洛阳石化》报出版48期，专刊5期，刊登稿件1300多篇；电视台编辑制作《中心新闻》142期，计994条新闻，拍摄《名片增辉石化城》、《魅力石化和谐企业》等12部专题片。以巡礼“十一五”为题，报纸、电视分别开设专栏，全方位展示洛阳石化“十一五”发展成就。

刊 物

2001年，《洛阳石化宣传》由月刊改为季刊。2002年，《洛阳石化宣传》停刊。相关内容改为“职工学习材料”印发。“职工学习材料”内容专一、编印周期短，时效性更强。从2002年开始，每年编印“职工学习材料”4～6期。2005年1月，洛阳石化党委将2004年度党群工作创新成果进行收集整理，由党委宣传部编辑出版《探索与实践》一书。该书内容涵盖党建和思想政治工作课题研究、学习型企业创建活动、查摆企业管理缺陷、效能监察、“双争双创”等方面的创新成果，既是对以往工作与经验的总结提炼，也是理论与实践相融合的结晶，具有较强的现实性、针对性和实用性，对进一步加强党建和思想政治工作具有一定的参考和借鉴作用。2007年9月，洛阳分公司党委成立编委会，编辑出版洛阳石化庆祝建厂30周年纪念专集——《三十年的脚步》。精选30年来洛阳石化发生的大事要闻，真实记载洛阳石化自1976年8月筹建至2007年7月这段历史，较为清晰的展现洛阳石化发展变化的历程。2008年10月，洛阳分公司党委宣传部编辑出版洛阳石化纪念改革开放30周年专集《改革开放科学发展》，收录洛阳分公司党委署名文章《纪念改革开放30周年——改革开放、科学发展》和洛阳石化建厂以来发展进程中的68幅历史性图片。2010年，《政工研究》杂志复刊，全年编辑出版2期。复刊后的《政工研究》杂志内容丰富，观点新颖，力求引导理论思考，鼓励实践创新，形成政研氛围，为企业党建和思想政治工作提供载体。同年，党委宣传部组织美术爱好者，以《洛阳石化安全生产禁令》为内容创作漫画，编辑出版《安全生产禁令漫画解读》。设计制作《魅力石化·和谐企业》企业宣传画册，包含《魅力石化·和谐企业》视频专题和企业个性邮票，成为展示企业形象的崭新载体。

《魅力石化、和谐企业》画册

《洛阳石化科技》（双月刊）是洛阳石化唯一对外交流的科技类期刊。2008年改为双月刊，自2000年至今，已连续出版50期（总147期），约2500万字，在厂内外发放4万册。与上百家企业建立长期交流合作关系，共交流刊物5000余册。遵循“坚持四项基本原则，理论与生产实际相结合，为科技、管理、营销人员开辟学习、交流园地，为企业及石化行业发展服务”的办刊方针，坚持“传播科技信息，进行技术交流”的办刊宗旨，与时俱进，展示洛阳石化在石油、化工、化纤领域的生产经验、技术总结、研发和创新成果，展现广大工程技术人员在生产实践中取得的成绩，具有较高的学术价值和参考价值。同时，宣传报道与生产实际有关的国内外科技进展情况、科技成果、新技术、新工艺、新设备、新材料的应用及科技发展动向，以及国内外石油、石化、化纤等产品的供需动向和预测等，并及时向中石化集团公司、河南省、洛阳市新闻出版局报送样本，反映出版情况。曾先后获“河南省图书情报成果一等奖”、“洛阳市优秀内资奖”等称号。《石化信息快报》（旬刊）是在洛阳石化内部交流的石化综合类信息刊物。以“贴近生产、贴近一线、贴近信息员”的原则，及时发布石油、石化、化纤市场动态信息，为一线职工提供科学、实用、可靠的第一手材料。2000～2010年，已连续出版480期（总609期）。《油化纤文摘》（双月刊）是洛阳石化图书馆奉献给广大读者的导读材料。其主要刊载新书目通报、300多种刊物最新的与洛阳分公司生产紧密相关的文摘内容，便于广大读者查阅和学习。2000～2010年，已连续出版66期（总112期）。

局域网

2005年2月，洛阳石化局域网由党委宣传部和信息中心共同管理。党委宣传部负责新闻信息的发布管理，信息中心负责其他内容的管理和提供技术支持。党委宣传部和信息中心的有关人员，就如何加强洛阳石化网站信息发布管理工作进行研究，形成《关于洛阳石化局域网信息发布管理的意见》。一是由宣传部负责对局域网首页进行改版。二是对管理职责进行划分，党委宣传部负责对“洛阳石化要闻”、“国内国际科技财经”、“处室信息”、“一线聚焦”、“多种经营”、“讲话文件评论”、“专题报道”、“天气预报”等新闻宣传信息的发布管理。网站内其他功能板块内容，仍由信息中心负责管理。4月，下发《关于进一步加强局域网信息管理的规定》和《洛阳石化局域网信息发布规范》。2006年6月，《洛阳石化局域网信息发布管理规定（试行）》发布实施。2007年1月，以洛阳分公司QHSE作业文件的形式，正式发布实施《洛阳石化局域网信息发布管理规定》。8月，作为《洛阳石化局域网信息发布管理规定》的补充内容，制定《洛阳石化局域网图片发布规定》。局域网管理力度的加大，保证网络这一新媒体正确的舆论导向，使网络信息传播及时、快捷、容量大、受众面广的优势得到更好的发挥，促进企业的两个文明建设。2008年，局域网开展每月“十佳新闻”评选活动，调动基层单位写好新闻、出高质量作品的积极性，促进局域网新闻质量的不断提高。对所有单位在局域网上发布的新闻信息实行全面审核制度。全年编发6万多条信息。2009年，局域网建立领导干部每日巡检制度，全年审核发布基层各类信息68785条，信息审查率达100%。2010年10月，下发《关于改进局域网信息发布管理的通知》，规定各基层单位每日在局域网发稿的上、下限数量，重申各基层单位主要负责人对本单位所发稿件的审核把关责任。开展“我的洛阳石化”摄影比赛，组织摄影爱好者拍摄大量生动、形象的图片，在局域网开设“企业形象”专栏，展示企业“三步走”战略实施以来取得的辉煌成就。2010年，局域网发布各类新闻稿件78198条。

洛阳石化因特网站

2010年2月，洛阳石化因特网站（www.lypcc.com.cn）恢复运行，由党委宣传部负责更新管理，成为企业进行形象展示、信息发布、业务拓展、客户服务、内部沟通和信息共享的重要阵地。重新恢复运行的洛阳石化因特网网站内设“企业要闻”、“行业新闻”、“省市新闻”等新闻栏目和“企业概况”、“企业文化”、“装置简介”、“产品简介”、“企业形象”等专题栏目。企业要闻每周进行更新，截至2010年底，共发稿288篇。

厂史展览

2004年10月18日，洛阳石化厂史馆在科技交流中心开馆。厂史馆展出200余幅历史图片和实物，记录洛阳石化26年的创业历程。2007年，为生动记载洛阳石化自筹建以来各个发展阶段的历程，真实再现老一辈建设者艰苦创业的历史，展示洛阳石化建厂以来的变化，对厂史馆进行改造搬迁。6月28日，重新布展后的厂史馆在石化俱乐部正式开馆。厂史馆展览共分为17个部分，113块展板，375张图片，比较全面地反映洛阳石化发展历程。

洛阳石化厂史馆

志 鉴

《洛阳石油化工总厂志》 《洛阳石油化工总厂志》真实地记载企业自1976年筹建至2000年25年间的历史。1998年12月，厂志编委会决定编纂《洛阳石油化工总厂志》。1999年3月，厂志办公室着手草拟编志工作方案。同年7月，开始设计篇目框架。2000年11月，厂志编委会召开工作会议，调整充实编委会成员，通过厂志编纂工作的总体规划。随后，组建编辑部，设立10个专业组，编纂工作正式启动。2001年2月~2004年3月，先后完成单篇章稿、二审稿、单篇章合龙稿，经编辑部通审，形成《洛阳石油化工总厂志》（征求意见稿）。2004年8月，召开专家评审会。编辑部根据厂志编委会和专家意见，对征求意见稿作修改。2005年7月，形成13篇58章240节90余万字的《洛阳石油化工总厂志》（送审稿）。10月，已编就正文共13篇58章240节，加上序言、凡例、概述、大事记、附录等篇目，全书约90万字。彩页107幅，文中插照95幅。《洛阳石油化工总厂志》历经近5年的“四审五大修”、13次调整篇目框架后定稿，经编委会同意，2005年10月由中国石化出版社出版发行。

《洛阳石化志》 为全面真实记载企业第三次大发展的历程，总结洛阳石化物质文明、政治文明、精神文明建设的经验教训，洛阳石化决定编纂《洛阳石化志》，上接《洛阳石油化工总厂志》，所载内容从2001年开始，下限至2010年。2008年12月，洛阳石化召开《洛阳石化志》编纂委员会工作会议，启动第二轮修志。2009年3月，举办《洛阳石化志》撰稿人培训班，开始征集资料。2009年5月~2010年6月，《洛阳石化志》编辑部召开工作研讨会30次。2010年6月，完成《洛阳石化志》（2001~2010）初稿。经过编辑认真修改，12月底，形成征求意见稿。《洛阳石化志》的结构为序、凡例、概述、大事记、专志、附录、索引、后记。专志按章、节、目编写，正文共26章155节，全书约80万字。志书前彩照125幅、文中插照173幅，大16K本，全彩色印刷。2011年12月由中国石化出版社出版发行。

年鉴 2005年，由于机构和人员的变动，厂志办由经理办公室秘书科代管。2010年9月，志鉴业务及人员划归党委办公室管理。2001年，《洛阳石化年鉴》由16开本改版大16开本，每年一本，继续延用条目式（双栏）的结构形式，年鉴共设12个类目，全面、客观地记述企业从2001~2010年的生产、经营、科研等。厂志办主要工作以《年鉴》为主，辅以向河南省、洛阳市和中石化集团公司等上级部门提供洛阳石化有关内容的稿件。2008年5月，在洛阳市召开的《洛阳市第二轮修志工作研讨会》上，洛阳石化被中共洛阳市委、市政府评为先进集体。2009年，《洛阳石化年鉴》由中国石化出版社正式出版发行，供职工参阅或对外交流、赠阅。

《洛阳石化志》撰稿人培训会

（责任编辑 周 军）

第十九章 组织机构

2002年后，化纤厂、炼油厂、动力厂先后撤销。2005年，石化总厂、洛阳分公司融合，实行“一企一制”。2006年石化总厂工商注销，成立中国石化集团资产经营管理有限公司洛阳分公司，期间，企业名称、组织机构、管理体制都发生相应变化。

组织机构包括企业行政组织、中共党的组织、工会组织和共青团组织。

第一节 管理机构

管理机构包括机构改革、行政领导、管理机构与基层单位。

机构改革

1999年10月，根据中石化集团公司批复的重组方案，洛阳石化总厂分为上市、存续两个部分，上市部分为中国石油化工股份有限公司洛阳分公司，存续部分名称沿用洛阳石油化工总厂。

企业分立运行后，中石化集团公司设立石化总厂与洛阳分公司协调委员会，作为石化总厂和洛阳分公司改革、发展、稳定的领导核心，对企业的稳定和发展负有全责，受中石化集团公司和中石化股份公司的委托，协调有关改革发展、生产经营、关联交易以及人事、分配等方面的重大事项。

2000年8月25日，石化总厂、洛阳分公司协调委员会成立，王富龙任主任，贾保顺、郑怀杰任委员。2001年12月10日，中石化集团公司党组决定，免去王富龙协调委员会主任职务，贾保顺任协调委员会主任，王治卿任协调委员会委员。中石化股份公司委派贾保顺为洛阳分公司代表。2004年1月8日，中石化集团公司党组和中石化股份公司决定，贾保顺不再担任协调委员会主任职务，免去贾保顺洛阳分公司代表职务。6月15日，中石化集团公司党组决定，石化总厂、洛阳分公司不再设立协调委员会，原任协调委员会职务自然免除。中石化股份公司委派魏文波为洛阳分公司代表。2006年10月23日，中石化集团公司下文，魏文波不再担任洛阳分公司代表。

2004年，根据中石化集团公司《关于转让洛阳石油化工总厂资产有关问题的通知》和《关于中国石化集团公司向中国石化股份有限公司出让部分存续企业主业资产的决定》，石化总厂聚酯和聚丙烯公司55%的股权并入洛阳分公司。

2005年1月，石化总厂、洛阳分公司领导班子进行融合，并重新进行分工。其后，大部分业务对口、接近的机关处室和直属机构实施物理融合，初步形成一套班子、一个党群系统、一套机关、一个生产和销售系统的管理格局。

随着中国石化集团资产经营管理有限公司的组建，2006年7月，下发《关于洛阳石油化工总厂体制转换实施方案的批复》，对洛阳石化体制转换后的企业组织形式和名称、体制转换中的各类业务处置方向、体制转换主要任务、洛阳资产分公司管理机构及职责等内容进行明确。体制转换后，洛阳石油化工总厂更名为中国石化集团资产经营管理有限公司洛阳分公司，简称“洛阳资产分公司”，并于9月完成工商注册，11月底完成洛阳石油化工总厂的工商注销工作。

石化总厂、洛阳分公司、洛阳资产分公司行政领导

表 19－1　　2001～2010 年历任厂（公司）级行政领导

时间	企业名称	正职	副职
2001.01	中国石化集团公司洛阳石油化工总厂	厂长：郑怀杰	副厂长：郭海泉　曾佳拥　路玉堂　吕中品
	中国石油化工股份有限公司洛阳分公司	经理：王富龙	副经理：曾佳拥　郭海泉　孙春刚　吕中品　王治卿（兼）
2001.12	中国石化集团公司洛阳石油化工总厂	厂长：郑怀杰	郭海泉　吕中品　廉金社
	中国石油化工股份有限公司洛阳分公司	协调委员会主任：贾保顺 洛阳分公司代表：贾保顺 经理：王治卿	曾佳拥　孙春刚　韩剑敏
2003.03	中国石化集团公司洛阳石油化工总厂	厂长：郑怀杰	廉金社　郑国栋　杜平安　王鑫武
	中国石油化工股份有限公司洛阳分公司	协调委员会主任：贾保顺 洛阳分公司代表：贾保顺 经理：王治卿	曾佳拥　韩剑敏　赵振辉
2003.12	中国石化集团公司洛阳石油化工总厂	厂长：郑怀杰	廉金社　郑国栋　杜平安　王鑫武
	中国石油化工股份有限公司洛阳分公司	经理：王治卿	曾佳拥　韩剑敏　赵振辉
2004.06	中国石化集团公司洛阳石油化工总厂	厂长：魏文波	郑国栋　廉金社　杜平安　王鑫武
	中国石油化工股份有限公司洛阳分公司	洛阳分公司代表：魏文波 经理：王治卿	曾佳拥　赵振辉
2005.12	中国石化集团公司洛阳石油化工总厂	厂长：魏文波	郑国栋　杜平安　廉金社　王鑫武
	中国石油化工股份有限公司洛阳分公司	洛阳分公司代表：魏文波 经理：王治卿	赵振辉
2006.10	中国石油化工股份有限公司洛阳分公司	经理：魏文波	赵振辉
	中国石化集团资产经营管理有限公司洛阳分公司	经理：魏文波	
	中国石化集团公司洛阳石油化工总厂		郑国栋　杜平安　廉金社　王鑫武
2007.06	中国石油化工股份有限公司洛阳分公司	经理：魏文波	郑国栋　赵振辉　杜平安　廉金社　王鑫武
	中国石化集团资产经营管理有限公司洛阳分公司	经理：魏文波	廉金社
2008.12	中国石油化工股份有限公司洛阳分公司	总经理：魏文波	赵振辉　郑国栋　杜平安　廉金社　王鑫武
	中国石化集团资产经营管理有限公司洛阳石化分公司	总经理：魏文波	廉金社

续表

时间	企业名称	正职	副职
2009.09	中国石油化工股份有限公司洛阳分公司	总经理：赵振辉	杜平安　廉金社　王鑫武
	中国石化集团资产经营管理有限公司洛阳石化分公司	总经理：赵振辉	廉金社
2010.11	中国石油化工股份有限公司洛阳分公司	总经理：赵振辉	杜平安　廉金社　王鑫武　况成承
	中国石化集团资产经营管理有限公司洛阳石化分公司	总经理：赵振辉	廉金社

管理机构与基层单位

2001年2月1日，外事办公室更名为外事外贸处，由工程建设公司代管。洛阳炼化工程质量监督站更名为中国石化质量监督总站洛阳石化分站。6月6日，成立计量处，将生产调度处计量业务及人员成建制划归计量处，不设科，保留计量站。工程建设监理公司、设计院并入工程建设公司（因对外业务需要保留工程建设监理公司、工程质量监督站、设计院名称及干部任职）。工程建设公司下设综合部、施工部、监理部、设计部、经营部、财务部，代管外事外贸处、工农关系办公室，原下设部、室同时撤销。商鼎公司与华诚房地产开发公司分立运行，均为石化总厂直属公司。成立洛阳石化宏业劳务公司（简称宏业劳务公司），由宏达实业总公司代管；教育培训中心职工学校（技工学校）业务及人员并入宏业劳务公司，对外保留职工学校（技工学校）名称及领导干部任职。园林公司与惠康物业管理公司合并，对外保留园林公司名称及领导干部任职。9月14日，洛阳石油化工总厂宏达实业总公司更名为洛阳石化宏达实业总公司，洛阳石油化工总厂金达实业公司更名为洛阳石化金达实业公司，洛阳石油化工总厂惠康物业管理公司更名为洛阳石化惠康物业管理公司，洛阳石油化工总厂通达运输工程公司更名为洛阳石化通达运输工程公司，洛阳石油化工总厂工程公司更名为洛阳石化工程公司，洛阳石油化工总厂拉膜厂更名为洛阳石化拉膜厂。

2002年1月11日，撤销化纤厂行政机构，成立石化总厂生产处、计划处、设备处、安全处、芳烃车间、化工车间、聚酯车间、长丝车间、短纤维车间、化验车间，均为直属单位。计划经营处更名为经营管理处，保留多种经营办公室、股份合作办公室，成立企业管理科、企业改革办公室。成立石化总厂发展规划处，与技术中心一个机构两块牌子。职工医院撤销职防科，业务划归洛阳分公司安全环保处。10月21日，中空纤维公司更名为中空纤维车间，为石化总厂直属单位。

2003年5月6日，洛阳分公司撤销炼油厂、动力厂，原炼油厂、动力厂下属车间（站）为洛阳分公司直属单位，同时成立协调委员会办公室，与党委办公室合署办公。石化总厂经营管理处设企业管理办公室、基层建设办公室、法律顾问室，撤销企业管理科、股份合作办公室。生产处设开工办公室，撤销技术科、质量科，其业务和人员划入质量技术处。设备处成立电仪科。安全处成立岗检办公室；石化总厂计划处撤销投资管理科。发展规划处与技术中心分立。成立技术质量处，与技术中心一个机构两块牌子。成立工程和房地产管理处，将石化总厂计划处投资管理科业务和人员相应划入，撤销工农办，其业务及人员成建制划入。将工程质量监督站从工程建设公司划出，由工程和房地产管理处代管。外事外贸处由石化总厂直接管理。工会成立文体中心，撤销文化宫、俱乐部；成立机关党委、纪委、工会，撤销机关第一、第二党总支。化纤产品销售处更名为化纤供销公司。撤销压力容器检验所，其业务和人员划归设备检测所。成立质量处，设质量管理科、质量检查科、标准科。热电站升格为副处级单位。储运厂更名为铁路运输部。消防大队更名为消防支队，设综合办公室、战训科、防火科（气防站）、一中队、二中队、三中队，二级机构均为副科级单位。物资供应处更名为物资供应部，设煤炭科，撤销财务科，其他科室人员及业务成建制划入，废旧物资回收部更名为废

旧物资回收公司。信息中心设情报站，通讯站更名为通讯公司。研究所更名为研究院。5月29日，成立洛阳石化学校及洛阳石化学校党总支，下设高中部、义务教育一部、义务教育二部和义务教育三部。撤销洛阳石油化工总厂中学、第一小学、第二小学，将其人员和业务成建制划入洛阳石化学校。

2004年2月26日，洛阳石化总厂驻郑州办事处实华宾馆更名为郑州实华宾馆。3月16日，根据中石化集团公司和中石化股份公司关于改革企业研究机构的批示精神，撤销洛阳分公司研究院，其人员安置到聚丙烯公司等单位，3月29日，聚丙烯公司成立科研开发中心。由于洛阳石化学校的人员和资产已整体移交洛阳市政府，同日撤销原洛阳石化学校及其下属机构。4月29日，洛阳石化通达运输工程公司完成改制及工商注册登记工作，其88名职工于5月18日与石化总厂协议解除劳动合同。5月8日，洛阳隆惠石化设备制造安装公司完成改制及工商注册登记工作，其427名职工于5月28日同石化总厂协议解除劳动合同。5月30日，洛阳石化工程设计有限公司完成改制及工商注册登记工作，其68名职工于6月30日同石化总厂协议解除劳动合同。6月9日，成立公安处一科、二科、三科，保留原公安处办公室，撤销原公安处经济民警中队、刑事侦查科、生产保卫科、铁路公安科、车辆管理科、民调办等科室。6月29日，洛阳石化工程建设有限责任公司完成改制及工商注册登记工作，其132名职工于7月1日同石化总厂协议解除劳动合同。8月16日，撤销协调委员会办公室。

2005年4月18日，洛阳三隆设备安装检修有限公司完成改制及工商注册登记工作，其501名职工与石化总厂协议解除劳动合同。4月29日，撤销原洛阳三隆设备安装维修有限责任公司及公司党委、纪委、工会，同日成立洛阳三隆设备安装检修有限公司党委、纪委、工会。10月14日，成立信息中心ERP支持中心。同日，撤销中空纤维车间，将其业务及部分人员并入短纤维车间。

2006年2月9日，成立油品质量升级改造项目管理部，项目管理下设7个副处级职能部门：综合管理部、HSE管理部、设计管理部、工程管理部、采购部、控制部、财务部。成立计量管理中心，原计量处业务和人员成建制划入计量管理中心。2月23日，成立发展规划处投资计划科。将计划处综合计划科业务和人员成建制划入投资计划科。同日，撤销计划处综合计划科。其业务和人员成建制划入发展规划处投资计划科。8月8日，根据工作需要，对部分机构进行调整，成立财务处内控科，将企业管理处有关内控管理的业务划入内控科。成立保卫处（武装部）经济民警中队，将生产保卫科的经警队伍划归经济民警中队管理。撤销外事处，成立外事办公室，隶属于经理办公室管理，将原外事处管理科的有关业务划归外事办公室。成立物资装备部进口科，将原外事处业务科的有关业务划归进口科。11月3日，成立信息中心网络维护站，撤销通讯公司。ERP支持中心更名为ERP系统维护站。同日，根据中国石化集团资产经营管理有限公司《关于洛阳石油化工总厂体制转换实施方案的批复》精神和工作需要，成立中国石化集团资产经营管理有限公司洛阳分公司财务资产处、综合管理处和离退休职工管理办公室。

2007年3月28日，成立工程项目管理部。原油品质量升级改造项目管理部和工程管理处进行合并，其人员及业务成建制划入工程项目管理部。同时成立生产准备部，隶属工程项目管理部管理。成立技改部，隶属工程项目管理部管理，原工程管理处人员及业务成建制划入，其下设机构及领导人员任职不变。3月28日，根据《关于成立股份分公司节能委员会的通知》，成立洛阳分公司节能委员会，下设办公室，办公室设在生产调度处。3月28日，根据《关于机构和领导人员调整的通知》，成立工程项目管理部党总支、工会，隶属洛阳分公司党委、工会管理。将油品质量升级改造项目管理部党支部、工程管理处党支部、发展规划处党支部及其工会组织由机关党委、机关工会划入工程项目管理部党总支、工会管理。

2008年10月13日，根据《关于机构调整和部分人员聘任的通知》，消防支队升格为正处级，其下属机构及业务不变。10月23日，根据《关于机构调整的通知》，成立洛阳资产分公司安全生产管理部（副处级），人员归洛阳资产分公司管理，业务归安全环保处管理。同日，成立安全环保处安全督导巡查队（正科级），将安全督导办公室人员、业务成建制划入，撤销安全督导办公室。12月30日，根据《关于机构调整及部分人员聘任的通知》，成立招标办公室（正处级），按一正一副职数配备。

2009年8月21日，成立质量检验中心（科研开发中心）、聚酯生产管理部筹备组和仓储中心筹备组，同时成立质量检验中心（科研开发中心）党支部和仓储中心筹备组党支部。10月15日，机械动力处成立工程管理科。技术质量处（技术中心）撤销质量检查科，其人员及业务成建制划入质量检验中心（科研开发中心）。招标办公室成立综合管理科、招标管理科。保卫处（武装部）成立思想政治工作部、危化品运输管理科，经济民警中队更名为内保护卫大队，其人员及业务成建制划入内保护卫大队。宣传部（统战部、党校）成立电视台、报社，撤销新闻中心。营销部成立自销产品科。物资装备部成立过程控制科、设备配件计划科、设备配件采购科、电仪材料计划科、电仪材料采购科、化工煤炭计划科、化工煤炭采购科，撤销配件科、设备科、电仪科、材料科、化工科、煤炭科；进口科更名为进口检验科，其人员及业务成建制划入进口检验科。消防支队成立防火科、气体防护急救站，撤销防火气防科。计量管理中心成立管理科、维修站。质量检验中心（科研开发中心）成立综合科、思想政治工作部、质量检查科、科研开发科、安全生产技术科、设备科；撤销洛阳分公司化验一车间、化验二车间，其人员及业务成建制划入质量检验中心（科研开发中心）。

2010年1月4日，撤销仓储中心筹备组，成立仓储中心。仓储中心下设综合科、思想政治工作部、安全科、生产运行科、设备技术科、物流管理科。仓储中心筹备组党支部更名为仓储中心党支部。2月26日，工程项目管理部撤销生产准备部，其业务和人员成建制划入生产调度处。撤销HSE管理部，其业务和人员成建制划入安全环保处，撤销采购管理部，其业务和人员成建制划入物资装备部，撤销财务管理部，其业务和人员成建制划入财务处，撤销技改部，其业务和人员成建制划入工程项目管理部工程管理部，其下设机构和领导人员任职不变。生产调度处成立开工办公室。财务处成立项目资金管理科。7月23日，成立聚酯生产管理部，撤销聚酯生产管理部筹备组。合并聚酯车间、长丝车间、短纤维车间，其所属业务及人员一并划入聚酯生产管理部。成立动力生产管理部。合并热电站、发变电车间，其所属业务及人员一并划入动力生产管理部。9月26日，成立油气车间，油品车间、气体车间其所属业务及人员一并划入油气车间。成立聚丙烯车间。12月21日，成立机械动力处厂内生产车队，负责厂内生产车辆的管理工作。

表19-2　　2001～2010年企业行政组织

名　称	年月	管理机构与基层单位
洛阳石油化工总厂	2001.12	厂长办公室、计划经营处、财务处、计划处、人事处、监察处、化纤厂、化纤产品销售处、聚丙烯公司、拉膜厂、技术中心、离退休管理办公室、教育培训中心、公安处、职工医院、工程建设公司、三隆设备维修公司、隆惠设备制造安装公司、宏达实业总公司、惠康物业管理公司、通达运输工程公司、工程公司、金达实业公司、商鼎公司、华诚房地产开发公司、自来水公司、中空纤维公司
洛阳石油化工总厂	2002.12	厂长办公室、生产处、安全处、设备处、技术中心（发展规划处）、财务处、计划处、经营管理处、审计处、人事处、监察处、芳烃车间、化工车间、聚酯车间、长丝车间、短纤维车间、化纤产品销售处、聚丙烯公司、拉膜厂、离退休职工管理办公室、教育培训中心、公安处、职工医院、工程建设公司、三隆设备维修公司、隆惠设备制造安装公司、宏达实业总公司、惠康物业管理公司、通达运输工程公司、工程公司、金达实业公司、商鼎公司、华诚房地产开发公司、自来水公司、中空纤维公司

续表

名　称	年月	管理机构与基层单位
洛阳石油化工总厂	2005. 12	宏达实业总公司、惠康物业管理公司、工程公司、金达实业公司、商鼎公司、华诚房地产开发公司
中国石油化工股份有限公司洛阳分公司	2001. 12	经理办公室、生产调度处、技术处、机动处、安全环保处、计量处、计划处、财务处、人力资源处、企管处、炼油厂、动力厂、储运厂、消防大队、销售公司、供应处、信息中心、研究所
中国石油化工股份有限公司洛阳分公司	2003. 12	经理办公室、生产调度处、技术处、质量处、机动处、安全环保处、计量处、财务处、人力资源处、企管处、计划处、一催化车间、二催化车间、常减压车间、二联合车间、三联合车间、四联合车间、五联合车间、六联合车间、油品车间、气体车间、化验车间、水汽车间、发变电车间、供水车间、空压车间、排水车间、热电站、铁路运输部、销售公司、消防支队、物资供应部、信息中心
中国石油化工股份有限公司洛阳分公司	2005. 12	经理办公室、生产调度处、机动处、安全环保处、技术质量处、发展规划处、计划处、财务处、审计处、企管处、资产管理处、计量处、人力资源处、工程管理处、外事处、法律事务处、保卫处、干部处、监察处、一催化车间、二催化车间、常减压车间、二联合车间、三联合车间、四联合车间、五联合车间、六联合车间、油品车间、气体车间、化验一车间、芳烃车间、化工车间、聚酯车间、长丝车间、短纤维车间、化验二车间、水汽车间、发变电车间、供水车间、空压车间、排水车间、热电站、铁路运输部、聚丙烯公司、营销部、原油采购部、物资装备部、消防支队、信息中心、离退休职工管理办公室、工程质量监督站
中国石油化工股份有限公司洛阳分公司	2008. 12	经理办公室、生产调度处、机动处、安全环保处、技术质量处、发展规划处、能源管理处、计划处、财务处、审计处、企管处、资产管理处、招标办公室、人力资源处、法律事务处、工程项目管理部、保卫处、干部处、监察处、一联合车间、二联合车间、三联合车间、四联合车间、芳烃车间、化工车间、聚酯车间、长丝车间、短纤维车间、焦化车间、加氢车间、油品车间、气体车间、化验一车间、化验二车间、水汽车间、发变电车间、空压车间、供水车间、排水车间、热电站、铁路运输部、聚丙烯公司、营销部、原油采购部、物资装备部、消防支队、计量管理中心、信息中心、离退休职工管理办公室、工程质量监督站
中国石油化工股份有限公司洛阳分公司	2010. 12	经理办公室、生产调度处、机动处、安全环保处、技术质量处、发展规划处、能源管理处、计划处、财务处、审计处、企管处、资产管理处、招标办公室、人力资源处、法律事务处、工程项目管理部、保卫处、干部处、监察处、一联合车间、二联合车间、三联合车间、四联合车间、芳烃车间、化工车间、焦化车间、加氢车间、油气车间、水汽车间、空压车间、供水车间、排水车间、聚丙烯车间、聚酯生产管理部、动力生产管理部、铁路运输部、聚丙烯公司、营销部、原油采购部、物资装备部、消防支队、计量管理中心、信息中心、离退休职工管理办公室、仓储中心、质量检验中心、工程质量监督站
中国石化集团资产经营管理有限公司洛阳分公司	2006. 12	财务资产处、综合管理处、离退休职工管理办公室、宏达实业总公司、惠康物业管理公司、金达实业公司、工程公司、自来水公司、华诚房地产公司

续表

名　称	年月	管理机构与基层单位
中国石化集团资产经营管理有限公司洛阳石化分公司	2008.12	财务资产处、综合管理处、安全生产管理部、离退休职工管理办公室、宏达实业总公司、惠康物业管理公司、自来水公司、华诚房地产公司
中国石化集团资产经营管理有限公司洛阳石化分公司	2010.12	财务资产处、综合管理处、安全生产管理部、离退休职工管理办公室、惠康物业管理公司、自来水公司、华诚房地产公司

第二节　中共党组织

中共党组织包括管理体制、党委主要领导、工作机构和基层党组织。

管理体制

企业党组织实行属地化管理，上级党组织为中共洛阳市委。

2001年～2007年7月，企业党组织名称为"中共洛阳石油化工总厂委员会"，石化总厂、洛阳分公司下属单位党组织隶属于石化总厂党委。2007年7月，企业党组织更名为"中共中国石油化工股份有限公司洛阳分公司委员会"。2003年之后，随着多种经营企业改制分流和移交企业办社会职能的进行，先后有石化医院、通达运输工程公司等9个单位改制，与原属单位脱离行政隶属关系，其党群组织隶属关系不变。

表19－3　2001～2010年党委主要领导

时间	党组织全称	书记	副书记	纪委书记
2001.01～2003.03	中共洛阳石油化工总厂委员会	贾保顺	党力强	党力强
2003.03～2003.12	中共洛阳石油化工总厂委员会	贾保顺	裴春旺　王治平	裴春旺
2003.12～2004.06	中共洛阳石油化工总厂委员会		裴春旺　王治平	裴春旺
2004.06～2006.09	中共洛阳石油化工总厂委员会	魏文波	裴春旺　王治平	裴春旺
2006.09～2007.07	中共洛阳石油化工总厂委员会	魏文波	王治平	王治平
2007.07～2009.09	中共中国石油化工股份有限公司洛阳分公司委员会	魏文波	王治平	王治平
2009.09～	中共中国石油化工股份有限公司洛阳分公司委员会	魏文波	赵振辉　王治平	王治平

工作机构

2001年，总厂党委主要工作部门有：党委办公室、组织部（干部处）、宣传部（统战部、党校）。纪委下设纪委办公室，与监察处合署办公。武装部设在保卫处，业务工作归党委管理。2007年，洛阳分公司党委成立后，其工作部门不变。

党委办公室　党委办公室负责党群系统会议的召集，党委的文秘工作，机要文件的收发、传递、归档，保密工作的日常管理、检查，党委工作调研等。党委办公室设秘书科、保密科，2003年设调研科。2010年8月，志鉴业务及人员划归党委办公室。

党委组织部（干部处）　党委组织部（干部处）负责党的基层组织建设、党员管理、党员发展、党内活动的开展、党员代表大会的筹备、党的组织制度的贯彻落实，全厂干部的考核、任免与管理，专业技术人员职称的评审与管理、大

学毕业生引进等。党委组织部（干部处）在党内称组织部，在行政系统称干部处，一套机构，两块牌子。

2001年~2005年1月，党委组织部（人事处）下设组织科、工资科、人事科、技术人员管理科。2005年1月，党委组织部（人事处）恢复为党委组织部（干部处），撤销工资科，人事科恢复为干部科，科室设置为组织科、干部科、技术人员管理科。

党委宣传部（统战部、党校） 党委宣传部（统战部、党校）负责党的路线、方针、政策的宣传教育和党员、干部、职工的政治理论学习，开展党员、职工思想状况调查，负责党校和统战工作，代管思想政治工作研究会工作，负责《洛阳石化》报的编辑、有线电视台的播出、企业局域网的维护工作。宣传部设宣传科、理论教育科、《中国石化报》洛阳记者站、《洛阳石化》报社和有线电视台。2001年电视台、《洛阳石化》报社合并，成立新闻中心。

纪委监察处 2001年，纪委办公室和监察处合署办公，一套机构、两块牌子，隶属于党委和行政共同管理。2005年3月后，撤销纪委办公室、综合科、监察科、审理科，成立纪委监察处，下设综合室、监察室、审理室，隶属于党委和行政共同管理。

基层党组织

企业基层单位根据《党章》的有关规定分别设置基层党委（党总支）、党支部。

2001年，共有基层党委14个（含宏力化工厂党委）、党总支8个（含宏达化纤厂党总支）、党支部172个，其中直属党支部12个。之后，尽管企业改革不断深化，管理机构不断调整，多种经营企业改制分流，但党组织建设一直按照“五同时”原则不断健全和完善，始终做到新建行政组织的同时建立党的组织。多经企业改制分流后，其党组织隶属关系不变。截至2010年底，洛阳分公司党委下设14个党委、7个党总支、23个直属党支部，共有基层党支部177个。

表19-4 **2001~2010年党委所属基层党组织**

年份	基层党委（总支）	直属党支部
2001	炼油厂、化纤厂、动力厂、储运厂、宏达公司、金达公司、工程公司、聚丙烯公司、隆惠公司、惠康公司、工程建设公司、三隆公司、离退办、销售公司、供应处、机关第一、机关第二党总支、厂长办、教培中心、通达公司	自来水公司、公安处、消防大队、研究所、信息中心、职工医院、拉膜厂、化纤产品销售处、华诚公司、商鼎公司
2002	炼油厂、动力厂、储运厂、宏达公司、金达公司、工程公司、聚丙烯公司、隆惠公司、惠康公司、工程建设公司、三隆公司、离退办、销售公司、供应处、机关第一党总支、机关第二党总支、厂长办、教培中心、通达公司	芳烃车间、化工车间、聚酯车间、长丝车间、短纤维车间、化验车间、中空纤维车间、自来水公司、公安处、消防大队、研究所、信息中心、职工医院、拉膜厂、化纤产品销售处、华诚公司、商鼎公司
2003	机关、宏达公司、聚丙烯公司、铁路运输部、金达公司、工程公司、隆惠公司、惠康公司、工程建设公司、三隆公司、离退办、销售公司、物资供应部、厂长办、教培中心、石化医院、通达公司	常减压车间、一催化车间、二催化车间、二联合车间、三联合车间、四联合车间、五联合车间、六联合车间、洛阳分公司化验车间、油品车间、气体车间、热电站、空压车间、水汽车间、发变电车间、排水车间、供水车间、芳烃车间、化工车间、聚酯车间、长丝车间、短纤维车间、总厂化验车间、中空纤维车间、自来水公司、公安处、消防支队、研究院、信息中心、拉膜厂、化纤供销公司、华诚公司、商鼎公司

续表

年份	基层党委（总支）	直属党支部
2006	机关、宏达公司、聚丙烯公司、铁路运输部、金达公司、工程公司、隆惠公司、惠康公司、工程建设公司、三隆公司、离退办、营销部、物资装备部、经理办、长丝车间、石化医院、通达公司、热电站	一联合车间、二联合车间、三联合车间、四联合车间、焦化车间、加氢车间、化验一车间、油品车间、气体车间、空压车间、水汽车间、发变电车间、排水车间、供水车间、芳烃车间、化工车间、聚酯车间、短纤维车间、化验二车间、自来水公司、保卫处、消防支队、工程设计公司、计量管理中心、信息中心、原油采购部、华诚公司
2008	机关、宏达公司、聚丙烯公司、铁路运输部、金达公司、工程公司、隆惠公司、惠康公司、工程建设公司、三隆公司、离退办、营销部、物资装备部、经理办、长丝车间、石化医院、通达公司、热电站、工程项目管理部	一联合车间、二联合车间、三联合车间、四联合车间、焦化车间、加氢车间、化验一车间、油品车间、气体车间、空压车间、水汽车间、发变电车间、排水车间、供水车间、芳烃车间、化工车间、聚酯车间、短纤维车间、化验二车间、自来水公司、保卫处、消防支队、工程设计公司、计量管理中心、信息中心、原油采购部、华诚公司
2010	机关、宏达公司、聚丙烯公司、铁路运输部、金达公司、工程公司、隆惠公司、惠康公司、工程建设公司、三隆公司、离退办、动力生产管理部、聚酯生产管理部、营销部、物资装备部、经理办、石化医院、通达公司、质检中心	一联合车间、二联合车间、三联合车间、四联合车间、焦化车间、加氢车间、油气车间、空压车间、水汽车间、发变电车间、排水车间、供水车间、芳烃车间、化工车间、自来水公司、保卫处、消防支队、工程设计公司、计量管理中心、信息中心、原油采购部、华诚公司、聚丙烯车间

说明：此表不含直属党组织下属的党组织

第三节　工会组织

工会组织包括工作机构、基层工会组织。

工作机构

2001年，洛阳石化总厂工会设办公室、女工部、权益保护部、宣教部、生产部、体协、文化宫、俱乐部，代管计划生育办公室。

2002年6月7日文化宫、俱乐部、游泳池重组，合并为洛阳石化总厂嘉合文化体育中心。2007年6月，撤销嘉合文化体育中心，成立群众体育部，与体协办公室合署办公，其业务及人员成建制划入群众体育部。2007年8月，洛阳石油化工总厂工会委员会更名为中国石油化工股份有限公司洛阳分公司工会委员会。

截至2010年底，洛阳分公司工会下设办公室、权益保护部、生产部、宣教部、女工部、群众体育部、代管计划生育办公室、体协、文联。

基层工会组织

2001年，石化总厂工会共有18个分会，10个直属支会。2003年以后，先后有9个单位改制，与原单位脱离隶属关系，但工会组织仍隶属石化总厂（洛阳分公司）工会。截至2010年底，洛阳分公司工会下设16个分会、26个支会，在册会员9498人。

表 19－5　　2001～2010 年基层工会组织

年份	基层工会	
	分　会	支　会
2001	炼油厂、化纤厂、动力厂、聚丙烯公司、储运厂、隆惠公司、三隆公司、工程建设公司、惠康公司、金达公司、通达公司、宏达公司、工程公司、供应处、教培中心、厂长办公室、机关第一分会、机关第二分会	消防大队、信息中心、研究所、拉膜厂、离退办、公安处、商鼎公司、自来水公司、化纤产品销售处、销售公司
2002	炼油厂、动力厂、聚丙烯公司、储运厂、隆惠公司、三隆公司、工程建设公司、惠康公司、金达公司、通达公司、宏达公司、工程公司、供应处、教教培中心、厂长办公室、机关第一分会、机关第二分会	聚酯车间、化工车间、化验车间、长丝车间、短丝车间、芳烃车间、中空纤维、职工医院、消防大队、信息中心、研究所、离退办、公安处、商鼎公司、自来水公司、化纤产品销售处、华诚公司、销售公司、拉膜厂
2003	聚丙烯公司、铁路运输部、隆惠公司、三隆公司、工程建设公司、惠康公司、金达公司、通达公司、宏达公司、工程公司、物资供应部、教培中心、厂长办公室、机关工会	常减压车间、一催化车间、二催化车间、二联合车间、三联合车间、四联合车间、五联合车间、六联合车间、油品车间、气体车间、洛阳分公司化验车间、聚酯车间、化工车间、长丝车间、短纤维车间、芳烃车间、总厂化验车间、中空纤维、水汽车间、发变电车间、供水车间、空压车间、排水车间、热电站、拉膜厂、消防支队、销售公司、化纤供销公司、信息中心、公安处、研究院、自来水公司、离退办、华诚公司、石化医院
2007	铁路运输部、聚丙烯公司、物资装备部、经理办公室、机关工会、惠康公司、宏达公司、金达公司、工程公司、三隆公司、隆惠公司、工程建设公司、通达公司	一联合车间、二联合车间、三联合车间、四联合车间、芳烃车间、聚酯车间、化工车间、长丝车间、短纤维车间、焦化车间、加氢车间、油品车间、气体车间、热电站、供水车间、排水车间、空压车间、水汽车间、发变电车间、化验一车间、化验二车间、保卫处、营销部、原油采购部、离退办、信息中心、计量管理中心、消防支队、工程项目管理部、自来水公司、华诚公司、设计公司、石化医院
2008	铁路运输部、聚丙烯公司、惠康公司、物资装备部、经理办公室、机关工会、宏达公司、三隆公司、隆惠公司、金达公司、工程公司、工程建设公司、通达公司	一联合车间、二联合车间、三联合车间、四联合车间、芳烃车间、聚酯车间、化工车间、长丝车间、短纤维车间、焦化车间、加氢车间、油品车间、气体车间、热电站、供水车间、排水车间、空压车间、水汽车间、发变电车间、化验一车间、化验二车间、保卫处、营销部、原油采购部、离退办、信息中心、计量管理中心、消防支队、工程项目管理部、自来水公司、宏业公司、华诚公司、设计公司、石化医院
2010	铁路运输部、聚丙烯公司、惠康公司、物资装备部、经理办公室、机关工会、聚酯生产部、动力生产部、质检中心、宏达公司、三隆公司、隆惠公司、金达公司、工程公司、工程建设公司、通达公司	一联合车间、二联合车间、三联合车间、四联合车间、芳烃车间、化工车间、焦化车间、加氢车间、油气车间、供水车间、排水车间、空压车间、水汽车间、保卫处、营销部、原油采购部、离退办、信息中心、计量管理中心、消防支队、仓储中心、自来水公司、宏业公司、华诚公司、设计公司、石化医院

第四节　共青团组织

2007 年 8 月，共青团洛阳石油化工总厂委员会更名为共青团中国石油化工股份有限公司洛阳分公司委员会。2000 年以来，根据企业改革发展和团员队伍变化，增设、撤销、变更团的基层组织设置，形成多重覆盖、交叉管理的团青组织网络。截至 2010 年底，洛阳分公司团委下设 41 个共青团和青年组织，其中分团委 8 个、团总支 4 个、团支部 20 个、青年工作委员会 9 个。

表 19－6　　2001～2010 年基层共青团和青年组织

年份	基层团委（总支）	直属团支部（青年工作委员会）
2001	炼油厂、化纤厂、动力厂、储运厂、聚丙烯公司、隆惠公司、三隆公司、金达公司、工程公司、惠康公司、工程建设公司、教培中心、宏达公司、厂长办公室	消防大队、销售公司、职工医院、信息中心、通达公司、研究所、供应处、拉膜厂
2002	炼油厂、动力厂、储运厂、聚丙烯公司、隆惠公司、三隆公司、金达公司、工程公司、惠康公司、工程建设公司、教培中心、宏达实业总公司、厂长办公室、消防大队	芳烃车间、化工车间、聚酯车间、短纤维车间、长丝车间、化验车间、职工医院、信息中心、通达公司、研究所、供应处、拉膜厂、公安处
2003	铁路运输部、聚丙烯公司、隆惠公司、三隆公司、金达公司、工程公司、惠康公司、工程建设公司、宏达公司、消防支队	常减压车间、一催化车间、二催化车间、三联合车间、四联合车间、五联合车间、六联合车间、油品车间、气体车间、洛阳分公司化验车间、芳烃车间、化工车间、聚酯车间、短纤维车间、长丝车间、总厂化验车间、供水车间、排水车间、发变电车间、热电站、空压车间、水汽车间、通达公司、职工医院、信息中心、物资供应处、拉膜厂、公安处、中空纤维车间、厂长办公室、销售公司
2004	铁路运输部、聚丙烯公司、隆惠公司、三隆公司、金达公司、工程公司、惠康公司、宏达公司、消防支队	常减压车间、一催化车间、二催化车间、二联合车间、三联合车间、四联合车间、五联合车间、六联合车间、油品车间、气体车间、洛阳分公司化验车间、芳烃车间、化工车间、聚酯车间、短纤维车间、长丝车间、总厂化验车间、供水车间、排水车间、发变电车间、热电站、空压车间、水汽车间、厂长办公室、通达公司、石化医院、信息中心、物资装备部、公安处、中空纤维车间、销售公司、机关青工委、自来水公司
2005	铁路运输部、聚丙烯公司、隆惠公司、三隆公司、金达公司、工程公司、惠康公司、宏达公司、消防支队	常减压车间、一催化车间、二催化车间、二联合车间、三联合车间、四联合车间、五联合车间、六联合车间、油品车间、气体车间、化验一车间、芳烃车间、化工车间、聚酯车间、短纤维车间、长丝车间、化验二车间、供水车间、排水车间、发变电车间、热电站、空压车间、水汽车间、通达公司、信息中心、物资装备部、石化医院、保卫处、营销部、经理办公室、机关青工委、工程设计公司

续表

年份	基层团委（总支）	直属团支部（青年工作委员会）
2006	铁路运输部、聚丙烯公司、隆惠公司、三隆公司、金达公司、工程公司、惠康公司、宏达公司、消防支队、大学生公寓	一联合车间、二联合车间、三联合车间、四联合车间、加氢车间、焦化车间、油品车间、气体车间、化验一车间、芳烃车间、化工车间、聚酯车间、短纤维车间、长丝车间、化验二车间、供水车间、排水车间、发变电车间、热电站、空压车间、水汽车间、信息中心、物资装备部、石化医院、保卫处、营销部、经理办公室、机关青工委、工程设计公司、通达公司
2007	铁路运输部、聚丙烯公司、隆惠公司、三隆公司、金达公司、工程公司、惠康公司、宏达公司、消防支队、长丝车间、大学生公寓	一联合车间、二联合车间、三联合车间、四联合车间、加氢车间、焦化车间、油品车间、气体车间、化验一车间、芳烃车间、化工车间、聚酯车间、短纤维车间、化验二车间、供水车间、排水车间、发变电车间、热电站、空压车间、水汽车间、信息中心、物资装备部、石化医院、保卫处、营销部、经理办公室、机关青工委、工程设计公司、通达公司
2008	铁路运输部、聚丙烯公司、隆惠公司、三隆公司、金达公司、工程公司、惠康公司、宏达公司、消防支队、长丝车间、大学生公寓	一联合车间、二联合车间、三联合车间、四联合车间、加氢车间、焦化车间、油品车间、气体车间、化验一车间、芳烃车间、化工车间、聚酯车间、短纤维车间、化验二车间、供水车间、排水车间、发变电车间、热电站、空压车间、水汽车间、信息中心、物资装备部、石化医院、保卫处、营销部、经理办公室、机关青工委、工程设计公司、通达公司
2009	铁路运输部、聚丙烯公司、隆惠公司、三隆公司、金达公司、工程公司、惠康公司、宏达公司、消防支队、长丝车间、大学生公寓	一联合车间、二联合车间、三联合车间、四联合车间、加氢车间、焦化车间、油品车间、气体车间、芳烃车间、化工车间、聚酯车间、短纤维车间、质量检验中心、供水车间、排水车间、发变电车间、热电站、空压车间、水汽车间、信息中心、物资装备部、石化医院、保卫处、营销部、经理办公室、机关青工委、工程设计公司、通达公司
2010	铁路运输部、聚丙烯公司、隆惠公司、三隆公司、金达公司、工程公司、惠康公司、宏达公司、消防支队、长丝车间、大学生公寓、保卫处	一联合车间、二联合车间、三联合车间、四联合车间、加氢车间、焦化车间、油品车间、气体车间、芳烃车间、化工车间、聚酯车间、短纤维车间、质量检验中心、供水车间、排水车间、发变电车间、热电站、空压车间、水汽车间、信息中心、物资装备部、石化医院、营销部、经理办公室、机关青工委、工程设计公司、通达公司、聚丙烯车间、仓储中心

（责任编辑　乔红中）

第二十章　党的工作

洛阳分公司党委按照上级党委的要求，结合企业生产建设和改革发展的实际，积极宣传党的路线、方针和政策，加强企业党的建设和党组织自身建设，改进和丰富党组织的活动内容和活动方式，为企业“三步走”发展战略提供坚强的组织保证和精神动力。

党的工作包括党员代表大会、党的组织、宣传教育、纪律检查、保密信息、调研、武装等工作。

第一节　党员代表大会

2005年召开第五次党员代表大会，选举产生党的委员会。

第五次党员代表大会

党委书记魏文波在第五次党代会上作工作报告

2005年11月17～18日，中国共产党洛阳石油化工总厂第五次代表大会在洛阳石化科技交流中心举行。正式代表280名，实际到会代表274名。大会听取并审议魏文波作的题为《落实科学发展观，实施三步走战略，为全面实现第三次大发展目标而努力奋斗》的党委工作报告和裴春旺作的题为《坚持教育制度监督并重，加大反腐倡廉工作力度，为洛阳石化改革发展稳定提供有力保证》的纪委工作报告。大会全面总结第四次党代会召开以来企业取得的辉煌成就，科学分析企业面临的形势任务，提出关于“落实科学发展观，实施‘三步走’战略，为把洛阳石化建设成为中部地区特大型炼化一体化生产基地而奋斗”的目标，确立后5年企业党建和思想政治工作的指导思想和重点任务。大会选举产生新一届党的委员会和纪律检查委员会。新一届党的委员会由王治平、王治卿、王鑫武、牛文武、白宪法、乔宏、花学力、杜平安、李志平、李新洛、张伦、周宝祥、郑国栋、赵振辉、剧长华、廉金社、裴春旺、熊三民、魏文波等19人组成。新一届党委常委会由王治平、王治卿、杜平安、郑国栋、赵振辉、裴春旺、魏文波等7人组成。魏文波当选党委书记，裴春旺、王治平当选党委副书记；新一届纪律检查委员会由汤雁丽、许华、张伦、陈建国、郭建坡、唐军平、裴春旺等7人组成，裴春旺当选纪委书记、张伦当选纪委副书记。中国石化集团公司党组向大会发来贺电。中共洛阳市委副书记赵亚平到会祝贺。

第五次党代会代表团分组讨论

第二节　党的组织建设和党员队伍建设

党的组织建设和党员队伍建设包括基层党组织建设、创先争优活动、制度建设、党员教育和发展党员工作。

党委组织部负责基层组织建设和党员队伍建设，其主要工作是，加强基层组织建设，搞好党员教育管理，抓好发展党员工作。

基层党组织建设

洛阳分公司党委在组织建设上坚持做到“五同时”：在组建行政单位的同时，建立党的组织；在配备行政班子的同时，配备党组织的干部；在调整行政机构的同时，调整党组织设置；在培训行政、技术干部的同时，培训党务干部；在考核生产经营的同时，考核基层党建工作。在企业改革转制期间，始终做到党组织设置无空缺、党员管理无空档、党建工作不断线，从而保证党委各项决策部署的贯彻落实，有力地服务中心工作，稳定职工队伍，为企业发展建设提供组织保证。

表 20－1　2001～2010 年基层党组织统计

年份	党委	党总支	党支部	党员数
2001	14	8	172	2762
2002	14	8	179	2960
2003	12	7	174	2969
2004	12	6	179	2961
2005	12	7	170	3028
2006	12	8	170	3082
2007	13	9	170	3126
2008	13	9	171	3186
2009	13	9	172	3248
2010	14	7	177	3392

说明：此表数据包含直属党组织下属的党组织

创先争优活动

2001～2010 年，在基层党组织建设中，先后开展“创先争优”（创先进党组织、争当优秀党员）、争创“五好”党组织等活动，认真落实“三会一课”（支部委员会、支部党员大会、党小组会、党课）和党内民主生活会制度。在开展活动中，党委制定党建目标管理考核细则，坚持每半年对基层党组织考核一次，年度进行评比，每年“七一”表彰先进集体和先进个人。截至 2010 年，累计表彰先进党组织 184 个，模范共产党员 100 人次，优秀党务工作者 115 人次，优秀共产党员 1812 人次。

庆“七一”表彰会

在加强基层党组织建设的同时，注重党委自身建设，党建工作水平持续提升，2001 年，石化总厂党委再次被中共中央组织部授予“全国先进基层党组织”称号。2008 年、2010 年，洛阳分公司党委连续两次获“河南省‘五好’基层党组织”称号。2009 年，洛阳分公司党委先后获“洛阳市党建带团建”、“河南省国有企业党建带团建”先进单位。

制度建设

2006 年，建立健全《党委发挥政治核心作用的保证机制》、《党组织参与企业重大决策的体制机制》、《加强领导干部能力建设的管理机制》、《教育制度监督并重的惩治与预防腐败工作机制》、《严格党内生活的考核机制》、《发挥党员先锋模范作用的教育管理机制》、《党组织和党员密切联系群众的工作机制》等 7 项制度，建立保持共产党员先进性和党的先进性建设的长效机制。

2006 年，进一步修订完善党建目标考核细则，使考核更加具体化。党群系统管理纳入一体化绩效管理考核体系，2008 年纳入岗检活动之中，体现党建工作与其他工作同布置、同检查、同考核的原则。

2007年2月，按照继承和创新相结合、日常抽查和集中检查相结合、考核基础工作和考核重点工作相结合、定量考核和定性考核相结合的原则，修订下发《党群目标管理考核办法》。实行基础工作一季一抽查、日常工作定期统计、重点工作一年一检查的办法，根据日常抽查、定期统计、集中考核情况，确定年度的“五好”党组织、达标党组织和未达标党组织。8月，建立中国共产党基本信息管理系统。完成46个党组织和3000多名党员基本信息的采集、建库工作，完善党组织、党员基本信息库，推进党内统计工作信息化和党务管理信息化的基础性建设。

2008年11月，根据中组部和省委组织部的要求，洛阳分公司党委制定下发《洛阳分公司党费收缴、使用和管理办法》，加强和改进党费收缴、使用和管理工作。

2010年，制定印发《洛阳石化2010～2012年发展党员暨党员教育培训工作规划》，增强党员发展、党员教育培训的计划性和针对性。

党员教育

2001年11月，石化总厂党委下发《关于开展党员轮训工作的通知》，采取统一教材、分级办班的方法，组织全厂党员学习江泽民总书记在庆祝中国共产党成立80周年大会上的讲话和党的十五届六中全会决议，提高广大党员的政治理论素养。组织1200名党员参加中央组织部组织局等单位联合举办的“纪念中国共产党成立80周年党的知识竞赛”活动。

2002年，安排广大党员学习《“十六大”报告辅导读本》、《贯彻“三个代表”要求，与时俱进，执政为民》、《江泽民论有中国特色社会主义》3本书，并组织基层单位观看《李毅中同志传达十六大精神的讲话》录像。

2004年，进行学习型组织理论知识的普及，组织党员收看《第五项修炼》光盘。

2005年11月，举办党务政工干部培训班。采取领导授课及交流研讨的形式集中学习，使党务政工干部进一步解放思想，认清形势，正确处理好发展和稳定的关系。组织党务政工干部参观革命传统教育基地——西柏坡，接受革命传统和爱国主义教育。

2006年11月，举办党务工作培训班，来自全厂28个基层党组织的45名党务政工人员接受党史知识、党建基础工作、公文写作等方面的专题培训，并围绕如何加强党建工作进行讨论。

2007年6月，组织45名先进党员代表和先进党组织代表到延安参观学习，接受革命传统教育，发挥先进典型的带动作用。

党员在上党课

2008年1月，洛阳分公司党委举办“迎新春，话和谐，创佳绩”党员座谈会，来自基层的模范共产党员，探讨如何落实洛阳分公司七届三次职代会精神，畅谈广大党员如何在企业第三次大发展中建功立业。11月，举办直属党组织组织委员培训班，对党组织建设有关知识进行学习。

2008年，“5·12”汶川大地震发生后，洛阳石化党员发扬“一方有难，八方支援”的优良传统，在党委的号召下组织抗震救灾工作队赶赴四川，为灾区送去急需的活动板房，并踊跃缴纳特殊党费76.97万元。12月，召开基层党组织负责人研讨会，分析党建工作开展情况，研讨加强党组织建设和党员队伍建设的意见。

2009年，坚持培训和研讨相结合，举办党组织负责人培训班。进行党的十七届四中全会精神和全国国有企业党建工作会议精神的学习辅导，并结合实际进行交流研讨。同年，突出实用性和可操作性，举办组织委员培训班。对40多名基层专兼职党务工作者进行党务知识的系统培训，在理论学习的基础上，开展情景模拟演练。

2010年，举办第一期党员骨干培训班，90名党员骨干参加培训。同时，在洛阳市委党校，举办基层党组织负责人培训班，系统学习国有企

业党的建设新理论新知识、党务工作技巧与方法、心理辅导、国际形势等内容。

2009～2010年，先后在基层党组织中开展“双讲双争”、“党员身边无违章”等党内主题实践活动，引领广大党员立足岗位，带头加强安全生产，提升企业经济效益。

发展党员

发展党员严格遵守“坚持标准，保证质量，改善结构，慎重发展”的16字方针，注重从源头严把质量关，组织入党积极分子上党课，举办入党积极分子培训班，加强党的基本知识培训，做好政治审查、培养、考察等工作。2001～2010年，先后举办入党积极分子培训班17期，培训入党积极分子892人。截至2010年底，累计发展新党员890名，占党员总数的26.2%；其中，专业技术人员309名，占发展党员总数的34.7%，女党员201名，占发展总数的22.6%。至2010年底，共调入党员528人，调出党员556人，开除党籍12人，死亡83人。截至2010年12月31日，洛阳分公司党委共有党员3392人，其中预备党员129人。

入党积极分子培训班

表20－2　2001～2010年发展党员情况

年份	发展党员人数	其中			
		女党员	占新党员（%）	大专以上学历党员	占新党员（%）
2001	69	5	7.2	45	65.2
2002	197	49	24.9	110	55.8
2003	84	18	21.4	64	76.2
2004	86	21	24.4	54	62.8
2005	116	30	25.9	61	52.6
2006	63	5	7.9	34	54.0
2007	66	18	27.3	53	80.3
2008	71	24	33.8	42	59.2
2009	72	18	25.0	53	73.6
2010	66	13	19.7	39	59.1

第三节　宣传教育

宣传教育包括宣传工作、理论教育、主题教育、思想政治工作、职工思想政治工作研究会等内容。

宣传工作

形势教育　2001～2010年，党委宣传部在每年的第一季度，根据中石化集团公司年度工作会议精神、洛阳石化职代会精神、党委工作会议精神，编印《职工学习材料》。同时，报纸、电视、局域网开设专题专栏，大力开展形势任务教育活动，引导职工知晓国情行情厂情，明确任务目标。宣传部还组织形势任务教育知识答题活动，推动活动的扎实有效开展。

对内宣传　坚持以正面宣传为主的方针，紧紧围绕企业生产经营改革发展等中心工作，坚持事前精心策划宣传方案、事中及时全面报道、事后注重总结升华，充分利用报纸、电视、局域网、社区电子屏4大媒体，努力为中心工作营造良好氛围，调动和激发职工的工作积极性。

2001年7月，宣传部与信访办共同组织开展“法律法规宣传教育月”活动。《洛石化宣传》出版一期法律法规宣传教育专辑，组织进行一次法律法规知识竞赛。

2003年，化纤装置投产后首次全面大检修，党委成立现场宣传组，宣传部在现场架设广播，及时报道检修进程和好人好事。电视开设《聚焦检修》栏目，用“昨日回放、现场速递、今日扫描、检修故事、党员风采”等8个小专题对检修进行全面报道。报纸出版5期《检修快递》，与宏达公司、隆惠公司联合举办检修现场短新闻、现场摄影大赛，并组织撰写长篇检修通讯，对检修过程和典型事迹进行全方位的总结回顾。

2004～2005年，在职工医院、隆惠公司、通达公司、工程建设公司、设计院、三隆公司等单位的改制工作中，宣传部门及时编写宣传提纲，在报纸、电视上开设专栏、专题，对改制分流的有关知识和改制的进展情况进行宣传报道。

2006年，宣传部做好“十佳人物”、“五朵金花”、“模范共产党员”等先进典型的宣传工作。在宣传报道“找差距、定措施、挖潜增效”活动中，选定聚丙烯公司、芳烃车间等6个单位为宣传报道对象，在报纸上推出8篇长篇通讯报道，在电视上推出8次深度专访。开办3期数码摄影培训班、多期新闻采访方面的专题培训，提高局域网稿件的图文质量。同时，开展月评局域网“十佳新闻”和“单位发稿量排行榜”等活动，并对“十佳新闻”和发稿量第一的单位进行奖励。做好三联合抢修、二催化抢修、“七一”大停电事故处理、洛阳石化六运会等重大新闻报道。

2007年，为贯彻落实党的十七大精神，开展“创建和谐企业”和“打造两张名片，创建优美环境”活动，厂报开设“和谐随笔”征文活动，共收到参赛文章40多篇，刊发20余篇，同时以“和谐歌奏石化城”、“和谐文化满园春”、“和谐环境美如画”为题连续组织采写3篇系列报道，展现创建和谐企业活动所取得的巨大成果。为宣传企业“三步走”发展战略，摄制油品质量升级改造项目建设巡礼专题片——《崛起的彩虹》。厂报、电视开设《放眼三步走》专栏，对油品质量升级改造项目中的重要节点、重大工程进行跟踪报道，并在国庆前夕刊发长篇通讯文章，对油品质量升级改造工程建设进行巡礼性的报道。局域网开设“来自大项目建设的报道”专栏。

2008年，为做好检修的宣传工作，厂报、电视和局域网统一开设“决战五十五，共迎八百万”检修专栏，对检修动态进行及时、全面的报道。报纸正刊改为彩刊，增出专版，电视制作和循环播出检修MTV，滚动播出宣传口号，在检修现场挂设宣传标语60条，并制作推出10块检修图片展板，开展检修摄影大赛和检修征文比赛，局域网开展周评“十佳检修新闻”活动，在检修调度会上对好人好事进行讲评。检修结束后，厂报刊发长篇通讯文章，对大检修中涌现出的亮点工作进行提升，形成“四个特别”精神。

四川汶川大地震发生后，赶制抗震救灾专题片《爱心筑起新家园》，组织长篇通讯《特别顾大局特别守纪律特别能吃苦特别会战斗——洛阳石化赴四川安县救灾工作纪实》，全面深入地报道洛阳石化抗震救灾的情况。

2009年，围绕庆祝建国六十周年等重大活动和洛阳石化“我要安全”主题活动、深入学习实践科学发展观活动、和谐企业创建活动等重点，加强宣传工作大力营造氛围。在“我要安全”主题活动中，电视台与安全环保处、石化医院联合，拍摄制作5期《硫化氢的危害及防护知识》电视讲座，推出13个《我要安全》动漫宣传片，编辑制作25期“我要安全”电视课堂，编辑制作播出《标准化交接班》专题片，开展“我要安全”电视系列短剧征集活动，完成5集电视短剧的拍摄工作。

《洛阳石化》报开设“我要安全”专题报道栏目，对各单位开展活动的情况进行及时报道，组织5000多名职工参加安全知识答题活动，开展“关爱生命，远离硫化氢”格言征集活动，共收到箴言警句1700多条，设计印制主题为“从心开始，我要安全”和“关爱生命，远离硫化氢”系列宣传张贴画，向基层单位发放1000余套，组织开展“我要安全”征文和漫画大赛，收到各类作品300多件。2月，《洛阳石化》报改为四版全彩印。为丰富离退休职工的文化生活，每期加印2000份，给每一位离退休职工送阅。

2010年，围绕“我要安全”主题活动、“比学赶帮超”活动、工程项目建设和“十一五”发展成就，开展系列宣传教育活动。

培育“我要安全”宣传文化。在局域网开设“我要安全”主题活动专栏，及时报道基层单位的活动情况，专栏全年发稿近15000篇。利用报纸宣传媒体，开展征文活动。其中“我要安全”活动头题新闻赛收到投稿41篇，刊登稿件27

职工在布置“我要安全”展板

篇，“我身边的安全故事”收到投稿60篇，刊登稿件32篇。利用电视宣传媒体，拍摄、制作、播出30期“我要安全你我他”电视专访、制作“我要安全”电视形象片和安全知识动漫片，举办电视安全知识讲座。组织美术爱好者开展漫画解读《洛阳石化安全生产禁令》的活动，并将40幅解读禁令的漫画编辑成书发给各个单位，将禁令漫画制作成电脑屏保下发各单位安装。开展“我要安全”手机短信征集、展示活动，收到投稿近400条，刊登近100条优秀短信作品，并通过飞信平台将优秀短信发送至近2000名职工。设计发放“我要安全”活动招贴画。

通过动态报道、经验展示、人物专访等形式，宣传“比学赶帮超”活动情况。定期宣传“流动红旗”单位的典型经验。强化典型选树工作，选树解放思想、推动科学发展，精细管理、降本增效、提高效益、创新机制、开拓市场、实现跨越式发展，以改革创新精神加强党建和思想政治工作、努力营造和谐稳定环境等方面的典型。

“比学赶帮超”活动第一阶段总结会

报纸、电视推出“来自260万吨/年柴油加氢装置建设的报道”等专栏，组织开展摄影比赛、图片展览等活动。260万吨/年柴油加氢装置开工后，及时邀请22家中央和省、市媒体的记者到厂开展集中采访报道，网络、报纸、电视、电台各大媒体发稿30多篇，提升企业的影响力和知名度。

2010年12月，在党委办公室、计划处、资产管理处的配合下，开展巡礼“十一五”专题宣传活动。期间，分专题设计制作32块“巡礼‘十一五’”电子展板，在局域网、报纸、电视开设专栏同步进行展出。在报纸上开设“回眸‘十一五’”专栏，分生产、经营、改革、党建等九个专题撰写9篇通讯，全面展示洛阳石化“十一五”发展成就。2010年，党委宣传部在认真执行《洛阳石化局域网信息发布管理规定》的基础上，针对基层单位局域网信息发布多、散、乱的情况，9月下发《关于改进局域网信息发布管理的通知》，按党委、总支、支部3个类别，规定每日信息发布上限，进一步规范局域网信息发布。同年，宣传部拍摄制作《魅力石化、和谐企业》电视专题片，分8个部分全面展示洛阳石化在科学发展、和谐企业、科技进步、精细管理等方面取得的成就。设计制作《魅力石化、和谐企业》画册，包含《魅力石化、和谐企业》视频专题和企业个性邮票。组织“我的洛阳石化”摄影比赛，摄影爱好者用大量生动、形象的图片，展示企业“三步走”战略实施以来取得的成就。

对外宣传 发挥《中国石化报》洛阳石化记者站及新闻中心通讯员队伍的作用，加强对外宣传。2002年，记者站新聘任4名兼职记者，使兼职记者人数达到14名，2005年发展到35名。同时，加强兼职记者和通讯员队伍的管理、培训和考核，坚持每季召开一次工作例会，互通情况，交流思想，切磋技艺。采取激励措施，调动兼职记者的积极性，使洛阳石化的对外宣传，尤其是在《中国石化报》的宣传得到加强，刊登稿件的质量和数量有明显提高。2006年，宣传部制定《关于建立企业新闻发言人制度的暂行规定》，使对外宣传工作更加规范。2001～2010年，共在中国石化报发表稿件416篇，在《中国石化》杂志、中国石化电视新闻和中国石化新闻网站发稿308篇，在中央电视台、新华网、河南日报、洛阳日报、河南电视台、洛阳电视台等各类国内知名媒体发表稿件1017篇。

理论教育

2001年，起草下发《关于开展“四个如何认识”学习教育活动的意见》、《关于深入学习江泽民同志在庆祝中国共产党成立80周年大会上重要讲话的通知》、《关于深入学习贯彻〈中共中央关于加强和改进党的作风建设的决定〉的通知》等文件。购买《四个如何认识学习读本》、《“七一”讲话学习读本》、《十五届六中全会精神学习读本》，安排基层单位组织收看辅导录像。组织座谈会和报告会，深化各类学习活动。

2002年，起草下发《关于学习贯彻党的十六大精神的通知》，购买《中国共产党第十六次全国代表大会文件汇编》、《“十六大”报告辅导读本》，组织一次党委（总支）书记学习十六大精神座谈会。购买《贯彻“三个代表”要求，与时俱进，执政为民》、《江泽民论有中国特色社会主义》，定购各种理论教育音像辅导资料，为广大干部职工开展政治学习提供参考。编辑发放《干部作风整顿学习材料》，为开展机关作风整顿活动提供学习材料。与河南人民出版社合作，向全国公开发行《牡丹满园》，全面介绍洛阳石化总厂思想政治工作的经验。

2003年，起草下发《关于在全厂兴起学习贯彻“三个代表”重要思想新高潮的通知》，组织开展学习贯彻“三个代表”重要思想活动。购买下发《“三个代表”重要思想学习纲要》等辅导书籍，组织洛阳石化领导班子成员撰写学习体会，给每个基层党委（总支）安排研究课题，厂电视台定期对基层党委（总支）书记进行专题采访。举办3期洛阳石化领导人员学习“三个代表”重要思想培训班，组织处级领导干部和专职政工干部撰写学习体会文章。与关工委、团委、教培中心一起，在青少年中开展“中华魂”读书活动和纪念毛泽东同志诞辰110周年宣传教育活动。

2004年，举办2期入党积极分子培训班，邀请郑州大学教授和省社科院专家到厂做两次大型专题报告，完成政研会的各项工作，与关工委、工会、团委、教培中心一起，在青少年中开展“中华魂”（弘扬民族精神，全面建设小康社会）主题教育活动。

2005年，组织党的十六届五中全会精神学习活动，下发《关于认真学习贯彻党的十六届五中全会精神的通知》，定购五中全会精神辅导书籍和VCD，在报纸、电视、局域网上开辟专栏，及时报道学习动态，刊发学习体会文章。年底，通过党群工作联合检查的方式，对全厂各单位的学习情况进行考核验收。认真组织洛阳石化领导班子中心组学习。举办入党积极分子培训班4期，共计培训学员184名。完成政研会、精神文明建设、“四五”普法等各项工作。2006年，制定《洛阳石化精神文明建设考核办法》和《洛阳石化精神文明建设考核细则》等管理办法。

2007年，党的理论教育的重点工作是组织开展10大系列的学习讨论活动，宣传贯彻党的十七大精神。十七大召开前，报纸、电视、局域网统一开设“唱响主旋律、迎接十七大”栏目，连续刊登系列报道。十七大召开期间，开设“唱响主旋律、喜庆十七大”栏目，报道全厂职工喜庆十七大的场面。十七大召开后，开设“学习十七大、唱响主旋律”栏目，对各单位学习贯彻十七大精神情况进行连续报道。共组织党委中心组学习47次，超过中石化集团公司规定的全年30次的要求。所属党组织加强中心组学习，均达到规定要求。举办入党积极分子培训班2期，培训学员93名。

2008年，围绕“双促”（深入群众促和谐、凝心聚力促发展）活动、“抓促”（抓源头、促清廉）活动、和谐企业创建活动、《员工守则》宣传贯彻活动，编印2期《“双促”活动学习教育参考篇目》。组织编发《权西京同志先进事迹材料》专辑，电视台推出权西京事迹系列专题片，制作推出系列图片展板在俱乐部、生活区巡回展出，参与组织权西京事迹系列报告会，推荐、协调有关单位和中国石化报社，在《中国石化报》、《中国石化新闻》上组织权西京事迹长篇通讯，组织材料在中石化集团公司有关会议上进行事迹宣讲。为推动学习贯彻《员工守则》活动的深入进行，组织撰写3篇文章，分别从人文、管理和安全角度对《员工守则》内容进行深

“双促”、“抓促”主题活动总结表彰会

入阐述，厂电视台不仅开设14期《员工守则》学习之窗，还组织人力物力，拍摄制作专题片《特殊的考验》，在集团公司高技能人才风采DV片竞赛中获三等奖，并在中石化集团公司各企业中巡展播出。为隆重纪念改革开放30周年，组织策划6大系列活动。2万多字的长篇通讯文章《纪念改革开放30周年——改革开放，科学发展》在厂报、局域网上全文刊发，为各单位深入开展活动提供必要的指导。厂报举办“我与改革开放三十年”征文活动，从职工群众的视角对企业改革开放30年来取得的喜人成就和亮点工作进行全面展示。连续播出电视专题片《纪念改革开放30周年》。设计制作图片展板，在厂内、社区巡回展出，观看人数近2万人次。开设“回望改革开放30周年，看身边变化”电视专栏，从基层单位的视角系列展示30年来企业生产经营建设所取得的伟大成就。同时，厂报、厂电视台和局域网也开设专栏，对各单位开展的纪念活动进行及时、全面的报道。全年共编发《职工学习材料》3期，组织党委中心组学习39次。

主题教育

2001～2010年，先后开展“求生存，谋发展”、“创建学习型企业”、党员先进性教育、学习实践科学发展观等主题教育活动。

“求生存，谋发展”活动　2001年，结合洛阳石化实际，党委决定在全厂范围开展“求生存，谋发展”主题教育活动。活动中，认真开展形势任务教育，组织职工开展生存与发展大讨论，开展“我为企业扭亏脱困作贡献和我为企业生存与发展献计献策”活动，并有计划、有步骤、有重点地进行管理创新、技术创新、营销创新、服务创新。党群部门进行一次职工思想状况摸底调查。党委充分发挥典型的示范引导作用，既充分挖掘安全生产、技术创新、经营管理以及开拓市场、实施内部改革等方面的典型事迹、典型经验，又注意发现和总结各基层单位在开展主题活动中的典型经验，在全厂形成比、学、赶、超的浓厚氛围，为企业全年整体扭亏营造良好的内部环境。

“向管理要效益”活动　2002～2003年，连续两年开展“向管理要效益”活动。

2002年，确定突出科学管理、严格管理、精细管理三个重点，通过善管、会管、严管、细管，不断提高企业的管理水平。各部门、各单位查找管理工作中的薄弱环节和漏洞，制定出切实可行的整改措施，以制度来促管理，以管理来保效益。通过活动，各部门、各单位的管理水平有新的提高，严于管理、精于管理的意识明显增强，推出一批精于管理的典型和一批过得硬的管理成果。2003年，以安全管理、质量管理为重点，在职工中广泛深入地开展各种形式的安全教育活动和反“三违”活动，纠正安全生产上的低标准、老毛病、坏习惯，提高广大干部职工的安全意识和遵章守纪的自觉性。通过教育和引导，使职工牢固树立质量就是效益、质量就是信誉、质量就是形象、质量就是企业生命的意识，使机关职能部门在充分发挥管理职能的同时，深入基层，掌握情况，减轻基层负担，积极为基层服务。

“创建学习型企业”活动　2004～2006年，党委开展“创建学习型企业”主题教育活动，努力培育一支作风过硬的干部队伍、一批技术过硬的岗位能手、一批管理过硬的标杆单位，保证企业的安稳长优生产。2004年，主要抓4个关键环节：一是抓好形势任务教育，二是抓好职工大讨论活动，三是抓好活动方案的制定和落实，四是抓好活动的总结考核和评比表彰。通过活动，建立学分管理、职业技能鉴定、上岗证年审等机制，修订《基层单位建设考核细则》，加大对“三基”工作的考核，促进职工学习理念和思想观念的转变。2005年，作为学习型企业创建活动的深化年、关键年，确定主题教育活动的三个重点：一是完善机制，改进方法，推动培训工作再上新台阶。二是严抓细管，强基固本，确保

创建学习型企业主题教育推进会

"三基"工作取得新成效。三是全面推进，形成合力，开创企业文化建设新局面。活动加大企业共同愿景的教育，增强单位和个人愿景的认知力，增强企业共同愿景的影响力。2006年，这一主题教育活动以夯实"三基"工作为重点，以"创建学习型单位、争当知识型职工"为载体，以提高"三支队伍"整体素质为目的，进一步加强培训工作，强化"三基"工作，推进企业文化建设，为企业"十一五"规划和"三步走"战略的实施提供强有力的支持。

"深入群众促和谐，凝心聚力促发展"活动

2008年2月至年底，开展"深入群众促和谐，凝心聚力促发展"主题活动。党委紧紧抓住"深入群众、凝心聚力"的主线，围绕"促和谐、促发展"的目标，紧贴企业实际，认真筹划方案，分解活动步骤，细化具体措施，抓实活动过程，取得良好效果。活动突出教育主体，狠抓干部作风，进一步密切党群干群关系。突出服务职工群众，努力办好涉及职工切身利益的8件事实。突出服务中心工作，让"双促"活动在企业的发展建设中开花结果。

保持共产党员先进性教育活动 按照中央和中石化集团公司党组的部署，自2005年7月15日开始，历时近5个月，开展保持共产党员先进性教育活动。党委按照"两不误，两促进"的要求，在坚持搞好生产经营、改革发展的同时，对先进性教育活动精心统筹，周密安排，严格要求，稳步推进。各基层党组织按照党委的部署，认真组织，扎实工作，措施得力，运行有序。广大共产党员以高度的政治责任感，积极投身到教育活动中来，普遍受到一次严肃而深刻的"三个代表"重要思想的教育，得到一次入脑入心的理论武装，经受一次对党性、党风、党纪的自我检阅。全厂3024名党员参加先进性教育，参加率达99%。先后召开动员会、培训会、座谈会、征求意见会、阶段总结会等20余次，厂级领导讲党课8场次，整改各类问题31项，邀请职工群众全过程进行监督，全过程参加厂级领导班子民主生活会，及时公布整改项目，召开整改情况通报会。动员全厂职工，群策群力，精诚协作，开展"决战八九十"主题实践活动，围绕中心做文章，使"自选动作"主题突出，成效显著。通过各级党组织的积极工作、全体党员的共同努力、广大职工群众的理解和支持，群众满意度测评满意率为98%，达到党员受教育，群众得实惠，工作有促进的预期目的。

保持共产党员先进性集中学习教育活动总结会

学习实践科学发展观活动 2009年3月至年底，党委根据中石化集团公司党组的统一部署，开展深入学习实践科学发展观活动。活动共分学习动员、分析检查、整改落实三个阶段。党委紧紧围绕思想发动和理论武装，坚持做到党员、干部的理论学习同步安排、同时部署。领导干部撰写心得体会1484篇。各级领导干部深入开展调查研究，形成61份有分量、有深度的调研报告，成为推进企业科学发展的重要成果。认真开展"解放思想、科学发展"大讨论，广大干部职工进一步加深对科学发展观的理解，增强践行科学发展观的主动性和自觉性；广泛征求意见，高质量形成分析检查报告，认真开好领导班子专题民主生活会；明确整改任务，完善长效机制，进一步巩固和扩大学习实践活动成果。

学习实践科学发展观活动动员会

创先争优活动 按照中央、中石化集团公司党组开展创先争优活动的有关精神，党委成立活动领导小组，制定《洛阳石化关于深入开展创先争优活动的实施意见》，召开创先争优活动动员大会，对活动进行全面动员和安排部署。2010年，在全体党员中开展“佩党徽、履承诺、作表率”活动。党委书记魏文波、副书记王治平分别以《中国共产党的领导和中华民族的伟大复兴》、《加强党性修养，弘扬良好作风》为题给党员上党课。组织召开“比学赶帮超”活动现场会、“三基”工作现场会、“党员身边无违章”活动现场会。在洛阳市委、市政府发出《关于深入开展学习洛阳石化活动的决定》后，开展“全市学我们，我们怎么办”大讨论。围绕生产稳定、指标突破、效益提升，开展“找问题，查原因，定措施，提建议”活动。同时，加强活动督导和典型选树，营造学先进、创一流的氛围。

思想政治工作

2001年2月，党委在直属分厂和基层单位进行职工思想状况调查。共印发调查问卷1249份，回收1126份，调查的内容包括对社会现状的看法、企业思想政治工作、主题教育活动、班组政治理论学习、职工关注的热点、企业内部改革等问题。根据调查资料，及时写出调查报告，为党委掌握信息、正确决策提供重要依据。

从2002年开始，开展党建暨思想政治工作课题攻关活动。按照基层党组织申报、党委审核立项、项目运作、课题成果发布、优秀成果表彰的方式，推动党建理论思考、难题破解和工作创新。

2003年，党委多次组织人员，到通达公司、金达公司、工程建设公司等有改制任务的单位进行调研，并针对问题寻找原因，提出对策。同时，在报纸、电视上开设专栏、专题，对改制分流工作进行宣传报道，推动改制分流工作的顺利进行。

2007年，进一步改进党建暨思想政治工作课题攻关活动，一是紧扣职代会、党委工作会议精神，围绕重点工作出题目，提高选题的针对性。二是要求直属支部以片会为单位组织申报课题，增加直属党支部攻关的力量。三是通过网络等形式向全厂公布课题申报、课题立项的情况，提高工作的透明度。

2010年，党委宣传部加强调查研究工作力度，加大研讨、探索、创新工作力度，不断增强思想政治工作的活力。认真落实中石化集团公司思想政治工作研究会的要求，参与思想政治工作攻关活动。以《开展安全文化建设，推动“我要安全”活动深入持久开展》为题申报攻关项目，紧扣“我要安全”开展丰富多彩的活动，努力培育党政工团齐抓共管的安全共管文化、“以人为本”的安全亲情文化、形式多样的安全宣传文化、落实责任的安全尽责文化，并及时形成阶段性成果报告，并在总部召开的思想政治工作研究成果推进会上进行发布。

2002～2010年，共有181项党建暨思想政治工作课题立项并实施。

职工思想政治工作研究会

2001～2004年，思想政治工作研究会参加厂外的各种理论研讨活动。先后参加中石化集团公司的思想政治工作优秀成果评选活动、河南省委组织的党建理论研讨会、河南省委党校的优秀科研成果评选和领导科学理论研讨会、河南省石化厅政研会的研讨会、洛阳市委宣传部组织的科研成果评比活动、洛阳市社科联的“工业强市”研讨会等重大理论研讨活动，共获27个奖项。2001年，石化总厂思想工作研究会获河南省优秀思想政治工作研究会称号，席传忠、刘忠民获中石化集团公司思想政治工作优秀个人称号。当年举办纪念建党80周年理论研讨征文活动。2002年，政研会的经验材料《不断提高政研工作的针对性和实效性》在大象出版社出版的《再铸辉煌》中刊登。

2003年，根据河南省新闻出版局有关整顿内部期刊的要求，《政工研究》正式停刊。2010年复刊。

第四节　纪律检查

纪律检查包括组织建设、党风廉政教育、制度建设与廉洁自律、信访和违纪案件查处等内容。

组织建设

2001～2005年3月，纪委办公室和监察处合署办公，下设综合科、监察科、审理科，隶属于党委和行政共同管理。2005年3月，撤销纪委办公室、综合科、监察科、审理科，成立纪委监察处，下设综合室、监察室、审理室，一套人员、两块牌子，隶属于党委和行政共同管理。

2007年7月，中共洛阳石油化工总厂纪律检查委员会改名为中共中国石油化工股份有限公司洛阳分公司纪律检查委员会。

党风廉政教育

2001年，举办以学习《中国共产党纪律处分条例》为主要内容的党风廉政教育。开展党纪政纪和法律法规宣传教育月活动，2000多人参加。举办庆祝建党80周年党风廉政建设征文活动，收到论文63篇。开展以《厦门特大走私案》、《责任的呼唤》等典型案例为主的警示教育，收看人数达到500多人次。

2002年，下发《关于进一步加强“降本压费、勤俭节约”工作的通知》，在电视台开设反腐倡廉专题节目，印发《党纪政纪法律知识学习材料》，开展学法用法知识答卷。以学习《石化反腐警示录》、《前覆后鉴》为主要内容，开展党风廉政教育月活动，2000多名党员领导干部参加。开展党风廉政建设论文研讨活动，收到论文37篇。

2003年，在加强“双节”期间党风廉政教育的基础上，开展“两个务必”教育活动，组织一次党课、召开一次民主生活会、组织一次全厂性的预防职务犯罪活动，组织一次征文活动、一次领导干部学习测试活动。

2004年，以学习贯彻《中国共产党纪律处分条例》、《中国共产党党内监督条例》为主要内容，开展学习测试活动和知识答卷活动，观看反腐倡廉录像片，开展纪检监察工作理论调研活动，收到调研文章46篇。

2005年，以保持共产党员先进性教育活动为主线，为领导干部配发《党员干部反腐倡廉教育学习材料》，开展反腐倡廉警示活动，组织题为《加强党风廉政建设和反腐倡廉工作，为洛阳石化第三次大发展提供有力保证》的党课，学习《国有企业领导人员廉洁从业若干规定（试行）》和《建立健全教育、制度、监督并重的惩治和预防腐败体系实施纲要》知识答卷活动，组织话剧《警钟》和《百姓书记》的演出，同时对新任和提职的领导干部分期分批分层次组织廉政谈话，相关人员受到深刻的廉政教育。

2006年，以加强廉洁文化建设为主线，开展多种形式的教育活动。加强警示教育，组织50多名基层领导干部到洛阳监狱参观，听服刑人员的忏悔演讲。召开廉政警示教育大会，通报景宝敏案件的整体情况。组织150多名领导干部和重要岗位人员参观洛阳市反腐败预防职务犯罪警示教育展览。组织3000多人观看《石化反腐警示录》。加强廉洁文化建设，举办廉洁文化黑板报展评，开展廉洁文化格言警句征集活动，在电视台播放《廉洁文化在石化》录像片，发出《加强廉洁文化建设，筑牢拒腐防变思想防线倡议书》，确保廉洁文化理念不断深入。

2007年，以“抓作风、促廉洁”为主线，坚持正面教育与警示教育相结合，在组织观看《集团公司廉洁勤政优秀领导人员先进事迹》录相片的基础上，组织中石化集团公司廉洁勤政优

党风廉政教育会议

秀领导人员先进事迹报告会，组织50多名重点岗位人员到洛阳监狱参观，组织惠康公司等单位的领导干部参观洛阳市预防职务犯罪警示教育展览。加强廉政谈话教育，对新任或提职的领导干部进行廉政谈话。深化廉洁文化建设，组织廉洁文化黑板报展评、加强领导干部作风建设征文、廉洁文化进社区电影周、“抓作风、促廉洁”知识竞赛等活动。

2008年，以“抓源头、促清廉”为主线，突出重点时期教育，在“双节”和国庆节前夕，就廉洁自律工作提出具体要求。同时，组织党员干部认真学习观看《2008年反腐倡廉新部署》、《中国廉政报道》等录像片。突出理想信念教育，洛阳分公司总经理、党委书记魏文波以国有企业反腐倡廉建设任重道远为主题，给全厂领导干部上一堂内容丰富的党课；为领导干部配发《新时期领导干部反腐倡廉教程》，在组织反腐倡廉知识答卷的基础上，举办领导干部反腐倡廉知识竞赛。深化廉洁文化“六进”（进班子、进机关、进基层、进项目、进社区、进家庭）工程，组织洛阳石化“抓源头、促清廉”廉洁文化展，2000多名干部职工现场观看。提出“诚信为本、勤勉为民、廉洁从业、共建和谐”的廉洁文化共同理念，300多名领导干部在巨幅展板上签名承诺。开展以廉洁文化建设为内容的征文活动。此外，在物资装备部、热电站、加氢车间等重点部门和关键岗位，将反腐倡廉格言警句制作成匾额，悬挂在道路上、走廊里、办公室、操作室，时时提醒，人人承诺，常敲“廉洁钟”，把住“廉洁关”。

2009年，以领导干部和重点岗位人员为重点，注重重点时期的党风廉政建设和反腐倡廉工作。同时，在重点业务单位开展廉洁从业宣誓活动，各级领导干部和重点岗位人员面对党旗庄严宣誓。组织观看《石化反腐警示录》等录像片，观看人数达到2000多人。开展领导干部“读书思廉”活动，在各级领导干部认真学习《从政提醒》一书的基础上，组织反腐倡廉知识竞赛，全厂600多名领导干部参与答卷。加强廉洁文化示范单位建设，推进格言警句“上桌面、上墙面、上路面”等活动，以营销部为重点，在工作场所悬挂廉洁文化的宣传版面，给每个领导干部赠送一幅廉洁自律匾牌，做到时时提醒，廉洁自律。举办“迎六十大庆，倡正气新风”书法美术展，营造“诚信、崇廉、律己、敬业”的良好氛围。

2010年，以“勤勉为民，廉洁从业”主题活动为主线，加强重点时期教育，“双节”期间，要求领导干部廉洁从业做到“六不准”，在各级党组织开展廉洁从业宣誓和承诺活动，400多名领导干部签订廉洁从业承诺书，1000多人参加廉洁从业宣誓活动。在国庆节来临之际，组织党员干部观看《秉公用权廉洁从业警示录》、《党员干部廉洁自律须过好四关》等录像片。在河南省检察官学院洛阳分院举办3期中层领导干部廉洁从业培训班，洛阳市检察院检察长、副检察长和洛阳石化党委书记、总经理，参加开班仪式并授课，150多名处级以上领导干部和纪检干部参加培训。加强新提职领导干部廉政教育，在任职考察、个别谈话的基础上，采取“看一场反腐倡廉电影、听一次反腐败形势报告会、学一堂党风廉政建设党课、读一本从政提醒书籍”的“套餐廉政教育”的方式，增强教育效果。组织学习《镜鉴——国有企业廉洁从业教育读本》，教育广大干部职工珍惜生活、珍惜生命、珍惜自由。认真贯彻落实中石化集团公司廉洁文化建设研讨会精神，在加强廉洁文化示范单位建设、推进格言警句“上桌面、上墙面、上路面”的基础上，开展廉洁文化作品征集活动，共收到作品20多篇。为了展示廉洁文化建设成果，制作廉洁文化展板，分为教育引廉、制度保廉、文化倡廉、监督保廉4个部分。

制度建设与廉洁自律

2001年，修订完善《关于党委全会、常委会议事范围和议程程序的规定》、《直属领导班子和领导干部调整原则》、《领导干部竞聘上岗暂行办法》、《领导干部任前公示暂行办法》、《关于严格业务招待费和会议费管理的规定》、《办公、住宅电话及移动电话费用管理办法》、《关于领导干部要带头开展“双增”活动的决定》、《关于直属公司（厂）奖金使用和管理办法》等制度，强化监督制约，规范从业行为。

2002年，制定《洛阳石化效能监察实施办法》、《关于实行责任追究的暂行规定》、《关于加强机关作风建设的有关规定》等制度，促进管理工作。

2003年，重点落实“廉政谈话”制度，坚持“三必谈”，即对新提职领导干部必须进行集中廉政谈话、发现领导干部有不廉洁行为时必须进行廉政诫勉谈话、对群众有反映的领导干部必须进行廉政警示谈话。同时，建立领导人员监督工作联席会议制度，落实国有企业领导人员廉洁自律“五不准”，深化党风廉政建设责任制，加强考核力度，规范从业行为。

2004年，以落实国有企业领导人员“四大纪律八项要求”和廉洁自律“三个不得”为主线，认真抓好领导人员述学述职述廉制度，开好领导班子民主生活会，加强党风廉政建设的考核力度，落实责任分工，理顺考核程序。

2005年，以落实《国有企业领导人员廉洁从业若干规定》为主线，修订完善《关于实行党风廉政建设责任制的规定》等18项制度，把领导干部廉洁从业情况作为每月经济责任制考核的重要内容，实行一体化考核。同时加强厂务公开工作，不断拓宽公开渠道，有效维护职工利益，确保队伍稳定。

2006年，以贯彻落实《建立健全教育、制度、监督并重的惩治和预防腐败体系实施纲要》为重点，建立工作领导小组，制定洛阳石化贯彻落实《建立健全教育、制度、监督并重的惩治和预防腐败体系实施纲要》实施办法，下发工作要点，落实工作任务。制定《关于行政领导向党组织报告工作的暂行规定》，下发《洛阳市领导干部廉洁自律工作实施意见》和《关于开展治理商业贿赂专项工作安排》，加大检查力度，同时认真落实重点岗位人员的轮换制度，从体制上和制度上预防职务犯罪。

2007年，以贯彻落实《中共中央纪委关于严格禁止利用职务上的便利谋取不正当利益的若干规定》为重点，下发《洛阳石化党员领导人员报告个人有关事项的规定》，要求各级领导认真落实，不断规范从业行为。按照《实施纲要》的要求，对照有关部门的主要职责，下发《2007年惩防体系工作要点》和惩防体系建设具体分工。不断完善党风廉政建设责任制，与领导干部签订党风廉政建设责任书。此外，将领导班子和领导干部执行“三重一大”（重大问题决策、重大项目安排、重要人事任免、大额度资金使用）等作为重要考核内容，加大对领导干部的检查考核力度。

2008年，以贯彻落实《建立健全惩治和预防腐败体系2008～2012年工作规划》和国有企业领导人员廉洁自律七项要求为重点，制定洛阳石化贯彻落实《建立健全惩治和预防腐败体系2008～2012年工作规划》的实施细则，对照有关部门的主要职责，落实惩防体系建设具体分工。认真贯彻落实国有企业领导人员廉洁自律七项要求，召开全厂干部大会，要求各级党组织认真组织党员领导干部开展自查自纠，不断规范从业行为。为了认真贯彻落实“三重一大”集体决策制度，组织专门力量，采取查制度、查资料等方式，深入开展自查自纠工作。认真学习贯彻落实中石化集团公司11项《监督办法（试行）》，按照“认真研究，制定方案，重点突出，分工负责，制定办法”的工作思路，制定工程建设管理、一般物资采购管理、资本支出、财务管理、自销产品管理、合同管理等6个重点业务的《监督细则》，确定35条“高压线”，明确113个控制点，形成“决策民主、操作公开、过程受控、全程在案、永久追溯”的目标体系。

2009年，制定《洛阳石化建立健全惩治和预防腐败体系2008～2012年工作任务分工方案》，保证《工作规划》的稳步实施。认真落实党风廉政建设责任制，成立洛阳分公司落实党风廉政建设责任制工作领导小组，对党政领导班子、党委其他成员的党风廉政建设有关责任范围进一步明确。在此基础上，结合企业实际，修订党风廉政建设责任书，各级领导干部按照职权范围，签订党风廉政建设责任书。制定《洛阳分公司集体决策重要事项范围》，确定决策范围和内容，明确决策方式，实现民主决策、集体决策、科学决策的目标。认真贯彻中共中央颁布的《国有企业领导人员廉洁从业若干规定》等3项反腐倡廉制度，及时召开学习贯彻3项反腐倡廉制度动员会，下发学习贯彻文件，对学习活动做出具体安排。各级领导干部深入开展自查自改工作，填写贯彻落实《国有企业领导人员廉洁从业若干规定》自查表，进行自查自纠，规范从业行为。加大源头治理力度，拓宽源头预防领域，编制《洛阳分公司重点业务流程监督评价手册》，并结合内控检查，组织人员对监督制度落实情况进行

认真检查，对发现存在的问题进行督促整改。制定《洛阳分公司业务公开实施方案》，确定业务公开的内容、公开的时间、公开的范围、数据提报方式、公开信息审批流程、监督检查等方面内容。

2010年，以完善制度建设为重点，强化领导干部权力运行机制，规范廉洁从业行为。认真学习贯彻中共中央颁布的《中国共产党党员领导干部廉洁从政若干准则》等反腐倡廉制度，下发学习贯彻文件，编印《学习教育读本》。与此同时，认真落实中石化集团公司《关于严格禁止领导干部利用中国石化资源和平台谋取私利的规定》和个人事项报告、诫勉谈话、任职廉政谈话、函询、纪委负责人同下级党政主要负责人谈话等制度，增强制度的严肃性、有效性、示范性。落实中石化集团公司13项《监督办法》，举办一期监督工作培训班，对洛阳分公司6项监督制度进行修订。借鉴兄弟企业经验，结合企业实际，新增《煤炭采购业务监督实施细则》、《化工产品销售业务监督实施细则》、《修理业务监督实施细则》、《科技开发项目业务监督细则》、《煤炭质量验收业务监督细则》、《招标管理业务监督细则》等8项监督制度。深化业务公开工作，抽调专门人员成立网上巡视组，制定《网上巡视工作办法》、《网上巡视岗位职责》，加强日常监督，共发现问题16个，及时进行整改。

信访和违纪案件查处

洛阳分公司高度重视信访件和违纪案件查办工作，设立专人处理群众来信、来访、来电，厂内设立举报信箱，网上公布举报电话。在此基础上，修订和完善《纪检监察案件管理工作规定》、《信访举报工作程序》、《违纪案件初核工作程序》等管理制度，明确信访举报工作要求及审批规定，确保信访举报办理工作规范有序。纪检监察部门坚持信访排查制度，对于苗头性、倾向性问题以及有轻微违纪行为的领导干部，及时通过诫勉谈话、函询等形式，提醒警示。对未构成违纪违法行为的不规范管理行为，在加强对当事人教育的同时，下达纪检监察建议书，督促整改，做到“件件有落实，事事有结果”。对于线索具体、性质严重、有可查性的问题加大初核力度。对于符合立案条件的，坚持原则，敢于碰硬，及时立案查处。

2001～2010年，纪检监察部门共受理群众来信来访145件，查结145件。立案11件，结案11件，给予党纪政纪处分15人，其中给予党纪并政纪处分的6人，给予党纪处分的12人，给予政纪处分的9人。

表20－3 **2001～2010年信访和案件查处统计**

类别/年份	来访来信数		受理案件数		处分人数			党内处分（人）				
	受理数	查结数	立案件数	结案件数	党纪	政纪	其中党纪政纪	警告	严重警告	撤销党内职务	留党察看	开除党籍
2001	17	17	3	3	6	1	1	2	－	－	1	3
2002	19	19	1	1	－	1	－	－	－	－	－	－
2003	17	17	4	4	4	4	4	－	－	－	4	－
2004	24	24	1	1	1	1	1	－	－	－	1	－
2005	12	12	2	2	1	2	－	－	1	－	－	－
2006	13	13	－	－	－	－	－	－	－	－	－	－
2007	12	12	－	－	－	－	－	－	－	－	－	－
2008	9	9	－	－	－	－	－	－	－	－	－	－
2009	7	7	－	－	－	－	－	－	－	－	－	－
2010	15	15	－	－	－	－	－	－	－	－	－	－
合计	145	145	11	11	12	9	6	2	1	0	6	3

第五节　保密　信息　调研

保密、信息、调研包括保密工作、信息工作和调研工作。

保密工作

2001～2010年，洛阳石化坚持开展保密宣传教育。每年新入厂大学毕业生进行培训时增设保密教育内容，在领导干部培训、专业技术干部培训和“三基”轮训中开设保密内容。利用多种形式对职工进行保密教育，收看《商业秘密，生死攸关》、《保密工作基础知识》等系列保密教育片，组织各级领导班子学习《中华人民共和国保密法》、中共中央《关于加强新形势下企业保密工作的意见》和中石化集团公司《关于贯彻中央保密委员会第一次会议精神进一步加强保密工作的通知》等法律法规和方针政策，组织领导班子和重点部门、部位的负责人参观《维护国家安全、反窃密防泄密展览》，组织编印《洛阳石化保密法规知识宣传手册》，利用厂内报纸、电视、网络、简报等多种媒体刊载保密知识，组织保密宣传周、知识答卷，在干部职工中普及保密知识。对重点涉密人员强化保密教育，对因公出国人员进行保密教育、国家安全教育。

保密工作汇报会

2006年修订、完善《洛阳石化保守企业商业秘密规定》和《洛阳石化工作秘密管理规定》。2008年，再次修订《洛阳石化保守企业商业秘密规定》、《洛阳石化工作秘密管理规定》和《洛阳石化计算机系统保密管理办法》，并纳入QHSE体系文件之中。坚持每年对重点部门进行涉密事项管理和标识情况抽查1～2次，对存在问题进行督促整改。抓好信息网络保密管理。贯彻“控制源头，加强检查，明确责任，落实制度”和“谁主管谁负责，谁运行谁负责”的原则，落实计算机网络保密责任制。根据局域网用户管理规定、局域网信息发布规定等规章制度，与信息中心共同对局域网全部用户进行过滤、筛选，重新确定网络权限，采取“域”管理、终端用户桌面管理、分级访问等措施，增强网络信息的安全性。会同信息中心不定期进行局域网信息安全检查，在后台全面检查的基础上对部分单位进行重点抽查。对企业网络和移动存储设备进行检查，配置必要的保密技术防范和技术检查设备。

同时，根据企业领导人员和组织机构变动情况，适时调整保密委员会人员构成，充实领导力量。严格遵照有关规章制度，做好收文管理程序把关，确保签收、登记、拟办、请办、分发、传阅、承办和催办等各环节保密运作。严把发文管理的校核、审批、签发、核发、登记、印制和分发等程序，坚持秘密公文严格通过机要交通等方式传递。

信息工作

2000年，石化总厂、洛阳分公司分立运行后，党委办公室承担信息工作任务。党委办公室从健全信息员网络、畅通信息传递渠道和完善信息考核机制3个方面加强信息工作，充分调动基层党组织上报信息的主动性。2006年制定《关于进一步加强信息上报工作的意见》、《洛阳石化信息外报制度》，2008年制定《信息报送计分考核办法》。每季度初，结合企业阶段性重点工作向各基层党组织下发信息上报需求要点，对基层信息采集上报工作给予具体指导。加强研讨和培训，坚持每季度统计、公布信息上报情况，半年组织讲评和研讨，一年组织一次培训。

2001年以来，党委办公室围绕企业中心工作和阶段性重点任务开展信息工作，反映党委、行政决策部署的贯彻落实情况，认真反馈生产经营、深化改革过程中产生的热点、难点问题，为党委、行政领导及时掌握各项工作的开展情况、存在的问题及取得的成效，正确决策，科学指

导，优化管理，促进工作，起到参考作用，为中石化集团公司党组和省市党委了解洛阳石化的生产经营状况、发展建设情况、职工队伍建设状况发挥桥梁作用。坚持向中石化集团公司办公厅报送信息，信息上报和采用在中石化集团公司同类同等规模企业中始终保持领先水平。

党务信息工作研讨会

2009年，进一步完善制度、加强考核，制定并印发《信息报送计分考核办法》，根据各部门、各单位工作职责和性质，将65个信息直报单位划分、设置为A、B两类考核序列，结合信息需求量分别下达月度信息报送考核指标，对各单位报送的信息量化出基础任务分和价值分，每季度统计一次，考核结果纳入对该单位的一体化目标考核，并在局域网上公布。65个单位与党委办公室建立直线联系，信息网络覆盖机关处室、直属单位、生产车间、多经和改制企业，基本形成上下贯通、覆盖左右的信息网络体系。2009年各单位、各部门合计上报信息1481条，洛阳分公司向中石化集团公司办公厅报送信息149条，采用47条，采用率31.5%，累计得分572分，在39家炼化企业中列第13名；向省市党委、政府报送信息87条，采用29条。信息报送数量明显增加，信息报送质量进一步提高。2010年，进一步健全完善信息员网络和信息报送工作激励约束机制，制定下发《洛阳石化信息工作考评办法》，修订完善《信息报送计分考核办法》，建立信息工作情况通报和传阅制度，以《信息工作情况月报》形式，向洛阳分公司领导和各单位主要负责同志通报信息报送及采用情况。全年累计上报中石化集团公司办公厅150余条，向省市党委办公厅（室）报送信息近70条。

调研工作

2003年，成立调研科，调研工作逐步走向规范化。党委办公室以“创新方式、突出前瞻性、注重实效”为出发点，以专题性工作调研为主，把专题调研与日常调研相结合，以内部调研为主，把内部调研与外出调研相结合。以“想领导所想、急领导所急”为指针，围绕党委、厂部的重点工作，特别是党委领导的关注点，开展调研工作，发挥好调研工作的实效性。对于党委和厂部关注的重点问题、职工群众中的热点问题，随时开展调研，形成调研报告。近年来，形成《关于专业技术人员流失情况的调研报告》、《关于分配制度改革等有关情况的调研》、《多种用工形式下基层单位如何开展党群工作》、《改制企业党组织工作现状》、《关于劳务工管理现状的调研》等多篇有影响的调研报告，发挥办公室参谋和助手作用。

2008年以来，在做好日常调研工作的基础上，坚持每季度确定一个调研课题、开展一次专题调研、提交一份调研报告，为领导决策提供参考依据。加强与地方政研部门的业务联系，积极承担地方党委政府下达的调研课题，为提高企业知名度、争取政策环境支持发挥应有作用。2010年，以《国有企业社会责任建设实践与思考》为题，向洛阳市政府政策研究中心申报调研课题。

第六节　武装工作

武装工作包括国防教育、民兵训练、双拥工作和征兵工作等。

国防教育

以党的十六大、十七大精神为指针，以解放军总参谋部《关于进一步搞好民兵组织整顿工作的意见》为依据，结合企业开展的主题教育和民兵自身特点开展国防教育工作。每年坚持订阅《解放军报》、《中国国防报》、《中国民兵》、《黄河民兵》、《军事史林》、《国防》等报刊，供民兵连队学习。2001年10月，为落实洛阳军分区党委提出的“398”工程，即3年内90%的基层武装部达标、80%的民兵连（营）达标，在消防大队建立防化救援分队活动室。2002 年 11 月，时任党委书记贾保顺被推选为“关心支持国防教育建设十佳人物”候选人。2003 年 8 月，针对社会上“8·25”军转干部到京上访事件，主动、耐心做好军转干部的思想工作。2002 年 8 月、2005 年 3 月，分别在宝缘大酒店和工程建设公司办公楼顶层安装一台防空警报器。9 月，为纪念中国人民抗日战争胜利暨世界反法西斯斗争胜利 60 周年，参加上级军事机关举办的全国第五个国防教育日宣传活动。2006 年 8 月，参加洛阳市人防办举办的重要经济目标防护方案（修订）培训班，并草拟中国石油化工股份有限公司洛阳分公司重要经济目标防护方案草稿，经过市人防办和洛阳分公司领导审阅，并印刷成册。

民兵训练

依据《民兵军事训练大纲》和上级军事机关部署，结合企业实际，每年 4～5 月组织民兵训练，时间 20 天。2001 年 8 月，按照上级军事机关要求，将 9 挺 12.7 毫米高射机枪安全移交洛阳军分区军械仓库。2002 年 6 月，根据济南军区、河南省军区指示，在洛阳市组建民兵防空导弹营（吉利区、偃师市、新安县、孟津县各一个连），并在吉利区进行阅兵式、分列式誓师大会。8 月，洛阳军分区给石化总厂民兵防空导弹连配发 9 枚仿真“红缨—五号”便携式导弹。此后，训练以便携式导弹为主。按照上级军事机关民兵军事训练指示和任务，洛阳分公司武装部有计划组织专业技术分队进行针对性训练，着重抓好“红缨—五号”导弹训练。参训人员认真听讲，反复练习，基本掌握“红缨—五号”导弹的操作要领。10 月中旬，民兵防空导弹连翟东旭代表吉利区专武人员，参加洛阳军分区举行的军事技能比武竞赛，取得较好成绩。2004 年 5 月，为迎接总参谋部在洛阳召开全军预备役、退伍军人应急对口征召演练现场会，对参演民兵进行强化训练。2006 年 11 月，协助洛阳军分区拍摄民兵维稳反恐训练资料片。对新进厂的大学毕业生 260 人次进行为期 3～7 天的国防教育和军事训练。2007 年、2008 年，武装部与武警洛阳市支队八中队联系，采取走出去的形式，对企业接收的大学毕业生进行军训，军训实行“四统一”，即“统一就餐、统一住宿、统一训练、统一管理”。

双拥工作

洛阳分公司党委重视拥军优属工作，给予经费保障。每年“双节”、“八一”期间，企业领导带队对驻洛部队进行走访、慰问，及时把优待金发放到义务兵家属手中，同时为义务兵家属、军官家属、烈属、伤残军人购置慰问品，走访慰问军、烈属困难户。2003 年“八一”建军节前夕，武装部组织召开有抗日战争、解放战争、抗美援朝战争等不同时期的老战士参加的座谈会，同时，各基层单位也以不同形式召开转业、退伍军人座谈会。

征兵工作

2001～2010 年，洛阳石化职工子女响应祖国征召，踊跃报名参军。经过体检、政审、家访，最后经吉利区征兵领导小组批准，共有 45 名适龄青年加入中国人民解放军或武警部队。其中，2003 年 7 月，在全国高考中有 1 名职工子女考入公安海警高等专科学校，8 月，部队首次从吉利区非军事部门具有专业技能的公民中直接招收士官入伍，洛阳石化有 1 名青年加入中国人民解放军士官队伍。

（责任编辑　乔红中）

第二十一章　群团工作

工会、共青团组织在上级工会、共青团组织和企业党委的领导下，开展民主管理，维护职工合法权益，组织劳动竞赛，丰富职工文化生活，加强自身建设，充分发挥工会、共青团的作用，促进和谐企业建设。

群众团工作包括职工（会员）代表大会（简称职代会）、民主管理、工会、共青团工作。

第一节　职工代表大会

职工代表大会包括职代会、职代会主席团组成和工会委员会。

第六届职工（会员）代表大会

2001年1月18～19日召开第六届职工（会员）代表大会。出席代表431人，其中正式代表381人，列席25人，特邀25人。会议审议通过协调委员会主任、洛阳分公司经理王富龙作的题为《抓住机遇，深化改革，团结拼搏，乘势而上，为开创第三次大发展的新局面而努力奋斗》的工作报告和工会主席裴春旺作的题为《实践“三个代表”，突出维护职能，团结动员广大职工为洛阳石化第三次大发展建功立业》的工会工作报告。大会选举产生由25名委员组成的第六届工会委员会、6个职代会专门工作委员会（代表资格审查委员会、经济监督委员会、提案审查委员会、监督评议委员会、生产保护委员会、生活福利委员会）和劳动争议调解委员会，民主评议石化总厂、洛阳分公司副总以上领导干部，表彰十佳人物、模范职工之家。第六届职代会共召开五次全体代表会议。2001～2003年共签订3次《集体合同》。在2003年1月召开的六届二次会议上，增加《社会保险执行情况报告》、《住房公积金管理情况报告》。在2004年1月召开的六届三次会议上，新增补充养老保险基金缴纳情况、基本医疗保险返还资金使用情况报告，审议通过《洛阳石化社区服务系统改革安排意见》和《大板楼改造建设初步方案》。职代会闭会期间，召开代表团、组长联席会议30次，先后审议《洛阳石化“十五”发展规划》、《企业分配制度》、《洛阳石化责任追究制度》等文件和制度。第六届职代会邀请部分离退休职工列席会议，设立特邀代表团。

第七届职工（会员）代表大会

2006年1月19～20日召开第七届职工（会员）代表大会。出席代表388人，其中正式代表327人，列席39人，特邀22人。审议通过石化总厂厂长、党委书记、洛阳分公司代表魏文波作的题为《以实施“三步走”战略统领全局，努力开创洛阳石化第三次大发展的新局面》的工作报告和党委副书记、工会主席王治平作的题为《实施“三大工程”，竭诚服务职工，构建和谐企业，团结带领全体职工为推进“三步走”发展战略而努力奋斗》的工会工作报告。大会选举产生由25名委员组成的第七届工会委员会、6个职代会专门工作委员会（代表资格审查委员会、提案审理工作委员会、民主评议监督工作委员会、生产劳动保护工作委员会、职工生活福利委员会、职工互助基金管理委员会）和劳动争议调解委员会。审议并通过劳动保护、职工教育培训、提案办理、业务招待费使用等10个专业工作报告，民主评议洛阳分公司副总以上领导干部，制作提案落实情况专题片和倡议书专题片。在七届一次会议上，签订新一轮集体合同。2009年2月续签《集体合同》。第七届职代会共召开六次全体代表会议。从2007年2月召开的七届二次会议开始，会议增加表彰“十面红旗”、“十佳班组”等先进集体和先进个人。职代会闭会期间，召开代表团、组长联席会议，先后审议通过《调整增加职工工资收入实施办法》、《劳动合同管理办法》、《职工违章违纪行政处理办法》、《职工带薪年休假管理办法》、《企业年金实施办法》等相关文件和制度。2008年，按照《中国石化集团公司关于建立和完善集团公司企事业单位职工代表大会制度的指导意见》的要求，修订《洛阳分公司职工代表大会条例实施细则》。

七届四次职代会第四代表团讨论会场

表21－1 **职代会主席团成员**

届　次	时　间	职代会组成人员	
		正　副秘书长	主席团成员
第六届（一次～四次）	2001.01～2002.01	涂新光 纪　芒	王小桥　王忠于　王青春　王治卿　王富龙　王满如　吕中品　孙春刚　纪　芒　宋秋霞　张占营　郑怀杰　耿　武　贾保顺　顾　军　党力强　郭海泉　涂新光　梁玉乐　曾佳拥　路玉堂　裴春旺　戴　敏
	2002.01～2003.01	涂新光 纪　芒	王小桥　王忠于　王青春　王治卿　王满如　吕中品　孙春刚　纪　芒　李德胜　宋秋霞　张占营　郑怀杰　贾保顺　顾　军　党力强　郭海泉　涂新光　梁玉乐　韩剑敏　曾佳拥　廉金社　裴春旺　戴　敏
	2003.01～2004.01	涂新光 纪　芒	王小桥　王忠于　王治卿　王满如　孙春刚　纪　芒　李德胜　宋秋霞　张占营　郑怀杰　贾保顺　顾　军　郭海泉　涂新光　梁玉乐　韩剑敏　曾佳拥　廉金社　裴春旺　戴　敏
	2004.01～2005.01	涂新光 纪　芒	王小桥　王忠于　王治平　王治卿　王满如　王鑫武　乔　宏　纪　芒　杜平安　李德胜　张占营　郑怀杰　郑国栋　赵振辉　顾　军　涂新光　梁玉乐　曾佳拥　廉金社　裴春旺　戴　敏
	2005.01～2006.01	涂新光 纪　芒	王小桥　王忠于　王治平　王治卿　王满如　王鑫武　乔　宏　纪　芒　杜平安　李德胜　张占营　郑国栋　赵振辉　顾　军　涂新光　梁玉乐　曾佳拥　廉金社　裴春旺　戴　敏　魏文波
第七届（一次～五次）	2006.01～2010.02	王治平 涂新光 纪　芒	王小桥　王治平　王治卿　王鑫武　乔　宏　孙晓明　纪　芒　杜平安　李树生　张子吉　张占营　郑国栋　赵振辉　段君芳　郭保中　涂新光　梁万军　廉金社　裴春旺　戴　敏　魏文波

表 21－2　　**工会委员会组成人员**

届次	年　月	主席	副主席	委　　员
第六届	2001.01～2002.01	裴春旺	涂新光 纪芒	王占 王震 王高社 牛毅 牛永志 毛克俭 刘太行 汤雁丽 纪芒 李涛 李利克 李登军 邹超 张纪春 张满成 陈凤臻 邵玉 周宏勋 赵德林 宣雅玲 原崇德 涂新光 董桂香 熊三民 裴春旺
	2002.01～2004.01	裴春旺 王治平	涂新光 纪芒	王占 王震 牛文武 毛克俭 申国军 白宪廷 汤雁丽 纪芒 杨秉军 李涛 李利克 沈其坤 邹超 张纪春 陈凤臻 陈明俊 邵玉 周宏勋 宣雅玲 原崇德 涂新光 董桂香 熊三民 裴春旺
	2004.01～2006.01	王治平	涂新光 纪芒	王占 王震 王治平 牛文武 毛克俭 申国军 白宪廷 任秀权 许华 纪芒 李学健 李新洛 杨秉军 沈其坤 邹超 张纪春 张联合 陈凤臻 陈明俊 周宏勋 宣雅玲 原崇德 涂新光 董桂香 雷耀彩
第七届	2006.01～2007.01	王治平	涂新光 纪芒	万一 王震 王治平 牛文武 文先明 代长星 白宪廷 白宪法 权西京 任秀权 齐帅聪 纪芒 李学健 李新洛 张健 张联合 周宏勋 胡道平 段建立 宣雅玲 高昂 涂新光 董桂香 鲁德志 雷耀彩
	2007.01～2008.01	王治平	涂新光 纪芒	王震 王治平 牛文武 文先明 申国军 代长星 白宪廷 白宪法 权西京 任秀权 齐帅聪 纪芒 李学健 李新洛 张健 张联合 周宏勋 胡道平 段建立 宣雅玲 耿晓龙 涂新光 姬晓军 董桂香 鲁德志
	2008.01～	王治平	涂新光 纪芒	王震 王治平 牛文武 文先明 申国军 代长星 白宪廷 权西京 任秀权 齐帅聪 纪芒 李学健 李新洛 张健 张联合 周宏勋 胡道平 段建立 宣雅玲 耿晓龙 涂新光 姬晓军 黄玉华 董桂香 鲁德志

说明：2003 年 3 月，王治平任第六届工会主席。

第二节　民主管理

企业工会坚持把职代会作为民主管理、厂务公开的主渠道，不断完善四级民主管理网络，做到二级单位至少每年召开一次职代会、班组每月开展一次民主管理活动。各单位按照四级民主管理原则，对各自范围内的重大问题进行讨论、审议、决策和监督。

厂务公开

2001 年开始，厂务公开不断深化，采取重大问题在职代会上公开，一般问题及日常性工作利用内部计算机网络、广播、电视、报纸等及时公开。在职代会上，洛阳石化公开企业生产经营、改革发展的重大事项，公开业务招待费使用、厂级领导干部廉洁自律等情况。基层单位做到工作任务公开、考核公开、奖金公开，增强基层民主管理的透明度。2002 年，根据中共中央办公厅、国务院办公厅《关于在国有企业、集体企业及其控股企业深入实行厂务公开制度的通知》要求，对《洛阳石化厂务公开实施办法》进行重新修订，从企业重大决策、生产经营管理、职工切身利益、领导班子建设和党风廉政建设等 4 个方面，规定 30 项厂务公开内容，同时明确厂务公开的基本形式是职工代表大会。在职代会召开前，由各代表团组织本团代表对各项报告进行讨论预审，并将讨论预审情况、对各项报告的修改意见和建议向大会报告。职代会闭会期间，涉及分配制度改革等重大事项须提交职代会代表团组长会议讨论通过后实施。

对职工群众关注的焦点、影响企业稳定的热点，如职业技能鉴定、领导干部竞聘上岗、劳务人员招聘、工程招投标、评选先进等各项工作，全部通过电视、厂务公开栏、局域网等形式进行公开，接受群众监督。特别是在实施企业改制分流过程中，做到改制方案、资产核定、股权分配、董事会和监事会的产生，都经过职工的酝酿和表决。同时制定和完善厂务公开工作的考核标准，将厂务公开纳入企业一体化考核，月考核，月兑现，与各单位绩效考核挂钩。将厂务公开纳入企业党建工作和职工之家建设工作，每半年检查一次，一年进行一次考核评比，并把职工群众的满意程度作为衡量厂务公开工作的重要标尺，对“模范职工之家”评选具有一票否决权，凡职工群众对厂务公开工作满意率在80%以下的，不能评为“模范职工之家”。

民主评议领导干部

第六、第七届职代会民主评议领导干部的范围是石化总厂、洛阳分公司副总以上领导干部。根据人员变动，及时调整民主评议监督工作委员会组成人员，委员由工会、组织（干部）、纪检等部门有关人员和职工代表组成。领导班子成员每年写出书面述职报告，每两年在大会上进行述职。每年由职工代表在职代会上对副总以上领导干部进行评议，并由各代表团对领导班子成员进行评议，写出评语。基层单位不仅按照规定和程序评议本级领导班子成员，部分单位还将范围扩大到所管辖的所有领导干部及管理人员，建立起自下而上的监督体系。

权益保护

2001～2010年，提案审理工作委员会共收到职工代表关于生产经营、企业管理、改革发展、生活福利的议案1200件，立案260件，按照《洛阳分公司职工代表大会提案工作办法》对职工代表提案进行处理和反馈，在职工代表提案办理工作中实行首办负责制、办理过程跟踪制、职工代表巡视制、提案结果反馈制的“四制”工作机制，提高提案的办结率和建议的回复率，做到提案、建议回复率100%。

为维护企业和职工双方合法权益，健全完善平等协商、集体合同制度。集体合同签订前，都要组织职工代表对集体合同执行情况进行检查，召开不同层次座谈会，征求职工群众意见。按照有关规定先后与行政进行5次平等协商，签订5次集体合同。

2001～2010年，共组织职工代表巡视12次，先后巡视《集体合同》执行、医疗保险运行、劳保用品配备使用、检修现场劳动保护、《劳动合同法》执行情况、《女职工劳动保护条例》执行情况等，并协调解决职工提出的意见和建议。

第三节　工会工作

工会工作包括劳动竞赛、女工工作、班组建设、职工福利、建“家”活动。

劳动竞赛

2001～2003年，在生产系统开展“向先进水平挑战”劳动竞赛，把安全、质量、能耗等指标作为考核内容，把生产装置历史最高水平作为竞赛基础，实行动态和台阶式考核，同时不断将竞赛内容向经营管理、维修服务等方面延伸，扩大竞赛面。从2003年下半年开始到2006年，开展以确保生产装置安全、平稳、长周期运行为关键点的“安稳长”劳动竞赛，将考核评比与专业部门日常考核相结合，每月编发一期竞赛活动专版，公布竞赛指标完成情况，在企业内部局域网上开辟专栏，刊发基层活动经验，开展“安稳长”杯好新闻、好图片、动漫作品征集活动，扩大劳动竞赛影响力。2007年，组织开展“安康杯”竞赛，按照“纵向到底、横向到边”的劳动竞赛总体思路，在全厂开展月评“五面流动红旗”竞赛，从安全生产、设备管理、岗检工作、卫生管理、思想政治工作等5个方面每月评选五面流动红旗进行表彰和奖励，在此基础上年底评比年度“十面红旗”。2009年，将“五面流动红旗”的内容确定为“安全生产、节能降耗、设备管理、‘三基’工作、思想政治工作”5个方面。

根据企业不同时期的重点工作，分别开展“检修勇士和检修样板”评比活动、以“保安全、保生产、保平稳，提高经济效益”为主要内容的“三保一提高”竞赛活动、以“比活动氛围、比工作创意、比基础工作、比活动效果”为主要内容的TPM劳动竞赛，在工程建设单位开展以“比安全、比质量、比进度、比文明施工，争当焊接能手、争当焊接状元”为内容的“四比两争”劳动竞赛等活动。同时，增加基层单位劳动竞赛活动费用，鼓励基层工会自行确定竞赛项目，选择竞赛方式。各基层单位结合自身实际，自主开展竞赛活动共200项。实现全厂性的联动和基层单位的互动，形成纵向到底、横向到边的劳动竞赛大格局。

颁发月度“五面流动红旗”

2001年、2003年、2004年和2007年开展4次优秀操作法征集活动，征集优秀操作法520件，汇编《职工智慧结晶》四辑，并对评选出的优秀操作法进行命名表彰。2001年，与教培中心联合筹办第12届职工技术比武运动会。2003年开展“金脑子、金点子”合理化建议活动，评出50个“金脑子”、50个“金点子”。2004年、2007年开展“揭榜攻关”活动。围绕节能降耗、优化操作、提高产品质量等方面开展“提建议、献良策”、“我为节能减排作贡献”等合理化建议征集活动。2005年，承办河南省油品分析工技术比武。2007年，组队参加河南省化工分析工技能大赛，获团体总分第一名。2008年，承办洛阳市第二届职工技能大赛炼油工种比赛。2010年，承担河南省第三届职工技能大赛水质检验工种比赛，获团体总分第一名。先后获“河南省建功‘十一五’技术创新竞赛”组织工作先进集体和洛阳市“五杯”劳动竞赛先进单位。

女工工作

2001年，开展“巾帼双文明建功立业”竞赛，实施洛阳石化女职工素质达标第二个五年规划（2001～2005年），全厂女职工参与率达92%。2005年，洛阳分公司女职工委员会进行换届，46个基层单位的女工委员会进行改选。2006年，通过女职工素质达标成果展示会、现场会等形式对2001～2005年女职工素质达标活动进行总结和表彰，提出洛阳石化2006～2010年“女职工素质提升工程”实施意见，明确第三个五年规划目标，全厂各级女工组织均制定新一轮女职工素质达标实施意见，女职工参加素质达标活动率达100%。

2006年开始，女职工妇科病普查由两年一次改为一年一次，并为女职工办理特殊疾病保险，先后为22名患病女职工进行理赔，理赔金额共计13.2万元。2007年，签订女职工权益专项集体合同，从制度上保障女职工的合法权益。2008年，女职工卫生费由每人每月5元增加到10元。出台多种用工女职工劳动保护规定，同时坚持开展家庭美德教育，开办女职工素质课堂和周末学校，为女职工搭建学习成才平台，聘请专家深入基层单位为女职工讲授生理保健知识和妇科病防治知识。举办女职工读书成果发布会、事迹报告会，开通女职工周末倾诉热线，建立女职工法律咨询投诉中心，创办女职工健康专刊，开设女职工温馨聊吧、举办瑜伽培训班，为各级女工组织赠书、发放女性健康知识讲座和《父母学堂》光盘等。开展“我爱我家”征文活动，编写《洛阳石化女工风采》、《巾帼英姿》、《和谐家园征文集》。坚持每年评选“五朵金花”、“文明家庭”、“巾帼标兵”、“女职工先进集体”，同时向上级部门推荐先进集体和个人，其中1人被授予全国劳动模范，38人被授予省市劳动模范、巾帼标兵等称号。

坚持每年“三八”节到岗位慰问在岗女职工，举办大型庆“三八”系列活动，先后举办洛阳石化形象大使选拔赛、中国石化F1形象代表选拔赛、女职工风采展、时装表演赛、绳操健身球表演、舞蹈大赛、女职工运动会、演讲比赛、放歌生活图片展、女职工十字绣手工艺展览等。为推动创建和谐企业活动，还相继开展以“和谐

女职工生活课堂

入家园”为主题的创建和谐家庭系列活动和“爱企业、爱家庭、爱生活”系列活动。开展未婚青年、单亲职工联谊活动，建立特困女职工档案等。配合“我要安全”主题活动，开展安全亲情提示、安全家书征集等活动，举办安全家书朗诵会。洛阳石化女工工作先后获全国女工工作先进单位、河南省女职工巾帼建功示范单位、河南省女职工工作示范单位、洛阳市维护女职工合法权益十佳单位，连续10年被洛阳市授予女工工作先进单位。

班组建设

2007年，为加强班组长队伍建设，实现基层班组长与决策层零距离沟通，成立班组长联谊会，注册会员480名，选举产生联谊会会长、副会长、秘书长和理事。班组长联谊会理事会定期召开会议，研讨安排工作和活动。制定班组长联谊会章程，在工会网站开辟班组长天地专栏。在企业内部对班组长进行文化知识、管理知识、专业知识培训的同时，坚持每年组织部分班组长外出培训和荣誉疗养。通过召开班组长座谈会，举办班组长摄影、征文大赛，迎新春联谊活动等形式，加强相互间的沟通和交流，丰富班组长的业余文化生活。

职工福利

2004年，成立职工互助基金会，持续完善职工互助基金管理办法，截至2010年共发展会员8300多人。互助基金会在会员患病、子女上学、无工作配偶就医等方面救助职工、家属1600多人次，共计140余万元。坚持每年为职工发放健康体检票，并不断提高发放标准。4次降低补充医疗保险报销门槛，起报标准从3万元降到1000元，减轻患重病、大病职工的医疗负担。制定《救助困难职工暂行办法》，建立完善困难职工档案。坚持做好职工疗养工作，3次提高疗养标准，组织生产骨干、先进模范人物1287人次赴张家界、九寨沟、厦门、海南等地进行荣誉疗养。对563名连续倒班满20年的职工进行一次性奖励。提高死亡抚恤金标准和职工遗属生活费。进一步完善工会文化体育设施，装修改造游泳馆、俱乐部、体育馆、文化宫，免费为职工提供服务。坚持重大节日、重大事项慰问制度，在春节、国庆等节假日，在生产装置检修、抢修、开工的不同时期，慰问在岗、困难、住院、驻外职工，实现送温暖活动经常化、制度化。

“建家”活动

2002年，调整“模范职工之家”考评内容和办法，把履行维护职能、推进民主管理和服务职工群众确定为基层工会“规定动作”，把开展各类比赛和活动确定为基层工会“自选动作”，实现考评体系的规范和创新。2006年，建立工会网站，工会信息工作渠道进一步畅通，搭建起职工间相互交流沟通平台。2007年，下发《关于开展“职工之家”星级认证活动的通知》，制定“职工之家”星级认证管理办法和“职工之家”星级认证考核细则，分为基础星、创效星、和谐星、活力星、满意星5个星级，把各级工会组织建设成为学习型、民主型、创新型、温暖型、和谐型的“职工之家”。对基层工会工作进行统一规范，制作记录册，年底通过工会网站对职工之家建设成果进行展示。逐年增加基层工会活动经费，设立“职工之家”建设专项经费，为基层工会配备必要的活动用品，改善活动条件。每年坚持开展工运理论研究、课题调研、工作研讨等活动，进一步夯实工会工作基础。修订、制定20个QHSE作业文件。自2008年起，工会干部培训进一步扩大，多形式、多渠道、分层次、有针对性地对基层工会主席、女工委员、劳动保护委员、文体宣传委员、组织民管委员等分期、分批进行培训，提高工会干部的理论水平和业务素质。洛阳分公司工会获全国“五五”普法先进

单位、河南省“六好”基层工会、河南省民主管理工作先进单位，多次被中国能源化学工会全国委员会授予“全国能源化学系统先进工会”。

第四节　共青团工作

共青团工作包括共青团代表大会、组织建设、制度建设、队伍建设、生产实践、青年素质提升、青年志愿者活动、文化服务活动和交流活动等。

共青团代表大会

第四次代表大会　2001 年 10 月 25 ~ 26 日，召开共青团洛阳石油化工总厂第四次代表大会，出席代表 193 名。王青春代表团委作了题为《积极实践“三个代表”，全面加强团的建设，为开创新世纪共青团工作的新局面而努力奋斗》的工作报告，选举产生由万一等 9 人组成的共青团洛阳石油化工总厂第四届委员会。

第五次代表大会　2007 年 5 月 24 ~ 25 日，召开共青团洛阳石油化工总厂第五次代表大会，出席大会代表 153 名。乔宏代表团委作了题为《建功育人，奋发有为，在洛阳石化第三次大发展中谱写青春篇章》的工作报告，选举产生由牛俊炎等 9 人组成的共青团洛阳石油化工总厂第五届委员会。

2001 ~ 2010 年共青团组织领导成员

表 21 - 3

届次	时间	书记	委员		
第四届	2001. 10 ~ 2007. 05	王青春 乔宏	万一	王青春	白秀道
			乔宏	李雪梅	张帅
			张克领	张新东	郭举
第五届	2007. 05 ~	乔宏	牛俊炎	乔宏	李江辉
			李雪梅	何新亭	张小杰
			张新东	武春涛	雷华毅

说明：2002 年 7 月，王青春调出，团委副书记乔宏主持工作。2003 年 5 月，乔宏任团委书记。2010 年 3 月，田大鹏任团委副书记。2010 年 8 月，乔宏调出，张帅任团委书记。

组织建设

2001 ~ 2010 年，根据企业行政建制和团员队伍变化，加强团的组织建设，建立健全团青组织情况统计库、团员青年档案库和特长人才库，做好团员的接转离退工作，定期更新相关数据，每年度向上级团组织上报统计数据。坚持开展“走团委，进支部，访青年”活动，进行团情调研、年度工作讲解和差别化考核方案对接。加强工作创新，先后形成团建管理成果 11 个，《企业团青工作的多维网络信息化管理》管理攻关成果获中石化集团公司管理创新成果三等奖，《唱响五个主题，落实五项行动，在服务企业发展中构建工作新体系》编入团省委出版的《青春的印痕》实践篇中。2006 年，成立大学生公寓团总支，建立宏业公司团青工作联络组。2007 年，成立器乐、毽球、户外运动等 7 个青年文化社团。2004 年，洛阳石化总厂团委获“全国五四红旗团委”称号。2001 ~ 2010 年，30 余个团青组织获省、市级先进团组织称号，30 余人获国家、省、市级优秀团干部、共青团员称号。

“五四”青年节表彰会

制度建设

2001 ~ 2002 年，修订完善《团组织建设考核细则》、《洛阳石化共青团制度汇编》，推出“四位一体，联评推优”考核制度。2003 年，建立团委委员责任区和多功能巡回例会制度。2004 年，实施“基础 + 特色”的差别化团建考核机制。2005 年，推行《活页式团青工作记录册》，加强团建工作标准化管理。2006 年，修订完善《团费缴纳和管理使用规定》、《项目领办和工作试点制度》、《团青活动出勤通报制度》、《团青工作公示制度》、《“一联三”团青干部联系制度》和《团建课题攻关制度》。2007～2008年，按照QHSE管理体系要求，修订《洛阳石化共青团制度汇编》和团委作业文件，将团建工作纳入管理体系。2008年，将团青工作纳入企业一体化考核体系，实现团青工作与党建工作同安排、同落实、同检查。

队伍建设

2003～2010年，坚持每年组织一次“团干部培训班”，举办一次年度团青工作研讨会。2003年，举办团干部“四个一”技能竞赛和团干部工作研讨会，组织17名团干部参加洛阳市读书班。2005年，开展增强共青团员意识主题教育活动，举办“9·29”主题团日、“学理论，长才干”团务知识竞赛、“永远跟党走”党团知识竞赛、“共青团在我心中”集体宣誓、“打团旗、唱团歌、带团徽”活动、民主评议团员活动、团干部培训班、内部工作交流会和走访兄弟企业活动。2006年，制定《关于建立健全洛阳石化增强共青团员意识长效机制的实施意见》，开展“增强共青团员意识主题教育周”活动，进行共青团和青年工作专项调研活动，350余名团员青年和团青干部参加网络调研。2009年，开展“团干拜师学艺”活动，18名政工专家与59名团干部结成师徒对子，进行针对性的辅导和培训。2010年，开展青年发展训练营活动。

2001～2010年，先后开展“崇尚科学、反对邪教”、“争做文明青年，争当文明职工”形象活动、“党在我心中”党史知识竞赛、“永远跟党走”团的知识竞赛、“情系石化，放飞希望”演讲比赛、创建“学习型组织”主题教育活动、举办“企业发展与青年才智”论坛、开展“中华魂”读书活动、举办“纪念改革开放30周年演讲比赛”、组织“悼念四川地震遇难同胞哀思会”、“与共和国同成长”演讲比赛、组织青年志愿者服务、开展“一人一瓶水，爱心送旱区”特别行动等活动，激发团员青年的爱国热情，探索新的青年教育方法和方式，团员青年的素质不断提高。2008年，团员青年自愿缴纳“特殊团费”26319元，支援汶川地震灾区。2010年为旱区群众捐款36657元。

生产实践

2001～2003年，深入开展青年岗位能手活动，共涌现出中石化集团公司青年岗位能手8名、市级青年岗位能手17名、厂级青年岗位能手242名。2004～2010年，30余人获省、市级青年岗位能手称号。

2002年，制定《洛阳石化青年文明号活动规范运作指导书》。2003年，召开青年安全生产示范岗活动推进会，完善申报、创建、考核、命名、表彰等工作程序。2009年，青年示范岗活动改创建命名制为年度竞赛制。2002～2010年，以安全生产、降本增效、文明服务为重点，深入开展青年示范岗（文明号）活动，共创建全国青年示范岗（文明号）9个、河南省青年示范岗1个、洛阳市青年示范岗（文明号）20个。2007年，举办2次“青年安全文化研讨会”。2008年，组织5家试点单位进行“创新青年班组安全活动形式”攻关，召开“洛阳石化班组安全文化建设推广会”。2009～2010年，围绕“我要安全”主题活动，策划开展千名青年“我要安全”签名承诺接力、安全文化座谈会、安全故事征集、“我要安全”责任墙、警钟长鸣——未遂事故宣讲会、“我要安全”DV教材拍摄等活动，推动企业青年安全文化建设。

青年突击队授旗仪式

2001年，青年创新创效活动启动。2002年，制定《洛阳石化青年创新创效活动项目化运作指导书》和《洛阳石化青年创新创效成果奖评审标

准》。2004年，逐步形成“项目化运作——基地化建设——层次化管理”活动运行管理模式。2002年、2005年分别开展“我为管理献一计，提高管理效益”、“决战八九十，降本增效益”金点子征集活动，共征集“金点子”2122条。2006～2007年，编写《“头脑风暴法”创新一日行活动规范化运行指导书》，指导团青组织运用头脑风暴法讨论安全生产、企业文化和本单位的生产难题。2002～2010年，通过创建青年创新创效活动示范基地、经验交流会、洛阳石化青年创新创效活动巡展和十大青年创新创效示范项目评审活动等形式，推动青年创先创效活动深入开展。2003年，洛阳石化总厂团委获得河南省、洛阳市青年创新创效活动优秀组织单位奖。2001～2010年，共取得青年创新创效成果1945项，6项成果获省部级青年创新创效奖，25人获中石化集团公司、洛阳市青年创新创效标兵等称号。

2002年，成立30余支青年检修突击队，主动承担急难险重任务。2005年，成立32支共计600余人的青年突击队，开展“四比两看”劳动竞赛，全方位服务大检修。2008年，成立105支青年突击队，围绕装置大检修开展青年突击队竞赛。在企业重点项目施工、建设中策划开展“青春在重点工程闪光”活动。

青年素质提升

2002年，开展“我的素质能否满足岗位要求”大讨论活动，举办“素质、责任与安全”座谈会。2003年，举办计算机基础知识、网络知识和幻灯片制作等专题讲座、培训班，开展“新世纪青年读书活动”。2004年，承办中石化集团公司第二届“青年杯”英语风采大赛分区赛，来自山东、江西、安徽、河南的15个直属单位的40名选手参加比赛。2005年，以“青工技能振兴计划”为抓手，进行青工技能状况调研，指导各级团青组织开展“青工创新论坛”、“星级梯队培训”等活动。2006年，举办“企业发展与青年才智”论坛，开展“学技术、上水平、当标杆”活动。2007～2008年，自主开发建设“洛阳石化青工技能网”，22家单位共录入40余套装置的2万余道考题，设置企业文化、安全环保等栏目，具备在线培训、考核和企业综合知识学习等功能，1000余名青年职工登陆青工技能网学习装置知识。2009～2010年，利用青年技能网站开展2次“青年职工安全知识技能挑战赛”，共15500余人次参加培训，634人参加决赛。2008～2009年，举办12期“青年课堂”，为840余人次团员青年讲授新闻摄影、从专业人员到领导人员的转变等知识。2009年，举办洛阳石化青年职工英语风采大赛，选拔选手参加中国石油化工集团公司第四届青年职工英语风采大赛。2010年，举办3期青年发展能力训练营，针对青年需求开展理论性、实践性相结合的综合能力培训。

青年志愿者活动

2001年，洛阳石化总厂团委下发《关于成立洛阳石化总厂青年志愿者协会暨推行青年志愿者注册工作的通知》，在各级团组织中成立分会，全年参加各类志愿服务400余人次。2002年，举办青年志愿者服务广场，500余人参加活动，服务居民3000余人次。2003年，为生活区、厂区、办公楼配备了21个便民服务箱，制作安装55套健身器和5个社区文明宣传橱窗。开展“我是青年组织，我为青年服务”系列活动，服务青年职工880余人次。2004年，开展“我是青年组织，我为青年服务”和“服务青年三件好事”活动，全年服务青年职工1000余人次。2005年，举办3次青年志愿者服务广场和青年社区文化广场活动，参与团员青年累计350余人次，服务社区居民2500余人次。与嵩县团委联合开通“绿色旅游通道”，与厂女工部联合举办“周末课堂”，与区建设银行联合举办“金融知识讲座”，为221名青年职工提供计算机等级考试服务。2006年，开展2次青年志愿者主题服务活动，100余名团员青年参加活动。组织“服务新农村建设”主题捐助活动，1644名职工共捐助衣物被褥4125件、书籍1739本、其他物品30件。洛阳石化青年志愿者协会获“洛阳青年服务新农村建设行动先进单位”称号。2007年，开展“绿色青年志愿者”服务活动，设立100余块“共青绿地”和“绿色青年志愿者联系区”，维护厂区环境。2009～2010年，以服务基层、美化环境为重点，深入开展“绿色青年志愿者”服务活动。2010年，招募200余名青年志愿者，为第七届职工运动会“共青杯”趣味运动竞赛提供赛事服务。组织“志愿者之夜”、“一起吃苦的幸福”等联谊活动，形成《洛阳石化志愿者队伍建设指导意见》，建设长效机制。

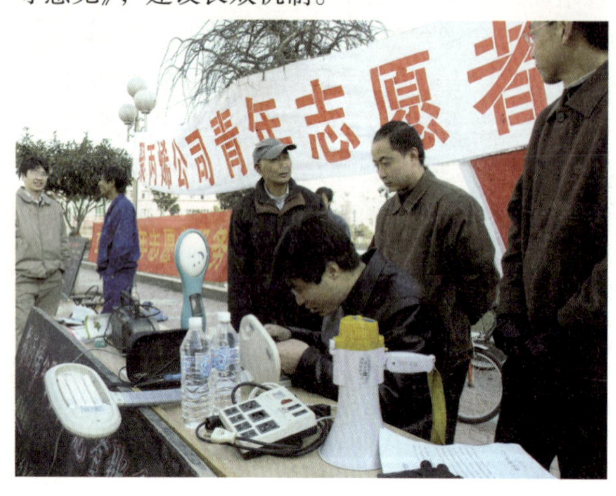

青年志愿者服务

2009年，乔宏当选河南省志愿者联合会第一届理事会常务理事。2001～2010年，共有6个青年集体获“全国百个优秀青年志愿者服务集体”、“河南省优秀青年志愿服务集体”、“洛阳市优秀青年志愿服务集体”等称号，11人获洛阳市“十佳青年志愿者”、“优秀青年志愿者”等称号。

文化服务活动

2001年，举办第四届青年科技文化节、首届英语演讲比赛、“相约新世纪”团干联欢和申奥乒乓球、游泳比赛，刊发6期《洛阳石化·青年专刊》，在石化总厂党委支持下自筹经费创办了怡心文化服务中心吉利席殊书屋，开展新世纪青年读书活动。2002年，举办首届洛阳石化“青年视点”摄影展，与新闻中心联合举办3期青年电视论坛。2006年，举办“迈向新征程——新春网络摄影赛”，参赛作品300余幅。实施“洛阳石化团委青年卡”项目，联合24家特约商户，为持卡人提供购物折扣优惠，印制3000张青年卡发至全厂39个单位。2007年，举办“相约河洛，情系天池”等4次大型青年联谊活动，服务单身职工200余人次。启动团干部联谊会，举办“团干中秋联欢”、“炫彩青春，动感之夜”圣诞晚会。2008年，开展鼎室山户外运动体验活动、乒乓球比赛、卡拉OK比赛和团青骨干趣味夺标运动会等文体活动，开展“我为环境文化献一言”活动，征集箴言、警句3770条，建议557条，共有55家单位的3000余名职工参加活动。2009年，举办“有缘的朋友来相会”等单身青年联谊活动，组织“拥抱春天，户外寻宝”、团干部趣味运动会等团干联谊活动。2010年，承办第七届职工运动会“共青杯”趣味运动竞赛，组织45支代表队的1400余名职工参加陆上项目的比赛，37支代表队的1000余名职工参加水上项目的比赛。开展“名片之光——名片文化电视论坛”、“相约新河洛，情系神灵寨”青年联谊、“2010团缘汇”新春联欢会、“共青杯”游泳比赛等活动。

交流活动

2002～2010年，洛阳石化团委加强内外宣传，建设专属宣传阵地，扩大组织影响和活动影响。在洛阳石化4个生活区建立11组33块《青年园地》橱窗，制作展板30余期500余块，与洛阳石化报社联合编发《洛阳石化报共青团专刊》30余期。2002年11月，洛阳分公司团委局域网站投用。2003年9月，团委因特网网站投用，2005年被评为“河南省十佳青年网站”。2005年后，停发共青团专刊，停办因特网站，保留社区宣传栏和洛阳分公司局域网站。2008年，建立青年“飞信”手机群，编发《洛阳石化青年》彩信手机报，制作《青春在线》电子杂志，运用多种信息化媒介，增强工作覆盖面和影响力。《中国共青团》、《中国石化报》、《团中央青工部信息》、《中石化政工简讯》等媒体，报道团委在团的自身建设、青工素质培养和“双争双创”等活动的经验做法和成绩。

2004年，洛阳石化团委在团中央青工技能振兴计划区域推进会上作经验介绍。2005年在团中央等五部委组织的全国青工技能推进会上作经验交流。2008年，洛阳石化共青团和青年组织建设经验先后在洛阳市“党建带团建——基层团组织建设创新论坛”和河南省共青团“深入推进基层组织建设暨宣传舆论阵地建设电视电话会议”上发布推广。2009年，洛阳石化共青团组织建设经验在共青团河南省委组织工作会议上进行发布。

（责任编辑　乔红中）

第二十二章 企业改革

2000年9月，石化总厂、洛阳分公司分立运行后，企业改革进入一个较为集中的时期，相继实施内部重组、减员增效、改制分流、清理整顿、体制转换等改革措施。

企业改革包括体制改革、转换经营机制、移交社会职能、改制分流、清理整顿。

第一节 体制改革

体制改革包括重组上市、协调委员会、代管化纤、减少管理层次、机构融合、体制转换、离退休管理体制改革等部分。

重组上市

1999年10月16日，中石化集团公司批复洛阳石化总厂重组方案。石化总厂按照“三分”、“三定”、“四化”和“五个重组”要求，开展企业重组改制工作。2000年1月1日，对上市非上市部分进行财务账务分设。1月18日，中石化集团公司设立中国石油化工股份有限公司洛阳分公司。5月1日，中石化集团公司明确上市与非上市部分的业务、资产和人员范围。

重组后的洛阳石化上市部分包括炼油厂、储运厂、动力厂以及销售公司、供应处、信息中心、研究所、消防大队等，资产为41.44亿元，人员3413人。非上市部分包括化纤厂、聚丙烯公司、拉膜厂及多种经营企业，设计院、文教卫生、社区服务等，资产为59.16亿元，人员4373人。

2000年9月12日，中石化集团公司领导来厂宣布洛阳石化协调委员会组成人员。9月25日，石化总厂与洛阳分公司分立运行，按照职能不重复、相互托管等5条原则，对石化总厂和洛阳分公司的机构进行分设，并相应调整中层领导干部。

代管化纤

企业重组改制时，鉴于化纤项目与炼油部分的深度依托和紧密关系，难以实施洛阳分公司和石化总厂分别管理，经请示中石化集团公司领导同意，化纤部分由洛阳分公司代管，拟待整个工程向国家正式交工后，化纤整体注入中石化股份公司。代管期间，洛阳分公司负责化纤厂的生产、计划、设备、技术、销售、供应等经营决策和管理，石化总厂负责财务核算。为消除代管模式下责任不清等管理缺陷，经中石化集团公司批准，2002年初，将化纤厂的业务划回石化总厂管理，取消原来的代管模式。

减少管理层次

根据中石化集团公司减少管理层次的要求，2002年1月12日，撤销化纤厂厂级建制，实施扁平化管理，将原化纤厂的4个管理部室（综合管理部、生产技术部、设备部、安全环保部）撤销，分别成立石化总厂生产处、安全处、设备处、计划处。原化纤厂各生产部改为石化总厂直属车间，减少中间管理层，提高市场反应能力。在人员的安置、分流方面，化纤厂原厂级领导分别被安排在石化总厂、洛阳分公司有关处室，机关其他人员按从事的岗位和工作，分别调入石化总厂生产处、安全处、设备处、计划处等单位。

2003年5月7日，洛阳分公司撤销炼油厂、动力厂，将其所属生产车间变为直属车间，实现扁平化管理。

机构融合

2004年，根据中石化集团公司《关于转让洛阳石油化工总厂资产有关问题的通知》和《关于中国石化集团公司向中国石化股份有限公司出让部分存续企业主业资产的决定》，以2004年6月30日为评估基准日，以12月31日为资产交割日，将石化总厂聚酯和聚丙烯公司55%的股权并入洛阳分公司，并购资产总值28.41亿元。

2005年1月7日，石化总厂、洛阳分公司领导班子进行融合，并重新进行分工。对业务对口、接近的机关处室和直属机构实施融合，明确临时负责人，初步形成一套班子、一个党群系统、一套机关、一个生产和销售系统的管理格局。2月22日，洛阳石化召开全体干部大会，安排部署机构融合重组和精简中层管理人员工作。经过一个多月的工作，实现机关处室的对口合并和精简优化，机关处室和直属机构总数由40个减至32个，减幅20%，其中机关处室由32个减至24个，减幅25%。通过竞聘，产生76名正、副处级领导人员，其中由副处级提为正处级4名，由正科级提为副处级5名，退出现职干部12名，离岗培训1名，转聘管理和技术岗位6名，改任调研员8名。中层领导人员共计压缩25%。

体制转换

2005年12月，中国石化集团资产经营管理有限公司组建，其运作目标是按照一级法人的目标和方向，逐步建立集中统一的管理体制和运行机制，对企业进行分步分类调整，使中石化资产公司尽快构建起集中统一的一级法人管理体制。洛阳石化被列为试点单位，要求在2006年内先期完成体制转换。

2006年3月27～30日，中石化资产公司体制转换调研组对洛阳石化进行调研并提出指导意见。6月27日，洛阳石化就实施体制转换工作向中石化资产公司进行汇报对接。7月8日，正式上报《关于报批体制转换实施方案的请示》。7月17日，中石化资产公司下发《关于洛阳石油化工总厂体制转换实施方案的批复》，对洛阳石化体制转换后的企业组织形式和名称、体制转换中的各类业务处置方向、体制转换主要任务、洛阳资产分公司管理机构及职责等进行明确。

2006年9月20日，洛阳资产分公司完成工商注册，注册名称为“中国石化集团资产经营管理有限公司洛阳分公司”，简称“洛阳资产分公司”。9月26日取得组织机构代码证。9月29日对税务登记进行变更。10月1日起洛阳资产分公司开始正常运行。10月20日完成石化总厂土地的变更工作。11月20日办理完房屋产权证。11月10日完成银行销户工作。11月28日完成石化总厂税务注销工作。为确保石化总厂注销后下属全资、控股、集体企业正常的生产经营活动和改革改制工作不受影响，洛阳石化先后多次与洛阳市、吉利区和河南省工商管理部门沟通、协商，对遗留问题处理达成初步意见，并根据中石化资产公司《关于注销洛阳石油化工总厂有关问题的批复》，11月30日完成石化总厂的工商注销工作。

石化总厂注销后，考虑到“洛阳石化”字号在河南省具有较高的知名度，为保护企业无形资产，经与洛阳市工商管理局协商一致，决定变更企业名称。2008年1月8日，中石化资产公司印发《关于中国石化集团资产经营管理有限公司洛阳分公司更名的批复》，同意中国石化集团资产经营管理有限公司洛阳分公司更名为“中国石化集团资产经营管理有限公司洛阳石化分公司”。洛阳资产分公司新名称于5月17日正式启用。

离退休职工管理体制改革

2006年11月，根据中石化集团公司《关于调整企业离退休、内部退养人员管理体制的通知》和中石化资产公司《关于洛阳石油化工总厂体制转换实施方案的批复》精神，洛阳石化对离退休、内部退养人员管理体制进行调整。调整后，洛阳资产分公司成立离退休职工管理办公室，下设综合科、管理科和文教科，并在4个生活区分别设立4个工作站，统一负责上市和非上市离退休、内部退养人员的管理工作。原上市部分离退休管理机构予以保留，工作职能整体划入非上市部分。

管理体制调整后，非上市离退休职工专职管理人员的劳动关系保留在上市部分，工作经费除人工成本外，其余费用均由非上市部分承担。应由上市部分负担的离退休人员企业补贴、内部退

养人员退养生活费，以及医疗费、节假日慰问等费用，上市部分据实负担，并按季度支付委托管理费用。

第二节 转换经营机制

转换经营机制包括整顿规范公司、专业化重组、关停并转、减员增效等部分。

整顿规范公司

2000年，石化总厂直属及下属公司、实体达134个，其中全民所有制15个，集体所有制86个，有限责任公司、股份合作制企业33个。在这些公司和实体中，有一部分产权界定较为清晰，经营思路较为明确，经营行为比较规范，经营运作也较为正常。但也有一批小公司、小实体很不规范。针对这种情况，洛阳石化在清产核资的基础上，对多种经营企业特别是对直属公司下属的小公司有针对性地进行规范和重组。2001年1月9日，石化总厂、洛阳分公司召开整顿规范公司工作汇报会，对相关事项进行明确。①进一步规范和完善法人治理结构。②洛阳分公司销售公司下属的洛阳石化金太阳有限公司、吉利众源经贸部、销售公司招待所、陕西中石化三友化工有限公司、苏州华岳石油有限公司等移交石化总厂经营管理。③对全厂各单位经营管理的12个加油站进行资产重组，全部划归宏达实业总公司实华贸易公司统一经营管理。④工程公司印刷厂和金达公司印刷厂重组，划归金达公司管理。⑤注销洛阳华多塑材公司、新世纪文化中心、洛阳创力工程机械销售中心、洛阳石化强力士合成材料公司、隆发石化设备结构厂、巨兴石化发展中心。⑥西安物资经销公司、河南石化物资销售有限公司予以撤销或彻底脱钩。⑦上海乐实华物资有限公司并入上海吉达公司，并注销上海乐实华物资有限公司营业执照。洛阳石化北京物资经销处并入宏达实业总公司，由宏达实业总公司统一经营管理。群力实业公司并入石化总厂职工技术协会，注销群力实业公司营业执照。郑州实华经营服务中心并入商鼎公司，注销郑州实华经营服务中心营业执照。⑧石化总厂委托郑州商鼎公司对郑州大化纤科贸有限公司进行管理，化纤产品销售处和郑州大化纤科贸有限公司分立运行。郑州商鼎公司和华诚房地产开发公司分立运行，领导班子、人员、资产、财务等不交叉。⑨聚鑫石化建材厂经进一步整顿规范后，在资产、人员等方面与工程建设公司脱钩。同时，石化总厂下发《关于进一步规范企业法人和公司管理的通知》文件，对企业、公司的报批程序、登记管理、变更和注销、年检和证照管理，以及日常事务和基础资料管理等各项工作进行重申和明确。通过整顿和规范，对34个公司、实体进行重组、归并、分离和撤销，并制定一系列加强经营管理和监察审计的相关制度和措施，使资源配置得到优化，各单位的运作更加规范合理，自我约束能力明显提高，企业活力也逐渐显现。

专业化重组

2001年，石化总厂为推动专业化管理、规范化经营，堵塞管理漏洞，促进多种经营企业健康发展，决定开展专业化持续重组。6月，对工程建设系统进行重组整合，将工程监理公司、设计院并入工程建设公司，对原3个单位的下属机构、业务和人员进行调整和优化组合，形成设计、施工、监理一体化管理，理顺管理关系，增强市场竞争力。9月，将园林公司和惠康物业管理公司进行合并，对绿化、环卫业务统一管理，保证人、财、物的合理配置。10月，对原隶属于4个公司的12个加油站进行重组，将所有的加油站划归宏达公司管理；将分别隶属于金达公司、工程公司管理的金达印刷厂、新华印刷厂划归金达公司管理。2003年，将洛阳石化房地产开发公司的人员及资产全部并入工程建设公司，实现工程设计、施工、监理、房地产开发强强联合，创新管理模式，提高管理水平和工作效率。此外，还将上海、北京、郑州等一些驻外公司进行调整。同时，制定专门的考核管理办法，加强对各单位工资总额、投资项目和劳动用工的控制，清理和取消银行账户95个，并对一些企业实行财务代理记账。

2005年8月2日，石化总厂、洛阳分公司党政联席会议研究，决定由宏达公司出资收购商鼎公司对科贸公司的股权，科贸公司剩余人员除自愿协议解除劳动合同外，随科贸公司并入宏达公司。注销商鼎公司及其下属的天智公司、天祺公司，商鼎公司按规定妥善处理其债权、债务问题，注销后剩余净资产用于归还对石化总厂的欠款。实华宾馆（包括债权、债务）重新并回宏达公司。11 月，按照郑州市城市规划部门要求，拆除郑州实华宾馆。

2005 年 5 月 10 日，中石化集团公司印发《关于整合系统内非销售板块加油站及经营性油库的通知》，以进一步理顺成品油销售管理体制，提高中石化股份公司市场竞争力和控制力。12 月 19 日，中石化集团公司针对洛阳石化总厂专门发文，对金太阳加油站、会盟加油站等 10 家加油站收回投资，自 2006 年 1 月 1 日起，纳入中石化股份公司河南石油分公司统一经营管理。

关停并转

2002 年 4 月 30 日，根据中石化集团公司“十五”改革与发展纲要和“三个一批”的文件精神，石化总厂向中石化集团公司改制分流工作办公室上报《关于关停洛阳石化总厂部分亏损单位的请示》，拟对 4 家生产装置及辅助单位、5 家社会服务性单位实施整体关停。2003 年上半年，对长期亏损的 TA（对苯二甲酸）残渣回收装置、宏达工程塑料厂、职工第一食堂、上海办事处、郑州办事处和威海职工培训中心等 6 单位实施关停，对部分资产以租赁或承包的方式进行盘活，人员进行部分分流安置。

2004 年，重点实施对宏达化纤厂关停。宏达化纤厂是洛阳石化兼并的地方企业，以生产烟用丙纶丝束和再生涤纶短纤维为主，拥有年产 3000 吨聚丙烯烟用丝束和年产 2500 吨再生涤纶短纤维两条生产线，在册职工 126 人，其中，在职职工 99 人，内退职工 27 人。由于国家烟草产业结构调整，丙纶丝束市场不断萎缩，宏达化纤厂连年亏损，生产经营陷入困境。为彻底解决宏达化纤厂的问题，经过分析论证，提出两套改革方案：一是移交地方政府，二是实施整体关停，职工解除劳动合同。为保证改革的顺利进行和社会秩序稳定，在初步了解职工改革意愿的基础上，按照法定程序，组织召开宏达化纤厂职工大会，民主表决通过改革方式。根据职工大会的表决结果，经请示中石化集团公司同意，作出实施整体关停决定。2003 年 8 月宏达化纤厂关停，并于 2004 年 4 月取得中石化集团公司的批复。

2002 年下半年后，拉膜市场供大于求，产品价格持续下滑，洛阳石化拉膜厂受到严重冲击，连续两年出现大额经营性亏损。为减少亏损，经中石化集团公司批复，2004 年 9 月拉膜厂停止生产，在岗的 61 名职工全部实现转岗。2005 年 4 月 30 日，拉膜厂二届二次股东会通过关停决议。

中空纤维装置自 2000 年 5 月建成投产后，由于受市场变化、产品供求矛盾等诸多因素的影响，长期处于亏损状态。2003 年之后，因亏损不断加剧，该装置数次停工。期间，多次组织人员进行市场调研、设备检修和技术攻关，以期通过开发生产高附加值的差别化纤维产品实现可持续生产。但由于原料价格高、产品又远离目标市场，始终未能扭转严重亏损的局面。2005 年 10 月装置停工停产，并对在岗职工进行妥善安置。经请示中石化集团公司，2006 年 9 月对中空纤维装置实施关停。

减员增效

2001 年 2 月 25 日，中石化集团公司暨中石化股份公司召开减员增效工作会议，对中石化集团公司“十五”期间和 2001 年的减员增效工作作出总体部署，提出明确要求。3 月 12 日，石化总厂、洛阳分公司下发《关于成立洛阳石化总厂及洛阳分公司减员增效工作领导小组的通知》，明确相关工作机构和职责。随后，减员增效工作领导小组办公室各专业组集中办公，学习中石化集团公司政策，开展调查研究，至 5 月底，完成文件、方案的起草工作，并经石化总厂、洛阳分公司党政联席会议讨论，上报中石化集团公司暨中石化股份公司审批，提交职代会团组长会讨论通过等程序。6 月 11 日，召开减员增效动员大会。会议下发《关于开展 2001 年协议解除劳动合同工作的通知》，以及办理职工内部退养、规范劳动合同管理、改革用工形式和成立劳务公司、实行特薪制度、改革大中专毕业生和复转军人接收安置办法等 9 个政策文件。会后，协议解除劳动合同工作全面展开。截至

7月26日，共有1084名全民合同制职工办理协议解除劳动合同手续，其中石化总厂785人、洛阳分公司299人。协议解除劳动合同共支付补偿补助金6734.11万元，其中中石化集团公司拨款4713.88万元，企业自筹资金2020.23万元。当年，石化总厂又对下属单位的集体工开展协议解除劳动合同工作，实现减员459人。经与洛阳市劳动部门反复协商，为协议解除劳动合同职工争取失业保险，续接养老保险，参加医疗保险和大病统筹，妥善转移职工个人档案和组织关系。协助洛阳市劳动部门开展职业技能培训，为协议解除劳动合同职工的生活和再就业创造条件。

为进一步推进减员增效，实现多渠道分流人员，根据中石化集团公司有关工作会议精神，经石化总厂改革工作领导小组研究，2003年8～10月，洛阳石化在下属集体所有制企业和宏达化纤厂开展协议解除劳动合同工作，与292名职工解除劳动合同。2004年，与12名职工协议解除劳动合同，并对宏达化纤厂关停后剩余的99人进行有偿安置。对协解人员按规定办理失业登记、移交档案、转移和中断各类保险等有关手续。

第三节　移交社会职能

移交社会职能包括中小学移交、公安移交、道路移交、通信移交等。

中小学移交

根据中石化集团公司《关于推进集团公司所属企业中小学医疗机构移交地方政府管理工作的指导意见》精神，2003年6月开始，本着统筹规划、整体移交、依据政策、自愿公开、平稳过渡和互相体谅的原则，就中小学移交工作与地方政府进行多次沟通和协商。9月24日，洛阳石化与洛阳市人民政府签订《洛阳市国有企业自办中小学移交政府管理协议书》。其中约定：将洛阳石化中学、第一小学、第二小学整体移交给洛阳市政府管理；学校移交后，移交人员享受市属学校教职工同等待遇，洛阳市按照就高不就低的原则，保留移交人员超出市属学校教师工资标准的部分，超出部分在以后调资过程中逐步冲抵；移交人员的工资和各类保险金由石化总厂交至同年9月底，10月1日起由洛阳市教育主管部门负责管理和发放。

2003年10月8日，中石化集团公司印发《关于洛阳石油化工总厂中小学移交洛阳市人民政府管理的批复》，同意洛阳石化将3所自办中小学（洛阳石化中学、第一小学和第二小学）自2003年10月整体移交洛阳市人民政府管理，3所学校所有固定资产整体无偿划拨。10月28日新学校挂牌，191名教职工全部移交洛阳市政府管理。随后，洛阳石化按照中石化集团公司的要求，进行中小学校离退休教职工的移交工作。

2004年9月30日，洛阳石化与洛阳市人民政府正式签订《中小学、公安移交协议》，将企业所属的洛阳石化中学、第一小学、第二小学和公安机构成建制移交洛阳市政府管理。移交共涉及账面资产5832万元、设施建筑面积37225平方米、土地133599.6平方米；移交公安人员10名，中小学校在职人员210名、离退休人员64名（与2003年相比，中小学部分内退人员转为在职人员）。

根据2004年4月国务院办公厅《关于中央企业分离办社会职能试点工作有关问题的通知》，移交教职工工资水平按照“择高”执行原则确定，工资水平高出地方标准的部分单列发放，所需费用由中央财政自2005年1月1日起转移支付。这一规定与2003年10月移交时不同的是，教职工工资水平包含奖金部分，由此造成移交教职工2005年前后工资标准不一致，即2003年10月～2004年12月期间工资水平相对2005年1月后的工资水平缺少奖金部分。为维护洛阳石化教职工利益，保持队伍稳定，经反复向洛阳市委、市政府和中石化集团公司反映，2009年初使用洛阳分公司往年节余工资总额100万元，加上洛阳市财政拨付的200万元专项资金，妥善解决移交中小学教职工2003年10月～2004年12月期间的工资差额问题。

公安移交

2002年4月，河南省机构编制委员会办公室、河南省公安厅联合印发《关于洛阳石化总厂派出所划归洛阳市公安局建制序列的通知》，将洛阳石化总厂派出所更名为洛阳市公安局吉利分局中原路派出所，划归洛阳市公安局吉利分局建制序列，行使公安机关治安派出所职能，机构规格为正科级，核定编制10人。2004年1月，洛阳市公安局下文明确，中原路派出所负责石化总厂、洛阳分公司厂区以内的110接处警、治安管理及刑事案件。2004年9月3日，移交后的中原路派出所挂牌成立。

2004年12月8日，河南省人民政府、中国石油化工集团公司又签订《中小学、公安机构移交协议书》，明确从2005年1月1日起，洛阳石油化工总厂所属的公安职能单位，一次性全部分离并按属地原则移交地方管理。

道路移交

2004年4月1日，根据洛阳石化同吉利区人民政府签订的协议，以及中石化集团公司发展计划部《关于洛阳石油化工总厂部分道路移交地方政府的批复》，将企业所属的中原路、北环路和相关土地资产移交吉利区政府管理。道路资产净值1045.17万元，土地资产价值411.79万元，合计1456.95万元。

通信移交

2004年，根据中石化集团公司关于通信改革的有关精神，洛阳石化开始着手通讯的改制移交工作。2005年7月7日、10月12日，两次召开通讯移交专题会议，成立相应的组织机构，对工作进行安排部署。2006年6月20日，向中石化集团公司上报《洛阳分公司通讯站移交和部分资产处置方案》。在中石化集团公司的指导、帮助下，经过协商，与中国网通洛阳分公司达成合作共识，2006年9月30日正式签订《通信合作协议》。根据协议内容，从10月10日起，洛阳石化总厂、洛阳分公司以及改制、移交单位和生活区所有通讯设施的更新、改造、维修费用和服务工作由洛阳网通公司承担。同时，为确保生产通讯设施的安全，洛阳分公司信息中心继续承担生产调度、办公通信、网络系统的日常维护工作。

第四节　改制分流

改制分流包括国有企业改制分流、集体企业改制分流、协调支持改制企业等内容。

国有企业改制分流

2001年，中石化集团公司实施协议解除劳动合同后，又研究并提出改制分流与减员分流相结合的新措施，以改制分流、移交办社会职能、改革用工方式等措施为主，积极稳妥地开展减员分流。

2002年3月初，中石化集团公司召开改制分流工作会议，安排部署改制分流试点工作，并印发《中国石油化工集团公司改制分流试点意见》和关于规范劳动关系、资产和土地处置的暂行规定等4份文件。按照中石化集团公司要求，洛阳石化党政领导班子多次召开会议，研究、部署改制分流工作，及时成立改制分流工作领导小组和办公室等相应的组织机构。

2002年11月18日，国家经济贸易委员会、财政部、劳动和社会保障部、国土资源部、中国人民银行、国家税务总局、国家工商行政管理总局、中华全国总工会八部委联合下发《关于国有大中型企业主辅分离辅业改制分流安置富余人员的实施办法》，鼓励有条件的国有大中型企业在进行结构调整、重组改制和主辅分离中，利用非主业资产、闲置资产和关闭破产企业的有效资产，改制创办面向市场、独立核算、自负盈亏的法人经济实体，多渠道分流安置企业富余人员和关闭破产企业职工，减轻社会就业压力。

在2002年改制试点取得成功经验的基础上，中石化集团公司加大改制分流工作力度。2003年3月9～11日，在北京召开改制分流工作会议，印发《中国石油化工集团公司改制分流实施意见》及相关配套的文件，提出“实施国有资产的战略性重组，推进以改制分流为主要形式的减员增效，带动其他方面的改革”的明确要求，改制分流工作在石化系统全面展开。

2003年4月15日，洛阳石化召开深化改革动员大会，提出通过实施改制分流、专业化重

组、移交办社会职能、压扁管理层、社区管理改革和三项制度改革等各项改革措施，达到优势整合，去枝强干，突出主业，分流辅业的要求，实现企业结构合理、产权明晰、管理科学、机制转换、制度创新的目的，提高石化总厂、洛阳分公司的市场竞争力。会后相继印发《洛阳石化进一步深化内部改革的指导意见》、《洛阳石化总厂改制分流实施安排意见》，成为指导改制分流工作的纲领性文件，并成立改革工作领导小组和8个专门工作组，统筹规划和推进整体改革改制进程。截至2009年12月底，按照积极稳妥、成熟一个、改制一个的原则，先后完成职工医院、通达公司、隆惠公司、工程建设公司、设计公司和三隆公司等6家国有单位和金达公司、工程公司、宏达公司3家集体企业的改制分流任务。共分流职工3106人，其中全民工1664人，集体工1442人。

洛阳石化医院　2002年3月，职工医院向改制办公室提出改制试点申请。石化总厂认真研究后，4月29日，向中石化集团公司上报《关于洛阳石化总厂职工医院改制分流试点方案的请示》。6月12日，中石化集团公司企业改革部、财务计划部、炼化企业经营管理部和人事教育部联合下发《关于洛阳石油化工总厂有关单位改制分流试点方案的批复》，同意职工医院改制分流试点方案。12月6日，中石化集团公司企业改革部、财务计划部、炼化企业经营管理部和人事教育部联合下发文件，对石化总厂11月22日上报的职工医院改制分流试点实施报告进行批复，同意实施改制。改制后的石化医院于2003年1月1日揭牌。

石化医院改制基准日为2002年6月25日。改制所用资产主要构成为应收款、医疗设备、房屋建筑物、土地等。石化医院于2003年3月6日完成事业单位法人登记，133名全民合同制职工参加改制，改制后的石化医院无国有股份。

洛阳石化通达运输工程有限责任公司　2003年8月19日，洛阳石化上报《关于报批洛阳石化通达运输工程公司改制分流初步方案的请示》。2003年9月15日，中石化集团公司炼化企业经营管理部下发《关于洛阳石化通达运输工程公司改制分流初步方案的批复》，同意通达公司改制分流初步方案。2003年12月19日，洛阳石化上报《关于报批洛阳石化通达运输工程有限责任公司改制分流实施报告的请示》。2004年3月2日，中石化集团公司下发《关于洛阳石油化工总厂通达运输有限责任公司改制分流实施方案的批复》，同意实施改制。

通达公司改制基准日为2003年9月30日。改制所用资产主要构成为货币资金、应收款、交通运输设备、办公用房屋建筑物和土地使用权等。公司于2004年4月29日完成工商注册，88名全民合同制职工参加改制，改制后通达公司无国有股份。

洛阳石化工程设计有限公司　2003年11月7日，洛阳石化上报《关于报批洛阳石化总厂设计院改制分流初步方案的请示》。2003年11月19日，中石化集团公司炼化企业经营管理部下发《关于洛阳石化总厂设计院改制分流初步方案的批复》，同意设计公司改制分流初步方案。2004年3月12日，洛阳石化上报《关于报批洛阳石化工程设计有限公司改制分流实施报告的请示》。2004年3月31日，中石化集团公司下发《关于洛阳石化总厂洛阳隆惠石化工程有限公司等单位改制分流实施方案的批复》，同意实施改制。

设计公司改制基准日为2004年1月31日。改制所用资产主要构成为货币资金、应收款、办公用设备和房屋、土地等。新公司于2004年5月30日完成工商注册，68名全民合同制职工参加改制，改制后的设计公司无国有股份。

洛阳石化工程建设有限责任公司　2003年12月21日，洛阳石化上报《关于报批洛阳石油化工总厂工程建设公司改制分流初步方案的请示》。2003年12月30日，中石化集团公司炼化企业经营管理部下发《关于洛阳石化总厂工程建设公司改制分流初步方案的批复》，同意工程建设公司改制分流初步方案。2004年3月22日，洛阳石化上报《关于报批洛阳石化工程建设有限责任公司改制分流实施报告的请示》。2004年3月31日，中石化集团公司下发《关于洛阳石化总厂洛阳隆惠石化工程有限公司等单位改制分流实施方案的批复》，同意实施改制。

工程建设公司改制基准日为2004年1月31

日。改制所用资产主要构成为货币资金、应收款、长期投资（聚纤生产）、机器设备、房屋建筑物、土地等。新公司于2004年6月29日完成工商注册，132名全民合同制职工参加改制，改制后的工程建设公司无国有股份。

洛阳隆惠石化工程有限公司 2003年9月26日，洛阳石化上报《关于报批洛阳隆惠石化设备制造安装公司改制分流初步方案的请示》。2003年10月21日，中石化集团公司炼化企业经营管理部下发《关于洛阳隆惠石化设备制造安装公司改制分流初步方案的批复》，同意隆惠公司改制分流初步方案。2004年2月17日，洛阳石化上报《关于报批洛阳隆惠石化工程有限公司改制分流实施报告的请示》。2004年3月31日，中石化集团公司下发《关于洛阳石化总厂洛阳隆惠石化工程有限公司等单位改制分流实施方案的批复》，同意实施改制。

隆惠公司改制基准日为2003年10月31日。改制所用资产主要构成为货币资金、应收款、建维修和安装施工机器设备、安装生产和办公用房屋建筑物、土地等。新公司于2004年5月8日完成工商注册，427名全民合同制职工参加改制，改制后隆惠公司无国有股份。

洛阳三隆安装检修有限公司 2004年9月24日，洛阳石化上报《关于报批洛阳三隆设备安装维修有限责任公司改制分流初步方案的请示》。2004年11月5日，中石化集团公司炼化企业经营管理部下发《关于洛阳石油化工总厂洛阳三隆设备安装维修有限责任公司改制分流初步方案的批复》，同意三隆公司改制分流初步方案。2004年12月16日，洛阳石化上报《关于报批洛阳三隆安装检修有限公司改制分流实施报告的请示》。2004年12月31日，中石化集团公司下发《关于洛阳石油化工总厂洛阳三隆安装检修有限公司改制分流实施方案的批复》，同意实施改制。

三隆公司改制基准日为2004年10月31日。改制所用资产主要构成为货币资金、应收款、检维修设备和车辆、维修车间和办公用房屋建筑物、土地等。新公司于2005年3月18日完成工商注册，501名全民合同制职工参加改制，改制后三隆公司无国有股份。

集体企业改制分流

中石化集团公司提出，在加快国有企业改革的同时，要同步推进主办集体企业的改革。2005年4月初，在召开的改制分流工作会议上，印发集体企业改制分流指导意见征求意见稿。6月中旬，陆续印发《国有单位主办集体企业改制分流试点指导意见》及有关资产处置、规范劳动关系的配套文件，并制定规范内部市场的“同等优先”政策。7月16日和26日，中石化集团公司分别在南京和郑州举办2期培训班，对集体企业改制分流政策和操作问题进行讲解。2005年7月29日，洛阳石化召开集体企业改制分流动员大会，对相关工作进行具体部署。截至2009年底，金达公司、工程公司、宏达公司完成改制分流。

洛阳金达石化有限责任公司 2005年9月27日，洛阳石化上报《关于报批洛阳石化金达实业公司改制分流初步方案的请示》。2005年12月19日，中石化集团公司炼化企业经营管理部下发《关于洛阳石油化工总厂金达实业公司改制分流初步方案的批复》，同意金达公司改制分流初步方案。2006年12月31日，洛阳石化上报《关于报批洛阳石化金达实业公司改制分流实施方案的请示》。2007年3月26日，中石化集团公司下发《关于中国石化集团资产经营管理有限公司洛阳分公司洛阳石化金达实业公司改制分流实施方案的批复》，同意实施改制。

金达公司改制基准日为2006年3月31日。改制所用资产主要构成为货币资金、应收款、长期投资、生产设备、车辆、房屋建筑物、土地等。新公司于2007年3月28日完成工商注册，417名职工（56名全民工，361名集体工）参加改制，改制后金达公司无国有股份。

洛阳炼化工程有限责任公司 2005年9月27日，洛阳石化上报《关于报批洛阳石油化工总厂工程公司改制分流初步方案的请示》。2005年10月28日，中石化集团公司炼化企业经营管理部下发《关于洛阳石油化工总厂工程公司改制分流初步方案的批复》，同意工程公司改制分流初步方案。2007年12月3日，洛阳石化上报《关于洛阳石油化工总厂工程公司改制分流实施方案备案的报告》。2007年12月12日，中石化资产公司下达《资产公司集体企业改制分流实施

方案备案表（洛阳石油化工总厂工程公司）》，对工程公司改制分流进行备案。

工程公司改制基准日为2007年9月30日。改制所用资产主要构成为货币资金、应收款、长期投资、生产设备、车辆、房屋建筑物、土地等。新公司于2007年12月18日完成工商注册，399名职工（64名全民工，335名占地工）参加改制，改制后工程公司无国有股份。

洛阳炼化宏达实业有限责任公司 因三力公司贷款担保问题尚未解决和合纤公司一度严重亏损等原因，宏达公司2005年启动改制后，经历漫长而曲折的过程。2008年6月17日，郑州清理整顿工作会议上，宏达公司改制分流工作得到中石化集团公司领导的高度重视。会后，中石化资产公司主要领导两次组织人员到洛阳石化现场调研。鉴于影响宏达公司改制分流的问题出现一些新情况，中石化集团公司同意洛阳石化推进宏达公司改制分流工作的意见。经12月19日洛阳分公司经理办公会审议，12月20日，洛阳石化上报《关于洛阳石化宏达实业总公司改制分流初步方案备案的报告》。此后，洛阳石化按照规定程序对宏达公司开展资产清查、财务审计和评估，组织选举产生法人治理结构，职代会表决通过实施方案，完成资产评估等一系列准备工作。其间，争取地方政府及相关单位的支持，达成解决宏达公司历史遗留问题的方案，对宏力化工厂、合纤公司的原料和市场等一系列重大问题进行妥善安排。2009年10月28日，洛阳石化向中石化资产公司和中石化集团公司提交宏达公司改制财务审计和资产评估结果。中石化集团公司有关部门共同审核《洛阳石化宏达实业总公司改制分流实施方案》，同意给予备案，并于11月27日正式出具备案手续。12月18日，宏达公司举行新公司成立揭牌仪式。

宏达公司改制基准日为2008年11月30日。改制所用资产主要构成为货币资金、应收款、长期投资、生产设备、车辆、房屋建筑物、土地等。新公司于2009年11月30日完成工商注册，941名职工（195名全民工，746名集体工）参加改制，改制后宏达公司无国有股份。

协调、支持改制企业

在2005年召开的洛阳石化第五次党代会上，石化总厂党委响亮提出“大洛阳石化”观念，即增强包括母体与改制、移交等单位在内的洛阳石化区域整体意识，相互间规范支持，协调发展，在广大职工中引起强烈反响，为增强企业凝聚力、维护地区稳定、促进改制分流工作起到积极作用。

洛阳石化严格按照中石化集团公司要求和改制时的承诺，对改制企业“同等优先、规范支持”。一年至少组织两次回访，不定期对改制承诺落实情况进行效能监察，并给每个改制企业指定1名分公司领导作为协调联络人，指定职能部门牵头联系联络改制企业，主动征求意见，帮助协调内外关系，解决实际问题，尽力为改制企业营造良好的经营环境，初步探索形成对改制企业的协调联络机制。同时，改制企业参加洛阳分公司的各种生产经营会议，有困难和问题，都会以适当方式向洛阳分公司反映。洛阳分公司了解后，都能够及时研究，在政策范围内认真解决。解决不了的，也会耐心说明情况，赢得改制企业的充分理解。自2005年起，6家国有改制单位法人治理结构陆续3年届满，由于党群关系仍挂靠在母体，改制单位都以党组织的名义邀请洛阳分公司帮助指导换届。截至2010年，已改制的国有和集体企业全部实现平稳换届。9家改制单位对内加强管理，深化人事、用工、分配制度改革，对外积极开拓市场，显现出新的活力，总体运行状态比较正常。无论企业还是职工的收入都有一定幅度的增长，经济效益与改制前相比，均有一定程度的增长，资产全部实现保值增值。

2009年6月，洛阳分公司制定《洛阳石化进一步规范支持改制企业的意见》和改制企业重要事项报备制，以规范支持行为，便于母体及时了解和掌握改制企业生产经营、改革发展等重大动态，帮助改制企业协调内外部关系，规避重大风险。7月，印发《多经、改制企业固定资产项目投资指导意见》，对多经、改制企业投资决策审批程序进行规范，以便进一步帮助指导多经、改制企业做好新产品开发、新建项目、新增产能等方面的投资发展规划，避免重复建设和盲目发展，规范大洛阳石化内部市场运作。

建工集团成立揭牌

2009年，为进一步整合资源，加强协作，提高改制企业的市场竞争力，促进长远发展，工程建设公司、隆惠公司、三隆公司、工程公司、工程设计公司5家已改制工程建设类企业就成立洛阳石化检维修企业联合体（洛阳石化建工集团）取得共识。11月13日，洛阳石化建工集团召开首次理事会，表决通过章程，建立起自身的治理结构。2010年4月8日，洛阳石化建工集团举行揭牌成立仪式。随后，成立专门的管理攻关小组，研究各方面政策规定，向洛阳市、吉利区工商管理部门、税务部门、中介机构、法律部门以及各成员单位进行咨询和沟通，推进资本联合工作。12月30日，工程建设公司升级为工程建设集团公司营业执照办理完毕，注册资本增加到7600万元，并增加监理（甲级）经营范围，隆惠公司、三隆公司、工程公司、工程设计公司4家改制单位成为工程建设集团公司法人股东。

第五节　清理整顿

2006～2010年，洛阳石化按照中石化集团公司部署，开展清理整顿对外投资和多种经营工作，共完成44项。

概况

2006年3月16日，中石化集团公司下发《关于开展对外投资和多种经营单位清理整顿工作的通知》。6月27～28日，召开清理整顿对外投资和多种经营工作会议，具体部署相关工作。会议正式下达洛阳石化49项清理整顿任务。清退方式有改制分流、转让出售、移交划转、清算、内部整合等5种。洛阳石化成立由资产、人事、审计、监察、法律等职能部门组成的工作机构，制定各项目的具体清退方式和初步时间统筹，结合体制转换工作总体安排，积极稳妥地推进清退工作。2009年2月，中石化集团公司工作组对洛阳石化清理整顿工作进行检查验收，按照中石化集团公司检查验收标准，所有项目全部合格。

清理整顿完成项目

截至2010年底，洛阳石化累计完成清理整顿项目44项。其中：洛阳资产分公司直接投资项目完成5项，分别是全资2项（宏达化纤厂、质监站）、控股1项（洛阳石化拉膜厂）、参股2项（交行股份和洛阳新友谊大酒店有限公司股权），其余39项为4家集体企业及其下属的投资实体，包括金达公司7项、工程公司4项、宏达公司25项、惠康公司3项。

改制分流

金达公司改制分流完成　随金达公司改制分流完成清退工作的被投资单位或项目分别为：洛阳石化金达实业公司、洛阳石化包装材料有限公司、洛阳石化宏业劳务有限公司、洛阳实华合纤有限责任公司、上海吉达石油化工有限责任公司、洛阳石化房地产开发有限责任公司和洛阳石化拉膜厂。

工程公司改制分流完成　随工程公司改制分流完成清退工作的被投资单位或项目分别为：洛阳石油化工总厂工程公司、洛阳石化房地产开发有限责任公司和洛阳石化包装材料有限公司。

宏达公司改制分流完成　随宏达公司改制分流完成清退工作的被投资单位或项目分别为：洛阳石化宏达实业总公司、宏力化工厂、洛阳实华合纤有限责任公司、上海吉达石油化工有限责任公司、洛阳石化宏业劳务有限公司、西安洛石化贸易有限公司、洛阳通达利源特运有限公司、广州腾浩石油化工有限公司、洛阳兴宏安装检修有限公司、洛阳石化宏达工贸公司、洛阳宏达纯净水有限公司、洛阳沪杨商贸有限公司。

移交划转

宏达化纤厂　宏达化纤厂原为洛阳市华帝卷烟滤材厂，位于洛阳市区。1997年9月，在洛阳市政府的协调下，石化总厂以承担债务的方式兼并该厂。后因产品市场萎缩，企业连年亏损，于2003年8月关停，2004年4月中石化集团公司批复该厂正式关停。截至2004年4月底，该厂488名在岗职工全部协议解除劳动关系，人事档案移交洛阳市人事部门。为支持洛阳市政府对市区的整体规划，同时实现洛阳石化从非主业领域退出的目标，根据国家国有产权无偿划转相关规定，以及国务院国资委《关于洛阳新友谊大酒店有限责任公司国有股权和中国石化集团洛阳石油化工总厂宏达化纤厂无偿划转有关问题的批复》精神，自2006年3月1日起，将宏达化纤厂无偿划转给洛阳市人民政府，涉及资产总额1598.2万元，负债总额183.57万元。

新友谊大酒店　新友谊大酒店成立于1992年12月，是由石化总厂参股成立的合资企业，参股比例为33.34%，合资方为隶属于洛阳市政府的洛阳友谊资产管理公司。2005年，洛阳市政府将新友谊大酒店列入改制计划。由于资产不足，应市政府要求和建议，结合体制转换工作需要，经请示中石化集团公司同意，以2005年10月31日为基准日，将洛阳石化总厂股权无偿划转给洛阳市政府用于新友谊大酒店改制匹配资产。2005年11月20日，洛阳石化党政联席会通过无偿划转的决定。11月30日，洛阳石化上报《关于无偿划转洛阳新友谊大酒店有限责任公司股权的请示》。12月30日，与洛阳市人民政府签订《国有股权无偿划转协议》。2006年10月26日，按照国务院国资委《关于洛阳新友谊大酒店有限责任公司国有股权和中国石化集团洛阳石化总厂宏达化纤厂无偿划转有关问题的批复》精神，洛阳石化与洛阳市国资委等有关部门召开股权无偿划转会议，开展股权无偿划转移交工作。所有移交手续于2006年底办理完毕。移交涉及净资产373万元。

转让出售

洛阳资产分公司所持拉膜厂股权　拉膜厂于1989年开工建设，1991年12月正式生产，石化总厂占60%股权。后经1998年债转股、2002年引入金达公司、惠康公司投资建设第二条生产线后，石化总厂持有拉膜厂股权变更为73.42%。由于市场不景气、设备老化等因素影响，拉膜厂亏损严重，2004年9月实施关停，61名在岗职工全部转岗。

按照清理整顿工作部署，根据中石化资产公司批复意见，2006年6月、8月，洛阳石化两次将持有的73.42%股权在上海联合产权交易所进行挂牌，均未征集到受让方。2007年9月，洛阳石化上报第三次挂牌出售的请示。经批复后，聘请北京六合正旭资产评估有限责任公司以2007年8月31日为基准日重新进行资产评估。2007年10月进行第三次挂牌，最终由金达公司摘牌。2007年12月完成转让手续，转让价格为1139万元。

惠康公司所持拉膜厂股权　2002年，惠康公司出资1000万元参股拉膜厂，占12.27%股权。鉴于惠康公司所持拉膜厂股权属集体产权，依据同期拉膜厂国有产权挂牌交易价格，2007年12月，惠康公司与金达公司签订股权转让协议，将其所持12.27%股权转让给金达公司，转让价格为190.35万元。

蚌埠洛石化工贸有限公司　2003年9月，宏达公司、通达公司与安徽蚌埠平利石化有限公司合资成立蚌埠洛石化工贸有限公司，主营化纤产品销售。宏达公司投资10万元，占20%股份。随着化纤产品销售体制改革，公司经销量大幅萎缩，从2005年开始一直处于亏损停业状态。为及时完成清退任务，决定以转让出售方式退出。经多次协商，并通过通达公司中间协调，2007年1月，宏达公司将所持股份协议转让给蚌埠平利石化有限公司，收回投资10万元。在上报完成情况时，已对清退方式的改变向中石化集团公司清理整顿办公室及时进行沟通和汇报。

华宇宾馆　华宇宾馆成立于1994年6月，由宏达公司下属华龙油气装运公司和洛阳市吉利区吉利乡冶成村村民委员会共同出资建设，其中华龙公司出资390万元，冶成村出资260万元（包括33033.6平方米土地使用权）。

2006年11月，按照中石化集团公司所属宾馆酒店资产（股权）无偿划转或协议转让中旅集团的统一安排，聘请中介机构进行资产清查、财务审计和资产评估。2007年4月，中石化集团公司下发《关于将第二批14家宾馆酒店退回业务板块进行清理整顿的函》，明确华宇宾馆不再列入向中旅集团移交（转让）范围，要求企业自行清退。中石化资产公司要求2007年底前完成华宇宾馆的退出。2007年12月，经过中介机构资产清查、财务审计和资产评估后，华龙油气装运公司将持有的华宇宾馆股权转让给另一股东吉利区冶戍村民委员会，转让价格为301.48万元。

金陵涂料厂　1999年，工程公司与洛阳能源密封件厂、江苏扬州金陵特种涂料厂三方共同出资成立金陵涂料厂，其中工程公司出资103万元，占34%。金陵涂料厂主营特种涂料、新型建筑涂料和专用涂料等，生产能力1000吨/年，2002年5月起停产。由于涉及诉讼，工程公司一直无法按正常程序退出。2007年2月，另外两方同意工程公司将所持股份转让给洛阳能源密封件有限公司。经中介机构审计、评估，5月15日工程公司与洛阳能源密封件有限公司签订《股权转让协议》，转让价格为8.5万元。在上报完成情况时对清退方式的改变向中石化集团公司清理整顿办公室及时进行了沟通和汇报。

上海吉达石油化工有限责任公司　上海吉达石油化工有限责任公司成立于1998年5月，惠康公司持有其10.2%的股权。为完成该项清理整顿工作，决定将其股权转让给宏达公司。2008年10月，中介机构完成财务审计和资产评估工作。10月30日，吉达公司股东会通过同意转让的决议。11月14日转让股权在洛阳市产权交易中心挂牌。12月4日，双方签订《产权转让合同》，转让价格为84.41万元，转让收益为74.41万元。

惠康公司所持南京宁洛石化助剂有限责任公司股权　南京宁洛石化助剂有限责任公司由南京石油化工厂（41%）、惠康公司（39%）和南京扬子石化实业公司（20%）于1999年7月7日共同出资设立，主要生产经营石油化工催化剂、助剂、添加剂。后扬子石化将其股权转让给南京石化。根据中石化集团公司清理整顿工作的要求，经过审计评估以及合资双方艰苦细致的商谈，决定以2008年9月30日为基准日，由南京石化受让惠康公司股权。股权转让协议于2008年12月31日在南京签订，转让价格为426万元。工商变更于2009年2月9日完成。

惠康公司所持洛阳石化房地产开发有限责任公司股权　为落实国资委和中石化集团公司关于中央企业退出房地产领域的规定，以及2010年洛阳石化清理整顿工作计划，经研究，决定惠康公司将其持有的洛阳石化房地产开发有限责任公司73.75%的股权进行转让。房地产开发公司另一股东工程公司根据《公司法》规定优先受让惠康公司持有的全部股权。按照清理整顿工作规定的转让程序，在完成相关财务审计、资产评估等工作后，2010年6月3日，房地产开发公司召开股东会和董事会，表决通过转让事项，双方签订《股权转让协议》，并产生新一届法人治理结构。房地产开发公司的工商变更登记于2010年8月2日完成。

清算注销

宝缘旅行社　宝缘旅行社系洛阳石化宏达实业总公司全资法人企业。根据2007年10月25日资产公司清理整顿工作会议要求，11月21日，宏达公司办公会决定对其进行清算注销。11月27日，宝缘旅行社完成工商注销。

吉利众源化工经贸部　吉利众源化工经贸部为宏达公司下属全资法人企业。2006年11月17日决定对其进行清算注销，2007年3月14日完成工商注销。在上报完成情况时已对清退方式的改变向中石化集团公司清理整顿办公室及时进行沟通和汇报。

重庆洛石化化纤销售有限公司　重庆洛石化化纤销售有限公司成立于2003年6月，宏达公司出资比例为51%，宏达公司下属工贸公司出资比例为49%。2008年9月成立清算组开始清算注销工作，11月8日在《重庆商报》刊登注销公告，11月12日完成工商注销。其职工由宏达公司内部调配安置。

武汉市洛化化纤销售有限公司　武汉市洛化化纤销售有限公司成立于2002年2月，宏达公司出资比例为90%，宏达公司下属工贸公司出资比例为10%。2008年10月成立清算组并开始清算注销工作，11月14日取得工商行政管理部门

核发的《公司注销核准登记通知书》。其职工由宏达公司内部调配安置。

郑州吉利大化纤科贸有限公司　郑州吉利大化纤科贸有限公司成立于1998年10月，宏达公司出资比例为90%，宏达公司下属工贸公司出资比例为10%。2008年10月成立清算组并开始清算注销工作，11月11日在《东方今报》刊登注销公告。2009年1月12日完成工商注销。其职工由宏达公司内部调配安置。

内部整合

质监站　洛阳石化质监站是石油化工工程质量监督总站的分支机构，按照体制转换工作的统一部署，不属于中石化资产公司保留发展业务范围。2007年6月5日，中石化资产公司向中石化集团公司上报《关于资产公司5家体制转换单位部分产权、资产挂牌转让的请示》。2007年6月18日，中石化集团公司批复同意转让。8月20日，中石化股份公司下发《关于股份公司四家分公司接收资产管理经营公司资产及股权有关事项的通知》，以2007年7月30日为资产交割时点，洛阳石化质监站融入上市部分。此清退项不涉及人员，资产转让价104.62万元。

交通银行股份　根据中石化集团公司关于统一收购所属企业对外金融股权投资的决定，2006年12月，洛阳石化按要求将持有的交通银行股份有限公司0.0052%的股权（240万股）通过北京产权交易所挂牌交易，转让给中国石化财务有限责任公司，转让价格434.4万元。此清理项不涉及人员，清理收益为106.4万元。

宏达公司下属化纤销售公司　宏达公司下属的5个化纤销售分公司均为非独立法人，分别为武汉市洛石化化纤销售有限公司湘潭分公司、重庆洛石化化纤销售有限公司成都分公司、广州腾浩石油化工有限公司佛山、柳州和洛阳分公司。鉴于这5个分公司是宏达公司开拓合纤产品销售市场的重要力量，是其贸易业务板块的支柱，根据清理整顿工作要求，决定进一步理顺业务关系。2006年12月，宏达公司将其中湘潭和成都两个分公司以内部管理整合的方式由宏达工贸公司统一管理。广州腾浩石油化工有限公司佛山、柳州和洛阳3个分公司以内部管理整合的方式由广州腾浩石油化工有限公司统一管理。人、财、物全部由宏达公司职能部门集中统一管理。在上报完成情况时洛阳石化对清退方式的改变向中石化集团公司清理整顿办公室及时进行沟通和汇报。

企地合资企业整合　自来水公司由洛阳市吉利区政府与石化总厂于1998年12月合资设立，分别占40%、60%的股份。根据中石化集团公司体制转换工作的统一部署，以及清理整顿对外投资和多种经营工作的要求，同时满足地方政府水务一体化建设和管理需要，2007年2月9日，洛阳石化上报《关于在无偿划转自来水公司股权及其他相关资产时支付维修改造费用的请示》，拟将洛阳资产分公司拥有的自来水公司60%股权及其他相关资产无偿划转给吉利区政府。

随着时间的推移，洛阳石化的供水情况发生变化，移交自来水公司将对企业生产用水造成较大影响。为此，在2008年6月召开的郑州清理整顿工作现场办公会上，洛阳石化建议不再将自来水公司纳入清理退出范围，得到中石化集团公司领导的同意。2008年9月23日，洛阳石化上报《关于自来水公司股东变更有关事项的请示》，经中石化集团公司相关部门审批后，自来水公司于2008年12月完成股东变更工作，原股东洛阳资产分公司变更为中石化资产公司。

剩余清理整顿项目

截至2010年，除保留项目外，按照49项清理整顿统计口径，洛阳石化还剩余4项清理整顿项目，包括直接投资的河南华诚房地产开发公司（简称华诚公司）1项，其余3项为集体企业惠康公司及其下属的投资实体。

华诚公司成立于1992年，原隶属于武警水电指挥部。1993年1月，该公司与石化总厂签署协议，合作开发“华诚商贸中心”。1997年2月，华诚公司成为石化总厂的全资子公司。2001年10月18日，华诚公司与郑州长江置业有限公司签署《开发建设合同》，随后又扩展浙江新钱塘实业发展有限公司作为合作伙伴，共同开发“郑州大上海城步行街”项目。为落实中石化集团公司关于严禁投资房地产项目的有关规定和有关领导指示，洛阳石化根据华诚公司的经营实际，本着风险最小化原则，多次研究、论证，决定分“两步走”退出华诚房地产项目。2007年11月7日，中石化资产公司财务资产部对华诚公司产权处置实施方案进行批复。2008年12月31日，通过增资扩股，华诚公司改制为有限责任公司，完成“两步走”退出方案的第一步。从2009年起，洛阳石化在正常履行出资方权利和义务的同时，在保证稳定和不造成负面社会影响的前提下，积极寻找转让、移交等多种完全退出的有效途径。2010年4月1日，洛阳石化完成剩余股权退出方案的上报工作。11月22日，中石化资产公司以《关于公开挂牌转让资产公司所持河南华诚房地产开发有限公司25.17%股权的批复》，同意洛阳石化《关于河南华诚房地产开发有限公司国有产权转让实施方案的请示》。在完成相关法定程序后，12月23日，华诚公司剩余股权和债权在上海联合产权交易所实现挂牌，以1元人民币底价转让中石化资产公司持有的25.17%的股权，以1.6亿元转让持有的剩余债权。

华诚公司增资扩股签约仪式

惠康公司及其下属的洛阳石油化工总厂园林公司绿荫服务中心、洛阳市盛誉建筑安装有限公司需通过改制分流而完成清退。鉴于惠康公司的业务涉及洛阳石化职工家属的生活后勤服务，事关企业的和谐稳定，同时，惠康物业公司面临缺少支柱产业、社区服务成本不断增加、人工成本负担过重等矛盾和问题，而惠康公司剩余的清理整顿项目是其效益支柱和生存资质所必须的经济实体，因而对其改制分流一直采取积极慎重的态度。

聚丙烯公司股权

洛阳石化聚丙烯有限责任公司由石化总厂、洛阳市财政局、河南省中原石油天然气开发总公司在1988年共同出资组建，1993年9月起合资三方所占股份分别为55%、25%、20%。聚丙烯项目于1990年8月开工奠基，1993年1月17日投产，总投资39185万元。设计能力为年产聚丙烯产品5.6万吨。通过扩能改造，生产能力已突破9万吨。

2004年7月29日，中石化集团公司召开聚酯、乙烯装置上市启动会，明确石化总厂控股的聚丙烯有限责任公司随洛阳聚酯一并上市，并希望收购另外两家股东持有的股份。后因无法达成一致意见，仅对石化总厂持有的55%股权进行置换。2005年1月1日，聚丙烯公司55%的股份随石化总厂聚酯和机关并入上市公司。2008年4月29日，中石化集团公司下发《关于下达对外投资保留项目的通知》，将洛阳石化聚丙烯有限责任公司列为保留项目。

（责任编辑　刘　勇）

第二十三章　多种经营管理

洛阳石化的多种经营企业遵循“依托石化，服务石化，面向市场，自我发展”的宗旨，进一步转换经营机制，优化产业结构，推进技术创新，经营规模不断扩大，经营领域不断拓展，经济实力不断增强。从2003年起，绝大多数多种经营企业陆续实现改制。

第一节　经营管理体制

经营管理体制包括多种经营工作的管理机构和管理措施。

管理机构

2000年石化总厂、洛阳分公司分立运行后，洛阳石化的多种经营管理和考核工作由石化总厂计划经营处负责。2002年1月11日，随着化纤厂行政机构的撤销和石化总厂计划处的成立，计划经营处更名为经营管理处，撤销调度科、计划科、综合科，保留多种经营办公室、股份合作办公室，成立企业管理科、企业改革办公室。2005年2月22日，石化总厂、洛阳分公司机关处室进行机构融合，石化总厂财务处财务二科业务及人员整体并入洛阳分公司财务处，其他科室与经营管理处、工程和房地产管理处有关科室组成资产管理处，代行石化总厂财务核算、多经管理、改革改制、资产处置等职能。2005年8月24日，洛阳分公司组织开展科级干部竞聘工作，对科级机构设置进行明确，资产管理处设综合科、企业改革科、资产管理科、财务科、结算科、房地产管理科、工农关系科，多种经营管理工作由综合科负责。2007年6月2日，成立多种经营管理科。撤销资产管理科，其业务及人员成建制划入多种经营管理科。综合科所属社区管理和多经管理业务划入多种经营管理科。

管理措施

1997年9月、2000年7月，洛阳石化先后召开第一次、第二次多种经营工作会议，对多种经营企业深化内部改革、规范经营管理、提高经济效益产生积极的推动作用。2001年9月21日，洛阳石化召开第三次多种经营工作会议，分析研究多种经营企业在新形势下进一步深化改革、开拓市场、挖潜增效的措施。会议提出以巩固促提高，以改革求转机，以管理拿效益，进一步深化企业改革，转换经营机制，加强内部管理，优化产业结构，推进技术创新，整合企业优势，尽快形成存续部分的支柱产业和拳头产品，努力实现多种经营企业跨越式发展的指导思想。明确3~5年内发展的重点，即形成设计、管理、检维修、保运，炼油、化工、化纤后加工和深加工，主业辅助生产系统和部分精干高效的多种经营企业4个板块的支柱产业，同时推进所属企业建立现代企业制度，促进转换经营机制。

2001年，石化总厂结合中石化集团公司下达的各项考核指标，对原《目标管理考核实施方案》进一步优化，将所属各单位划分为生产企业、多种经营、专业公司、费用承包和机关处室五个板块，分别制定相应的考核内容和考核标准，并加大费用指标和部分多经企业对外创收指标的考核。6月，将直属公司（厂）的考核改为对党政正职的考核。

2002年起，进一步完善分板块考核指标体系。对化纤板块制定“抓两头、控中间”的工作思路，设立任务奖和鼓励奖，采取“双激励”的办法进行考核。对全资和控股子公司板块按月考

签订年度目标管理承包协议

核其主要指标，采取“HU（杭州商学院胡祖光研究提出的经济理论）联合确定利润基数法”进行兑现。对医院、教培等费用包干单位，采取定额拨付、超支不补的办法进行考核和管理。对集体企业板块，石化总厂每年按年度目标考核，除加强必要的监督和引导外，不干预具体事务，鼓励各企业自我约束、自主管理。对机关处室、党群部门等管理板块，按照目标任务进行考核。

从2005年起，资产管理处每年组织对多经和改制企业签署目标管理承包协议，下达各项预算考核指标。每月组织召开经营例会，对经营情况进行分析、讲评，并在7月和次年1月会同有关部门对多经和改制企业方针目标完成情况进行全面检查，年终进行考核兑现。对多经企业考核其经营收入、费用和利润完成情况，对改制企业仅考核其收入完成情况。为进一步加强管理，便于信息沟通，2008年8月开始，洛阳资产分公司经营例会除原参会单位外，增加生产调度处、安全环保处、机动处、计划处和工程项目管理部5家单位。

2008年10月，洛阳石化成立安全生产管理部和督察队，人员归洛阳资产分公司管理，业务由安全环保处负责。主要负责多经和改制单位安全生产的监督管理，对其在厂区内外施工的项目进行督察。2010年5月1日，安全生产管理部与宏达公司安环部重新划分安全监管职责。

2009年6月，洛阳石化成立由主要领导和相关部门组成的规范支持改制企业协调工作组，按照同等优先、长期有效、互惠互利、依法运作等原则，明确和落实各项措施，帮助改制企业实现自立生存和自主发展，促进大洛阳石化的和谐与共同发展。主要工作措施包括：认真履行相互承诺协议；将洛阳分公司领导定点联络和回访改制企业制度化；关注、指导改制企业各项工作；为改制企业营造良好的内外部经营环境。

第二节　洛阳石化惠康物业管理公司

洛阳石化惠康物业管理公司（以下简称惠康公司）注册资金2600万元，隶属于洛阳资产分公司，独立法人，集体所有制性质。主要业务为社区及办公楼物业管理、制冷及水电气暖转供、生活设施设备运行维护和计量收费服务、厂区绿化卫生，代管社区服务资产、住房管理（含单身楼、大学生公寓）、托幼教育、膳食餐饮服务、建筑安装、房地产开发，生产二级除盐水、碳酸钙脱硫剂和氧化钙脱硫剂等。

概况

惠康公司源自建厂初期的行政处。1992年11月，以行政处为基础成立惠康服务公司。1998年10月，更名为洛阳石油化工总厂惠康物业管理公司。2001年9月，惠康公司与园林公司合并，更名为洛阳石化惠康物业管理公司。2005年石化总厂注销并成立洛阳资产分公司后，由洛阳资产分公司负责管理。

惠康公司机关原设综合办公室、财务部、生产部、经营管理部。2009年初对机关部室进行调整，设办公室、思想政治工作部、人事部、财务部、生产计划部、技术质量部、设备管理部、安全环保部、企业管理办公室和保卫部共8部2室。基层单位有动力公司、建筑安装队、房产管理部计量收费办、托幼教育部、开元社区服务中心、河阳社区服务中心、餐饮服务中心、卫生队、绿化队、除盐水装置、脱硫剂公司、房地产开发公司。惠康公司副处级以上领导由洛阳分公司任免管理，科级、副科级干部由惠康公司任免管理。

截至2010年底，惠康公司在岗职工1645人，其中全民合同制职工231人（含洛阳分公司托管4人），集体合同制职工131人，其他用

工1283人（其中聘用工1018人、劳务用工265人）。

2001～2010年，惠康公司先后获全国造林绿化400佳单位、绿化模范单位、规范化食堂，中石化系统最佳绿化单位、“四五”普法先进集体，河南省五一劳动奖状、劳动关系和谐模范企业、物业管理先进企业、优秀开发企业，洛阳市劳服就业系统巨人企业、集体经济明星企业、优秀思想政治工作先进单位、创建全国文明城市先进单位、十佳文明物业服务企业、园林绿化先进单位、社区建设先进单位等称号。所管辖社区先后被评为全国城市体育先进社区，河南省示范社区、优秀住宅小区，洛阳市绿色社区等。

经营情况

惠康公司受洛阳分公司和洛阳资产分公司的委托，提供绿化卫生、物业管理和水电气暖介质转供等服务。其收入来自洛阳分公司、洛阳资产分公司拨付的劳务费，代收代缴水电气暖费用，除盐水、脱硫剂销售及房地产收入等。

表23－1　2001～2010年惠康公司经营情况

年份＼名称	职工人数				经营收入（万元）	利税（万元）
	总数	全民	集体	其他		
2001	1145	349	151	645	7350.96	374.40
2002	1040	345	147	548	5684.56	423.56
2003	841	267	140	434	4165.80	341.64
2004	837	226	139	472	6809.53	327.59
2005	1121	231	137	753	10261.33	－724.19
2006	1201	231	138	832	9522.29	373.89
2007	1300	234	138	928	11108.70	413.38
2008	1432	236	138	1058	12172.16	514.44
2009	1519	235	134	1150	15232.59	751.72
2010	1645	231	131	1283	28078.71	2645.25
合计	－	－	－	－	110386.63	5441.68

生活能源供应和管理

生活能源供应和管理包括社区水（新鲜水、热水）、电、液化气、暖气转供管理，供冷管理以及社区收费、生活设施设备运行维修等。

水转供　社区供水系统分为新鲜水和热水两部分。新鲜水由自来水公司提供，惠康公司负责转供、计量和代收社区住户及外供用户的水费，并按规定将代收水费全部上缴洛阳分公司财务处。其他水费由洛阳分公司财务处、自来水公司负责收缴。热水除双苑社区部分由锅炉房直接供应外，其他社区的热水均由洛阳分公司提供热源，惠康公司通过开元社区、河阳新村交换站转供。自2008年9月1日起，洛阳分公司对惠康公司实行供热水承包机制，热水费全部由惠康公司收缴，惠康公司按热水补水量与自来水公司结算水费，向洛阳分公司交纳热源费。

2004年后，洛阳石化加强管网设施的改造和外供水的治理。至2005年，对吉利区直属21个单位供水管网陆续进行切断关停，改为自来水公司供水，年减少供水损耗20多万吨。同时购置水管网查漏探测仪和流量定位计，对4个社区管线进行逐条监测和查漏，月减少新鲜水损失6.7万吨，损耗降低28%。2004年更换冷热水管线2000余米。2006年，4个社区增上供水管网监测系统。2007年，完善社区地下供水管网设施普查及信息系统，形成动态电子地图。2008年，对4个社区1647米新鲜水管线、5600米热水管线及河阳新村2480米消防管线进行更换。2009年，将开元社区交换站2台热水换热器更新为不锈钢波节管换热器，减少结垢，提高换热效果。2010年，针对社区地下管网使用年限长、管线渗漏多的现状，于7月初成立水损耗攻关小组，购置查漏设施，至年底共发现和处理地下管网隐蔽漏点50余处。

电转供　社区用电由洛阳分公司提供，惠康公司负责转供。自2008年1月1日起，洛阳分公司以2007年社区供电总量6826万千瓦·时为基数，对惠康公司实行供电总承包机制。惠康公司按协议向洛阳分公司全额支付电费，并负责对社区IC卡用户售电，对其他用电户进行计量收费。

2002年，洛阳石化投入300多万元，对社区7121户职工住宅更换安装IC卡智能电表。自同年12月16日起，社区居民用电计量全部通过IC卡智能电表，社会单位用电也全部安装直读表。至2010年底，社区累计更换安装IC卡电表8584

块（含住宅楼8450块、外供单位等134块）。

2003年，社区先后更新变压器12台，更新改造高低压开关柜89面，更换电器开关692个，增设计量专用柜24面，改造电气系统54栋楼，公用设施安装IC卡计量表1568块，降低能耗219万千瓦·时。2004年，完成双苑社区6千伏高压开关柜、开元社区中学变低压开关柜更新改造。2006~2008年，将社区33栋家属楼铝芯进线电缆更换为铜芯电缆。2008年10月起，分别对炼东线（化纤路沿线—北山水池）和工业站线（胜利路沿线—东杨村—工业站）上用户进行电表改造，至2010年5月，全部更换为远红外高压预付费电表。社区电损耗率由2007年的6.85%降至2010年的4.3%，炼东线电损耗率由2008年的年平均17.91%降至2010年的2.57%，工业站线电损耗率由2008年的年平均19.67%降至2010年的2.33%。

暖气转供　4个社区共有开元热交换站、双苑锅炉房和河阳热交换站3个供暖中心。其中双苑社区采用锅炉采暖方式对双苑社区供暖，其他社区利用装置余热通过开元社区、河阳新村交换站管壳式换热器进行采暖换热。社区住户采暖费由惠康公司按洛阳分公司规定代收缴后，大部分上交洛阳分公司和洛阳资产分公司，剩余部分用于弥补锅炉燃煤采购差额。

2002年，将双苑锅炉房1号、2号锅炉更新为2台SZL4.2－1.0/115/70－AⅡ热水锅炉。2003年河阳交换站增上2台BSW1200－145－3.5－4不锈钢波节管换热器，提高供暖能力。2004年，洛阳分公司供开元交换站余热管线更新改造，增上1条DN400余热管线，同年对三和社区采暖系统改造，增上2台BSW1600－480－3.5－4不锈钢波节管换热器，实现三和社区采暖与开元社区的分开供应。2005年，将社区42栋家属楼铝合金暖气包更换为钢制暖气包，同年开元社区2台板式换热器更新为BSW1600－480－3.5－4不锈钢波节管换热器，为洛阳分公司办公大楼增上2台QTSH－L－K－2.326MW强制湍流换热器。2006年河阳交换站增加2台BSW1200－140－3.5－4不锈钢波节管换热器，用于河阳家园供暖。2007年，对双苑社区进行供热系统改造，洛阳分公司发变电车间余热管线DN300引至双苑社区锅炉房，改善供热状况。同年，开元社区西区采暖系统改造，增上2台BSW1200－163－3.5－4不锈钢波节管换热器，从开元交换站到西区铺设DN250采暖专供线，将开元社区东区、西区采暖分开供应，解决西区采暖不热问题。2009年，对社区进行节能降耗改造，增加计量调节设施，开元交换站、河阳交换站、双苑锅炉房均增上PLC系统，有效减少采暖漏水。

液化气转供　职工液化气转供分瓶装液化气和管道液化气两种，其中河阳新村、河阳家园为管道液化气，其余3个社区为瓶装液化气。液化气均由洛阳分公司提供，惠康公司以买断形式对社区钢瓶用户及管道用户进行转供。液化气价格按洛阳分公司规定价格执行。

2005年前，钢瓶用户分别在开元换瓶站和双苑换瓶站换气。2005年9月10日~11月23日，根据《洛阳市燃气管理条例》有关消防安全间距的规定以及吉利区安监局、消防大队等部门的要求，对开元换瓶站进行扩宽改造。12月13日，双苑换瓶站关停，业务合并到开元换瓶站。同时将供应双苑社区用户的钢瓶数量增配至2瓶，方便职工用气。

2009年8月，对河阳新村液化气管道进行隐患治理，将室外及入户液化气管道全部更新。2010年，对开元液化气站进行防雷电设施改造。

供冷管理　为提高对洛阳分公司办公楼、俱乐部、文化宫及科技交流中心等场所冷气供应的能力，降低能耗。2004年，将开元制冷站原离心式制冷机组更新为2台WCFX－36B螺杆冷水机组。2009年，在开元制冷站新增1台LWM－150ET热水型溴化锂吸收式制冷机。

社区收费　2002年前，社区新鲜水、热水、电、管道液化气由惠康公司房产管理部计量班抄表计量，企业在职及离退休职工的水、电、气、房租等费用从工资内代扣。其他住户水、电、气、房租由计量班计量人员代收。2003年1月，惠康公司设立社区售电处，后改为洛阳石化社区缴费中心，居民用电改由自己到售电处缴费。2005年第四季度起，改为住户自行到社区缴费中心缴纳。2009年1月，计量收费业务从房产管理部划出，成立计量收费办。

社区缴费中心

社区水电气暖按照中石化集团公司文件，执行“有政府定价的执行政府定价，没有政府定价的执行市场价”的收费规定。2002年3月，职工生活用气开始按市场定价供应。2004年5月10日起，水电气收费严格按照洛阳市定价标准收费，对居民及商业服务业用水（热水）、电均作相应调增。2006年1月，增加南水北调基金、污水处理费，居民用水（热水）价格再次调增。从2004～2005年度采暖期开始，社区住户按一个采暖期交纳采暖费，至此水电气暖收费价格全部与市场接轨。2007年底，开始对科级以上领导人员收取部分清洁卫生费和公共秩序维护费。

生活设施设备维修　2001年前，生活设施设备维修由惠康公司动力维修公司负责。2001年，成立物业管理部，下设4个物业管理站，将原动力维修公司负责的生活区水、电、气、暖维修以及电梯运行业务划归物业管理部和下属的物业管理站。动力维修公司更名为动力公司，主要负责生活区公用设备、设施的机械、木油类维修，双苑锅炉房、开元交换站、河阳交换站和气化站、制冷及35千伏变电系统等动力源运行维护和维修等。2004年，撤销物业管理部，成立4个物业管理部，分别负责各社区的生活设施维修。2009年，将4个物业管理部合并为2个社区服务中心。

2001～2010年社区水电转供及损耗情况

表23－2

项目 年份	水转供总量（万吨）	电转供总量（万千瓦·时）	管网损耗（万吨）	电网损耗（万千瓦·时）
2001	416.71	–	89.52	–
2002	395.34	7236.84	124.75	300.48
2003	328.60	7462.65	93.28	360.74
2004	245.97	7298.42	62.80	485.70
2005	223.97	5163.04	64.95	356.20
2006	188.57	6291.10	43.18	429.52
2007	174.56	6825.93	42.24	467.61
2008	189.40	7215.15	42.06	423.07
2009	191.62	6867.27	34.65	366.41
2010	197.10	7075.20	34.62	304.54
合计	2551.84	61435.6	632.05	3494.27

物业管理

洛阳石化对所辖社区实行两套物业管理模式，其中开元社区、双苑社区、三和社区、河阳新村社区是福利型物业管理模式，河阳家园以及正在建设中的西霞花园等商品住宅小区的物业管理实行市场化运作模式。

2001年，惠康公司组建物业管理部，在4个社区成立物业管理站，主要负责水、电、气、暖维修、电梯运行，门卫、治安管理，绿化、卫生保洁及自行车棚管理等。2004年，以社区为科级单位成立4个物业管理部，物业管理推行“三到位、四统一”（维修服务到位、数据计量到位、解答质疑到位，统一着装、统一服务用语、统一行为规范、统一收费标准）服务模式。2009年初，将4个物业管理部合并为2个社区服务中心，重点以“440”服务、社区门卫示范岗为试点，率先在社区5个服务性单位中推行物业精细化服务活动。

为打造整洁美观、舒适宜人、平安便利的社区环境，从2003年起，在加强日常生活设施维修与配套完善的同时，企业加大投资，扩宽道路、修建停车场、封闭垃圾道、改造垃圾中转站、拆墙透绿、家属楼顶“平改坡”、开辟社区文体广场、增上体育设施、建设社区监控系统、

洛阳分公司领导察看社区安全监控

旧楼体粉刷、绿化净化美化亮化等，至2010年底，共组织实施258项社区整改工程。

根据社区需要，维修改造4个社区花园，花园内设有雕塑、景观石等园林小品，实现一区一园一特色。按照“整齐美观、品质优良”的原则，对社区进行植树、种花、栽草，精耕细作，合理布局。加强绿化维护，及时更新、填平补齐绿色植物，定期修剪养护花草树木，确保社区三季有花、四季常绿，同时在社区主要树木上悬挂标牌。社区绿化面积33.34万平方米，花坛153个，绿化覆盖率41.17%，苗木成活率98%。社区空地因地制宜实施硬化、彩化和绿化，道路两侧铺上彩砖，彩化面积106451平方米。环境卫生严格执行卫生保洁细则和“三查”（清洁工自查、管理员巡查、领导抽查）制度，清扫人员定时、定楼、定路，分片包干，在确保一天两扫、全天保洁的基础上，做到夏灭蚊蝇、秋扫落叶、冬清积雪，为居民创造清洁宜人的生活环境。2006年，按照地方政府统一要求，在社区重要部位安置果皮箱，封闭垃圾道，安装外置地埋式垃圾箱，实现生活垃圾袋装化管理，进一步保持和优化社区环境。维修、改造社区照明系统，走廊灯分别采用智能控制器和声控开关，新安装社区路灯、花园灯384盏，铺设路灯电缆4170米，其中在河阳家园商业小区和三和社区等路段安装太阳能路灯93盏，每年可节电2.5万千瓦·时。2007年以来，结合创建河南省示范小区以及企业开展的“打造两张名片，创建优美环境”活动，围绕整治环境、树立形象、提升文化品位等方面，对社区楼栋外墙、走廊等进行粉刷，改建3个社区垃圾中转站，建成4个社区文化长廊和文化橱窗，在4个社区摆放文化景观石，并雕刻“名片”寄语。

为保持社区良好的治安、交通秩序，对5个社区均实行封闭式管理，社区各大门、主要路口和关键部位安装有139组监控探头。2008年初，在河阳新村南、北门安装投用智能化车辆管理道闸系统，配套制定《遵守社区机动车秩序责任书》、《洛阳石化社区车辆IC卡管理办法》等制度。在社区主要路段安装车辆减速带和限速标志。为社区配备4台电动巡逻车和电子巡更仪，设置电子巡更点，社区保安实行24小时巡逻服务。严格机动车辆出入社区交、验证件制度，禁止公车在社区夜间停放，禁止载有易燃易爆、剧毒、放射性等危险品的车辆进入社区，4吨以上大型汽车、大型客车进入社区，须办理临时通行证。住户运送大件物品出社区时，需接受保安人员的查验和登记，保证社区的平安祥和。

根据洛阳市、吉利区创建文明城市和国家卫生城市的统一部署和要求，对社区“五乱”现象年年集中整治，拆除违章建筑、处理乱养家禽、铲除菜地等。2009年7月，根据《洛阳石化社区停车秩序专项整治活动方案》，先后对社区废弃自行车、摩托车、三轮车进行集中清理，对占用社区消防通道的车辆进行整治。出台社区车辆行驶和停放管理规定，对主要社区大门进行改造，实现人、车分流，使汽车与自行车、摩托车以及与行人争路、争位的矛盾得到缓解。充分利用社区有限空间，尽可能增加停车场地和停车位，重新规划社区停车位和行车标识，社区停车秩序明显好转。

绿化卫生

2001年9月，园林公司与惠康公司合并，厂容厂貌纳入惠康公司统一管理，企业绿化卫生工作得到进一步强化。尤其2007年以后，企业开展“打造两张名片、创建优美环境”活动，厂区、社区环境面貌发生可喜的变化。至2010年底，厂区绿化面积87.5万平方米，彩化面积10万平方米；厂区道路清扫保洁面积47.8万平方米，放置垃圾斗119个，其中厂区51个。

厂区环境绿化　2001～2006年，惠康公司对厂区绿地仅负责日常修剪、防病虫、浇水和除杂草等维护管理，洛阳分公司通过社区服务

费用等方式支付给惠康公司相关的人工费、运行费。

2006年，为消除厂内绿化死角，改善厂区杂草丛生、黄土裸露的状况，进一步美化、优化生产区域和职工工作环境，洛阳石化提出“用三到五年时间对厂区进行大规模绿化改造”的要求。同年8月10日，对厂区主干道经9路两侧人行道进行彩化，由此厂区大规模绿化改造工程正式启动。

针对石油化工企业的特点，结合厂区实际，按照乔、灌、花、草相结合，层次、色彩分明的原则，对厂区绿化进行合理布局，确保达到四季常青、三季有花、步移景异效果。根据厂区绿化改造总规划，按照“无黄土裸露，无卫生死角，无荒草杂树，无污秽墙壁”的目标要求，2007年，相继完成经九路、经七路、纬六路、纬十六路，化四路部分路段、西办公楼后、污水处理场等绿化改造；将西办公楼后的苗圃，改造成中心游园；对一联合等装置、管线进行防腐刷漆；新种草坪实现全自动喷灌。2008年，完成经九路以东装置区域的绿化改造及新硫黄、焦化两个装置区的绿化任务，累计完成10条道路20余万平方米的绿化整地，种植草坪22万平方米、各类树木2709株，安装浇灌水线6万米，彩化道路8条，铺设吸水砖2.48万平方米、彩砖9895平方米。支持厂区项目建设，配合移栽苗木7289株。2009年，完成经九路以西、罐区、青年生态园、供排水、厂南门、化十四路南侧、热电站装置和加氢装置的绿化改造任务，植树1.4万株、花灌木16.24万株，新增绿地面积25.2万平方米，铺彩砖（含吸水砖和草坪砖）3.62万平方米，敷设水线2.8万米，安装道牙1.48万米，在16号罐区种植各类月季12万株。为26个生产车间操作室配备盆花。河南省林业厅野生动物救护中心赠送企业10头梅花鹿代养。2010年，组织完成装卸油台环境整治及墙面粉刷靓化工程，铺设吸水砖7821平方米，安装道牙2130米、青石标志20块，粉刷墙面2.7万平方米。对化纤厂前路两侧绿化带实施改造，种植麦冬1.3万平方米。新建孟津工业园苗圃37亩，种植银杏、栾树、红叶石楠等树木5万余棵，并对园区房屋设施进行修缮。在科技交流中心南侧新建游园1处，安装石桌凳，使其周围环境更加协调、优美。全年新植苗木28.66万余株，改造绿地面积11.86万平方米，安装水线2000余米、道牙2130米，砌挡土墙及排水沟加高4425米，厂区草坪内阀门井盖加装人工草坪绿帽子3000平方米，经九路两侧雪松安装木质树坑箅子248个。根据洛阳分公司油品质量升级改造项目的需要，组织拆迁花房6座，并异地重建。

厂区绿化

2006～2010年，累计在厂区主干道、厂南门外、16号罐区、焦化装置、化四路北侧等义务种植各类树木32013株。

厂区环境卫生 2001年以来，厂区道路清扫保洁及厂区、生活区垃圾外运任务均由惠康公司卫生队负责。厂区道路严格实行分段包干、责任到人、一日两扫、全天保洁以及清扫班长跟班作业、队领导不定期现场检查的办法。厂区、生活区垃圾坚持随满随拉、日产日清。采取药物灭除和人工割除的方法，定期对厂区、罐区内超高杂草进行清除，促进厂区安全。对厂容厂貌实行日常检查和突击整治相结合、专业队伍与全员参与相结合、普遍渗透与重点宣传相结合的“三结合”管理，强化职工爱厂、护厂、建厂的意识，促进厂区环境卫生面貌的干净整洁。2006年后，随着企业油品质量升级改造项目的开工建设以及厂区大规模绿化改造工程的实施，硬化、彩化道路逐渐增多，道路清扫保洁面积不断扩大，垃圾外运量越来越大，为此洛阳石化加大对厂容厂貌的改善和管理，先后改造投用厂区公厕，配套建立和完善公厕管理制度。修订完善《厂容管理办法》，划分卫生责任区，完善卫生责任制，为有效制止和杜绝破坏厂容环境行为提供依据。2007 年，成立厂容监察大队，加大厂区卫生和厂容管理的考核力度，为生产车间配置清扫保洁员，厂容管理工作水平不断提升。2009 年，对东半厂区道路两侧及车间的 21 个垃圾斗进行加盖改造和美化，并命名为“淘宝斋”，同时制定“三到位”（巡检到位、摆放到位、维修到位）的管理标准。2010 年 6 月，新增洛阳分公司办公楼、项目管理部办公楼和厂内东办公楼保洁任务，至年底基本实现“四高一低”（高起点、高标准、高质量、高水平和低投诉）的保洁工作标准。

住房管理

职工住房分房改房、过渡房、经济适用房和商品房 4 种。2001 年，职工分配新房 687 套，经济适用房 166 套，调整住房 690 户，办卡办证 339 户。2002 年分配住房 450 套，办卡办证 485 户。2003 年分配新房 444 套，经济适用房 264 套，调整住房 103 户，安排集体工、离婚户租房 389 套。2004 年，新分配住房 271 套，安置西区 5 栋板楼拆迁户 300 户。2005 年，分配经济房 285 套。2006 年调整分配住房 438 套，从此洛阳石化房改房、经济适用房分配工作结束。

2006 年 2 月，房地产公司通过招标、拍卖、挂牌形式，取得河阳家园 5.37 万平方米国有土地建设用地使用权，开始洛阳石化商品房开发建设。10 月 18 日，举行河阳家园首批 10 栋商品房住宅楼开工奠基仪式。至 2010 年底，先后完成河阳家园 706 套（含河阳新村 40 号楼）商品房的建设投用，实现西霞花园 1593 套商品房（含定向开发 600 套）的全面开工。

2006 年初，根据洛阳市“办卡办证”具体要求和石化总厂统一部署，全面启动已售公有住房“办卡办证”工作。至 2008 年底，4 个社区分 6 批共办理房屋权属证 4910 户，公有住房办卡办证工作基本结束。2010 年，为 60 余户遗留问题户办理了房屋权属证。

2009 年 10 月，根据中石化集团公司深化住房制度改革要求和企业统一安排，配合启动企业职工住房普查工作。至 2010 年底，先后完成职工住房普查和住房补贴各项基础工作，并完成非在职职工住房补贴发放工作。

洛阳石化部署开展住房普查工作

表 23－3　　2010 年洛阳石化职工住宅情况

社区名称	栋数	套数					备注
		合计	房改房	经济适用房	商品房	过渡房	
开元社区	53	2140	1672	288	–	180	含区粮食局使用 10 套
双苑社区	32	1012	1012	–	–	–	不含宏力 5 栋 205 套，银行 10 套
三和社区	36	1455	1244	51	–	160	不含金达 2 栋 72 套
河阳新村	39	2664	2280	384	–	–	
河阳家园	22	706	–	–	706	–	含河阳新村 40 号楼
西霞花园	32	1593	–	–	1593	–	在建中
合　计	214	9570	6208	723	2299	340	

餐饮供应

餐饮供应分为生产供餐和社区供餐两部分。2009年以前，职工供餐分别由惠康公司职工膳食部和餐饮服务公司负责管理。2009年1月，职工膳食部和餐饮服务公司合并，成立饮食服务中心。

2001年，为解决铁运部工业站和化纤厂职工就餐问题，在工业站和化纤厂分别筹备开办工业站食堂和化纤餐厅。2003年，对职工食堂进行承包，对聚丙烯公司食堂进行目标承包。2003年4月职工食堂关停。2004年，原设在社区的4个露天餐饮点相继撤除。2005年4月26日开元社区餐饮店、三和社区餐饮店、双苑社区餐饮店、河阳新村餐饮店建成开业，5月18日餐饮中心店开业，改变在社区露天经营和就餐的局面。2007年，对倒班食堂进行改造，10月1日，倒班食堂按照8元的标准实行优惠供餐。为解决白班职工就餐问题，2008年8月26日，由小车队改造成的白班餐厅竣工投用。为保证供餐质量，洛阳分公司成立供餐监督委员会，惠康公司成立供餐管理委员会，每天对饭菜质量进行监督和检查。2009年12月24日起，根据洛阳市委市政府主要领导的要求和企业安排，惠康公司参与、接管洛阳市政府公务员餐厅。2010年，对倒班食堂内部操作环境进行全面改造，对社区餐饮店销售柜台进行加宽改造并安装玻璃罩，改善供餐环境；对冷库重新大修，并利用旺季提前储备水果蔬菜，降低供餐成本。

餐厅厨师在精心烹制午餐

为使就餐职工吃得安全、环保和放心，对米、面、油、肉等实行统一、定点和品牌采购。2008年年初，对农场土地进行整理规划，充分利用农场空地自种绿色环保蔬菜。至2010年底，累计为倒班食堂、自助餐厅供应无公害、时令蔬菜27.28万千克。

托幼保教

洛阳石化共有开元社区、双苑社区、三和社区和河阳新村4所幼儿园，主要为本企业职工幼儿提供托幼保教服务。

2001~2004年，在企业协议解除劳动合同和改制分流的背景下，幼儿园师资结构发生较大改变。至2010年，幼儿园用工由以正式职工为主置换成以聘用工为主，正式工人数由2001年的166人减至2010年的19人。

2004年10月~2005年1月，对4所幼儿园进行全面改造，完善硬件设施，优化办园环境。先后进行室内粉刷、门窗更换、厕所改造和场地平整，购置大型户外玩具、小型运动器械，炊事设备等，更新幼儿桌椅，每个班添置电视机、空调、饮水机和桌面玩具等。2005年3月，4所幼儿园与北大幼教合作，加大教师培训力度，开办数学启蒙班、亲子班、分享阅读班等特色教学班，为幼儿的素质发展提供更多选择。12月，在洛阳市首届示范园等级评选活动中，4所幼儿园均被评为洛阳市示范幼儿园。2006~2010年，按国家幼儿教育指导纲要对幼儿进行综合能力开发和教育。

2008年4月26日~6月16日以及2010年4月23日~6月21日，为防范手足口病，根据吉利区教育局和卫生局通知要求，4所幼儿园放假停课，期间各园进行全面消毒，并完善各项防疫制度。2009年8月，根据吉利区教育局甲型H1N1流感防控工作会议精神，4所幼儿园各增设1名专职保健员，配备“手携式红外测温仪”，严格执行晨检体温检测制度和消毒制度，认真做好幼儿、教师及工作人员因病缺勤情况登记，建立甲型H1N1流感防控档案。2010年5月，4所幼儿园配备保安，安装监控设备、增加红外远程报警系统，重新修订《幼儿园接送卡使用制度》等安全制度，加强幼儿园内部安全、保卫、防投毒等工作的管理，保证幼儿园的安全稳定。

表 23－4　2001～2010 年幼儿园幼儿入托情况

年份	开设班级	幼儿园入托人数
2001	32	1136
2002	30	847
2003	31	868
2004	28	823
2005	30	835
2006	36	940
2007	29	998
2008	28	969
2009	28	922
2010	28	919

经营实体

南京宁洛石化助剂有限责任公司　1999 年 2 月，惠康公司与南京石油化工股份有限公司签订协议，在南京成立南京洛阳石化助剂有限责任公司。2000 年 3 月，公司更名为南京宁洛石化助剂有限责任公司，注册资金 1400 万元（惠康公司 546 万元、南京石油化工股份有限公司 574 万元、扬子石化实业总公司 280 万元）。2002 年，生产规模由 500 吨/年扩至 1000 吨/年。2008 年底，按照中石化集团公司的要求，惠康公司与南京石油化工股份有限公司达成退出协议，由南京石油化工股份有限公司分 4 年向惠康公司返还全部投资。

洛阳石化房地产开发有限责任公司　1998 年 9 月 18 日成立，注册资金 500 万元（惠康公司出资 350 万元、工程公司出资 100 万元、金达公司出资 50 万元）。2002 年 11 月，石化总厂办公会议决定，房地产开发公司连人带股转给工程建设公司，惠康公司原有股份退出。2004 年 9 月，房地产开发公司再次转给惠康公司经营，原出资比例不变。2005 年建成开元社区 5 栋 180 套 21384 平方米的经济适用房。2006 年 10 月起，随着河阳家园一期 10 栋商品房的开工建设，标志着洛阳石化房地产开发正式步入商品化建设阶段。2007 年完成一期 356 套商品住宅的销售。2008 年 3 月～2009 年 6 月，完成河阳家园二期 9 栋楼 252 套商品房的建设与销售。2010 年，建成投用河阳家园 20 号楼、综合楼共 110 套商品房，河阳家园商业化小区建设全面完成。同时，西霞花园一期 738 套住房全面封顶，二期 855 套住房开工建设。6 月 4 日，根据中石化集团公司退出房地产经营业务的要求及 2010 年洛阳石化清理整顿工作计划，惠康公司将持有 73.75% 的股权全部转让给工程公司。同时拟利用济源市坡头镇临西霞院库区约 19 万平方米土地开发商业住宅小区，并命名为“大河名苑”。2010 年 11 月 12 日，合作双方在济源市签署《大河名苑项目框架协议》。

除盐水装置　一期工程总投资 2495.58 万元，占地面积 5000 平方米，由惠康公司投资建设。装置规模为 600 吨/时，一期除盐水生产能力 400 吨/时，二期预留生产能力 200 吨/时。设计原水为黄河水，产品为二级除盐水，主要供洛阳分公司热电站锅炉用水。2006 年 9 月 28 日，在洛阳市发改委备案立项。7 月 29 日，由洛阳资产分公司组织完成除盐水系统工艺设计、安装的招标。2007 年 1 月底，完成施工图设计，施工现场实现“三通一平”。2 月，完成对土建部分、配套设施的招标。2008 年 3 月 6 日，正式破土动工。7 月，惠康公司面向全体员工招聘，选拔 21 名操作人员。9 月，设备中间交接。11 月，装置竣工验收。12 月 10 日，装置开车一次成功，正式投入生产运营。

脱硫剂有限责任公司　注册资本 2000 万元，由惠康公司（投资 1840 万元、占股份的 92%）与东杨村（投资 160 万元、占股份的 8%）合资经营。一期工程建设投资 2253.38 万元，其中洛阳资产分公司投资建设的办公楼、厂房、原料棚及脱硫剂装置等 1851.42 万元，惠康公司购置的土地及其他零星机械设备等 401.96 万元。惠康公司负责生产、销售和管理。装置生产规模为 10 万吨/年，主要以高钙石灰石为原料，经粉碎、分离、筛分、除尘收集等工艺，为洛阳分公司热电站 CFB 锅炉提供碳酸钙脱硫剂。2006 年 3 月，项目在洛阳市发改委备案。4 月，完成可行性研究报告并上报中石化资产公司获批复。2007 年 4 月，编制完成项目环境影响评价报告。7 月 5 日，中石化资产公司下发《关于洛阳资产分公司建设碳酸钙脱硫剂项目可行性研究报告的批复》。7 月 20 日，召开项目初步设计审查会。9 月 28 日，

正式开工建设。11月，洛阳市环境保护局对项目环评报告进行批复。2008年12月3日，举行项目中间交接仪式。2009年9月，完成单机试运和联动试运，正式投产。至2010年底，累计输送成品碳酸钙1.45万吨，供应氧化钙1066吨。

洛阳石油化工总厂园林公司绿荫服务中心 1999年8月成立，是惠康公司下属的全资子公司。注册资金为人民币1000万元。具有建设部颁发的园林绿化施工企业二级资质，主要业务为园林绿化工程、花卉租摆，另以园林设计、花木销售、园林机械销售、维修为辅助经营项目等。2001~2010年，为适应经营发展的需要，积极开拓市场，逐步向外承揽绿化工程，承揽的绿化工程主要有：济源市世纪广场绿化、洛阳龙门西山绿化、洛阳市洛南新区瀛州路绿化、济源南环道路绿化及喷灌、洛阳新区关林路西延长线绿化喷灌、洛阳石化小浪底职工培训中心绿化、洛阳石化厂区绿化改造工程、厂区青年生态园、洛阳吉利自来水公司绿化、洛阳石化聚丙烯有限公司、河阳家园小区绿化等，连续3年获河南省建设厅颁发的优秀施工企业称号。

洛阳市盛誉建筑安装有限公司 2003年3月成立，注册资本金610万元。2004年7月23日，取得河南省住房和城乡建设厅颁发的房屋建筑工程施工总承包三级资质。拥有建造师9人、安全员12人等技术管理人员。拥有高压水清洗车、高压清洗吸污车、叉车、登高车、清障车、装载机、小型挖掘机、抢险车等多种特种车辆。主要经营房屋建筑工程施工三级总承包，生产销售人行道砖、草坪砖、道牙等。2004~2010年，企业不断扩大经营范围，开拓外部市场，始终保持年产值在2000万元左右。承担的主要工程有：56栋社区住宅楼和14栋公共设施屋面平改坡，4个社区餐饮点和中心餐饮店新建、厂内职工食堂和倒班食堂改造、离退休活动中心改造、文化宫改造、大庆路两侧人行道彩化、4个社区花园改造、社区道路扩宽改造、人行道彩化、新建停车场、4个社区大门改造，新建7个文化活动场地、对4个社区共154栋楼的楼道式垃圾道进行封闭，安装新型地埋式垃圾箱520个，新建开元、三和、河阳新村3个社区环保式垃圾中转站，对4个社区部分老损的新鲜水管线、消防水管线、热水管线、暖气管线、阀门和电缆进行更换，河阳新村液化气管线隐患治理，安装液化气管线7360米，解决河阳新村8栋高层、31栋多层共2664户居民的安全用气问题。

第三节　洛阳石化宏业劳务有限公司

洛阳石化宏业劳务有限公司（简称宏业公司）是经工商部门注册，具有一级独立法人资格，以劳务派遣和劳务管理为主营业务，同时具有职业介绍、职业技能培训等职能，为洛阳石化和其他用工单位输出劳动力的专业公司。其经营宗旨是开拓劳务市场、依法规范运作、服务洛阳石化、促进地区发展。

概况

2001年9月1日，在石化总厂职工学校、技工学校的基础上，由宏达公司、金达公司共同投资，组建洛阳石化宏业劳务有限公司。宏业公司注册资本50万元，其中宏达公司出资30万元，占60%，金达公司出资20万元，占40%。办公场所设在职工学校，职工学校、技工学校保留原名称，实行一套机构，三块牌子。2001年11月15日，宏业公司召开股东会、董事会和监事会成立大会。会议通过关于宏业公司股东单位、董事会董事人选、监事会监事人选、公司章程及董事会拟聘公司经理名单。2002年初，完成原学校财务由报账单位向核算

宏业公司先进个人表彰会

单位的转变，同时理顺与工商、税务、银行等部门的工作关系。截至2010年底，宏业公司下设综合管理部、劳动力管理部、培训部等3个职能部门，在册职工28人，其中高级讲师9人，讲师6人，工程师3人，助理讲师1人，二级实习教师2人。

劳务管理

2001年10月，宏业公司完成与宏达公司、金达公司的劳务用工管理和现场管理的交接工作，起草制定劳务用工托管协议、临时用工管理协议、临时用工劳动合同书以及各类劳务人员管理办法，完成《洛阳石化劳务用工指导价位（草案）》起草工作，制定求职登记、用工信息发布、用工竞聘等工作程序和标准，劳务管理工作正式开展。2001年底，委托宏业公司管理的有宏达公司252名集体工、金达公司32名大中专毕业生，宏业公司直接管理的临时用工369名。另外，在宏业公司办理求职登记的各类人员930人。

劳务员工安全知识竞赛

2002年，宏业公司在化纤厂专门设立现场管理办公室，配合各车间加强对劳务合同工的管理。同年，宏业公司被正式批准为“洛阳市劳动就业服务企业”。争取到有关养老保险征缴基数及降低费率8%等多项优惠政策。2006年，分别为813名和866名劳务工办理失业保险和医疗保险，为186名聘用工和复转军人建立住房公积金，养老保险的参保人数达到1540人，与宏业公司建立劳动合同的所有劳务人员均加入工伤保险。

2007年初，根据洛阳分公司的统一安排，将多经和改制单位的劳务用工交由用工单位自行管理，大规模缩减宏业公司所管理的劳务用工总量，各类劳务人员由2006年的2291人减至1133人。2007年6月，宏业公司为劳务人员增加生育保险。2010年1月，为其他劳务人员办理住房公积金。至此，所有劳务人员的养老保险、失业保险、医疗保险、工伤保险和生育保险5大保险以及住房公积金均依法办理。2007年12月，分别对长丝车间、短纤维车间、石化宾馆、保卫处、消防支队及驻京联络处等单位进行工作任务承包。

表23－5　　2001～2010年宏业公司劳务管理情况

项目 年份	建立劳务关系单位（个）	管理劳务人员（人）	招聘活动（次）	招聘人员（人）	求职登记（人）	项目 年份	建立劳务关系单位（个）	管理劳务人员（人）	招聘活动（次）	招聘人员（人）	求职登记（人）
2001	2	653	–	–	930	2007	36	1133	0	0	–
2002	17	1203	4	100	1400	2008	39	1377	2	145	–
2003	34	1894	9	404	–	2009	39	1510	3	210	–
2004	37	2105	8	364	–	2010	40	1565	2	137	–
2005	41	2634	6	333	–	合计	–	–	40	1898	–
2006	35	2291	6	205	–						

教育培训

宏业公司成立后，适应新形势下企业劳动用工需求，为洛阳分公司和多经改制单位开展计算机、外语、“三基”、安全、特种作业等方面的培训，培训质量受到各方面肯定。2003年9月，宏业公司被认定为河南省二级、国家三级安全生产培训机构。

表23-6　　2001~2010年专业培训情况　　人

名称/年份	计算机培训	公共英语等级考试培训	进厂人员岗前培训	车间主任班组长培训	三基知识培训	新进厂人员培训	危化品知识培训	特殊工种培训	监火人员培训	黑板报培训	其他培训
2001	380	91	80	239	-	-	-	-	-	135	373
2002	103	162	88	114	530	100	-	600	-	-	-
2003	80	30	202	136	-	404	-	-	-	-	-
2004	26	-	2534	106	-	364	67	1600	-	-	-
2005	20	-	5643	-	-	333	-	804	-	-	-
2006	-	-	2892	-	-	205	159	1089	-	-	-
2007	-	-	3723	-	-	-	233	923	-	-	-
2008	-	-	14646	-	-	145	215	1543	1031	-	-
2009	-	-	6991	-	-	210	251	1093	634	-	1105
2010	-	-	5750	-	-	100	292	1234	916	-	-
合计	609	283	42549	595	530	1861	1217	8886	2581	135	1478

产业管理

宏业公司在原技工学校实习工厂的基础上组建产业部，有重型打包带生产线2条，生产能力为1.2万根/天；机用打包带生产线1条，生产能力350千克/天；吹膜制袋彩印机4台，生产能力800千克/天。另有剪板机、折弯机、车床、铣床、刨床等机床12台，焊接设备14台。主营业务是生产重型打包带、机用打包带、各种塑料包装袋，并承担部分金属加工及检维修工程。2002年，技校实习工厂打包带、吹膜、彩印等项目，通过环境保护影响评价工作。2003年，通过中石化集团公司二级供应商资格认证。为满足宏达合纤公司和短纤维车间生产用带需要，2005年6月新购置1条生产线。

2008年2月，宏业公司将租用的原研究所仓库退给洛阳分公司，并完成3条生产线的拆迁任务，新购置1台钢丝打包带生产线，改产钢丝打包带。2008年8月起，打包带生产业务改由个人承包，对职工进行分流。2008年底，承包期满，宏业公司收回产业部所有业务，并于2009年4月终止产业部的经营活动。

2001~2010年宏业公司生产经营情况

表23-7

名称/年份	打包带（万根）	包装袋（吨）	机加工及检维修工程（项）	产值（万元）
2001	180	30	6	289
2002	219	96	-	303
2003	183	-	30	257
2004	195	-	100	228
2005	191	-	-	250
2006	283	-	-	462
2007	94	-	-	113
2008	30	-	-	38
合计	1375	126	136	1940

综合管理

2002年，对部分教室、房屋建筑及道路、院内地面等基础设施进行维修和改造，对200平方米的地面进行绿化，硬化场地230平方米，对新旧两个计算机房的网络系统及部分消防设施进行改造，为大部分宿舍安装电风扇，改善员工的居住条件。

2003年，对教学楼二楼7个教室进行维修和改造，更换讲台及课桌椅，部分教室安装窗帘、空调。在宿舍楼修建内部浴室，在宿舍内安装电扇和201卡式电话。投资架通局域网，实现公司和石化总厂的互联互通。利用安保基金购置部分设备，同时投资购置计算机，改造1个新计算机房。

2004年，对院内设施及部分房屋进行改造维修，对多年不通畅的防汛排洪系统和供暖系统进行改造，对食堂、宿舍楼进行局部改造和维修。2005年，实施拆墙透绿、大门改造等工程，同时对宿舍楼卫生间、水房、部分墙体、暖气以及宿舍楼、教学楼雨水管线进行维修，对食堂进行局部改造。2006年，新上1套电视安全监控系统，对食堂一楼操作间进行装修，翻新改造食堂二楼餐厅，新增灶具、餐具、保温售饭车、冰柜、消毒柜等设备，建成投用自动售饭刷卡系统。新建成劳务工乒乓球活动室、电视室及图书阅览室。

2007年4～8月，先后对办公楼2个卫生间和教学楼10个卫生间进行整体改造，对大门、栅栏进行粉刷维护，完善消防标识。同时对公司后院进行彩化和硬化，铺设彩砖近2000平方米，翻新东侧围墙1000平方米。改造修建2500平方米的灯光球场，共设2个篮球场、1个排球场，并建成200米塑胶跑道，安装多种休闲娱乐和健身器材。7月，原单身2号楼经过3个月的改造施工，被作为宏业公司员工公寓楼投入使用。宏业公司对公寓实行标准化管理，每个房间统一配备电视、空调、被褥及床柜等设施，公寓楼内设置图书室和阅览室，新上1套洗涤烘干设备，修建专用洗衣房。

2008年6月，对原技校学生宿舍楼进行整体改造，经过工程建设公司3个月的施工，于2008年9正式投入使用。公司对宿舍楼实行公寓化管理，统一配备电视、空调、被褥及床柜等。为解决住宿人员的洗浴问题，新上1套太阳能洗浴设备。9月，安装18个太阳能照明灯。同月，闭路电视接入宏业公司。

2010年建成投用1个足球场、2个排球场、2个网球场、4个毽球场和4个篮球场等13个具有现代风格的标准运动场地，4月29日举行运动场竣工投用仪式。5月对教学楼、宿舍楼周边进行地面硬化，7月对总电缆进行检修，8月对原实习工厂平房、实验楼等处的房顶进行治漏处理，10月对锅炉房后的围墙进行重建，对小工棚的房顶进行改造。

第四节　河南华诚房地产开发有限公司

河南华诚房地产开发有限公司（简称华诚公司）成立于1992年，原隶属于武警水电指挥部，主要以城市拆迁获得的62.647亩土地为基础开发“华诚商贸中心”房地产项目。1993年石化总厂开始介入该项目，1997年全面接收华诚公司，使其成为石化总厂的全资子公司。

历史沿革

1999年5月，石化总厂决定成立郑州发展公司，对洛阳石化驻郑州企业进行资源合理配置，统一经营管理。郑州发展公司后更名为河南商鼎实业发展有限公司。河南华诚房地产开发公司由河南商鼎实业发展有限公司代管。

2001年3月，根据中石化集团公司规范公司和整顿、重组的安排，华诚公司由石化总厂直接管理。

随着中石化资产公司的成立和石化总厂体制转换工作的实施，石化总厂注销，华诚公司的出资人变更为中石化资产公司，由中石化资产公司洛阳石化分公司受出资人委托进行管理。

为落实中石化集团公司关于退出房地产领域的要求，洛阳石化研究提出“两步走”的退出思路，得到上级领导和有关部门的同意。2008年2月2日，洛阳资产分公司成立华诚公司产权处置工作领导小组，下设办公室及体制组、财务组、

法律事务组、后勤组。2008年初，聘请河南兴河、河南和信、北京科之源三家中介事务所对公司资产进行改制前的清查、审计和评估。6月，华诚公司增资扩股在天津产权交易所公开挂牌。7月，由郑州长江置业有限公司和浙江新钱塘实业发展有限公司成功摘牌。同年12月19日，华诚公司在郑州市工商行政管理局完成公司改制变更登记手续，改制工作完成。改制后公司名称为河南华诚房地产开发有限公司，注册资金8018.1745万元，注册地址为郑州市东太康路24号，路玉堂任董事长、法定代表人，公司股东为中国石化集团资产经营管理有限公司、郑州长江置业有限公司和浙江新钱塘实业发展有限公司，出资比例分别为25.17%、37.415%、37.415%。

改制后的华诚有限公司按照《公司法》的有关规定进行规范运作，洛阳资产分公司及时制定相关制度，明确对华诚有限公司的管理程序，并派驻人员在华诚有限公司工作。2009年，华诚公司除项目公司外的资产并入洛阳资产分公司。

2010年，洛阳石化继续开展退出华诚有限公司工作。4月1日，上报剩余股权退出方案。经中石化资产公司批复和完成相关法定程序后，12月23日，洛阳石化持有华诚有限公司剩余股权和债权在上海联合产权交易所实现挂牌。

项目开发

1999年10月，根据石化总厂关于尽快启动华诚房地产开发项目的指示精神，对华诚公司开发“华诚商贸中心”项目重新进行市场调研、策划和定位，项目策划方案报经上级批准，名称变更为“商鼎华府”和“商鼎城”，由石化总厂投资建设。华诚公司依据项目策划方案和开发建设思路，对方案进行反复论证。2000年3月16日，方案通过郑州市规划部门审批，2000年下半年完成现场“三通一平”和施工图设计工作。

2001年，石化总厂根据中石化集团公司要求，对华诚项目开发进行战略性调整：“石化总厂不再对该项目进行投资，华诚项目要积极寻求合作伙伴，走合作开发之路，以盘活存量资产为目的，力求用最快的速度收回投资”。为此，经过考察筛选，于2001年10月18日与郑州长江置业有限公司签订合作开发协议，由长江置业公司进行后续投资，共同开发建设该项目，并将项目名称改为“郑州大上海城步行街”。为确保项目成功开发，2003年经长江置业公司推荐，引入浙江新钱塘实业发展有限公司对项目进行投资。

华诚公司与合作方联合开发的大上海城步行街项目是大型综合型商业项目，规划占地面积6.86万平方米，总建筑面积28万平方米，总投资约15亿元。项目规划为6个功能区：一区为上海商城和金街东部，二区为金街西部，三区为中心广场和展示展销区，四区为银街，五区为城市广场，六区为北部酒店式公寓。项目得到河南省、郑州市政府的大力支持，2004年被郑州市政府列为首批重点开工项目，被河南省列为旅游景点项目，被国家商业网点办列为示范建设项目。

截至2006年底，合作三方按照开发建设合同进行销售收入预分配，洛阳资产分公司获得预分配款1.755亿元，合作方分配5.002亿元。按照中石化集团公司审计局的指示精神，从2007年1月1日开始，合作各方不再进行预分配。

商业运营管理

大上海城步行街项目由华诚有限公司的全资子公司——郑州大上海城商业有限公司进行商业运营管理。商业公司注册资金2000万元，路玉堂任董事长、法定代表人。

在管理体制上，郑州大上海城商业有限公司与华诚有限公司采用“同一个股东会、同一个董事会、同一个监事会，分立运行、独立核算”的模式；在经营方式上，采用售出商铺统一返租、统一招商、统一管理的模式。项目总经营面积143576.62平方米，其中一区上海商城69310.83平方米，二区金街21315.53平方米，三区52950.26平方米。截至2010年底，项目共有托管业主3020户，托管商铺面积60600平方米。经过努力，形成奥斯卡电影城、滔博运动营、金街步行街等商业亮点。

房产证的办理工作是华诚公司的重点工作之一。截至2010年底，大上海城一区、二区、三区应办房产证3109份，已办出房产证2980份，累计发放房产证2521份，尚需办理房产证129份。

拆迁安置小区管理

西昌小区是华诚公司用于拆迁安置的住宅小区，占地 1.7 万平方米，共建设住宅楼 10 栋，其中高层 2 栋、多层 8 栋，总建筑面积 61220 平方米。

西昌小区安置户房产证办理工作持续多年，1999 年底，完成 760 户。截至 2010 年底，此项工作已基本完成（已办理 1500 余户）。由于安置时间长，安置居民变动大，办理房产证所需资料难以收齐，加之政府职能部门调整频繁等诸多原因，致使此项工作进展缓慢。剩余的 56 户中，正在郑州市房管局审批 12 户，已登报正在办理之中的 16 户，其余 28 户还在收集资料之中。

西昌小区的物业实行居民自治管理，经过多年工作，对西昌小区的水、电进行一户一表改造，并移交相关部门，水、电、气实现社会化收费。

第五节　洛阳吉利自来水有限责任公司

洛阳吉利自来水有限责任公司（简称自来水公司）为全民所有制有限责任公司，注册资金 2000 万元，担负着向洛阳石化和吉利区部分企事业单位、居民供应生产、生活用水的任务。

概况

自来水公司成立于 1998 年 12 月，由洛阳石化与吉利区政府合资兴办，洛阳石化占投资的 60%，吉利区占 40%，洛阳石化负责经营管理。2008 年 12 月，投资主体石化总厂变更为中国石化集团资产经营管理有限公司。自来水公司实行董事会领导下的经理负责制，内部设综合办公室、生产技术办公室、财务办公室、经营办公室、安全环保办公室、生产班组、化验室。

截至 2010 年，自来水公司共有职工 31 人，其中 17 人隶属于洛阳石化，14 人隶属于吉利区政府。

水源防护标识

水质改善项目

洛阳石化居民的生活饮用水主要取自沙峰水源，经自来水公司处理后，供入城区供水管网。由于吉利区地下水属太行山水系，水质硬度和氯化物、可溶解总固体指标偏高，容易结垢。居民以及职工代表多次通过不同渠道反映这一问题。为改善社区居民饮用水水质，洛阳分公司总经理办公会研究决定增上水质改善项目，并将其列入 2010 年为职工办的“八件实事”，在做好职工水票购买发放事宜的同时，加快推进改善社区饮用水水质项目的可行性研究工作进度。2010 年 5 月初召开项目可研启动会，制定工作统筹。7 月，制定可行性研究报告并上报总部。9 月 6 日，中石化资产公司领导进行实地勘察和调研，随后批复同意该项目。9 月 14 日，成立水质改善领导小组，具体开展各项工作。11 月 4 日，组织有关人员到郑州自来水总公司进行调研，同时，开展水

清水池

源评价、清水池详细勘测等工作。年底前，部分投资内容实现开工。

生产经营

自来水公司有 13 眼深井，日产水能力 4.8 万吨。加压站有加压泵 7 台，日供水能力 8 万吨。2005 年，对加压站高压配电系统进行改造，更换高压配电柜 12 面，直流柜 1 面。2006 年，对加氯消毒设施进行改造，用二氧化氯发生器替代液氯消毒，消除液氯泄露带来的安全隐患。2007 年，对加压 4 号、5 号、6 号泵进行变频技术改造，实现生产、生活恒压供水，并起到节能降耗作用。2001 年，组建自来水公司化验室，具备水质 4 个常规项目的分析化验能力。2010 年，化验室具备 9 个水质分析项目化验能力。2009 年，对生产操作控制系统进行升级改造，增上水源视频监控设施。

2001 ~2010 年自来水公司生产经营情况

表 23 -8

时间＼名称	固定资产（万元）	负债总额（万元）	供水量（万吨）	营业收入（万元）	利税总额（万元）	利润（万元）
2001	3801	1941	889	861	121	60
2002	3584	1705	953	932	110	54
2003	1957	1378	904	886	131	69
2004	1799	1186	858	878	103	41
2005	1693	1055	818	1588	651	541
2006	1403	432	591	1094	110	21
2007	1220	329	556	1021	128	51
2008	1056	146	582	1047	170	87
2009	987	140	688	1145	159	69
2010	859	125	762	1226	187	92
合计	18359	8437	7601	10678	1870	1085

自来水公司是洛阳资产分公司的财务并表单位，其主要营业收入来源于对洛阳石化、吉利区企事业单位生产生活用水的销售。对洛阳石化生产用水销售价格遵照中石化集团公司核定的关联交易价格，对其他单位的销售价格由物价局核定。2001 ~2010 年，自来水公司实现的经营利润未对股东双方分配，主要用作归还自来水公司贷款及资产减值损失。

第六节　洛阳石化宾馆

1986 年 10 月，洛炼宾馆建成投用，1992 年 9 月改称洛阳石化宾馆。主要承担企业接待任务，2008 年之前对社会开放。主要包括石化宾馆和小浪底职工培训中心。

机构和人员

石化宾馆下设 6 部 1 室（客房部、餐饮部、动力部、公关部、财务部、保安部、办公室），岗位设置共计 51 个。小浪底职工培训中心岗位设置共计 37 个。

2001 年 6 月，石化宾馆 15 名员工与石化总厂协议解除劳动合同。2001 年底在册员工 186 人（正式工 30 人、聘用合同制员工 16 人、临时工 140 人）。2003 年 ~2006 年陆续调出正式工 7 人、聘用合同制员工调出或离职 7 人。2008 年 3 月，余下的 9 名聘用合同制员工全部调入洛阳分公司生产车间。为规范劳务用工管理，2007 年，洛阳分公司人力资源处将临时工分为劳务工和任务承包工，共核定员工 150 人，其中 115 名劳务工交宏业公司管理。2010 年底，石化宾馆在册员工 173 人（正式工 23 人、宏业劳务工 115 人、承包任务员工 35 人）。

2005 年初，石化总厂、洛阳分公司机构融合，石化宾馆由隶属于厂长办公室改为经理办公室。2007 年 3 月，改由资产管理处管理。同年下半年，石化宾馆党群机构从经理办公室划出，隶属于洛阳分公司机关党委。

服务设施

石化宾馆占地面积 24980 平方米，总建筑面积 11193 平方米。有客房楼 2 栋、餐厅楼 1 栋、会议楼（科技交流中心）1 栋、后勤服务楼 1 栋，有各式客房 139 间（套）、餐位 500 余个以及棋牌、台球、商务等配套服务设施。硬件设施基本达到社会酒店三星级标准，可满足中小型会议团体的接待服务工作。2006 年 8 月，会议楼交由经理办行政服务中心管理。

2001 年底，石化总厂投资 35 万元对石化宾馆南楼加装消防喷淋系统。2003 年 6 月，装修餐厅北一楼雅间。2004 年 9 月，更新洗衣设备，装修餐厅南二楼雅间、一楼大餐厅以及客房北楼。2005 年 6 月装修南五楼。2007 年初，陆续完成宾馆庭院改造、电视信号接收系统改造、宽带安装等改造项目。2009 年 3 月，装修客房南楼四、六楼和部分餐厅雅间，更新消防安监系统。2010 年初，完成南楼三楼装修，11 月，完成南楼一、二楼客房装修。

小浪底职工培训中心地处孟津县小浪底镇（原黄鹿山乡）后村，位置正对小浪底水库大坝，占地面积 163987 平方米，总建筑面积 6615 平方米。培训中心有各式服务楼 7 栋，其中有 3 栋为河南省国土资源厅资产，暂交洛阳石化代管。有客房 90 间套、餐位 150 个。2001 年 4 月，石化宾馆接管小浪底职工培训中心。8 月，开始建设培训中心综合楼，2002 年 9 月投用。2002 年 12 月，南码头、庭院花坛建成投用。2003 年 6 月，游泳池、广场、花园、观景台投用。2004 年上半年装修 1 号楼客房 10 个套间和单间，铺设广场砖，增建 2 个观景亭。2005 年底增配发电机组。2009 年 9 月开始，历时 7 个月，对 1 号楼、2 号楼的 57 间客房、2 个会议室、14 间功能用房进行修缮，施工总面积 4500 平方米。2010 年 12 月，完成综合楼会议室、餐厅二楼平台的改造，增建宴会厅。

小浪底职工培训中心

资质情况

石化宾馆当初是以石化总厂分支机构的名义进行工商注册登记的，小浪底职工培训中心 2001 年 8 月办理企业法人营业执照时，注册母体也为石化总厂（2005 年 4 月注销企业法人改为负责人工商执照）。石化总厂注销后，从 2008 年 3 月 1 日起，石化宾馆转换经营模式，开始按内部招待所模式运行。随后，完成营业执照注销、开设新的银行账户等工作。在此模式下，石化宾馆财务保持单独核算，业务上接受洛阳分公司财务监管，并与洛阳分公司财务并表。洛阳分公司有关部门按照内控制度要求，对石化宾馆进行内控授权，安全、环保、消防、修理、节能、绿化等各项专业管理纳入洛阳分公司统一管理，各项管理工作纳入洛阳分公司“一体化目标”考核体系。

经营管理

2001 年 5 月，石化宾馆开始与石化总厂逐年签订经营承包协议。同时，除部分大的设备更新、维修和改造项目由主业扶持外，其他费用均由石化宾馆承担。2005 年 7 月，石化宾馆的业务成为洛阳分公司的主营业务之一，开始与洛阳分公司财务并表，并由洛阳分公司承担固定资产折旧。2008 年起，石化宾馆正式纳入洛阳分公司一体化目标管理。洛阳分公司每年下达经营指标，石化宾馆各部门细化经济指标并与宾馆签订

责任承诺书，按季度考核，与绩效工资挂钩。

石化宾馆和小浪底职工培训中心统一管理，人员视工作任务情况调配使用。2001～2010年共接待国内外宾客21万人次，大小会议团体2136个，累计完成营业额9335万元。其中接待国家、中石化集团公司地市级以上领导400余人次。小浪底培训中心自2005年起连续3年接待“三基”工作培训班91期，学员4500余人次。

2001～2010年石化宾馆经营情况

表23－9

名称 年份	接待宾客（人次）	接待会议团体（个）	营业额（万元）
2001	19380	99	681
2002	23000	125	885
2003	20600	230	981
2004	21000	260	985
2005	22000	290	920
2006	23200	250	837
2007	26500	280	1037
2008	27000	222	994
2009	17500	180	920
2010	18000	200	1095
合计	218180	2136	9335

石化宾馆

石化宾馆延续企业宾馆以内部接待服务为主的经营模式，同时开拓对外经营新思路。2001年5月，利用后院场地优势，开办夜市大排档，10月，在二楼餐厅推出宾馆火锅城，仅此两项就为宾馆增加创收40余万元。2005年推出喜庆家宴、风味厅、特价房、节日套餐等，千禧堂（餐厅）每年的婚宴都在80家以上。牡丹花会前组织销售人员到洛阳市及周边县区开拓市场，发放宣传彩页，提高宾馆的知名度。自2006年开始，增加生产销售月饼业务。2008年3月起，不再对外接待。2010年5月起，降低费用标准，鼓励职工和家属到小浪底职工培训中心消费。

（责任编辑　刘　勇）

第二十四章　改制与移交单位

2002年，洛阳石化启动改制分流工作。按照积极稳妥、成熟一个、改制一个的原则，先后完成职工医院、通达公司、隆惠公司、工程建设公司、设计公司、三隆公司、金达公司、工程公司、宏达公司的改制分流任务，并将中小学、公安等社会职能移交地方政府。

第一节　洛阳石化医院

洛阳石化医院为国家二级乙等医院，改制前为洛阳石化总厂职工医院，承担洛阳石化生产应急保障、服务石化职工和地方居民的医疗、疾病预防和保健任务。2001年后，随着改革发展步伐的加快，陆续购置一大批先进设备仪器，完善医疗科室，医务人员技术水平不断提升，管理更加科学化、制度化，逐步成为当地一所现代化综合医院。

概况

洛阳石化医院位于洛阳市吉利区河阳路中段北侧，占地面积28667平方米，总建筑面积15873平方米。2003年1月1日，医院由洛阳石油化工总厂职工医院改制并更名为洛阳石化医院，注册资金1055.76万元，具有独立的事业法人资格，自主经营、自负盈亏。业务隶属洛阳市卫生局管理，党群系统仍由洛阳分公司负责管理。5月，石化医院制定《医院章程》，原职工参加改制，成为医院股东，解除与石化总厂签订的劳动合同，与院方签订新的劳动合同，并完成工资管理移交。12月，石化医院接管人事档案。石化医院董事会设董事7人，监事3人。董事会聘任经营班子4人，其中院长1人，党总支书记1人，副院长2人，董事会任期3年。2006年、2009年进行两次换届选举，董事长由党总支书记兼任，设院长1人，副院长2人。

石化医院的主要医疗科室有内科、外科、妇产科、儿科、急诊科、五官科、烧伤科、中医科等；医技科室有放射科、检验科、特检科、药剂科、消毒供应室；职能科室有综合办公室、医务科、职防科、护理部、总务设备科、财务科、医保办、社区办、农合办、市场部等。

截至2010年底，石化医院在册职工268人，其中：卫技人员204人（高级职称23人，中级职称54人，初级职称127人），管理和工勤人员64人。床位165张。

表24－1　2001～2010年石化医院经营情况

年份	职工人数（人）	经营收入（万元）	利润（万元）
2001	225	1455	27
2002	223	1422	－37
2003	228	1647	37
2004	234	1575	27
2005	244	1851	54
2006	229	1930	74
2007	229	2163	46
2008	236	2692	124
2009	276	3030	96
2010	268	3163	93
合计	－	20928	541

内部管理

石化医院在抓好日常诊疗的同时，坚持开展学术交流，每年选派医务人员到全国知名医院进修学习。2001～2010年共派出40余人次。外出进修人员均在院内举办讲座，传授技艺，并通过开展技术培训、理论考试和技术比武等活动，医疗服务水平逐年提高。各科室开展新业务、新技术163项，在省级以上刊物发表论文62篇。

护理人员技术比武

石化医院以“争创洛阳石化放心的医院、争当职工家属满意的医生”为目标，紧紧围绕“抓管理、抓质量、抓服务、促效益”的工作主线，加强“三基”训练，端正医德医风，构建和谐医患关系。坚持开展“主题教育活动”和“管理年”活动，提出“以病人为中心”，强调“人文关怀”，促进经济效益和社会效益的良性发展，树立医院的良好形象。

2007～2008年，石化医院发起征集院徽、院歌活动，编印医院《文化集锦》，印发《员工优质服务规范》，涵盖医院文化、医德规范、文明服务、劳动纪律及各项优质服务规范，进一步弘扬医院精神、宗旨，强化服务理念。

2001～2010年，石化医院新购置的大型设备有化学发光免疫分析仪，前列腺电切镜，日本240型电子胃镜，TDA遥测监护仪，TCD，黑白B超，C型臂，透析机，碎石机，意大利HAWK－2M海恩康乳腺机，PLX112A型高频移动式X线机，全自动腹腔镜，意大利器械清洗消毒机，全自动血液黏度仪，CR机，全自动生化分析仪，彩色B超，16层螺旋CT，奔驰牌救护车。更新大型设备11件，其他小型仪器设备数十件。医院的药品和设备采购纳入院务公开范围。

2003年，石化医院在住院部南侧修建南大门，直通河阳路，为改制后面向社会经营创造条件。2006年，改造扩建门诊服务大厅，投资80万元对住院部各病区进行装修，安装热水器、电梯，改造洗衣房。2008年，新扩建CT楼和手术室737平方米。2009年，对门诊楼和干部病房进行装修改造。2010年，对烧伤科进行装修改造，建造连接住院部三楼和干部病房走廊。

2010年，洛阳分公司决定帮助石化医院建设一座总建筑面积1万平方米、开放床位300张的7层新病房大楼，并将其列为为职工办的“八件实事”之一。在完成项目论证、资金筹措、图纸设计、各项审批手续办理等前期工作后，7月20日，在石化医院举行新病房大楼开工奠基仪式。年底前，桩基工程接近尾声。

2003年，石化医院被洛阳市卫生局评为医疗保健机构消毒管理工作先进集体，2004年，被吉利区评为第三批“两创”工程突出贡献单位。2007年被评为“吉利区消防先进单位”，药房被洛阳市食品药品监督管理局命名为“质量管理诚信药房”。同年，在全省医院管理年活动中受到卫生厅通报表扬。2008年分别被市、区评为先进卫生城市工作先进单位，获市“医院管理工作先进集体”称号。2006年和2009年分别被河南省爱卫会命名为省级卫生先进单位。2009年2月，被河南省卫生厅评为B级医疗单位。2010年获“2009年度洛阳市医院管理先进单位”。

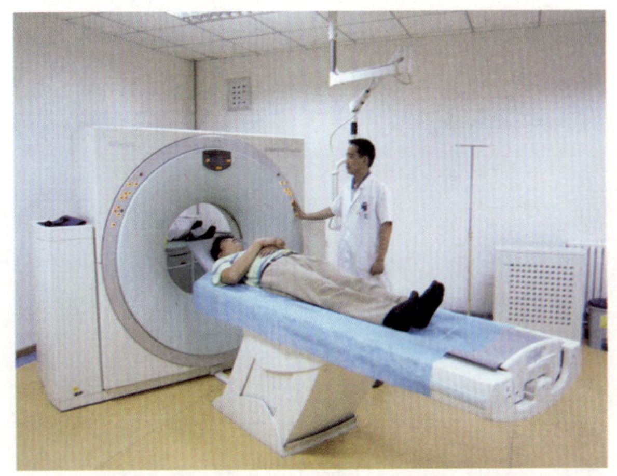

新进的医疗设备——16层螺旋CT

医疗科室

急诊科 有医护人员20人，其中医生9人，护士11人，病床14张。科室每年轮流派医生到北京、上海等各大医院进行短期培训，使抢救危重病人的应急能力逐步提升。曾多次抢救过心跳、呼吸停止的危重病人并获得成功。2008年，承包商硫化氢中毒事故发生后，急诊科竭尽全力进行抢救，挽救2名危重病人的生命。同年，急诊科引进尿素碳14呼气试验新技术，病人通过吹气可检测出幽门螺杆菌。66996120急救中心电话与洛阳市急救中心并网。

内科 有医护人员21人，病床51张，设心血管、脑血管、呼吸、消化4个专业组。2001～2010年，新购置的设备有睡眠呼吸监测仪、纤维气管镜、脑功能监护仪、多功能心电遥控监测仪、胰岛素泵、多功能监护仪、微量泵。开展的新项目、新技术有急性大面积心肌梗死、危重哮喘、急性左心衰、消化道大出血、进展性脑卒、呼吸睡眠暂停综合症、糖尿病强化治疗。

外科 有医护人员22人，其中医生9人，护士13人，病床40张。2001～2010年，先后有4人外出学习进修骨科和泌尿专业，在骨科技术方面有进一步的探索和提高，可以开展髋关节置换术、动力髋等手术。2001～2010年，新购置的设备有C型X光机、气压弹道碎石、腹腔镜、前列腺电切镜。2009年2月，通过连续4次手术，成功救治1名颅脑损伤的危重病人。同年6月，对1名103岁的老人实施股骨转子间骨折治疗术，属建院后首例。

妇产科 有医护人员16人，其中医生7人，护士9人，病床36张。2001～2010年，陆续购置电子阴道镜利普刀、妇科综合治疗仪和腹腔镜。开展新式脱垂子宫颈阴道切除术等新技术。2006年，成功收治1名输卵管妊娠破裂的孕妇，经实施剖腹探查术，清除积血、凝血3500毫升。2001～2010年产妇住院分娩1100余人次。

儿科 有医护人员18人，病床40张。2007年，新购置复合脉冲磁性治疗仪和微量元素分析仪。2005年10月，从宁波空运1台新生儿培养箱，挽救了一例早产3胞胎婴儿。

中医科 有医护人员3人，床位8张。曾派人到北京中医院进修，掌握较先进的针灸、康复训练指导等技术。在保持传统医学的基础上，重点扩大针灸理疗的功能。

烧伤科 1997年从外科分离，成为单独科室。有医护人员5名，病床10张。2001～2010年，先后购置大型远红外线烤架及高能波辐射烧伤治疗机，在服务企业方面发挥出独特作用。2008年曾先后抢救3起烧伤病人。2008年10月，1名气管烧伤患者气管水肿，生命垂危，医务人员在实施心肺复苏的同时，一边进行气管插管，一边进行气管切开术，挽救患者生命。

2001～2010年，石化医院门诊收治病人1285778人次，急诊病人364054人次，入院治疗29897人次，做各种手术5577人次。

职能科室

医保办公室 2001年11月，成立医保办公室。主要职能是按照国家医疗保险的有关规定，对洛阳石化职工及家属和吉利区所有参加医疗保险的城镇职工来院就医的医疗费用进行审核、结算。医保办设主任1人，工作人员3人（含兼职1人）。

社区卫生服务中心 2006年，石化医院参加社区卫生服务中心竞标，2007年6月通过洛阳市卫生局验收，被确定为大庆路社区卫生服务中心。主要负责提供疾病预防控制等公共卫生服务、一般常见病及多发病的初级诊疗服务、慢性病管理和康复服务。

新农合办公室 2008年，全国实行农村新型合作医疗改革。石化医院被洛阳市卫生局确定为“洛阳市新型农村合作医疗定点医院”。医院专门设立“新农合办公室”，负责对洛阳市9县6区的就医农民进行直补。市外农民在医院就医后仍可享受本地的新农合补助待遇。

传染病预防

石化医院属非营利性医院，虽然改制，但仍承担着政府的指令性任务及公共卫生体系内与医院相关的职责。2003年，中国遭遇“非典”疫情，石化医院被洛阳市卫生局确定为防治“非典”定点收治医院。医院成立领导小组、医疗专家组和后勤保障组，医护人员踊跃报名，自发成立应急医疗预备队，制定一系列的消毒、隔离制度。组织相关人员进行模拟演练，医护人员24

小时值班。2008年，石化医院被列为吉利区手足口病防治定点医院。2009年，积极应对甲型H1N1流感疫情。

2009年，随着国家免疫规划的扩大，开始免费向公民提供12种疫苗，石化医院预防接种专业人员由1人增至3人，房屋拓展2间，新购置注射台、疫苗专用冰箱。石化医院规定每周三为接种日，每天平均接待100余人，流动人口儿童也可享受同样的接种服务。

妇幼保健

采用多种形式宣传普及保健知识，妇产科、儿科在诊疗过程中宣传妇幼保健知识；医院各科室、社区卫生所及各单位的健康宣传栏每月更换一次；每年开展一次针对石化企业女职工的妇女病普查，做到妇科疾病早知道、早预防、早治疗。每年开展妇女病普查2600余人次。

健康普查

石化医院改制后，健康检查的对象不仅包括洛阳石化职工，而且面向社会。吉利区机关、学校、企事业单位定期组织干部职工来医院进行健康检查。医院每年安排健康检查的时间超过6个月，检查人员8000人次。

职业病防治

2004年，石化医院正式获得河南省职业健康检查机构资质证书。2008年，把职业卫生计算机管理系统用于职业健康检查工作中，为每一位接受健康检查的职工建立电子档案。职业健康检查的范围主要有3大类：粉尘32项，毒物10项和物理性有害因素、放射性有害因素等。凡接触以上职业范围的作业人员均在上岗前、上岗期间、离岗时接受3次职业健康检查。每年组织开展职业病健康检查6000人次。重视职业病预防宣传教育。2008～2009年，配合“我要安全”主题活动，组织开展健康讲座21期，培训3000余人次。

2008年，石化医院新购置西门子16层螺旋CT、日本岛津500MA X光机、CR850柯达数字成像系统、贝克曼DXC－600全自动生化分析仪、日本东亚KX－21血球分析仪各1台，全面提升了职业健康检查水平。

第二节 洛阳石化通达运输工程有限责任公司

2004年3月，洛阳石化总厂通达运输工程公司改制更名为洛阳石化通达运输工程有限责任公司（简称通达公司），主营业务是货物运输、客运服务、工程施工、汽车维修及化纤产品销售等。2004年，实现经营收入超亿元，2007年，实现利润超过400万元，2010年经营收入达到2.49亿元。

概况

2003年5月9日，通达公司改制工作正式启动。2004年3月18日，洛阳石化通达运输工程有限责任公司揭牌成立。4月29日，完成新公司注册，企业改为股份制企业。5月1日，实行独立经营。2007年3月、2010年3月，公司先后完成改制后两次换届，法人治理结构实现平稳过渡。

通达公司改制注册资本662万元人民币，土地使用面积48420.09平方米，参加改制人员89人，设备总台数513台。经营范围包括普通货运，班车客运，汽车大修，30吨及其以下桥式、门式起重机改造维修保养，土石方工程，国内旅游交通服务，电气焊，停车，装卸搬运，货物仓储，物流配送，货运信息服务，汽车配件，聚丙烯、化纤产品销售等业务。截至2010年底，通达公司固定资产原值5269万元，净值2947万元。职工总数400人。

通达公司2001年获中石化集团公司绿化委员会“最佳绿化庭院”称号，2008年获中国石化“抗震救灾先进集体”称号，获2010年度“全国先进物流企业”称号、获洛阳市政府劳动就业服务系统“优秀企业”称号。

内部管理

通达公司设总经理办公室、财务部、经营管理部、安全环保部、物流部、客运部、储运部、大修厂（行吊维修中心、工程分公司）、营销部。控股公司3个：洛阳通达鑫源纤业有限公司、洛阳通达利源特运有限公司、绍兴县洛化化纤有限公司。下属分公司的财务实行集中统一管理，各单位单独核算。通达公司健全安全管理制度，开展安全行车风险抵押、安全日、安全连锁、上路查车、反事故演习、安全监督岗等活动，保证安全生产。对运输、工程、修理等设备集中管理，统一制定管理维护制度，建立设备台账和技术档案，及时更新设备，保证设备在完好状态下运行。

通达公司改制后，按照民营化、市场化、规范化的要求开展工作，先后出台一系列制度和办法，加强临时用工管理，奖金分配管理和服务意识的培养，及时提出“自主经营，单独核算，目标承包，自负盈亏”的经营工作思路，打造“通达品牌”，先后由职工自筹资金建设洛阳通达鑫源纤业有限公司、洛阳通达利源特运有限公司等，不断拓展业务和市场，提高服务水平。

针对各时期的不同特点和工作实际，公司坚持每年一个管理主题。2006年提出“管理年”活动，努力提高管理水平；2007年提出“服务年”活动，强调提高服务意识；2008年提出“两种意识、一种精神”的培养，即大洛阳石化意识、生存危机意识及敬业爱岗精神，均取得较好成效。2006年5月，公司开展QHSE一体化管理体系贯标及认证工作，向科学管理要效益，实现经济效益、社会信誉、员工素质持续提高，年底通过ISO 9001：2000、ISO1 4001：2004、GB/T28001－2001体系认证审核。

生产经营

通达公司注重设备保养维护，始终保持设备完好率98%以上。截至2010年底，共有设备566台，其中：大货车71台，客运班车34台，叉车61台，液体危险品运输罐车20台，其他车辆29台。

2001年3月，根据石化总厂整顿规范公司的有关安排，加油站划归宏达实业总公司实华贸易公司管理。2002年3月，调整经贸公司的经营范围，成立“湖州洛化通达化纤有限公司”，开展化纤经销业务。2006年5月，撤销维修工程部，更名为大修厂（行吊维修中心、工程分公司）。2008年1月，撤销蚌埠洛石化工贸有限公司。

新购进的通勤大客车

机关部门 截至2010年底共有职工18人。其中总经办主要负责劳动人事、各类社会保险的缴纳、文秘、文书、人事档案、用车用印管理及党政工团、女工工作、宣传报道等方面的日常事务。财务部主要负责会计报表、会计核算和财务管理、税收管理等工作。安全环保部和经营管理部主要负责公司生产经营、技术管理、关联交易、设备管理、合同的签订、劳动保护用品的发放等日常事务。

物流部 2004年成立物流部。截至2010年底共有职工20人。主营化纤产品、石油焦、聚丙烯、硫黄等运输业务。

客运部 2004年成立客运部。截至2010年底共有职工44人。2010年大金龙客车总数达到30辆，除承担发往洛阳市区的班车和洛阳石化偏远单位职工上下班通勤服务外，还开通洛阳学生班车，婚庆、旅游、长期租赁小车等租赁业务。

储运部 2004年成立储运部。截至2010年底共有职工205人。主营化纤产品下线、移库、装车、聚丙烯包装、装车、硫黄下线装车、焦化产品装卸、移库、输焦、仓储等业务。

大修厂（行吊维修中心、工程分公司） 2004年成立大修厂。截至2010年底共有职工62人。主营汽车维修、特种设备保运维修、土石方施工、行吊修理等项目。2006年，完成140万吨/年焦化土方工程施工和零星施工项目。

营销部 2004年成立营销部。主营化纤、加弹丝等产品的销售。

绍兴县洛化化纤有限公司 2005年8月公司并购成立，财务独立运作，通达公司控股。

洛阳通达鑫源纤业有限公司 2005年4月洛阳通达鑫源纤业有限公司成立，财务独立运作，通达公司参股。2009年12月更名为弹丝部。截至2010年底共有职工27人。主要生产销售化纤产品、化纤纺织品、低弹丝产品。

洛阳通达利源特运有限公司 2005年11月注册成立，财务独立运作，通达公司控股。截至2010年底共有职工11人。主要承接危险货物运输（2类、3类、4类），实行仓储一票制运作。

装车作业

表24-2 2001~2010年通达公司经营情况

年份	职工人数（人）	经营收入（万元）	税金（万元）	利润（万元）	年份	职工人数（人）	经营收入（万元）	税金（万元）	利润（万元）
2001	243	5547	194	181	2007	275	16785	208	432
2002	243	4607	126	101	2008	293	13600	198	230
2003	183	9097	79	7	2009	314	15900	266	482
2004	189	10705	107	158	2010	400	24900	300	478
2005	235	12889	146	168	合计	-	127782	1504	2489
2006	261	13752	200	252					

第三节 洛阳石化工程建设有限责任公司

2004年3月，洛阳石化总厂工程建设公司改制更名为洛阳石化工程建设有限责任公司（简称工程建设公司）。主要业务是石油化工工程施工总承包、工程监理、工程咨询、工程招投标代理、商贸、租赁等。

概况

工程建设公司注册资金6000万元，拥有化工石油工程施工总承包一级、建设监理甲级、工程咨询甲级、工程招投标代理甲级资质。下辖洛阳炼化工程建设监理公司、洛阳化纤聚纤股份有限责任公司两个全资子公司、一个控股的美兰德商贸有限公司和沥青仓储站。工程建设公司坚持“安全第一、质量为本、保护环境、守法诚信、优质服务、顾客满意、科学管理、持续改进”的方针，不断为顾客提供优质、高效、多方位的服务。2003年，通过GB/T 19001-2000（ISO 9001：2000）质量管理体系、GB/T 28001：2001职业健康安全管理体系、GB/T 24001-1996（ISO 14001：1996）环境管理体系一体化认证。

截至2010年底，工程建设公司在册职工187人，其中改制职工105人。具有各专业技术高级职称8人，中级职称54人，初级职称69人。具有注册建造师资格35人，注册监理工程师资格45人，注册造价工程师资格4人，注册安全工程师资格6人，行业监理工程师资格65人。

历史沿革

工程建设公司的前身是1985年10月成立的

基本建设指挥部。1995年1月，石化总厂决定将基本建设指挥部转换为洛阳石油化工基本建设工程承包有限责任公司，并注入铺底资金1500万元，作为公司注册资金。同年4月，石化总厂将化纤筹建处与工程建设公司合并，成立洛阳化纤工程建设指挥部，一套机构，两块牌子，对内行使建设单位管理职能，对外开展施工总承包和工程建设监理业务。1998年6月，公司更名为洛阳石化工程建设有限责任公司。

2001年6月，石化总厂设计院、监理公司并入工程建设公司。设计院并入原设计部，同时增设监理部。11月，中空纤维公司划归工程建设公司管理。2003年1月，洛阳石化房地产开发有限责任公司划归工程建设公司管理。5月，石化总厂成立工程与房地产管理处后，工程建设公司的建设单位管理职能随之移交。2004年9月，为便于企业改制，洛阳石化房地产开发有限责任公司划至石化总厂惠康物业管理公司。11月，增设设备材料部。2004年1月，设计院（设计部）分离出去单独改制。7月，根据中石化集团公司体制改革的总体部署，工程建设公司从洛阳石化母体中改制分流出来独立运营。2005年1月，撤销施工部、监理部，将其业务重新组合，设工程一部、工程二部、安全环保部。2006年8月，将工程一部、工程二部合并为生产部，并增设技术质量部。2010年11月收购控股洛阳聚鑫石化建材公司，注资成立同创投资咨询公司，对控股的洛阳炼化工程监理有限公司进行吸收合并，12月工商变更为洛阳石化工程建设集团有限责任公司（简称洛阳石化建工集团）。

经营业绩

工程建设公司先后承建和监理洛阳500万吨/年炼油项目、2万吨/年双向拉伸薄膜项目、6万吨/年聚丙烯项目、140万吨/年重油催化裂化项目、20万吨/年聚酯项目、平顶山6.5万吨/年尼龙66盐成套引进化工项目、四川维尼纶厂天然气乙炔项目、山西大同和孝义油库扩建工程、西南成品油管道工程、珠三角成品油管道工程、仪征－长岭原油管道工程、神华乌海煤焦化工程、海南炼化续建工程等数10项炼油、化工、化纤、油库、长输管道工程及宝缘大酒店、洛阳科技交流中心、洛阳吉利河阳广场、洛阳石化高层住宅小区、洛阳市煤气进户工程等数10项工业与民用建筑和市政公用工程。2001～2010年工程建设公司承包工程532项，监理工程95项。所有承建工程项目均达到设计标准和规范要求，以工期短、质量优、服务好取得用户信任。先后获河南省、洛阳市重点工程建设先进集体、质量管理先进企业，中石化集团公司“先进工程建设监理单位”称号。承建的洛阳石化500万吨/年炼油工程获河南省重点建设优秀项目；洛阳化纤20万吨/年聚酯工程获2001年度河南省建设工程“中州杯”奖；西安石化总厂清洁燃料油项目获中石化集团公司2004年度“优质工程”称号等。

油品质量升级改造第一阶段实施工程——制氢装置

表24－3　　2001～2010年工程建设公司经营情况

年份	经营收入（万元）	税金（万元）	年份	经营收入（万元）	税金（万元）
2001	10210	235	2005	14380	510
2002	10907	398	2006	6701	540
2003	16605	284	2007	12804	490
2004	8749	191	2008	10372	998

续表

年份	经营收入（万元）	税金（万元）	年份	经营收入（万元）	税金（万元）
2009	7591	923	合计	107535	5460
2010	9216	891			

经营实体

洛阳化纤聚纤股份有限公司 2000年6月，经河南省工商局批准成立，经营范围为纺织、化工产品与原料、化纤产品生产与销售。2000～2004年聚纤公司先后购置9台设备，以洛阳分公司化纤装置生产的优质POY为原料，采用无锡、苏州—巴马格的专利技术和先进的FK－900M型、V型和双喂料、FK－1000V型设备生产加弹丝。所有生产线全部采用计算机控制，设计生产能力为年产6000吨。实行新厂、新机制、新模式，采用全员聘用制，运用现代企业制度进行管理。2008年11月后，受金融危机影响，纺织行业经营困难，企业关闭，陆续处理所有设备，并进行资产清理。

表24－4 2001～2010年聚纤公司生产经营情况

年份	产品品种（个）	产量（吨）	销量（吨）	经营收入（万元）
2001	6	2748	2603	2272
2002	7	4859	4816	4511
2003	9	5382	5342	5519
2004	11	5398	5177	6071
2005	13	5707	5824	6941
2006	6	5543	5750	7050
2007	6	5624	5320	6724
2008	4	2219	2357	2847
合计	－	37479	37189	41934

洛阳美兰德商贸有限公司 2001年，工程建设公司（出资比例为40%）、洛阳聚鑫石化建材厂（出资比例为35%）、洛阳化纤聚纤股份有限公司（出资比例为25%）出资成立洛阳美兰德商贸有限公司。经营范围机电设备及配件、仪表、化工产品（不含化学危险品、易燃易爆品）、化纤产品、建筑材料的销售；经营本企业自营产品的进出口业务（国家禁止或限制的进出口产品除外）；石油化工化纤技术合同咨询服务、翻译。注册资本金为人民币100万元。2009年，洛阳美兰德商贸有限公司的其余两个股东将其所持有的股份全部转让给工程建设公司。

沥青仓储站 2009年3月，洛阳分公司召开沥青调和升级研讨会，工程建设公司决定自筹资金建设沥青仓储及装车出厂项目。7月6日，完成项目立项、备案，项目概算投资2952.38万元。8月，完成现场临时设施拆除、废弃物的清除、三通一平，施工队伍进场。整体项目于2010年2月基本完成，3月10日现场中间交接，5月20日正式投用。沥青仓储站由洛阳分公司租赁使用。

第四节 洛阳石化工程设计有限公司

2004年5月，石化总厂设计院改制更名为洛阳石化工程设计有限公司（简称设计公司），注册资金503万元。主要承担洛阳分公司及多经、改制单位的各类炼油、化工、化纤装置及辅助生产装置的技改技措、检维修、系统工程、生活福利设施等设计任务，并对外承接各类石油化工工程及工民建设计任务。

历史沿革

设计公司原为洛阳石油化工总厂设计院，成立于1978年6月，当时名称为洛阳炼油厂工程管理处设计组，11月成立设计室。1986年、1999年先后更名为设计所、设计院。2001年6月，设计院并入工程建设公司设计部，2002年7月，注册为洛阳石化工程设计有限公司，保留洛阳石油化工总厂设计院名称。2003年12月18日，石化总厂设计院从工程建设公司分离。2004年1月1日单独建账运行。

2004年，设计院开展改制分流工作。3月5日，全体员工大会选举产生设计公司第一届法人治理结构。3 月 31 日，中石化集团公司对设计公司改制分流进行批复。5 月 30 日，在洛阳市工商行政管理局注册为洛阳石化工程设计有限公司。68 名员工与石化总厂签订解除劳动合同协议书。6 月 30 日，设计公司正式挂牌。2007 年 7 月 18 日、2010 年 6 月 30 日，设计公司先后完成第二届、第三届法人治理结构换届选举。

概况

设计公司具有化工石化医药行业乙级工程设计和建筑行业建筑工程乙级、A2 级（三类）及 A3 级（球形储罐）压力容器、GA2、GB、GC、GD 类压力管道等设计资质，设工艺、安装、储运、设备、仪表、电气、土建、总图、给排水、暖通、概算等专业，能够满足石油化工及工业与民用建筑工程的设计需求。一批设计项目获得中石化集团公司、河南省、洛阳市优秀设计奖和质量管理奖。

截至 2010 年，设计公司拥有固定资产 652.87 万元。下设工艺室、设备室、电气仪表室、水暖室、土建室、项目管理部等 6 个专业设计室，以及综合管理部、质量技术部、安全环保部、思想政治工作部、财务部等 5 个职能部室。有职工 84 人，其中高级工程师 17 人、工程师 29 人。拥有国家一级注册建筑师 2 人、一级注册结构师 4 人、注册造价师 3 人、注册化工工程师 4 人、注册电气工程师 3 人、注册动力工程师 1 人、注册咨询师 5 人、注册自动化系统工程师 2 人、注册给水排水工程师 2 人、注册暖通工程师 1 人、注册建造师 3 人。

2008 年 5 月 17 日，设计公司董事会、监事会召开联席会议，决定成立洛阳石化工程设计有限公司库车分公司，主要为中石化集团公司塔河分公司服务。库车分公司 6 月 6 日在阿克苏地区库车县工商局注册成立。12 月 2 日，董事会、监事会召开联席会议讨论通过，在广东省惠州市成立洛阳石化工程设计有限公司大亚湾项目部，承担中海石油惠州炼化有限责任公司开工前的零星工程设计项目及开工后的技改、技措和检维修项目设计任务。2010 年 11 月 15 日，设计公司第三届董事会第四次会议通过决议，撤销大亚湾项目部。

表 24 – 5　2001 ~ 2010 年设计公司经营情况

年份	职工人数（人）	经营收入（万元）	税金（万元）	利润（万元）
2001	70	–	–	–
2002	70	–	–	–
2003	68	–	–	–
2004	68	820	45	3.50
2005	67	1160	69.30	51.30
2006	66	1396	76.86	472.45
2007	67	1360.27	77.26	8.83
2008	77	1673.95	92.07	410.14
2009	82	1704.06	93.62	72.81
2010	84	2070.23	127.38	109.82
合计	–	10184.51	582.49	1128.85

说明：设计公司 2001 ~ 2003 年未单独核算。

企业资质和管理体系

2002 年 6 月，设计公司取得国家质量监督检验检疫总局批准的一、二、三类压力容器设计资质。12 月，取得建设部颁发的石油化工医药行业乙级设计资质。2003 年，取得建筑行业建筑工程丙级设计资质。2007 年 5 月，通过压力容器换证，保留原有 A2 级设计资质，并增加 A3 级球形储罐压力容器设计资质。2008 年 6 月 20 日，通过压力管道资质换证，再次取得压力管道 GA 类（GA2 级）、GB 类（GB1、GB2 级）、GC 类（GC1、GC2、GC3 级）的设计资格。10 月 20 日，取得咨询丙级资质。2009 年 6 月 22 日，压力管道动力管道设计资质获得批准，增加压力管道 GD 类（GD1、GD2 级）设计资格。9 月，建

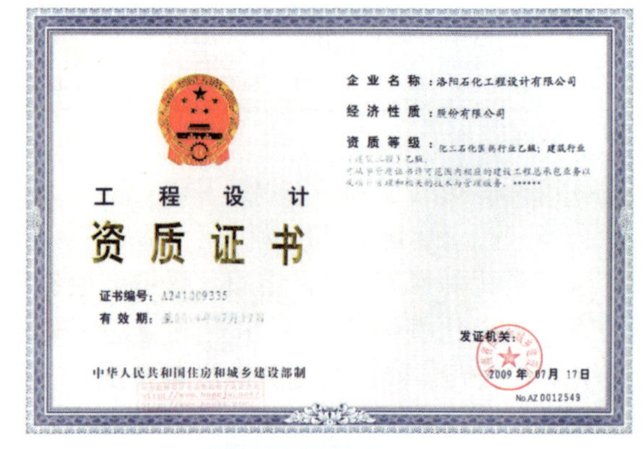

工程设计资质证书

筑行业建筑工程丙级设计资质升级为乙级设计资质。7 月 25 日，被评为河南省工程勘察设计行业诚信 AAA 级单位。

2003 年 4 月，建立质量、环境及职业健康安全管理体系。2004 年 3 月，取得 ISO9001、ISO14001、GB/T28001 一体化管理体系认证证书。

设计工作

2001～2010 年，设计公司完成近 4000 项洛阳石化检维修、技改技措、生活福利设施，以及外部石油化工工程和工民建方面的大量设计工作。其中 2002 年中国石化销售公司陕西新星分公司西安油品储备库工程项目概算投资 1800 万元，是设计公司对外承揽的第一个工业设计项目。

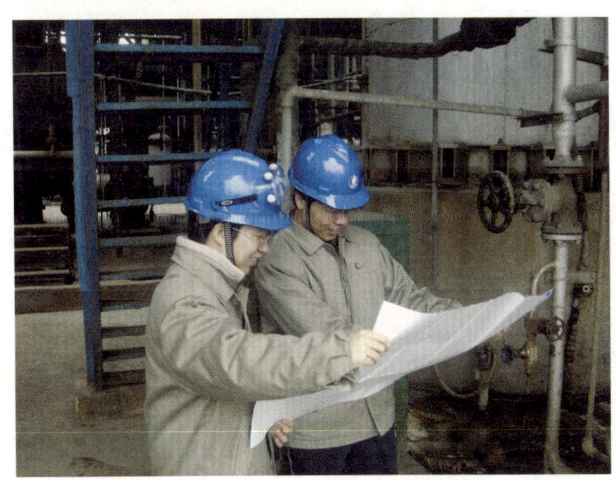

设计人员深入施工现场

第五节　洛阳隆惠石化工程有限公司

洛阳隆惠石化工程有限公司（简称隆惠公司）的前身是 1993 年 9 月成立的洛阳隆惠石化设备制造安装公司。2004 年 5 月 18 日，隆惠公司改制成为股份制企业，注册资金 3039.3 万元，主营业务为压力容器、压力管道制造安装，石化装置检修保运和大型工程项目建设。

概况

隆惠公司具有石油化工设备管道安装工程专业承包壹级资质，取得 AR2 级压力容器制造安装许可证、GC1 级＋GB 类压力管道安装许可证、锅炉一级安装改造维修许可证、HSE 和 ISO 9001：2000质量管理体系认证证书。

2003 年 12 月 16 日，隆惠公司召开股东大会，选举产生首届法人治理结构。2007 年 9 月、2010 年 3 月分别完成两届法人治理结构换届选举。

隆惠公司设综合办公室、工程管理部、经营管理部、技术开发部、物资供应部、安全环保部、人力资源部、质检部、财务部、市场开发部等管理部门。下属单位有工程安装一分公司、工程安装二分公司、工程安装三分公司、工程安装四分公司、保运中心、金属加工厂、压力容器制造厂、无损检测分公司、机械运输分公司、新疆库车分公司、海南项目部、惠州项目部。下属子公司有洛阳欣隆设备技术服务有限公司。各部室、中心以及基层单位、子公司负责人均由隆惠公司任免和管理。

截至 2010 年底，隆惠公司拥有固定资产原值 6730 万元，净值 2423 万元。2001～2010 年累计实现经营收入 13.77 亿元，上缴税金 6378 万元。2010 年底，在册职工 982 人，其中高级工程师 11 人，工程师 65 人，经济师 10 人，取得一级建造师资格 31 人。

表 24－6　2001～2010 年隆惠公司经营情况

年份	职工人数（人）	经营收入（万元）	上缴税金（万元）	利润（万元）
2001	591	11680	260	166
2002	478	10567	376	293
2003	443	10315	463	377
2004	800	10233	419	498
2005	940	19393	852	981
2006	937	15485	707	1498
2007	980	15555	921	1661
2008	1072	18420	759	1765
2009	1042	10602	663	685
2010	982	15417	958	965
合计	－	137667	6378	8889

设备制造

隆惠公司拥有压力容器制造、压力管道预制厂房1.8万平方米，切割、成型、焊接、检验设备300余台。2002年取得A2级压力容器制造安装许可证。2005年，完成常压塔（直径6.8米、高57.817米、总重359.205吨、复合板材）的建造，焊缝探伤一次合格率98.2%。2007年完成直径9米，高38米，单台设备净重264吨的140万吨/年焦化装置2台焦炭塔的制造安装。截至2010年，完成包括蒙乃尔合金、316L等进口材料在内的各类焊接工艺评定220项，设备制造安装能力在6000吨/年以上。制造各类型压力容器600余台，总重达8000吨，材料涉及碳钢、复合钢、不锈钢，以及钛、铜、铝等有色金属。

隆惠公司召开压力容器年审会

检修保运

隆惠公司一直承担着洛阳分公司生产装置的检修保运任务，本着“检修保运压倒一切”的宗旨，全天候、全方位为生产装置保驾护航，完成洛阳分公司建厂以来的各种大小检修和重大抢修项目，确保洛阳分公司生产装置的“安稳长优”生产。公司改制后，以三分公司、四分公司（自2010年起合并为保运中心）为主力，专门负责装置的日常保运检修，在化纤、热电站等车间设立保运点，为及时解除装置险情提供坚强保障。在2005年洛阳分公司装置大检修中，隆惠公司共承担2871项检修任务，完成常压塔的制造安装、一催化再生器旋分器整体更换、PX装置扩能改造等79项技措技改任务。2008年，隆惠公司在55天的装置检修工期内，完成620台冷换设备、80余台塔器、288台容器等常规检修2175项，以及二联合气分装置改造、一联合减压塔更新、全厂热力管网改造、低温热系统改造、一催化蜡油适应性改造等技措技改、更新项目64项。

工程安装

隆惠公司参与市场竞争，承揽工程施工任务。2003年，完成洛阳分公司四联合减粘装置的建造任务。2004年，完成宏力化工厂2万吨MTBE装置建设和聚丙烯厂BOPP项目建造工程。2006年，完成二催化装置新建干气脱硫装置和塔河油加工装置的建造。2007年，完成洛阳分公司焦化装置2台焦炭塔建造和4×2万吨/年硫黄回收装置的建设任务，包括1679吨钢结构、40千米管道安装和123台设备、3台2000立方米储罐、100米烟囱制造安装等工程量。在中石化集团公司质量大检查中，被抽查探伤的5道焊口100%合格。同年，公司还完成2台5000立方米轻油罐建造工程，刷新全国最大低压储罐安装纪录。2008年4月，隆惠公司承建洛阳分公司减压塔制造安装工程。减压塔直径9米、高39米、塔体重达454吨。在600吨履带吊车的配合下，用13天时间，完成新减压塔的安装工作，被洛阳分公司评为“样板工程”。2008年5月，公司动用450吨、330吨、120吨、80吨等多辆大型吊车，完成洛阳分公司二联合车间30万吨/年气体分馏装置技术改造工程。主要工作量为现场拆除、改造、安装设备77台，其中塔器9台、容器20台，冷换设备48台，更新钢结构框架2座，更换工艺管线17千米、给排水管线3360米、阀门1675个。2008年5月，隆惠公司在50天时间内，优质、高效、按工期要求完成洛阳分公司工艺及热

常压塔封头吊装

力管网的改造工程。工程衔接新老生产流程，整个工程含管径、材质各不相同的工艺管线140千米，地下管线11千米，钢结构3600余吨，新老装置的管线碰头400多个，材质为20号钢和15CrMo、304等。

设备管理

隆惠公司不断对焊接设备、起重设备、理化设备、运输设备、金加工设备、检修设备以及工具进行更新、换代或升级。拥有300吨、120吨、50吨、30吨、16吨等不同吨位的汽车吊13台，6台载货车，29台行车、龙门吊，18台叉车，液压顶升设备1套，带压开孔设备4台，进口液压扳手2套，螺栓拉伸器8套，41台车铣刨磨钻金加工设备，2台剪板机，6台卷板机。拥有数控切割机、刨边机2台，8台热处理机，热处理炉1套，逆变焊机330台，气体保护焊机23台，埋弧焊机18台，十字焊接机架6台，36台空气压缩机，9台抽芯机和6台γ射线探伤机，28台X射线机，管道爬行器1台，数字超声波探伤仪12台，超声波测厚仪16台，磁粉探伤仪5台。拥有德国PMI－MASTER和美国尼通XLT898直读光谱仪、便携式光谱仪、力学试验机等先进设备。设备原值8988万元，设备完好率始终保持在97%以上，主要设备完好率达100%，设备专管率为100%。

技术进步

2001～2010年，隆惠公司共完成技术攻关课题85项。其中较为重大的攻关项目有：哈氏合金焊接的攻关成功解决洛阳分公司化纤PTA装置工艺管线安装的难题；热媒炉国产化技术攻关在洛阳分公司聚酯装置热媒炉安装工程中得以应用；带压开孔课题的攻克广泛应用于洛阳分公司常减压、蒸馏装置和含硫原油线改造、常压炉转油线开孔等施工中；液压顶升装置在大型储罐的建造中发挥突出作用，在洛阳分公司油品质量升级改造工程新增化工轻油罐建造工程中得以应用，提高工作效率，降低施工费用；在换热器检修施工中，设计制作上托式管束抽装机并得到广泛应用，获洛阳分公司“精细化管理团队”十大优秀成果奖；硫黄回收装置100米烟囱整体吊装的成功，刷新石化行业大型设备吊装新纪录，吊装实力保持国内同行业先进水平。硫黄装置的建造获洛阳石化2006～2008年科技进步奖。2001～2010年，隆惠公司工程技术人员在省部级专业核心期刊上共发表技术论文45篇。

第六节　洛阳三隆安装检修有限公司

洛阳三隆安装检修有限公司（简称三隆公司）的前身是1997年5月由石化总厂机泵维修中心、电气维修中心和仪表维修中心合并成立的洛阳三隆设备安装维修有限责任公司，主要业务是为炼油、化工、化纤等生产装置提供维护、检维修服务，同时从事设备、电气、仪表等的安装业务。

概况

根据中石化集团公司主业做精做强、辅业改制分流的工作部署，2005年3月18日，三隆公司改制注册为洛阳三隆安装检修有限公司，注册资金3271万元。3月31日，三隆公司与石化总厂正式分账，独立运行。4月18日，三隆公司举行改制后新公司揭牌仪式。三隆公司党群系统继续由洛阳分公司代管。

2004年12月11日，三隆公司召开股东会，选举产生首届董事会、监事会。12月12日，董事会聘任首届经营班子。2008年3月，首届法人治理结构任期届满，实现平稳过渡。

截至2010年，三隆公司拥有固定资产3525万元，有职工1040人，其中改制职工458人，其他合同工575人，代洛阳资产分公司托管7人。2001年～2010年，三隆公司累计实现经营收入10.82亿元，实现利润6661万元。

表24－7　2001～2010年三隆公司经营情况

年份	职工人数（人）	经营收入（万元）	利润（万元）	税金（万元）
2001	618	7995	1197	665.60
2002	615	6962	495	509.90

续表

年份	职工人数（人）	经营收入（万元）	利润（万元）	税金（万元）
2003	594	8012	604	584.00
2004	590	8844	217	566.24
2005	571	13080	452	863.35
2006	592	9957	650	1075.80
2007	747	12868	703	2488.90
2008	858	13300	716	2009.00
2009	1005	14273	932	2140.80
2010	1040	12921	695	1418.00
合计	–	108212	6661	12321.59

组织机构

2001年2月，三隆公司成立保全车间。8月，成立化工维修车间，机电仪安装队更名为电站维修车间。2003年8月，撤销公司机关生产技术科、安全设备材料科和经营财务科，成立生产部、质量技术部、经营材料部和财务部，撤销保全车间和化工维修车间，成立化纤维修车间。2007年7月，成立安全环保部、保运中心，撤销电站维修车间。2007年1月，成立海南项目部，负责海南石油化工有限公司部分装置的保运。5月，成立湛江项目部，负责湛江东兴石油化工有限公司部分装置的保运。2008年3月，成立惠州项目部，负责中海石油炼化有限责任公司惠州炼油分公司部分装置的保运。2008年3月注册成立洛阳德欣石化科技有限公司。2010年5月成立包头项目部。

三隆公司机关设综合办公室、生产部、质量技术部、安全环保部、经营材料部、财务部。下设保运中心、机泵车间、电气车间、仪表车间、化纤维修车间、机运车间6个基层单位，海南项目部、湛江项目部、惠州项目部、包头项目部4个项目部和1个控股子公司洛阳德欣石化科技有限公司。部、室、基层单位、分公司和项目部单位负责人由三隆公司任免。综合办公室负责党群、人力资源、企业管理、行政事务、图纸资料等工作。生产部负责生产管理、节能管理。质量技术部负责技术、质量管理等工作。安全环保部负责安全管理、环保管理、自用设备管理。经营材料部负责经营管理、材料管理。财务部负责财务管理。

企业资质

2002年8月，三隆公司取得机电设备安装工程专业承包叁级资质。2004年1月，取得国家特种设备安装改造维修许可证，7月，取得洛阳市承装（修）电力设施许可证。2006年11月，取得机电安装工程施工总承包二级资质。2007年7月，取得电力设施承装（修、试）肆级资质。2008年2月，取得化工石油设备管道安装专业承包（叁级）资质，11月取得防腐保温工程专业承包（叁级）资质。

2003年5月，三隆公司取得质量管理体系认证。2006年，对体系进行整合，9月，对质量管理体系进行复评，同时取得健康安全环境管理体系认证、职业健康安全管理体系认证、环境管理体系认证。

保运检修

随着洛阳石化的发展，三隆公司的保运范围随之扩大。2001年，三隆公司负责洛阳分公司、石化总厂炼油、化工、化纤、动力、热电站、储运、聚丙烯等装置机、电、仪等设备的保运。2003年停止对聚丙烯装置保运。2007年开始承担金达公司锦达特种油品厂机、电、仪等设备的保运。随着洛阳分公司1000万吨炼油配套装置建设，2009年，三隆公司承担洛阳分公司加制氢、焦化等装置的保运任务，2010年承担260万吨/年柴油加氢装置的保运任务。

在生产保运工作中，三隆公司做到接到电话及时赶到现场，设备抢修“事不过夜”。加强巡检，推行“首知负责制”，强化特护管理和计划检修，坚持“三级回访制”和故障处理方案审批制度。完善设备基础台账，强调设备故障统计，加强设备故障原因分析，制定解决措施。结合不同时期的生产特点，开展有针对性的活动，确保特殊时期的平稳生产。

在做好日常保运的同时，三隆公司坚持设备计划检修。每月向生产单位提出设备检修计划建议，根据机动处审批的各生产单位月维修计划进

行设备检修。

三隆公司参加洛阳分公司装置停工大检修，每次检修都成立检修指挥部，统一协调指挥。2001 年，完成炼油装置检修 1428 项、化纤装置检修 9 大项 218 小项。2002 年，完成炼油装置检修 1369 项、化纤装置检修 96 项。2003 年，完成化纤装置检修 1877 项。2005 年，完成常规装置检修 2429 项、技措 47 项、设备更新 196 台。2008 年，完成常规检修 2076 项、技改技措 27 项，设备更新 42 项，涉及洛阳石化 6 项重点工程和 12 个重点项目。

工程施工

随着企业资质的提升，三隆公司在做好保运检修的同时，参与市场竞争，承担工程施工任务。在工程施工中，实行项目经理负责制，严格过程控制，确保工程进度、质量、安全和成本。2001 ~2010 年，除按洛阳分公司的计划承担各技措技改、隐患治理项目中机电仪设备的安装、更新、改造任务外，2004 年首次独立承担石化总厂 2 万吨/年拉膜装置机电仪设备的安装工程，2007 年承担洛阳分公司Ⅱ套硫黄回收装置机电仪设备的安装工程。2001 ~2010 年，三隆公司完成技措技改、隐患治理项目 501 项。

企业管理

三隆公司不断深化分配制度改革，积极探索建立适合企业实际需要的分配体系。2001 年，制定《三隆公司经济责任制考核实施办法》，对所属各单位进行考核兑现，并根据公司发展，对制度进行多次修订完善。2003 年，引入市场价位调节工资，建立起竞争上岗机制和向市场价位靠拢的薪酬制度。2004 年，在连续 4 年评选“装置维护专家”和“设备维修能手”的基础上，评选“优秀技术人员”、“优秀班组长”和“维修能手”，每月给予相应奖励。2005 年开始推行工时制考核办法，根据工作量的多少进行奖金分配。同时，制定《三隆公司废旧物资管理规定》和《三隆公司工程余料利用管理规定》。随着改制和外部市场的开拓，外出保运、施工的人员不断增加。2006 年，三隆公司建立人员定期置换制度，每年对外出保运人员按照岗位类别进行互换，同时对外出人员进行区域收入差异补贴。2007 年，推行班组经济考核办法，提高班组成本意识。

机泵专业青工实际考试

三隆公司“挑战杯”竞赛总结评比会

三隆公司注重员工素质的提高，每年都根据工作需要制定培训计划并进行落实。2001 年，举办首届机电仪技术大比武。此后每年都举办技术大比武，为职工展现技术水平搭建平台。2007 年，建立大中专生“双导师”辅导制。2009 年，推行标准化作业培训。

随着洛阳分公司和洛阳资产分公司新设备、新技术的引进，三隆公司从技术攻关项目的立项、实施的过程、效果的验证、成果的奖励等方面不断加大管理力度，解决了一些制约生产装置长周期运行的瓶颈。2001 ~2010 年，完成 101 项攻关项目。

外拓市场

2003 年，三隆公司主动走出洛阳，到外地参加竞标，先后承担新乡管道局原油输送末端安全系统改造，北京燕山石化公司丁基橡胶装置意大利进口搅拌釜、3台大型压缩机、部分机泵检修，宁夏化工厂电气设备安装，义马气化厂压缩机检修和南阳桐柏县电厂施工等任务。2004年，继续开拓外部市场。机泵专业承担义马气化厂2台大型空压机组的检修任务；电气专业承担河南省南阳自备电厂恢复改造工程和银川第二化肥厂电站的安装和检修任务。

改制后，三隆公司本着锻炼队伍，提高能力，培养职工的服务意识，更好地为洛阳石化搞好服务的原则，加大开拓外部市场的力度。2005年先后在湛江、海南、九江、茂名、义马等地区承接部分检修任务，同时承接湛江东兴石油企业有限公司部分装置的保运任务，签订海南实华石油化工有限公司部分装置的保运协议，2010年又增加新上加氢装置的保运业务。2007年，争取到“洛阳—驻马店成品油管道工程”的机电仪静4个专业的保运工作，保运期限为2007年7月~2008年12月底。2008年，中标中海石油炼化有限责任公司惠州炼油分公司120万吨/年常减压装置、1200万吨/年催化裂化、30万吨/年气体分馏、16万吨/年硫酸烷基化、4万吨/年MTBE 5套主要装置的保运业务，2010年又增加运行六部装置的保运业务。2010年，承包内蒙古神华包头煤化工分公司甲醇中心净化装置、甲醇合成装置、硫黄回收装置仪表专业保运业务。2009年，完成湛江东兴装置停工检修、二期改扩建施工任务及海南苯乙烯等装置996项检修任务。2010年，完成中海油惠州炼油运行一部546项检修任务。

第七节　洛阳金达石化有限责任公司

洛阳金达石化有限责任公司（简称金达公司）的前身是1984年8月成立的洛阳炼油厂劳动服务公司（1992年11月、1997年5月先后更名为三环公司、金达实业公司）。2007年3月28日改制注册为洛阳金达石化有限责任公司，注册资本2311.72万元。主营业务为特种油生产、防腐清洗、化工生产、塑料加工、服装制作、润滑油生产、商业、印刷等。

概况

2001年，金达公司归石化总厂直接管理，实行独立核算，自负盈亏。为推进企业改制分流，2006年初，配合石化总厂聘请的评估公司和会计师事务所对占用土地和资产进行评估。5月11日，召开职工（会员）代表大会，通过《洛阳石化金达实业公司改制分流实施方案》。2007年3月28日，新公司完成工商注册登记，5月16日举行揭牌成立仪式。2010年3月，金达公司完成改制后法人治理结构首次换届选举。

金达公司对各基层单位实行财务统一管理、分户核算的办法，其中防腐清洗公司、润滑油公司独立核算，特种油品厂、塑料厂、化工厂、制衣厂、印刷厂、经销分公司合并纳税。2007年获得A级纳税信用等级证书，2008年获纳税先进企业。

2002年7月，金达公司通过ISO 9001管理体系认证。

金达公司机关设综合办公室、财务部、生产部、质量技术部、安全保卫部、思想政治工作部、项目开发办公室、科研开发中心。截至2010年底，金达公司固定资产15091.18万元，比改制前（2006年）增长125.71%。在册员工739人，其中含其他用工260人。

表24－8　2001~2010年金达公司经营情况

年份	职工人数（人）	经营收入（万元）
2001	431	10111
2002	458	6610
2003	497	6702
2004	489	7684
2005	479	9558
2006	471	26193
2007	477	43227
2008	467	49306
2009	475	58130
2010	739	109700
合计	–	327221

生产实体

特种油品厂 2004年3月，金达公司成立3万吨/年特种油项目开发部，同年完成安全评价、环境评价。2005年3月22日项目开工，11月16日中间交接，12月18日一次开车成功，实现当年建设、当年投产的目标。特种油品厂的前身是洛阳锦达特种油品厂，为独立法人单位，2006年取消法人资格，成为金达公司二级机构，合并纳税。2007年12月，金达公司完成的“环保型特种油生产技术开发”项目通过河南省科技厅技术成果鉴定，专家认为项目生产技术达到国际同类技术的先进水平，产品被评审认定为环保型特种油，并获洛阳市科技进步一等奖，填补河南省特种油的空白。2008年底，特油二期建成，形成5万吨/年加工能力。2009年8月，特油三期己烷油项目开工建设，2010年9月16日竣工，9月30日一次开车成功。2010年在册员工105人。

洛阳金达防腐清洗有限公司 前身为洛阳石化金达防腐清洗公司。2007年5月，由金达公司与两名自然人出资成立，注册资金715.58万元，法人单位。公司具有防腐保温工程专业承包二级资质，于2008年12月通过HSE管理体系认证。2010年在册员工141人。

特油三期装置

洛阳金达润滑油有限公司 前身是洛阳石化金达福利厂，2007年5月完成工商注册，注册资金230万元，独立核算的法人单位。主要生产和销售润滑油、防盗门、五金制品等。2001年1项QC活动成果获国家级优秀奖。2010年在册员工43人。

塑料厂 主要生产和销售编织袋、撕裂膜、注塑产品等。2003年根据化纤PTA扩能形势，投资80余万元对原拉丝机进行改造，并购进涂膜机、大六梭机等设备，同时加强外部市场开拓，扩大外销量。2010年在册员工102人。

化工厂 前身是洛阳石化三环化工厂，主要生产经营水处理药剂、破乳剂等化工药剂。化工厂与北京石科院等科研单位保持合作，为洛阳石化及其他企业提供化工药剂。2010年在册员工33人。

制衣厂 前身是洛阳石化三环制衣公司，具有特种劳动防护用品生产许可证，2007年改制后称洛阳金达石化有限责任公司制衣厂。主要产品为劳保服装。2010年在册员工43人。

印刷厂 2001年3月工程公司新华印刷厂并入金达公司印刷厂。主要业务为印制出版物、其他印刷品，提供包装装潢等。2010年在册员工15人。

商贸公司 前身是洛阳石化金达实业公司商业公司。2002年，商业公司与洛阳爱新量贩联营，部分超市承包经营。2007年公司改制后成立洛阳金达石化有限责任公司物资经销分公司，下设计算机网络工程部和劳动防护用品销售部，主要经营电脑数码产品、劳保用品、石油化工产品等。2010年在册员工20人。

储运劳务 主要任务是对原油和外购原料油进厂接卸，进厂轻油槽车普洗，航煤和苯等产品出厂槽车特洗。人员关系隶属于金达公司，在铁路运输部出劳务，接受所在单位管理。2010年劳务人员共139人。

参股公司

金达公司参股的公司有洛阳石化包装材料有限公司（持股比例28%）、洛阳石化房地产开发有限责任公司（持股比例6.25%）、洛阳石化宏业劳务有限公司（持股比例40%）、上海吉达石油化工有限责任公司（持股比例20.4%）、洛阳实华合纤有限责任公司（持股比例7.69%）、洛阳炼化拉膜有限公司（持股比例97.96%）。

洛阳炼化拉膜有限公司的前身是洛阳石化拉膜厂，注册资本1581.36万元，占地2万平方米，年产双向拉膜8000吨。由4家单位合资建设，其中：洛阳资产分公司占73.42%，金达公司与惠康公司各占12.27%，吉利区占2.04%。2007年11月，金达公司董事会批准受让洛阳资产分公司所持有洛阳石化拉膜厂73.42%的资产。2008年1月，惠康公司将其持有的12.27%的股权有偿转让给金达公司，金达公司持股比例达到97.96%。

第八节　洛阳炼化工程有限责任公司

洛阳炼化工程有限责任公司（简称工程公司）的前身是1986年12月成立的洛阳石油化工总厂工程公司。2007年12月18日，洛阳石油化工总厂工程公司改制为股份制企业，注册资本2528.72万元。

概况

工程公司拥有房屋建筑工程施工总承包二级、防腐保温工程专业承包三级、建筑装饰装修

工程公司办公大楼

工程专业承包三级资质、预拌商品混凝土专业三级。经营范围为：隔热耐磨衬里工程、炼油化工装置检维修工程的施工与服务；公路桥梁工程、铁路线路的维修、维护；预拌商品混凝土；建筑、装饰和家具制作；丙烷、丁烷等化工产品生产和销售；劳务服务和贸易。下设11个分公司（其中1个全资子公司），机关设办公室、生产调度部、技术质量部、安全管理部、设备材料部、经营管理部、财务核算部、项目开发部、党群工作部。

2007年5月，工程公司改制分流工作正式启动。7月23日，召开第一次股东会会议，选举产生首届董事会、监事会成员。12月26日，洛阳炼化工程有限责任公司揭牌成立。2010年12月17日，工程公司改制满三周年，召开股东（代表）大会，表决通过公司《章程修订案》，并完成改制后首届经营班子换届选举。

工程公司根据不同层次、不同岗位人员能力要求，编制《岗位说明书》，建立"一体化"考核体系，并坚持开展月度内部小岗检活动，促进管理的规范化和队伍整体素质的提升。2001年3月，通过GB/T19001质量管理体系认证，2008年9月，通过GB/T28001职业健康安全管理体系认证和GB/T24001环境管理体系认证，建立QHSE管理体系。

截至2010年底，工程公司在册职工496人，其中：改制职工398名，未参加改制职工2名，聘用工90名。固定资产期未净值6269.31万元。2001～2010年累计实现主营业务收入10.74亿元，利税总额1389.16万元。

表24－9　2001～2010年工程公司经营情况

年份	员工人数（人）	产值（万元）	利润（万元）	税金（万元）
2001	417	5536	198	167
2002	415	4617	32	167
2003	409	6059	102	191
2004	405	6008	114	209
2005	404	5728	126	174
2006	402	5317	－637	167
2007	402	8919	－1679	334
2008	418	12400	126	542
2009	433	21700	408	270
2010	496	31082	350	29
合计	－	107366	－860	2250

工程建设

工程公司的主要施工单位有基础衬里分公司、建筑工程分公司、防腐保温分公司、公路桥梁工程分公司、铁路工程分公司和佳美装饰分公司。

2001～2010年，工程公司完成宏力化工公司气分装置改造、二催化余热炉改造、芳烃车间

铁路大修

PSA装置新增压缩机厂房、PTA装置扩能改造、污水处理场、长丝车间新增空压机厂房、塔河油加工工业试验、铁路运输部送庄段护坡治理和油品质量升级改造渣油灌区罐基础、活性污泥处理等项目的施工。承担炼油污水处理场改造、气分装置改造、会议中心、小浪底职工培训中心改造、俱乐部改造、职工餐厅改造、石化宾馆餐厅改建、石化医院CT室、南大门改造、厂前路改造、工会办公楼改造、机关办公楼改造，加工塔河混合原油适应性改造、文化宫改造，以及宏达公司1万立方米成品油储存设施、惠康公司碳酸钙脱硫剂、洛阳分公司增上汽柴油储罐、四联合增上沥青储罐等较大工程建设项目和洛阳分公司历次生产装置大检修施工。同时，承接职工住宅楼，主要有河阳新村36号楼、32号楼，开元社区东区32号楼，开元社区西区4号楼，河阳家园11～19号楼，河阳新村40号楼，河阳家园综合楼，西霞花园一期1～16号楼，西霞花园二期17～35号楼及综合楼，博泰花园1～3号楼，5～9号等民用工程共47栋。此外，还承接小浪底建管局西霞院办公用房工程、吉利科技园道南路西段工程、郑州实华宾馆装修工程、大庆路办事处综合楼工程、小浪底8号公路等项目的施工。

经营实体

工程公司下属的经营实体有机械运输分公司、炼化商砼分公司、新业务开发分公司。2001年后，化学镀业务实行对外租赁经营的模式。2001年3月，新华印刷厂停业，印刷业务划入金达公司。2003年5月，新亚商贸公司停业。2004年3月，为加强对机械设备、周转材料管理，撤销材料供应站，成立物资装备分公司。2008年3月，物资装备分公司更名为机械运输分公司。2007年5月，在下柳沟基地成立商品砼拌和站。8月，成立新业务开发分公司，共有107名员工在洛阳分公司的长丝包装、焦化清焦、硫黄成型包装等岗位出劳务。2008年3月，商品砼拌和站更名为炼化商砼分公司，经营范围为预拌商品混凝土的加工、销售等，年销售收入超千万元。

参股公司

工程公司的参股公司有洛阳石化房地产开发有限责任公司（原出资额100万元，占总股本的20%）、洛阳石化包装材料有限公司（出资额216万元，占总股本的24%）、洛阳春化商贸有限公司。2010年6月3日，惠康公司将其持有的洛阳石化房地产开发有限责任公司73.75%的股权转让给工程公司。

2007年5月15日，工程公司根据《公司法》的相关规定，将持有“洛阳金陵特种涂料有限公司”的全部股权转让给另一股东“洛阳能源密封件有限公司”，转让金8.5万元按协议约定按期收回。

2008年3月，出资108万元，与石化产品（特种）运输企业洛阳申华运输有限公司合作，组建洛阳春化商贸有限公司，主要从事石化产品的批发销售，工程公司的股本占总股本的52%。

结构调整

2009年12月，工程公司成立兴化深加工分公司，共有29名员工，负责洛阳分公司电站灰渣处理、重污油处理、北山灰场管护等业务。

为进一步调整产业结构，拓展经营范围，提高企业竞争力，2009年底工程公司在原机械运输分公司院内筹建5万吨/年异丁烷项目，占地37352.04平方米。同年完成备案注册、可研报告、节能报告、安评报告、环评报告、土地规划等工作。2010年4月，工程公司出资900万元、员工出资1526万元，注册资本2426万元，组建洛阳炼化奥油化工有限公司，负责异丁烷项目。5月，建立公司法人治理结构。10月，项目完成安装工作，进入开工准备阶段。10月26日，举行项目竣工庆典仪式。洛阳炼化奥油化工有限公司的经营范围是：制冷剂、丁烷脱沥青溶剂、切割剂、化工轻油、民用液化气、丙烷和丁烷的生产和销售。

第九节　洛阳炼化宏达实业有限责任公司

洛阳炼化宏达实业有限责任公司（简称宏达公司）由洛阳石化宏达实业总公司于2009年12月改制成立，公司注册资金1亿元。截至2010年底，宏达公司在册员工1012人。经营范围包括化工化纤产品生产、石化产品贸易及仓储装卸、设备检维修，以及酒店、饮用水生产销售等业务。

生产经营

2000年以后，宏达公司逐步确立“加快结构调整，发展支柱产业，尽快形成化工化纤深加工和贸易服务两大支柱板块为主，多业为辅的格局”的发展思路，着力发展化工化纤生产，做大做强支柱产业。同时，不断理顺内部管理体制，深化改革，整合优化企业内部资源，使企业的经营规模逐步扩大，企业活力逐步增强。

宏达公司的下属企业有实华合纤有限责任公司（简称合纤公司）、宏力化工公司、丙纶丝分公司、化纤材料分公司、实华贸易分公司、华龙油气装运公司、兴宏安装检修有限公司、宝缘大酒店、纯净水公司、工贸分公司、广州腾浩石油化工有限公司、上海吉达石油化工有限责任公司。主要产品包括聚酯切片、涤纶短纤维、聚丙烯、MTBE、异丁烯、丙烷、氮气、丙纶丝、聚酯再生粒子、饮用水；经销成品油、液化气、丙烷、苯、乙二醇、涤纶长短丝等化工化纤产品；同时承担洛阳分公司油气等液体化工产品的公路进、出厂任务，以及部分保运、设备检修任务。社会服务单位宝缘大酒店、纯净水公司主要面向社会提供餐饮、饮用水生产销售服务业务。

2001~2010年宏达公司主要产品产量

表24－10　　吨

产品 年份	聚丙烯	MTBE	异丁烯	聚酯切片	短纤维	丙纶丝	聚酯再生粒子
2001	14582	–	–	–	–	3173	2850
2002	17066.6	–	–	–	–	3391.46	3834.03
2003	19599.3	–	–	–	–	4451.75	3938.80
2004	18280.5	10883	1482.7	–	–	6321.08	4253.66
2005	16400	22154	6774	–	–	6289	4386
2006	20579	34083	12843	67956	51230.1	7098.02	8383.49
2007	20992	31539	15318	41815	106756	7284.28	5569
2008	13364	21424	7702	22400	81300	5599.37	4209
2009	16859	24233	13303	20472	105135	5445	5814
2010	16612	32617	11844	19296	112263	5287	9396
合计	17434.4	176933	69266.7	171939	456684.1	54339.96	52633.98

作为公司传统业务的石化产品贸易业务，在不断适应政策和市场变化的挑战中，通过调整经营思路，发挥渠道优势，开发新的业务，经营品种由原先单一的成品油，扩大到液化气、乙二醇、石油焦、电煤、化纤等多种产品。

表24－11　2001~2010年宏达公司经营情况

年份	职工人数（人）	经营收入（万元）	税金（万元）	利润（万元）
2001	916	32960	1579.38	793.59
2002	1049	23336	2410.94	2235.96
2003	1024	32123	2564.97	2974
2004	1017	73024	3411.69	4264.73
2005	1023	83200	4383.41	4484.84
2006	1026	333000	6741.83	4862.15
2007	1021	372300	10621.84	3056.22
2008	1019	330200	9296.47	236.73
2009	1009	306030	10578	2562.55
2010	1012	422960	11115.58	1966.48
合计	–	2009133	62704.11	27437.25

说明：2005年、2006年利润不含合纤公司。

项目建设

2004年，宏力化工厂投资2100万元建成2万吨/年MTBE及3000吨/年异丁烯装置。随后，又投资2046万元进行扩能改造，使MTBE装置产能提高到4万吨/年，异丁烯产能上升到1.3万吨/年。2009年4月，宏达公司投资，委托宏力化工厂建设管理的4万吨/年MTBE装置项目开工建设，2010年4月11日装置中间交接，4月30日装置开车投料一次成功，使宏达公司MTBE生产能力扩大到10万吨/年。

2004年2月25日，宏达公司与洛阳石化金达实业公司、洛阳市经济投资有限公司、洛阳市吉利区经济发展投资有限公司签订合资协议，共同出资1亿元，成立拥有18万吨/年聚酯及15万吨/年短纤维生产能力的洛阳实华合纤有限责任公司，其中宏达公司出资5100万元。该项目于2004年6月开工建设，2005年7月基本建成。2005年9月23日，聚酯装置实现开工投产一次成功。2006年2月16日，短纤维装置开工投产。

2007年2月，投资1800万元的5000米^3（标准）/时制氮项目开工建设，2007年7月8日装置投产成功，生产出合格氮气。

2008年8月，建成投用1万立方米成品油仓储设施项目。

企业改革

2001年，开展协议解除劳动合同和内退工作，与48名全民合同制职工解除劳动合同，7名职工内退。2003年，再次开展协议解除劳动合同工作，13名宏达公司职工、134名宏达化纤厂职工与企业协议解除劳动合同。

宏达公司第二次党代会

2005年底，宏达公司下属的加油站整体移交中国石化上市部分。8月，洛阳石化决定郑州实华宾馆划归宏达公司，郑州科贸公司的股权由宏达公司收购，人员转入宏达公司。11月，按照郑州市城市规划部门要求，郑州实华宾馆被拆除。同时，注销众源化工经贸部的法人资格，对蚌埠公司股权进行转让。针对装饰设计工程公司亏损的状况，2007年对其组织清算和注销工作。2008年，在洛阳资产分公司的指导下，完成重庆、郑州、武汉等3个驻外公司的清算和注销等工作，其业务归宏达工贸公司管理。

改制分流

随着中石化集团公司对集体企业改制分流政策的明确，2005年7月，洛阳石化召开集体企业改制分流动员大会，宏达公司改制分流工作随之启动。9月，宏达公司召开改制分流动员大会，进行动员和工作安排，随后开展资产清查、人员状况摸底、聘请中介机构审计等工作。2007年，宏达公司被列入中石化集团公司集体企业改制重点。2008年12月11日，经洛阳石化党政联席会议决定，宏达公司改制分流工作正式启动。2009年，按程序选举产生新公司股东代表，通过公司章程，产生法人治理结构，并争取各方面支持，使关系宏达公司长远生存发展的问题，以及为三力公司担保遗留问题有比较妥善的解决方案。11月24日，宏达公司召开职代会，通过改制分流实施方案。11月27日，中石化集团公司正式出具备案手续。12月18日，洛阳炼化宏达实业有限责任公司隆重举行成立揭牌仪式。2010年，完成规范劳动关系、财务清算、资产处置、相互承诺协议签订及财务、人事档案移交等工作。

内部管理

2002～2003年，宏达公司开展ISO 9001质量管理体系贯标认证工作，组织丙纶丝分厂、华龙公司、兴宏公司、化纤材料厂、工程塑料厂、纯净水公司、装饰公司等7个单位参加认证，2002年10月24日，质量管理体系开始试运行，12月中旬完成第一次内审工作。2003年4月，通过认证机构的现场审核，取得质量管理体系认证证书。2010年5月，启动建立QHSE体系工作，11月30日，正式发布实施。

2008年3月起，推行成本费用预算管理。2009年2月6日，宏达公司研究决定，改变以往分级核算、集中管理的财务管理模式，实施财务集中核算，逐步实现对资金实行集中管理使用。截至2010年2月底，丙纶丝分厂、宝缘大酒店、华龙公司、实华贸易公司和宏达工贸公司财务部门并入宏达公司本部进行核算。2010年3月，聘合纤公司、宏力化工厂财务部门负责人为宏达公司财务部副主任，实行财务部门负责人派出制。

2008年12月，对管理机构进行调整，撤销生产技术部，成立生产计划部、设备管理部、技术质量部；撤销党务人事部，成立思想政治工作部、人事部；成立安全监督巡查队，由安全环保部管理；成立保卫部；经营管理部更名为企业管理办公室；总经理办公室更名为办公室；保留安全环保部、财务部。调整后，专业管理职责进一步清晰，管理力量得到加强。

宏达公司改制后，根据工作需要，2010年1月，对公司机构再次进行调整，将生产计划部与技术质量部合并，成立生产技术部。成立实华贸易分公司、华龙油气装运分公司、化纤材料分公司、丙纶分公司、工贸分公司、宝缘大酒店等6个分公司。2010年4月，成立化工分公司。2010年4月，宏力化工厂改为有限责任公司，洛阳炼化宏力化工有限责任公司完成工商注册（简称宏力化工公司），5月新公司正式运行。

生产实体

合纤公司　按照地方政府要求，综合考虑资源、市场及宏达公司富余人员安置及企业改制后自立生存发展需要等因素，于2004年开始建设合纤项目。合纤项目由宏达公司与洛阳市和吉利区投资公司、金达公司合资成立，其中宏达公司占62.3%股份。合纤公司注册资本1.3亿元，固定资产3.6亿元。生产装置包括18万吨/年聚酯装置和15万吨/年短纤维装置，产品包括聚酯切片和涤纶短纤维。聚酯装置于2005年9月23日生产出合格产品，实现一次开车成功。短纤维装置2006年2月开工。合纤公司的生产管理、安全环保、公用工程用量和物料计划、装置检维修纳入洛阳分公司统一管理；精对苯二甲酸、乙二醇、燃料油等纳入洛阳分公司物资采购管理，委托物资装备部统一采购；产品由中石化化工销售北京分公司代理销售。

合纤装置

2010年，合纤公司在册正式职工281人（包括隶属金达公司管理的职工18人）。

宏力化工公司　宏力化工公司主要装置有12万吨/年液态烃分离装置、2.4万吨/年聚丙烯装置、10万吨/年MTBE及2万吨/年异丁烯联合装置，以及独立的空分空压装置和循环水装置。原料是洛阳分公司生产的液化气，通过分离其中的丙烯、混合碳四等组分，生产聚丙烯、甲基叔丁基醚（MTBE）、异丁烯、丙烷，并面向市场销售。宏力化工公司连续多年被认定为河南省高新技术企业，2008年2月，该公司“聚合级高纯异丁烯”被河南省科学技术厅认定为高新技术产品。

为持续进行技术升级改造，拉伸产业链条，2001年投资588万元，对气分装置进行技术改造，使装置加工能力从6.6万吨/年提高到12万吨/年。2002年，投资780万元，新建8000吨/年聚丙烯专用料生产线，使聚丙烯生产能力从1.5万吨/年提高到2.3万吨/年。2004年，投资2100万元建成2万吨/年MTBE及3000吨/年异丁烯装置。2005年又投资2046万元对该装置进行扩能改造，使MTBE产能达到4万吨/年。2008年将3000吨/年异丁烯装置扩能到1万吨/年，使异丁烯产能达到13000吨/年。2010年，新建成4万吨/年MTBE装置，及MTBE罐区、液化烃罐区、化工第二配电室、事故水池等项目，进行聚丙烯装置DCS改造。经过持续扩能改造，技术装备水平取得明显进步，开发出一系列的专用料产品，初步具备一定的自立生存能力。

2008年10月14日，发生火灾事故，造成2

宏力化工公司

人死亡，2 人重伤，3 人轻伤，对事故责任人进行处理。

截至 2010 年底，宏力化工公司在册正式职工 287 人。

丙纶分公司 丙纶分公司的原料以聚丙烯公司生产的聚丙烯为主，主要产品是 300 ~ 1500dtex 高强丙纶丝，用户主要位于江浙地区，产品声誉较好。2001 年 3 月，对络筒机进行改造，安装 1 台 1332 型络筒机，取代 4 台 VC604 型络筒机，消除生产瓶颈。2002 年至 2003 年，经增上一步纺生产线扩能，由原生产规模为 3000 吨/年提高到 6000 吨/年。2010 年在册职工 31 人。

化纤材料分公司 化纤材料分公司是化纤生产的配套项目，主要回收加工洛阳分公司化纤装置、合纤公司生产过程中产生的废料，有浆块破碎、摩擦造粒和混炼造粒生产装置，生产能力 5000 吨/年，主要产品为聚酯再生粒子。2005 年，原用地被确定为 800 万吨/年原油加工能力扩建用地，7 月，实施整体搬迁。同年，成立机运队，满足合纤公司开工生产后的生产能力及产品下线和出厂需求。2006 年 5 月建成新泡料车间并正式交付生产。9 月，利用洛阳分公司预留空地，兴建 2500 立方米的排水车间 TA 回收池，保证洛阳分公司化纤污水处理设施的正常运行。2010 年，洛阳分公司新建 14 万吨/年聚丙烯车间，对 TA 残渣回收池进行拆迁，在化纤污水池界区内新建 TA 残渣回收池，2010 年 8 月完工，9 月投用。

2010 年，化纤材料分公司在册职工 32 人。

贸易单位

实华贸易分公司 2001 年 3 月，石化总厂进行多种经营资产重组，陆续将原销售公司、金达公司、通达公司的 8 个加油站以及众源经贸部划归实华贸易公司代管。2004 年，按照上级部署，先后对金太阳加油站、金太阳第二加油站、邙山加油站、工贸公司加油站、偃师加油站进行资产清理和移交，对各站证照进行变更。5 月，配合宏达公司财务部、经营管理部完成对所属各加油站移交中石化股份公司前的资产清查、价值评估等项工作。10 月，按照上级部署，先后对宏达公司加油站、华盛加油站、会盟加油站进行资产清理和移交，拆除郑州加油站，并对各站证照进行变更。2001 年 10 月，对机构进行调整，撤科设部，将原办公室与经营科合并，成立综合管理部，原财务科更名为财务部，撤销原销售科，成立经营部。2002 年，进行经营结构调整，先后开展化纤经销业务、液化气小瓶销售业务、化工产品（苯、硫黄、聚丙烯等）经营业务。并代宏达公司管理广州市豫阳贸易有限公司（下辖佛山分公司、柳州分公司）和宏达工贸公司。2005 年，工贸公司、广州市豫阳贸易有限公司先后划出。2004 年，在做好油品经营的前提下，开发 6 号溶剂油市场，并于 6 月 15 日开始经营。2005 年年初，洛阳分公司对销售系统进行整合，实华公司搬进营销部招待所，对招待所进行改造并投用。2007 年 10 月，物资经贸中心并入，由实华贸易公司管理。2008 年 7 月，1 万立方米成品油仓储设施项目建成投用。

2010 年，实华贸易公司初步形成以成品油、煤炭、乙二醇为三大产品经销为主营，以石油焦、原料油、丙烯、液化气和其他化工产品为补充的经营格局。截至 2010 年底，在册职工 46 人。

工贸分公司 2005 年，根据宏达公司决定，武汉市洛化化纤销售有限公司、武汉市洛化化纤销售有限公司湘潭分公司、重庆市洛化化纤销售有限公司、重庆市洛化化纤销售有限公司成都分公司 4 家驻外公司由宏达工贸公司统一管理。12 月，郑州吉利大化纤科贸有限公司交付宏达工贸公司管理。2008 年 8 月底，根据中石化集团公司清理整顿工作部署和洛阳分公司的要求，宏达公司对工贸公司管理的郑州吉利大化纤科贸有限公司、武汉市洛化化纤销售有限公司、重庆洛石化化纤销售有限公司进行清理整顿、撤销机构，10月，3家驻外公司业务整体划入宏达工贸公司。

工贸分公司主要经销涤纶短纤维和液体化工产品，下设郑州、武汉、湘潭、鸡泽4个驻外销售点。2010年在册职工17人。

广州腾浩公司 2005年7月5日，广州市豫阳贸易有限公司更名为广州腾浩石油化工有限公司，为宏达公司直属单位。2008年4月15日，撤销广州腾浩公司柳州分公司。广州腾浩公司的业务包括销售涤纶短纤维、涤纶长纤维、硫黄、丙烷，代发芳烃业务，以及化工设备和零部件采购业务。2010年在册职工9人。

上海吉达公司 上海吉达石油化工有限责任公司是由石化总厂与下属的4家集体企业于1998年共同投资设立的股份制企业。2002年12月12日，石化总厂厂长办公会决定上海吉达公司由宏达公司负责管理，石化总厂在该公司所占股权转让给宏达公司。2003年1月15日，上海吉达石油化工有限责任公司第五次股东会暨董事会会议召开。会议同意石化总厂将其在上海吉达公司中的出资及所占的38.8%的股权有偿转让给宏达公司。宏达公司持有股份上升到59.2%。2010年在册职工8人。

生产服务单位

华龙油气装运分公司 华龙油气装运分公司（简称华龙公司）主要承担着洛阳分公司产品的公路进、出厂任务。出厂品种主要有汽油、柴油、液化石油气、苯、6号溶剂油、对二甲苯、邻二甲苯、丙烯、车用液化气、液氨等，进厂品种主要是裂解汽油。2003年8月，经与洛阳分公司充分协商，取得丙烯和车用液化气等化工小产品的装车业务，接管气体车间在厂区西大门的充装设施。2004年，华龙公司新增苯、6号溶剂油、碳八装车设施和裂解汽油卸车设施。同时还利用芳烃车间的临时卸车设施，负责PX进厂卸车任务。2005年11月，对部分装车鹤管进行改造，增加鹤管高度，满足大型罐车装车的要求。2007年，退出对华宇宾馆的投资。截至2010年底，在册职工126人。

洛阳兴宏安装检修有限公司 兴宏公司设置财务部、生产部、经营部、安环部、综合办公室及7个班（维修班、电工班、仪表班、合纤电仪班、合纤钳工班、华龙保运班、材料厂保运班）、2个队（综合队、动力队）。2001年以来，以宏达公司内部装置保运、检修、施工为主，同时参与石化总厂、洛阳分公司部分装置的保运，承担的检修项目多次被洛阳分公司评为质量样板工程。2010年在册职工56人。

社会服务单位

宝缘大酒店 宝缘大酒店建筑面积15000平方米，属于三星级涉外酒店。2006年11月，宝缘大酒店纳入中石化集团公司协议转让范围，转让未果。2007年后，为盘活低效闲置资产，分流部分职工，关停部分经营设施，注销宝缘旅行社。2008年，宝缘裙楼一楼宝缘鞋市协议终止，商家撤离，场地分别租赁给交通银行和移动公司。2010年，启动宝缘大酒店功能改造项目，将部分房间改作办公用途。2010年在册职工13人。

洛阳宏达纯净水有限公司 洛阳宏达纯净水有限公司主要生产“杰克牌”20升大桶、2.5升小桶、330毫升小瓶纯净水、矿物质水及优质矿泉水。2001年，对小瓶自动化灌装生产线进行技术改造，开发330毫升包装矿物质水，被洛阳市质量管理协会、洛阳市质量检测协会评为“创名优保质产品”、“洛阳市消费者协会推荐产品”。2004年，成功开发出5加仑矿泉水产品，并于7月20日正式投放市场。2008年，完成对原工程塑料厂挤塑车间厂房改造，新上300桶/时大桶水生产线

宝缘大酒店

1 条。2010 年在册职工 9 人。

第十节 洛阳市第四十三中学

洛阳市第四十三中学（简称四十三中）的前身为洛阳石化总厂子弟中学。2003～2004 年移交洛阳市人民政府，隶属洛阳市教育局管理，并更名为洛阳市第四十三中学。

概况

石化总厂子弟中学原位于洛阳石化开元社区东区。2003 年寒假期间，将学校搬迁至河阳路东段南侧新校舍。新校共投资 5400 万元，占地面积 92658 平方米，建筑面积 25480 平方米。2006 年又投资近 400 万元建成拥有标准 400 米塑胶跑道、人造草坪的现代化运动场，投资 100 多万元完善校园网，各项教学设施达省级一类学校标准。

四十三中教学楼

2003 年 9 月 24 日，石化总厂与洛阳市政府签订协议，将学校整体移交给洛阳市人民政府，隶属洛阳市教育局管理，更名为洛阳市第四十三中学。10 月 28 日，举行更名挂牌仪式，石化总厂、吉利区和洛阳市教育局相关领导参加仪式。

2004 年 1 月 17 日，原吉利高中 30 名教师和近 300 名学生并入四十三中。

2010 年，四十三中有教职工 124 人，其中，国家级骨干教师 1 人，市级骨干教师 2 人，高级教师 27 人，一级教师 57 人，教师达标率 100%。

教育教学管理

2004 年 4 月 19 日，四十三中与中国教育学会联合创建“洛阳外国语实验学校”。2005 年 9 月，被洛阳市教育局授予洛阳市首批市级示范性高中。

初一年级和高一年级分别于 2003 年、2008 年秋开始执行新的课程标准。为适应新变化，保证教育教学质量，学校采取的主要措施有：一是成立教科室，加强内部的教学研讨，认真学习新课标等有关理论。二是选派教师参加新课程学习，5 年共派出 230 多人次到北大附中、河北衡水中学等名校学习、观摩。三是利用教育学会邀请全国知名专家 100 余人次来校进行诊断性听课、评课、指导。四是重视青年教师的培养，自 2005 年起每年举办青年教师优质课大赛。五是加强行风、师德师风建设和开展文明创建活动，提高师生素质。六是创办校刊《想飞》、校报《河之阳》，塑造校园文化。七是通过教工（会员）代表大会修订、完善各种规章制度近百条，编印《学生管理手册》，规范师生行为。八是创办业余团校、业余党校，加强学生的理想教育等。

表 24－12　　2001～2010 年四十三中教学情况

年份	在校班级	在校学生数	招生				毕业升学情况						
			初中		高中		初中				高中		
			班级数	人数	班数	人数	毕业班数	毕业人数	升入普高	升入洛高	毕业班数	毕业人数	升入高校
2001	22	924	4	200	2	50	3	115	100	14	2	98	62
2002	24	860	6	214	2	81	4	144	78	11	2	91	48
2003	21	824	4	178	6	286	3	112	71	27	2	84	59

续表

年份	在校班级	在校学生数	招生				毕业升学情况						
			初中		高中		初中				高中		
			班级数	人数	班数	人数	毕业班数	毕业人数	升入普高	升入洛一高	毕业班数	毕业人数	升入高校
2004	32	1480	4	159	8	362	4	153	128	7	2	74	10
2005	34	1619	4	145	10	514	4	150	126	13	6	268	57
2006	38	1697	4	202	8	370	6	298	251	17	6	343	144
2007	34	1465	4	213	8	368	4	136	114	29	8	328	73
2008	37	1711	4	260	7	400	4	130	109	25	10	444	116
2009	33	1753	4	192	7	386	4	192	175	17	6	344	102
2010	32	1659	4	168	6	290	4	202	186	16	6	350	109
合计	–	–	42	1931	64	3107	40	1632	1338	176	50	2424	780

教学成果

2004年高薇同学取得洛阳市中招成绩第2名，2005年张颖晓同学取得洛阳市中招第1名。2007年，初中140多人参加中招考试，92%的学生达到市普通高中录取最低控制分数线，有28人达到洛一高录取分数线，洛一高上线率达20.8%；高招考试有9名学生达重点线，共84名学生达本科录取线。2008年高招考试有102人达本科线，其中普通类62人，体育艺术类40人。2009年本科上线116人，2010年本科上线61人。

升国旗仪式

学校获市级以上集体荣誉42项，个人奖497人次，在市级以上报刊及学术会议上发表论文83篇。获市级以上的集体荣誉主要有：2004年获“洛阳市文明单位”、“依法治校合格学校”等称号，校刊《想飞》获《德育报》组织评比的“校报校刊”二等奖；2005年获军训会操一等奖，以及“绿色学校”、“创建园林化学校先进单位”、“洛阳市2005年卫生工作先进单位”等称号；2006年获“洛阳市2006年学校卫生工作先进单位”、“五四红旗团委”等称号；2007获“洛阳市学校卫生工作先进单位”、“依法治校先进单位”、“五四”红旗团委、“省卫生工作先进单位”等称号；2008年获“洛阳市初中教育教学工作管理先进单位”、“洛阳市法制工作先进单位”、“河南省依法治校示范学校”。2009年获“洛阳市初中教育教学工作管理先进单位”、“洛阳市依法治校示范单位”、“洛阳市文明单位”、“共青团河南省五四名校”、校报《河之阳》、校刊《想飞》均获第四届全国中小学优秀校内报刊二等奖；2010年获市中小学合唱比赛二等奖。

第十一节　洛阳市直第五小学

洛阳市教育局直属第五小学（简称市直五小）原名洛阳石化总厂第一小学，属洛阳石化企业学校。2003 年 10 月 15 日，移交洛阳市教育局管理，更名为洛阳市教育局直属第五小学。2010 年 12 月，学校移交至洛阳市吉利区管理。学校移交后，主要招生服务对象仍为洛阳石化的职工子女。

概况

市直五小占地面积 27175 平方米，建筑面积 9135 平方米。有 3 所校舍：本部位于洛阳石化开元社区内，另有双苑社区分校、中油一建社区分校。为节约师资力量，保证教学质量，双苑社区分校于 2004 年 9 月停办，学生全部到总校就读。2007 年 1 月 15 日，洛阳市教育局直属第十二小学（原石油一公司小学）因生源不足、校舍破旧被取消编制并入市直五小，同时原学校的 15 名教师、145 名学生被安排到市直五小工作、学习。中油一建社区的校舍在并校后一直闲置。

洛阳分公司向五小捐赠桌椅

市直五小的教学仪器按一类标准配备，微机室、实验室、电教室一应俱全。图书室藏书 16000 册。每个教室都配备有电视机、影碟机，为学生提供良好的学习环境。2010 年 9 月，学校多方筹措资金，为每位在编教师购置笔记本电脑 1 台。学校先后获得办学水平评估一级学校、电化教育一类学校、体育达标先进学校、创建园林化学校先进单位等称号。

2001～2010 年市直五小教职工、学生情况

表 24－13

学年度	教职工数	班数	学生人数	毕业生数
2001～2002	45	18	713	135
2002～2003	46	18	624	134
2003～2004	44	18	742	138
2004～2005	45	16	815	139
2005～2006	44	15	792	172
2006～2007	56	18	923	167
2007～2008	56	19	948	127
2008～2009	53	19	937	139
2009～2010	48	20	915	148
2010～2011	47	19	883	155
合计	－	－	－	1454

校园建设

2002 年暑假，石化总厂投资 30 万元对两栋教学楼进行维修。学校移交后，石化总厂通过不同方式，关心、支持学校的建设和发展。

2005 年，因市直五小校园东北角液化气站离家属楼及学校过近，为保证安全距离，经协商，液化气站围墙向学校方向移 24.5 米，占用学校操场 1396.5 平方米。同时，投资 130 万元，修建塑胶跑道、人工草坪足球场、塑胶篮球场、实验室等，进一步改善办学条件，美化校园环境。

教育教学管理

2003 年市直五小移交地方政府后，针对教职工思想上的波动，学校注重队伍稳定工作，保证正常的教学秩序，使学校很快实现平稳过渡。

学校坚持依法办校，以法治校。2002 年下学期，学制由五年制改为六年制，同时，开始从三年级开设英语课。按上级有关部门要求，2004 年开始实行“一费制”，2008 年起免收学杂费。

学校重视教师培训工作，以此来提高教师业务水平，提高教育质量。坚持对全体教师进行教学基本功训练，练习“三字一画”（毛笔字、钢笔字、粉笔字、简笔画）。每学期学校都要组织

教师进行各种形式的公开课活动。在经费许可的情况下，派教师赴全国各地参加学术研讨会，学习先进的教学理念。分别组织23名、35名教师参加第二、第三周期的教师继续教育活动。先后有41名教师通过自学，获得更高一级的学历，教师学历达标率达到100%。

学校重视学生的全面发展。坚持开展“两操两活动”（课间操、眼保健操、第二课堂活动、活动课）。每年召开一次综合性的田径运动会，组织一次元旦长跑活动，对全体学生进行一次健康体质检查。每年组织学生开展迎“六一”系列活动及迎元旦系列活动。组织学生参加奥数班、体操班、美术班、足球队、田径队等，以发挥孩子们的个性特长。

2001年以来，学校共获集体荣誉14项；教师个人共获国家级荣誉10人次，省级荣誉21人次，发表论文、论文获奖、课件制作、公开课等130多篇（节）；学生获奖410人次。

第十二节　洛阳市直第六小学

洛阳市教育局直属第六小学（简称市直六小）的前身是洛阳石化总厂第二小学，2003年10月移交洛阳市政府管理，更名为洛阳市教育局直属第六小学。2010年12月，学校移交至洛阳市吉利区管理。学校两次移交之后，主要招生服务对象仍为洛阳石化的职工子女。

概况

市直六小占地面积2万平方米，建筑总面积6946.24平方米。有河阳新村和三和社区两个校区，河阳新村为总校区。设有实验室、微机室、排练厅、多媒体教室、美术活动室、图书阅览室（藏书2万余册）。

2003年10月，根据洛阳石化总厂与洛阳市人民政府签订的协议，学校移交洛阳市政府管理，教学业务挂靠洛阳市西工区教体局。移交时在校学生1120人，25个教学班，在编教职工54人。2004年12月，经企业与政府再次协商，原来在企业期间办理提前离岗的9名教职工重新复职上岗。2010年12月23日，学校移交至洛阳市吉利区。截至2010年12月，学校在编教职工51人，专任教师50人，其中高级职称1人，中级职称33人；教师学历达标率为100%，其中本科学历31人，大专学历12人；共有18个教学班，855名学生。

2001～2010年市直六小教职工、学生情况

表24－14

年份	班数	秋季开学学生数	7月毕业生		9月招生		教职工数	
			班级	人数	班级	人数	在编	外聘
2001	22	899	3	127	5	184	55	3
2002	23	930	4	157	4	176	55	3
2003	25	1117	4	143	4	186	54	8
2004	21	1160	3	127	3	166	53	5
2005	21	1012	3	167	3	143	53	3
2006	21	976	4	194	3	140	59	4
2007	20	921	4	177	3	131	58	6
2008	19	909	4	179	3	59	56	4
2009	18	854	3	173	3	131	52	4
2010	18	855	3	151	3	142	51	2
合计	–	–	35	1595	34	1458	–	–

德育教育

学校高度重视党风廉政、师德师风建设，规范办学。坚持每周一次的政治学习、业务学习制度；坚持以爱国主义和民族精神教育为核心，重视学生的思想品德教育、行为习惯教育；开展《小学生日常行为规范》和《小学生守则》系列教育活动，少先大队负责组织、落实每天的“红领巾监督岗”、每周“国旗下讲话”、每月一次主题班队会、每个学期一次的“行为习惯教育月”等工作制度；围绕“学雷锋”、“植树节”、“教师节”、“国庆节”、“母亲节”等节日开展专题教育活动；利用春游远足、社区义务劳动、手抄报（板报）展评、主题班（队）会、演讲比赛等形式，对学生进行品德教育。

2001～2010年，坚持每年举行“庆六一发展新队员暨表彰大会”和第二课堂汇报演出。在洛阳市西工区2001年“庆六一”文艺会演中，参评节目获一等奖，单位获组织奖。在洛阳市西工区两级“庆六一”表彰中，有5个班获市级先进班集体，2个班获区级先进班集体，获市优秀

班主任 1 人次，获市优秀辅导员 1 人次，11 人获区优秀辅导员，1 人获区优秀班主任；先后有 20 人被评为市级三好学生或优秀少先队员，13 人被评为区级三好学生或优秀少先队员。

2005 年 4 月，学校开展“为西藏献爱心”捐款活动。12 月，学校师生为贫困地区捐赠过冬衣物两千余件。2006 年 4 月，全体师生举行“扶贫献爱心”捐款活动。2008 年 5 月，63 名教职工和 900 多名学生先后 3 次参加“心系汶川”爱心捐款活动，捐款金额总计 28853.58 元。

教学工作

2003 年 9 月，全国新课程改革开始推行，小学学制由五年制改为六年制。学生所用的教材发生变动，起始年级（一年级）的语文教材由人教版变为语文出版社的 S 版，数学教材由人教版变为西师大版。2005 年 9 月，三至六年级英语教材由人教版变为科普版。此次变动仅限于各学科的起始年级，其他年级继续沿用原版本直到小学毕业。2008 年 9 月，自一年级新生起始，数学教材由西师大版又改回人教版并沿用，二至六年级继续使用原版本至小学毕业。

学校十分重视教学常规管理，坚持执行每期 3 次的教学常规检（抽）查制度，教师课堂教学竞赛作为常规赛事贯穿于每个学期。2006 年，洛阳市西工区教研室推行期末抽考制度，每学期末在语文、数学、英语学科中各抽一个年级参加全区的统一考试，校际间交换监考，全区集中密封阅卷。学校在历次抽考中，3 科成绩均列西工区市直学校前 3 名。2008 年 1 月，六年级数学抽测成绩在西工区 40 余所学校中名列第 1 名。

2006 年，学校承担中央电化教育馆的“十一五”国家教育技术研究重点课题——《汉文华与识字教学相整合及其标准化研究》的子课题研究，实验对象为当时的一至三年级 6 个教学班，2008 年 12 月实验结题。两年多的实验过程中，共上实验课 57 节，课题研讨活动 57 次，回收检测试卷 6000 余份、调查问卷 500 余份，实验课观摩人数达 500 多人次，共撰写教学反思 8 篇、课题实验论文 18 篇、典型课例 57 节、教学设计 57 篇、阶段性总结 6 篇、检测方案 2 个，制作多媒体课件 57 个。在洛阳市电教馆组织的评比中，有 7 篇论文、8 节典型课例、6 篇教学设计、17 个多媒体课件分别获洛阳市级一、二等奖。2008 年 12 月，学校撰写、提交长达 143 页的实验报告。

2007 年 2 月～2008 年 3 月，学校归纳整理“两基”（基本普及九年义务教育、基本扫除青壮年文盲）迎接国家验收资料，并通过洛阳市教育局的检查验收。

2001～2010 年，学校组织教师参加全国中小学教师继续教育第二、三周期的培训及考核。2004 年，38 名教师取得第二周期的培训合格证。2007 年 6 月～2008 年 6 月，48 名教师参加全国教育技术能力等级考试，其中 46 人通过，合格率达 95.8%。2009 年，55 名教师完成第三周期教师教育培训课程。2001～2010 年，先后有 26 名教师通过自考、函授等形式完成学历进修与提升。

10 年间，学校坚持开展公开课、优质课评比，加强岗位练兵，不断提高教师的业务素质和课堂教学水平，先后获市级优质课 21 人次，区级优质课 29 人次。

第二课堂

学校成立美术、体育、音乐等第二课堂兴趣小组，任课教师坚持组织开展活动。每年组织“庆六一”、“迎元旦”文艺演出和学生书画展，坚持召开一年一度的秋季田径运动会和学生体质健康测试。2006 年 4 月，开展阳光体育活动，2008 年 4 月全面普及。

学校坚持开展“安全在我心中、安全在我身边”主题教育活动。每年围绕 3 月的“全国中小

学生文艺演出

学生安全教育周”和9月（11月）的“安全教育月”，组织学生进行黑板报、手抄报、主题队会评比，开展演讲比赛、知识竞赛、消防疏散演练活动。2009年5月，举行“5·12”汶川大地震纪念活动和“防灾减灾”宣传教育活动，组织学生进行防震疏散演练。2010年，聘请吉利区大庆路民警担任安全副校长，聘请吉利区消防支队的警官担任消防安全校外辅导员，定期组织安全法制报告会和消防教育进校园活动。

校园建设

2002年6月，投入1.3万元对总校校门进行维修改造。2003年11月，对学校门牌进行更换。2005年12月，组织施工人员对总校的走廊栏杆进行加高加固。2006年、2007年暑假，先后投资4万余元对三和社区分校一楼的6个教室进行改造维修，更换门窗，室内外墙体贴瓷砖。2007年10月，对三和社区分校教学楼外墙进行修补，并改造整修学校大门。2007年4月，洛阳市财政局拨款30万元，为总校装配1个50座的微机室。2008年7月，洛阳市教育局投资约10余万元，为三和社区分校装配1个实验室。2006年7月，投资1.5万元对教学楼大厅的楼顶进行整修。之后，又分别于2006年8月、2008年5月和2009年4月对教学楼顶层进行3次局部修补，投入资金达4.5万元。2009年4月，筹资1.2万元为教学楼安装避雷带。学校重视校园绿化工程建设和学生的环保教育，并于2005年9月被授予“洛阳市绿色学校”称号，2006年12月被河南省授予“省级绿色学校”称号。

2007年5月，为迎接“两基”验收工作，洛阳市教育局为学校配送4万余元的体育、音乐、美术及实验器材。2007年暑假，市教育局又为学校添置110套课桌椅。学校移交后，洛阳石化通过不同方式，继续关心、支持学校的建设和发展。

教育成果

2001年~2010年12月，学校累计培养小学毕业生1595名。学校先后获河南省绿色学校、河南省优秀家长学校、洛阳市工会工作先进单位等17项省市级荣誉；教师在各级别教学竞赛中获奖105项，其中国家级9人次，河南省级30人次，洛阳市级220人次，区级93人次；学生在各级竞赛活动中获奖406人次，其中国家级48人次，省部级18人次，市级273人次，区级67人次。学校数学竞赛成绩突出，自2004年起，连续7年组织学生参加全国华罗庚金杯少年数学邀请赛决赛，共有90名学生获奖，其中一等奖12人，二等奖44人，三等奖34人，获优秀教练员称号3人次，获优秀辅导奖5人次，学校3次获得优秀组织奖。

第十三节　吉利区中原路派出所

吉利区公安局中原路派出所是上级公安业务部门为加强基层基础建设、理顺公安管理体制而批准成立的公安基层单位，其前身是洛阳石化总厂公安处。

概况

2002年4月，河南省机构编制委员会办公室、河南省公安厅联合印发《关于洛阳石化总厂派出所划归洛阳市公安局建制序列的通知》，将洛阳石化总厂派出所更名为洛阳市公安局吉利分局中原路派出所，划归洛阳市公安局吉利分局建制序列，行使公安机关治安派出所职能，机构规格为正科级，核定编制10人。2004年1月，洛阳市公安局下文明确：中原路派出所负责石化总厂、洛阳分公司厂区以内的110接处警、治安管理及刑事案件。2004年9月3日，中原路派出所挂牌成立，原石化总厂公安处10名工作人员经考试合格转入派出所成为公安民警。

治安防范

由于中原路派出所辖区是洛阳石化生产区，油化纤产品、废钢、废铁等易成为盗窃目标。根据这类案件可防性的特点，中原路派出所对辖区进行划分，由民警分片包干，每天到责任区进行检查走访，了解掌握基层治安状况，指导、督促做好防范工作。坚持网格化巡逻，白天、夜间不定时不定点到厂区巡逻，将重点要害部位、易发案部位作为必巡点；夜间巡逻时开启警灯，震慑违法犯罪分子，增强职工的安全感。调动基层防

民警技能训练

范积极性，建立健全辖区单位治保会，设立专（兼）职治保员，通过定期召开治安形势通报会、与基层单位签订治安责任书、在基层单位设立治安联防员等形式，加强与辖区单位、职工群众的联系，借民力增警力，警民合力，实现全方位防控，努力降低厂区发案率。洛阳石化2005年、2008年装置停工大检修期间，中原路派出所均参加安全保卫工作。特别是2008年大检修时，正值奥运安保工作进入关键时期，为保证洛阳石化的安全，防止恐怖分子袭击，中原路派出所在厂区内设立110警务室，制定洛阳石化反恐保卫工作方案，派民警进驻现场，从5月1日至10月10日驻守洛阳石化，开展24小时全天候、全方位的安保工作，日夜坚守岗位，坚持不间断的巡逻，对重点部位进行蹲守，及时处置突发案事件，调解施工单位之间的矛盾纠纷，开展流动人口清查，完成洛阳石化奥运安保（反恐）工作。

打击违法犯罪

根据上级公安机关部署，结合辖区实际，中原路派出所坚持开展打击“两抢一盗”犯罪专项斗争、“中原卫士杯”破案追逃防控竞赛等活动，主动出击，严厉打击违法犯罪，破现案，打团伙，抓逃犯。2008年6月，经过侦查，破获“5·29”盗窃检修所用钢管的案件，抓获犯罪嫌疑人8名，追缴赃款赃物价值20余万元。2010年5月，抓获盗窃石油焦的犯罪嫌疑人3名，经过审讯深挖、外地追逃，历时半年，将参与盗窃的8名犯罪嫌疑人全部抓获归案，使这一涉案价值40余万元的案件顺利告破，有力打击了违法犯罪，净化了厂区治安环境。2004年9月～2010年12月，中原路派出所共破获刑事案件84起，抓获处理犯罪嫌疑人91名；受理治安案件104起，调解86起，查处18起，治安处罚43人；抓获网上逃犯23人。厂区发案连年下降，2004年以后发案由两位数降到一位数。

稳定工作

中原路派出所密切关注企业改革进程，及时做好矛盾纠纷的排查化解工作，确保企业大局稳定。参与处置2005年3月协解职工集体上访事件和2005年9月三线农转非家属工集体上访事件。全所民警始终站在稳定工作第一线，对重点人员主动登门看望，对个别生活有困难的人员作为扶助对象捐款捐物。民警们以自己支持企业改革、离开企业公安处进入地方公安机关的亲身经历为切入点，讲企业改革的必然性、必要性，宣讲信访条例、治安管理处罚条例等法律法规，严肃指出聚众上访的危害性，申明利害关系，引导重点人员参加再就业招聘，帮助家庭困难人员申请低保。通过民警们的真心交流、真诚帮助，赢得职工家属的信任，从而逐步化解矛盾，消除影响，维护企业稳定大局。

派出所召开辖区单位座谈会

（责任编辑　刘　勇）

第二十五章　人　物

人物传记为已故厂级领导、全国“五一”劳动奖章获得者立传；对厂（分公司）级领导及获得国家、河南省、中石化集团公司劳动模范和全国、河南省“五一”劳动奖章获得者作人物简介；对厂（分公司）级领导干部、具有教授级专业技术职务人员和享受国务院特殊津贴的专家列人物名表；厂长助理、副总师、处级领导干部以及具有高级技术专业职称人物列人物名录；参加全国、河南省、洛阳市党代表大会代表、人民代表大会代表、政治协商会议委员、工会（会员）代表大会代表、共青团代表大会代表列名录。

人物包括人物传记、人物简介、人物名表、人物名录和各级组织代表大会代表（委员）名录。

第一节　人物传记

人物传记为 2001～2010 年去世的厂（分公司）级领导干部、全国“五一”劳动奖章获得者立传。

初万祥（1925～2005），汉族，辽宁省丹东市人。1962 年 4 月加入中国共产党。1949 年 3 月毕业于东北大学预科班，1949 年 4～8 月在吉林省教育厅政治轮训班学习，同年 8 月参加工作。历任抚顺石油十厂技术员、副科长、兰州炼油厂机动处副主任、长岭炼油厂生产组副组长、组长、副厂长、党委副书记。1978 年 4 月调入河南炼油厂建设指挥部。先后任中共河南炼油厂委员会副书记、河南炼油厂建设指挥部副指挥长、指挥长、厂长。1984 年 1 月，任洛阳炼油厂厂长、党委副书记。1984 年 6 月退居二线，任洛阳炼油厂顾问。1987 年 7 月离职休养。

初万祥一生奋斗在我国石油石化战线，为我国的石油石化工业作出贡献。到洛阳工作后，在艰苦的环境下，带领广大职工开始河南炼油厂的筹建和项目会战。1980 年，500 万吨/年炼油项目缓建后，他心系企业，不辞辛劳，辗转国家有关部委和地方政府，介绍 100 万吨/年渣油催化裂化缓建维护方案，争取各方支持，并最终得到国家批准建设，开启洛阳石化建设的新历程。

2005 年 6 月 5 日，初万祥因病在北京安贞医院去世，终年 80 岁。

尚文章（1925～2001），汉族，江苏省铜山县人。1956 年 5 月参加工作，1958 年 5 月加入中国共产党。历任兰州炼油厂汽车队副队长、队长、兰州炼油厂革命委员会供管组组长、供应处党支部副书记、副处长、兰州炼油厂党委委员、常委、革命委员会副主任。1978 年 1 月～1985 年 4 月，历任河南炼油厂建设指挥部党委常委、副指挥长，洛阳炼油厂副厂长、工会主席。1985 年 4 月退居二线，任调研员。1986 年 6 月退休。

在兰炼工作期间，多次被兰州炼油厂和甘肃省评为先进生产者和先进工作者。1965 年被命名为石油工业部标兵，1978 年被石油化学工业部授予“全国石油工业战线学铁人标兵”称号。

在洛阳工作期间，尚文章经常深入现场了解施工组织和工程进度情况，确保工程建设和开工投产的物资供应。尚文章工作踏实，生活俭朴，平易近人。退居二线后，仍心系企业，发挥余热。

2001年2月28日，尚文章因病在洛阳石化医院去世，终年76岁。

高 士（1915～2005），汉族，浙江省海宁市人。1956年10月加入中国共产党，1956年被评为国家三级工程师。1935～1939年，在清华大学理学院化学系学习。毕业后历任重庆国民政府兵工署技术司技术员、资源委员会甘肃省油矿局助理工程师。1945年春调到玉门，任玉门油矿工程处炼务室工程师、室主任。1953年调北京石油设计局工作，任工程师、室主任。1956年任石油部北京炼油设计院副总工程师。1965年任抚顺炼油厂工程建设公司副经理、总工程师。1972年调石油部洛阳炼油设计研究院，任翻译、技术室主任。1977年3月，借调到济源炼油厂筹建处工作。1978年10月任河南炼油厂建设指挥部总工程师。1980年8月，任河南炼油厂建设指挥部副指挥长、总工程师。1984年1月任洛阳炼油厂总工程师。1984年6月退居二线，任洛阳炼油厂基建总顾问。1987年7月按离休待遇退休。

高士建国前参加玉门炼油厂蒸馏裂化、常压蒸馏、减压蒸馏、离心去蜡、溶剂回收等装置的建设、试运投产工作。建国后，参加兰州炼油厂、大庆炼油厂、南京炼油厂、茂名炼油厂等新建炼油厂的设计工作，参与抚顺石油二厂、石油五厂、石油七厂、石油一厂、上海炼油厂等老炼油厂的扩建设计工作。曾受石油工业部委派，4次去欧洲洽购成套炼油设备。在河南炼油厂开工建设和缓建期间，在100万吨/年渣油催化裂化工程建设中，主持解决一系列技术难题。

高士是我国石油石化行业的资深专家，为中国的石油化学工业尤其是炼油工业作出突出贡献。1956年5月，高士被石油工业部授予“先进生产者”称号。

高士曾当选中国石油学会理事、河南省石油学会副理事长、河南省能源研究会副理事长。1980年、1984年两次当选洛阳市人大代表、洛阳市人大常委会委员，1983年当选河南省人大代表，1984年当选洛阳市吉利区首届人大代表。

2005年1月14日，高士因病在洛阳石化医院去世，终年90岁。

王 磊（1962～2005），汉族，河南省邓州市人。1985年8月参加工作，1988年3月加入中国共产党。1985年8月～1996年7月为洛阳炼油厂机修分厂铆焊队电焊工。1996年7月～2005年5月，历任隆惠公司压容车间副主任、铆焊一队队长、一分公司经理。1986年10月，一次考取12项电焊工合格证，被洛阳炼油厂授予“岗位成才典范”称号。1988年，在全厂第二届技术大比武中获电焊第1名。1990年在洛阳市青工大比武中获电焊第3名。1992年在全国焊接大比武中获洛阳赛区第1名，代表河南省参加全国决赛，获全国第17名、河南省第1名。同年，被洛阳石化总厂破格评为工人技师。

王磊在20年的工作中，兢兢业业，任劳任怨，受到企业和政府的多次表彰。他曾2次被评为石化总厂“十佳人物”，1990～1992年连续3年被总厂党委授予“优秀共产党员”、“模范共产党员”称号，1993年被授予洛阳市劳动模范称号。1999年被授予河南省劳动模范称号。2001年5月获全国“五一”劳动奖章。

王磊多次参加装置大检修和装置抢修工作。在300万吨/年工程会战、500万吨/年工程改造、1991年“12·5”火灾后的抢修、5万立方米储罐建设、2万立方米气柜建设等抢修和大型工程施工中，率先垂范，勇挑重担。王磊多次带队到山东青州、大连北良港、湖南长岭、湖北荆门、江西九江和济南炼油厂等地参加装置检修和工程建设，受到检修和工程建设单位的好评。

2005年5月24日，王磊因交通事故去世，终年43岁。

李宗鸿（1925～2010），汉族，河南省济源市人。1947年6月加入中国共产党，被群众选为农会主席，同年10月参加中国人民解放军，先后在中国人民解放军第三十八军、第五十七师一七零团，担任班长、副排长、排长、副指导员、指导员。1952年，响应祖国号召，随部队整体转业到石油战线，其所在部队奉命改为石油一师一团，李宗鸿先后担任石油一师一团警卫连政治指导员、团部组织科组织干事、一营教导员。1953年10月随部队转入中央燃料工业部石油钻探局，任劳资股、人事股股长等职务。1955年12月调入青海石油勘探局，先后担任监察室副主任、茫崖钻井处组织部副部长、马海大队工会副主席、冷湖钻井处一大队党总支书记、勘探处党委副书记、勘探处处长、青海石油管理局副局长等职务。

1982年6月，调入河南炼油厂，担任顾问职务，分管行政后勤工作。1983年7月，根据工作需要，李宗鸿兼任河南炼油厂生活劳动服务公司党委书记、经理。1987年7月，李宗鸿离职休养。

李宗鸿长期在石油石化行业工作，为新中国石油石化事业的发展建设作出贡献。在青海工作期间，他身处海拔3000多米的柴达木盆地，亲自带队，寻找饮用水源，开办种粮农场，先后主持开辟马海农场、水源农场，为会战大军改善生活条件、为“甘青藏”石油大会战的后勤保障和石油勘探作出贡献。调入河南炼油厂后，分管行政后勤工作，精心安排，严谨细致，身体力行，尽职尽责，为洛阳石化的建设、开工和行政后勤工作作出贡献。

2010年6月15日，李宗鸿因病在洛阳石化医院去世，终年85岁。

第二节　人物简介

人物简介对2001～2010年任职的厂（分公司）级正副职领导、全国劳动模范、全国“五一”劳动奖章获得者、河南省和中国石化集团公司劳动模范、河南省“五一”劳动奖章获得者等作简要介绍。

厂级领导干部

贾保顺　汉族，1946年4月生，河南省柘城县人，中共党员，教授级高级政工师。1970年7月毕业于北京石油学院钻探专业。历任长庆油田二团宣传干事、长庆油田一分部党办秘书、分部钻井处政治处副主任。1978年11月，调入河南炼油厂建设指挥部，历任物资供应处计划员、洛阳炼油厂党委办公室秘书。1984年6月，先后任洛阳炼油厂党委副书记、纪委书记、副厂长。1995年4月，任洛阳石化总厂党委书记。2000年8月，任洛阳石化总厂党委书记，洛阳石化总厂、洛阳分公司协调委员会委员。2003年5月任中石化股份有限公司洛阳分公司代表。2004年12月调任河南省国有资产监督管理委员会副主任。

1991年获河南省石油化工系统1990～1991年度优秀思想政治工作者称号，1997年被评为中国石化总公司安全生产先进管理者，2003年1月当选第十届全国人民代表大会代表。

王富龙　汉族，1945年4月生，河南省临颍县人，中共党员，高级工程师。1969年8月毕业于西安石油学院石油炼制专业。1970年在湖南长岭炼油厂任技术员、助理工程师、工程师。1982年9月调入河南炼油厂，历任车间主任、安全处处长、计划处处长、基建指挥部常务副指挥长。1995年4月，任洛阳石化总厂副厂长，1996年6月任厂长。2000年1月，任中国石油化工股份有限公司洛阳分公司经理，同年8月任洛阳石化总厂、洛阳分公司协调委员会主任。2001年12月调任中石化济南炼油厂厂长。

1996年被评为中国石化总公司先进生产者，1998年1月当选第九届全国人民代表大会代表，1999年被授予河南省劳动模范称号，2000年被授予全国劳动模范称号。

郑怀杰　汉族，1949年6月生，河南省济源市人，中共党员，高级工程师。1969年~1972年为青海石油管理局工人。1975年10月毕业于天津大学石油化工专业，在青海石油管理局任技术员。1978年9月调入河南炼油厂建设指挥部，历任化验车间助理工程师、厂党委组织部副部长、人事处副处长。1989年任聚丙烯厂厂长。1995年4月，任洛阳石化总厂副厂长。2000年8月，任洛阳石化总厂厂长，洛阳石化总厂、洛阳分公司协调委员会委员。2004年6月调任中国石化洛阳石化工程公司党委书记。

1993年被评为洛阳石化总厂“骏马杯”十佳人物，1994年被评为河南省重点建设先进工作者，同年被授予河南省劳动模范称号。

王治卿　汉族，1962年3月生，河南省原阳县人，中共党员，教授级高级工程师。1983年8月毕业于华东石油学院炼制系炼油工程专业。1983年8月~1996年6月，历任洛阳炼油厂（洛阳石化总厂）一联合装置车间操作工、班长、技术员、二联合装置车间副主任、工程师、主任、主管工程师、高级工程师、洛阳石化总厂化纤工程筹建处综合技术部副主任、石化总厂化纤厂筹备组副组长、洛阳石化总厂副总工程师、石化总厂化纤厂厂长。1999年6月任洛阳石化总厂总工程师。2000年1月任中石化股份公司洛阳分公司副经理、总工程师。2001年12月~2006年10月任洛阳分公司经理。其间，2005年7月任中国石化广西炼油项目筹备组组长。2006年10月调任中国石油化工股份有限公司九江分公司经理。

1992年，被评为中国石化集团公司“优秀青年知识分子”，2001年，被河南省总工会、河南省经贸委评为“河南省新产品开发带头人”。

魏文波　汉族，1951年12月生，河北省唐县人，中共党员，教授级高级政工师、高级工程师。1975年6月毕业于天津大学高分子材料专业。历任天津石油化纤筹备处设计组技术员、天津石化公司化工厂生产技术科副科长、生产部副部长、技术科科长、二甲酯车间主任、副总工程师、副厂长、厂长，中国石油化工股份有限公司天津分公司副经理、天津石油化工公司副经理、党委常委。其间，1976年1月，在天津石油化纤总厂化工厂外语培训班学习，1986年9月~1987年9月，考取国家教委公费留学生赴西德亚琛工业大学留学。2004年6月，任洛阳石油化工总厂厂长、党委书记、中石化股份公司洛阳分公司代表。2006年9月后，任中石化股份公司洛阳分公司经理、总经理、党委书记，中石化资产公司洛阳分公司经理、总经理。2009年9月，任中石化股份公司洛阳分公司党委书记。

1985年3月被评为天津石油化工公司“劳模先进人物”，1990年1月获天津市“七五”劳动奖章，2000年12月被评为中石化集团公司“有突出贡献的科技和管理专家”，2010年8月，主持《实施“三位一体”，控制施工风险》成果，被审定为中石化集团公司管理现代化创新成果一等奖。2008年8月被评为河南省节能减排先进个人。2006年10月当选为中共河南省第八届代表大会代表，2006年12月当选为中共洛阳市第九届委员会委员，2008年1月当选为第十一届全国人民代表大会代表。2011年8月，当选河南省第九次党代会代表。

赵振辉　汉族，1962年12月生，河北省辛集市人，中共党员，教授级高级工程师。1983年7月毕业于河北工学院化工系石油炼制专业。1983年7月~1991年3月，先后任洛阳炼油厂催化车间助理工程师、技术处工程师、生产调度室工程师。1991年3月~2000

年4月，任洛阳石化总厂技术处工程师、技术处副处长、炼油厂副厂长。2000年4月～2003年3月，任洛阳分公司炼油厂副厂长兼总工程师、厂长。2003年3月任中石化洛阳分公司副经理，2008年12月任洛阳分公司副总经理，2009年9月任洛阳分公司总经理、中石化资产公司洛阳石化分公司总经理，中石化股份公司洛阳分公司党委副书记。

2001年9月～2004年5月，北京化工大学硕士班在职学习。2005年3月～2009年6月，西安交通大学化学工程专业在职学习，获博士学位。

2000年获中国石化集团公司“有突出贡献的科技和管理专家”称号，同年获教育部科技进步二等奖。2009年12月，主持《石脑油催化重整成套技术的开发与应用》获国务院科技进步一等奖。2001年3月被洛阳市人民政府授予劳动模范称号，2004年4月，被河南省人民政府授予劳动模范称号。同年7月，被河南总工会、河南省质量技术监督局等单位授予“河南省质量技术管理小组活动卓越领导者”称号。

郭海泉 汉族，1945年2月生，河南省襄城县人，中共党员，高级工程师。1970年4月毕业于西安石油学院炼制系，历任湖南长岭炼油厂焦化车间技术员、副指导员、副主任。1982年9月～1984年6月任洛阳炼油厂催化车间副主任。1984年6月任洛阳炼油厂副厂长。2000年1月任洛阳石化总厂副厂长、洛阳分公司副经理。2003年3月退居二线，任洛阳石化总厂调研员，2005年2月退休。

路玉堂 汉族，1943年5月生，山西省阳泉市人，中共党员，教授级高级经济师。1968年11月毕业于西安石油学院。历任长岭炼油厂政工组秘书，政治部副主任、主任，洛阳炼油厂厂办副主任、企业管理处副处长、副总经济师。1989年11月任洛阳炼油厂总经济师、洛阳石化总厂总经济师，1995年4月任洛阳石化总厂副厂长。2001年12月退居二线，任洛阳石化总厂调研员，2003年5月退休。

曾佳拥 汉族，1947年9月生，广东省五华县人，中共党员，工程师。1969年7月毕业于广东石油学校炼制专业。1969年7月～1982年9月任湖南长岭炼油厂班长、统计员。1982年9月～1990年12月，历任洛阳炼油厂催化车间班长、副主任、主任、党支部书记，总调度室总调度长。1991年1月任洛阳炼油厂副厂长，2000年1月任洛阳分公司副经理，2005年12月退居二线，任洛阳分公司调研员，2007年9月退休。

孙春刚 汉族，1945年1月生，河南省禹州市人，中共党员，高级工程师。1968年12月毕业于西安石油学院石油炼制系。历任湖南长岭炼油厂研究所课题组长，洛阳炼油厂催化车间助理工程师、工程师，洛阳炼油厂技术处副处长、计量节能处副处长、总工程师办公室主任、计划处处长，洛阳石化总厂化纤筹建处副总工程师。1995年4月任洛阳石化总厂总经济师。2000年1月任洛阳分公司副经理，2003年3月退居二线，任洛阳分公司调研员，2005年1月退休。

党力强 汉族，1964年11月生，河北省昌黎县人，中共党员，高级工程师。1986年7月毕业于抚顺石油学院石油加工专业。先后任洛阳石化总厂二联合车间助理工程师、工程师、主管工程师、副主任、主任，洛阳石化总厂总调度室副调度长、开工办主任，石化

总厂党委组织部（干部处）部长（处长）。1999年6月任石化总厂党委副书记、纪委书记。2003年3月调任中国石化天津石化公司党委副书记、纪委书记、工会主席。

吕中品 汉族，1947年8月生，山东省菏泽市人，中共党员，教授级高级工程师。1970年7月毕业于北京化纤工学院化纤专业。历任南京化纤厂技术员、助理工程师，仪征化纤公司涤纶一厂纺丝车间副主任、主任，仪征化纤公司涤纶二厂总工程师，仪化公司涤纶五厂厂长、党委书记，仪化公司涤纶三厂厂长。1999年6月任洛阳石化总厂副厂长、石化总厂化纤厂厂长，2000年任洛阳分公司副经理。2002年自动离职。

裴春旺 汉族，1959年1月生，河南省伊川县人，中共党员，高级政工师。1982年7月毕业于洛阳师范专科学校中文专业。历任洛阳炼油厂工会教师，团委副书记、书记，石化总厂六联合车间党支部书记，石化总厂党委组织部（干部处）副部长（副处长）、部长（处长）。1998年4月任石化总厂炼油厂党委书记、纪委书记、工会主席。2000年8月任石化总厂工会主席，2003年3月任石化总厂党委副书记、纪委书记。2006年9月调任中国石油化工股份有限公司塔河分公司党委书记。

韩剑敏 汉族，1957年12月生，河南省栾川县人，中共党员，教授级高级工程师。1982年8月毕业于郑州工学院化工系基本有机化工专业。历任洛阳炼油厂催化车间助理工程师，一联合车间工艺组组长、工程师、主管工程师，洛阳石化总厂技术处副处长、处长，技术开发处处长，石化总厂副总工程师。2001年12月任洛阳分公司副经理。2004年6月调任中国石化海南炼化有限责任公司副总经理。

廉金社 汉族，1956年10月生，河南省封丘县人，中共党员，政工师。1980年12月毕业于河南汲县师范学校文科专业。1980年12月～1983年12月任封丘中学教师。1983年12月～1990年12月，历任洛阳炼油厂党委组织部干事、党委办公室秘书、党委工作部综合科科长、党办主任科员。1990年12月～2001年12月，历任石化总厂党办副主任、主任，厂长办主任、党总支书记，洛阳分公司经理办主任，石化总厂厂长助理。2001年12月任洛阳石化总厂副厂长。2007年6月任中石化股份公司洛阳分公司副经理、中石化资产公司洛阳石化分公司副经理。2008年12月任中石化股份公司洛阳分公司副总经理、中石化资产公司洛阳石化分公司副总经理。2010年11月任中共中国石油化工股份有限公司洛阳分公司委员会常委。

1994年9月～1997年7月，河南省委党校行政管理专业在职学习。1998年10月～2000年12月，香港公开大学工商管理专业在职学习，获硕士学位。

王治平 汉族，1964年2月生，河南省许昌市人，中共党员，高级政工师。1981年8月毕业于兰州石油学校仪表专业，1981年8月～1985年9月，先后在洛阳第二炼油设计院、洛阳炼油厂仪表车间任技术员。1985年9月～1987年7月，在陕西干部管理学院劳动经济专业学习。1987年7月～2000年5月，历任洛阳炼油厂人事处工资科干事、石化总厂劳资处工资科副科长、副处长、处长。2000年5月～2003年3月，任洛阳分公司人力资源处处长。2003 年 3 月任洛阳石化总厂党委副书记、工会主席。2006 年 9 月任洛阳石化总厂党委副书记、纪委书记、工会主席。2007 年 7 月，任中石化股份公司洛阳分公司党委副书记、纪委书记、工会主席。

1996 年 8 月 ~ 1998 年 12 月，中央党校经济管理专业在职学习。2006 年 10 月 ~ 2008 年 12 月，西安交通大学工商管理专业在职学习，获硕士学位。

郑国栋 汉族，1965 年 9 月生，河南省延津县人，中共党员，教授级高级工程师。1987 年 7 月毕业于西北大学化工系化学工程专业。历任洛阳炼油厂五联合车间技术员，洛阳石化总厂化纤筹建处综合技术部化工组组长，洛阳石化总厂化纤工程建设指挥部采购部主任、施工管理部主任、PX 项目部经理，洛阳石化总厂工程建设监理公司副总经理、工程质量监督部副站长，洛阳石化总厂化纤厂化工部主任、党支部书记，洛阳石化总厂化纤厂生产技术部主任，洛阳分公司技术处副处长，洛阳石化总厂生产处处长，洛阳石化总厂副总工程师。2003 年 3 月任洛阳石化总厂副厂长，2007 年 6 月任股份公司洛阳分公司副经理，2008 年 12 月任副总经理。2009 年 9 月辞职。

杜平安 汉族，1963 年 10 月生，河南省渑池县人，中共党员，教授级高级经济师。1987 年 7 月毕业于西北大学化工系化学工程专业。历任洛阳炼油厂设计所技术员、总工办技术员，洛阳石化总厂化纤工程筹建处技术组组长、经济合作部副主任。洛阳石化总厂工程建设公司经济合作部副主任、施工管理部副主任，1997 年 11 月，任洛阳石化总厂化纤厂聚酯部主任、党支部书记。2000 年 9 月，任洛阳石化总厂计划经营处副处长。2001 年 6 月，任洛阳石化总厂党委组织部副部长、人事处副处长，2002 年 1 月，任洛阳石化总厂化纤产品销售处处长。2003 年 3 月任洛阳石化总厂副厂长。2007 年 6 月任中石化股份公司洛阳分公司副经理，2008 年 12 月任副总经理。

2006 年 9 月 ~ 2011 年 11 月，华东理工大学化学工程与工艺专业在职学习，获博士学位。

王鑫武 汉族，1961 年 2 月生，山西省稷山县人，中共党员，教授级高级工程师。1983 年 8 月毕业于大庆石油学院机械系炼油化工机械专业。历任洛阳炼油厂钳工车间技术员、副主任，洛阳石化总厂机泵维修中心副主任、主任，洛阳石化聚丙烯厂副厂长，洛阳石化总厂机动处副处长、三隆公司副经理，洛阳石化总厂副总工程师、洛阳分公司副总工程师。2003 年 3 月任洛阳石化总厂副厂长。2007 年 6 月任中石化股份公司洛阳分公司副经理，2008 年 12 月任副总经理。2010 年 11 月任中共中国石油化工股份有限公司洛阳分公司委员会常委。

2003 年 4 月 ~ 2005 年 7 月，华中科技大学工业工程专业在职学习，获硕士学位。

况成承 汉族，1966 年 9 月生，安徽省萧县人，中共党员，高级工程师。1989 年 6 月毕业于兰州大学有机化工专业。1989 年 6 月 ~ 2003 年 5 月，历任洛阳石化聚丙烯公司聚合车间主管工程师、副主任、主任、聚丙烯公司副经理、经理。2003 年 5 月 ~ 2006 年 5 月任洛阳石化总厂副总工程师。2006 年 5 月 ~ 2007 年 3 月任洛阳分公司经理助理。2007 年 3 月 ~ 2010 年 11 月任洛阳分公司经理助理、生产调度处处长。2010 年 11 月，任洛阳分公司副总经理、助理、生产调度处处长。2010 年 11 月任中共中国石油化工股份有限公司洛阳分公司委员会常委。

2005 年 3 月 ~ 2007 年 7 月，美国休斯敦大学全

球能源管理专业在职学习，获工商管理硕士学位。

李恩忠 汉族，1962年12月生，黑龙江林口县人，中共党员，高级经济师。1984年7月毕业于华东石油学院油田自动化专业。1997年7月华中理工大学西方经济学专业硕士研究生毕业。历任大庆乙烯联合化工厂自动化处五车间技术员，大庆石化总厂五车间技术组长、仪修厂生产技术科计划员、副科长，大庆仪修厂远东仪表工业公司副经理、经理，大庆石化总厂仪修厂仪修车间副主任。1995年8月～1997年7月，在华中理工大学西方经济学专业脱产学习，获经济学硕士学位。1997年7月～1998年12月任大庆石化总厂审计处干部。1998年12月～2010年11月，先后任中石化集团公司审计局投资项目处高级经济师、副处长、处长，重大项目审计处处长。2010年11月任洛阳分公司总会计师、中共中国石油化工股份有限公司洛阳分公司委员会常委。

全国劳动模范 全国“五一”劳动奖章获得者

宋克俊 汉族，1969年10月生，河南省偃师市人，中专学历。1990年毕业于洛阳炼油厂职工学校炼油专业。1990年9月～1998年3月在洛阳石化总厂催化车间任操作工。1998年3月调入芳烃车间工作，任班长。

2001年获洛阳石化总厂第12届技术比武一等奖并被授予“洛阳石化总厂技术尖子”称号。2002年被评为洛阳石化总厂有突出贡献的中青年技术骨干、技术能手。2003年获“洛阳市十大能工巧匠”称号，同年获洛阳市“五一”劳动奖章。2004年被中国石化集团公司授予劳动模范称号。2005年被国务院授予全国劳动模范称号。

何宏凯 汉族，1969年11月生，河南省孟津县人，中专学历，仪表维修技师。1989年从洛阳炼油厂职工学校仪表专业毕业，同年8月进入三隆公司。1999年6月任化纤维修车间仪表班班长。曾获“优秀团员”、大检修“英勇青年突击手”、“先进个人”、化纤工程建设第三战役“会战勇士”、“设备维修能手”称号，在洛阳石化第八届、第十一届大比武中获仪表专业第2名，2003年被洛阳市总工会授予洛阳市首届“技术工人十杰”称号，2004年获全国“五一”劳动奖章。

盛玉敏 汉族，1969年9月生，山东省聊城市人，中专学历。1986年12月参加工作，化验一车间化验工。2004年获洛阳分公司技术比武一等奖。2005年9月获“河南省油品分析工技能大赛”第1名，同时获河南省油品分析工技能大赛“优秀选手”称号，河南省总工会授予河南省“五一”劳动奖章。同年被评为洛阳石化“十佳人物”。2006年3月，获“河南省技术能手”称号。同年被洛阳市评为“洛阳市女职工建功立业标兵”，2007年获全国“五一”劳动奖章。

河南省劳动模范
河南省“五一”劳动奖章获得者
中国石油化工集团公司劳动模范

李 林 汉族，1961年10月生，吉林省榆树市人，中共党员。教授级高级工程师。1982年毕业于郑州工学院有机化工专业，1982年8月～1991年2月任洛阳炼油厂一联合车间助理工程师、工程师。1991年2月～1994年5月任洛阳石化总厂四联合车间副主任、主管工程师。1994年5月～1996年9月任洛阳石化总厂拉膜厂副厂长。1996年9月～1998年4月任洛阳石化总厂环保处副处长，1998年4月，任石化总厂技术开发处副处长，1999年7月任石化总厂技术中心副主任，2000年9月～2003年9月任洛阳分公司技术开发处处长。2003年9月任洛阳分公司副总工程师。

2001年获河南省“五一”劳动奖章，2004年获中石化集团公司有突出贡献专家称号。

林来信 汉族，1968年2月生，河南省宜阳县人，中共党员，高级工程师。1991年7月毕业于石油大学生产过程自动化专业。1997年5月～2003年8月历任维修公司仪表车间主管工程师、化纤厂聚酯部副主任、短丝部副主任。

2002年获河南省“五一”劳动奖章。

杨志强 汉族，1969年6月生，河南省固始县人，中共党员。1991年毕业于兰州石油学校炼油工艺专业。1991年7月起在洛阳石油化工总厂二联合车间工作，历任车间技术组组长兼安全工程师、党支部副书记、书记。2001年11月～2006年2月，历任洛阳分公司四联合车间党支部书记、主任。2006年2月～2009年8月，任洛阳分公司焦化车间主任。2009年8月，任洛阳分公司安全环保处副处长。

2001年获河南省“百名一线技术英杰”，2002年获河南省“自学成才先进个人”、河南省“张玮式创新能手”、河南省“五一”劳动奖章，2003年获中国石化集团公司“青年岗位能手”称号。

刘娟子 汉族，1967年8月生，河南省渑池县人，中共党员，工程师。1990年毕业于西北大学化工系。1990年7月起在洛阳石油化工总厂二联合车间工作。1991年10月调入洛阳石化聚丙烯有限责任公司造粒车间工作。2004年11月至今在洛阳石化聚丙烯有限责任公司设备材料科工作。

1998年被评为洛阳石化“优秀女工”，1999年度被授予洛阳石化“五朵金花”称号，2000年获洛阳市“花城巾帼明星”、“十佳青年岗位能手”、“五一”劳动奖章和中国石化集团公司“青年岗位能手”称号。2002年获河南省“五一”劳动奖章。

刘乃庸 汉族，1951年3月生，辽宁省海城市人，中共党员。1969年12月～1988年9月在石油部第一建设公司工作，历任石油部第一建设公司二处班长、副队长、队长、工程处副主任。1988年9月调入洛阳炼油厂机修分厂铆焊队担任队长。1993年11月～2004年5月，历任隆惠公司副经理、经理。2004年5月，隆惠公司改制后，任董事长、总经理。2006年1月任党委书记。2009年5月连任董事长、党委书记。

1995年被评为洛阳石化“十佳人物”。1996年被评为洛阳市“文明建设百星人物”，同时获洛阳市“五一”劳动奖章。2004年2月获中国石化集团公司“优秀项目经理”称号，同年4月被河南省人民政府授予劳动模范（先进工作者）称号。

梁安民 汉族，1962年11月生，河南省鄢陵县人，中共党员。1985年毕业于西北工业大学热能工程专业，1985年9月～1996年11月，在新疆独山子石化总厂热电厂工作，历任班长、值长、锅炉分场技术员、生产技术科副科长、科长。1996年11月调入洛阳石化基建工程指挥部动力项目部，历任工程师、副经理。2000年4月，任洛阳分公司热电站主任，2010年7月，任洛阳分公司机动处副处长。

2004年6月获河南省“优秀共产党员”称号，2004年9月获中国石油化工集团公司劳动模范称号。

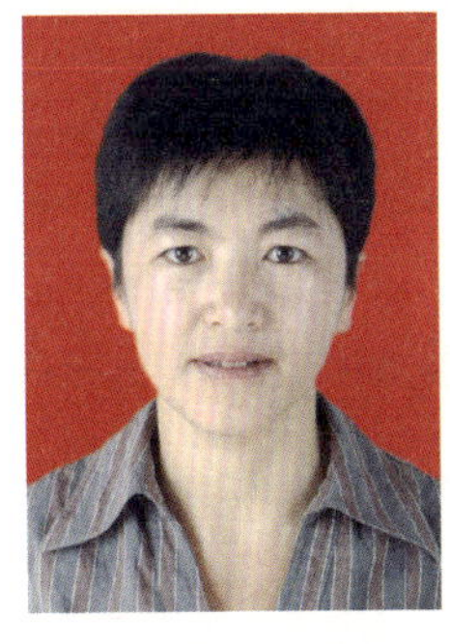

经秋霞 汉族，1975年9月生，黑龙江省嫩江县人，中共党员，大专学历，工程师。1998年毕业于广东石油化工高等专科学校自动化系。1998年7月起在中国石油化工股份有限公司洛阳分公司热电站任电气运行第二值班员，2000年5月～2005年8月任第一值班员，2005年8月起任热电站班长、工程师。

2006年当选洛阳分公司“十佳人物”。2007年获洛阳市“五一”劳动奖章。2009年被河南省人民政府授予劳动模范称号。

夏立军 汉族，1968年6月生，河北省易县人，中共党员，中专学历，中级技师。1988年洛阳炼油厂技校毕业。1988～1990年在七联合车间隔油、生化岗位当操作工。1990年起任七联合车间运行班班长。

2002年被评为洛阳石化首批享受特殊津贴的211工程“技术能手”。2004年获洛阳石化“十佳人物”称号。2005年被洛阳市人民政府授予劳动模范称号。2008年当选奥运火炬手。2009年被河南省人民政府授予劳动模范称号。

王绪海 汉族，1969年10月生，河南省新乡市人，中共党员，党校大专学历，高级技师。1986年12月参加工作，历任洛阳炼油厂催化车间操作工、一操、班长。1998年3月调入洛阳石化总厂化工车间任班长。

2006年1月当选2005年度洛阳石化“十佳人物”，4月获洛阳市“五一”劳动奖章，6月被评为中国石化集团公司2005～2006年度“技术能手”。2008年获中国石化集团公司劳动模范称号。

汤杰国 汉族，1967年7月生，河南省南阳市人，硕士学位，中共党员。1989年7月毕业于成都科技大学化学工程专业，2008年6月取得西安交通大学化学工程专业硕士学位。1989年7月～2006年2月在六联合车间工作，历任车间技术员、班长、工程师、副主任、主任等职务。2006年2月原三联合车间与六联合车间整合为三联合车间，任三联合车间主任。2008年10月任能源管理处副处长。

2006年被评为洛阳石化模范共产党员、“十一五”期间科技创新先进个人。2007年当选洛阳石化十佳人物、获洛阳市“五一”劳动奖章。2008年获“洛阳市学术技术带头人”、中国石化集团劳动模范称号。2009年4月获中央企业劳动模范称号。

璩超高 汉族，1979年9月生，河南省洛阳市人，高级技师。1998年毕业于洛阳石化总厂技校。1998年12月～2006年12月，在洛阳三隆安装检修有限公司电气车间二催班工作。2006年12月～2007年10月，在洛阳三隆安装检修有限公司海南项目部工作。2007年10月～2010年，在洛阳三隆安装检修有限公司电气车间试验班工作。

2000年，获洛阳石化第十一届职工技术比武电气维修工第2名。2004年，被评为河南省首届职工技术运动会“技术标兵”。2009年，被评为河南省石化系统“技术标兵”。2009年，获河南省职业技能竞赛化工维修电工比赛第1名。2010年，获河南省“五一”劳动奖章。

第三节　人物名表

一、厂级干部

表 25－1　　厂长、（总）经理、党委书记

姓名	职务	任职时间	备注
贾保顺	党委书记	1995. 04 ~ 2004. 12	石化总厂党委书记
王富龙	厂长、经理	1996. 06 ~ 2001. 12	石化总厂厂长、洛阳分公司经理
郑怀杰	厂长	2000. 08 ~ 2004. 06	石化总厂厂长
王治卿	经理	2001. 12 ~ 2006. 10	洛阳分公司经理
魏文波	厂长、经理、总经理、党委书记	2004. 06 ~ 2009. 09	石化总厂厂长、洛阳分公司经理、总经理、党委书记、中石化资产公司洛阳石化分公司总经理
		2009. 09 ~	洛阳分公司党委书记
赵振辉	总经理、党委副书记	2009. 09 ~	洛阳分公司总经理、党委副书记，中石化资产公司洛阳石化分公司总经理

表 25－2　　副厂长、副（总）经理

姓名	职　务	任职时间	备注
郭海泉	副厂长、副经理	1984. 06 ~ 2003. 03	
曾佳拥	副厂长、副经理	1991. 01 ~ 2005. 12	
路玉堂	副厂长	1995. 04 ~ 2001. 12	
孙春刚	副经理	1995. 04 ~ 2003. 03	
吕中品	副厂长	1999. 06 ~ 2001. 12	
王治卿	副经理	2000. 01 ~ 2001. 12	
韩剑敏	副经理	2001. 12 ~ 2004. 06	
廉金社	副厂长、副经理、副总经理	2001. 12 ~	兼中石化资产公司洛阳分公司副总经理
赵振辉	副经理、副总经理	2003. 03 ~ 2009. 09	
郑国栋	副厂长、副经理、副总经理	2003. 03 ~ 2009. 09	
杜平安	副厂长、副经理、副总经理	2003. 03 ~	
王鑫武	副厂长、副经理、副总经理	2003. 03 ~	
况成承	副总经理	2010. 11 ~	兼经理助理、生产调度处处长

表 25－3 副书记、纪委书记、工会主席

姓名	职 务	任职时间	备注
党力强	党委副书记、纪委书记	1999. 06 ~ 2003. 03	
裴春旺	党委副书记、工会主席	2000. 08 ~ 2006. 09	2003. 03 兼纪委书记
王治平	党委副书记、工会主席	2003. 03 ~	2006. 09 兼纪委书记
赵振辉	党委副书记	2009. 09 ~	

表 25－4 总工程师、总经济师、总会计师

姓名	职 务	任职时间	备注
王治卿	总工程师	1999. 06 ~ 2001. 12	
孙春刚	总经济师	1995. 04 ~ 2001. 12	
李恩忠	总会计师	2010. 11 ~	

二、享受副厂级待遇干部

朱书贞

三、教授级专业技术职务人员

表 25－5 教授级专业技术职务人员

姓名	专业技术职务任职资格	评审时间	备注
杨奎元	主任医师	1998	2005. 09 退休
贾保顺	教授级高级政工师	1999	2004. 01 调出
王治卿	教授级高级工程师	2000	2006. 10 调出
韩剑敏	教授级高级工程师	2000	2004. 07 调出
薛稳曹	教授级高级工程师	2000	2006. 01 退休
赵振辉	教授级高级工程师	2001	
吕中品	教授级高级工程师	2001	2002. 02 自动离职
袁俊业	教授级高级工程师	2001	2005. 01 退休
黄梓友	教授级高级工程师	2001	2006. 03 调出
李 林	教授级高级工程师	2001	2006. 01 调出
路玉堂	教授级高级经济师	2002	2003. 05 退休
叶晓东	教授级高级工程师	2003	2005. 12 调出
刘敬平	主任医师	2003	2006. 05 调出
王鑫武	教授级高级工程师	2004	
杨军忠	教授级高级工程师	2005	2007. 02 调出
李梅喜	教授级高级工程师	2005	2003. 08 改制
侯宗立	主任医师	2005	2006. 07 调出
唐 强	主任医师	2005	
郑国栋	教授级高级工程师	2007	2009. 09 辞职
刘可非	教授级高级工程师	2007	
杜平安	教授级高级经济师	2008	
李 彬	教授级高级工程师	2008	
高国正	教授级高级工程师	2009	
任满年	教授级高级工程师	2010	
魏文波	教授级高级政工师	2011	

四、享受国务院特殊津贴专家

表 25－6 享受国务院特殊津贴专家

姓名	专业技术职务任职资格	评审时间	备注
薛稳曹	教授级高级工程师	1992	2006. 01 退休
吕中品	教授级高级工程师	1992	2002. 02 自动离职
李振兴	高级工程师	1993	2002. 01 退休
孙春刚	高级工程师	1993	2005. 01 退休
袁俊业	教授级高级工程师	1993	2005. 01 退休
陈俊山	高级工程师	1993	2006. 05 退休
王铁民	高级工程师	1997	2003. 11 退休
朱书贞	高级工程师	1998	
王富龙	高级工程师	1999	2002. 01 调出
师恩贵	高级工程师	2000	2005. 02 退休
李 彬	教授级高级工程师	2002	
况成承	高级工程师	2010	

第四节　人物名录

一、厂长助理、经理助理

姓　名	职务	任职时间
廉金社	厂长助理	2000.04～2002.01
师恩贵	经理助理	2000.09～2003.05
汤克勇	厂长助理	2002.03～2003.03
薛亚琳	经理助理	2006.05～2011.04
况成承	经理助理	2006.05～2011.04

二、副总工程师、副总会计师、副总经济师

姓　名	职务	任职时间
吴慎根	副总工程师	1996.09～2003.05
石凤祥	副总经济师	1998.05～2004.08
周向宏	副总经济师	1998.05～2009.02
都丽平	副总会计师	1999.05～2002.10
王鑫武	副总工程师	1999.07～2003.05
韩剑敏	副总工程师	2000.09～2001.12
朱书贞	副总工程师	2000.09～2007.03
袁峻业	副总工程师	2000.09～2003.05
薛稳曹	副总工程师	2000.09～2004.08
韩秀贵	副总经济师	2000.09～2001.06
张　玉	副总经济师	2000.09～2002.04
王安国	副总工程师	2001.06～2004.08
薛亚琳	副总会计师	2001.12～2006.05
郑国栋	副总工程师	2002.11～2003.05
翟家东	副总会计师	2002.12～
刘洪建	副总工程师	2003.05～2008.10
黄梓友	副总工程师	2003.05～2006.03
况成承	副总工程师	2003.05～2006.05
李　林	副总工程师	2003.10～2007.03
李　彬	副总工程师	2007.03～
丁振君	副总工程师	2007.03～
高国正	副总工程师	2007.03～
刘永斌	副总工程师	2008.10～
李志平	副总经济师	2008.12～
李德本	副总经济师	2011.08～

三、享受副总待遇干部

王高社　刘乃庸　张　伦　姬　斌

四、处级干部

丁宝年　丁振君　刁福华　万　雷　于长海
马万顺　尹承玉　文先明　毛克俭　牛文武
王　占　王　钊　王卫东　王世明　王玉台
王克栋　王志峰　王进才　王国权　王国范
王建伟　王建华　王建设　王明堂　王青春
王青堂　王彦召　王恒祥　王海峰　王铁栓
王高社　王清朝　王富山　王治平　王鑫武
付　岷　付成晏　兰国有　冯长周　卢　军
叶国庆　叶晓东　申国军　白作凯　白宏德
白宪廷　白宪法　石继红　乔　宏　乔红中
关银岭　关新国　刘乃庸　刘可非　刘正然
刘永明　刘永斌　刘申光　刘申超　刘志田
刘宝林　刘洪建　刘新学　刘静翔　刘耀宇
孙红军　孙青春　孙晓明　孙勤凤　安顺和
曲　哲　权军胜　权西京　汤杰国　汤雁丽
纪　芒　许　华　何可禹　何耀武　况成承
吴大威　吴建国　吴贤萍　吴海晶　宋平山
张　力　张　帅　张　伦　张　明　张　健
张　锋　张　雄　张中全　张石榴　张臣祥
张克领　张社军　张科印　张荣辉　张家生
张海青　张联合　张静宝　张德亭　张德翔
张世良　张铁祖　张新锁　李　步　李　林
李　涛　李　彬　李大伟　李长林　李汉耀
李华堂　李利克　李均平　李志平　李纯正
李迎春　李学建　李保山　李晓梅　李登军
李新洛　李德文　李德本　杜平安　杜建军
杜治平　杜新闻　杨广举　杨火战　杨发宏
杨生保　杨军忠　杨成葆　杨志强　杨现军
杨秉军　杨奎元　杨炳蔚　杨海青　汪　潮
沈其坤　沈建洛　肖　敏　肖春辉　花学力
苏志文　邵　玉　邹　军　邹　超　陆惠章
陈　方　陈少清　陈吉兴　陈建国　陈俊山
陈善勇　陈喜安　周　军　周　宏　周少华
周丙涛　周宏勋　周宝祥　孟庆军　孟进才
孟春浦　练中建　范和峰　郑卫东　郑运通

郑国栋 郑建军 郑保民 侯建和 宣雅玲
宫 健 段玉红 段君芳 胡清宇 胡智民
赵 鸣 赵 松 赵振辉 赵爱国 赵银亮
赵税宽 郝平常 郝荣刚 剧长华 原崇德
唐军平 姬 斌 席志刚 徐广珍 徐志明
涂新光 秦建国 秦慧敏 耿 武 袁士仲
贾德青 郭 潮 郭丰平 郭伯强 郭建坡
郭彦坡 顾祥万 高 平 高友年 高付生
高国正 高保良 崔 宏 崔 凯 崔久胜
崔长明 崔宽喜 崔晓宇 常六喜 梁万军
梁安民 梁朝科 盛定合 黄天旭 黄玉华
黄梓友 黄智华 程正安 焦海超 谢 忠
廉 庆 廉金社 雷耀彩 靳润月 熊三民
管桂华 翟家东 蔡宏图 滕祖光 潘地培
薛亚琳 冀凤泰 戴 芳 魏世林 魏亚东

五、高级专业技术职务人员

高级工程师

丁平安 丁宏民 丁振君 于立国 于佩岩
于保立 于晓鹏 万金生 万鹏群 卫全华
马万顺 马天庆 马连亭 马 凯 马舒德
马富珍 王卫红 王书敏 王玉台 王延伟
王汝惠 王安国 王 军 王红兵 王志超
王志强 王克栋 王君霞 王国权 王国范
王 育 王宗良 王建伟 王建军 王建设
王建亭 王 珂 王 栋 王胜利 王恒祥
王铁民 王继池 王银定 王彩茹 王清朝
王富龙 牛向东 牛志义 牛新社 甘 敏
石凤祥 石继红 石 琦 叶国庆 田双成
田洪河 田晓宝 史崇堂 代敦平 付书敏
付 平 付占江 付声忠 白志伟 白宏德
冯乃达 冯太明 冯长周 冯常春 边家领
匡孝龙 邢卫东 吉振坡 权军胜 成 科
毕立毅 毕 宏 毕 强 师秀春 师恩贵
曲凡宇 曲 哲 吕有国 吕秀芝 吕初旭
朱书贞 朱自新 朱现卫 朱银在 乔荣山
乔海霞 仵天伦 任世杰 任兰英 任秀权
伊西青 刘公明 刘玉来 刘占希 刘申光
刘丛敏 刘永明 刘永斌 刘光林 刘志业
刘志田 刘 沛 刘炜立 刘建雷 刘树成
刘轶群 刘洛丽 刘洛新 刘 勇 刘海明
刘娟子 刘尊卿 刘富源 刘静翔 刘 震
刘耀宇 闫巧芬 闫招枫 闫晓辉 关 文
关广伟 兴 旺 汤杰国 许长海 阮中伟
纪红进 孙正立 孙秀芬 孙春刚 孙荣召
孙栋良 孙辅济 孙新宇 孙德昌 苏新柱
杜莹华 李中新 李田顺 李成军 李远征
李志远 李 步 李秀海 李玮玮 李武荣
李青竹 李其庆 李凯民 李 炜 李学松
李要文 李 保 李保山 李俊岭 李桂英
李振兴 李晓梅 李 峰 李爱环 李海文
李海潮 李通广 李清松 李朝伟 李瑞红
李新卫 李新民 李新青 李德文 杨广举
杨开书 杨书显 杨世昌 杨玉国 杨宏建
杨英侠 杨学斌 杨炳蔚 杨晓梅 杨海青
杨朝晖 杨 森 肖佐华 肖春辉 肖 敏
吴慎根 吴慧玲 何可禹 何乐林 何先有
何孝莉 何国平 何新平 何继平 余富海
况成承 汪 潮 沈拴希 宋 武 宋更新
张士豪 张广建 张中红 张 文 张玉林
张玉梅 张丙尧 张东升 张冬青 张冬玲
张成海 张仲明 张克君 张克勤 张志刚
张作珍 张怀义 张灿强 张妍青 张武星
张英年 张国政 张国锋 张金芳 张 波
张宝星 张 炯 张爱华 张晓雷 张高博
张海青 张雪松 张 捷 张银伟 张朝伟
张景山 张 锋 张照鹏 张稳定 张韶煜
张黎明 张德翔 陆 志 陈少俊 陈 方
陈玉昌 陈发斌 陈灵文 陈贵卿 陈俊山
陈朝顺 陈善勇 武春阳 苗迎春 范宝明
林友章 林来信 尚柏鑫 呼建光 罗 晓
周丙涛 周 宏 周宝祥 周宝森 周春怀
周新强 忽朝新 郑永利 郑伟珍 郑延军
郑 军 郑运通 郑怀杰 郑纳伟 郑纳娜
郑纳新 房传兴 孟庆涛 赵玉坤 赵玉朋
赵立新 赵永祥 赵 刚 赵 华 赵庆林
赵运芳 赵 均 赵建忠 赵银亮 胡兆灵
胡忠泽 段玉红 侯玉宝 侯国元 侯 岩
费 起 姚江伟 姚建勋 袁振东 袁黎明
耿庆光 耿春江 贾玉亭 贾卢丽 贾年贵
贾宝硖 贾春阳 贾景山 贾 煜 夏银厚
夏 敏 顾祥万 柴志杰 柴焕敏 党力强
党芳银 晁全水 徐武清 徐荣军 徐晓兵

徐晓剑　徐晓颖　徐德利　高友年　高延林
高建伟　郭文彬　郭水泉　郭肖永　郭海泉
郭增山　席小朝　唐军平　唐孟海　陶　兴
陶志林　姬　彬　职克利　黄天旭　黄玉华
黄红星　黄育虹　黄建林　黄德君　曹玉萍
曹世凌　曹克贺　曹建武　曹豫新　盛定合
常六喜　常立功　常　刚　崔长明　崔国峰
梁万军　梁世杰　梁　园　梁治国　梁朝科
葛　巍　董力军　韩长青　韩书高　韩宏囤
韩　靖　程　林　程俊梅　程前进　程新军
蒋少青　蒋中胜　焦冬梅　焦伟州　焦明立
鲁　琴　温　卫　谢玉勋　谢福岭　靳润月
雷吉虎　赫振荣　蔡春林　臧进毅　裴运通
裴季红　裴铁豹　熊　伟　熊雪立　滕祖光
潘地培　薛正伟　薛向东　冀风泰　穆亚君
穆进永　衡文庄　戴景朝　魏文波　魏世林
魏光恩　魏景东

高级经济师

闫招枫　付　岷　杨雪梅　李松涛　李洛平
李德本　张万欣　陈社亭　苟孟军　金　敏
郑　杰　赵　鸣　胡　清　段君芳　袁　芳
韩　雷　蔡宏图

高级会计师

王保儒　卢　军　都丽平　高付生　薛亚琳

高级政工师

王　震　王竹红　王治平　史长魁　司中向
乔红中　刘忠民　纪　芒　花学力　严　军
李均平　李志平　李迎春　张中全　张　伦
陈全江　陈淑英　周少华　周　军　高申仁
席传忠　涂新光　梁　瑜　裴春旺　郭建坡

副译审

刁福华　韩明华

副研究馆员

白作凯

高级讲师

孔雪玲　王文宣　王铁栓　宁玉红　刘文丹
孙建华　朱晓卫　张占国　张海玲　苏艳玲
郑银坤　段会敏　秦桂英　郭德友　梁更社

中学高级教师

卫继科　亢孝先　王　莉　王学美　王都蔚
王瑞琪　邓遂庆　申振渠　刘红旗　孙　群
师粉娥　朱月亭　行文利　许担宇　齐素惠
杨伟东　杨振荣　谷德如　陈艺敏　孟　杰
李桂云　李继强　李高明　李富山　杜成义
吴元礼　吴　锐　宋文沛　张郑荣　李希忠
金群智　姚景朝　赵娟丽　赵振民　郝荣刚
党恒军　袁战友　郭　潮　钱阳生　程中英
戴鹤如

副主任医师

万　璐　牛重建　王玉霞　王怀亮　王　迪
司和平　乔　虹　任天平　关　涛　刘晓伟
孙永法　闫安平　冷　梅　张世安　张安生
张纪梅　张智军　张新华　李好民　李国珍
李建立　杜志宪　邱民强　周伟荣　孟凡伟
苟成青　赵予玲　高申琴　黄金水　景志浩
蒋中凤　雷晓春

副主任药师

王平原

主任记者

杨东正

主任编辑

周妍林　韩海江

高级兽医师

陈建政

高级技师

王少军　王绪海　何元亭　张开宣　杨晓刚
樊瑞琪　戴　敏

第五节 各级组织代表大会代表（委员）名录

一、中国共产党代表大会代表

河南省代表大会代表

中共河南省第八次代表大会（2006 年 10 月）代表：魏文波、梁安民

中共河南省第九次代表大会（2011 年 10 月）代表：魏文波

洛阳市代表大会代表

中共洛阳市第八次代表大会（2001 年 9 月）代表：王磊、王高社、杜平安、罗晓、段玉红、贾保顺

中共洛阳市第九次代表大会（2006 年 12 月）代表：李志平、胡道平、段玉红、张延霞、梁万军、魏文波。魏文波当选为中共洛阳市第九届委员会委员。

中共洛阳市第十次代表大会（2011 年 8 月）代表：赵振辉、段玉红、黄玉华、梁万军、潘地培、魏文波

二、人民代表大会代表

全国人大代表

第九届全国人民代表大会（1998 年 3 月）代表：王富龙

第十届全国人民代表大会（2003 年 3 月）代表：贾保顺

第十一届全国人民代表大会（2008 年 3 月）代表：魏文波

洛阳市人大代表

洛阳市第十二届人大会（2004 年 3 月）代表：王治平、黄玉华、杨 玲、于 娜

洛阳市第十三届人大会（2009 年 3 月）代表：王治平、乔海霞、杨 玲、于 娜。乔海霞当选市人大常务委员会委员。

三、政治协商会议委员

洛阳市第十届政协会议（2004 年 3 月）委员：冀风泰、牛文武、孟庆军

洛阳市第十一届政协会议（2009 年 3 月）委员：杜平安

四、工会代表大会代表

河南省总工会代表大会代表

河南省总工会第十三次代表大会（2008 年 5 月）代表：王治平、纪 芒

洛阳市总工会代表大会代表

洛阳市总工会第十三次代表大会（2005 年 3 月）代表：王治平、纪 芒、何建平、王 凯、李朝伟

五、共青团代表大会代表

共青团河南省代表大会代表

共青团河南省第十二次代表大会（2003 年 4 月）代表：乔 宏

共青团河南省第十三次代表大会（2008 年 4 月）代表：乔 宏

共青团洛阳市代表大会代表

共青团洛阳市第十一次代表大会（2002 年 11 月）代表：乔 宏、闵 琰、宋 涛、李连杰。乔宏当选团市委委员。

（责任编辑 乔红中）

第二十六章 荣 誉

2001～2010年，洛阳石化坚持科学发展观，实施“三步走”战略，实现企业第三次大发展目标，涌现出一批为企业建设和生产经营作出突出贡献的先进集体和个人，其中获国家、部委级先进集体称号的29个，获石化行业先进集体称号的90个，获河南省先进集体称号的71个，获洛阳市先进集体称号的47个。获全国劳动模范、全国“五一”劳动奖章和其他国家、部委级先进个人称号的16人次，获石化行业劳动模范和其他称号的先进个人157人次，获河南省劳动模范、“五一”劳动奖章和其他称号的先进个人110人次，获洛阳市劳动模范、“五一”劳动奖章和其他称号的先进个人131人次。

第一节 先进集体

一、国家、部委先进集体

2001～2010年国家、部委先进集体

年份	获奖单位	称号	颁奖单位
2001	石化总厂党委	全国先进基层党组织	中共中央组织部
2001	石化总厂党委组织部	先进集体	中国共产党成立80周年党的知识竞赛组织委员会
2002	金达实业公司	质量管理小组活动优秀企业	中华人民共和国劳动和社会保障部、中国劳动就业服务企业协会
2003	热电站	模范职工小家	中华全国总工会
2004	化验一车间	全国先进女职工集体	中华全国总工会
2004	石化总厂	全国5000家工业企业联网直报先进单位	中华人民共和国国家统计局
2004	石化总厂团委	全国五四红旗团委	共青团中央
2005	化验一车间	巾帼文明岗	全国妇女“巾帼建功”活动领导小组
2005	四联合车间一班	全国青年安全生产示范岗	共青团中央、国家安全生产监督管理总局
2006	洛阳分公司	全国绿化模范单位	全国绿化委员会
2006	石化总厂青年志愿者协会	第六届中国百个优秀青年志愿者服务集体	共青团中央、中国志愿者协会
2006	三隆公司	中国石化检安行业全国守信单位	中国企业信用评价管理中心、中国市场监测中心

续表

年份	获奖单位	称号	颁奖单位
2006	三隆公司	诚信建设示范单位	全国市场诚信建设组织委员会、中国企业信用评价研究中心
2006	洛阳分公司	第七届全国设备管理优秀单位	中国设备管理协会
2006	化工车间二班	中央企业学习型红旗班组（科室）	国务院国有资产监督管理委员会
2007	石化总厂工会	全国能源化学系统先进工会	中国能源化学工会全国委员会
2007	石化总厂	2000～2005 年度全国推广广播操、工间操及《普通人群体育锻炼标准》先进单位	国家体育总局、中华全国总工会
2007	铁路运输部机务车间检修班	全国青年安全生产示范岗	共青团中央、国家安全生产监督管理总局
2008	三联合车间重整一班	青年文明号	共青团中央
2009	洛阳分公司	2005～2008 年度全国体育先进单位	国家体育总局、中华全国总工会
2009	洛阳分公司	国家科学技术进步奖一等奖	中华人民共和国国务院
2009	质检中心	巾帼文明岗	中华全国妇女联合会、全国妇女“巾帼建功”活动领导小组
2009	排水车间化纤污水四班	中央企业红旗班组（科室）	国务院国有资产监督管理委员会
2009	惠康公司餐饮中心	规范化食堂	中国行政管理学会后勤管理工作委员会
2009	洛阳分公司	第八届全国设备管理优秀单位	中国设备管理协会
2009	洛阳分公司	卓越贡献奖	中国设备管理协会
2010	焦化车间工艺三班	青年文明号	中央企业团工委
2010	排水车间化验污水四班	中央企业红旗班组（科室）	国务院国有资产监督管理委员会
2010	惠康公司	节约型后勤先进单位	中国行政管理学会后勤管理工作委员会

二、石化行业先进集体

2001～2010 年石化行业先进集体（含厅、局级）

年份	获奖单位	称号	颁奖单位
2001	石化总厂 1 号催化重整装置	优胜装置	中国石油化工集团公司
2001	通达公司	最佳绿化庭院	中国石油化工集团公司绿化委员会
2001	石化总厂	2000 年度基本单位普查工作先进单位	中国石油化工集团公司发展计划部
2001	洛阳分公司	统计分析先进单位	中国石油化工集团公司发展计划部
2001	洛阳分公司	综合生产统计报表优胜单位	中国石油化工集团公司发展计划部
2001	石化总厂	基本建设投资统计报表优胜单位	中国石油化工集团公司发展计划部
2001	炼油厂常减压车间	全国青年文明号	中国石油化工集团公司、共青团中央
2002	洛阳分公司 1 号催化重整装置	优胜装置	中石化股份有限公司

续表

年份	获奖单位	称号	颁奖单位
2002	洛阳分公司	2001 年度财务决算报表先进单位	中石化股份有限公司财务部
2002	石化总厂	统计工作先进单位	中国石油化工集团公司财务部
2002	石化总厂	综合生产统计报表优胜单位	中石化股份有限公司
2002	洛阳分公司	财务管理综合考评先进单位	中石化股份有限公司财务部
2003	石化总厂	效能监察先进单位	中国石油化工集团公司
2003	洛阳分公司	效能监察先进单位	中国石油化工集团公司
2003	连续重整装置	2002 年度实现装置达标	中石化股份有限公司
2003	常减压装置	2002 年度同类装置竞赛第二名	中石化股份有限公司
2003	隆惠公司	优秀思想政治工作基层单位	中国石油化工集团公司
2004	二联合团支部	青年文明号	中国石油化工集团公司、共青团中央
2004	石化总厂	效能监察先进单位	中国石油化工集团公司
2004	洛阳分公司	效能监察先进单位	中国石油化工集团公司
2004	四联合车间	先进集体	中国石油化工集团公司
2004	石化总厂	综合生产统计报表先进单位	中国石油化工集团公司财务计划部
2004	石化总厂	存续公司（主业）综合生产统计报表优胜单位	中石化股份有限公司发展计划部
2004	洛阳分公司	统计分析先进单位	中石化股份有限公司发展计划部
2004	消防支队	优秀消防队	中国石油化工集团公司
2004	聚丙烯公司	安稳长竞赛优胜装置	中国石油化工集团公司
2004	聚丙烯公司	连续聚丙烯同类装置竞赛第二名	中国石油化工集团公司
2004	洛阳分公司	物资供应管理工作先进单位	中国石油化工集团公司
2006	仪表车间二催化班	青年文明号	中国石油化工集团公司、共青团中央
2006	石化总厂	音乐舞蹈协会 2002 ~ 2005 年度先进集体	中国石油化工集团公司文联音乐家协会、舞蹈协会
2006	铁路运输部党委	先进基层党组织	中国石油化工集团公司党组
2006	铁路运输部关工委	基层“五好”关工委先进集体	中国石油化工集团公司关心下一代工作委员会
2006	石化总厂、洛阳分公司	环境保护先进单位	中国石油化工集团公司
2007	化工车间中控岗位	青年文明号	中国石油化工集团公司、共青团中央
2007	洛阳分公司、洛阳资产分公司	安全生产先进单位	中国石油化工集团公司
2007	洛阳分公司、洛阳资产分公司	环境保护先进单位	中国石油化工集团公司
2008	物资装备部	“抓源头、促清廉”主题活动先进集体	中国石油化工集团公司党组
2008	洛阳分公司	中国石化先进集体	中国石油化工集团公司

续表

年份	获奖单位	称号	颁奖单位
2008	经理办公室信访科	信访工作先进集体	中国石油化工集团公司
2008	洛阳分公司	财务综合管理先进	中国石油化工股份有限公司
2008	长丝车间	“深入群众促和谐，凝心聚力促发展”主题活动先进集体	中国石油化工集团公司党组
2008	财务处	财务综合管理先进集体	中石化股份有限公司
2008	财务处、物资装备部	“抓源头、促清廉”主题活动先进集体	中国石油化工集团公司党组
2008	通达公司	抗震救灾先进集体	中国石油化工集团公司党组
2008	洛阳分公司、洛阳资产分公司	环境保护先进单位	中国石油化工集团公司
2009	洛阳分公司	统计工作先进单位	中国石化集团公司发展计划部
2009	监察处、营销部	廉洁文化“六进”工程先进集体	中共中国石油化工集团公司党组
2009	洛阳分公司	“我要安全”主题活动先进单位	中国石油化工集团公司
2009	消防支队	优秀消防队	中国石油化工集团公司
2009	离退休职工管理办公室	关心下一代工作先进集体	中国石油化工集团公司
2009	洛阳分公司	关心下一代工作先进单位	中国石油化工集团公司
2009	洛阳分公司	统计工作先进单位	中国石油化工集团公司发展计划部
2009	洛阳分公司、洛阳资产分公司	环境保护先进单位	中国石油化工集团公司
2009	洛阳分公司、洛阳资产分公司	“我要安全”主题活动先进单位	中国石油化工集团公司
2009	洛阳分公司	化工企业达标单位	中国石油化工集团公司
2009	洛阳分公司	炼油专业保标单位	中国石油化工集团公司
2009	洛阳分公司	合纤原料及合成纤维专业保标单位	中国石油化工集团公司
2010	铁路运输部	2007～2010 年度设备管理先进基层单位	中国石油化工集团公司
2010	消防支队	2009 年度优秀消防队	中国石油化工集团公司
2010	洛阳分公司	离退休工作先进单位	中国石油化工集团公司
2010	离退休职工管理办公室	离退休工作先进集体	中国石油化工集团公司
2010	洛阳分公司关工委	关心下一代工作先进集体	中国石油化工集团公司
2010	焦化车间、芳烃车间	2009 度“三基”工作先进单位	中国石油化工集团公司
2010	焦化车间	“三基”工作先进基层单位	中国石油化工集团公司
2010	焦化车间	岗位练兵先进集体	中国石油化工集团公司
2010	洛阳分公司	统计工作先进单位	中国石油化工集团公司发展计划部
2010	招标办公室	效能监察优秀项目	中国石油化工集团公司
2010	党委办公室	保密工作先进集体	中国石油化工集团公司
2010	洛阳分公司	效能监察先进单位	中国石油化工集团公司

续表

年份	获奖单位	称号	颁奖单位
2010	设计公司	“洛阳－驻马店成品油管道工程洛阳首站”2008～2009年度优秀工程设计三等奖	中国石油化工集团公司
2010	洛阳分公司	干部选拔任用制度知识竞赛优胜奖	中国石油化工集团公司人事部
2010	洛阳分公司、洛阳资产分公司	安全生产先进单位	中国石油化工集团公司
2010	洛阳分公司、洛阳资产分公司	“我要安全”主题活动先进单位	中国石油化工集团公司
2010	洛阳分公司、洛阳资产分公司	环境保护先进单位	中国石油化工集团公司
2010	洛阳分公司	HSE“比学赶帮超”活动铜牌	中国石油化工集团公司安全环保局
2010	消防支队	优秀消防队	中国石油化工集团公司
2010	法律事务处	法律工作先进集体	中国石油化工集团公司
2010	化工车间	PTA同类装置竞赛自身进步奖	中国石油化工集团公司

三、河南省先进集体

2001～2010年河南省先进集体（含厅、局级）

年份	获奖单位	称号	颁奖单位
2001	石化总厂	2000年企业集团及重点企业统计先进集体	国家统计局河南省企业调查队
2001	二联合团支部	河南省先进团支部	共青团河南省委
2001	工程公司	1996～2000年河南建筑施工企业综合实力50强五连冠	河南省统计局
2001	工程公司	2000年度全省建筑业统计工作先进单位	河南省统计局
2002	公安处	内部治安保卫工作先进单位	河南省公安厅
2002	石化总厂	质量管理小组活动优秀企业	河南省经济贸易委员会、河南省科学技术厅、河南省总工会
2002	石化总厂	婚育新风进万家活动先进单位	河南省委宣传部、河南省计划生育委员会
2002	洛阳分公司、石化总厂	职业病防治工作先进企业	河南省卫生厅、河南省总工会
2002	石化总厂科协	科协工作先进集体	河南省人事厅、河南省科学技术协会
2003	六联合车间	“五一”劳动奖状	河南省总工会
2003	石化总厂工会	石化系统工会信息工作先进单位	河南省石油化学工会
2003	三隆公司工会	石化系统先进基层工会	河南省石油化学工会
2003	动力厂工会	石化系统先进基层工会	河南省石油化学工会
2003	聚丙烯公司聚酯车间工会	石化系统先进基层工会	河南省石油化学工会
2003	热电站团支部	“五四”红旗团支部	共青团河南省委

续表

年份	获奖单位	称号	颁奖单位
2003	洛阳分公司	质量管理小组活动优秀企业	河南省经济贸易委员会、河南省总工会
2003	热电站团支部	党建带团建实施团建基础工程“十个红旗单位”	共青团河南省委
2003	石化总厂人民调解委员会	模范人民调解委员会	河南省司法厅
2004	工程公司防腐保温分公司	防腐业先进分公司	河南省建设厅
2004	石化总厂团委	十年河南省青年文明号活动优秀组织奖	共青团河南省委
2004	仪表车间二催化班	青年文明号	共青团河南省委
2004	石化总厂	社会治安综合治理工作先进单位	河南省社会治安综合治理委员会
2005	保卫处	内部治安保卫工作先进集体	河南省公安厅
2005	保卫处	集体二等功	河南省公安厅
2005	保卫处	社会治安综合治理先进单位	河南省社会治安综合治理委员会
2005	化验一车间	优秀组织奖	河南省劳动竞赛委员会
2005	石化总厂	河南工业突出贡献企业	河南工业突出贡献组织委员会、河南工业经济联合会
2005	洛阳分公司	河南省第六届企业管理现代化创新成果奖	河南省企业管理现代化成果评审委员会
2005	团委网站	十佳青年网站	共青团河南省委
2005	洛阳石化青年志愿者服务队	优秀青年志愿者服务集体	共青团河南省委、河南省青年志愿者协会
2006	二联合车间	“五一”劳动奖状	河南省总工会
2006	离退休职工管理办公室	干部大学（学校）先进单位	中共河南省委组织部、中共河南省委老干部局
2006	石化总厂	民主管理工作先进单位	河南省总工会
2006	洛阳分公司	诚信纳税大户	河南省人民政府
2006	三隆公司	化工仪表技能比武团体第二名	河南省劳动竞赛委员会
2006	石化总厂劳动争议调解委员会	先进劳动争议调解组织	河南省劳动和社会保障厅、河南省总工会、河南省企业联合会
2006	离退休职工管理办公室	十大敬老楷模优秀单位	河南省敬老楷模评选活动组委会
2006	石化总厂	推广《普通人群体育锻炼标准》先进单位	河南省体育局、河南省总工会
2006	石化总厂女职工委员会	女工工作示范单位	河南省总工会
2007	离退休职工管理办公室	全省老干部工作先进集体	中共河南省委组织部、中共河南省委老干部局、河南省人事厅
2007	华龙公司液化气大班	女职工工作标兵岗	河南省总工会
2007	石化总厂	石油化工医药系统劳动关系和谐模范企业	河南省石油化学工会
2007	石化总厂工会	石油化工医药系统创新企业工会	河南省石油化学工会
2007	洛阳分公司工会	建功十一五技术创新竞赛组织工作先进集体	河南省总工会、河南省发展和改革委员会

续表

年份	获奖单位	称号	颁奖单位
2007	石化总厂	职业卫生先进企业	河南省卫生厅
2007	三联合车间重整一班	青年文明号	共青团河南省委
2007	洛阳分公司工会女职工委员会	女职工工作示范单位	河南省总工会
2007	洛阳分公司	化验分析工职业技能竞赛第一名	河南省石化系统职业技能竞赛组委会
2008	财务处	女职工工作标兵岗	河南省总工会
2008	洛阳分公司党委	“五好”基层党组织	中共河南省委组织部
2008	化工车间	模范职工小家	河南省总工会
2008	化工车间运行二班	石化医药系统“工人先锋号”	河南省石油化学工会、河南省发展和改革委员会
2009	洛阳分公司	节能减排竞赛先进单位	河南省总工会、河南省环保局
2009	焦化工艺二班	节能减排竞赛先进班组	河南省总工会、河南省环保局
2010	排水车间化纤污水四班	工人先锋号	河南省总工会
2009	铁路运输部团委	“五四”红旗团委	共青团河南省委
2009	设计公司	优秀勘察设计企业	河南省工程勘察设计行业协会
2010	洛阳分公司	河南省百强企业	河南省工业经济联合会
2010	惠康物业管理公司	劳动关系和谐模范企业	河南省人力资源和社会保障厅、河南省总工会
2010	惠康物业管理公司	五一劳动奖状	河南省总工会
2010	洛阳分公司党委	“五好”基层党组织	中共河南省委组织部
2010	洛阳分公司	水质化验工、煤质化验工技能竞赛团体第一名	河南省石油化学工会
2010	洛阳分公司	河南省污染减排十大领军企业	河南省环保联合会、河南日报报业集团
2010	聚丙烯公司	模范职工小家	河南省总工会
2010	聚丙烯公司聚合车间三班	青年“五四”奖章	共青团河南省委
2010	设计公司	优秀勘察设计企业	河南省工程勘察设计行业协会
2010	洛阳分公司	能源系统先进单位	河南省能源建设规划局
2010	保卫处	先进集体	河南省公安厅
2010	保卫处	反恐工作先进单位	河南省公安厅
2010	三隆公司	河南之星最佳（先进）企业	河南省发展和改革委员会

四、洛阳市先进集体（中共洛阳市委、洛阳市政府、市总工会）

2001～2010 年洛阳市先进集体

年份	获奖单位	称号	颁奖单位
2001	宏达实业总公司	洛阳市先进集体	洛阳市人民政府
2001	惠康物业管理公司	洛阳市先进集体	洛阳市人民政府
2001	宏力化工厂	洛阳市先进集体	洛阳市人民政府
2001	洛阳隆惠石化设备制造安装公司	洛阳市先进集体	洛阳市人民政府
2001	工程公司	洛阳市先进集体	洛阳市人民政府
2001	石化总厂	无偿献血工作先进单位	洛阳市人民政府
2001	石化总厂	退伍安置工作先进单位	洛阳市人民政府
2001	宏达实业总公司	洛阳市劳动就业服务系统优秀企业	洛阳市人民政府
2001	金达实业公司	洛阳市劳动就业服务系统优秀企业	洛阳市人民政府
2001	通达运输工程公司	洛阳市劳动就业服务系统优秀企业	洛阳市人民政府
2001	隆惠公司	洛阳市劳动就业服务系统优秀企业	洛阳市人民政府
2001	二隆公司	洛阳市劳动就业服务系统优秀企业	洛阳市人民政府
2002	石化总厂化工车间	“五一”劳动奖状	洛阳市总工会
2002	石化总厂化工车间	经济技术创新示范岗	洛阳市总工会、洛阳市经济贸易委员会
2002	二联合党支部	“五好”国有企（事）业党组织	中共洛阳市委
2002	石化总厂	2001～2002 年度洛阳市思想政治工作先进单位	中共洛阳市委
2002	离退休职工管理办公室	老干部工作先进集体	中共洛阳市委、洛阳市人民政府
2002	洛阳分公司	洛阳市企业管理创新先进企业	洛阳市人民政府
2003	发变电车间	经济技术创新示范岗	洛阳市总工会
2003	隆惠公司	“五好”国有企（事）业单位党组织	中共洛阳市委
2003	石化总厂	绿化先进单位	洛阳市人民政府
2004	宏达实业总公司	市级文明单位	中共洛阳市委、洛阳市人民政府
2004	化验一车间	2003 年度女职工素质达标工程先进单位	洛阳市总工会
2004	六联合车间	经济技术创新示范岗	洛阳市劳动竞赛委员会、洛阳市总工会
2004	聚丙烯公司党委	“五好”国有企（事）业党组织	中共洛阳市委
2004	惠康物业管理公司	社区建设先进单位	洛阳市人民政府
2005	党委办公室	党委系统信息工作先进单位	中共洛阳市委
2006	热电站	“五一”劳动奖状	洛阳市总工会
2006	洛阳分公司	信访工作先进单位	中共洛阳市委、洛阳市人民政府

续表

年份	获奖单位	称号	颁奖单位
2007	洛阳分公司工会	送温暖活动先进单位	洛阳市总工会
2007	消防支队	2006 年度消防管理先进单位	洛阳市人民政府
2007	石化总厂工会	工会宣传教育工作优秀单位	洛阳市总工会
2007	一联合车间	“五一”劳动奖状	洛阳市总工会
2007	洛阳分公司	信访工作先进单位	中共洛阳市委、洛阳市人民政府
2008	三联合车间四班	“五一”劳动奖状	洛阳市总工会
2008	通达公司	工人先锋号	洛阳市总工会
2008	聚酯车间	“五好”基层党组织	中共洛阳市委
2008	四联合车间一班	“五一”劳动奖状	洛阳市总工会
2009	洛阳分公司	信访稳定工作先进单位	中共洛阳市委、洛阳市人民政府
2009	洛阳分公司	节能工作先进企业	洛阳市人民政府
2010	金达公司	优秀民营企业	中共洛阳市委、洛阳市人民政府
2010	焦化车间	“五好”基层党组织	中共洛阳市委
2010	洛阳分公司	安全生产先进单位	洛阳市人民政府
2010	保卫处	平安建设工作先进企业	中共洛阳市委、洛阳市人民政府
2010	洛阳分公司	信访稳定先进单位	中共洛阳市委、洛阳市人民政府
2010	洛阳分公司	宣传思想文化工作先进单位	中共洛阳市委
2010	聚丙烯公司	诚信示范企业	洛阳市人民政府

第二节　先进个人

一、国家、部委先进个人

（一）全国劳动模范

2005 年　宋克俊

（二）全国“五一”劳动奖章获得者

2001 年　王　磊

2004 年　何宏凯

2007 年　盛玉敏

（三）先进个人（含部、委级）

2001 年　中华人民共和国劳动和社会保障部“质量管理推进者”：汤继刚

2002 年　首届全国青年创新创效奖：林来信

2006 年　全国优秀共青团干部：乔　宏

2006 年　全国能源化学系统先进女职工工作者：宣雅玲

2006 年　全国先进老干部工作者：权西京

2007 年　全国能源化学系统优秀工会干部：王治平、纪芒

2009 年　中华全国“三八”红旗手：盛玉敏

2009 年　全国设备管理优秀工作者：王鑫武

2009 年　全国能源化学系统“女职工建功立业标兵”：张雪松

2009 年　中央企业劳动模范：汤杰国

2010 年　中央企业优秀共青团干部：乔　宏

二、石化行业先进个人

（一）劳动模范

2004 年　宋克俊、梁安民

2008 年　王绪海、汤杰国

（二）先进个人（含厅、局级）

2001 年　中国石化集团公司纪检监察系统先进工作者：王济功、白宪法、

李登军

2001 年　中国石化集团公司"三五"法制宣传教育先进个人：李迎春

2001 年　中国石化集团公司青年岗位能手：刘志业、兰国有、徐荣军

2001 年　中国石化集团公司杰出青年创新创效奖：林来信

2002 年　中国石化股份公司 2001 年度财务决算报表先进个人：邢四清

2002 年　中国石化集团公司离退休工作人员"树形象"活动先进个人：田小伟

2002 年　中国石化集团公司青年岗位能手：杨培勇、宋武、兰国有、杨志强

2003 年　中国石化集团公司优秀思想政治工作者：雷耀彩

2003 年　中国石化集团公司安全生产先进职工：廖清波、程淑琴、李晓明

2003 年　中国石化集团公司 2002 年度决算报表先进个人：张建国

2004 年　中国石化集团公司党组、中国石化集团公司纪检监察系统先进工作者：张伦、孙青春、杨林生

2004 年　中国石化集团公司决算报表先进个人：高　平

2003 年　中国石化集团公司青年岗位能手：顾祥万、梁朝科

2003 年　中国石化集团公司安全生产先进职工：程淑琴

2004 年　中国石化股份公司先进个人：刘玉来

2004 年　中国石化集团公司效能监察先进个人：郭建坡

2004 年　中国石化集团公司 2003 年度工程建设部优秀监理工程师：金国建

2004 年　中国石油化学工业协会优秀统计工作者：张自俭、李兴玲、黄旭东

2004 年　中国石化集团公司重点工程建设西安石化清洁燃料技改工程先进个人：杨建辉

2004 年　中国石化集团公司 2003～2004 年度技术能手：石跃武、李利民、刘志成、宋克俊

2004 年　中国石化集团公司物资供应管理先进个人：肖春辉

2004 年　中国石化集团公司环境保护先进工作者：刘　涛、江海林

2004 年　中国石化集团公司安全生产先进职工：孟进才

2005 年　中国石化集团公司安全生产先进个人：王世明、宋建国

2005 年　中国石化集团公司环境保护先进个人：李　步

2005 年　中国石化集团公司有突出贡献科技和管理专家：李　林

2005 年　中国石化集团公司优秀青年知识分子：高国正、刘静翔、梁万军

2006 年　中国石化集团公司、共青团中央青年岗位能手：郭榜立、王志强、王绪海

2006 年　中国石化集团公司党组优秀党务工作者：李志平

2006 年　中国石化集团公司党组优秀共产党员：孙晓明

2006 年　中国石化集团公司文联音乐家协会 2002～2005 年度先进个人（开拓贡献组织奖）：张　健

2006 年　中国石化集团公司文联音乐家协会 2002～2005 年度先进个人（德艺双馨先进个人）：丁叶萍

2006 年　中国石化集团公司设备管理先进个人：叶国庆

2006 年　中国石化集团公司 2005～2006 年度技术能手：陈子建

2006 年　中国石化集团公司文学艺术界优秀文艺工作者：张　健

2006 年　中国石化集团公司财务部 2005 年度决算报表先进个人：肖　冰

2006 年　中国石化集团公司环境保护先进管理者：魏文波、赵振辉、刘永斌

2006 年　中国石化集团公司环境保护先进工作者：潘地培、蔡廷剑

2006 年　中国石化集团公司安全生产先进职工：刘永斌、雷　酩

2007 年　中国石化集团公司青年岗位能手：乔海霞、朱宝东

2007 年　中国石化集团公司离退休工作“四优”个人：梁　瑜

2007 年　中国石化集团公司环境保护先进工作者：魏文波、赵振辉、王世明、权自立、孙德群

2007 年　中国石化集团公司优秀青年知识分子：王建青

2007 年　中国石化集团公司百名安全卫士：马晓亮

2007 年　中国石化集团公司安全生产先进职工：孟进才、张延霞、张晓雷、兰国有

2007 年　中国石化集团公司 2006 年度决算报告先进个人：付　炜

2008 年　中国石化集团公司 2007 年度青年岗位能手：翟志清

2008 年　中国石化集团公司优秀法律事务工作者：杜治平

2008 年　中国石化报社 2007 年度优秀电视兼职记者：郭　谦

2008 年　石油化工工程质量监督总站 2007 年度优秀工程质量监督工程师：陈吉兴

2008 年　中国石化集团公司环境保护先进管理者：魏文波、赵振辉、刘　涛

2008 年　中国石化集团公司环境保护先进工作者：杨开书、程俊梅、张爱华

2008 年　中国石化集团公司党组“抓源头、促清廉”主题活动先进个人：王鑫武、权西京、许　华

2008 年　中国石化集团公司安全生产先进职工：顾祥万、姚存祜、赵国柱

2008 年　中国石化集团公司《年鉴》优秀作者：王明堂、于　玲

2008 年　中国石化集团公司抗震救灾先进个人：沈其坤、涂新光、周　军

2008 年　中国石化股份公司 2007 年度财务决算报告先进个人：肖　冰

2009 年　中国石化集团公司 2008 年度“青年岗位能手”：王建青

2009 年　中国石化集团公司廉洁文化“六进”工程先进个人：张　伦、李新洛

2009 年　中国石化集团公司审计工作先进个人：高　蔚

2009 年　中国石化集团公司关心下一代工作先进个人：陈全江

2009 年　中国石化集团公司离退休工作先进个人：权西京

2009 年　中国石化集团公司 2006～2008 年度外事工作先进个人：赵文远

2009 年　中国石化集团公司“闵恩泽青年科技人才奖”：赵新强

2009 年　中国石化股份有限公司 2008 年度财务决算先进个人：王　君

2009 年　中国石化集团公司巾帼标兵：张雪松

2009 年　中国石化集团环境保护先进管理者：魏文波、赵振辉、王世明

2009 年　中国石化集团环境保护先进工作者：周德峰、谢福岭

2009 年　中国石化集团安全生产先进职工：白宏德、杨保庆、张子吉、杨宏伟

2009 年　中国石化集团“我要安全”主题活动安全卫士：郭　宇、宁斌霞

2010 年　中国石化集团公司“三基”工作先进个人：刘永斌、赵　鸣

2010 年　中国石化集团公司“我要安全”主题活动安全卫士：郭　宇

2010 年　中国石化集团公司 2007～2009 年度审计工作先进个人：高　蔚

2010 年　中国石化集团公司《年鉴》优秀作者：王明堂、于　玲

2010 年　中国石化集团公司尊老敬老好干部：廉金社

2010 年　中国石化集团公司离退休工作先进个人：权西京

2010 年　中国石化集团公司关心下一代工作先进个人：陈全江

2010 年　中国石化集团公司党组“中国石化青年成长成才典型”：宋克俊

2010 年　中国石化集团公司公司保密工作

先进个人：单　筠

2010 年　中国石化集团公司 2007～2010 年度设备管理先进个人：帖红伟

2010 年　中国石化集团公司岗位练兵标兵：席占君

2010 年　中国石化股份有限公司 2009 年度财务决算工作先进个人：陈　姝

2010 年　中国石化集团公司效能监察先进个人：王治平、孙青春、梁朝科

2010 年　中国石化集团公司环境保护先进管理者：赵振辉、况成承、刘永斌

2010 年　中国石化集团公司安全生产先进职工：王德世、李艳波、李新民、郭满霞

2010 年　中国石化集团公司环境保护先进工作者：卢运良、朱自新

2010 年　中国石化集团公司“我要安全”主题活动安全卫士：王克虹、李新韬

2010 年　中国石化集团公司优秀组织人事干部：汤雁丽

2010 年　中国石化集团公司 2009～2010 年技术能手：李保森、李卫卫

2010 年　中国石化集团公司外事工作先进个人：刁福华

三、河南省先进个人

（一）劳动模范

2004 年　赵振辉　刘乃庸

2009 年　经秋霞　夏立军

（二）“五一”劳动奖章获得者

2001 年　李　林

2002 年　刘娟子、杨志强　林来信

2005 年　盛玉敏

2010 年　璩超高

（三）先进个人（含厅、局级）

2001 年　河南省新产品开发带头人：王治卿

2002 年　河南省张玮式创新能手：杨志强

2002 年　河南省内部治安保卫工作先进工作者：王进才

2002 年　河南省优秀辅导员：谢占鸿、钟道强、陈宏金、杜国威

2002 年　河南省青年创新标兵：郭榜立

2002 年　河南省职工自学成才：郭榜立

2002 年　河南省杰出青年企业家：况成承

2002 年　河南省优秀设备管理工作者：曾佳拥

2002 年　河南省优秀交通安全干部：梁永祥

2002 年　河南省优秀机动车驾驶员：李洪涛、杜甫银、王春元、张晋勇

2002 年　河南省企业管理创新先进工作者：王治卿、李　涛、李晓梅、刘正然

2003 年　河南省张玮式创新能手：郭榜立

2003 年　河南省学习雷锋、志愿服务先进个人：魏中岳

2003 年　河南省企业专职消防队执勤岗位练兵活动先进个人：马常金

2003 年　河南省优秀交通干部：郑伟珍

2003 年　河南省优秀机动车驾驶员：张奇宏、吕保善、白忠诚

2003 年　河南省防腐业优秀分公司经理：尚国利

2004 年　河南省质量管理小组活动卓越领导者：赵振辉

2004 年　河南省张玮式创新能手：姚新建

2004 年　河南省新长征突击手：郑国栋

2004 年　河南省信访工作先进工作者：王竹红

2004 年　河南省优秀共产党员：梁安民

2004 年　河南省首届职工技术运动会技术标兵：璩超高、文建学、张小军

2004 年　河南省首届职工技术运动会优秀选手：周广安、王宏强

2005 年　河南省优秀交通安全干部：梁永祥

2005 年　河南省内部治安保卫工作先进个人：谢　忠

2005 年　河南省优秀裁判员：董立建

2005 年　河南省 2001～2005 年度石油化工医药系统优秀女职工工作者：邵　丽

2005 年　河南省国家保密局“四五”普法工作先进工作者：单　筠

2005 年　河南省石油化工医药系统女职工之友：宋会梨

2005 年　河南省石油化工医药系统优秀工会工作者：路卫国

2006 年　河南省技术能手：盛玉敏

2006 年　河南省防震减灾工作先进工作者：张中华

2006 年　河南省化工仪表技能比武优秀选手：孙　涛、何宏凯、魏　薇、李献忠、曹永刚、张卫东

2006 年　中共河南省委保密委员会 2003～2005 年度保密工作先进工作者：单　筠

2006 年　河南省工业创新特等奖：魏文波

2007 年　河南省知识型职工先进个人：刘志成

2007 年　河南省职业病防治先进工作者：孟进才、曲凡宇

2007 年　河南省 2006 年度百强职工优秀技术创新成果奖：刘静翔、张黎明、肖佐华、尚遇群、姚　亮、宋建国

2007 年　河南省百名职工技术英杰：张黎明

2008 年　河南省“三八红旗手”：纪　芒

2008 年　河南省治安保卫工作先进个人：谢　忠

2009 年　河南省模范团干部：乔　宏

2009 年　河南省“安康杯”竞赛优秀个人：姬晓军

2009 年　河南省石化系统技术标兵：璩超高、席正茂、褚　成、卫新超、代树青、刘春新、曹永刚、张卫东、别亚平、卢朝辉

2009 年　河南省职业技能竞赛化工维修电工第一名：璩超高、席正茂

2010 年　河南省女职工标兵：郭佰荣

2010 年　河南省十大优秀科技工作者：刘永斌

2010 年　河南省石化系统技术标兵：梁改珍、张晓丽、赫海黎、黑建文、李丛梅、刘　蔚、孟　涛、孟秀君、苏丽娟、卫巧娟、席秋菊、肖虹燕、李俊霞

2010 年　河南省水质检验工技能竞赛第一名：卫巧娟　第三名：李丛梅

2010 年　河南省职工技术运动会“优秀评审员”：杨书显

2010 年　河南省化工行业年度安全生产先进个人：张武星

2010 年　河南省石油化学工会行业标兵：张中伟

2011 年　河南省十佳科技型创新企业家：赵振辉

四、洛阳市先进个人

（一）劳动模范

2001 年　赵振辉

2005 年　夏立军

2009 年　熊三民、焦建波、张宏伟

（二）“五一”劳动奖章获得者

2002 年　王来印、戴　敏、唐金大

2003 年　郭榜立、宋克俊

2004 年　张延霞、何建平、王满如

2005 年　陈卫平

2006 年　纪　芒、段君芳、王绪海、乔海霞

2007 年　汤杰国、经秋霞、张雪松

2008 年　焦建波、居　斌、张宏伟

2010 年　王建波、方亚洲　马晓亮、代长星

（三）先进个人（含市委、市政府、市总工会）

2001 年　洛阳市优秀党务工作者：李志平

2001 年　洛阳市职工技术（业务）能手：李玉林、宋　涛、杨永伟

2001 年　洛阳市 2000～2001 年度优秀思想政治工作者：张中全

2001 年　洛阳市花城巾帼明星：戴　敏

2002 年　洛阳市 2001 年度劳动就业服务企业系统先进工作（生产）者：李晓梅、陈少清等 33 人

2002 年　洛阳市 2001 年度巾帼标兵：张景涛、刘丽静

2002 年　洛阳市张玮式知识型劳动者标兵：裴季红

2002 年　张玮式创新能手：唐金大

2003 年　洛阳市 2001～2002 年度优秀思想政治工作者：雷耀彩

2003 年 洛阳市张玮式职工：杨火战、郭榜立
2003 年 洛阳市 2002 年度张玮式创新能手：何国平、魏光恩、王小桥、高超林、景 涛
2003 年 洛阳市巾帼标兵：王予新、于立端
2003 年 洛阳市业务技术能手：邓朝阳
2003 年 洛阳市自学成才奖：郭榜立、杨培勇
2003 年 洛阳市张玮式创新能手：袁振东 王 珂
2003 年 洛阳市技术工人十杰：何宏凯、任中亮、邓朝阳、徐 彬、杨培勇
2003 年 洛阳市绿化先进个人：王春亭、崔九胜
2003 年 洛阳市先进女职工工作者：郭佰荣
2003 年 洛阳市花城巾帼明星：张延霞
2004 年 洛阳市巾帼标兵：裴季红
2004 年 洛阳市张玮式创新能手：李有正
2004 年 洛阳市优秀专家：任满年、马万顺、杨英霞
2004 年 洛阳市先进工作者：赵昌荣
2004 年 洛阳市学习许振超活动先进个人：何宏凯
2004 年 洛阳市女职工建功立业标兵：陈卫平
2005 年 洛阳市技术标兵：陈卫平
2006 年 洛阳市女职工建功立业明星：纪 芒
2006 年 洛阳市女职工建功立业标兵：盛玉敏、马妙红
2007 年 洛阳市防范处理邪教工作先进个人：单 筠
2007 年 洛阳市女职工建功立业标兵：郑纳娜
2007 年 洛阳市先进老干部工作者：左秀生
2007 年 洛阳市送温暖先进个人：涂新光
2007 年 洛阳市优秀女职工工作者：宣雅玲
2007 年 洛阳市工会宣传教育工作先进个人：张 健
2008 年 洛阳市首席员工：张宏伟
2008 年 洛阳市技术能手：路军晓、齐万松
2009 年 洛阳市“五杯”劳动竞赛先进个人：姬晓军
2009 年 洛阳市女职工标兵：肖 冰
2009 年 洛阳市第七批优秀专家：盛玉敏、邢卫东
2010 年 洛阳市女职工标兵：高 平、赵丽君
2010 年 洛阳市首席员工：黄 涛、李保森
2010 年 洛阳市技术能手：李丛梅、孟秀君、王志红、席秋菊、高管中
2010 年 洛阳市巾帼标兵：范利红
2010 年 洛阳市新长征突击手：贾海芳

（责任编辑 于 玲）

洛阳石油化工总厂化纤工程国家验收证书

一、工程名称：洛阳石油化工总厂化纤工程

二、工程地址：河南省洛阳市吉利区

三、工程建设依据及规模

1. 建设依据

1992年3月30日，国家计委计原材〔1992〕351号《关于审批洛阳炼油厂化学纤维工程项目建议书的请示》；

1992年4月23日，国家计委计原材〔1992〕491号《印发（关于审批洛阳炼油厂化学纤维工程项目建议书的请示）的通知》；

1993年国家计委计原材〔1993〕870号《关于审批洛阳石化总厂化纤工程可行性研究报告的请示》；

1993年6月19日，国家计委计原材〔1993〕1024号《印发（关于审批洛阳石化总厂化纤工程可行性研究报告的请示）的通知》；

1996年7月19日，国家计委计原材〔1996〕1343号《国家计委关于调整洛阳石化总厂化纤工程建设方案和投资比例的批复》；

1997年3月7日，中国石化总公司中石化〔1997〕建设字048号《关于洛阳石化总厂化纤工程总体设计的批复》；

1997年12月30日，国家计委计投资〔1997〕2598号《国家计委关于下达1997年第四批基本建设新开工大中型项目计划的通知》；

1998年6月12日，国家计委计原材〔1998〕1079号《国家发展计划委员会关于调整洛阳20万吨/年聚酯工程建设方案的批复》。

2. 建设规模

本工程主要装置建设规模为：

（1）芳烃抽提装置　26万吨/年

（2）对二甲苯装置　16万吨/年

（3）精对苯二甲酸装置　22.5万吨/年

（4）聚酯装置　20万吨/年

（5）长丝装置　9万吨/年

（6）短纤维装置　10万吨/年

（7）变压吸附氢提纯装置　5000标立/小时

四、工程建设的基本情况

1. 设计单位

中国石化洛阳石化工程公司、中国纺织工业设计院、河南省电力勘测设计院等3家设计单位承担设计任务，中国石化洛阳石化工程公司为总体设计单位。

2. 施工单位

中国石化洛阳石化工程公司、洛阳石化工程建设承包公司分块总承包。中国石化第二建设公司、中国石化第五建设公司、中国建筑二局二公司、中国化学工程第十一建设公司、河南省第五建筑安装公司、中国石化仪征化纤安装检修公司、河南省第二火电公司、河南省东方火电建设（集团）有限公司等施工单位承担建筑、安装施工。

洛阳炼化工程建设监理公司对变压吸附氢提纯、芳烃抽提及对二甲苯装置工程建设进行了监理。

3. 建设内容与工期

本项目工程总体设计共有74个设计单元，列入基本建设59个单元，由7套主生产装置及相应辅助配套设施组成。主生产装置有：26万吨/年芳烃抽提装置、16万吨/年对二甲苯装置、22.5万吨/年精对苯二甲酸装置、20万吨/年聚酯装置、9万吨/年长丝装置、10万吨/年短纤维装置和5000标立/小时变压吸附氢提纯装置。辅助配套设施有：热电站、总图运输、储运、供热供风、给水排水、供电电信及相应辅助生产设施。

本工程1997年12月30日正式批准开工建设，2000年8月打通全流程，全部装置建成进入试生产，整个工程建设历时32个月，比原定目标提前4个月。

4. 主要实物工程量

本工程总占地200.29公顷，累计完成主要实物工程量有：土石方191.32万立方米，建筑面积17.08万平方米，混凝土12.07万立方米，通用设备4230台，专用设备21829台，电气设备8966台，仪表设备20872台，其他设备5055台，工艺管道437公里，给排水管道79公里，电缆2186公里，钢结构12639吨，道路45公里，铁路2.6公里。共消耗钢材53559.55吨，木材2737.84立方米，水泥92302.13吨，完成投资59.35亿元。

5. 工程质量

设计质量：本工程主生产装置采用了九十年代国际上先进工艺技术并引进主要生产关键设备，有利于实现现代化的生产操作和管理，经生产考核和试生产证明设计质量是好的。

施工质量：本工程的建设，牢固树立精品意识，建立质量保证体系，强化质量管理，使工程质量始终处于受控状态，工程合格率达100%，各生产装置均做到了一次投料试车成功，333个单位工程中239个达到优良，优良率为72%，其中主装置（对二甲苯、精对苯二甲酸、聚酯、长丝、短纤维、电站）共有181个单位工程，164个达到优良，优良率达91%。经试生产考核证明本工程的建设质量是好的。

设备制造质量：所有设备均具有合格证，引进设备经河南省商检局检验全部合格，准许使用，所有压力容器均取得压力容器使用证，经试生产考验，能满足生产需要，设备质量达到标准要求。

6. 试生产及生产考核

（1）芳烃抽提装置：1999年12月30日中交，2000年2月20日投料，2月26日生产出合格产品。7月8日至11日进行了性能考核，7月14日与美国UOP公司签署了验收证书。

（2）对二甲苯（PX）装置：2000年1月15日中交，4月7日投料，4月29日生产出合格产品。7月8日至11日进行了性能考核，7月14日与美国UOP公司签署了验收证书。

（3）精对苯二甲酸（PTA）装置：2000年3月18日中交，5月25日投料，当天生产出合格产品。9月2日至5日进行了性能考核，9月25日与日本千代田公司和美国AMOCO（阿莫斯）公司签署了验收证书。

（4）聚酯（PET）装置：2000年3月18日中交，6月8日CP－Ⅰ线开车成功，生产出合格产品。6月20日CP－Ⅱ线也实现开车成功，生产出合格品。9月19日至22日CP－Ⅱ线通过生产考核，9月27日至30日CP－Ⅰ线通过生产考核，10月23日与美国康泰斯公司和美国杜邦公司签署了验收证书。

（5）涤纶长丝装置：2000年8月5日开始中交至10月28日12条生产线全部建成投产，生产出合格品。按照合同规定，对POY、FDY6条生产线进行了生产考核，全部达到了合同要求，并与日本东丽公司和美国康泰斯公司签署了验收证书。

（6）涤纶短纤维装置：前纺两条线2000年7月8日中交；后纺1#线7月30日中交，后纺2#线9月26日中交。8月31日短纤维装置前纺投料试车一次成功，生产出合格品，9月2日后纺工段1#线开始集束生头，9月12日生产出合格品。后纺工段2#线11月17日生产出合格品。短纤维装置2001年4月23日结束了性能考核，4月24日与美国杜邦公司和美国康泰斯公司签署了验收证书。

（7）变压吸附氢提纯装置：于2000年10月31日中交，11月16日投料试车一次成功生产出合格产品。

（8）热电站：2000年1月31日1#机组移交生产；2000年9月15日2#机组移交生产。

（9）总图运输、油品储运、供热供风、给排水、供电电信等系统配套工程于1999年四季度全部建成，交付生产。

本工程通过考核，表明产品产量、质量及主要消耗指标均能达到设计要求和合同保证值。

7. 竣工决算及审计

本工程国家计委以计原材〔1998〕1079号《国家发展计划委员会关于调整洛阳20万吨/年聚酯工程建设方案的批复》批复洛阳化纤工程总投资640697万元（含外汇29246万美元），其中建设投资590556万元，建设期利息46987万元，铺底流动资金3154万元。

财务竣工决算完成投资593536万元，其中建设投资556886万元，建设期利息36650万元。与批准投资相比节约投资47161万元。

本工程实际到位资金590436万元，其中人民币贷款305237万元，资本金106922万元，国外贷款折人民币178277万元。与财务决算相比缺口人民币资金3100万元。

中国石化集团公司审计局、国家审计署驻郑州特派办先后对本工程进行了竣工财务决算审计，洛阳石化总厂按照审计决定完成了整改。

8. 环境保护、消防、劳动安全、职业卫生

本工程的环境保护、消防、劳动安全、职业卫生等设施，均按照国家有关法令、法规和河南省人民政府的有关规定，做到与主体工程同时设计、同时施工、同时投用。本工程引进国际九十年代先进工艺技术，生产工艺设备成熟可靠，自动化程度高，各种监控手段完备，职业安全卫生、消防、环保设施齐全。目前各类设备、仪表运行正常，环保、消防人员配备齐全。

经国家环保总局、中国石化集团安全环保部、河南省环保局、洛阳市环保局、河南省公安消防总队、洛阳市消防支队、省经贸委安全生产局、省总工会、洛阳市经贸委、洛阳市总工会等单位多次检查指导，经考核验收，认为该工程环境保护、消防、劳动安全、职业卫生等方面设计先进，总体布局合理，设施齐全，自动化程度高，监控手段完备，布防严密，制度健全，能够满足生产要求。涉及各方面的有关遗留问题，洛阳石化总厂已按有关规定要求实施整改。

9. 档案资料

本工程竣工档案资料共计9746卷，821129页。经中国石化集团公司办公厅、河南省档案局、洛阳市档案局检查、指导、验收，认为档案资料齐全、完整、规范，可以较好地满足今后生产、科研、设备维修与改扩建的需要。

10. 经济效益

本工程自试生产以来，运行正常，截止到2002年2月底，累计生产对二甲苯（PX）29.23万吨、精对苯二甲酸（PTA）40.80万吨、聚酯（PET）37.36万吨、长丝12.94万吨、短纤维11.15万吨、其它87.03万吨，累计实现销售收入37.02亿元。

五、竣工验收委员会评审意见

国家竣工验收委员会认为：该工程已按照国家批准的内容要求全部建成投产，工艺技术成熟，设备先进可靠，配套设施完善，经试生产考核运行正常，达到了设计要求；环境保护、消防、劳动安全、职业卫生设施基本完备；工程技术档案齐全、完整；生产准备工作扎实，试生产稳定。实践证明，该工程的建设质量是好的，建设投资和建设进度得到有效控制。

洛阳石油化工总厂化纤工程符合国家验收标准，验收委员会同意验收。

验收委员会希望洛阳石油化工总厂进一步提高经营管理水平，努力实现安全、稳定、长周期经济运行，取得更好经济效益。

二〇〇二年三月二十八日

关于洛阳分公司油品质量升级改造第一阶段实施工程可行性研究报告的批复

石化股份计〔2005〕393号

洛阳分公司：

你公司《关于审批洛阳分公司进行油品质量升级改造第一阶段实施工程可行性研究报告的请示》（洛阳股份科〔2005〕7号）收悉。经研究，批复如下：

一、同意你公司进行油品质量升级第一阶段实施工程。

二、主要改造内容

1. 减压蒸馏装置改造。更新1座规模为∅5400/∅9000/∅5400×51000毫米的减压塔，并采用减压深拔技术；减压炉进行适应性改造等。

2. 新建140万吨/年延迟焦化装置。装置设

计采用一炉两塔的工艺技术；加热炉采用在线清焦技术，并采用双面辐射、多点注汽、在线烧焦等技术。

3. 新建220万吨/年蜡油加氢处理装置。采用国内成熟的加氢处理工艺技术及其匹配的催化剂。

4. 新建4万标立方米/时的干气制氢装置。

5. 硫黄回收装置改造总规模为8万吨/年，先期改造到4万吨/年硫黄回收及尾气处理。

6. 公用工程及储运配套。新增1台2万立方米的化工轻油罐和1台5000立方米的焦化蜡油罐；新增1台310吨/时循环流化床锅炉和1套5万千瓦发电机组；改造现有循环水场（一）和化纤循环水场增加循环水供水能力1万立方米/时；改造污水处理场，污水处理能力由400立方米/时增加至700立方米/时，以及供电等进行适应性改造。

三、该项目新征土地9.33公顷；不新增定员。

四、环境保护、劳动安全以及消防等措施要做到与项目“三同时”，保证装置正常生产。

五、项目总投资控制在20.78亿元以内，其中建设投资19.72亿元（其中外汇1266万美元）、建设期利息6788万元、铺底流动资金3877万元，所需资金由股份公司统筹安排解决。

请你公司抓紧开展初步设计工作，并报总部审批。

中国石油化工股份有限公司
二〇〇五年十二月一日

关于洛阳石油化工总厂体制转换实施方案的批复

洛阳石油化工总厂：

你厂《关于报批体制转换实施方案的请示》（洛阳石化〔2006〕30号）收悉，经研究，原则同意。现将有关事项批复如下：

一、体制转换后的企业组织形式和名称

你厂体制转换后，采取分公司形式，名称为“中国石化集团资产经营管理有限公司洛阳分公司”，简称“洛阳资产分公司”。

二、体制转换中的各类业务处置方向

1. 通过资本运作方式融入股份公司业务。

根据股份公司洛阳分公司要求，工程质监站融入股份公司洛阳分公司，涉及的资产和人员，按集团公司资本运作安排执行。

2. 退出业务。

华诚房地产公司、拉膜厂等抓紧退出，上述业务涉及资产4.61亿元，净资产2704万元，企业权益1597万元。

3. 集团公司内部整合业务。

交通银行股权转让财务公司，涉及期末投资余额328万元。

4. 划转移交业务。

自来水公司、宏达化纤厂和新友谊大酒店等业务划转地方政府，涉及总资产5510万元、净资产1587万元、企业权益869万元。

三、体制转换主要任务

1. 抓紧清理对外投资和处置有关财务资产。

按照集团公司和资产公司清理整顿对外投资和多种经营工作部署，以及财务资产处置、人员分流安置、法律终结标准等若干规定，年内抓紧完成3个单位无偿划转、1个单位转让以及华诚房地产公司择机退出等工作。

按照实施方案已明确的措施，落实专人，抓紧催收应收债权，对确实无法收回且手续完备的及时核销；抓紧处置有关应付款项和固定资产。

2. 稳妥推进集体企业改制分流。

按照集团公司清理整顿对外投资助和多种经营工作中有关集体企业改制分流要求，积极创造条件推进金达实业公司等4家集体企业改制分流。

3. 做好离退休及内退人员管理工作。

按照集团公司《关于调整离退休、内部退养人员管理体制的通知》（中国石化人〔2006〕353号）和资产公司《关于做好离退休、内部退养人员管理体制调整工作的通知》（石化资产人〔2006〕36号）要求，按期完成上市部分内退、离退休人员移交、委托非上市管理工作，并就有关人数、费用额度、费用支付方式及管理方式等事宜签订管理协议，另报资产公司预审备案。

4. 积极做好土地处置。

切实承担起土地过户的主体责任，落实领导和专人负责，积极做好与地方土地管理部门的协调疏通，确保将土地无成本或低成本按现有使用性质过户到洛阳资产分公司。

5. 分公司设立及相关工作。

9月底前完成洛阳资产分公司的设立登记，洛阳石油化工总厂经营业务由分公司承继，分公司独立建账，并负责洛阳石油化工总厂资产折旧、推销、财务费用以及办理法律手续所发生的费用等支出核算，月度以分公司名义编制完整财务报表上报资产公司；洛阳石油化工厂总厂除支付到期债务外，停止其他一切财务核算。

年底前完成土地及有关资产过户到分公司，注销洛阳石油化工总厂。

四、分公司管理机构及职责

洛阳资产分公司设财务资产部、综合管理部、离退休工作部等部门。管理机关定员编制，总部有定员标准的按照标准执行，总部没有定员标准的按照精干高效原则设置岗位，并根据实际工作量明确岗位职责和管理内容；按照集团公司关于调整企业离退休、内部退养人员管理体制的要求，离退休工作部管理人员的劳动关系须转至洛阳资产争公司，其他管理人员相应规范劳动关系。分公司人员实行竞聘上岗。分公司领导体制及党组织置等另行明确。

根据资产公司授权，洛阳资产分公司要管理和盘活存量资产，深化内部改革，加强队伍建设，并按照集团公司要求，归口管理上市和非上市两部分离退休及内退人员，协同股份公司洛阳分公司做好改制分流企业的规范支持等工作。

五、有关要求

1. 进一步落实制转换领导小组和工作机构的职责分工和工作程序，明确指导思想和主要任务，并注重发挥“一个地区一个党委、一个领导核心”的组织作用，落实党委书记是稳定第一责任人的措施，做好深入细致的思想政治工作，确保体制转换工作平稳进行。

2. 主动加强与股份公司洛阳分公司的沟通协调，取得其配合支持，共同推进工作发展；主动加强与地方政府的沟通协调，妥善解决有关问题；涉及到职工切身利益误问题，须履行必要的民主程序。

3. 财务资产处置中，严格执行国家和集团公司资产管理方面的规章制度和程序要求，按照公开、公平、公正和效益最大化原则，严谨规范操作，有效规避法律和交易风险，防止国有资产流失。实施中要有审计和纪检监察人员参与。

4. 2006年有关财务指标仍按年初下达指标执行，实施中有关资产处置损失、体制转换成本桉实际发生并经资产公司财务资产部核定为准，体制转换后的财务指标另行核定。

5. 严格时间进度要求，确保年底前完成体制转换任务。体制转换任务完成与否，将作为今年企业领导班子和经营业绩考核的重要指标和依据。体制转换实施方案完成后，要编制完成情况报告资产公司备案。

接到本批复后，在10日内研究形成详细的工作计划和进度安排，一式5份报资产公司企业改革部。

体制转换实施过程中财务资产处置、人员分流安置、土地过户及工商登记等遇到的重大问题，及时报告资产公司。

二〇〇六年七月十七日

中共洛阳市委　洛阳市人民政府关于深入开展学习洛阳石化活动的决　定

近年来，中国石油化工股份有限公司洛阳分公司（以下简称洛阳石化）深入学习实践科学发展观，大力弘扬“自加压力、自强不息、自我超越”的“三自”精神，按照“管理科学、指标先进、效益突出、环境优美、企业和谐”的“二十字”方针，自觉转变发展方式，积极延伸产业链条，不断提升产品质量，迅速发展成为我国中部地区炼化一体化的特大型石化企业。2009年胜利实现原油加工量、销售收入、利税三项突破，32项经济技术指标创历史最高水平；今年上半年完成原油加工量372.3万吨、销售收入210.28亿元、利税24.75亿元，再次刷新历史纪录。为激励全市各行各业深入学习实践科学发展观，加快推进经济发展方式转变，认真做好当前各项工作，实现全市经济社会平稳较快发展，市委、市政府决定，在全市深入开展学习洛阳石化

活动。

深入学习洛阳石化永不懈怠、不断超越的精神，超前谋划发展战略，积极挑战更高目标。1993年洛阳石化全面建成时，是原油年加工量仅为190万吨的单一炼油企业。为了改变单一炼油可能带来的不利局面并将企业做大做强，洛阳石化一方面千方百计扩大原油加工量，一方面积极谋划实施“大化纤”工程。经过不懈努力，总投资64亿元的“大化纤”工程于2002年建成投产，走上了油、化、纤一体化道路，并成为河南省第一家固定资产和销售收入双超百亿的特大型企业；原油加工量也于2004年突破500万吨。2005年，洛阳石化自加压力，提出了“三步走”发展战略，决定用5年时间实现原油年加工能力从500万吨到650万吨、800万吨、1000万吨的三大跨越。历经5年的奋力拼搏，650万吨、800万吨的目标已经先后完成，1000万吨的目标今年底也将有望实现，届时洛阳石化将成为千万吨级炼油企业，跻身国内石化行业第一阵营。站在新的发展起点，洛阳石化又瞄准国家加快中西部发展的战略机遇，提出了再建一个1000万吨/年炼油项目，奋力打造全国有重要影响炼化一体化生产基地的宏伟目标。向洛阳石化学习，就要像洛阳石化那样，始终保持奋发向上的精神状态，紧扣行业发展脉搏，不断拓宽发展思路，主动朝着更高目标迈进，不断创造新的更大业绩。

深入学习洛阳石化锐意创新、追求卓越的精神，着力推动科技进步，积极抢占发展高地。从建设我国自行设计制造的首套最大单系列炼油装置开始，洛阳石化就把提升自主创新能力作为增强企业核心竞争力的重要举措，2003年以来有19项科研成果获得省级以上科技进步奖。围绕油品质量升级和新装置建设需要，深入推进科研攻关，加大成果转化力度，先后解决了一系列重大技术难题。坚持自主开发和合作开发相结合，积极开发高附加值产品，企业产品种类达到60多种。大力推进技术进步，充分挖掘现有装置潜力，不断优化生产运行，多项技术经济指标持续保持行业领先水平。特别是2007年，面对塔河原油高硫高酸高盐等行业技术难题，洛阳石化主动请缨，承担起塔河原油加工技术攻关的重任，成功实施了塔河中质油试验项目，在中国石化所属企业中率先具备高效加工西部劣质原油的技术，不仅使国家宝贵的石油资源得到充分利用，而且有效解决了原油供应不足的瓶颈，使企业原油年加工能力一举突破600万吨。向洛阳石化学习，就要像洛阳石化那样，以追求行业领先水平为目标，牢牢坚持自主创新、技术革新、装备更新，依靠科技进步提升生产能力和产品质量，不断增强企业核心竞争力。

深入学习洛阳石化着眼长远、重在持续的精神，自觉转变发展方式，努力实现“低碳”发展。洛阳石化通过开展“滴油淘金”活动，不断改进工艺流程，最大限度回收利用渣油，将炼油行业最重要的技术指标——轻质油收率提升80%以上，遥居同行业领先水平。积极优化工艺用能、降低装置能耗，2009年企业万元产值综合能耗0.61吨标煤，比2005年下降0.09吨标煤；2006至2009年累计节能16.79万吨标煤，提前一年超额完成“十一五”节能目标。抢抓国家推进成品油质量升级的重大机遇，谋划和实施了一系列重大项目，其中4万吨/年硫黄回收装置使总硫回收率达99.85%以上，每年可回收含硫气体8万吨以上、生产硫黄产品4万吨；140万吨/年延迟焦化装置既能对原油进一步脱硫，又将无法回收的重组分油处理生成为石油焦，实现了劣质化原油的“吃干榨净”；220万吨/年蜡油加氢和4万标立/小时制氢装置，使洛阳石化在全国率先具备持续批量生产国Ⅲ标准汽油的能力。同时，全面推进清洁生产，陆续建成投用了化纤污水回用、中水管网改造、油泥无害化处理、热电站烟气脱硫、低温热利用等设施，工业废水及废气等连续多年保持达标排放。向洛阳石化学习，就要像洛阳石化那样，主动适应国家产业政策调整，自觉转变发展方式，节能降耗减污增效，积极推动可持续发展。

深入学习洛阳石化严格管理、精耕细作的精神，深入挖掘内部潜力，全面提升管理水平。洛阳石化坚持把“三老四严”等优良传统和现代科学管理有机结合起来，“眼睛盯住市场、功夫下在现场”，认真组织实施专项竞赛和专业管理样板选树活动，不断推进管理创新，同时积极开展管理监督和效能监察，深入进行制度化、规范化建设，有效提升了企业管理标准化水平。继1999

年在全国石化行业首先通过 ISO 14001 认证之后，洛阳石化又先后通过了 ISO 9001、HSE 体系认证，形成了质量、健康、安全、环境四位一体的整合型管理体系。针对石化行业连续生产的实际，洛阳石化从国外引进了先进的设备管理经验和管理模式，借助 TPM（全员参与的设备维护和维修保养）平台，大力加强设备的日常维护和保养，及时解决困扰装置运行的热点难点问题，确保了装置的安、稳、长、满、优运行，先后 2 次荣获全国设备管理先进单位荣誉称号。向洛阳石化学习，就要像洛阳石化那样，把实施精细管理作为企业挖潜增效、加快发展的必由之路，自觉摒弃粗放式管理方法，大力弘扬注重细节的思想和作风，积极创新管理理念，细化量化管理措施，向管理要效益。

深入学习洛阳石化以防求稳、以严求安的精神，牢固树立安全理念，认真抓好安全生产。洛阳石化坚持把安全生产作为企业发展的根本保障，不断加强安全文化建设，认真落实“严、细、实、恒、狠”五字方针。通过大力推行“班前安全承诺”制度，举办危害识别风险评价知识培训班、消气防演练技能培训和综合事故应急预案演练，深入开展“安全生产示范岗”、“十大安全卫士”评选活动等，将“一切事故都是可以避免的”、“责任心是落实岗位责任制的灵魂”等理念贯穿到安全生产全过程，使广大职工实现了“要我安全”到“我要安全”的主动转变。先后制订和完善了不同岗位的安全生产规范，明确了关键装置和重点部位的责任单位和人员，强化了各级的安全生产责任；按照本职岗位、安监部门和值班领导三个层次，认真开展安全生产日检查、周讲评、月通报、季度考核，持续加大违章查处力度，及时发现和整改安全隐患，将问题解决在萌芽状态，实现了安全生产平稳运行。向洛阳石化学习，就要像洛阳石化那样，以对国家和群众生命财产安全高度负责的态度，牢固树立安全发展理念，严格责任，强化监管，严密防范，狠抓落实，持之以恒抓好安全生产。

深入学习洛阳石化强基固本、永葆先进的精神，全面加强党的建设，提供坚强政治保证。洛阳石化始终注重加强领导班子建设，建立健全党组织参与重大问题决策、行政领导向党组织报告工作、领导班子成员向职代会述职述学述廉等制度，对涉及企业发展的重大问题坚持民主决策；主要领导、班子成员之间互相支持、团结干事，在工作中身先士卒、率先垂范，充分发挥了班子的整体功能和带头作用。始终注重基层党组织建设，从完善工作制度、选好基层干部、加大经费投入、开展主题实践活动入手，实现了党组织设置无空缺、党员管理无空档、党建工作不断线，充分发挥了各级党组织和广大党员在企业生产经营中的积极作用。始终注重干部队伍建设，坚持正确的用人导向，建立健全竞争上岗、民主推荐、交流任职、动态考核等干部选任机制，使优秀人才走上了领导岗位。始终注重党风廉政建设，坚持教育引廉、制度保廉、监督促廉，班子成员带头抓好自身廉政建设，全面推进党风廉政建设和反腐倡廉工作。向洛阳石化学习，就要像洛阳石化那样，从加快发展、科学发展的全局出发，全面加强党的建设，保持和发展党的先进性，充分发挥各级党组织和广大党员干部在企业生产经营中的积极作用。

深入学习洛阳石化关爱职工、依靠职工的精神，始终坚持以人为本，不断凝聚发展内力。2007 年以来，洛阳石化围绕职工住房、医疗、养老、子女就业等问题，坚持每年办 8 件实事。已通过商业化运作模式建成 10 万平方米商品房，解决了 1000 户职工的住房问题，正在建设的职工住宅小区还将安置 1400 户职工；通过开展“打造两张名片、创建优美环境”活动，对职工餐厅、医院、老年活动中心、“440”（事事灵）物业服务专线等进行升级改造，绿化美化职工工作生活环境，让职工实现了“最好一餐在食堂”，不出社区就能享受优质的医疗、养老和物业服务；通过多渠道安置，连续帮助 300 名职工子女和 600 多名协议解除劳动合同人员实现了就业再就业；建立正常工资增长机制，实现了人均工资比 2000 年翻一番；坚持开展送新春祝福、送困难帮扶、送互助互济、送倒班奖励等“十送温暖”活动，让职工感受到了企业大家庭的温暖和关怀。广大职工享受到企业发展成果，爱岗敬业的热情空前高涨，形成了“比学赶帮超”的良好局面。向洛阳石化学习，就要像洛阳石化那样，始终把关爱职工、依靠职工作为企业发展的制胜之道，将职工利益放在更加突出的位置，持续改善职工工作环境，满腔热情地解决职工生活中遇到的困难，最大限度地调动广大职工的积极性、创造性。

深入学习洛阳石化勇担责任、奉献社会的精神，模范履行社会责任，自觉促进社会发展。作为中部地区最大的油品生产企业，洛阳石化坚持把保障市场油品供应作为首要任务，积极保障农业生产和各项生产建设，出色地完成了三夏三秋、抗震救灾、国Ⅲ标准汽油、军用航空煤油等油品供应任务，受到省、市政府和广大用户的赞誉，树立了"讲政治、负责任、顾大局"的良好形象。2008年，在国际原油价格大幅攀升、国内成品油价格严重倒挂、部分炼油企业纷纷减产停产的情况下，洛阳石化认真落实国家政策要求，承担巨额亏损加大负荷生产，灵活调整汽柴油产出比例，积极协调销售企业和铁路运输部门，稳定了市场供应。对改制剥离企业，洛阳石化按照"同等优先、市场化运作、合同化管理"的原则，认真履行改制承诺，积极帮助改制企业解决生产经营中遇到的问题和困难，促进了改制企业的平稳健康发展，为解决群众就业和增加地方税收作出了积极贡献。向洛阳石化学习，就要像洛阳石化那样，自觉超越把利润作为唯一目标的营销观念，在加快发展的过程中更加注重对消费者、对社会的贡献，模范履行法定义务，自觉担当道义责任，积极推进地方经济社会发展，努力实现经济效益与社会责任的有机统一。

当前，我市正处在加快转变经济发展方式的关键时期。深入开展向洛阳石化学习活动，对于贯彻落实科学发展观，推动各行各业创新发展理念，转变发展方式，破解发展难题，提高发展能力，努力实现全市经济社会平稳较快发展具有十分重要的意义。各级党委、政府要紧密结合新的形势任务，把向洛阳石化学习活动作为加快推进经济发展方式转变的一个重要抓手，采取多种形式，广泛宣传、深入学习洛阳石化改革发展的先进事迹和成功经验，形成学赶先进、争创一流的浓厚氛围。全市各级、各部门、各单位都要以洛阳石化为榜样，充分调动广大干部群众干事创业的积极性和创造性，为实现再造一个新洛阳、全面走在中原崛起前列作出新的更大贡献！

二○一○年七月八日

《洛阳石化志》（2001～2010）撰稿人名单

陶　兴　王振武　赵书娟　耿庆光　姬晓军　孙栋良　牛韫玉　梁　韵　吴慧玲
宋学义　徐　进　李俊岭　丁衍龙　牛俊炎　权冬菊　畅　林　胡秋云　武现文
吴佩华　黄予湘　崔效军　王卫红　郭本立　李小永　时武强　万　一　李　炜
张亚伟　吴文奇　郭志静　熊梦林　马志玲　郭水泉　杨永萍　关永建　李　真
裴旭东　王北海　方红仕　金　敏　丁　毅　李江辉　陈全江　刘建波　高　蔚
付　金　王竹红　徐　昊　张丽华　赵文远　吕保善　孙艳丽　郭清周　耿志鹏
韩海江　赵昌荣　刘　勇　周嘉良　党军丽　谢福岭　韩宏囤　孙辅济　李学松
代　毅　杨东正　杨贵堂　于　玲　许　华　邢利红　徐雅朋　闫巧芬　王彦召
王　超　王文斌　白晓飞　张　宁　申画春　牛玉松　王保儒　陈宏建　宋丰来
潘　虎　王丽霞　孙建华　于民庄　郭亚伟　李华民　郭伟峰　张　杰　酒敬峰
段建军　周　兵　贾海芳　赵丽君　刘思会　姚晓兰　宋　涛　何新亭　赵金庆
姚苗荫　王小强　刘文慧

索　引

一、本索引采用主题索引法编制，按主题词首汉语拼音序（同音字按声调）顺序排列。首字相同的则以第二字拼音排序，以此类推。

二、概述、大事记、荣誉、附录的具体内容未作索引，仅以其类目名称标引。

三、类目用黑体字标引，分类、条目及相关内容用宋体字标引。索引款目后的阿拉伯数字表示内容所在的页码，a 表示左栏，b 表示右栏；另设图、表索引。

A

B

C

D

E

F

G

H

J

K

L

M

N

P

Q

R

S

T

W

X

Y

Z

图索引

D

E

F

G

H

J

K

L

M

N

P

Q

R

S

T

W

X

Y

Z

表索引

S

X

Z

后 记

2008年，洛阳分公司决定启动《洛阳石化志》修志工作。10月，专门抽调两位退休干部开始筹备工作，设计篇目框架，并确定8位在职人员作为兼职编辑。11月27日，召开了专兼职编辑第一次全体会议，对编纂工作进行了分工。12月11日，洛阳分公司、洛阳资产分公司联合下发《关于成立<洛阳石化志>暨年鉴编纂委员会的通知》。12月15日，举行了《洛阳石化志》编纂启动仪式，该项工作正式开始。

2009年是培训和撰写年。3月，举办了有90多人参加的志书撰稿人培训班。6月至8月，各单位陆续上交2001～2008年8年内容的志书文稿。经过各位编辑初步审查、修改，11月，形成合龙稿，约70万字。2010年初编印成册。

2010年是修改年，主要工作是以合龙稿为基础，补充遗漏的内容，核对事实和数据，规范语言，继续征集图片。一年内召开全体或部分编辑人员会议12次，平均每月一次，调整节、目，理顺文字。11月25日，召开《洛阳石化志》撰稿人培训会，分发初步成形的书稿，再一次征求各单位领导和原撰稿人意见，以避免出现差错。同时，各单位增补2009～2010年两年的内容，各编辑根据征集的意见和增加的内容再一次修改。年底，编印《洛阳石化志》第二稿，约73万字，图片131幅，在内部征求意见。

2011年是出版年。年初，制定了工作节点，按10月底出书的要求倒排工作进度。第一季度，各责任编辑继续校改所负责的章节。4月底，为加强文字把关和图片工作，增加2位兼职责任编辑。5月，将志稿一套送郑州市方志印务有限公司打印，一套报中石化出版社，请专家审查把关。7月6日，根据洛阳分公司、洛阳资产分公司和改制企业组织机构及领导人员调整情况，对《洛阳石化志（洛阳石化年鉴）编纂委员会进行了调整》。7月，责任编辑集中2天的时间交换审查修改志书，每一章节至少经3人修改。8月上旬，编辑部汇总洛阳分公司领导、各基层单位和出版社专家的意见，从内容、文字到体例作了一次较大的改动，对照片及文字说明进行了修正。12月交中国石化出版社正式出版。

《洛阳石化志》（2001～2010）记录的这10年，正是洛阳石化快速、协调、健康发展的10年，是洛阳石化经营规模不断壮大、发展质量显著提高、内部改革持续深化、和谐建设稳步推进的10年。10年间资料量大，信息面广。编辑们在不误本职工作的同时，精雕细刻，笔耕不辍，付出了辛勤的汗水。《洛阳石化志》（2001～2010）的出版，得到了各级领导的关心和支持，大洛阳石化各单位为志书提供了丰富的资料和素材，一些摄影爱好者提供大量的照片，对此，编辑部表示诚挚的感谢。

本次修志编纂时间较短，兼职编辑都有繁重的本职工作，加之水平有限，可能出现遗漏和错讹，欢迎读者批评指正。

《洛阳石化志》编辑部
2011年12月